24-25年版

1級ファイナンシャル・プランニング技能士・CFP®
高山一恵 監修
オフィス海 著

史上最強の

FP2級 AFP

問題集

ナツメ社

本書は、FP検定2級の「学科試験」と3種類の「実技試験」に種類別に対応しています。

【本書が対応しているFP検定2級の試験】
- 学科試験
- 実技試験「個人資産相談業務」(金財)…「個人」
　　　　　「生保顧客資産相談業務」(金財)…「生保」
　　　　　「資産設計提案業務」(日本FP協会)…「資産」
※検定の合格ラインは、いずれの試験も60%です。

※本書は、2024年9月試験(法令基準日2024年4月1日)、2025年1月・5月試験(法令基準日2024年10月1日)に対応しています。2級試験は、2025年4月1日からCBT方式により通年(休止期間を除く)で実施(2025年5月は紙試験と並行実施)されます。
※2025年6月〜2026年5月実施分の法令基準日は2025年4月1日です。2024年10月1日時点での「法改正情報」は2024年11月に、2025年4月1日時点での「法改正情報」は2025年4月にナツメ社Webサイトに掲載予定です。
※2024年6月より、所得税について定額による所得税額の特別控除(定額減税)が実施されますが、本書では考慮しておりません。

　本書と併せて、姉妹版『**史上最強のFP2級AFPテキスト**』をご利用いただけますと、FPに必要な知識をより**体系的**に身につけることができます。
　『**史上最強のFP2級AFPテキスト**』は、本書同様、カバー率を実測した、圧倒的に学習効率が高いFP参考書です。

　監修していただいた高山一恵さん、専門家の視点から様々なチェックをしていただいた内田ふみ子さん、過去問の詳細な分析データを作成していただいた佐伯のぞみさん、そして校正者の皆さん、非常に多くの方々にご尽力いただき、ここに「FP検定に早く確実に合格できる問題集」を完成することができました。心より感謝申し上げます。

日本初!! 出題ランキング&少ない項目で合格点に届くTOP60

本書では過去13年間の2級FP検定の全問題の中で、出題率が大きい順に学習項目を並べかえた**日本初のFP検定**「**出題ランキング**」を作成しました。

※2011年〜2023年の学科と実技「個人」「生保」「資産」の全問題。

▼学科の出題ランキング

順位	項目名	出題率	質問数
1	FPの倫理と関連法規	1.69%	144
2	住宅借入金等特別控除	1.65%	141
3	建築基準法	1.57%	134
4	法人税の損金算入	1.52%	130
5	傷害保険	1.44%	123

▼個人の出題ランキング

順位	項目名	出題率	質問数
1	相続税の総額の算出	7.03%	121
2	総所得金額・所得税額の算出	5.35%	92
3	老齢年金の受給額の計算	4.24%	73
4	建築面積と延べ面積の計算	3.49%	60
5	株式の投資指標	3.37%	58

▼生保の出題ランキング

順位	項目名	出題率	質問数
1	相続税の総額の算出	6.85%	122
2	総所得金額・所得税額の算出	6.51%	116
3	所得控除	6.34%	113
4	老齢基礎年金	5.05%	90
4	長期平準定期保険	5.05%	90

▼資産の出題ランキング

順位	項目名	出題率	質問数
1	FPの倫理と関連法規	4.63%	146
2	係数の活用	3.62%	114
3	生命保険の保障内容	3.59%	113
4	不動産登記	2.73%	86
5	生命保険と税金	2.70%	85

各試験の「出題ランキング」が、各章扉の前ページに掲載してあります。

TOP 60 出題上位**60%超**の項目に**TOP60のマーク**をつけたうえで、**別冊**に収録。**FP検定の合格ラインは60%**ですから、試験まで時間がなくても、過去問の60%超をカバーしている**TOP60を重点的に学習**することで合格を目指せます。

驚きのカバー率(得点率) 97.9%を達成!!

13年分の綿密な過去問分析によって完成した本書によって、本番の試験にどのくらい正解できるのか? 2023年の試験問題を1問ずつ本書と照合したところ、全問題の**97.9%に正解**できました。

◉ 本書カバー率(得点率)

学科	個人	生保	資産	平均
97.2%	**97.8%**	**97.8%**	**98.7%**	**97.9%**

▲2023年1月・5月・9月の2級FP検定の問題と本書を1問ずつ照合してカバー率を測定。

※学科試験のカバー率は、本書の「学科」編だけと照合した結果ですから、本書全体でのカバー率はもっと高くなります。個人試験は「学科+個人」と、生保試験は「学科+生保」と、資産試験は「学科+資産」と1問ずつ照合してあります。

【頻出順TOP60▶合格BOOK】で、勉強時間をドーンと時短!!

頻出順TOP60▶合格BOOKは、**出題上位60%超の情報をカバー**できる項目を頻出順にカード形式で収録した本書限定の別冊。覚えるべき内容が箇条書きでまとめられていて、**赤シート**でチェック学習ができる超効率的な暗記カードになっています。**別冊だけでどれだけカバーできたかを実測した結果が下の表**です。

● 別冊カバー率（得点率）

学科	個人	生保	資産	平均
64.4%	**64.4**%	**75.6**%	**82.8**%	**71.8**%

▲ 2023年1月・5月・9月の2級FP検定の問題と別冊を1問ずつ照合してカバー率を測定。

「学科」73カードだけで本試験の64.4%に正解!!
「学科」73カードに加えて、
「個人」17カードだけで本試験の64.4%に正解!!
「生保」16カードだけで本試験の75.6%に正解!!
「資産」27カードだけで本試験の82.8%に正解!!

※学科試験のカバー率は、別冊の「学科」編だけと照合した結果ですので、別冊全体でのカバー率はもっと高くなります。

> 薄い別冊だけで
> 合格点が取れる!

別冊だけで2級の「合格ライン60%」をラクラク突破!!

> だから、直前の学習でも、
> 本試験の得点が飛躍的にアップ!!

● カバー率の計測方法
選択問題では、正答に必要な情報が掲載されていれば正解（1点）。計算問題では必要な式、計算手順が掲載されていれば正解。また、一般常識で考えれば正解できると考えられる問題は正解。正答に必要な情報が入っていても、表現が試験と違うなどの理由から、正解できるかどうか判断がつかない場合は0.5点を加算して測定。計算ミス、勘違いはないものとして判定してあります。
※今後の試験で同じカバー率を約束するものではありません。

やみくもに学ぶのはもう古い。
覚えるべき項目・知識がこんなに
はっきりわかるFP問題集は初めて！
本当に出題される内容だけを精選して、
頻出項目にマークをつけて、
さらに出題知識を明示！

過去問を項目別に分類してデータベース化‼

　本書の制作にあたっては、最初に、13年分の過去問を選択肢と空欄ごとに分解し、**項目別に分類してデータベース化**しました。

　例えば、「退職後の公的保険」をテーマにした1つの問題に空欄が3つあって、空欄①は国民保険の保険料、空欄②は健康保険の任意継続被保険者、空欄③は厚生年金保険の被扶養者資格に関する知識を問うているような問題があります。この場合の質問数は3つで、それぞれ違う3つの項目に分類してカウントしました。適切または不適切な選択肢の文章を選ぶ4択問題なども、個々の選択肢の内容によって1つ1つ分類分けしました。この段階で、正解になる選択肢に○、不正解の選択肢に×をつけておきます。

正解に必要な知識をもれなく掲載。不要な知識はカット

　次に、同じ知識を問うている質問同士をまとめました。すると、正解になる選択肢には、毎回のように同じことを問う**頻出の知識**があることがわかりました。また、不正解の選択肢の中には、一般の対策本に載っていないような難問、珍問があることがわかりました。

　過去に1回しか出ていない、しかも不正解になる難問、珍問は、いくら覚えても得点にはつながらないため、学習効率を考えてカットしました。逆に**複数回出題されている知識、正解になる選択肢はすべてを掲載**し、特によく出題されている問題には、「←よく出る」マークをつけました。

さらに「学科」で掲載している内容は「実技」ではカットして、そのぶん実技試験独自の問題を多数収録しました。

※資格試験の分析をしていると同じ問題がとても多いことに気づかされます。これは当然のことで、必要な知識が毎回変わってしまうような資格試験では、信頼性が損なわれてしまいます。また、突然、出題傾向が変わって合格率が大きく違っては問題になります。5〜6年の単位では同じ傾向、同じ問題がほとんどで、FP検定の場合、法改正、社会変化、経済情勢等によって、少しずつ問題が差し替わっていきます。新しい試験での新傾向、新問題の割合は0〜10%の範囲内です。本書では、過去問になくても新しい法改正、新制度に係わる問題は追加してあります。

覚えるべき知識、語句、数値が一目でわかる紙面!!

試験勉強では、空欄に入る語句や数字、選択肢で正誤の判定基準になる知識を覚えておくことが最も重要です。参考書や問題集を選ぶとき、紙面の中で「**どれが覚えるべき知識で、どれが覚えなくてもよい知識なのか**」がはっきり区分けされていない本を購入してしまうと、**いくら勉強しても点が取れないムダな学習**になってしまいます。

従って、FP検定対策では、**どこが試験に出るのかがはっきりわかる本を購入する**ことが**最重要の第一歩**となります。本書では、問題・解説文中に試験対策に不要な知識はいっさいありません。さらに**覚えるべき重要な語句、知識は太文字、または赤文字にして区別**してあります。

赤文字は赤シートで消えるので、**解説文を使ったチェック学習**までできます。

【凡例】

再現例題…実際の試験に準じた問題形式の過去問です。枠内右下に解答があります。

出題DATA…各項目内でベスト3の頻出問題とその出題率が示されています。

TOP60…頻出項目です。計算上、この項目を覚えるだけで合格点に届くように設計してあります。ただし確実な合格を目指すには、全項目を学習する方がよいことは言うまでもありません。このマークの項目は、別冊に収録してあります。

テ●ページ…『史上最強のFP2級AFPテキスト』の対応ページです。本書は試験別に掲載されているため、テキストの項目名・順番とは異なる場合があります。

よく出る…出題率が高い問題です。

ウラ技…暗記するための標語や語呂合わせ、また、問題文の語句から正解を導くウラ技を紹介しました。言葉や頭の中で繰り返すことで、記憶を定着させましょう。

覚えよう…まとめて覚えておきたい知識を囲みで掲載しました。

2級の受検概要

実施団体

FP技能検定は、次の2つの団体が実施しています。

- 一般社団法人金融財政事情研究会（以下、金財）
  URL https://www.kinzai.or.jp ☎03-3358-0771（検定センター）
- NPO法人日本ファイナンシャル・プランナーズ協会（以下、日本FP協会）
  URL https://www.jafp.or.jp ☎03-5403-9890（試験業務部）

受検資格

2級を受験するためには、次のいずれかに該当する必要があります。

- 3級技能検定の合格者／●FPの実務経験が2年以上の者／●日本FP協会が認定する
AFP認定研修を修了した者／●厚生労働省認定金融渉外技能審査3級の合格者

試験科目

学科試験は金財と日本FP協会で共通、実技試験は5科目から**1科目を選択**します。学科試験と実技試験の両方に合格する必要があります。

等級	試験科目		実施機関
2級	◎学科試験		共通
	実技試験	◎個人資産相談業務	金財
		◎生保顧客資産相談業務	
		・損保顧客資産相談業務	
		・中小事業主資産相談業務	
		◎資産設計提案業務	日本FP協会

※本書は、◎印のある試験に対応しています。

学科試験・実技試験で出題される分野は、次の通りです。

↓学科試験の出題分野	個人（金財）	生保（金財）	資産（日本FP協会）
ライフプランニングと資金計画	○	○	◎
リスク管理	×	◎	○
金融資産運用	○	×	○
タックスプランニング	○	○	○
不動産	○	×	○
相続・事業承継	○	○	○

※○は出題される分野、◎は頻出分野、×は出題されない分野です。

◆ 出題形式・合格基準

全科目とも、**60%の得点が合格ライン**です。

等級	科目	出題形式（筆記）	問題数	制限時間	合格基準
2級	学科	マークシート形式	60問	120分	36点以上（60点満点）
	実技	記述式	15問〈金財〉	90分	30点以上（50点満点）
			40問〈日本FP協会〉		60点以上（100点満点）

◆ 法令基準日と一部合格による試験免除

2級試験は、9月、1月、5月に実施されます。**2024年9月試験の法令基準日は2024年の4月1日、2025年1月試験・5月試験の法令基準日は、2024年の10月1日**です。なお、2級試験は、2025年4月1日からCBT方式（テストセンターのパソコンに表示される試験問題にマウスやキーボードを使って解答する方式）により通年（休止期間を除く）で実施（2025年5月は紙試験との並行実施）されます。

一部合格（学科試験のみの合格、または実技試験のみの合格）は、合格した学科試験または実技試験の実施日の翌々年度末までに行われる技能検定に限り、当該合格した学科試験または実技試験が、**申請により免除**されます。

◆ 受検手数料

受検手数料は、以下のとおりです（学科または実技のみの受検も可能）。

等級	学科	実技	学科と実技
2級	5,700円	6,000円	11,700円

◆ 受検申請方法

試験実施団体のホームページ経由、または郵送で申請します。

※最新の情報は、金財または日本FP協会のホームページで確認してください。

CONTENTS

勉強時間が必ず報われる。
FP対策本の基準を変えた
「カバー率」問題集！

学科 ［金財・FP協会共通］

TOP 60 T▶Tのマークのある見出し内に出題ランキング上位60%の問題があります。本文では【TOP60】のマークがついています。

実技［金財］

TOP 60 T▶Tのマークのある見出し内に出題ランキング上位60％の問題があります。本文では【TOP60】のマークがついています。

個人資産相談業務

実技 [金財]

TOP 60 T▶Tのマークのある見出し内に出題ランキング上位60%の問題があります。本文では【TOP60】のマークがついています。

生保顧客資産相談業務

受けたい実技だけを勉強すればいいからすごく効率的だね！

実技 [FP協会]

TOP 60 T▶Tのマークのある見出し内に出題ランキング上位60%の問題があります。本文では【TOP60】のマークがついています。

資産設計提案業務

「学科」で学習済みの
内容は原則カット！
合格へ一直線だよ！

学科の出題ランキング

順位	項目名	出題率	質問数
1	FPの倫理と関連法規	1.69%	144
2	住宅借入金等特別控除	1.65%	141
3	建築基準法	1.57%	134
4	法人税の損金算入	1.52%	130
5	傷害保険	1.44%	123
6	借家権(借家契約)	1.41%	120
7	個人年金保険	1.36%	116
8	確定拠出年金	1.34%	114
8	借地権(借地契約)	1.34%	114
10	区分所有法	1.32%	113
11	決算書	1.30%	111
12	不動産の価格と鑑定評価	1.26%	108
13	ポートフォリオ	1.24%	106
14	不動産登記	1.23%	105
15	損益通算と繰越控除	1.22%	104
16	会社と役員の取引	1.14%	97
16	贈与契約の種類	1.14%	97
18	預金者と投資家の保護	1.12%	96
19	任意加入の自動車保険	1.07%	91
19	NISA(少額投資非課税制度)	1.07%	91
21	投資信託の分類と運用手法	1.05%	90
22	ライフプランニングと資料	1.04%	89
22	贈与税の非課税財産	1.04%	89
24	都市計画法	1.03%	88
24	事業承継対策	1.03%	88
26	地震保険	0.98%	84
27	株式の投資指標	0.97%	83
28	遺言と遺留分	0.95%	81
29	金融商品に関する法律	0.94%	80
29	所得税の基礎知識	0.94%	80
31	経済指標	0.89%	76
31	土地活用の事業方式	0.89%	76
33	生命保険料控除	0.88%	75
33	不動産の譲渡所得	0.88%	75
35	青色申告	0.85%	73
36	法人の保険料の経理処理	0.84%	72
37	デリバティブ取引	0.83%	71
38	銀行預金とゆうちょの貯金	0.82%	70
39	老齢基礎年金	0.78%	67
39	居住用財産の譲渡所得の特別控除	0.78%	67
39	贈与税の基礎知識	0.78%	67
39	相続人と法定相続分	0.78%	67
43	終身保険	0.77%	66
44	生命保険の保険金への課税	0.75%	64
44	株式の取引	0.75%	64
44	消費税の課税・非課税	0.75%	64

順位	項目名	出題率	質問数	TOP 60
44	相続の基礎知識	0.75%	64	
48	宅地建物取引業	0.74%	63	
49	給与所得/退職所得	0.70%	60	
50	雇用保険の基本手当	0.69%	59	
50	固定資産税	0.69%	59	
50	遺産分割の種類	0.69%	59	
53	個人の損害保険と税金	0.68%	58	
54	労働者災害補償保険(労災保険)	0.66%	56	
54	火災保険	0.66%	56	
56	雇用保険の給付金	0.64%	55	
57	投資信託の商品概要	0.64%	55	
58	生命保険と退職金等の準備	0.63%	54	
58	法人契約の損害保険と税務処理	0.63%	54	
60	医療保険	0.61%	52	
60	不動産所得/事業所得	0.61%	52	
60	消費税の基準期間と納税義務	0.61%	52	
60	不動産の売買契約	0.61%	52	
64	確定申告	0.60%	51	
64	法人税額の計算と申告	0.60%	51	
64	株式の評価	0.60%	51	
67	不動産取得税	0.59%	50	
68	法人契約の損害保険	0.56%	48	
68	借地権・貸宅地・貸家建付地の評価	0.56%	48	
70	医療費控除	0.54%	46	
71	法人税の基礎知識	0.53%	45	
71	消費税額の計算と申告	0.53%	45	
71	相続財産の種類	0.53%	45	66.30%
71	保険法	0.53%	45	

▲ 別冊に収録

> 60%以上で合格圏。余裕を見て、
> 66.30%までをTOP60に入れて、
> 別冊に収録したよ!

出題率…過去13年間の学科試験8,539問中の出題割合。
　　　出題率=各項目の質問数÷全質問数8539×100
質問数…項目ごとに過去13年間全問題の空欄や個々に正
誤判定が必要な選択肢の数を集計した数。複数項目の知識
が必要な質問では、重複計測したものもある。
TOP60…全質問数の60%以上(66.30%)を占める項目。
問題横にマークをつけて、**別冊に収録**。

©オフィス海

学科

[金財・FP協会共通]

❶ ライフプランニングと資金計画

1. FP業務の基礎知識
2. 住宅取得のプランニング
3. 教育資金のプランニング
4. 健康保険
5. 労災保険と雇用保険
6. 国民年金
7. 厚生年金
8. 障害・遺族給付と併給調整
9. 企業年金と個人年金
10. 企業の資金調達

❷ リスク管理

1. 生命保険の基礎知識
2. 生命保険の種類と特徴
3. 生命保険と税金
4. 法人契約の生命保険
5. 火災・地震保険と自動車保険
6. 傷害保険、賠償責任保険ほか
7. 損害保険と税金
8. 第三分野の保険と特約

❸ 金融資産運用

1. 経済・金融の基礎知識
2. 金融商品に関する法律
3. 預貯金
4. 債券
5. 株式
6. 投資信託
7. 外貨建て金融商品ほか
8. 金融商品と税金
9. 投資の手法

❹ タックスプランニング

1. 所得税と所得金額
2. 総所得金額と所得控除
3. 税額控除と申告
4. 法人税
5. 消費税

❺ 不動産

1. 不動産の登記と取引
2. 不動産に関する法令
3. 不動産の税金
4. 不動産の有効活用

❻ 相続・事業承継

1. 贈与税
2. 相続の基礎知識
3. 相続税
4. 相続財産の評価
5. 相続税対策・事業承継対策

学科試験の出題形式は、四肢択一式で60問ある。60点満点で36点（60%）以上で合格だよ。

1 FP業務の基礎知識

問題数028

再現例題

　ファイナンシャル・プランナー（以下「FP」という）の顧客に対する行為に関する次の記述のうち、職業倫理や関連法規に照らし、最も不適切なものはどれか。

2019年9月

1．顧客から投資信託について相談を受けたFPのAさんは、投資信託には元本保証および利回り保証のないことを説明した。
2．顧客からアパートの建設について相談を受けたFPのBさんは、デベロッパーに事業計画策定のための資料として、顧客から預かっていた確定申告書（控）を顧客の同意を得ずにコピーして渡した。
3．社会保険労務士の資格を有しないFPのCさんは、顧客から公的年金の老齢給付の繰上げ受給について相談を受け、顧客の「ねんきん定期便」に記載されている年金見込額を基に、繰り上げた場合の年金額を試算した。
4．税理士の資格を有しないFPのDさんは、顧客からふるさと納税について相談を受け、一定の条件を満たせば、確定申告をしなくても寄附金税額控除の適用が受けられるワンストップ特例制度があることを説明した。

解答　①　②　③　④

▼ 適切なものは○、不適切なものは×で答えなさい。また、（　）に入る語句の組み合わせを選びなさい。

TOP60 1 FPの倫理と関連法規

☐ ❶ FPのAさんは、顧客に提案をする際は、顧客の利益ではなくAさん自身の利益を優先してプランニングしている。

☐ ❷ FPのBさんは、顧客から預かったデベロッパーの事業計画書を、顧客の同意を得ることなく、紹介予定の銀行の担当者に融資の検討資料として渡した。

☐ ❸ FPは、自らが作成したプランニングの内容や意図について、顧客に対して十分に説明する必要がある。

出題DATA 過去13年間

👑1 FPの倫理と関連法規…出題率1.69%［144問］

👑2 ライフプランニングと資料…出題率1.04%［89問］

👑3 係数の活用…出題率0.42%［36問］

※出題率は、過去13年間の学科試験8,539問中の出題割合［質問数］を示しています。

【FP業務の基礎知識】の出題傾向

頻出順に「FPの倫理と関連法規」、「ライフプランニングと資料」、「係数の活用」に関する問題が出題されます。なお、「資産運用のアドバイス」に関する過去問題は、リスクを冒す運用を勧めるアドバイスは不適切と覚えておけば得点できる「常識的な問題」のため、割愛しました。

1 FPの倫理と関連法規…「説明する」のは適切、他の専門家の独占業務の「具体的な行為」なら不適切と覚えておくだけで、かなり得点できます。

2 ライフプランニングと資料…キャッシュフロー表が頻出します。

3 係数の活用…6つの係数の意味を覚えておけば得点できます。

▼ 再現例題の解説と解答

FPには守秘義務があり、顧客の同意・許可なく、第三者に顧客の個人情報を漏らしてはいけません。一般的な説明、年金の受給見込み額を試算することは、誰にでも許されています。　　　　②

▼ 解説（赤シートで消える語句をチェックできます）　　　☞2ページ　　▼ 正解

顧客利益の優先…FPは自身や第三者の利益ではなく、顧客の利益を最も優先しなければいけません。	
守秘義務の厳守…顧客の同意・許可なく、第三者に顧客の個人情報を漏らしてはいけません。顧客情報を引出し等に施錠せずに保管してはいけません。	
説明義務（アカウンタビリティ）…作成したライフプランニングの内容や意図について、顧客に対して十分に説明する必要があります。 顧客の同意（インフォームド・コンセント）…プランニングに当たっては、顧客の立場で十分に説明し、本当に理解したうえで同意したことを確認する必要があります。	

☐ **④** 弁護士資格を有しないFPが、遺産分割をめぐって係争中の顧客から相談を受け、業務の一環として、報酬を得る目的で和解案を提案し、相続人間の利害調整を行った。

☐ **⑤** 弁護士資格を有しないFPが、顧客の公正証書遺言作成時に証人の1人として立ち会い、顧客から適正な報酬を受け取った。◀よく出る

☐ **⑥** 税理士資格を有しないFPが、無料相談会において、国税庁のホームページを利用して、相談者の作成した確定申告書を修正して完成させた。

☐ **⑦** 金融商品取引業の登録を受けていないFPが、顧客と投資顧問契約を結び、その契約に基づき、株式の個別銘柄に関する投資助言を行った。

☐ **⑧** 生命保険募集人の登録を受けていないFPが、ライフプランの相談に来た顧客に対し、ライフイベントに応じた生命保険の活用方法を説明した。

☐ **⑨** 宅地建物取引業の免許を受けていないFPが、賃貸マンションを所有する顧客からの入居者の斡旋の依頼に対し、業務の一環として、貸借の媒介を行って仲介手数料を受け取った。

☐ **⑩** 社会保険労務士資格を有しないFPが、年金の相談に来た顧客からの求めに応じ、有償で公的年金の年金請求手続きを代行した。

☐ **⑪** 司法書士資格を有しないFPが、顧客からの求めに応じ、顧客の代理人(任意後見受任者)となることを引き受け、任意後見契約を締結した。

☐ **⑫** 過去に家計相談を受けた顧客に対し、顧客の利益になると思って、顧客の承諾なく広告のダイレクトメールを発送した。

弁護士資格を有しないFPは、遺産相続における争いで和解案の提案、相続人間の利害調整など、<u>具体</u>的な法律事務を行うことは、**有償でも無償でもできません**。 ✕

公正証書遺言の<u>証人</u>には、特別な資格は不要です。もちろん、弁護士資格のないFPでも、**公正証書遺言の<u>証人</u>になれます**。 ◯

税理士資格を有しないFPは、顧客・相談者の具体的な税額計算、確定申告書類の作成など、**税務に関する<u>個別</u>の相談、業務は無料でもできません**。 ✕

金融商品取引業の登録を受けていないFPは、<u>具体</u>的な投資の助言や代理、運用業務はできません。 **ウラ技** 「個別具体的な業務」はできない ✕

FPが、保険の商品の<u>説明</u>をすることや<u>必要保障</u>額の具体的な試算をすることはできます。**生命保険の募集行為を行うことはでき<u>ません</u>**。 ◯

宅地建物取引業の免許を受けていないFPは、仲介手数料を受け取って**貸借の媒介を行うことはでき<u>ません</u>**。 ✕

社会保険労務士資格を有しないFPは、年金請求書の作成など、**顧客の公的年金に関する手続きを行うことはでき<u>ません</u>**。顧客の年金額を試算することはでき<u>ます</u>。 ✕

顧客の**代理人（<u>任意後見受任</u>者・<u>任意後見</u>人）**となることに、特別な資格は不要です。司法書士資格のないFPでも、**<u>任意後見受任</u>者**になれます。 ◯

オプトイン規制により、顧客の請求・承諾なしに電子メールやショートメールサービス（SMS）の<u>広告</u>を送付することはできません。 ✕

公正証書遺言の証人
と任意後見受任者に、
資格はいらないよ。

❷ ライフプランニングと資料

☐ ❶ 1世帯当たりの1カ月間の収入と支出の金額の統計値は、総務省の「家計調査」に記載されている。

☐ ❷ 男女別・年齢別の平均余命についての統計値は、内閣府の「国民生活白書」に記載されている。

☐ ❸ 大学の入学に係る費用等についての統計値は、日本政策金融公庫の「教育費負担の実態調査結果」に記載されている。

☐ ❹ キャッシュフロー表で金額が変動する可能性のある収入および支出項目は、合理的と思われる範囲で各項目に係る変動率（物価変動率等）を設定することも必要である。

☐ ❺ キャッシュフロー表の金融資産残高には、「前年末の金融資産残高×（1＋運用利率）±当年の年間収支」の算式により計算した値を計上する。

☐ ❻ キャッシュフロー表において、2019年の基本生活費が240万円、2019年以降の毎年の物価上昇率を2％とする場合、2024年の基本生活費は「240万円＋（240万円×2％）×5年」で計算することができる。

☐ ❼ キャッシュフロー表において住宅ローンがあるときは、返済額のうち、利息部分は支出項目に見積もるが、元本部分は見積もる必要はない。

☐ ❽ ライフプランニング上の可処分所得の金額は、年間の収入金額から社会保険料、所得税および住民税、生命保険料および損害保険料を控除した金額である。◆よく出る

☐ ❾ 個人バランスシートの作成において、株式等の金融資産や自宅不動産は、作成時の時価ではなく、取得価額で計上しなくてはならない。

☐ ❿ 個人のバランスシートを作成する際には、1年以内に支払いが発生する家賃や教育費等の支出見込額は、負債に計上しなくてはならない。

☐ ⓫ FPが、Aさん（22歳）に初任給に銀行からの借入金を加えた資金を元手に、高リスクだが、高い収益が見込める金融商品による運用を勧めた。

解説	正解
総務省の「**家計調査**」には、1世帯当たりの**1カ月間の収入と支出の金額**の統計値が記載されています。	○
平均余命は、厚生労働省の「**簡易生命表**」に記載されています。「**国民生活白書**」には、階層別・地域別の所得や消費内容が記載されています。	×
大学の入学に係る費用は、日本政策金融公庫の「**教育費負担の実態調査結果**」に記載されています。負担額は、大きい順に①**学校納付金**、②**受験費用**、③**入学しなかった学校への納付金**となっています。	○
キャッシュフロー表は、**ライフイベント表**に基づき、収支状況や金融資産残高（貯蓄残高）などの推移をまとめた表のこと。昇給や物価変動などは、合理的な範囲で設定した**変動率**に基づいて計算した**将来価値**で記入します。	○
例えば、前年末の金融資産残高が200万円、変動率1%、当年の年間収支▲10万円ならば、今年は、**200万円×(1+0.01)−10万円＝192万円**です。	○
毎年物価が2%ずつ上昇するので、年利2%で5年間の複利計算をします。 **n年後の額＝今年の額×(1+変動率)^n** **5年後の額＝240万円×(1+0.02)^5**	×
住宅ローンの返済額では、元本部分も利息部分も同じく**支出**ですから、キャッシュフロー表に見積もる必要があります。	×
可処分所得はいわゆる手取りの年収額で、額面の年収額から「所得税、住民税、**社会保険料**」を**控除**した額（差し引いた額）になります。**民間の生命保険料や損害保険料は控除**しません。	×
バランスシートの金融資産、不動産、自動車などは**取得価額**ではなく、**時価（現時点で売った場合の金額）**で記入します。	×
住宅ローンや教育ローンは**負債**です。家賃や教育費等の1年以内の**支出見込額は支出**なので、**負債**には計上しません。	×
一般的に高い収益が見込める金融商品はリスクも高い。**FPがリスクの高い投資を勧めてはいけません**。また、新入社員に借入を勧めることも不適切です。	×

3 係数の活用

□ ❶ 現在保有する資金を一定期間、一定の利率で複利運用した場合の将来の元利合計額を試算する際、保有する資金の額に乗じる係数は、現価係数である。

□ ❷ 毎年の積立額を一定期間、一定の利率で複利運用した場合の将来の元利合計額を試算する際、毎年の積立額に乗じる係数は、年金現価係数である。

□ ❸ 毎年一定時期に一定額を積み立て（年利率3%の複利運用）、20年後に1,000万円となる貯蓄計画においては、毎年の積立金額は（ ア ）円となる。また、年利率3%で複利運用しながら、毎年200万円を10年間受け取る場合においては、当初の元金として（ イ ）円が必要となる。

〈参考〉年利率3%の各種係数

	10年	20年		10年	20年
終価係数	1.3439	1.8061	資本回収係数	0.1172	0.0672
現価係数	0.7441	0.5537	年金終価係数	11.4639	26.8704
減債基金係数	0.0872	0.0372	年金現価係数	8.5302	14.8775

1.（ア）372,000　（イ）17,060,400　　2.（ア）372,000　（イ）22,927,800

3.（ア）672,000　（イ）17,060,400　　4.（ア）672,000　（イ）22,927,800

□ ❹ 現在の住宅ローン（残高1,000万円）を下記に基づき、借換えを行った場合、借換え後10年間の返済軽減額の計算式として、正しいものは（ 　 ）である。返済は年1回で、記載のない条件については考慮しない。

【現在の住宅ローン】
・借入金残高　1,000万円　　　・残存返済期間10年
・借入金利　　年3%（全期間固定金利、元利均等返済）

【借換え後の住宅ローン】
・借入金額　　1,000万円　　　・借入期間10年
・借入金利　　年2%（全期間固定金利、元利均等返済）

〈計算に使用する期間10年の各種係数〉

1%	資本回収係数0.1056	減債基金係数0.0956
2%	資本回収係数0.1113	減債基金係数0.0913
3%	資本回収係数0.1172	減債基金係数0.0872

1.（1,000万円×0.1056×10年）－1,000万円

2.（1,000万円×0.1172×10年）－（1,000万円×0.0913×10年）

3.（1,000万円×0.0913×10年）－（1,000万円×0.0872×10年）

4.（1,000万円×0.1172×10年）－（1,000万円×0.1113×10年）

現在の元本（元金）を複利運用した場合の将来の元利合計（終わりの価）を計算する係数は<u>終価</u>**係数**です。

×

毎年の積立金を複利運用した場合の、将来の元利合計額（終わりの価）を計算する係数は<u>年金終価</u>**係数**です。

×

（ア）目標額にするために必要な毎年の積立金額（積み立てる基金）を計算する係数は<u>減債基金</u>**係数**です。

1,000万円×0.0372=37.2万円

（イ）複利運用しながら、毎年目標額の年金を受け取るために必要な元本（現在の価）を求める係数は<u>年金現価</u>**係数**です。

200万円×8.5302=1,706.04万円

1

現在のローンを継続した場合の総返済額と、借り換えた場合の総返済額の差を計算します。利息を含めた毎年の元利均等返済額を計算する際に用いるのは、<u>資本回収</u>**係数**です。

現在のローン…金利は3%なので、3%の<u>資本回収</u>**係数**0.1172を用いて、10年間の返済額は「1,000万円×0.1172×10年」。

借換え後のローン…金利は2%なので、2%の<u>資本回収</u>**係数**0.1113を用いて、10年間の返済額は「1,000万円×0.1113×10年」。正解は4です。

4

6つの係数 　覚えよう

<u>終価</u>係数	現在の元金を複利運用した将来の元利合計（終わりの価）を求める
<u>現価</u>係数	複利運用で目標額にするために必要な元金（現在の価）を求める
<u>減債基金</u>係数	目標額にするために必要な積立金額（積み立てる基金）を求める
<u>資本回収</u>係数	現在の元金を複利運用しながら取り崩していく場合の、毎年の受取額（資本の回収額）を求める。住宅ローンで、毎年の元利均等返済額を求める際にも用いる
<u>年金終価</u>係数	毎年積立金を複利運用した将来の元利合計（終わりの価）を求める
<u>年金現価</u>係数	目標額の年金を受け取るために必要な元金（現在の価）を求める

学科①

ライフプランニングと資金計画

2 住宅取得のプランニング

問題数019

再現例題

　住宅ローンの借換えを検討しているAさんが、下記＜資料＞のとおり住宅ローンの借換えをした場合の負担の額（費用を含む）に関する次の記述のうち、最も適切なものはどれか。

2016年9月

［Aさんが現在返済中の住宅ローン］
- 借入残高：1,000万円
- 利率：年2％の固定金利
- 残存期間：11年
- 返済方法：元利均等返済（ボーナス返済なし）
- 返済額：毎年1,013,508円

［Aさんが借換えを予定している住宅ローン］
- 借入金額：1,000万円
- 利率：年1％の固定金利
- 返済期間：10年
- 返済方法：元利均等返済（ボーナス返済なし）
- 返済額：毎年1,051,249円　　※借換え費用：20万円

1. 完済までに577,410円負担増加　　2. 完済までに377,410円負担増加

3. 完済までに436,098円負担減少　　4. 完済までに636,098円負担減少

解答　　①　　②　　③　　④

▼ 適切なものは○、不適切なものは×で答えなさい。また、（　）に入る語句の組み合わせを選びなさい。

1 財形住宅融資

❶　財形住宅融資は、財形貯蓄の積立期間が1年に満たない場合、利用することができない。

❷　住宅ローンを新規に借り入れるときに、住宅金融支援機構が直接融資を行う財形住宅融資を利用する場合、フラット35と併用して利用することはできない。

👑1 フラット35…出題率0.35%［30問］

👑2 住宅ローンの返済と借換え…出題率0.27%［23問］

👑3 団体信用生命保険…出題率0.16%［14問］

※出題率は、過去13年間の学科試験8,539問中の出題割合［質問数］を示しています。

【住宅取得のプランニング】の出題傾向

頻出順に「フラット35」、「住宅ローンの返済と借換え」、「団体信用生命保険」に関する問題が出題されています。

1 **フラット35**…フラット35は、住宅金融支援機構が、民間金融機関と提携して提供している最長35年の固定金利型住宅ローンです。融資額や融資対象となる住宅の条件など、細かい点まで出題されています。

2 **住宅ローンの返済と借換え**…元利均等返済方式と元金均等返済方式の違い、また繰上げ返済に関する問題が頻出しています。

3 **団体信用生命保険**…団体信用生命保険（団信）は、住宅ローンの債務者が死亡・高度障害状態になったとき、生命保険会社が住宅ローン残債を債権者（銀行などの金融機関）に支払う保険です。

▼ 再現例題の解説と解答

返済額と残存期間をもとに総返済額を計算し、借換えをしなかった場合と借換えをした場合との差額を計算します。

借換えをしなかった場合…1,013,508円×11年＝11,148,588円

借換えをした場合…1,051,249円×10年＋200,000円＝10,712,490円

差額…11,148,588円－10,712,490円＝436,098円　③

▼ 解説（赤シートで消える語句をチェックできます）　🔗17ページ　▼ 正解

財形住宅融資は、財形貯蓄を1年以上続けている人を対象とした、持家（新築・中古）取得資金のための公的ローンです。

財形住宅融資とフラット35は併用可能です。

2 フラット35

☐ ❶ フラット35の資金使途は、申込者またはその親族が居住するための新築住宅の建設・購入資金に限られ、中古住宅の購入資金として利用することはできない。 ←よく出る

☐ ❷ フラット35の融資金額は、住宅の建設費等の90%以内であり、8,000万円が上限とされている。

☐ ❸ フラット35の融資金利は、一律ではなく、取扱金融機関がそれぞれ独自に設定していて、資金の受け取り時の金利が適用される。

☐ ❹ フラット35の融資を申し込むことができる者は、親子リレー返済を利用する場合を除き、65歳未満の者に限られる。

☐ ❺ フラット35（買取型）では住宅金融支援機構が融資を実行する金融機関から住宅ローン債権を買い取り、対象住宅の第1順位の抵当権者となる。

☐ ❻ フラット35の一部繰上げ返済を申し込む場合、インターネットサービス「住・My Note」を利用すると返済可能な金額は100万円以上である。

☐ ❼ フラット35は、住宅の床面積や年収等の融資条件を満たしても、借換え先の住宅ローンとして利用することはできない。

3 住宅ローンの返済と借換え

☐ ❶ 借入金額や返済期間等の他の条件が同一であれば、元利均等返済方式は、元金均等返済方式よりも、返済初回の元金部分の返済額が少ない。

☐ ❷ 借入金額や返済期間等の他の条件が同一であれば、元利均等返済方式は、元金均等返済方式よりも、利息の支払総額が多い。

フラット35の融資対象は、**新築住宅、中古住宅、借換え**（床面積：一戸建て・連続建て・重ね建ては<u>70㎡以上</u>、マンションなどは30㎡以上）です。フラット35を<u>増改築</u>に利用することはできません。

×

フラット35の融資額は、住宅の建設費等、購入価格の<u>100%</u>までで100万円以上<u>8,000万</u>円以下です。**住宅の建設費・購入価額の制限はありません。**

×

フラット35の融資金利は、**金融機関が**<u>独自</u>**に決めています。**また、金利は**全期間固定**で、<u>資金の受け取り</u>**時（融資**<u>実行</u>**時）の金利**が適用されます。

○

フラット35を申し込めるのは、<u>70</u>**歳未満**です。**親子リレー返済**は、親の住宅ローンを子や孫が引き継いで返済する返済方式で、後継者の年齢等の要件を満たせば、申込本人の年齢が<u>70</u>**歳以上**でも申し込めます。

×

フラット35（買取型）は、金融機関から**住宅金融支援機構**が住宅ローン債権を買い取り、融資の担保である住宅の**第1順位**の<u>抵当権</u>**者**となります。

○

フラット35で一部繰上げ返済する場合、インターネットで申し込む場合は<u>10</u>**万円以上**から可能です（窓口では<u>100</u>**万円以上**）。

×

他の住宅ローンからフラット35への借換えは<u>可能です</u>。なお、財形住宅融資への借換えはできません。

×

元利均等返済（毎回の返済額が一定）
- 当初は利息部分の返済額が多い。後になるほど元金の返済部分が多くなる。
- 元金均等返済に比べて、当初の返済額は<u>少ない</u>が、返済総額（総支払利息）は<u>多くなる</u>。

○

元金均等返済（元金の返済額が一定）
- 後になるほど返済する利息が減っていく。
- 元利均等返済に比べて、当初の返済額は<u>多い</u>が、返済総額（総支払利息）は<u>少なくなる</u>。　ウラ技「金（元金均等返済）が得」と覚える

○

☐ ❸ 繰上げ返済額などの他の条件が同一であれば、返済額軽減型の繰上げ返済は返済期間短縮型の繰上げ返済よりも利息の軽減効果が大きい。

☐ ❹ 他の金融機関等の住宅ローンに借り換えた場合、新たに抵当権を設定する必要があるため、登録免許税等の費用が発生する。

☐ ❺ プラン(1)とプラン(2)の借入日が同じである場合、2つのプランの当初10年間の毎月返済額の差額は、6,988円である。

プラン(1)… 当初借入金額：2,800万円
・利率：年2%
・返済期間：30年
・元利均等返済（ボーナス返済なし）
・全期間固定金利

プラン(2)… 当初借入金額：2,000万円
・利率：年1.5%
・返済期間：20年
・元利均等返済（ボーナス返済なし）
・10年固定金利期間選択型

〈返済額早見表〉100万円当たりの元利均等返済・毎月返済額（ボーナス返済なし）

期間	1.5%	2%
10年	8,979円	9,201円
20年	4,825円	5,058円
30年	3,451円	3,696円

❹ 団体信用生命保険

☐ ❶ 団体信用生命保険（団信）は、被保険者の死亡・高度障害が給付の対象で、就業不能の補償は受けられないが、がんや急性心筋梗塞等の特定疾病に罹患した場合に保険金が支払われる特約が付加されたものがある。

☐ ❷ 団体信用生命保険の保険料は、被保険者の契約時の年齢および性別と債務残高に応じて算出される。

☐ ❸ 夫婦が連帯保証方式である収入合算で住宅ローンを契約した場合、夫も妻も団体信用生命保険に加入することができる。

☐ ❹ 住宅ローン利用者が負担する団体信用生命保険の保険料は、住宅ローン利用者の生命保険料控除の対象となる。

利息は元金に対してかかるため、繰上げ返済の時期が早いほど総返済額が減少します。よって、**返済期間短縮型の繰上げ返済**の方が利息の軽減効果が<u>大きくなります</u>。　✕

住宅ローンの借換えでは、新たな抵当権設定のための**登録免許税等の費用が発生**します。　○

それぞれのプランの毎月の返済額を計算します。
プラン(1)…3,696円×(2,800万÷100万)=103,488円
プラン(2)…4,825円×(2,000万÷100万)=96,500円
103,488円−96,500円=6,988円
「100万円当たりの元利均等返済・毎月返済額」とは、100万円借りた際に、それぞれの利率／年数で毎月どれくらい返済する必要があるかを示したものです。借りた金額が2,800万円であれば、(2,800万÷100万=)28倍すればいいわけです。10年固定金利期間選択型とは、10年間は固定金利で、その後は固定金利か変動金利を選択できる制度です。本問で求められているのは当初10年間の返済額ですから、固定金利の計算と同じです。　○

▼ 解説（赤シートで消える語句をチェックできます）　🖙21ページ　▼ 正解

団体信用生命保険は、住宅ローンの債務者が<u>死亡・高度障害状態</u>になったときに、生命保険会社が住宅ローンの残債を債権者（銀行などの金融機関）に支払う保険で、ほとんどの民間住宅ローンで加入が義務づけられています（フラット35では任意加入）。<u>がん、脳卒中、心筋梗塞</u>の3大疾病にかかった場合にも保険金が支払われるなどの**特約が付加されたものも**あります。　○

団体信用生命保険の保険料に、被保険者の**年齢性別は関係**しません。債務残高に応じて算出されます。　✕

連帯保証による収入合算では、<u>主債務者</u>のみが団体信用生命保険に加入できます。**連帯保証人**は加入できませんし、<u>住宅ローン控除</u>の適用もありません。　✕

契約者と保険金受取人が**金融機関**なので、保険料は生命保険料控除の対象に<u>はなりません</u>。また、死亡保険金は相続税の課税対象に<u>はなりません</u>。　✕

3 教育資金のプランニング

問題数021

再現例題

教育ローンおよび奨学金に関する次の記述のうち、最も不適切なものはどれか。

2016年1月

1. 日本政策金融公庫の教育一般貸付を利用するためには、保護者の世帯年収（所得）が申込人の世帯で扶養している子どもの人数に応じて定められている金額以内であることが要件とされている。

2. 日本政策金融公庫の教育一般貸付の資金使途は、入学金や授業料などの学校納付金に限られ、自宅外から通学する学生の住居にかかる費用は対象外である。

3. 日本政策金融公庫の教育一般貸付の申込人は、学生の保護者であるが、所定の要件を満たす学生本人も申込人となることができる。

4. 独立行政法人日本学生支援機構の奨学金制度のうち、無利息で貸与を受けられる第一種奨学金は、特に優れた者であって経済的理由により著しく修学に困難があるものと認定された者に貸与される。

解答 ① ② ③ ④

▼ 適切なものは○、不適切なものは×で答えなさい。また、（　）に入る語句の組み合わせを選びなさい。

1 学資（こども）保険

□ ❶ 結婚3年目で第一子が誕生した会社員のBさん（31歳）は、子どもの将来の教育資金づくりとして、保険料が毎月定額払いのこども保険に加入した。

□ ❷ 学資（こども）保険契約者が保険期間内に死亡し、以後の保険料の払込みが免除されても、被保険者である子が所定の時期に生存していれば、祝金や満期祝金は支払われる。◀よく出る

出題DATA　過去13年間

👑1 教育一般貸付（国の教育ローン）…出題率0.46%［39問］

👑2 日本学生支援機構の奨学金…出題率0.39%［33問］

👑3 クレジットカード…出題率0.33%［28問］

※出題率は、過去13年間の学科試験8,539問中の出題割合［質問数］を示しています。

【教育資金のプランニング】の出題傾向

頻出順に「教育一般貸付（国の教育ローン）」、「日本学生支援機構の奨学金」、「クレジットカード」に関する問題が出題されています。

1　教育一般貸付…教育一般貸付は日本政策金融公庫による教育ローンです。貸し付けられた資金は、入学金、授業料などの学校納付金以外にも使用できることがよく問われます。日本学生支援機構の奨学金と重複利用ができます。

2　日本学生支援機構の奨学金…日本学生支援機構の奨学金には、貸与型（第一種奨学金、第二種奨学金）と、給付型（返還不要）があります。原則、学生本人が申込人で、決められた募集期間内に申し込みます。

3　クレジットカード…最近出題が増えてきました。独立した項目ですが、本書では「教育資金のプランニング」に入れてあります。

▼ 再現例題の解説と解答

日本政策金融公庫の教育一般貸付は、学校納付金のほかにも、受験料・受験のための交通費・宿泊費、アパートやマンションの敷金・家賃、教科書代や教材費、通学費用、修学旅行費用、学生の国民年金保険料などにも使うことができます。ただし、教育一般貸付は、義務教育期間中の費用は対象外となっています。　②

▼ 解説（赤シートで消える語句をチェックできます）　⇨24ページ　▼ 正解

学資（こども）保険には、月払い、年払い、一括払い等があり、生命保険会社によって返戻率（受取総額÷既払込保険料総額）や保障内容が異なります。	○
契約者（親）が死亡・高度障害となった場合、以降の保険料払込みは免除されて、祝金等は契約通りに受け取ることができます。なお、被保険者（子）が死亡した場合、死亡保険金が受取人に支払われ、保険契約は消滅します。	○

☐ **❸** 学資（こども）保険は、加入後いつでも解約することができ、解約返戻金は払込保険料総額を下回ることはない。

2 教育一般貸付（国の教育ローン）

☐ **❶** 日本政策金融公庫の教育一般貸付を利用するためには、世帯年収（所得）が世帯で扶養している子どもの人数によって定められた金額以内であることが要件とされている。

☐ **❷** 教育一般貸付の返済期間は、交通遺児家庭や母子家庭などの場合を除き、20年以内である。

☐ **❸** 教育一般貸付の融資限度額は、子ども1人につき400万円とされている。
　　←よく出る

3 日本学生支援機構の奨学金

☐ **❶** 独立行政法人日本学生支援機構の奨学金には、給付型奨学金と、貸与型の第一種奨学金（無利息）、第二種奨学金（在学中は無利息で卒業後に利息）がある。

☐ **❷** 日本学生支援機構の奨学金制度では、返還金を延滞した場合、延滞日数に応じて延滞金が課せられる。

4 高等学校等就学支援金制度

☐ **❶** 高等学校等就学支援金は、学校設置者が生徒本人に代わって受け取り授業料に充てるしくみのため、生徒や保護者が直接お金を受け取るものではない。

☐ **❷** 高等学校等就学支援金制度を利用するためには申請が必要で、原則として、保護者等の収入状況を登録する必要がある。

☐ **❸** 所得判定基準が304,200円未満（年収約910万円未満）の世帯の生徒の場合、国公立高校でも私立高校でも授業料負担は実質0円になる。

学資（こども）保険では、**解約返戻金が既払込保険料総額を下回る**ことがあります。なお、**学資祝金や満期祝金は、所得税・住民税の課税対象**です。 ✕

▼ 解説（赤シートで消える語句をチェックできます）　📖25ページ　▼ 正解

教育一般貸付は国（日本政策金融公庫）の教育ローンで**一年中いつでも申込可能**です。**子どもの数に応じた世帯年収**の制限があります。利用には、**親族の連帯保証、または公益財団法人教育資金融資保証基金の保証**が必要です。 ○

返済期間は、交通遺児家庭や母子家庭なども含めて一律**18年以内**で固定金利です。子どもの**在学期間中は元金据え置きで利息のみの返済**が可能です。 ✕

教育一般貸付の融資限度額は、学生・生徒１人につき**350万円**です。自宅外通学など、一定の要件を満たす場合の限度額は**450万円以内**です。※ ✕

※自宅外通学のほか、修業年限５年以上の大学（昼間部）、大学院、海外留学（修業年限３カ月以上の外国教育施設に留学）が融資限度額450万円。

▼ 解説（赤シートで消える語句をチェックできます）　📖25ページ　▼ 正解

日本学生支援機構の奨学金には、所得金額と学業成績による判定があり、判定が厳しく無利息の**第一種奨学金**（住民税非課税世帯には学力基準なし）と、判定が緩やかで**卒業後に利息（上限3%）が付く第二種奨学金**があります。※ ○

日本学生支援機構の**貸付対象は学生本人**で、奨学金は**進学後に学生本人名義の口座**に振り込まれます。返還金の返済が遅れると**延滞金**が発生します。 ○

※給付型奨学金は住民税非課税世帯・準ずる世帯が対象。授業料・入学金の免除／減額制度もある。

▼ 解説（赤シートで消える語句をチェックできます）　📖25ページ　▼ 正解

高等学校等就学支援金は、**学校設置者（都道府県や学校法人など）が生徒本人に代わって受け取って授業料に充てる制度**です。 ○

高等学校等就学支援金の受給資格を得るためには**申請（オンライン可）**が必要で、保護者等の収入状況を登録する必要があります。 ○

所得判定基準が304,200円未満の場合、**少なくとも公立高校授業料相当額が支給**され、**国公立高校では授業料負担が実質０円**になります。また、**入学後に基準を満たすようになった場合でも認定を受ける**ことができます。 ✕

5 クレジットカード

❑ ❶ クレジットカードを使用したキャッシング（無担保借入）は、貸金業法上、総量規制の対象となり、キャッシング利用可能額の合計は、原則として、その他の無担保借入残高（他社も含む）と合算して年収額の3分の2までとなっている。

❑ ❷ リボルビング払いの手数料の支払方式には、月々の一定の支払額の中に手数料を含めて請求される「ウィズイン方式」と、月々の一定の元金支払額に手数料を上乗せして請求される「ウィズアウト方式」とがある。

❑ ❸ クレジットカードは、クレジットカード会員の所有物であるため、自己の責任において第三者に自由に貸与することができる。

❑ ❹ 割賦販売法の規定によれば、クレジットカード会社は、利用者とクレジット契約を行う際、その利用者の年収、生活維持費、クレジット債務などから算定される支払可能見込額を調査することが原則として義務付けられている。

❑ ❺ クレジットカード会社は、加盟する指定信用情報機関を通じて、会員の属性情報（氏名、生年月日、住所、電話番号、勤務先名等）を閲覧することはできるが、会員の自社以外のクレジットカードの利用状況を閲覧することはできない。

❑ ❻ クレジットカードのショッピングの利用可能枠を換金する目的で利用する「ショッピング枠現金化」は、クレジットカード会員規約に規定されている禁止行為に該当する。

❑ ❼ 買い物の際にクレジットカードを利用し、ボーナス一括払いを選択した場合、手数料はかからない。

❑ ❽ クレジットカードのキャッシング機能で借入れをし、1回払いを選択した場合、利息はかからない。

❑ ❾ 割賦販売法では、アドオン金利の表示を禁止している。

貸金業法における融資額の総量規制によって、消費者金融等で個人が無担保で借金できる金額は年収の3分の1までとなっています。自動車ローン（ディーラーローン）は、自動車という担保があるので総量規制の対象外です。なお、貸付金の上限金利は、利息制限法で15〜20%と決められています。

×

クレジットカードのリボルビング払いは、毎月一定金額を支払う方式で、返済していない分の残高に対して利息が発生します。ウィズイン方式は毎月一定の支払額に手数料が含まれる方式で、ウィズアウト方式は毎月一定の元金支払額に手数料を上乗せして支払う方式です。

○

クレジットカードは会員に貸与されたものであり、第三者に貸与、譲渡することはできません。また、裏面に署名がないカードを不正使用されると損害が補償されないことがあります。

×

割賦販売法により、クレジットカード会社はカード利用者の年収、生活維持費、クレジット債務等から算定される支払可能見込額を調査することが義務付けられています。

○

クレジットカード会社は、指定信用情報機関を通じて、会員の属性情報、他社のクレジットカードの利用状況を閲覧することができます。また、クレジットカードの会員は、信用情報機関によって登録されている自己の信用情報を確認することができます。

×

ショッピング枠現金化は、ショッピングの利用可能枠内で買った商品を現金化業者に買い取ってもらう禁止行為です。カード利用者は現金を手に入れられますが、返済が必要です。現金化業者は商品を転売して利益を得ます。

○

クレジットカードの支払では、1回払い・2回払い、ボーナス一括払いには消費者側に手数料は発生しません。

○

クレジットカードのキャッシングは、無担保の借り入れなので、1回払いを含めてどの返済方法でも、原則として金利が発生します。

×

アドオン金利[※]は、実際の金利より低いという誤解を生じさせるため、割賦販売法では、アドオン金利の表示でなく実質年利の表示を義務付けています。

○

※元金全額に対して貸出期間分の利息を計算し、その元利金合計額を割賦回数で割って毎回の返済額を決める方式（アドオン方式）で用いる金利。実質金利負担はこれよりも大きくなる。

4 健康保険

問題数028

公的医療保険に関する次の記述のうち、最も不適切なものはどれか。

2022年1月

1. 健康保険の被保険者の甥や姪が被扶養者になるためには、被保険者と同一世帯に属していることが必要である。

2. 国民健康保険の被保険者が75歳に達すると、その被保険者資格を喪失し、後期高齢者医療制度の被保険者となる。←よく出る

3. 全国健康保険協会管掌健康保険（協会けんぽ）の場合、一般保険料率は全国一律であるのに対し、介護保険料率は都道府県ごとに定められており、都道府県によって保険料率が異なる。←よく出る

4. 健康保険の被保険者資格を喪失する日の前日までに引き続き2ヵ月以上被保険者であった者は、原則として、被保険者資格を喪失した日から20日以内に申請することにより、最長で2年間、健康保険の任意継続被保険者となることができる。 解答 ① ② ③ ④

▼ 適切なものは○、不適切なものは×で答えなさい。また、（　）に入る語句の組み合わせを選びなさい。

1 国民健康保険

☐ ❶ 個人事業主や農林漁業者などが被保険者となる国民健康保険は、国が保険者として運営している。

☐ ❷ 国民健康保険には被扶養者という制度はなく、加入者全員が被保険者となる。

☐ ❸ 国民健康保険の医療費の一部負担金（自己負担額）の割合は、75歳未満の者については、一律3割である。←よく出る

【健康保険】の出題傾向

頻出順に「公的介護保険」、「高齢者の公的医療」、「健康保険の概要」に関する問題が出題されています。

1 公的介護保険…第1号被保険者は65歳以上の人が対象。第2号被保険者は40歳以上65歳未満の人で加齢を原因とする特定疾病によって要介護者となった人が対象です。

2 高齢者の公的医療…後期高齢者医療制度での医療費の一部負担金（自己負担割合）が頻出しています。

3 健康保険の概要…健康保険の基本知識が出題されます。

▼ 再現例題の解説と解答

全国健康保険協会管掌健康保険（協会けんぽ）の介護保険料率は、一般保険料率が都道府県ごとに異なり、介護保険料率が全国一律です。 ③

▼ 解説（赤シートで消える語句をチェックできます）　☞28・29ページ　▼ 正解

国民健康保険を運営する保険者は、**都道府県・市町村（特別区を含む）**、または**国民健康保険組合**です。　✕

国民健康保険は加入者全員が被保険者で、**被扶養者制度**は**ありません**。　○

医療費の一部負担金（自己負担額）の割合は、下の通りです。

医療費の自己負担（窓口負担）割合　覚えよう

小学校入学前	70歳未満	70～75歳未満	75歳以上
2割	3割	2割	1割

▲70歳以上の現役並み所得者は3割。75歳以上で一定以上の収入がある者は2割。　✕

※75歳以上で課税所得が28万円以上かつ「年金収入＋その他の合計所得金額」が単身世帯の場合で200万円以上、複数世帯の場合で320万円以上あれば、自己負担割合が2割。

2 健康保険の概要

☐ ❶ 妊娠期間中の定期的な検診である妊婦健康診査は、健康保険の療養の給付の対象となる。

☐ ❷ 健康保険の適用事業所に常時使用される75歳未満の者は、原則として、全国健康保険協会管掌健康保険または組合管掌健康保険に加入する。

☐ ❸ 協会けんぽの健康保険は、標準報酬月額（標準賞与額）に保険料率を乗じた額が、各月（各賞与時）の保険料額となり、その額を労使で折半する。

3 高額療養費

☐ ❶ 全国健康保険協会管掌健康保険（協会けんぽ）において、70歳未満の被保険者が受けた療養に係る高額療養費の自己負担限度額は、被保険者の所得状況等に応じて設定されている。

☐ ❷ 75歳以上の者が入院した場合における高額療養費の自己負担限度額は、その者の所得の金額にかかわらず、一律定額である。

☐ ❸ 被扶養者である妻の入院時の食事代や差額ベッド代は、高額療養費の対象となる。

4 傷病手当金と出産育児一時金

☐ ❶ 被保険者が業務外の事由による負傷または疾病の療養のため仕事を連続して4日以上休み、報酬を受けられなかった場合は、4日目以降の労務に服することができない日に対して傷病手当金が一定期間支給される。

☐ ❷ 傷病手当金の額は、1日につき、当該被保険者の標準報酬日額の4分の3に相当する額で、支給期間は、その支給を始めた日から1年を限度とする。

☐ ❸ 被保険者が産科医療補償制度に加入する医療機関で出産した場合の出産育児一時金の額は、1児につき50万円である。

妊婦健康診査は、病気やケガによるものではないため療養の給付の対象外です。人間ドックや美容目的の手術なども、療養の給付の対象外です。

✕

75歳未満の企業の従業員・役員は、全国健康保険協会管掌健康保険（協会けんぽ）または組合管掌健康保険（組合健保）に加入します。

○

保険料額は、標準報酬月額※（賞与は標準賞与額）の該当額に保険料率を乗じた額で、協会けんぽでは、事業主と被保険者が労使折半（半分ずつ）です。※

○

※標準報酬月額の算定基礎となる報酬月額は、通勤手当や住宅手当などを含めた額である。

高額療養費の自己負担限度額は、所得状況に応じて設定されています。70歳未満は健康保険限度額適用認定証※（70歳以上75歳未満は高齢受給者証）の交付を受けていれば、窓口での支払いを限度額までに抑えることができます。

○

後期高齢者医療制度（75歳以上もしくは認定を受けた65歳以上）の高額療養費の自己負担限度額は、被保険者の所得状況に応じて設定されています。

✕

高額療養費の対象は、同一月に病院で支払った一部負担金の世帯合計額のうち、高額療養費算定基準額（自己負担限度額）を超えた分の金額です。入院時の食事代や保険適用外の差額ベッド代は対象外です。

✕

※マイナンバーカードや保険証を用いたオンライン資格確認システムの導入された医療機関等では、本人の同意があれば限度額適用認定証は不要となる。

傷病手当金は、3日間（待期期間）休んだ後、休業4日目以降の給与支払いがない日に対して支給されます（給与一部支給は差額分の手当金を支給）。4日連続休みでも、3日休み→1日出勤→1日（4日目）休みでも支給されます。

○

支給額は1日に「支給開始日以前の継続した12カ月間の各月の標準報酬月額の平均額÷30日×2/3」。支給期間は支給開始日から通算して1年6カ月。

✕

出産育児一時金※は、一児につき50万円（産科医療補償制度に加入していない医療機関等での出産の場合は48.8万円）です。直接支払制度と受取代理制度があります。

○

※出産で会社を休んで給与が支給されない場合、出産手当金が支給される。対象期間は出産前の42日間＋出産後の56日間で、支給額は1日に「標準報酬月額の平均額÷30」の3分の2。

学科①
ライフプランニングと資金計画

5 任意継続被保険者

☐ ❶ 健康保険の任意継続被保険者に関する次の記述の空欄（ア）～（ウ）にあてはまる語句の組み合わせとして、最も適切なものは（　）である。
退職により健康保険の被保険者資格を喪失した場合、資格喪失日の前日まで継続して（ア）以上健康保険の被保険者期間がある者は、原則として、資格喪失日から20日以内に任意継続被保険者となるための申出をすれば、引き続き（イ）、退職時に加入していた健康保険の被保険者となることができる。任意継続被保険者の保険料については、その（ウ）が自己負担となる。
1.（ア）2カ月　（イ）3年間　（ウ）50%
2.（ア）2カ月　（イ）2年間　（ウ）全額
3.（ア）6カ月　（イ）2年間　（ウ）50%
4.（ア）6カ月　（イ）3年間　（ウ）全額　　　　　　　◀よく出る

☐ ❷ 自己都合による退職により被保険者資格を喪失した場合には、他の要件を満たしていたとしても、健康保険の任意継続被保険者となることはできない。

☐ ❸ 任意継続被保険者に所定の要件を満たす配偶者や子がいる場合、所定の手続きにより、それらの者を健康保険の被扶養者とすることができる。

6 高齢者の公的医療

☐ ❶ 68歳のAさんが、子が加入する健康保険の被扶養者となるためには、原則としてAさんが国内居住者であり、自身の年間収入が180万円未満である必要がある。

☐ ❷ 健康保険の被保険者であるDさん（69歳）は、70歳になると健康保険の被保険者資格を喪失し、後期高齢者医療制度の被保険者となる。

☐ ❸ 後期高齢者医療制度の被保険者が保険医療機関等の窓口で支払う医療費の一部負担金の割合は、原則として1割だが、現役並み所得者は3割、一定以上の収入がある者は2割とされている。

退職後に任意継続被保険者となるための条件　**覚えよう**

- 被保険者期間が継続して**2カ月**以上あること。
- 退職日の翌日（資格喪失日）から **20 日以内**に申請すること。
- 加入期間…最長**2年間**。
- 保険料…**全額**自己負担（協会けんぽの場合、退職前は**労使折半**）。退職時の標準報酬月額と、健康保険組合の全被保険者の標準報酬月額の平均額の、いずれか少ない方の額をもとに算出。
- 資格喪失後の継続給付を除き、**傷病手当金・出産手当金は支給されない**。

ウラ技「2カ月以上・20日以内・最長2年」←「任意は2」と覚える
実技でも頻出問題です。必ず覚えておきましょう。

健康保険の被保険者は、退職**理由にかかわらず**、要件を満たしていれば**任意継続被保険者**となることができます。　×

任意継続被保険者には、**配偶者（内縁関係を含む）や子を被扶養者とする制度**があります。　○

健康保険の被扶養者（一定の親族）の要件　**覚えよう**

- 被扶養者の**年収130万円未満**。被扶養者が**60歳以上**または障害年金受給者の場合は、**年収180万円未満**。収入には公的な年金や手当金も含む。
- 同居（同一世帯）の場合…**年収が被保険者の年収の2分の1未満**。
- 別居の場合…年収が援助額（仕送り額）より少ないこと。

○

後期高齢者医療制度の適用対象者は**75歳以上**※の人、または65歳以上75歳未満で一定の障害認定を受けた人です。　×

後期高齢者医療制度の被保険者が支払う自己負担（窓口負担）割合は、**原則として1割**、現役並み所得者が**3割**、一定以上の収入がある者が2割です（23ページ）。　○

※後期高齢者医療制度の適用対象者は、健康保険の被扶養者になれない。

□ **④** 後期高齢者医療制度の被保険者の配偶者で、年間収入が180万円未満の者は、被扶養者として後期高齢者医療給付を受けることができる。

□ **⑤** 後期高齢者医療制度の被保険者が受給する公的年金から徴収される本制度の保険料は、全国一律の保険料率によって算定される。

□ **⑥** 後期高齢者医療制度の保険料の納付は、納付書による納付または口座振替となっており、公的年金からの徴収は行われていない。

7 公的介護保険

□ **❶** 介護保険の第2号被保険者は40歳以上65歳未満の人で、介護が必要となった原因を問わず、要介護認定を受けることができる。←よく出る

□ **❷** 公的介護保険の第1号被保険者で、公的年金制度から年額18万円以上の老齢等年金給付を受給している者の介護保険料は、原則として公的年金から徴収される。

□ **❸** 公的介護保険の第2号被保険者の自己負担割合は1割だが、第1号被保険者については、本人の合計所得金額が160万円未満、または同一世帯の第1号被保険者の年金収入とその他の合計所得金額の合計額が一定額未満の場合のみ1割負担となっている。

□ **❹** 介護老人福祉施設（特別養護老人ホーム）は、リハビリテーションを中心とした医療サービスを提供する施設で、要支援者と認定された者がその施設サービスを受けることができる。

□ **❺** 要支援者と認定された者が居宅に手すりの取付けや床段差の解消などの住宅改修を行った場合は、所定の要件を満たせば、公的介護保険から介護予防住宅改修費の支給を受けることができる。

□ **❻** 同一月内の介護サービス利用者負担額が一定の上限額を超えた場合は、所定の手続きにより、超えた分が高額介護サービス費として支給される。

後期高齢者医療制度には被扶養者という制度がありませんから、本問の配偶者は国民健康保険の被保険者または別の者の被扶養者になる必要があります。 ✕

後期高齢者医療制度は、**都道府県の後期高齢者医療広域連合が運営**（**市町村が保険料徴収や給付申請受付**）し、保険料率は都道府県ごとに異なります。 ✕

後期高齢者医療制度の被保険者で公的年金が年額18万円以上の人は、保険料が公的年金から徴収（特別徴収）されます。 ✕

▼ 解説（赤シートで消える語句をチェックできます）　🔖37・38ページ　▼正解

介護保険の**第1号被保険者**は65歳以上の人が対象で、市町村（特別区を含む）からの要介護・要支援認定によって介護給付が受けられます。**第2号被保険者**は40歳以上65歳未満の人で、初老期認知症など、加齢を原因とする特定疾病によって要介護・要支援認定された場合に介護給付が受けられます。 ✕

介護保険の**第1号被保険者**（65歳以上の人）で公的年金が年額18万円以上の人は、保険料が公的年金から徴収されます。なお、**第2号被保険者に扶養されている配偶者**（40歳〜64歳）の介護保険料は第2号被保険者が支払う介護保険料でまかなわれるため、個別に納める必要はありません。 ○

第1号被保険者（単身世帯）は、合計所得金額160万円未満が1割、160万円以上〜220万円未満が年金収入を加算して280万円以上が2割、220万円以上が年金収入を加算して340万円以上が3割負担。※介護サービス計画の作成は無料（**本人作成可**）。介護保険施設の食事・居住費は全額自己負担。 ○

介護老人福祉施設（特別養護老人ホーム）…入浴や食事などの日常生活上の支援や療養上の世話などを提供する施設。要介護3以上の者が入所できる。
介護老人保健施設（老健）…リハビリテーションを中心とした医療サービスを提供する施設。要介護1以上の者が施設サービスを受けられる。 ✕

介護のための住宅改修を行った場合、所定の要件を満たせば、公的介護保険から一定の限度額内で改修費用の**9割**を限度に、**要支援者には**介護予防住宅改修費が、**要介護者には**居宅介護住宅改修費が支給されます。 ○

所得区分に応じた限度額（上限は課税所得690万円以上の140,100円）を超えた分は、**高額介護サービス費**として払い戻しを受けることができます。 ○

※2人以上世帯では、第1号被保険者本人の合計所得金額が220万円以上、かつ同一世帯の第1号被保険者の年金収入とその他の合計所得金額の合計額が463万円以上の場合3割となる。

5 労災保険と雇用保険

問題数022

再現例題

労働者災害補償保険の給付に関する次の記述のうち、最も不適切なものはどれか。

2016年1月

1. 労働者が業務上の負傷または疾病の療養により労働することができない ために賃金を受けられない場合、賃金を受けない日の第1日目から休業 補償給付が支給される。←よく出る

2. 業務上の負傷または疾病により、労災指定病院で療養補償給付として受ける療養の給付については、労働者の一部負担金はない。←よく出る

3. 労働者の業務上の負傷または疾病が治癒し、身体等に一定の障害が残った場合に、その障害の程度が労働者災害補償保険法で規定する障害等級に該当するときは、障害補償給付が支給される。

4. 労働者が業務上の災害により死亡したときに支払われる遺族補償年金の年金額は、受給権者本人および受給権者と生計を同じくしている受給資格者の人数により異なる。

解答 ① ② ③ ④

▼ 適切なものは○、不適切なものは×で答えなさい。また、（　）に入る語句の組み合わせを選びなさい。

TOP60 **1** 労働者災害補償保険（労災保険）

☐ ❶ 労働者災害補償保険（労災保険）の適用を受ける労働者には、雇用形態がアルバイトやパートタイマーである者は含まれない。

☐ ❷ 労災保険の保険料は、事業主が全額を負担するが、労災の保険料率は業種にかかわらず、一定率である。

☐ ❸ 日本国内の継続事業を行う事業主から派遣されて海外で就業する者は、労災保険の特別加入者の対象となる。

☐ ❹ 労災保険は、業務災害に対する補償給付や通勤災害に対する給付を行うほか、脳血管疾患や心臓疾患の発症を予防する目的で二次健康診断等給付を行う。

出題DATA 過去13年間

👑1 雇用保険の基本手当…出題率0.69%［59問］
👑2 労働者災害補償保険（労災保険）…出題率0.66%［56問］
👑3 雇用保険の給付金…出題率0.64%［55問］

※出題率は、過去13年間の学科試験8,539問中の出題割合［質問数］を示しています。

【労災保険と雇用保険】の出題傾向

頻出順に「雇用保険の基本手当」、「労働者災害補償保険（労災保険）」、「雇用保険の給付金」に関する問題が出題されています。

1 **雇用保険の基本手当**…基本手当（いわゆる失業給付）の受給期間は、離職の日の翌日から1年間ということを覚えておきましょう。

2 **労働者災害補償保険（労災保険）**…療養の給付は労働者の自己負担なし、休業補償給付は4日目から支給という2点が超頻出です。

3 **雇用保険の給付金**…高年齢雇用継続給付、育児休業給付、介護休業給付があります。高年齢雇用継続給付がよく出題されます。

▼ 再現例題の解説と解答

労働者災害補償保険（労災保険）は、労働基準監督署が管轄する制度です。労災の休業補償給付は、労働者が業務上の負傷疾病で労働できず、賃金が受けられないときに、休業4日目から支給されます。　　　①

▼ 解説（赤シートで消える語句をチェックできます）　　⏎42ページ　▼ 正解

労働者災害補償保険（労災保険）は、原則として1人以上の労働者（**アルバイト、パートタイマーを含みます**）を使用する全事業所が加入する制度です。	✕
保険料は**全額が**事業主負担です。労災の保険料率は業種により異なり、労災事故の可能性の高い事業ほど保険料率が高く設定されています。	✕
海外の事業所で働く者は、労災保険の特別加入者の対象となります。	○
労災保険は、**業務災害**と通勤災害が対象で、**原則として**無料で治療や薬剤の支給が受けられます。また**二次健康診断等給付**を受けることもできます。※	○

※職場の定期健康診断等（一次健康診断）で異常の所見が認められた場合に、脳血管・心臓の状態を把握するための二次健康診断等の給付を受けることができる。

□ ❺ 労働者の業務上の負傷または疾病が、療養開始後1年を経過しても治癒せず、その傷病による障害の程度が傷病等級に該当する場合、傷病補償年金が支給される。

□ ❻ 労働者が業務上の負傷または疾病により死亡した場合、葬祭を行う者に葬祭料が支給される。

□ ❼ 自宅から会社へ向かう途中、風邪の治療のため病院に立ち寄った後、通常の経路に戻ったところで転倒して負傷したときは、通勤災害と認められる。

TOP 60 ❷ 雇用保険の基本手当

□ ❶ 雇用保険の基本手当の受給期間は、原則として、離職の日の翌日から2年間である。

□ ❷ 基本手当日額の計算の基礎となる賃金日額は、離職した日の直前の6カ月に毎月支払われた賃金（賞与等は除く）の総額を180で除した金額である。

□ ❸ 雇用保険の基本手当は、離職の日以前に一定の被保険者期間を有する70歳未満の者が受給することができる。

□ ❹ 雇用保険の基本手当の受給期間内に出産、疾病などの理由で引き続き30日以上職業に就くことができない場合は、所定の期間内に申出をすることにより、受給期間を延長することができる。

□ ❺ 雇用保険の基本手当は、会社都合での希望退職で離職した場合、受給資格決定日以後において通算7日経過したときに支給が開始される。

□ ❻ 雇用保険の基本手当の所定給付日数は、離職理由や被保険者期間、離職時の年齢等に応じて定められており、就職困難者等を除く一般の離職者の場合、最長で300日である。

療養開始から1年6カ月を経過しても治癒せず、障害の程度が傷病等級に該当する場合、**業務上災害では傷病補償年金**が支給されます。また、**通勤災害では傷病年金**が支給されます。	✕
労災保険には**葬祭料**があります。葬祭料は、遺族、友人など、労働者の葬祭を行う者に一定額を支給するものです。	〇
通勤災害は、通勤途中の災害が対象。日用品の購入、**選挙権の行使**、病院での診察、親族の介護等は、**中断後も通勤経路に戻れば「通勤」**となる。	〇

▼ 解説（赤シートで消える語句をチェックできます）　　　　　　　→44ページ　▼ 正解

雇用保険の基本手当（失業給付）の受給期間（給付を開始できる期間）は、**離職の日の翌日から1年間**です。なお、雇用保険の基本手当を受給している間は、**特別支給の老齢厚生年金（65歳未満）は支給停止**となります。	✕
離職直前6カ月に毎月支払われた賃金の合計（賞与等除く）を180で割った金額が賃金日額です。賃金日額に給付率を掛けた金額が、**基本手当日額**です。	〇
基本手当（公共職業安定所に求職の申込みが必要）は、離職の日以前2年間の被保険者期間が通算12カ月以上ある65歳未満の者が受給できます。	✕
基本手当の受給期間は離職した日の翌日から1年間ですが、その間、病気、出産・育児、介護等で30日以上継続勤務できなくなった場合は**最長3年延長**でき、本来の受給期間1年を含めると**受給期間は最長4年間**となります。	〇
基本手当は退職後7日間の待期期間の経過後に給付されます。**正当な理由のない自己都合退職**では7日間＋2カ月間の給付制限期間の経過後です。※	〇

基本手当の所定給付日数(基本手当が給付される日数)は、以下のとおりです。

基本手当の所定給付日数				覚えよう
被保険者期間 （離職前2年間）	1年未満	1年以上 10年未満	**10年以上 20年未満**	**20年以上**
一般受給資格者 （自己都合・定年退職）	支給なし	90日	120日	150日
特定受給資格者 （会社都合：倒産・解雇）	90日	90～270日…年齢と被保 険者期間によって異なる		最長で 330日

（上記表の正解：✕）

※正当な理由のない自己都合退職の給付制限期間は、**5年間のうち3回目の退職からは3カ月**。

③ 雇用保険の給付金

☐ ❶ 高年齢雇用継続給付の支給対象月は、原則として、一般被保険者が60歳に達した日の属する月から65歳に達する日の属する月までの期間内にある月である。

☐ ❷ 高年齢雇用継続基本給付金は、一般被保険者に対して支給対象月に支払われた賃金の額が、原則として60歳到達時の賃金月額の85%未満であるときに支給される。←よく出る

☐ ❸ 一般被保険者に対して各支給対象月に支払われた賃金の額が60歳到達時の賃金月額の61%未満である場合、高年齢雇用継続給付の1カ月当たりの支給額は、支給対象月に支払われた賃金の額の25%相当額が上限となる。

☐ ❹ 再就職手当は、基本手当の所定給付日数が2分の1以上残っている状態で安定した職業に就くと支給される。

☐ ❺ 高年齢再就職給付金は、離職してから再就職するまでの期間内に雇用保険の基本手当を受給していないことが、受給要件の一つである。

☐ ❻ 育児休業給付金を受給するためには、原則として、一般被保険者が育児休業を開始した日（または産前休業を開始した日）前2年間に、みなし被保険者期間が通算して12カ月以上なければならない。

☐ ❼ 育児休業給付金の支給額は、原則として、育児休業給付金の支給に係る休業日数が通算して180日に達するまでの間は、1支給単位期間当たり、「休業開始時賃金日額×支給日数×67%」相当額とされる。

☐ ❽ 介護休業給付金の支給において介護の対象となる家族とは、雇用保険の一般被保険者の配偶者、父母および子であり、配偶者の父母は含まれない。

高年齢雇用継続給付の受給資格は、<u>60</u>歳到達月から<u>65</u>歳到達月までの一般被保険者で、被保険者期間が**通算**<u>5</u>**年以上**あることが必要です。高年齢雇用継続給付には**高年齢雇用継続基本給付金**と**高年齢再就職給付金**があります。

○

高年齢雇用継続基本給付金は、<u>60</u>歳到達時の賃金月額より<u>75</u>**％未満**であるときに支給されます。

（ウラ技）高年齢雇用継続基本給付金で泣こう　7 5

×

高年齢雇用継続基本給付金の支給額は、**60歳到達時**の賃金月額からの低下率によりますが、上限は「<u>60</u>**歳以後の賃金**×<u>15</u>**％相当額**」です。なお、高年齢雇用継続基本給付を受給している間は、**老齢厚生年金（在職老齢年金）は減額（支給停止率の上限は標準報酬月額の**<u>6</u>**％）**となります。

×

再就職手当は、基本手当の所定給付日数が<u>3分の1</u>以上残っている状態で、安定した職業に就き、一定要件を満たした場合に支給されます。

×

高年齢再就職給付金は、離職してから**雇用保険の基本手当**を<u>受給</u>し、受給日数を<u>100</u>日以上残して60歳以上65歳未満で再就職した者に支給されます。

×

育児休業給付金の受給には、原則として、育児休業開始日（または産前休業を開始した日）前<u>2</u>**年間**にみなし被保険者期間が通算して<u>12</u>**カ月以上**あること、また休業中の賃金が休業開始前の1カ月の**賃金の**<u>80</u>**％未満**であることが必要です（<u>介護</u>**休業給付金も同様**）。

○

育児休業給付金は、**子が**<u>1</u>**歳（必要と認められる場合は最長**<u>2</u>**歳）**になるまで給付されます。支給額は、休業開始<u>180</u>**日目**までは「**休業開始時賃金日額×支給日数**×<u>67</u>**％**、それ以降は<u>50</u>**％**です（休業中の賃金により減額あり）。なお、**子が満**<u>3</u>**歳**になるまでの育児休業期間中の**健康保険・厚生年金保険の保険料**は、事業主が所定の**申出**をすれば、**被保険者負担分も**<u>事業主</u>**負担分も免除**され、**保険料を**<u>納付</u>**した期間と同様**に取り扱われます。また、**産前産後休業期間**についても、同様の保険料免除制度があります。

○

介護休業給付金の支給の際、介護対象になる家族とは、配偶者（事実婚含む）、父母、子、<u>配偶者の</u><u>父母</u>、同居かつ扶養している祖父母、兄弟姉妹、孫です。

×

学科①／ライフプランニングと資金計画

6 国民年金

再現例題

公的年金制度に関する次の記述のうち、最も不適切なものはどれか。

2015年9月〈改〉

1. 基礎年金番号は、すべての公的年金制度で共通して使用される番号で、公的年金の被保険者等や受給者1人につき1つの番号が割り当てられる。

2. マクロ経済スライドは、被保険者数の減少と平均余命の伸びを毎年度の年金額の改定に反映させることにより、年金の給付水準を調整する仕組みである。

3. 国民年金は、最大2年分の前納ができ、早割（納付期限より1カ月早く口座振替）などにより割引される。保険料を滞納した場合には、原則として過去2年分までの後納ができる。

4. 公的年金は、支給事由が生じた日の属する月の翌月から受給する権利が消滅した日の属する月まで、毎月15日に支払われる。←よく出る

解答　① ② ③ ④

▼ 適切なものは○、不適切なものは×で答えなさい。また、（　）に入る語句の組み合わせを選びなさい。

1 国民年金の被保険者資格

❶ 国民年金の第3号被保険者は、第2号被保険者の被扶養配偶者で保険料の負担はないが、加入期間は老齢基礎年金の受給資格期間に算入され、かつ、老齢基礎年金の年金額にも反映される。

❷ 日本国籍を有する者であっても、日本国内に住所を有しない者は、国民年金に加入することができない。

ライフプランニングと資金計画　学科①

【国民年金】の出題傾向

頻出順に「老齢基礎年金」、「国民年金の被保険者資格」、「国民年金保険料の免除と猶予」に関する問題が出題されています。

1 **老齢基礎年金**…繰上げ支給に関する問題が頻出します。

2 **国民年金の被保険者資格**…国民年金の被保険者資格には、第1号～第3号があります。それぞれの年齢や届出について出題されます。

3 **国民年金保険料の免除と猶予**…国民年金第1号被保険者で、障害基礎年金、障害等級1級または2級の障害厚生年金を受給している者、生活保護受給者、一定の未婚のひとり親は、保険料の全額が免除されます。

▼ 再現例題の解説と解答

1. 基礎年金番号は、原則20歳以上の人に付与されます。3. 国民年金の保険料は、納付期限から2年過ぎると払えません。4. 公的年金は、偶数月の15日に支給されます。毎月ではありません。　　　　（4）

▼ 解説（赤シートで消える語句をチェックできます）　　　テ51ページ　▼ 正解

国民年金の被保険者資格　　　　　　　　　　　　　　**覚えよう**

第1号被保険者	第2号被保険者	第3号被保険者[2]
第2号被保険者と第3号被保険者以外の者 （20歳以上60歳未満）	厚生年金保険の加入者[1] （70歳未満）	第2号被保険者の被扶養配偶者 （20歳以上60歳未満）

O

※1 厚生年金保険の加入者でも65歳以上で老齢年金の受給権がある人は除く。
※2 保険料負担がない。加入期間は老齢基礎年金の受給資格期間と年金額に反映される。

日本国籍がある人は、日本国外に在住する場合、国民年金をいったんやめるか、引き続き任意加入するかを**選択**できます。[3]　　　　×

※3 第3号被保険者は、原則として国内居住が要件（一時的な海外渡航などの特例あり）。

☐ ❸ 国民年金の第2号被保険者であった夫が死亡したために遺族基礎年金の受給権者となったBさん（55歳）は、当該遺族基礎年金の受給権が消滅するまでの間、国民年金の第1号被保険者に該当することはない。

☐ ❹ 被用者年金制度の被保険者ではない60歳以上の者は、所定の要件を満たせば、一定の期間、国民年金に任意加入することができる。

☐ ❺ 20歳になり、国民年金の第1号被保険者となるときは、原則として、本人が所定の事項を市町村（特別区を含む）に届け出る。

☐ ❻ 結婚により、国民年金の第3号被保険者となるときは、その者の配偶者が所定の事項を市町村（特別区を含む）に届け出る。

☐ ❼ 「ねんきんネット」の「年金見込額試算」では、老齢年金および遺族年金の見込み額を試算することができる。

☐ ❽ 「ねんきん定期便」に記載されている年金額は、送付対象者の年齢にかかわらず、その者が現在加入している公的年金制度に60歳まで同じ条件で加入し続けたものと仮定して算出された金額となっている。

❷ 国民年金保険料の免除と猶予

☐ ❶ 国民年金第1号被保険者は、出産月の前月から4カ月間（産前産後期間）の保険料が免除され、この期間は保険料納付済期間に算入される。

☐ ❷ 国民年金の申請免除は、被保険者および世帯主または配偶者の前年の所得状況等に応じて、全額免除、4分の3免除、半額免除、4分の1免除がある。

☐ ❸ 学生を除く60歳未満の国民年金第1号被保険者で、本人および配偶者の前年の所得がそれぞれ一定金額以下の場合、保険料納付猶予制度の対象となる。

☐ ❹ 第1号被保険者で一定の大学等の学生は、年齢および本人の所得にかかわらず、学生納付特例の適用を受けることができる。←よく出る

☐ ❺ 保険料の免除や猶予の承認を受けた期間の国民年金の保険料は、5年を超えると追納することができない。

第2号被保険者が退職や死亡した場合、**扶養されていた配偶者**は、国民年金の**第3号被保険者資格**を喪失するため、**第3号から第1号への種別変更**（被保険者資格を喪失した日から、原則として14日以内）が必要です。	×
厚生年金など、被用者年金制度の被保険者でない場合、保険料納付済期間が40年間に満たない者は60歳以降65歳まで国民年金に任意加入できます。受給資格期間を満たしていない場合は70歳になるまで加入できます。	○
20歳になると、日本年金機構から「基礎年金番号通知書」、「国民年金加入のお知らせ」等が送付されてきます。本人の加入手続きは不要です。	×
第3号被保険者となるときは、配偶者（第2号被保険者）が事業主に伝え、事業主が事業所を管轄する年金事務所に届け出ます。	×
ねんきんネットでは、年金加入記録（加入履歴、厚生年金保険の標準報酬月額等）を確認でき、老齢年金の見込み額を試算することができます。	×
日本年金機構から毎年誕生月に送付される**ねんきん定期便**には、50歳未満の人には加入実績（年金加入期間や保険料納付額）に応じた年金額、50歳以上の人には60歳まで加入した場合の年金見込み額が記載されています。	×

▼ 解説（赤シートで消える語句をチェックできます）　　　　🈁52ページ　　▼ 正解

出産月の前月から4カ月間の国民年金保険料が免除されて保険料納付済期間に算入されます。なお、この期間は、国民健康保険料も同様に免除されます。	○
申請免除…所得が一定以下で保険料の納付が困難な場合などは、申請により保険料の4分の1〜全額が免除されます。	○
納付猶予制度…学生を除く50歳未満の国民年金第1号被保険者で、本人・配偶者の所得が一定以下の場合に、保険料納付が猶予されます。	×
学生納付特例制度…20歳以上で本人の所得が一定以下なら保険料納付が猶予されます。受給資格期間に算入されますが、年金額には算入されません。	×
免除・猶予された保険料は10年以内なら追納が可能です。[※] なお**納期限（翌月末日）**までに納めなかった滞納分は過去2年分までの後納が可能です。	×

※免除・猶予を受けた期間の翌年度から起算して、3年度目以降に保険料を追納する場合には、承認を受けた当時の保険料額に経過期間に応じた加算額が上乗せされる。

❸ 老齢基礎年金

☐ **❶** 老齢基礎年金の受給資格期間は25年だったが、2017年8月（10月受取分）から10年に短縮された。

☐ **❷** 老齢厚生年金の繰上げ支給を請求するときは、その請求と同時に老齢基礎年金の繰上げ支給の請求もしなければならない。←よく出る

☐ **❸** 老齢基礎年金の繰上げ支給の請求後は、繰上げ請求を取り消したり、受給開始年齢を変更したりすることはできない。

☐ **❹** 老齢基礎年金の支給繰上げの請求をしていなかった場合、65歳到達月の翌月から支給繰下げの申出をすることができる。

☐ **❺** 2022年4月1日以降に60歳に到達し、老齢基礎年金の支給繰上げの請求をした場合、受給する老齢基礎年金の額は24％減額される。←よく出る

☐ **❻** 付加年金は、第1号被保険者だけの制度で、400円に付加保険料に係る保険料納付済期間の月数を乗じた額が老齢基礎年金に増額される。

☐ **❼** 付加年金の受給権者が老齢基礎年金の繰上げ支給の請求をすると、老齢基礎年金の支給は繰り上げられるが、付加年金は繰り上げられない。

☐ **❽** 2009年3月以前の国民年金の保険料全額免除期間は、その期間に係る保険料の追納がない場合、その2分の1に相当する月数が老齢基礎年金の年金額に反映される。

☐ **❾** 遺族基礎年金を受給している妻が、前年の所得が一定額以下である場合、遺族年金生活者支援給付金を受給することができ、その月額は5,310円（2024年度価額）となる。

老齢基礎年金は **65** 歳から支給される公的年金で、**受給資格期間**（保険料納付済期間＋保険料免除期間＋合算対象期間）は **10年** です。　〇

老齢厚生年金と老齢基礎年金の**繰上げは同時**にしなければいけません。**繰下げは別々**にできます。　〇

公的年金の支給の繰上げ・繰下げを行うと、**取消しや受給開始年齢の変更はできません**。　〇

65歳から66歳になるまでの間に老齢基礎年金の請求をしないでいれば、**66歳から繰下げ支給を請求**できます。　✕

本来65歳が支給開始年齢なので、60歳到達月に支給繰上げの請求をすると、5年分の繰上げでは、**5年×12月×0.4%＝24%減額**されます。　〇

> **覚えよう**
> **老齢基礎年金の繰上げと繰下げ**（老齢厚生年金も同率）※
>
> | 60歳 | 65歳 | 75歳 |
> |---|---|---|
> | **繰上げ受給** | | **繰下げ受給** |
> | **繰り上げた月数×0.4%減額** | | **繰り下げた月数×0.7%増額** |
> | 5年繰上げで5×12×0.4＝24% | | 10年繰下げで10×12×0.7＝84% |

付加年金は、**月額400円**を国民年金に付加して納付すると、**納付月数×200円**が老齢基礎年金に増額される**第1号被保険者**だけの制度です。　✕

老齢基礎年金の支給繰上げ・繰下げをすると、**付加**年金も連動して**繰上げ・繰下げ**になり、同率で繰り上げれば減額、繰り下げれば増額となります。　✕

2009年3月以前の国民年金の保険料の**全額免除期間**は、追納がない場合、その**3分の1**に相当する月数が老齢基礎年金の年金額（の計算）に反映されます。**半額免除期間**は、その**3分の2**に相当する月数が老齢基礎年金の年金額に反映されます。なお、**追納がない猶予期間は年金額には反映されません**。　✕

老齢・障害・遺族基礎年金のいずれかの受給者が、前年所得が基準額以下などの要件を満たす場合、年金同様、**偶数月に年金生活者支援給付金が支給**されます。**基準支給額は月額5,310円（年額63,720円）**です。　〇

※1962年4月1日以前生まれの人の繰上げ受給は0.5%の減額。1952年4月1日以前生まれ、または2017年3月31日以前に受給権発生日がある人の繰下げ上限年齢は70歳。

7 厚生年金

問題数018

再現例題

厚生年金保険に関する次の記述のうち、最も不適切なものはどれか。

2019年5月

1. 厚生年金保険料を算定するときの標準報酬月額の定時決定は、原則として、毎年7月1日現在の被保険者を対象に行われる。

2. 厚生年金保険の適用事業所に常時使用される者であっても、原則として、70歳以上の者は厚生年金保険の被保険者とならない。

3. 産前産後休業期間中の厚生年金保険の被保険者に係る厚生年金保険料は、所定の手続きにより被保険者負担分は免除されるが、事業主負担分は免除されない。

4. 厚生年金保険法に定める業種であって、常時5人以上の従業員を使用している個人事業所は、厚生年金保険の強制適用事業所となる。

解答 ① ② ③ ④

▼ 適切なものは○、不適切なものは×で答えなさい。また、（　）に入る語句の組み合わせを選びなさい。

1 厚生年金の概要

☐ ❶ 厚生年金保険の被保険者は、その適用事業所に常時使用される者であっても、65歳に達すると被保険者資格を喪失する。◀よく出る

☐ ❷ 厚生年金の保険料率は段階的に引き上げられ、2017年9月に18.3％に到達し、以後は同率で固定されている。

☐ ❸ 賞与から徴収される厚生年金の保険料額は、被保険者の標準賞与額を用いて算出され、その標準賞与額の上限は、1回の支払いにつき100万円である。

☐ ❹ 公的年金の老齢給付の額が所定の額以上である場合、原則として、当該給付の額から所得税が源泉徴収される。

出題 DATA 過去13年間

- 1 厚生年金の概要…出題率0.36%［31問］
- 2 老齢厚生年金…出題率0.35%［30問］
- 3 加給年金と振替加算…出題率0.26%［22問］

※出題率は、過去13年間の学科試験8,539問中の出題割合［質問数］を示しています。

【厚生年金】の出題傾向

頻出順に「厚生年金の概要」、「老齢厚生年金」、「在職老齢年金」に関する問題が出題されています。

1 **厚生年金の概要**…厚生年金保険の被保険者資格、保険料の上限など、基本的な事項が出題されます（再現例題も参照）。

2 **老齢厚生年金**…受給要件は、特別支給の老齢厚生年金が被保険者期間1年以上、老齢厚生年金が被保険者期間1カ月以上です。

3 **加給年金と振替加算**…加給年金は配偶者が65歳になると終了し、代わりに配偶者の老齢基礎年金に振替加算が上乗せされます。

▼ 再現例題の解説と解答

産前産後休業をしている被保険者の厚生年金保険料は、所定の手続きをすれば、事業主負担分、被保険者負担分のどちらも免除されます。

③

▼ 解説（赤シートで消える語句をチェックできます）　　☞53・77ページ　　▼ 正解

厚生年金保険の被保険者は、適用事業所に常時使用（所定労働日数が通常の労働者の**4分の3**以上の短時間労働者等を含む）される**70歳未満**の者です。	×
厚生年金の保険料率は2017年9月以降、**18.3%**で固定されました。 **ウラ技** 人はみんな保険料率18.3%	〇
標準賞与額の上限は、健康保険は年間累計額573万円（毎年4月1日から翌年3月31日までの累計額）、厚生年金保険は**1回（1カ月）150万円**です。	×
公的年金の老齢給付の額が一定額以上の場合、年金から**所得税が源泉徴収**されます。	〇

2 老齢厚生年金

☐ ❶ 老齢厚生年金は受給権が発生すると自動的に支給されるものではなく、支給を受けるための請求手続きを行う必要がある。

☐ ❷ 特別支給の老齢厚生年金が支給されるためには、老齢基礎年金の受給資格を満たし、厚生年金保険の被保険者期間が1カ月以上あることなどの要件を満たす必要がある。←よく出る

☐ ❸ 1965年生まれの女性は、65歳到達前に報酬比例部分のみの特別支給の老齢厚生年金を受け取ることができる。

☐ ❹ 特別支給の老齢厚生年金を受給した者は、65歳から受給することができる老齢厚生年金を66歳以降に繰り下げて受給することはできない。

☐ ❺ 65歳以上の就業者が、厚生年金保険の被保険者である場合、在職定時改定の仕組みによって、老齢厚生年金は、毎年、決まった時期に改定される。

3 加給年金と振替加算

☐ ❶ 老齢厚生年金の額の計算の基礎となる被保険者期間が10年以上ある者に65歳未満の配偶者がいる場合、その者に支給される老齢厚生年金には、加給年金額が加算される。←よく出る

☐ ❷ 老齢厚生年金の受給権者に加給年金額の対象となる配偶者がいる場合の加給年金額は、その配偶者の生年月日に応じて定められた金額となる。

☐ ❸ 加給年金額は、所定の要件を満たせば、特別支給の老齢厚生年金の定額部分の支給開始年齢到達時、または65歳以降の老齢厚生年金の受給権者がその権利を取得したときから加算される。

☐ ❹ 老齢基礎年金に加算される振替加算の額は、その老齢基礎年金の受給権者の生年月日に応じて定められた金額となる。

受給開始年齢の**約3カ月前に届く年金請求書**にそって**年金請求**を行います。老齢厚生年金は、原則として<u>65</u>歳到達時の記録に基づいて計算されます。

〇

老齢厚生年金の受給要件は、厚生年金保険の被保険者期間が<u>1カ月</u>以上あることですが、**特別支給の老齢厚生年金の受給要件**は、厚生年金保険の被保険者期間が<u>1年</u>以上あることです。

✕

男性は19<u>61</u>**年4月2日**（**女性は19**<u>66</u>**年同日**）以降の生まれから、特別支給（報酬比例部分）がありません。　ウラ技　特別支給なくなり苦労する人

〇

特別支給の老齢厚生年金を受給している人でも、**老齢厚生年金は繰下げ受給できます**。なお、特別支給の老齢厚生年金は繰下げ受給できません。

✕

<u>65</u>歳以上の厚生年金保険の被保険者（就業者）の場合には、**在職定時改定**によって、**毎年9月1日を基準日として再計算され、毎年10月に**老齢厚生年金**の額が改定**（10月分の年金支給は12月）されていきます。

〇

加給年金は、厚生年金の加入期間が<u>20</u>年以上ある受給権者（例えば夫）に、生計を維持している<u>65</u>歳未満の配偶者（事実婚含む。例えば妻）[※]または<u>18</u>歳に到達する年度の年度末（3月末日）までの子がいると支給されます。

✕

加給年金額は、受給権者が1934年4月2日以後生まれのとき、受給権者の生年月日に応じた特別加算があります。

✕

加給年金は、**65歳以降の老齢厚生年金、**または**特別支給の老齢厚生年金の定額部分の支給開始時**から受給権者に支給されます。**老齢厚生年金の支給を繰下げると、加給年金も繰下げされますが、加給年金の増額はされません。**

〇

老齢厚生年金の受給権者（夫）に支給されていた**加給年金**は、配偶者（妻）が<u>65</u>歳になると終了し、代わりに配偶者（妻）の**老齢基礎年金に振替加算が上乗せ**されます。**振替加算額**は配偶者（妻）の生年月日に応じて決められ、1966年4月2日以降生まれの人は振替加算の対象外です。

〇

※配偶者の被保険者期間が20年以上あって、老齢、退職を支給事由とする年金の受給権を有する場合、その支給の有無にかかわらず加給年金は支給停止となる。

4 在職老齢年金

☐ ❶ 60歳以上の厚生年金保険の被保険者に支給される老齢厚生年金は、その者の基本月額と総報酬月額相当額の合計額が50万円を超える場合、在職老齢年金の仕組みにより、一定額の支給停止になる。←よく出る

☐ ❷ 厚生年金保険の適用事業所に使用される70歳以上の者に支給される老齢厚生年金は、在職支給停止の仕組みが適用されることはなく、全額支給される。←よく出る

5 離婚時の年金分割制度

☐ ❶ 離婚時の厚生年金の分割制度（合意分割制度）では、離婚当事者双方の合意または裁判手続きにより按分割合（分割割合）を定める。合意のための協議が調わないとき、協議をすることができないときは、当事者の一方は裁判所に按分割合を定めるよう申し立てることができる。

☐ ❷ 離婚時の厚生年金の分割制度（合意分割制度）で、元配偶者から分割を受けた厚生年金保険の保険料納付記録に係る期間は、老齢基礎年金の受給資格期間に算入される。

▼ 解説（赤シートで消える語句をチェックできます） 🔖67ページ ▼ 正解

在職老齢年金とは、<u>60</u>歳以降も企業（厚生年金適用事業所）で働いている人の<u>老齢厚生年金</u>のことで、「年金の基本月額と総報酬月額相当額の合計額」に応じて、老齢<u>厚生</u>年金（特別支給の老齢厚生年金を含む）が一定額の<u>支給停止</u>になる仕組みです。老齢<u>基礎</u>年金は<u>60</u>歳以降も全額支給されます。<u>総報酬月額相当額</u>は、毎月の賃金（標準報酬月額）＋1年間の賞与（標準賞与額）を<u>12</u>で割った額です。例えば、毎月の賃金24万円、1年間の賞与72万円なら、<u>総報酬月額相当額＝24万円＋（72万円÷12）＝30</u>万円です。

● 60歳以上…「老齢厚生年金の基本月額と総報酬月額相当額の合計額」が<u>50</u>万円（2024年度）を超えると<u>在職支給停止</u>の仕組みが適用されます。

<u>60</u>歳以上で「老齢厚生年金の基本月額と総報酬月額相当額の合計額」が<u>48</u>万円を越えると、老齢<u>厚生</u>年金（65歳未満に支給される特別支給の老齢厚生年金を含む）が<u>減額や支給停止</u>になります。<u>70</u>歳になると厚生年金保険の被保険者ではなくなるため保険料の支払いがなくなります。

✕

▼ 解説（赤シートで消える語句をチェックできます） 🔖67ページ ▼ 正解

離婚した場合、離婚してから2年以内に請求すれば、婚姻期間中の厚生年金の保険料<u>納付記録</u>を按分（分割）することができます。合意<u>分割</u>の場合、按分割合は、離婚当事者双方の合意、または裁判手続きにより決定します。

● <u>合意</u>分割…相手と合意して按分割合を決めます。

● <u>3号</u>分割…第3号被保険者からの請求で、厚生年金の2分の1が分割できます。2008年5月1日以後の離婚で、2008年4月以後の特定期間（被扶養配偶者が国民年金第3号被保険者であった期間）が対象です。

離婚時に分割された厚生年金の保険料納付期間は、老齢基礎年金の受給資格期間に算入され<u>ません</u>。

✕

学科①
ライフプランニングと資金計画

47

8 障害・遺族給付と併給調整

問題数018

再現例題

遺族厚生年金に関する次の記述のうち、最も不適切なものはどれか。なお、本問において、「被保険者であった者」および「被保険者等」は保険料納付要件を満たしているものとする。 2016年1月

1. 厚生年金保険の被保険者であった者が、被保険者の資格を喪失した後に、被保険者であった間に初診日がある傷病により当該初診日から起算して5年を経過する日前に死亡した場合は、その者の遺族で一定の要件を満たす者に遺族厚生年金が支給される。

2. 遺族厚生年金を受けることができる父母には、厚生年金保険の被保険者等の死亡の当時、その者によって生計を維持されていたその者の配偶者の父母で55歳以上の者も含まれる。

3. 厚生年金保険の被保険者等の死亡の当時胎児であった子（婚外子は考慮しない）が出生した場合、将来に向かって、その子は、被保険者等の死亡の当時その者によって生計を維持されていた子とみなされ、遺族厚生年金を受けることができる遺族となる。

4. 遺族厚生年金の額（中高齢寡婦加算額および経過的寡婦加算額を除く）は、原則として、死亡した者の厚生年金保険の被保険者期間を基礎として計算した老齢厚生年金の報酬比例部分の額の4分の3相当額である。

解答 ① ② ③ ④

▼ 適切なものは○、不適切なものは×で答えなさい。また、（ ）に入る語句の組み合わせを選びなさい。

1 障害給付

☐ ❶ 障害等級1級に該当する者に支給される障害基礎年金の額は、障害等級2級に該当する者に支給される障害基礎年金の額の100分の150相当額である。

出題DATA
過去13年間

👑1 遺族厚生年金…出題率0.48% [41問]
👑2 公的年金の併給調整…出題率0.37% [32問]
👑3 障害給付…出題率0.27% [23問]

※出題率は、過去13年間の学科試験8,539問中の出題割合［質問数］を示しています。

【障害・遺族給付と併給調整】の出題傾向

頻出順に「遺族厚生年金」、「公的年金の併給調整」、「障害給付」に関する問題が出題されています。

1 **遺族厚生年金**…受給権者の順位と、年金額が報酬比例の年金額の4分の3に相当する額であることが頻出しています。

2 **公的年金の併給調整**…特別支給の老齢厚生年金は、遺族厚生年金、雇用保険の基本手当、雇用保険の高年齢雇用継続基本給付金とは同時受給できないことを覚えておきましょう。

3 **障害給付**…障害厚生年金では、1級・2級の障害者に生計同一で65歳未満の配偶者がいる場合、配偶者加給年金が支給されることを問う問題が頻出しています。

▼ 再現例題の解説と解答

遺族厚生年金は、死亡者（厚生年金保険の被保険者）によって生計を維持されていた①配偶者または子、②父母、③孫、④祖父母（←支給順位順）に、支給されます。義父母（配偶者の父母）は含まれません。また、子、孫については18歳の年度末までであること、夫、父母、祖父母については被保険者が死亡時に55歳以上という年齢要件があります。妻は年齢にかかわらず受給できます。

②

▼ 解説（赤シートで消える語句をチェックできます）　　　🖢70ページ　　　▼ 正解

障害基礎年金における障害等級1級の額は、障害等級2級の1.25倍（100分の125相当額）、新規裁定者（67歳以下）の年金額は以下の通りです。

・障害等級2級…816,000円[※]＋子の加算額

・障害等級1級…816,000円[※]×1.25倍＋子の加算額

※既裁定者（68歳以上）は、813,700円。子の加算額は、新規裁定者も既裁定者も、第1子・第2子が各234,800円、第3子以降が各78,300円。

ライフプランニングと資金計画

学科①

☐ ❷ 20歳未満の国民年金の被保険者でなかった期間に初診日のある傷病に係る障害には、20歳以後の障害の状態にかかわらず、障害基礎年金は支給されない。

☐ ❸ 障害基礎年金の受給権者が、その者によって生計を維持されている65歳未満の配偶者を有する場合、その者に支給される障害基礎年金に配偶者加給年金が加算される。←よく出る

☐ ❹ 初診日において厚生年金保険の被保険者である者が、その障害認定日において障害等級3級に該当する程度の障害の状態にある場合、その者は障害基礎年金および障害厚生年金の支給対象者となる。

☐ ❺ 障害認定日は原則として障害の原因となった傷病の初診日から起算して1年6カ月を経過した日（期間内に傷病が治った場合は、その治った日）である。

☐ ❻ 公的年金のうち、障害給付と遺族給付は非課税である。

❷ 遺族基礎年金

☐ 夫の死亡当時、妻（事実婚含む）と生計を同じくしている子が、18歳に到達する年度の末日（3月31日）までの間にあり、かつ、現に婚姻していない場合には、妻に遺族基礎年金が支給される。←よく出る

❸ 寡婦年金と死亡一時金

☐ ❶ 寡婦年金は、受給要件を満たした妻に、妻が40歳に達した日の属する月の翌月から65歳に達する日の属する月までの間、支給される。

☐ ❷ 寡婦年金の受給権者が老齢基礎年金の繰上げ支給の請求をした場合、寡婦年金の受給権は消滅する。

☐ ❸ 寡婦年金と死亡一時金は、受給要件を満たしている場合は、併給される。

国民年金の被保険者でない期間（20歳未満、60歳～65歳）であっても、国内に住んでいる間に障害の原因となった病気やけがの初診日があり、障害が一定以上の場合、所得制限を満たせば障害基礎年金が支給されます。　✕

配偶者加給年金が支給されるのは、障害基礎年金ではなく障害厚生年金です。2級、1級の障害者に生計同一で65歳未満の配偶者がいる場合に、障害厚生年金に加えて配偶者加給年金が支給されます。　✕

障害厚生年金の障害等級2級、障害等級1級となった場合、障害基礎年金と障害厚生年金が併せて支給されます。障害等級3級の場合、障害厚生年金は支給されますが、障害基礎年金は支給されません。障害等級は3級までです。　✕

障害認定日は初診日から起算して1年6カ月を経過した日です。1年6カ月以内に傷病が治った場合は、傷病が治って障害が残った日が障害認定日です。　〇

障害給付と遺族給付は、非課税です。　〇

▼ 解説（赤シートで消える語句をチェックできます）　📖74ページ　▼ 正解

遺族基礎年金の対象は、死亡した者に生計を維持されていた、18歳到達年度の末日（3月31日）までの子のある配偶者、または子[※]。配偶者と子が生計同一なら配偶者に、生計同一でなければ子に支給されます。年金額は816,000円+子の加算額（第2子まで各234,800円、第3子から各78,300円）です。　〇

※または、20歳未満で障害等級1級または2級に該当する障害の状態にあり、かつ、現に婚姻していない子。

▼ 解説（赤シートで消える語句をチェックできます）　📖75ページ　▼ 正解

寡婦年金は、国民年金の第1号被保険者として年金受給要件を満たしていた夫が年金を受け取らずに死亡した場合、10年以上婚姻関係（事実婚含む）があった妻に、60歳から65歳（老齢基礎年金の支給開始年齢）まで支給されます。40歳から65歳まで支給されるのは中高齢寡婦加算です。　✕

寡婦年金の受給権は、老齢基礎年金の繰上げ支給の請求をすると消滅します。　〇

寡婦年金と死亡一時金は、併給されません。　✕

☐ ❹ 国民年金の被保険者が死亡し、その者の遺族に遺族基礎年金が支給される場合、死亡一時金は支給されない。

4 遺族厚生年金

☐ ❶ 遺族厚生年金を受けられる遺族は、厚生年金保険の被保険者または被保険者であった者の死亡の当時、その者によって生計を維持されていた配偶者、子、父母、孫または祖父母である。←よく出る

☐ ❷ 遺族厚生年金の額は、原則、死亡した者の老齢厚生年金の報酬比例部分の額の3分の2相当額である。←よく出る

☐ ❸ 厚生年金保険の被保険者である夫が死亡し、子のない30歳未満の妻が遺族厚生年金の受給権を取得した場合、その支給期間は、最長で5年間である。

☐ ❹ 厚生年金保険の被保険者である夫が死亡し、夫と生計維持関係にあった、子のない35歳の妻に支給される遺族厚生年金の額には、中高齢寡婦加算額が加算される。

5 公的年金の併給調整

☐ ❶ 遺族厚生年金の受給権者が特別支給の老齢厚生年金の受給権を取得した場合、いずれか一方の年金を選択して受給することになる。←よく出る

☐ ❷ 障害厚生年金を受給している者が、65歳以降に老齢基礎年金の受給権を取得した場合、障害厚生年金と老齢基礎年金は併給される。←よく出る

死亡一時金は、**遺族基礎年金を受給できない遺族**に支給されます。

- 遺族基礎年金→**子のある配偶者**、または**子**に支給
- 寡婦年金→**60〜65歳未満の妻**に支給。死亡一時金との併給不可
- 死亡一時金→遺族基礎年金を受給できない遺族（子のない妻など）に支給

▼ 解説（赤シートで消える語句をチェックできます）　☞76ページ　▼ 正解

遺族厚生年金は、死亡した者に生計を維持されていた① 配偶者・子、② 父母、③ 孫、④ 祖父母のうち、**受給順位が最も高い者**に支給されます。受給権発生後に先順位者が受給権を失った場合、後順位者が受給権を取得することはできません。胎児は出生後に遺族厚生年金の受給権者となります。　○

遺族厚生年金の額は、**老齢厚生年金の報酬比例部分の4分の3**です。被保険者期間が300月に満たない場合、一定要件の下に300月として計算します。　×

子のない30歳未満の妻が遺族厚生年金の受給権を取得した場合には、**最長5年の有期年金**になります。　○

夫の死亡時に子がない妻は、遺族基礎年金が受給できません。その救済として40歳〜65歳未満の子のない妻（または遺族基礎年金を失権した妻）の遺族厚生年金に中高齢寡婦加算額が上乗せされます。　×

▼ 解説（赤シートで消える語句をチェックできます）　☞80ページ　▼ 正解

65歳未満の被保険者に支給される特別支給の老齢厚生年金は、**遺族厚生年金と併給調整されます（どちらか一方を選択受給）**。※　○

公的年金の併給　　　　　　　　　　　　　覚えよう

	老齢厚生年金	障害厚生年金	遺族厚生年金
老齢基礎年金	○ 併給される	× 併給されない	65歳以降併給
障害基礎年金	65歳以降併給	○ 併給される	65歳以降併給
遺族基礎年金	× 併給されない	× 併給されない	○ 併給される

- ○ 同じ種類の基礎年金と厚生年金は併給される。
- × 遺族基礎年金、障害厚生年金は、（遺族、障害を除き）併給されない。

×

※65歳以降の遺族厚生年金と老齢厚生年金の併給調整では、まず老齢厚生年金が優先して支給され、遺族厚生年金は老齢厚生年金を超える部分のみが支給される。

9 企業年金と個人年金

問題数029

再現例題

確定拠出年金に関する次の記述のうち、最も不適切なものはどれか。

2022年5月

1. 企業型年金において、加入者が掛金を拠出することができることを規約で定める場合、加入者掛金の額は、その加入者に係る事業主掛金の額を超える額とすることができない。

2. 企業型年金を実施していない企業の従業員である個人型年金の加入者は、原則として、その加入者に支払われる給与からの天引きにより、事業主を経由して掛金を納付することができる。

3. 国民年金の第1号被保険者が、国民年金基金と併せて個人型年金に加入した場合、毎月支払う掛金の拠出限度額は、国民年金基金の掛金との合計で7万円である。

4. 老齢給付金を年金で受け取った場合、当該給付金は雑所得として所得税の課税対象となり、雑所得の金額の計算上、公的年金等控除額を控除することができる。　　　　　　　　　解答　① ② ③ ④

▼ 適切なものは○、不適切なものは×で答えなさい。また、（ ）に入る語句の組み合わせを選びなさい。

1 確定給付型企業年金

❶ 現在、厚生年金基金の新規設立は認められていない。

❷ 確定給付企業年金は、規約の定めと加入員本人の同意があれば、加入員本人が掛金の一部を負担することができる。

❸ 確定給付企業年金の老齢給付金は、終身年金または確定年金の支給に限られ、一時金で支給することは認められていない。

出題DATA

👑**1** 確定拠出年金…出題率 1.34%［114問］

👑**2** 国民年金基金…出題率 0.34%［29問］

👑**3** 中小企業退職金共済（中退共）…出題率 0.33%［28問］

※出題率は、過去13年間の学科試験8,539問中の出題割合［質問数］を示しています。

【企業年金と個人年金】の出題傾向

頻出順に「確定拠出年金」、「国民年金基金」、「中小企業退職金共済」に関する問題が出題されています。

1 確定拠出年金…近年、出題が増えている重要分野です。企業型確定拠出年金（企業型DC）と個人型確定拠出年金（iDeCo）があります。

2 国民年金基金…老齢基礎年金に上乗せする年金を支給する制度で、<u>国民年金の第1号被保険者</u>、<u>国民年金の任意加入被保険者</u>が加入できます。

3 中小企業退職金共済…掛金を福利厚生費として損金に算入できます。

▼ 再現例題の解説と解答

確定拠出年金の個人型年金では、国民年金の第1号被保険者の拠出限度額は、国民年金基金や付加年金の掛金と合わせて、月額合計68,000円です（年額816,000円）です。

③

▼ 解説（赤シートで消える語句をチェックできます）　📖84ページ　▼ 正解

<u>確定給付型企業年金（DB）</u>には、**厚生年金基金**と**確定給付企業年金**があります。2014年4月1日以降、厚生年金基金の新規設立ができなくなりました。	◯
確定給付企業年金の掛金は<u>企業（事業主）</u>が**負担**します。ただし、規約に定めれば<u>加入者（従業員）</u>も負担できます。	◯
確定給付企業年金の老齢給付金は、**一時金**で支給することが認められています。支給開始時期は<u>60歳以上70歳以下</u>です。	✕

2 確定拠出年金

☐ **❶** 確定拠出年金における運用商品は、預貯金、公社債、投資信託などであり、株式や保険商品は対象とならない。

☐ **❷** 確定拠出年金の企業型年金に拠出された掛金は、事業主の指図に基づいて運用される。

☐ **❸** 確定拠出年金の企業型年金は、実施事業所に使用されるすべての者を加入対象者としなければならないため、規約に一定の加入資格を定めることはできない。

☐ **❹** 企業型年金のいわゆるマッチング拠出において、加入者自らが拠出できる掛金の額は、事業主掛金の額にかかわらず、拠出限度額から当該加入者に係る事業主掛金を差し引いた額までである。

☐ **❺** 確定拠出年金の企業型年金において事業主が拠出した掛金は、加入者の給与所得として所得税の課税対象となる。

☐ **❻** 確定拠出年金の個人型年金（iDeCo）の掛金の拠出限度額は、第1号加入者が年額81.6万円（付加年金または国民年金基金と合算）、専業主婦（主夫）など第3号加入者が27.6万円である。

確定拠出年金は、これから出題が増えていくこと間違いなしの分野だよ！

加入者が選ぶことになる**確定拠出年金（DC）の運用商品**には、<u>株式</u>、保険商品、投資信託などの<u>元本保証</u>のない金融商品も認められています。

企業型確定拠出年金（企業型DC）でも、**個人型確定拠出年金（iDeCo）**でも、<u>事業主</u>ではなく<u>加入者</u>が運用指図を行い運用リスクを負います。

企業型年金では、事業主は年金規約のなかで「一定の勤続期間以上」など、**加入者の資格を設定**することが<u>できます</u>。

企業型年金の掛金は、加入者（従業員個人）が掛金を拠出できる<u>マッチング拠出</u>も可能です。加入者自らが拠出できる掛金の額は、<u>事業主の掛金</u>**の金額以下**で、拠出限度額から事業主の掛金を差し引いた額までです。

✕

企業型年金の**事業主の掛金**は、<u>経費</u>として全額<u>損金</u>算入できます。
確定拠出年金の**加入者の掛金**は、全額<u>小規模企業共済等掛金</u>控除の対象です。

✕

個人型年金の掛金の上限は、**第1号加入者（国民年金の第1号被保険者）**が、<u>付加</u>年金または<u>国民年金基金</u>の掛金と合わせて**年額81.6万円**、**第3号加入者（国民年金の第3号被保険者）が年額27.6万円**です。

	企業型年金（企業型DC）	個人型年金(iDeCo)
加入者※1	<u>70</u>歳未満の<u>厚生年金</u>被保険者	<u>65</u>歳未満の<u>国民年金</u>被保険者
掛金の 月額上限 ※年間計画届出のうえ、12カ月を区分した期間ごとに拠出できる。契約途中の掛金の変更可。	企業型DCのみに加入 … 5.5万円（年額66万円） DB等の他制度に加入 …2.75万円（年額33万円） ・従業員が上乗せするマッチング拠出では加入者の掛金は事業主の掛金以下で、合計は拠出限度額まで。	国民年金の第1号被保険者 …付加年金・国民年金基金と合算して <u>6.8</u>万円（年額<u>81.6万円</u>） 第2号被保険者、第3号被保険者 …<u>2.3</u>万円（年額<u>27.6万円</u>） 企業型DCに加入…「5.5万円－企業型DCの事業主掛金額」上限2万円 企業型DCとDB等の他制度に加入、公務員…「2.75万円－企業型DCの事業主掛金額」上限1.2万円
拠出者	企業（従業員上乗せ可）	本人（中小事業主が上乗せ可）※2
運営主体	企業（事業主）	**国民年金基金連合会**

〇

※1 受給開始年齢は、企業型、個人型ともに60歳～75歳の希望時期。なお、確定拠出年金は、法令で定める一定要件を満たす場合を除いて、任意で<u>中途脱退</u>することはできない。
※2 企業年金を実施していない中小企業が、従業員の掛金に中小事業主掛金を上乗せ出できる。

☐ **❼** 給与天引きにより事業主経由で納付している個人型年金の掛金については、原則として、事業主による年末調整の対象とならない。

☐ **❽** 確定拠出年金の給付には、老齢給付金のほか、障害給付金や死亡一時金などがある。

☐ **❾** 確定拠出年金の老齢給付金を60歳から受給するためには、60歳時点で確定拠出年金の通算加入者等期間が20年以上なければならない。◀よく出る

☐ **❿** 確定拠出年金で、個人別管理資産の運用時に発生する利息、収益分配金、売却益の運用収益は、発生した年に所得税が源泉徴収される。

3 国民年金基金

☐ **❶** 国民年金基金には、国民年金の第1号被保険者のほか、日本国内に住所を有する60歳以上65歳未満の国民年金の任意加入被保険者も加入することができる。◀よく出る

☐ **❷** 国民年金基金の加入員は、確定拠出年金の個人型年金に加入することはできない。◀よく出る

☐ **❸** 国民年金基金の掛金は全額が社会保険料控除として所得控除の対象となる。

☐ **❹** 国民年金基金への加入は口数制となっており、1口目は終身年金、2口目以降は終身年金または確定年金から加入者が選択する。

☐ **❺** 国民年金基金の加入員は、厚生年金保険の被保険者になるなどの所定の事由に該当したときに加入員の資格を喪失し、自己の都合で任意に脱退することはできない。

☐ **❻** 国民年金基金の老齢年金の基本年金額は、積立金の運用状況によって変動する。

☐ **❼** 国民年金基金の加入員が、60歳未満で国民年金の第2号被保険者になり国民年金基金を脱退したときは、脱退時に、それまでに払い込んだ国民年金基金の掛金相当額が還付される。

個人型年金の掛金は、「個人口座からの引き落とし」か「給与天引き」かを選択できます。どちらの払い方も、**年末調整の対象と**なります。	✕
給付金には**老齢給付金**（年金・一時金）、障害給付金、死亡一時金があります。年金は所得税（雑所得）の対象となり公的年金等控除が、一時金は退職所得として退職所得控除が適用され、死亡一時金は退職手当金等として相続税の対象となり退職手当金等の非課税が適用されます。	〇
確定拠出年金の通算加入期間が10年以上あれば60歳から老齢給付金を受給できます。10年に満たない場合は、60歳より遅れて支給されます。	✕
確定拠出年金では、運用中に発生する利息、収益分配金、売却益などの**運用収益は加入者本人の運用指示による実績で増減**し、すべて非課税となります。	✕

※死亡から3年を経過後に支給が確定したものは遺族の一時所得として所得税の課税対象となる。

▼ 解説（赤シートで消える語句をチェックできます）　　　☞86ページ　　　▼ 正解

国民年金基金は、国民年金の第1号被保険者、および**国民年金の任意加入被保険者**（60歳以上65歳未満。海外在住の者を含む）が加入できます。老齢基礎年金に上乗せする年金を支給する制度です。	〇
国民年金の第1号被保険者は、**国民年金基金**（または付加年金）と個人型年金に同時加入できます。掛金は合算して、月額上限68,000円です。	✕
国民年金基金の掛金は、社会保険料控除として所得控除の対象になります。	〇
国民年金基金の1口目は終身年金※（65歳から支給）です（2口目から確定年金が選択可能）。また、国民年金基金は付加年金とは同時加入できません。	〇
国民年金基金では、**任意の脱退は**できません。脱退できるのは、地域型の国民年金基金に入っていて別の都道府県に引っ越したり、転職により国民年金の第1号被保険者でなくなったりした場合などに限られます。	〇
国民年金基金の老齢年金の基本年金額は、運用状況によって**変動**しません（加入時の年齢により基本年金額が異なります）。	✕
死亡以外の事由で資格を喪失し国民年金基金を脱退する場合、解約**返戻金**（一時金、還付金）を受け取ることはできません。将来、掛金を納付した期間に応じて年金として支給されます。	✕

※1口目は、保証期間15年の終身年金A型か保証期間のない終身年金B型のいずれかを選択。

4 小規模企業共済

☐ ❶ 小売業を営む個人事業の従業員であっても、国民年金の第1号被保険者である者は、小規模企業共済に加入することができる。 ←よく出る

☐ ❷ 小規模企業共済の掛金は、月額7万円が上限であり、その全額が所得税・住民税における小規模企業共済等掛金控除の対象となる。 ←よく出る

☐ ❸ 小規模企業共済の共済金の受取方法には、「一括受取り」、「分割受取り」、「一括受取り・分割受取りの併用」がある。

5 中小企業退職金共済（中退共）

☐ ❶ 中小企業退職金共済の加入対象者は、法人の役員や個人事業の事業主等を除く従業員だが、事業主の判断で従業員ごとに加入させるか否かを決定できる。

☐ ❷ 中小企業退職金共済の掛金は、1人当たり6万8,000円が上限で、事業主と従業員が折半して負担する。

☐ ❸ 事業主が全額負担する中小企業退職金共済の掛金全額について、法人の場合は損金に、個人事業の場合は必要経費にすることができる。

☐ ❹ 中小企業退職金共済の退職金は、60歳以上の退職などの要件を満たした場合、退職金の全部または一部を分割払いにすることができる。

☐ ❺ 中小企業退職金共済の被共済者が退職後に中小企業者に雇用されて再び被共済者となった場合は、所定の要件の下、前後の退職金共済契約に係る掛金納付月数を通算することができる。

▼ 解説（赤シートで消える語句をチェックできます）　　　　🈂86ページ　　▼ 正解

小規模企業共済の加入対象者は、従業員20人以下の個人事業主（共同経営者は2人まで）または会社の役員です。従業員は加入できません。また、小規模企業共済とiDeCoとの同時加入ができます。

小規模企業共済の掛金は1,000円～7万円で、全額が小規模企業共済等掛金控除として所得控除の対象です（必要経費にはなりません）。 ○

小規模企業共済の共済金の受取方法は「一括」「分割」「併用」の3種類。一括受取りは退職所得、分割受取りは公的年金等の雑所得となります。 ○

▼ 解説（赤シートで消える語句をチェックできます）　　　　🈂86ページ　　▼ 正解

中小企業退職金共済（中退共）の加入対象者は、役員や個人事業主等を除く全従業員です。従業員ごとに選ぶことはできません。

中退共の掛金は、月額5,000円～3万円で、全額事業主が負担します。※

中退共の掛金は、福利厚生費として全額を損金（個人事業では必要経費）に算入できます。 ○

退職日に60歳以上で退職金が一定額以上であれば、退職金の全部または一部を分割して受け取ることができます。 ○

中退共では、転職時に過去の掛金納付月数を通算できます。

	国民年金基金	小規模企業共済	中小企業退職金共済
加入対象	第1号被保険者。国民年金の任意加入被保険者（任意の脱退不可）	従業員20人以下の個人事業主または会社役員（従業員は加入不可）	一定の要件を満たす中小企業の全従業員（事業主と役員は加入不可）
掛金（月額）	確定拠出年金と合算して上限6.8万円。1口目終身年金	1,000円～7万円増額も減額も可能	5,000円～3万円新規加入に対し、掛金の一部を国が助成
掛金への課税	社会保険料控除として所得控除	小規模企業共済等掛金控除として所得控除	福利厚生費として損金（必要経費）算入
掛金負担	加入者本人	加入者本人	企業（事業主）

※新たに中小企業退職金共済制度に加入する事業主には、加入後の一定期間、国による掛金の一部助成制度がある。

ライフプランニングと資金計画　学科①

10 企業の資金調達

問題数012

　株式発行や社債発行による中小企業の資金調達に関する次の記述のうち、最も適切なものはどれか。

2014年5月

1. 社債を発行することができる会社は、会社法上の株式会社に限られる。

2. 社債には、不特定多数の投資家を対象として募集される公募債と、特定少数の投資家が直接引き受ける私募債がある。

3. 株式発行による増資資金と社債発行による調達資金はいずれも資金の長期借入れとなり、それらの調達状況は貸借対照表上の負債勘定で確認することができる。

4. 中小企業が私募債を発行する際に利用することができる特定社債保証制度は、独立行政法人中小企業基盤整備機構による保証制度である。

解答　①　②　③　④

▼ 適切なものは○、不適切なものは×で答えなさい。また、（　）に入る語句の組み合わせを選びなさい。

1 企業の資金調達

☐ ❶ 資金調達には、金融機関等からの借入れ等によって資金を調達する間接金融と、株式の発行等によって投資家等から資金を調達する直接金融がある。

☐ ❷ 国、地方自治体が政策的に用意している各種補助金・助成金は、通常、返済不要の資金として事業資金等に活用できる。

☐ ❸ インパクトローンは、米ドル等の外貨によって資金を調達する方法であり、その資金使途は、海外事業の展開・再編に係るものに限定されている。

☐ ❹ 業種に応じた資本金・従業員数の要件を満たす中小企業は、信用保証協会保証付融資（マル保融資）を利用することができる。

出題DATA
過去13年間

1 金融機関からの資金調達…出題率0.27% ［23問］
2 株式と社債の発行…出題率0.23% ［20問］
3 企業の資金調達…出題率0.11% ［9問］

※出題率は、過去13年間の学科試験8,539問中の出題割合［質問数］を示しています。

【企業の資金調達】の出題傾向

頻出順に「金融機関からの資金調達」、「株式と社債の発行」、「企業の資金調達」に関する問題が出題されています。

1 **金融機関からの資金調達**…企業が金融機関から資金調達する方法が問われています。

2 **株式と社債の発行**…第三者割当増資と少人数私募債が頻出しています。

3 **企業の資金調達**…直接金融と間接金融の違いを覚えておきましょう。

▼ 再現例題の解説と解答

1. 株式会社だけでなく、特例有限会社、合名会社、合資会社、合同会社も社債を発行できます。

3. 社債による調達資金は負債に計上されますが、株式発行による増資資金は、純資産に計上されます。

4. 特定社債保証制度は、信用保証協会が保証する制度です。

②

▼ 解説（赤シートで消える語句をチェックできます）　　　🖙87ページ　　▼ 正解

直接**金融**…株式発行等によって投資家等から資金を調達する方法 間接**金融**…金融機関等からの借入れによって資金を調達する方法	○
国や地方自治体の**各種補助金・助成金**は、通常、**返済不要の資金**で、事業資金等に活用できます。	○
インパクトローンは、**資金使途に制限のない外貨借款（外貨貸付）**のことをいいます。資金使途に制限がある貸付は、**タイドローン**といいます。	×
信用保証協会のマル保融資は信用保証協会による保証が付いた融資です。業種に応じた**資本金・従業員数の要件**を満たす中小企業が利用できます。	○

❷ 株式と社債の発行

☐ ❶ 「第三者割当増資」は、特定の既存株主に限定して、新株引受権を与えて株式を発行して、資金調達する方法である。 ←よく出る

☐ ❷ 少人数私募債は、親族、知人、取引先などの縁故者（50人未満）を対象として、企業が社債を発行して資金を調達する方法である。 ←よく出る

❸ 金融機関からの資金調達

☐ ❶ 金融機関からの借入れによる資金調達は、キャッシュフロー計算書のうち、「投資活動によるキャッシュフロー」に反映される。

☐ ❷ 金融機関等からの資金調達には、手形貸付、証書貸付および当座貸越などの手段がある。

☐ ❸ 国内銀行の担保付貸出に占める割合が最も大きい物的担保は、有価証券である。

☐ ❹ 企業が保有する売掛金などの債権や在庫などの資産を担保として提供することにより、金融機関から融資を受ける資金調達方法をABL（アセット・ベースト・レンディング）という。

☐ ❺ 日本政策金融公庫の中小企業向けの融資制度では、どの種類の融資も担保と保証人が必要である。

▼ 解説（赤シートで消える語句をチェックできます）　☞87ページ　▼ 正解

第三者割当増資とは、既存の株主に限らず、取引先など特定の第三者に新株を買う権利を割り当てる資金調達方法です。　✕

少人数私募債は、親族、取引先などの縁故者（50人未満）が直接引き受ける無担保の私募債です。

株式発行

株主割当増資	既存の株主に、新株を買う権利を割り当てる
第三者割当増資	既存の株主に限らず、取引先など特定の第三者に新株を買う権利を割り当てる
公募増資	不特定多数の投資家に対して、新しい株式を発行する

○

社債発行…株式会社、特例有限会社、合名会社、合資会社、合同会社も可能

公募債	不特定多数の投資家を対象として募集する社債
私募債	特定少数の投資家が直接引き受ける社債 親族、取引先などの縁故者（50人未満）が直接引き受ける無担保の私募債を少人数私募債という

▼ 解説（赤シートで消える語句をチェックできます）　☞87ページ　▼ 正解

金融機関からの借入れは投資ではないので、キャッシュフロー計算書のうち、「財務活動によるキャッシュフロー」に反映されます。　✕

企業が金融機関から資金調達する手段として、金融機関宛の約束手形を振り出す手形貸付、金銭消費貸借契約証書による証書貸付、当座貸越があります。　○

中小企業が金融機関から融資を受ける場合、担保や保証人が必要です。国内銀行の担保付貸出に占める割合が最も大きい物的担保は不動産です。　✕

ABL（アセット・ベースト・レンディング）は、売掛金などの債権や在庫（農畜産物、食料在庫、知的財産など）の資産を担保として融資を受ける資金調達方法です。これに対し、ファクタリング（売掛債権売買）は、確定している売掛債権を売却して売却益を得る資金調達方法です。　○

日本政策金融公庫では、法人に無担保・代表者のみの保証での融資、個人に無担保・無保証人での融資を行っています。　✕

1 生命保険の基礎知識

問題数022

再現例題

生命保険の保険料等の一般的な仕組みに関する次の記述のうち、最も不適切なものはどれか。 2022年9月

1. 保険料は、大数の法則および収支相等の原則に基づき、予定死亡率、予定利率および予定事業費率の3つの予定基礎率を用いて算定される。

2. 保険料は、将来の保険金・給付金等の支払い財源となる純保険料と、保険会社が保険契約を維持・管理していくために必要な経費等の財源となる付加保険料で構成される。

3. 所定の利率による運用収益をあらかじめ見込んで保険料を割り引く際に使用する予定利率を低く設定した場合、新規契約の保険料は高くなる。

4. 保険会社が実際に要した事業費が、保険料を算定する際に見込んでいた事業費よりも多かった場合、費差益が生じる。

解答 ① ② ③ ④

▼ 適切なものは○、不適切なものは×で答えなさい。また、（ ）に入る語句の組み合わせを選びなさい。

1 保険法

□ ❶ 生命保険契約は、保険契約者と保険会社との合意により契約が成立する諾成契約である。

□ ❷ 保険法における告知制度や保険金の支払時期等に関する規定よりも保険契約者等（保険契約者、被保険者、保険金受取人）に不利な内容の約款の定めは、海上保険契約等適用除外となる保険契約を除き、無効とされる。

□ ❸ 保険法では、生命保険契約の当事者以外の者を被保険者とする死亡保険契約は、当該被保険者の同意がなくても、その効力を生じるとしている。

出題DATA 過去13年間

1 👑 保険法…出題率0.53%［45問］
2 👑 保険契約者保護…出題率0.43%［37問］
3 👑 生命保険料の算定と構成…出題率0.27%［23問］

※出題率は、過去13年間の学科試験8,539問中の出題割合［質問数］を示しています。

【生命保険の基礎知識】の出題傾向

頻出順に「保険法」、「保険契約者保護」、「生命保険料の算定と構成」に関する問題が出題されています。

1 保険法…誤答になる選択肢には細かい規定が出ますが、ここで掲載した知識さえ覚えておけば正答になる選択肢を選ぶことができます。

2 保険契約者保護…保険会社が破綻したときに契約者を保護する法人が生命保険契約者保護機構と損害保険契約者保護機構です。自賠責保険と地震保険は破綻後の経過期間にかかわらず保険金の全額が補償される問題が頻出します。

3 生命保険料の算定と構成…保険金減額、自動振替貸付制度、払済保険と延長（定期）保険の基本的な事柄が出題されます。

▼ 再現例題の解説と解答

保険料を算定する際に見込んでいた事業費（予定事業費率）よりも、実際に要した事業費が少なかった場合に、費差益が生じます。

④

▼ 解説（赤シートで消える語句をチェックできます）　☞90ページ　**▼ 正解**

諾成契約は、当事者が口頭で意思表示を行い、合致することで成立する契約です。保険契約も諾成契約であるとされています。	○
保険法の規定よりも保険契約者等（保険契約者、被保険者、保険金受取人）に不利な内容の約款の定めは、無効となります。これを片面的強行規定といいます。なお、海上保険契約等、一部、適用除外となる保険契約があります。	○
保険契約者（契約当事者）と被保険者が異なる場合には、**被保険者の同意が必要**です。**被保険者＝保険金受取人**の場合には、同意は不要です。	✕

☐ ❹ 保険法には、生命保険契約および損害保険契約に関する規定が設けられているが、傷害疾病定額保険契約に関する規定は設けられていない。

☐ ❺ 保険法では、保険金支払いの不当な遅れを防止するため、保険法施行日以後に締結された保険契約について支払時期に関する規定が設けられている。

2 保険契約者保護

☐ ❶ 日本国内で営業する生命保険会社および損害保険会社であっても、日本国外に本社がある保険会社は、保険契約者保護機構への加入が任意とされている。

☐ ❷ 銀行の窓口で加入した生命保険契約は、生命保険契約者保護機構による補償の対象外である。

☐ ❸ 個人年金保険契約は、保険会社破綻時の責任準備金等の80％までが補償される。

☐ ❹ 民営化後に加入したかんぽ生命保険の契約は、生命保険契約者保護制度による補償の対象となる。

☐ ❺ 契約者が法人である自動車保険契約は、損害保険契約者保護機構による補償の対象外である。

☐ ❻ 自動車損害賠償責任保険契約については、保険会社破綻後3カ月以内に保険事故が発生した場合、支払われるべき保険金の全額が損害保険契約者保護機構により補償される。←よく出る

3 生命保険料の算定と構成

☐ ❶ 養老保険の死亡保険金の支払いに充てるために必要な保険料の計算に用いられる予定死亡率が高く設定された場合、一般に保険料は高くなる。

保険法は、生命保険、損害保険のほか、傷害疾病保険等の第三分野の保険、JA共済等の共済契約、少額短期保険※にも適用されます。　×

保険金の支払時期に関する規定は、保険法施行日以前の保険契約にも適用されます。😊**ウラ技** 契約者の不利益になる内容はほぼ×。　×

※少額短期保険は、金額の合計額が1人の被保険者について原則1,000万円までの保険。生命保険分野は1年更新、損害保険分野のは2年更新となっている。

▼ 解説（赤シートで消える語句をチェックできます）　🔖90ページ　▼ 正解

国内で営業する生命保険会社、損害保険会社は、外資（国外に本社がある保険会社）も含めて保険契約者保護機構への加入が義務付けられています。なお、共済や少額短期保険業者は保険契約者保護機構の対象外です。　×

保険は預金ではないため、銀行で加入した保険でも預金保険制度ではなく、生命保険契約者保護機構による補償の対象となります。なお、銀行で購入した投資信託については、投資者保護基金の補償の対象外です。　×

生命保険契約（個人年金保険契約含む）は、生命保険契約者保護制度によって責任準備金の90%まで補償されます。　×

かんぽ生命保険は、民営化前の契約の保険は政府の補償対象、民営化後の契約の保険は生命保険契約者保護機構の補償対象です。　○

法人契約の自動車保険契約は、損害保険契約者保護機構による補償対象です。火災保険、海上保険、賠償責任保険、運送保険などは、個人・小規模法人・マンション管理組合の契約のみ補償対象で、法人契約は補償対象外です。　×

自動車損害賠償責任保険（自賠責保険）と地震保険は、破綻後の経過期間にかかわらず、保険金の全額が補償されます。自動車保険、火災保険、海上保険、短期傷害保険、海外旅行傷害保険は、破綻後3カ月以内なら全額、3カ月経過後は80%の補償になります。　○

▼ 解説（赤シートで消える語句をチェックできます）　🔖94ページ　▼ 正解

年間死亡確率である予定死亡率が高くなれば死亡保険金が支払われる確率が高くなりますから、死亡保険金を支払う養老保険の保険料は高くなります。　○

学科②　リスク管理

- [ ] ❷ 個人年金保険の終身年金で年金支払いに充てるために必要な保険料の計算に用いられる予定死亡率が低く設定された場合、一般に保険料は安くなる。

- [ ] ❸ 所定の利率による運用収益をあらかじめ見込んで保険料を割り引く際に使用する予定利率を低く設定した場合、新規契約の保険料は高くなる。

- [ ] ❹ 生命保険会社が保険事業の運営上必要な経費として組み込む予定事業費率を低く設定する場合、一般に保険料は安くなる。

4 保険継続のための制度

- [ ] ❶ 契約者貸付制度は解約返戻金の一定範囲内で、保険会社から融資を受けられる制度で、法人が貸付金を受け取った場合も経理処理をする必要はない。

- [ ] ❷ 保険会社が解約返戻金の範囲内で保険料を自動的に貸し付けて、契約を有効に継続する自動振替貸付制度がある。自動振替貸付によって立て替えられた金額でも、生命保険料控除の対象となる。

- [ ] ❸ 保険料払込猶予期間中に保険金や給付金の支払事由が生じた場合、未払込保険料を差し引いて保険金や給付金が支払われる。

- [ ] ❹ 保険料払込期間の途中で保険料の払込みを中止して払済保険に変更した場合、特約はすべて継続できる。

- [ ] ❺ 延長保険は、保険料払込期間の途中で保険料の払込みを中止して、その時点での解約返戻金相当額をもとに、元契約の保険金額と同額の一時払定期保険に変更するものである。

- [ ] ❻ 保険料払込期間の途中から保険金額を減額することにより、保険料の負担を軽減することができる。

一般に、生命保険では**予定死亡率が低いほど保険料は安く**なります。しかし、**個人年金保険では予定死亡率が**低いほど年金支払い期間が長くなるため、終身年金の保険料は高くなります。　**×**

予定利率は、保険会社が見込む運用利回りです。**予定利率が低い**ほど、**保険料は**高くなります。　**○**

予定事業費率は、保険会社が事業を運営するのに**必要な費用の保険料に対する割合**です。**予定事業費率が低い**ほど**保険料は**安くなります。　**○**

▼ 解説（赤シートで消える語句をチェックできます）　📖96ページ　▼ 正解

契約者貸付制度は解約返戻金の一定範囲内で、保険会社から融資を受けられる制度で、法人の場合、この貸付金は**借入金として負債に計上**します。　**×**

自動振替貸付制度は、保険会社が解約返戻金の範囲内で自動的に保険料を立て替えて契約を有効に持続させる制度です。自動振替貸付によって立て替えられた金額は、**生命保険料控除の対象**になります。ただし、立て替え保険料には利息が付くため、後日、**未払い分＋**利息の払込みが必要となります。　**○**

保険料払込猶予期間中に、保険金や給付金の支払事由（保険事故）が生じた場合は、未払込**保険料を差し引いて保険金や給付金が支払われます**。　**○**

保険料の払込みを中止して、解約返戻金をもとに契約を継続できる制度に、**払済保険**と**延長（定期）保険**があります。このとき**特約は**消滅します。　**×**

払済保険と**延長（定期）保険**は、まとめて覚えておきましょう。

払済保険と延長（定期）保険	覚えよう
払済保険	解約返戻金をもとに一時払保険（一時払養老保険）に変更する。保険期間を変えないで、保険金額は下がる
延長（定期）保険	解約返戻金をもとに一時払定期保険に変更する。保険金額は元の契約と同じ。保険期間は通常短くなる

○

保険金減額は、受け取る**保険金を減額して保険料を減らす方法**です。**減額部分は解約扱い**となり、解約返戻金があれば受け取ることができます。　**○**

2 生命保険の種類と特徴

問題数025

　生命保険の一般的な商品性に関する次の記述のうち、最も不適切なものはどれか。なお、記載のない特約については考慮しないものとする。　　　　　2019年9月

1. 外貨建て終身保険は、契約時に円換算支払特約を付加すれば、契約時の為替相場で円換算した死亡保険金を受け取ることができる。

2. 養老保険は、保険金の支払事由に該当せずに保険期間満了となった場合、死亡・高度障害保険金と同額の満期保険金を受け取ることができる。

3. 低解約返戻金型終身保険を保険料払込期間中に中途解約した場合の解約返戻金は、支払保険料以外の契約条件が同じで低解約返戻金型ではない終身保険の解約返戻金よりも少ない金額になる。

4. 収入保障保険の死亡保険金を一時金で受け取る場合の受取額は、年金形式で受け取る場合の受取総額よりも少なくなる。

解答　①　②　③　④

▼ 適切なものは○、不適切なものは×で答えなさい。また、（　）に入る語句の組み合わせを選びなさい。

1 養老保険

☐ ❶ 養老保険の被保険者が保険期間満了まで生存した場合、死亡・高度障害保険金と同額の満期保険金が支払われる。

☐ ❷ 養老保険の保険料は、死亡保険金額や保険期間等の他の条件が同一であれば、定期保険の保険料よりも高い。

出題DATA
過去13年間

👑1 個人年金保険…出題率1.36%［116問］

👑2 終身保険…出題率0.77%［66問］

👑3 収入保障保険…出題率0.30%［26問］

※出題率は、過去13年間の学科試験8,539問中の出題割合［質問数］を示しています。

学科②

リスク管理

【生命保険の種類と特徴】の出題傾向

「個人年金保険」の出題率が群を抜いています。この分野は、今後ますます出題が増えていくことが予想されます。

1 個人年金保険…一定年齢に達すると年金が支払われる民間の保険です。

2 終身保険…終身保険は、死亡・高度障害状態の保障が一生涯続き、解約返戻金が一定額まで増えていく死亡保険です。

3 収入保障保険…収入保障保険は、掛捨ての定期保険の一種で、世帯主などの被保険者が死亡・高度障害状態となった場合、年金として毎月定額の給付金が受取人に支払われる保険です。一時金での受取も可能です。

▼ 再現例題の解説と解答

円換算支払特約では、外貨建て保険の保険金・年金等を請求時の為替相場で円貨に換算するため、契約時の為替相場で円換算した死亡保険金を受け取れるとは限りません。為替リスクを回避するなら、為替ヘッジがある保険を選ぶことが必要となります。 　　　①

▼ 解説（赤シートで消える語句をチェックできます）　　　🔗103ページ　　　▼ 正解

養老保険は、保険期間中ならば死亡・高度障害保険金が支払われ、保険期間満了まで生存すると死亡・高度障害保険金と同額の満期保険金が支払われる生死混合保険です。解約返戻金は払込保険料総額を下回ることがあります。なお、高度障害保険金を受け取ると、契約は消滅します。 　　　○

定期保険はいわゆる**掛捨ての保険**なので、生存中に支払われる満期保険金はありません。養老保険は保険期間満了後に満期保険金が支払われます。従って、養老保険の保険料の方が定期保険の保険料より高くなります。 　　　○

73

2 収入保障保険

☐ ❶ 収入保障保険から遺族が受け取る年金を一括で受け取る場合の受取額は、年金形式で受け取る場合の受取総額よりも少なくなる。

☐ ❷ 老後生活資金の準備を検討しているCさん（50歳）に対し、「一定の年齢に達したときから保険期間満了時まで毎月年金を受け取ることができる収入保障保険に加入することにより、Cさんの老後生活資金を準備することができます」と説明した。

☐ ❸ 収入保障保険の年金支払総額は、歳満了年金タイプの場合、被保険者の死亡時期にかかわらず、常に一定である。

3 定期保険

☐ ❶ 定期保険は、保険期間中は所定の支払事由に該当すると、死亡保険金・高度障害保険金が支払われるが、保険期間満了時に満期保険金は支払われない。

☐ ❷ ファイナンシャル・プランナーが「自分の将来の葬儀代を保険商品によって準備したい」という相談に対して、定期保険への加入を提案した。

☐ ❸ 逓増定期保険は、保険期間の経過とともに死亡保険金額が逓増するが、支払保険料は一定である。

収入保障保険は、掛捨ての定期保険の一種で、被保険者が<u>死亡・高度障害**状態**</u>となった場合、年金として毎月定額の給付金が受取人に支払われる保険です。**一時金で受け取る場合は、年金で受け取る総額より**<u>少な</u>くなります。

〇

被保険者が死亡・高度障害状態となった場合に年金が給付される**収入保障保険**は老後生活資金の準備に<u>不向き</u>です。被保険者が老後に年金を受け取る目的ならば、<u>個人年金</u>**保険**になります。また、**病気やケガ**で仕事ができなくなった場合の収入減を補う目的ならば、<u>所得補償</u>**保険**になります。

✕

収入保障保険には、一定期間の年金が確保される<u>確定</u>**年金タイプ**と、一定年齢を満期として満期までの期間に応じた年金が支払われる<u>歳満了</u>**年金タイプ**があります。<u>歳満了</u>**年金タイプ**では、被保険者の死亡時期が早いほど年金総額が<u>多く</u>、満期に近付くほど年金総額が<u>少なく</u>なります。

✕

定期保険は、保険期間中に死亡・高度障害状態になった場合に保険金が支払われる保険です。いわゆる**掛捨ての保険**で<u>満期</u>保険金（**保険期間終了まで生存した場合の保険金）は支払われません。**

〇

定期保険は被保険者が保険期間中に死亡した場合は死亡保険金が支払われますが、保険期間終了まで生存した場合には支払いはないので、適切ではありません。自分の葬儀代を準備するためには、<u>終身</u>**保険**が適切です。

✕

逓増定期保険は、期間の経過に応じて<u>死亡保険</u>**金額が増えていく**保険です。<u>支払保険料</u>は一定です。企業が役員に掛けて、保険料の一部を損金計上しながら退職金や事業資金を準備しておくために活用できます。定期保険には次の3タイプがありますが、いずれも保険期間中の<u>保険料</u>**は変わり**<u>ません</u>。

<u>平準</u>**定期保険**…保険金額が変わりません。
<u>逓増</u>**定期保険**…期間の経過に応じて保険金額が増えていきます。
<u>逓減</u>**定期保険**…期間の経過に応じて保険金額が減っていきます。

〇

4 終身保険

□ ❶ 終身保険の保険料について、保険料払込期間が有期払いの場合と終身払いの場合を比較すると、他の条件が同一であれば、有期払いの方が払込み1回当たりの保険料の金額が高い。

□ ❷ 終身保険の保険料について、被保険者が男性の場合と女性の場合を比較すると、他の条件が同一であれば、女性の方が払込み1回当たりの保険料の金額が高い。←よく出る

□ ❸ 無選択型終身保険は、加入時に医師による診査や告知の必要がなく、被保険者の健康状態にかかわらず加入することができる。

□ ❹ 定期保険特約付終身保険（更新型）は、更新の都度、告知が必要であり、健康状態によっては定期保険特約を更新できない。

□ ❺ 低解約返戻金型終身保険を保険料払込終了後に解約した場合、低解約返戻金型ではない他の契約条件が同じ通常の終身保険よりも低い解約返戻金額が支払われる。

□ ❻ 利率変動型積立終身保険（アカウント型保険）は、主契約の適用利率が契約後一定期間ごとに見直されるが、最低保証利率が設定されている。

□ ❼ 変額保険（終身型）の死亡保険金については、運用実績に応じて保険金額が変動するが、契約時に定めた保険金額（基本保険金額）は保証される。

□ ❽ 契約する際の健康診断書の提出や、契約後に健康状態が改善されることによって、保険料が割安となる保険商品がある。

□ ❾ 「自分が死亡した場合の相続税の納税資金を確保するために生命保険に加入したい」という顧客の相談に対して、FPが終身保険への加入を提案した。

終身保険は、死亡・高度障害状態の保障が一生涯続き、解約返戻金が一定額まで増えていく保険です。保険料は**一時払い**、一定期間で終わる**有期払い**、一生涯続く**終身払い**があり、払込み1回当たりの保険料の金額は、**一時払い**が最も高く、終身払いが最も安くなります。

○

女性の方が平均余命が長く（予定死亡率が低く）、死亡するまでに**保険料を払い込む期間が長く**なるため、同じ年齢での**終身保険の1回当たりの保険料は女性の方が男性より**安くなります。

×

無選択型終身保険は、**告知や医師の診査が**不要**な保険**で、保険料は割高です。一般の保険の契約には、**保険会社から**告知**を求められた事項についての**告知**義務**があり、故意に告知義務に違反した場合、保険会社は保険契約を解除できます。なお、**生命保険募集人には**告知受領権はありません。

○

定期保険特約付終身保険には、定期保険期間を主契約である終身保険の保険料払込期間と同じにした**全期型**と、一定期間ごとに契約を更新する**更新型**があります。更新型は更新時に**診査や告知は**不要ですが、**保険料が再計算されて高く**なります。

×

低解約返戻金型の終身保険は、**保険料払込期間等だけ**解約返戻金**額が低くなる**もので、払込期間経過後は、**従来型の終身保険と同程度の**解約返戻金**額に**なります。一般的な終身保険に比べて保険料が割安です。

×

利率変動型積立終身保険（アカウント型保険）は、契約者が積立金部分を**口座（アカウント）**から引き出したり、一時金として積み立てたり、保障内容を変更する際の保険料に充当したりすることができるものです。主契約の適用利率は一定期間ごとに見直されますが、**最低保証利率は設定されて**います。

○

変額保険は、運用実績によって死亡保険金額や解約返戻**金額などが増減する**保険ですが、契約時に定めた保険金額（基本保険金額）は最低保証されます。

○

健康診断書の判定による健康年齢連動型医療保険、**契約**後**の健康状態の改善によって保険料を割り引く健康増進型の保険**などが販売されています。

○

相続税の課税対象になる終身保険の死亡保険金は、「500万円×法定相続人の数」まで非課税となるので、相続税の納税資金を確保する対策となります。

○

5 個人年金保険

☐ ❶ 年金受取人が受け取ることができる年金額は、契約時に定められた年金額の
みであり、年金支払開始前や年金支払開始後の積立配当金によって年金額が
増額されることはない。

☐ ❷ 個人年金保険の終身年金の保険料は、被保険者が同年齢で、基本年金額や保
険料払込期間、年金受取開始年齢など契約内容が同一の場合、男性の方が女
性よりも高くなる。←よく出る

☐ ❸ 保証期間付終身年金は、保証期間中については被保険者の生死に関係なく年
金を受け取ることができ、その後も被保険者が生存していれば年金を受け取
ることができる。

☐ ❹ 確定年金は、年金受取期間中に年金受取人が死亡した場合も、残りの受取期
間に対応する年金または一時金を受け取ることができる。

☐ ❺ 夫婦終身年金は、年金支払期間開始後、夫婦のいずれかが生存していれば年
金が支払われる。

☐ ❻ 定額個人年金保険では、年金受取開始時までは、基本年金額が確定しない。

☐ ❼ 一般的な変額個人年金保険では、特別勘定における運用実績によって、将来
受け取る年金額等が変動するが、年金受取開始前に被保険者が死亡した場合
に支払われる死亡給付金については、基本保険金額が最低保証されている。
なお、契約者（＝保険料負担者）、被保険者および年金受取人は同一人とす
る。

個人年金保険の年金額は、契約時に定めた**基本年金**、**年金支払い開始前の配当金**を原資とする増額年金、**年金支払い開始後の配当金**を原資とする増加年金の合計となります。また、保険料払込期間終了から年金の支払開始までの一定期間を年金運用の据置期間にできます。**据置期間を長く設定**するほど**運用益が上積みされて年金を増額**できます。被保険者が**年金受取開始前に死亡**すると、遺族には既払込保険料相当額の死亡給付金が支払われます。

×

終身年金…被保険者が生きている限り年金が続きます。終身年金なので一般に**寿命が長い女性**の方が受け取る期間が長くなり、**保険料が高く**なります。

×

保証期間付終身年金…保証期間中は**被保険者の生死にかかわらず**、被保険者（または遺族）に年金（または一時金）が支払われます。保証期間経過後は被保険者が生きている限り年金が支払われます。基本年金額が毎年一定の定額型のほか、定められた時期から増加する逓増型があります。

○

確定年金…年金受取期間中は被保険者の生死にかかわらず、被保険者（または遺族）に年金が支払われます。年金支払開始前に被保険者が死亡した場合は、死亡給付金として一般に**既払込保険料相当額**が払い戻されます。
有期年金…年金受取期間中は被保険者が生きている限り年金が支払われます。

○

夫婦年金…夫婦のどちらかが生きていれば、年金を受け取ることができます。同額の年金原資の場合、夫だけ妻だけを被保険者とする終身年金よりも毎年の年金額は少なくなります。

○

定額個人年金…**一般勘定**で運用され、定められた**利率で運用**するため、**契約時に年金額（年金原資）が確定**します。また、死亡給付金は払込保険料相当額が最低保証されています。

×

変額個人年金保険…**特別勘定**で運用され、株式や債券などで運用される保険料の運用実績によって、受取**年金額や解約返戻金額が増減**します。一般的に、変額個人年金保険では解約返戻金の最低保証はありませんが、被保険者が年金支払開始前に死亡した場合の**死亡給付金には最低保証があります**。

○

学科②
リスク管理

79

3 生命保険と税金

問題数018

再現例題

生命保険料控除に関する次の記述のうち、最も不適切なものはどれか。

2016年9月

1. 死亡保険金受取人が契約者（＝保険料負担者）の配偶者または所定のその他の親族である終身保険契約は、一般の生命保険料控除の対象となる。

2. 少額短期保険業者と締結した保険契約は、生命保険料控除の対象とならない。

3. 個人年金保険料控除の対象となる個人年金保険契約は、保険料払込期間が10年以上であること等の条件をすべて満たし、個人年金保険料税制適格特約が付加された契約である。

4. 所得税における介護医療保険料控除の控除限度額は、5万円となる。

解答　① ② ③ ④

▼ 適切なものは〇、不適切なものは×で答えなさい。また、（　）に入る語句の組み合わせを選びなさい。

TOP 60 ❶ 生命保険料控除

☐ ❶ 生命保険料控除は、勤務している会社で年末調整を受けられる給与所得者であれば、確定申告を行わなくても年末調整によってその適用を受けることができる。

☐ ❷ 生命保険料控除の対象となる保険料の金額は、その年に払い込んだ保険料合計額であり、その年に配当金を受け取ったとしてもその配当金は差し引かない。

出題DATA 過去13年間

👑1 生命保険料控除…出題率0.88% [75問]

👑2 生命保険の保険金への課税…出題率0.75% [64問]

👑3 個人年金保険料控除 …出題率0.27% [23問]

※出題率は、過去13年間の学科試験8,539問中の出題割合［質問数］を示しています。

【生命保険と税金】の出題傾向

頻出順に「生命保険料控除」、「生命保険の保険金への課税」、「個人年金保険料控除」に関する問題が出題されています。

1 **生命保険料控除**…生命保険料控除は、一般の生命保険・個人年金保険・介護医療保険という3つの区分ごとに、払い込んだ保険料に応じた額がその年の所得から差し引かれる所得控除です。

2 **生命保険の保険金への課税**…契約者（保険料負担者）と保険金受取人が同一人の場合、支払われる給付金・保険金は一時所得（所得税・住民税課税）という知識が、形を変えて繰り返し出題されています。

3 **個人年金保険料控除**…個人年金保険料控除を受けるためには、年金受取人が被保険者と同一でなければいけません。

▼ 再現例題の解説と解答

所得税の生命保険料控除は、一般・個人年金・介護医療それぞれで4万円、合計で12万円が上限（2011年12月31日以前の契約では、一般・個人年金それぞれで5万円、合計で10万円が上限）です。

④

▼ 解説（赤シートで消える語句をチェックできます） 🖙111ページ ▼ 正解

年末調整を受けられる給与所得者であれば、年末調整の際、勤務先に生命保険料控除証明書を提出することで**生命保険料控除**が適用されるため、**確定申告は不要**です。 ◯

生命保険料控除の対象は、その年に払い込んだ**保険料の合計額**です。生命保険料控除を計算する際には、**支払保険料から配当金**や**割戻金は差し引きます**。 ✕

☐ ❸ 「介護医療保険料控除」の対象となる医療保険契約の契約形態は、給付金受取人が契約者（＝保険料負担者）またはその配偶者に限られる。←よく出る

☐ ❹ 少額短期保険契約の保険料は、「一般の生命保険料控除」の対象となる。

☐ ❺ 2012年1月1日以後に締結した保険契約に付加された傷害特約の保険料は、「介護医療保険料控除」の対象となる。

☐ ❻ 2012年1月1日以後に締結した「一般の生命保険料控除」「個人年金保険料控除」「介護医療保険料控除」のそれぞれの控除額の上限は、所得税では4万円である。←よく出る

☐ ❼ 2011年12月31日以前に医療保険契約を締結し、2012年1月1日以後に当該契約を更新した場合、更新後の保険料は「介護医療保険料控除」の対象となる。

一般の生命保険料控除と介護医療保険料控除は、保険金・給付金受取人が、**契約者本人・配偶者・その他の親族**」である生命保険や医療保険の保険料が対象です。

保険期間**5年未満の契約（少額短期保険契約等）**や**外国保険会社等**と**国外で締結した保険**の保険料は一般の生命保険料控除の対象になりません。

新契約では、身体の傷害のみに基因して保険金が支払われる**傷害特約や災害割増特約**などの保険料は、生命保険料控除の対象とはなりません。

2012年1月1日以降の契約（新契約）での区分

一般の生命保険料控除	生存・死亡に基因した保険金・給付金に係る保険	終身保険、定期保険特約、特定疾病保障定期保険特約など
個人年金保険料控除	公的でない、個人で加入している年金保険	終身年金、確定年金、保証期間付有期年金、夫婦年金など
介護医療保険料控除	介護と医療(入院・通院等の給付部分)に係る保険	入院特約、先進医療特約、所得補償保険、**医療**保険、介護保険など **傷害特約や災害割増特約は対象外**

新契約の控除額の上限は、以下のとおりです。

2012年1月1日以降の契約（新契約）の控除額の上限

	各払込保険料	一般の生命保険	個人年金保険	介護医療保険	控除合計上限
所得税	8万円超	40,000円	40,000円	40,000円	120,000円
住民税	5.6万円超	28,000円	28,000円	28,000円	70,000円

▲各払込保険料は、各保険それぞれの年間保険料。例えば個人年金保険の払込保険料が8万円超の場合に、所得税の控除額が4万円となる。
2011年12月31日以前の保険契約でも、2012年1月1日以降に契約更新・転換や特約の更新・中途付加を行うと、更新した月以後の保険契約全体の保険料に対して新契約での生命保険料控除制度が適用される。

2011年12月31日以前の保険契約であっても、2012年1月1日以降に**契約更新・転換や特約の更新・中途付加**を行うと、更新した月以後の保険契約全体の保険料に対して**新契約**での**生命保険料控除制度が適用**されます。また、医療保険は、**介護医療保険料控除**の対象です。

□ ❽ 2011年12月31日以前に締結した個人年金保険契約と2012年1月1日以後に締結した個人年金保険契約があり、いずれの支払保険料についても個人年金保険料控除の適用を受ける場合、所得税における個人年金保険料控除の控除限度額は50,000円である。

2 個人年金保険料控除

□ ❶ 税制適格特約を付加するためには、年金受取人が契約者（＝保険料負担者）またはその配偶者のいずれかであり、年金受取人は被保険者と同一でなければならない。←よく出る

□ ❷ 変額個人年金保険の保険料は、「個人年金保険料控除」の対象とはならず、「一般の生命保険料控除」の対象となる。

TOP60 3 生命保険の保険金への課税

□ ❶ 被保険者が事故で死亡し、契約者（＝保険料負担者）が死亡給付金を受け取った場合、給付金は一時所得として所得税・住民税の課税対象となる。

□ ❷ 終身保険の契約者および死亡保険金受取人が夫、被保険者が妻の場合、夫が受け取る死亡保険金は相続税の課税対象となる。←よく出る

□ ❸ 契約者（＝保険料負担者）および被保険者を父とする生命保険で、死亡保険金受取人が子である終身保険の場合、父が受け取った解約返戻金は、所得税の課税対象となる。

同じ区分の保険について旧契約と新契約の両方がある場合は、控除額が最大となるように、次のうち**いずれか**を選択することができます。

旧契約の保険料だけを申告…所得税**5万円**、住民税3.5万円

新契約の保険料だけを申告…所得税**4万円**、住民税2.8万円

旧契約と新契約の両方を申告…合計で所得税**4万円**、住民税2.8万円

▼ 解説（赤シートで消える語句をチェックできます）　🔗113ページ　▼ 正解

> **個人年金保険料控除の要件**　覚えよう
>
> 以下をすべて満たすと個人年金保険料**税制**適格**特約**が付く。
>
> ●保険料の払込期間が<u>10年**以上**</u>あること。一時払いの年金保険は控除対象ではない。
> ●終身年金、または被保険者の**年金受取り開始時の年齢**が<u>60歳以上</u>で、かつ**年金受取り期間**が<u>10年以上</u>の確定年金・有期年金であること。
> ●年金受取人＝契約者本人またはその<u>配偶者</u>
> ●年金受取人＝<u>被保険者</u>（保障の対象者）

なお、税制適格特約は、契約中でも無料で中途付加できます。

変額個人年金保険は、<u>一般の生命</u>保険料控除の対象となります。

▼ 解説（赤シートで消える語句をチェックできます）　🔗114ページ　▼ 正解

保険の契約者（保険料負担者）と<u>保険金受取人</u>が同一人の場合、支払われる給付金・保険金は**一時所得として所得税・住民税の課税対象**となります。

保険の契約者（保険料負担者）と<u>保険金受取人</u>が夫（同一人）なので、妻の死亡保険金であっても<u>一時</u>**所得として所得税・住民税の課税対象**となります。

保険の契約者（保険料負担者）と被保険者が夫で、保険金受取人が妻または子の場合には、死亡保険金が<u>相続</u>**税の課税対象**となります。

<u>契約者</u>が受け取った解約返戻金は、<u>一時</u>**所得として所得税・住民税の課税対象**となります。ただし課税されるのは、払込保険料との差益に対してです。

☐ ❹ 一時払変額個人年金保険（確定年金）を保険期間の初日から5年以内に解約して解約返戻金を受け取った場合、その解約差益は源泉分離課税の対象となる。←よく出る

☐ ❺ 個人年金保険から受け取る年金は、雑所得として公的年金等控除の対象となる。

☐ ❻ 個人年金保険において契約者と年金受取人が異なる場合、年金受取人は年金支払開始時に年金受給権を取得したものとみなされ、当該受給権については贈与税の課税対象となる。

☐ ❼ 入院したことにより被保険者が入院給付金を受け取った場合、その給付金は、一時所得として所得税・住民税の課税対象となる。←よく出る

保険期間が**5年以下（5年以内に解約した場合も含む）**の一時払いの養老保険、一時払いの損害保険、一時払いの個人年金保険などは、満期保険金や解約返戻金と払込保険料との差益について、金融類似商品の収益とみなされて**20.315%（所得税15％＋復興特別所得税0.315％＋住民税5%）**[※]の源泉分離課税となります。満期のない終身保険は、5年以内に解約しても金融類似商品とはみなされません。

個人年金保険では、毎年受け取る**年金は雑所得として所得税・住民税の課税対象**ですが、**公的年金等控除の対象ではありません**。なお、年金を一括して**一時金として受け取ると一時所得として所得税・住民税の課税対象**となります。これは、**収入（所得）保障保険の年金**についても同様です。

個人年金保険において、夫が保険料を支払って妻が年金を受け取るなど、年金受取人と契約者（＝保険料負担者）が異なる場合、契約者から受取人への贈与とみなされ、年金受給権の評価額が贈与税の課税対象となります。

被保険者や配偶者等が受け取る**通院・手術・入院**など、**「身体の傷害に基因」**して支払われる給付金、保険金は非課税になります。

> **覚えよう**
>
> **非課税となる給付金、保険金**
>
> ● **非課税の給付金**
> 　入院給付金、手術給付金、通院給付金、疾病（災害）療養給付金、がん診断給付金、障害給付金、先進医療給付金など。
>
> 　▲医療費控除を受ける場合、入院給付金など、保険で補てんされた金額は医療費から差し引く必要がある。
>
> ● **非課税の保険金**
> 　高度障害保険金、特定疾病（三大疾病）保険金（診断されたとき）、リビング・ニーズ特約保険金、介護保険金（一時金、年金）など。
> 　ただし、リビング・ニーズ特約で受け取った保険金が被保険者の死亡時点で残っていた場合には、その残額は相続財産となり相続税の課税対象となる。

※復興特別所得税は、基準所得税額の2.1％。所得税が15％の場合、15％×0.021＝0.315％となる。

4 法人契約の生命保険

問題数019

再現例題

法人を契約者（＝保険料負担者）とする生命保険に係る保険料の経理処理に関する次の記述のうち、最も不適切なものはどれか。なお、いずれも保険料は年払いで、いずれの保険契約も2024年4月に締結したものとする。　　　　　2020年9月

1．被保険者が役員・従業員全員、死亡保険金受取人が被保険者の遺族、満期保険金受取人が法人である養老保険の支払保険料は、その2分の1相当額を資産に計上し、残額を損金の額に算入することができる。

2．被保険者が役員、死亡保険金受取人が法人である終身保険の支払保険料は、その全額を資産に計上する。

3．被保険者が役員、死亡保険金受取人が法人で、最高解約返戻率が80％である定期保険（保険期間10年）の支払保険料は、保険期間の前半4割相当期間においては、その40％相当額を資産に計上し、残額を損金の額に算入することができる。

4．被保険者が役員、給付金受取人が法人である解約返戻金のない医療保険の支払保険料は、損金の額に算入することができる。

解答　①　②　③　④

▼ 適切なものは○、不適切なものは×で答えなさい。また、（　）に入る語句の組み合わせを選びなさい。

TOP60 1 生命保険と退職金等の準備

☐ ❶ 終身保険は、役員の死亡退職だけでなく、生存退任する場合の退職慰労金の準備としても活用できる。

☐ ❷ 「従業員の定年退職時に支給する退職金や死亡時に支給する死亡退職金の原資を準備したい」と考える顧客に対し、養老保険の活用をアドバイスした。

☐ ❸ 逓増定期保険は、役員の死亡退職だけでなく、生存退任する場合の退職慰労金の準備としても活用できる。

出題DATA 過去13年間

👑**1** 法人の保険料の経理処理…出題率0.84% ［72問］

👑**2** 生命保険と退職金等の準備…出題率0.63% ［54問］

👑**3** 法人の保険金の経理処理…出題率0.30% ［26問］

※出題率は、過去13年間の学科試験8,539問中の出題割合〔質問数〕を示しています。

【法人契約の生命保険】の出題傾向

頻出順に「法人の保険料の経理処理」、「生命保険と退職金等の準備」、「法人の保険金の経理処理」に関する問題が出題されています。

1 **法人の保険料の経理処理**…法人が保険金受取人で貯蓄性のある保険（終身保険・養老保険）の保険料は、保険料積立金として資産計上します。

2 **生命保険と退職金等の準備**…退職金の準備として法人が生命保険を利用する場合の基本的な知識が問われます。

3 **法人の保険金の経理処理**…死亡保険金や解約返戻金等は、保険金を資産計上、保険金額と保険料積立金額との差額を雑収入または雑損失として計上します。

▼ 再現例題の解説と解答

2019年7月8日以後の法人契約の定期保険と第三分野の保険において、最高解約返戻率70%超85%以下の定期保険、第三分野の保険は、保険期間の前半4割の期間を資産計上期間として、支払保険料の60%相当額を資産に計上し、残額の40%を損金に算入します。 ③

▼ 解説（赤シートで消える語句をチェックできます）　➡122・124・127ページ　　▼ 正解

終身保険は、解約返戻金が一定額まで増えていくので、役員の死亡退職金や退職慰労金の準備として**活用**できます。	⭘
養老保険は、**死亡保険金・高度障害保険金**以外に、満期まで生存した場合に**満期保険金**が支払われます。従業員退職金の準備として活用できます。	⭘
逓増定期保険は、死亡保険金額が増加する定期保険です。解約返戻金のピーク時に退職時期を設定して退職金の準備に利用されてきましたが、法改正で**2019年7月8日以後**は損金算入できる保険料の割合が小さくなっています。	⭘

☐ ❹ 「従業員の定年退職時に支給する退職金の原資を準備したい」と考える顧客に対し、総合福祉団体定期保険の活用をアドバイスした。◀よく出る

☐ ❺ 総合福祉団体定期保険では、ヒューマン・ヴァリュー特約を付加することで、被保険者が不慮の事故により身体に傷害を受けた場合の治療費や入院費が保障される。

TOP 60 ② 法人の保険料の経理処理

☐ ❶ 契約者を法人、全従業員を被保険者、法人を死亡保険金受取人とする定期保険（保険期間10年、最高解約返戻率50％以下）に加入した場合、支払保険料の全額を期間の経過に応じて損金の額に算入する。

☐ ❷ 契約者が法人、被保険者が役員、死亡保険金受取人が法人である終身保険の保険料は、全額を損金に算入する。

総合福祉団体定期保険（**Ａグループ保険**）は、従業員の<u>死亡・高度障害の際</u>の<u>退職金</u>に備える保険です。**定年退職**の場合、保険金の支払いは<u>ありません</u>。

総合福祉団体定期保険　　　　　　　　　　　　　　　覚えよう

- １年更新の定期保険なので**毎年保障**の<u>見直し</u>ができる。
- 保険加入時には、被保険者本人の**保険約款に基づく**<u>告知</u>、および<u>同意</u>が必要。
- 受取人が法人の場合は、保険金請求時に被保険者の遺族の<u>了知</u>が必要。
- 災害総合保障特約は、不慮の事故で障害・入院給付金が支払われる特約。

従業員が任意加入する団体定期保険（Ｂグループ保険）もあります。

ヒューマン・ヴァリュー特約※は、従業員の<u>死亡・高度障害</u>に伴う**法人の諸費用（代替雇用者採用・育成費等）**を保障する特約で、この保険金については受取人が<u>法人</u>（企業）に限定されます。**治療費や入院費は保障され**<u>ません</u>。

※ヒューマン・バリュー特約ともいう。学科試験ではヒューマン・ヴァリュー特約。

▼ 解説（赤シートで消える語句をチェックできます）　　　122ページ　▼ 正解

保険期間３年未満または最高解約返戻率50％以下の<u>定期</u>保険・第三分野の保険※の保険料は、原則として<u>損金算入</u>します。なお、保険金受取人を被保険者（または遺族）とした場合も保険料は<u>損金算入</u>します。

保険金受取人が法人の終身保険は、支払保険料の全額を<u>資産計上</u>します。

支払った保険料の経理処理（仕訳）　　　　　　　　　覚えよう

保険の種類	支払った保険料の経理処理
終身保険・養老保険・年金保険／保険金受取人が<u>法人</u>	貯蓄性があるため、【借方】に<u>保険料積立金</u>として資産計上
終身保険・養老保険・年金保険／保険金受取人が被保険者（または遺族）	被保険者が受け取るので【借方】に<u>給与</u>として損金算入
最高解約返戻率が<u>50</u>％以下の**定期保険・第三分野の保険／保険金受取人が法人**	貯蓄性がないため、【借方】に<u>支払保険料</u>として損金算入

- 仕訳の具体例：終身保険（保険金受取人が法人）の保険料

借　　方		貸　　方	
<u>保険料積立</u>金	120万円	**現金・預金**	120万円

▲左側【借方】に積み立てている保険料。保険料は現金か預金から支払うので、右側【貸方】に現金・預金。【借方】と【貸方】は同じ金額になる。

※最高解約返戻率が50％超70％以下かつ１被保険者あたりの年換算保険料相当額が30万円以下（全保険会社の契約を通算）のものを含む（2019年７月８日以降の契約）。

☐ ❸ 被保険者が役員・従業員で、死亡保険金および満期保険金受取人が法人である養老保険の保険料は、2分の1の金額を保険料積立金として資産に計上し、残りの2分の1の金額を福利厚生費として損金に算入する。←よく出る

☐ ❹ 契約者が法人、被保険者が特定の役員、死亡保険金受取人が被保険者の遺族である定期保険の保険料は、全額を福利厚生費として損金に算入する。

☐ ❺ 契約者が法人、死亡保険金受取人が法人である定期保険特約付終身保険について、終身保険の保険料は資産に計上し、定期保険特約（10年更新：最高解約返戻率50％以下）の保険料は損金に算入することができる。

☐ ❻ 契約者（＝保険料負担者）が法人、死亡給付金受取人が従業員（被保険者）の遺族、年金受取人が従業員である個人年金保険の保険料は、支払保険料の全額を給与として損金に算入する。

☐ ❼ 契約者（＝保険料負担者）を法人、被保険者をすべての役員・従業員、死亡給付金受取人を役員・従業員の遺族、年金受取人を法人とする個人年金保険の保険料は、その額の10分の9を資産に計上し、残り10分の1を損金に算入する。

❸ 法人の保険金の経理処理

☐ ❶ 契約者（＝保険料負担者）が法人、被保険者が特定の役員、死亡保険金受取人が法人である終身保険（無配当保険）の死亡保険金を受け取った場合、保険料積立金を取り崩し、死亡保険金との差額を雑収入または雑損失に計上する。

☐ ❷ 契約者（＝保険料負担者）が法人、被保険者が役員、給付金受取人が法人である医療保険の入院給付金・手術給付金は、全額を雑収入として経理処理する。

死亡保険金受取人も満期保険金受取人も**法人**なので、貯蓄性があるため、支払保険料の<u>全額</u>を**保険料積立金として資産計上**します。

✕

保険金受取人が特定の役員や従業員（または遺族）の場合、法人が生命保険料を肩代わりしていることになるため、**全額を「<u>給与</u>」として損金算入**します。被保険者が全従業員なら、「<u>福利厚生費</u>」として損金算入します。

✕

法人を保険金受取人とする定期保険特約付終身保険の場合、<u>終身</u>部分の保険料は**保険料積立金として資産計上**し、<u>定期</u>部分の保険料は**損金算入**します。**2019年7月8日以降**の契約の場合、定期保険で**保険料全額を損金算入**できるのは、**保険期間<u>3</u>年未満**または**最高解約返戻率<u>50</u>%以下のもの[※]**に限られています。

○

死亡給付金も年金も従業員または遺族に入るので、支払保険料の全額を<u>給与</u>として**損金算入**します。なお、給付金と年金の受取人を「法人」とした場合は、保険料全額を**保険料積立金として資産計上**します。

○

- 被保険者＝全役員・従業員
- 死亡給付金（保険金）受取人＝<u>被保険者の遺族</u>
- 年金受取人＝<u>法人</u>

とする**法人契約の個人年金保険**では、支払保険料の**<u>10分の9</u>を保険料積立金（または年金積立金）として資産計上**、**<u>10分の1</u>を給与・報酬（または福利厚生費）として損金算入**します。

○

※最高解約返戻率が50％超70％以下かつ1被保険者あたりの年換算保険料相当額が30万円以下（全保険会社の契約を通算）のものを含む（2019年7月8日以降の契約）。

▼ 解説（赤シートで消える語句をチェックできます）　　　☞123ページ　　▼ 正解

法人が受け取った死亡保険金、満期保険金、解約返戻金等は、**保険金を<u>資産計上</u>して、これまでに資産計上されている<u>保険料積立金</u>を取り崩します**。そして、保険金額と保険料積立金額との差額を<u>雑収入</u>または<u>雑損失</u>として計上します。

○

医療保険は貯蓄性がないため、保険料は定期保険料として<u>損金算入</u>されてきたはずです。従って、医療保険の給付金は**全額を<u>雑収入</u>として計上**します。

○

93

4 長期平準定期保険

☐ **❶** 2019年7月8日に契約した最高解約返戻金率が85%を超える長期平準定期保険では、当初10年間は「支払保険料×最高解約返戻率の90%」を資産計上し、残りを損金算入する。

☐ **❷** 2019年7月7日以前に契約した死亡保険金受取人が法人である長期平準定期保険では、保険期間の前半6割相当期間は、保険料の3分の2を資産に計上し、残りの3分の1を損金に算入する。←よく出る

5 ハーフタックスプラン

☐ **❶** 被保険者がすべての役員・従業員、死亡保険金受取人が被保険者の遺族、満期保険金受取人が法人である養老保険の保険料は、2分の1の金額を資産に計上し、残りの2分の1の金額を福利厚生費として損金に算入する。
←よく出る

☐ **❷** 被保険者が役員・従業員、死亡保険金受取人が被保険者の遺族、満期保険金受取人が法人である養老保険（無配当保険）の満期保険金を受け取った場合、保険料積立金を取り崩し、満期保険金との差額を雑収入または雑損失に計上する。

長期平準定期保険は、満期保険金が支払われない掛捨ての保険で、高い返戻率による<u>解約返戻金</u>や<u>死亡保険金</u>が、事業資金として活用されてきました。しかし、**2019年7月8日以後**の法人契約の定期保険と第三分野の保険は、損金算入できる割合に以下のような一定の枠が設けられました。

最高解約返戻率50%超70%以下…保険期間の前半4割の期間を資産計上期間として、支払保険料の**40%相当額を資産計上**し、**60%を損金に算入**。

最高解約返戻率70%超85%以下…保険期間の前半4割の期間を資産計上期間として、支払保険料の**60%相当額を資産計上**し、**40%を損金に算入**。

最高解約返戻率85%超…当初10年間は<u>支払保険料×最高解約返戻率の90%を資産計上</u>。11年目以降～最高解約返戻率となる期間の終了日は支払保険料×最高解約返戻率の<u>70%を資産計上</u>。残りを損金算入。

○

2019年7月7日以前の契約の長期平準定期保険の経理処理は、次の通り。

保険期間の前半6割相当期間…保険料の**2分の1**を「定期保険料」として損金算入、残りの**2分の1**を「前払保険料」として資産計上します。

保険期間の後半4割相当期間…保険料全額を「定期保険料」として損金算入し、「前払保険料」として資産計上した分を取り崩して損金算入します。

✕

法人契約の養老保険のうち、次のものを**ハーフタックスプラン（福利厚生プラン、福利厚生保険）**といいます。

● 被保険者＝<u>全役員・全従業員</u>
● 死亡保険金受取人＝<u>被保険者の遺族</u>
● 満期保険金受取人＝<u>法人</u>

このプランでは、全期間を通じて支払保険料の**2分の1**を**保険料積立金として資産計上**し、残り2分の1を福利厚生費として**損金算入**します。

○

ハーフタックスプランで法人が受け取る満期保険金は、**資産計上していた<u>保険料積立金</u>を取り崩し**、満期保険金との差額を<u>雑収入</u>または<u>雑損失</u>として計上します。

○

5 火災・地震保険と自動車保険

問題数029

再現例題

　任意加入の自動車保険の一般的な商品性に関する次の記述のうち、**最も不適切な**ものはどれか。なお、特約については考慮しないものとする。　　2023年5月

1. 駐車中の被保険自動車が当て逃げにより損害を被った場合、当て逃げの相手が判明しなくても、その損害は一般条件の車両保険の補償の対象となる。

2. 被保険自動車が地震を原因とする津波により水没した場合、その損害は一般条件の車両保険の補償の対象となる。

3. 被保険自動車を運転中に、誤って店舗建物に衝突して損壊させ、当該建物自体の損害に加え、建物の修理期間中の休業により発生した損害（休業損害）について法律上の損害賠償責任を負った場合、それらの損害は対物賠償保険の補償の対象となる。

4. 被保険自動車の運転中に、誤って兄の所有する自宅の車庫に衝突して損壊させ、法律上の損害賠償責任を負った場合、その損害は対物賠償保険の補償の対象となる。　　解答　①　②　③　④

▼ 適切なものは○、不適切なものは×で答えなさい。また、（　）に入る語句の組み合わせを選びなさい。

TOP60 1 火災保険

□ ❶ 火災保険では、建物を必ず補償の対象としなければならず、収容家財のみを補償の対象とすることはできない。

□ ❷ 火災保険では、ガス爆発により、住宅建物が損害を被った場合は、補償の対象とならない。←よく出る

□ ❸ 食料品製造業を営む企業が、工場建物が地震により倒壊・火災の被害を受けた場合に備えて、地震危険担保特約を付帯した火災保険を契約した。

👑1 **任意加入の自動車保険**…出題率**1.07%** ［91問］

👑2 **地震保険**…出題率**0.98%** ［84問］

👑3 **火災保険**…出題率**0.66%** ［56問］

※出題率は、過去13年間の学科試験8,539問中の出題割合［質問数］を示しています。

【火災・地震保険と自動車保険】の出題傾向

「任意加入の自動車保険」、「地震保険」、「火災保険」は、いずれもTOP60に入る頻出分野です。

1 任意加入の自動車保険…強制加入の自賠責保険ではない自動車保険です。対人・対物賠償保険は無免許運転や飲酒運転の事故も補償されます。

2 地震保険…地震保険は、火災保険の特約として加入するもので、地震、噴火、津波による被害を補償します。実技「資産」でも同様の問題が出ます。

3 火災保険…火災保険では、提示された被害例が補償の対象となるか、対象とならないかを問う問題が頻出します。

▼ 再現例題の解説と解答

車両保険では、自動車が地震・噴火・津波によって受けた損害は、補償されません。また、地震保険でも地震による自動車の損害は補償されません。 ②

▼ 解説（赤シートで消える語句をチェックできます）　　🔲131ページ　▼ 正解

火災保険の補償対象は、建物のみ、家財のみ、建物と家財の両方などを**選択**することが<u>できます</u>。	✕
火災保険では、**火災**（<u>消火</u>活動の水ぬれ損害含む）、**風災**（<u>突風・竜巻等</u>）、雪災、ひょう災、落雷、<u>ガス</u>**爆発**、破裂などが補償の対象になります。<u>地震・</u><u>噴火・津波</u>は補償対象外です。	✕
地震・噴火・津波、およびそれらを原因とする火災の補償には、特約として<u>地震</u>保険への加入が必要です。また、地震による<u>事業</u>用建物の倒壊・火災の損害を補償する特約に<u>地震危険担保</u>**特約**があります。	◯

☐ ❹ 火災保険では、火災により自宅の車庫の自動車が焼失した場合の損害も補償の対象となる。

☐ ❺ 火災保険では、家財を保険の対象として契約した場合、価額が20万円の絵画は補償の対象となる。

☐ ❻ 火災保険では、火災により建物が損害を受けた場合、その事由が契約者の重大な過失に起因したとしても、その損害について補償の対象となる。

☐ ❼ 火災保険の再調達価額とは、補償の対象となる物件と同程度のものを再取得するために必要な金額から、経過年数による消耗分を差し引いた金額である。

TOP 60 ② 地震保険

☐ ❶ 地震保険は、噴火を原因とする建物の損壊等の損害を補償対象とする。

☐ ❷ 保険料は、住宅建物の構造によって異なるが、住宅建物の所在地による差異はない。 ←よく出る

☐ ❸ 地震保険の保険金額は、主契約である火災保険の保険金額の30%から50%の範囲内で設定し、その限度額は住宅建物が5,000万円、家財（生活用動産）が1,000万円である。 ←よく出る

☐ ❹ 地震保険には、「建築年割引」「耐震等級割引」「免震建築物割引」「耐震診断割引」の4種類の保険料割引があり、重複して適用を受けることはできない。

☐ ❺ 地震保険では、店舗併用住宅を保険の対象とすることができる。

☐ ❻ 地震保険の保険金額は、保険価額（時価額）を限度とし、全損＝100%、大半損＝60%、小半損＝30%、一部損＝5%が支払われる。

火災保険では、火災による**車庫の被害は補償**対象ですが、**車庫内の自動車は補償**対象外です。	✕
火災保険では、家財のうち、1個または1組の価額が30万円を超える貴金属・美術品・絵画・骨董品、また本などの原稿・設計図・帳簿・有価証券については**別途明記が必要**です。明記した物件の1個または1組の補償の上限は1事故あたり通常100万円までです。20万円の絵画は補償対象です。	◯
被保険者の**重大な過失**による損害に、**保険金は支払われません**。	✕
再調達価額は、保険の対象と同等のものを再築または再取得するために必要な金額。再調達価額から経過年数による消耗分を差し引いた金額は時価です。	✕

▼ 解説 （赤シートで消える語句をチェックできます） 📖132ページ	▼ 正解
地震保険は、**地震（地盤の液状化含む）・噴火・津波**による被害を補償します。	◯
地震保険の基本料率（地震保険の保険料を算出するもと）は、**建物の構造**と所在地によって異なります。条件が同一であれば、どの保険会社で加入しても**保険料は同額**になります。	✕
地震保険の保険金 　覚えよう ●契約できる保険金…**主契約の火災保険金額の**30～50%の範囲内 ●支払保険金の上限…**建物**5,000万円、**家財**1,000万円	◯
地震保険には、**建築年割引、耐震等級割引、免震建築物割引、耐震診断割引**という**4種類の割引制度**があり、**重複適用はできません**。	◯
地震保険の補償対象は、**居住用建物（店舗併用住宅を含む）**と家財です。現金、有価証券、1個または1組30万円を超える貴金属や絵画、自動車補償対象外です。**地震発生日の翌日から**10日以上経過後の損害も補償対象外です。	◯
地震保険の保険金額は、保険価額（時価額）が限度で、建物の損害の割合によって、次の4段階に分かれています。 **全損＝100%、大半損＝**60%、**小半損＝**30%、**一部損＝**5%	◯

□ ❼ 地震保険を付帯した火災保険は、火災保険の保険料と地震保険の保険料を合計した保険料が地震保険料控除の対象となる。

□ ❽ 地震保険料控除の年間の控除限度額は、所得税では5万円、住民税では2万5,000円である。←よく出る

□ ❾ 店舗併用住宅を補償の対象とする地震保険の保険料は、その住居部分の床面積が店舗部分の床面積を超える場合に限り、地震保険料控除の対象となる。

□ ❿ 給与所得者は、確定申告だけでなく、年末調整によっても、地震保険料控除を受けることができる。←よく出る

□ ⓫ 2006年12月31日以前に締結され、所定の要件を満たす長期損害保険契約の保険料は、所得税において地震保険料控除の対象となる。

❸ 自賠責保険

□ ❶ 二輪自動車および原動機付自転車については、自動車損害賠償責任保険（自賠責保険）の加入は強制ではなく任意である。←よく出る

□ ❷ 自動車損害賠償責任保険（自賠責保険）では、運転者が被保険自動車を運行中に起こした事故により運転者自身が死亡した場合、運転者の遺族に死亡保険金が支払われる。←よく出る

□ ❸ 自動車損害賠償責任保険（自賠責保険）の支払限度額は、被害者1名につき、死亡による損害については5,000万円、傷害による損害については120万円である。←よく出る

地震保険は単独で加入できず、**火災**保険に付帯して加入します。火災保険分の保険料については**地震保険料控除の対象外**です。　**✕**

地震保険料控除の年間の控除限度額は、次のとおりです。

地震保険料控除　　　　　　　　　　　　　　　　　　覚えよう
- 所得税…地震保険料の全額が対象。所得税控除限度額は50,000円
- 住民税…地震保険料の2分の1が対象。住民税控除限度額は25,000円
　○

店舗併用住宅の場合、**床面積のうち住居部分**に支払った金額が、地震保険料控除の対象となります。　**✕**

給与所得者は、確定申告だけでなく、その年の年末調整によっても**地震保険料控除**を受けることができます。　**○**

2006年12月31日以前に締結された要件を満たす長期損害保険契約の保険料は、**最高15,000円の地震保険料控除**の適用を受けることができます。　**○**

▼ 解説（赤シートで消える語句をチェックできます）　　🕾133ページ　▼ 正解

自動車損害賠償責任保険（自賠責保険）は、自動車、**二輪自動車（原動機付自転車を含む）**の所有者と運転者に加入義務がある強制保険です。保険料は、**損害保険会社にかかわらず同一**で、自動車の車種や保険期間で異なります。　**✕**

自賠責保険は、他人（**家族含む**）の**身体に傷害**を与えた場合の保険です。物品への損害、運転者本人のケガ、自損事故は対象外です。自動車事故で自分の家族（配偶者や子）を死傷させた場合も自賠責保険の支払対象となります。　**✕**

自賠責保険での保険金の支払限度額　　　　　　　　　　覚えよう

死亡事故	被害者1人当たり3,000万円
傷害事故	被害者1人当たり120万円 後遺障害の場合は75万円から4,000万円

▲被保険者（加害者）だけでなく**被害者からも保険金支払いを請求**できる。　**✕**

④ 任意加入の自動車保険

☐ **❶** 自動車保険の対人賠償保険では、運転免許の失効中に自動車を運転した者が、自動車事故により相手方に損害を負わせた場合でも、保険金が支払われる。
←よく出る

☐ **❷** 対人賠償保険では、被保険者が自動車事故により他人を死傷させ法律上の損害賠償責任を負った場合、自動車損害賠償責任保険から支払われるべき金額を超える部分に対して保険金が支払われる。

☐ **❸** 対物賠償保険では、自動車を運転中に誤ってその運転者自身の自宅（持家）に自動車を接触させ、その自宅に損害が生じた場合、保険金支払いの対象となる。

☐ **❹** 一般条件の車両保険では、他の自動車との接触事故による損害だけでなく、ガードレールへの衝突などの単独事故による損害も補償の対象となる。
←よく出る

☐ **❺** 人身傷害補償保険では、被保険者に過失がある自動車事故により被保険者が死傷した場合、その過失割合に相当する損害については補償の対象とならない。←よく出る

☐ **❻** 搭乗者傷害保険では、被保険自動車の搭乗者が自動車事故によって死傷した場合、加害者からの損害賠償金等の金額にかかわらず、あらかじめ定められた金額の保険金が支払われる。

☐ **❼** 無保険車傷害保険は、対人賠償保険を契約していないなど、賠償資力が十分でない他の自動車との事故により、運転者や同乗者が死亡または後遺障害になったときに保険金が支払われる。

対人賠償保険と対物賠償保険は、無免許運転や飲酒運転の事故による相手への賠償は補償されます。なお、任意加入の自動車保険では**飲酒運転による運転者自身のケガ**や運転者自身の車の損害は補償対象外です。

〇

対人賠償保険は、他人（家族以外）を死傷させた場合を対象とした保険です。自賠責保険で支払われる額を超える分が支払われ、保険金額を無制限（上限なし）とすることもできます。

〇

対物賠償保険は、他人の車や壁、ガードレールなど、物を破損した場合を対象とする保険です。対人賠償保険と対物賠償保険は、運転者自身・父母・配偶者・子に対する損害、および災害による損害等は補償されません。

✕

車両保険の「**一般型**」は、事故（単独事故含む）、盗難、衝突、接触、火災、爆発、台風、洪水などによる契約車の損害が対象です。地震・噴火・津波の損害は補償されません（特約が必要）。「**エコノミー型（車対車＋A）**」は、相手の車がいない単独事故は補償の対象外です。

〇

人身傷害補償保険は、自動車事故で被保険者や家族が死傷した場合、**被保険者の過失割合**（操縦ミスなど）に関係なく、保険金額の範囲内で**損害額全額**（入院・通院費等の治療費、休業補償、慰謝料など）が支払われる保険です。

> 毎年出題される
> 超頻出問題だよ。

✕

搭乗者傷害保険は、被保険自動車の搭乗者（運転者・同乗者）が死傷した場合、**加害者からの損害賠償金の金額にかかわらず**、契約時に定めた一定額の保険金が支払われる保険です。

〇

無保険車傷害保険は、**十分な賠償ができない他の車（加害者）との事故**で、運転者や同乗者が死亡、後遺障害を被った場合に保険金が支払われる保険です。

〇

学科②

リスク管理

6 傷害保険、賠償責任保険ほか

再現例題

傷害保険の一般的な商品性に関する次の記述のうち、最も適切なものはどれか。なお、特約については考慮しないものとする。　　　　　　　2020年1月

1．普通傷害保険の保険料は、被保険者の契約時の年齢によって異なる。

2．家族傷害保険では、保険期間中に被保険者に子が生まれた場合、その子を被保険者に加えるためには、追加保険料を支払う必要がある。

3．交通事故傷害保険では、海外旅行中の交通事故によるケガは補償の対象となる。

4．国内旅行傷害保険では、旅行中に発生した地震および地震を原因とする津波によるケガは補償の対象となる。

解答　① ② ③ ④

▼ 適切なものは○、不適切なものは×で答えなさい。また、（ ）に入る語句の組み合わせを選びなさい。

TOP 60 **1** **傷害保険**

☐ **❶** 普通傷害保険は、細菌性食中毒についても、保険金支払いの対象となる。

☐ **❷** 普通傷害保険では、地震を原因とする傷害は補償の対象外となっており、地震を原因とする傷害を補償の対象とする特約もない。

☐ **❸** 日常生活における事故のほか、就業中の事故によりケガを負うリスクに備えて、普通傷害保険を契約した。◀よく出る

☐ **❹** 家族傷害保険は、保険契約締結時における所定の範囲の親族が被保険者となり、保険契約締結後に記名被保険者に誕生した子は被保険者とならない。
◀よく出る

1 傷害保険…出題率1.44% [123問]

2 法人契約の損害保険…出題率0.56% [48問]

3 賠償責任保険…出題率0.52% [44問]

※出題率は、過去13年間の学科試験8,539問中の出題割合［質問数］を示しています。

【傷害保険、賠償責任保険ほか】の出題傾向

「傷害保険」、「法人契約の損害保険」、「賠償責任保険」は、いずれもTOP60に入る頻出事項です。

1 **傷害保険**…リスク管理のなかでNo.1の出題率です。普通傷害保険と家族傷害保険は必ず覚えておきましょう。

2 **法人契約の損害保険**…労働災害総合保険、機械保険、店舗総合保険、店舗休業保険、建設工事保険、個人情報漏えい保険が出題されます。

3 **賠償責任保険**…個人賠償責任保険は、日常生活の事故やトラブルで損害賠償責任を負った場合の補償をする保険です。

▼ 再現例題の解説と解答

交通事故傷害保険は、国内、国外を問わず、交通事故、駅構内での事故等による傷害について補償する保険です。 ③

▼ 解説（赤シートで消える語句をチェックできます）　　　☞135ページ　　　▼ 正解

普通傷害保険は、日常生活の**急激かつ偶然な外来**の**事故**による**傷害**を補償します。傷害ではない**心臓発作**、**細菌性食中毒**、**虫垂炎**などは**補償され**<u>ません</u>。	✕
普通傷害保険では**地震によるケガは補償され**<u>ません</u>。地震を原因とする傷害を補償対象とする**特約は**<u>あります</u>。	✕
普通傷害保険は、**家庭・職場**を問わず、また**国内・海外**を問わず、補償の対象です。	〇
家族傷害保険は、本人のほか、事故発生時点において、配偶者、生計を共にする同居の親族[※]、<u>別居</u>している**未婚の子**（保険契約締結後に誕生した子を<u>含む</u>）が、**普通傷害保険と同じ補償**を受けられる保険です。	✕

※親族は本人の6親等以内の血族および3親等以内の姻族。 本人（配偶者）の親は1親等。

☐ **❺** 家族傷害保険では、本人（保険証券の本人欄への記載のある者）の職業により保険料が異なるが、本人の配偶者や親族の職業により保険料に差異は生じない。

☐ **❻** 海外旅行（傷害）保険では、海外旅行の行程中であれば日本国内で起きた事故によるケガであっても補償の対象となる。←よく出る

☐ **❼** 国内旅行傷害保険では、国内旅行中にかかった細菌性食中毒も補償の対象となる。←よく出る

☐ **❽** 交通事故傷害保険は、自動車や自転車などの交通事故による傷害のほか、歩行中の落下物によるケガ、エレベーターやエスカレーターの搭乗中に生じた事故による傷害も補償の対象となる。

② 賠償責任保険

☐ **❶** Aさんは、中学校に自転車通学する子どもが歩行者と接触事故を起こして法律上の損害賠償責任を負った場合に備えて、個人賠償責任保険を付帯した普通傷害保険の契約をした。

☐ **❷** 同居している子が原動機付自転車を運転中に事故を起こして法律上の賠償責任を負うリスクに備えて、個人賠償責任保険を契約した。

☐ **❸** 個人事業主のAさんは、仕事の遂行が原因で他人にケガをさせてしまうことにより生ずる損害賠償責任に備えて、個人賠償責任保険を契約した。

☐ **❹** 調理販売した弁当が原因で食中毒が発生した場合に備えて、生産物賠償責任保険（PL保険）を契約した。

☐ **❺** 設備工事業を営む企業が、水道工事のミスで水道管の破損から住宅に損害を与えた場合に備えて、受託者賠償責任保険を契約した。

普通傷害保険、家族傷害保険の保険料は、**契約者本人の**職業**で異なります**。配偶者や親族の職業は保険料に関係しません。

○

海外旅行（傷害）保険は、海外旅行のため自宅**を出発してから**帰宅**するまでの間**に負った**ケガと病気**を補償する保険です。**旅先での**病気（細菌性・ウイルス性食中毒、虫垂炎等）、地震・噴火・津波**による傷害が**補償され**ます**。

○

国内旅行（傷害）保険は、国内旅行のため自宅**を出発してから**帰宅**するまでの間**に負った**ケガ**を補償する保険です。**病気（虫垂炎等）、地震・噴火・津波**による傷害は**補償され**ません**。**細菌性・ウイルス性食中毒は補償されます。

○

交通事故**傷害保険は**、国内外の交通事故、**歩行中・移動中の事故（エレベーター、エスカレーター含む）**を対象とする保険です。車内、電車内、駅構内での事故によるケガも補償されます。

○

▼ 解説（赤シートで消える語句をチェックできます）　　　📖136ページ　▼ 正解

個人賠償責任保険は、生計を共にする家族全員（**別居**している**未婚の子**を含む）が補償対象で、水漏れ、自転車事故、飼い犬のかみつき事故など、日常生活の事故やトラブルで損害賠償責任を負った場合の補償をします。

○

個人賠償責任保険では、**自動車・自動二輪車・原動機付自転車の事故は補償**され**ません**。**自転車事故は補償され**ます**。

✕

個人賠償責任保険では、**業務上の事故**、**国外での事故**、**他人から**預かった**物・家族の物**の破損は、**補償されません**。

✕

生産物賠償責任保険（PL保険）は、**企業等が製造・販売した商品による事故**の被害者の治療費、**慰謝料**、**損害賠償金**、**訴訟費用**を補償する保険です。
補償対象…販売した食品による食中毒、**工事の不備**による事故など
補償対象外…食中毒による**売上の減少**、**欠陥品**の修理費用、設備の不具合による**納期の遅れの補償**など

○

受託者賠償責任保険は、**他人から預かった物に対する損害賠償責任を補償**する保険です。本問の補償には、生産物賠償責任保険（PL保険）が適切です。

✕

☐ **❻** 店舗内で作業する従業員が誤って客にケガをさせた場合に備えて、施設所有（管理）者賠償責任保険を契約した。

☐ **❼** 設備工事業を営む企業が、従業員のビル外壁工事中の落下物により歩行者にケガを負わせた場合に備えて、施設所有（管理）者賠償責任保険を契約した。

☐ **❽** 遊園地を運営する企業が、遊具の点検・整備中に従業員がケガをした場合に備えて、施設所有（管理）者賠償責任保険を契約した。

☐ **❾** 建設業を営む企業が、請負業務の遂行中に発生した事故により、他人にケガを負わせた場合に、法律上の損害賠償責任を負うことにより被る損害に備えて、請負業者賠償責任保険を契約した。

☐ **❿** 遊園地を経営する企業が、施設内の直営レストランで食中毒が発生した場合に備えて、請負業者賠償責任保険を契約した。

TOP 60 **3 法人契約の損害保険**

☐ **❶** 家具製造業を営む企業が、労働者災害補償保険（政府労災保険）の上乗せ補償を目的に、労働災害総合保険を契約した。←よく出る

☐ **❷** 印刷業を営む企業が、工場内の機械設備・装置が火災により損害を被った場合に備えて、機械保険を契約した。←よく出る

☐ **❸** 店舗総合保険は、店舗・事務所等に使用されている建物やこれらの建物に収容されている什器・備品等を補償の対象としている。

☐ **❹** 飲食業を営む企業が、火災・爆発等の災害による営業の休止または阻害による利益の減少等に備えて、店舗休業保険を契約した。

☐ **❺** 建設業を営む企業が、建設中の建物にクレーンが当たって建物が破損した場合に備えて、建設工事保険を契約した。

☐ **❻** フィットネスクラブの利用会員の個人情報が漏えいした場合に備えて、個人情報漏えい保険を契約した。

施設所有（管理）者賠償責任保険は、施設の管理の不備、施設における従業員等の業務活動中のミスによる損害賠償責任を補償する保険です。 　〇

設備工事業なので、施設所有（管理）者ではありません。本問の補償には、請負業者賠償責任保険が適切です。 　✕

従業員の業務中のケガの備えは、施設所有（管理）者賠償責任保険ではなく、労働災害総合保険が適切です。 　✕

請負業者賠償責任保険は、工事・警備・清掃・荷役などの請負業者が業務遂行中に起こした事故による損害賠償責任を補償する保険です。 　〇

直営レストランの食中毒による損害賠償責任には、生産物賠償責任保険（PL保険）が適切です。 　✕

▼ 解説（赤シートで消える語句をチェックできます）　　☞137ページ　　▼ 正解

労働災害総合保険は、企業が従業員に支払う補償金や賠償金を補償します。労働者災害補償保険（政府労災保険）の上乗せ補償を目的とする保険です。 　〇

機械保険は、作業ミスや設計ミス等による事故で事業用建物内の「機械に生じる損害」を補償します。火災による損害は補償されません。 　✕

店舗総合保険は、給排水設備の水濡れ損害、台風による水災、盗難（商品除く）など、店舗や事務所の建物や什器備品を補償します。 　〇

店舗休業保険は、火災、爆発、風災、水災、落下、飛来、衝突、給排水設備の水漏れ、盗難、暴行、食中毒による営業休止や阻害による利益減少等の休業損失を補償します。この保険金は事業所得となります。 　〇

建設工事保険は、火災や作業ミス等の事故で、建設工事中の建物に生じる損害を補償します。 　〇

個人情報漏えい保険は、個人情報漏えいで損害賠償責任を負った際の損害、謝罪広告やお詫び状等の事故対応の費用損害を補償します。 　〇

7 損害保険と税金

問題数020

再現例題

法人を契約者（＝保険料負担者）とする損害保険の保険料や保険金の経理処理に関する次の記述のうち、最も不適切なものはどれか。　　　　　　　2020年1月

1. すべての役員・従業員を被保険者とする普通傷害保険を契約した場合、支払った保険料の全額を損金の額に算入することができる。

2. すべての役員・従業員を被保険者とする積立普通傷害保険を契約した場合、支払った保険料の全額を損金の額に算入することができる。

3. 法人が所有する自動車で従業員が業務中に起こした対人事故により、その相手方に保険会社から自動車保険の対人賠償保険金が直接支払われた場合、法人は当該保険金に関して経理処理する必要はない。

4. 法人が所有する倉庫建物が火災で焼失し、受け取った火災保険の保険金で同一事業年度内に代替の倉庫建物を取得した場合、所定の要件に基づき圧縮記帳が認められる。

解答　①　②　③　④

▼ 適切なものは〇、不適切なものは×で答えなさい。また、（　）に入る語句の組み合わせを選びなさい。

TOP60 1 個人の損害保険と税金

☐ ❶ 個人事業主が事業運営上必要として支払った火災保険（保険期間1年）の年払い保険料は、事業所得の金額の計算上、その全額を支払った年の必要経費に算入できる。

☐ ❷ 業務中の事故によりケガを負ったときの補償のために、契約者（＝保険料負担者）である個人事業主を被保険者として契約している交通事故傷害保険の保険料は、必要経費として処理できる。

出題DATA
過去13年間

👑 **1** 個人の損害保険と税金…**出題率0.68%** [58問]

👑 **2** 法人契約の損害保険と税務処理…**出題率0.63%** [54問]

※出題率は、過去13年間の学科試験8,539問中の出題割合 [質問数] を示しています。

【損害保険と税金】の出題傾向

「損害保険と税金」は、個人契約と法人契約を分けて覚えていきます。

1 **個人の損害保険と税金**…原則として、個人事業主の損害保険料は、必要経費です。損害保険の保険金は損失の補てんなので非課税です。

2 **法人契約の損害保険と税務処理**…原則として、満期返戻金、配当金、保険金は益金算入して、資産計上していた積立保険料の累計を損金算入します。死亡退職金や損害の修理費用など、出ていく金額は損金算入します。

▼ 再現例題の解説と解答

1. すべての役員・従業員を被保険者とする普通傷害保険を契約した場合、支払った保険料の全額を損金の額に算入することができます。
それに対して、
2. すべての役員・従業員を被保険者とする積立普通傷害保険を契約した場合には、支払った保険料の全額を損金の額に算入することはできません。保険料の積立部分は満期・解約時まで資産計上し、満期時に受け取った満期返戻金と契約者配当金の全額を益金に算入して、資産計上していた積立保険料の累計額を損金に算入します。

(2)

▼ 解説（赤シートで消える語句をチェックできます）

🔗138ページ　▼ 正解

個人事業主が事業運営上必要として支払った**損害保険料**は、原則として全額を支払った年の<u>必要経費</u>に**算入できます**。	
個人事業に必要な損害保険料は必要経費に算入できますが、<u>個人事業主本人</u>の生命保険料、傷害保険料、<u>自宅</u>**部分**の火災保険料などは、事業の必要経費にできません。	

☐ ❸ 自宅が火災により焼失し、火災保険から受け取った保険金は、一時所得として所得税（および復興特別所得税）・住民税の課税対象となる。

☐ ❹ 個人事業主を契約者（＝保険料負担者）、使用人を被保険者とする普通傷害保険の契約で、使用人が事故で死亡し相続人が保険金を受け取った場合、受け取った保険金は贈与税の課税対象である。

☐ ❺ 個人事業主が所有する業務用自動車の自損事故により受け取った車両保険金をすべて車両の修理費に充当した場合、修理費用は必要経費に算入し、受け取った保険金は事業収入に算入する。

☐ ❻ 自動車事故で死亡した者の遺族が加害者から受け取った被害者の死亡に対する損害賠償金は、相続税の課税対象となる。

☐ ❼ 個人を契約者（＝保険料負担者）とする損害保険で、契約者の配偶者が不慮の事故で死亡したことにより、契約者が受け取る家族傷害保険の死亡保険金は、相続税の課税対象となる。

☐ ❽ 契約者（＝保険料負担者）を個人事業主、被保険者を使用人、死亡保険金受取人を使用人の遺族とする積立傷害保険契約において、個人事業主が受け取る解約返戻金は、一時所得として所得税・住民税の課税対象となる。

☐ ❾ 契約者、被保険者を個人事業主、死亡保険金受取人を個人事業主の遺族とする積立傷害保険契約において、個人事業主が支払う保険料は、積立保険料部分は資産に計上し、掛捨保険料部分はその事業年度に対応する金額を事業所得の必要経費に算入する。

☐ ❿ 契約者（＝保険料負担者）が年金払積立傷害保険から受け取る給付金（年金）は、雑所得として所得税（および復興特別所得税）・住民税の課税対象となる。

☐ ⓫ 被保険者の身体の傷害による入院、通院、死亡に基因して支払われる普通傷害保険の保険金は、すべて非課税となる。

自宅が火災により焼失し、**火災保険から受け取った保険金**は、利益ではなく損失の補てんとなるため、原則として非課税です。　✕

使用人を被保険者とする普通傷害保険で、**相続人が受け取った死亡保険金**はみなし相続財産として相続税の課税対象となります。　✕

業務用自動車の自損事故による車両保険金をすべて修理費に充当した場合、修理費用は必要経費に算入し、受け取った保険金は事業収入に算入します。　○

交通事故等で**遺族が受け取る損害賠償金や慰謝料**は、所得税や相続税の課税対象になりません。遺族の所得になりますが、所得税法上の**非課税規定**があり、原則として税金はかかりません。　✕

契約者（保険料負担者）が保険金受取人と同一人なので、**一時所得として所得税・住民税の課税対象**となります。　✕

契約者（保険料負担者）が受け取る**解約返戻金**は、**一時所得として所得税・住民税の課税対象**となります。　○

本問の掛捨保険料部分は、保険金受取人が個人事業主本人の家族なので事業の**必要経費にできません**。　✕

年金払積立傷害保険は、ケガによる死亡・後遺障害が補償されるとともに、途中から年金が給付される保険です。個人年金と同じく、雑所得として所得税（および復興特別所得税）・住民税の課税対象となります。　○

入院、手術、通院等の**身体の傷害に基因して支払われる給付金**は非課税ですが、身体の傷害により死亡したときの死亡給付金は、実質的には死亡保険金なので、所得税、相続税、贈与税などの課税対象となります。　✕

^{TOP}60 ❷ 法人契約の損害保険と税務処理

☐ ❶ 契約者（＝保険料負担者）が法人、被保険者がすべての役員・従業員、保険金受取人が被保険者またはその遺族である普通傷害保険について、3年分の保険料を一括で支払った場合、支払った事業年度の損金に算入する。

☐ ❷ 契約者（＝保険料負担者）が法人、被保険者をすべての従業員とする普通傷害保険の保険料は、原則として全額を給与として損金に算入する。←よく出る

☐ ❸ 被保険者がすべての従業員である積立普通傷害保険の月払保険料のうち、積立平準保険料部分の金額は資産に計上する。

☐ ❹ 法人が所有している建物を保険の対象として、法人が契約者（＝保険料負担者）である施設賠償責任保険を契約した場合、支払った保険料の全額は損金に算入する。

☐ ❺ 法人が契約者（＝保険料負担者）である積立傷害保険の満期返戻金を、法人が受け取った場合、満期返戻金は益金に計上し、同時に満期時点で資産に計上されている積立保険料は損金に算入する。←よく出る

☐ ❻ 法人が所有する業務用自動車が事故で破損し、法人が契約者（＝保険料負担者）である損害保険契約で車両保険金を受け取ったが修理や代替車両の取得をしなかった場合、受け取った車両保険金の金額を益金に計上し、損失額は損金に算入する。

☐ ❼ 業務中の事故で従業員が死亡し、法人が契約者（＝保険料負担者）である普通傷害保険の死亡保険金を従業員の遺族が保険会社から直接受け取った場合、法人は死亡保険金相当額を死亡退職金として損金に算入する。

☐ ❽ 法人が契約者（＝保険料負担者）である損害保険契約において、法人が所有する建物が火災で焼失し、受け取った火災保険金で同一事業年度内に代替の建物を取得した場合、所定の要件に基づき圧縮記帳が認められる。←よく出る

複数年分の保険料を一括で前納した場合、損金算入できるのは向こう<u>1年分</u>の保険料までです。　✕

被保険者を<u>すべて</u>**の従業員とする普通傷害保険**では、原則として、支払った保険料は全額を<u>福利厚生</u>**費として**<u>損金算入</u>できます。　✕

積立傷害保険など、積立型の損害保険の場合、保険料の**積立部分は**<u>資産計上</u>し、その他は<u>損金算入</u>します。その後に受け取った満期返戻金や配当金は益金算入し、それまで<u>資産計上</u>していた積立保険料の累計を<u>損金算入</u>します。　○

施設賠償責任保険の保険料は、建物所有者の必要経費なので、**全額を**<u>損金算入</u>できます。施設賠償責任保険は、**施設所有（管理）者賠償責任保険**ともいいます。　○

法人が受け取った保険金・満期返戻金・配当金は、原則として<u>益金</u>算入します。資産計上されている積立部分の保険料は取り崩して<u>損金</u>**算入**します。また、事故で受けた損傷の修理費用などは<u>必要</u>**経費として**<u>損金</u>**算入**します。　○

業務用自動車が事故で破損して車両保険金を受け取り、修理もしないで代替車両も取得しなかった場合、受け取った**保険金は**<u>益金</u>算入して**損失額は**<u>損金</u>算入します。　○

従業員が死亡し、傷害保険の死亡保険金を従業員の**遺族が直接受け取った**場合、法人は保険金を受け取っていないため、**経理処理は**<u>不要</u>です。　✕

固定資産の滅失・損壊に対して保険金（火災保険金や車両保険金）を受け取り、同一事業年度内に代替資産を取得した場合、<u>圧縮記帳</u>することで受け取った保険金への課税を将来に繰り延べることができます。<u>圧縮記帳</u>とは、補助金や火災保険金等の金銭を受けて固定資産を購入した際に、その購入金額から**補助金や保険金の額を差し引いた金額（控除した金額）を**<u>購入</u>価額とすることです。　○

8 第三分野の保険と特約

問題数024

再現例題

第三分野の保険の一般的な商品性に関する次の記述のうち、最も適切なものはどれか。

2022年9月

1. 就業不能保険では、入院や在宅療養が一定日数以上継続して所定の就業不能状態に該当した場合に、所定の保険金・給付金が支払われる。

2. 先進医療特約で先進医療給付金の支払い対象とされている先進医療は、契約時点において厚生労働大臣によって定められたものである。

3. 限定告知型の医療保険は、他の契約条件が同一で、限定告知型ではない一般の医療保険と比較した場合、保険料は割安となる。

4. がん保険では、被保険者ががんで入院したことにより受け取る入院給付金について、1回の入院での支払日数は90日が限度となる。

解答 ① ② ③ ④

▼ 適切なものは○、不適切なものは×で答えなさい。また、（ ）に入る語句の組み合わせを選びなさい。

TOP60 1 医療保険

❶ 医療保険の手術給付金は、病気や不慮の事故による傷害等を原因とする所定の手術が対象となり、治療を目的としない美容整形手術や正常分娩に伴う手術は対象とならない。

❷ 医療保険の被保険者が介護保険法に定める介護老人保健施設に入所しても、入院給付金は支払われない。

❸ 終身医療保険には、60歳や65歳等の所定の年齢で保険料の払込みが満了する有期払込みや、保険料の払込みが一生涯続く終身払込みがある。

出題DATA 過去13年間
1 医療保険…出題率0.61%［52問］
2 がん保険…出題率0.41%［35問］
3 所得補償保険…出題率0.34%［29問］

※出題率は、過去13年間の学科試験8,539問中の出題割合［質問数］を示しています。

【第三分野の保険と特約】の出題傾向

第三分野の保険は、生命保険会社、損害保険会社のどちらも扱うことができる保険で、病気、ケガ、介護などに備える保険です。頻出順に「医療保険」、「がん保険」、「所得補償保険（就業不能保険）」に関する問題が出題されています。

1 **医療保険**…民間の医療保険は公的医療保険と異なり、収入ではなく、被保険者の年齢や性別等で保険料金が異なります。

2 **がん保険**…死亡給付金はがん以外の死亡も対象としていること、一般に3カ月（90日）の免責期間があることは必ず覚えておきます。

3 **所得補償保険**…所得補償保険は、病気やケガで仕事ができなくなった場合の収入減を補う保険です。

▼ 再現例題の解説と解答

就業不能保険は、長期入院や療養が原因で、就業不能状態が一定日数以上継続した場合に保険金・給付金が支払われる保険です。 ①

▼ 解説（赤シートで消える語句をチェックできます）　🔖143ページ　▼正解

医療保険は、病気やケガにより入院した場合や手術を受けた場合に給付金が支払われる保険です。ただし、**美容整形**、**正常分娩に伴う手術**、**人間ドックの検査**等、**治療を目的としないものは補償の対象外**です。ただし、人間ドックで異常が認められて検査で入院した場合は入院給付金が支払われます。　○

医療保険の入院給付金は、介護老人保健施設や民間のリハビリセンター等に入所した場合、**支払われません**。　○

医療保険には、**終身型**と**更新型**があり、終身型には**有期払込み**と**終身払込み**があります。　○

☐ **❹** 保険期間が有期である更新型の医療保険は、保険期間中に入院給付金を受け取った場合には、保険期間満了時に契約を更新することができない。

☐ **❺** 退院後に入院給付金を受け取ったが、同じ病気により、退院日翌日から200日目に入院した場合、1入院当たりの入院給付金支払日数は、前回の入院日数とは合算されない。

☐ **❻** 終身医療保険の疾病入院給付金は、1入院当たりの支払日数に上限はあるが、通算の支払日数には上限がない。

☐ **❼** 医療保険は、責任開始までに1カ月間の免責期間が設けられており、その期間中に被保険者が病気により入院しても、入院給付金は支払われない。

☐ **❽** 民間医療保険の保険料は、公的医療保険と異なり、被保険者の報酬や所得により金額に差異は生じないが、被保険者の年齢や性別等による金額の差異が生じる。

🔢 がん保険

☐ **❶** がん保険の保障の対象となるがんには、白血病も含まれる。

☐ **❷** がん保険では、責任開始の日から180日間は不担保期間とされており、不担保期間が経過した後に保障が開始される。

☐ **❸** がん保険では、初めてがんと診断された場合に診断給付金が支払われるが、再発した場合にも再度、診断給付金が支払われる商品もある。

☐ **❹** がん保険は、1回の入院および通算での入院において入院給付金の支払日数に限度がある。

更新型の医療保険は、保険期間中に**入院給付金を受け取った場合**も、保険期間終了後に**契約を更新**できます。

✕

医療保険では、**同じ病気**で退院から再入院までが180**日以内**ならば、合算されて1入院の扱いとなります。本問は200日目なので、前回の入院日数とは**合算されません**。

〇

終身医療保険の入院給付金は、商品ごとに**1入院60日・通算1,000日**などの限度日数が**定められて**います。

✕

医療保険には、**免責期間のないタイプ、責任開始までに4日間程度の免責期間**があるタイプなどがあります。古い保険では20日免責というものもありますが、1カ月間の**免責期間**が設けられているということはありません。

✕

公的な健康保険等では被保険者の報酬・所得額が多いほど保険料負担が重くなりますが、**民間の医療保険では、所得によって保険料が異なることはありません。被保険者の年齢・性別など、「病気やケガになる確率」の違い**によって保険料が**異なります**。

〇

▼ 解説（赤シートで消える語句をチェックできます）　☞144ページ　▼ 正解

がん保険は、対象をがん（**白血病は含まれます**）に限定した保険です。

〇

責任開始日は、保険会社に保険契約上の履行義務（保険金・給付金の支払等）が発生する日で、保険会社の承諾を前提として、**申込み、告知、第1回保険料払込みの3つがすべて完了した日**をいいます。がん保険には、一般に**3カ月（90日）の待機期間（不担保期間）**があり、待機期間中にがんと診断された場合には、契約は無効になります。つまり、**がん保険の責任開始日は通常の責任開始日の3カ月後**となります。問題文は「責任開始の日から180日間は不担保期間」となっているので間違いです。

✕

がん保険には、がんが再発した場合にも診断給付金が支払われる**商品もあります**。　**ウラ技** 過去13年間では問題文に「～もある」とあれば適切。

〇

がん保険の入院給付金は、支払日数に限度が**ありません**。

✕

3 所得補償保険

☐ ❶ Cさんは、子どもの出産や育児のために就業できずに収入が途絶える場合に備えて、所得補償保険の契約をした。←よく出る

☐ ❷ 所得補償保険では、国外で被ったケガが原因で就労不能となった場合には、補償されない。

☐ ❸ 収入保障保険は、世帯主（被保険者）が死亡、または高度障害になった場合、毎月の給付金（もしくは一時金）を受け取ることができる保険である。

4 特定疾病保障定期保険

☐ ❶ 特定（三大）疾病保障保険は、被保険者ががん、急性心筋梗塞または脳卒中により所定の状態となった場合に、特定疾病保険金が支払われる。

☐ ❷ 特定（三大）疾病保障定期保険では、特定疾病保険金が支払われた後も契約が存続し、死亡したときに死亡保険金が支払われる。←よく出る

☐ ❸ 特定（三大）疾病保障定期保険と定期保険の保険料は、保険期間や死亡・高度障害保険金の金額等の契約条件が同一であれば、一般に、特定（三大）疾病保障定期保険の方が金額が高くなる。

5 介護（保障）保険

☐ ❶ 介護保障保険は、被保険者が寝たきりまたは認知症により所定の要介護状態となった場合に介護一時金や介護年金が支払われるが、被保険者が死亡した場合に死亡保険金が支払われるものはない。

☐ ❷ 介護保険では、保険金の支払事由となる要介護認定が、各保険会社所定の基準で行われる商品のほかに、公的介護保険の要介護認定に連動して行われる商品もある。

所得補償保険や就業**不能保険**は、会社員や自営業者などが「**病気やケガ**」で就業不能になった場合の収入減を補う保険で、毎月一定の金額を受け取ることができます。**出産や育児**、勤め先の倒産による**失業**などは**補償されません**。

✕

所得補償保険は、**日常生活・業務中、国内・国外**などにかかわらず、病気やケガで仕事ができなくなった場合に補償され、保険金は原則として非課税です。

✕

収入保障**保険**は、被保険者が死亡したとき、あるいは**高度障害状態**になったときに保険金を受け取ることができる保険です。

◯

特定（三大）疾病保障保険は、特定疾病（三大成人病）であるがん・急性心筋梗塞・脳卒中で所定の状態と診断された場合、**死亡保険金と同額の保険金**が支払われる保険で、**特約**としてつけることもできます。保険金は、特定疾病以外（交通事故など）で**死亡・高度障害状態になった場合**も支払われます。

◯

特定（三大）疾病保障保険は、**一度でも保険金を受け取ると契約が**消滅します。

✕

特定（三大）疾病保障定期保険は、特定疾病（三大成人病）と診断された場合に死亡保険金と同額の特定疾病保険金を受け取れる点で、定期保険よりも保障が厚いので、保険料は高くなります。

◯

介護保障保険は、被保険者が所定の要介護状態となった場合に、保険金を一時金や年金として受け取れる保険です。要介護状態にならずに死亡した場合にも死亡保険金が支払われます。

✕

民間の介護保険には、要介護認定が各保険会社所定の基準で行われるものや、**公的介護保険の要介護認定に**連動**するものがあります**。
なお、**介護保険と介護保障保険は同じ**ものです。

◯

6 生命保険の特約

☐ **❶** リビング・ニーズ特約では、被保険者の余命が**6カ月以内**と判断された場合、所定の範囲内で死亡保険金の一部または全部（**上限3,000万円**）を請求することができる。

☐ **❷** 先進医療特約では、**保険契約日**において厚生労働大臣により承認されていた先進医療のみが給付金支払いの対象となる。←よく出る

☐ **❸** 女性疾病入院特約は、一般に、乳がんや子宮筋腫などの女性特有の病気や女性の発症率が高い病気（甲状腺の障害等）で入院したときに、入院給付金が支払われる特約である。

学科と実技で出題されたことがある生命保険の特約に関する情報をまとめたよ。太文字・赤文字が解答に必要な知識だよ。

リビング・ニーズ特約は、**余命6カ月以内**と診断された場合、**保険金（死亡保険金の範囲内で上限3,000万円）**を生前に受け取ることができる特約で、無料で付加できます。保険金の受取人は原則として被保険者です。　○

先進医療の治療費は全額自己負担ですが、**先進医療特約**では、特定の病院や医療施設で厚生労働大臣が認可した先進医療治療を受けると給付金が支払われます。契約後に認可された先進医療治療も補償の対象となります。　×

女性疾病入院特約（女性医療特約）は、女性特有の病気（乳がんや子宮筋腫など）や女性の発症率が高い病気（甲状腺の障害等）で入院したときに備える特約です。正常分娩・美容整形・不妊手術等は補償されません。　○

2級FP検定で出題のある特約

特定疾病保障定期保険特約（三大疾病保障定期保険特約）	がん・急性心筋梗塞・脳卒中と診断された場合に死亡保険金と同額の保険金が支払われる特約。**被保険者が特定疾病以外の事由（交通事故など）で死亡した場合も保険金が支払われる。**この特約による保険金の支払いは一度だけ
傷害特約	不慮の事故が原因で、事故日から180日以内に死亡、または後遺障害が生じた場合に保険金が支払われる特約
災害割増特約	災害や事故が原因で、その日から180日以内に死亡、または高度障害状態になった場合に保険金が支払われる特約
先進医療特約	先進医療の治療費は全額が自己負担だが、この特約により特定の病院や医療施設で厚生労働大臣が認可した先進医療治療を受けた場合に給付金が支払われる（外来含む）。保険契約後に認可された先進医療治療も補償対象になる
女性医療特約（女性疾病入院特約）	**女性の病気（乳がんや子宮筋腫など）**に備える特約。正常分娩・美容整形・不妊手術等は、補償対象外
リビング・ニーズ特約	余命6カ月以内と診断された場合、被保険者が生前に保険金（一般に上限3,000万円。6カ月分の保険料相当額と利息が差し引かれた金額）を受け取ることができる特約。無料で付加できる
指定代理請求特約	本人が保険金を請求できない場合、指定代理請求人が代わって保険金を請求できる特約。無料で付加できる

1 経済・金融の基礎知識

問題数022

　内閣府が公表する景気動向指数に採用されている経済指標に関する次の記述のうち、最も適切なものはどれか。　　　　　　　　　　　　　　　　　　　　2020年9月

1．消費者物価指数は、全国の世帯が購入する家計に係る財およびサービスの価格等を総合した物価の変動を時系列的に測定した指標であり、そのうち生鮮食品を除く総合指数は、景気動向指数の遅行系列に採用されている。

2．消費者態度指数は、現在の景気動向に対する消費者の意識を調査して数値化した指標であり、景気動向指数の一致系列に採用されている。

3．東証株価指数（TOPIX）は、景気動向指数の一致系列に採用されている。

4．有効求人倍率（除学卒）は、月間有効求人数を月間有効求職者数で除して求められる指標であり、景気動向指数の遅行系列に採用されている。

解答　(1)　(2)　(3)　(4)

▼ 適切なものは○、不適切なものは×で答えなさい。また、（　）に入る語句の組み合わせを選びなさい。

TOP60 1 経済指標

□ ❶ 国内総生産（GDP）において最も高い構成比を占める項目は、民間最終消費支出である。

□ ❷ 経済成長率には名目値と実質値があり、物価変動を加味したものを名目経済成長率、考慮しないものを実質経済成長率という。

【経済・金融の基礎知識】の出題傾向

頻出順に「経済指標」、「マーケットの変動要因」、「為替相場の変動要因」に関する問題が出題されています。

1 経済指標…国内総生産（GDP）、景気動向指数など、基本的な経済指標についての問題です。確実に得点しておきたい分野です。

2 為替相場の変動要因…原則、景気回復→円高（物価・金利上昇）→景気後退→円安（物価・金利低下）→景気回復というサイクルを繰り返します。

3 マーケットの変動要因…マーケット（物価や株価）の変動と為替は連動していますから、丸暗記ではなく、全体的な流れを覚えておくことが大切です。

▼ 再現例題の解説と解答

景気動向指数の先行系列の指数…消費者態度指数、東証株価指数（TOPIX）

景気動向指数の一致系列の指数…有効求人倍率、鉱工業生産指数

景気動向指数の遅行系列の指数…消費者物価指数、完全失業率 　①

▼ 解説（赤シートで消える語句をチェックできます）　☞154ページ　**▼ 正解**

国内総生産（GDP）は、国全体の経済規模を示す経済指標で、国内で生産された**財やサービスの付加価値の総額**をいいます。内閣府が四半期ごと（年4回）に発表します。国内総生産では、民間最終**消費支出（個人消費）**が最も高い構成比（50～60％）を占めています。	○
国内総生産（GDP）の変動率を経済成長率といいます。名目経済成長率は市場価格（時価）のままで評価した指標、実質経済成長率は物価変動を考慮して調整した指標です。前年に比べて名目経済成長率がマイナスでも、物価が下落していれば実質経済成長率はプラスになることがあります。	

❸ 景気動向指数は、生産・雇用・消費など様々な経済活動における指標を、景気に対して先行・一致・遅行を示す3つの系列に分類して算出される。

❹ 景気動向指数は、景気の現状把握および将来予測に資するために作成された指標であり、CI（コンポジット・インデックス）の一致指数が上昇しているときは、景気の後退局面と判断される。

❺ 完全失業率は、全国の公共職業安定所に登録されている求人数を求職者数で除して算出される。

❻ 全国企業短期経済観測調査（日銀短観）は、金融部門から経済全体に供給される通貨量の残高を調査したものである。

❼ マネーストックは、一般法人、個人、地方公共団体・地方公営企業などの通貨保有主体が保有する通貨量の残高（金融機関や中央政府が保有する預金などは対象外）である。

❽ 消費者物価指数は、全国の世帯が購入する財やサービスの価格等を総合した物価の変動をとらえたもので、各種経済施策や公的年金の年金額の改定などに利用されている。

❾ 原油や輸入小麦等の価格変動は、消費者物価指数よりも先に企業物価指数に影響を与える傾向がある。

❿ 国際収支統計は、一定期間における居住者と非居住者の間で行われた対外経済取引を体系的に記録した統計で、財務省と日本銀行が共同で公表している。

❷ マーケットの変動要因

❶ 一般に、景気の拡張は、国内物価の下落要因となる。

❷ 日本の株式市場にとって、国内金利の上昇は株価の下落要因となり、国内金利の低下は株価の上昇要因となる。◆よく出る

景気動向指数は、経済活動における代表的な指標を、**先行・一致・遅行**を示す3つの系列に分類して算出するものです。内閣府が毎月発表します。	○
景気動向指数にはCI（**コンポジット・インデックス**）と、DI（**ディフュージョン・インデックス**）があります。2008年からはCIが公表の中心となっています。CIは、景気変動の大きさやテンポ（量感）を示します。 ● CIの一致指数が上昇しているときは景気拡大局面 ● CIの一致指数が下降しているときは景気後退局面	×
完全失業率は、**労働力人口（15歳以上の従業者・休業者・完全失業者の合計）**に占める**完全失業者の割合（求職活動中の者等）**で、**景気動向指数の**遅行**系列に採用**されています。	×
全国企業短期経済観測調査（日銀短観**）**は、景気の見通しについて、日本銀行調査統計局（日銀）が四半期ごとに実施する**アンケート調査**です。	×
マネーストックとは、一般法人、個人、地方公共団体・地方公営企業などの通貨保有主体が保有する**通貨量の残高**（金融機関や中央政府が保有する預金などは対象外）をいいます。マネーストック**統計**は日銀が毎月発表します。	○
消費者物価**指数**は、**一般消費者（家計）**が購入する商品やサービスの価格変動（消費税も含む）を表した指数で、総務省が発表します。**景気動向指数の**遅行**系列に採用**されています。	○
原油や輸入小麦の価格変動は、消費者**物価指数**よりも先に企業**物価指数**に影響を与える傾向があります（業者間の取引価格にまず影響が出ます）。	○
設問の通りです。なお、対外**経済取引**とは、一国の財貨、サービス、証券等の各種経済金融取引、それらに伴って生じる決済資金の流れ等のことです。	○

▼ 解説（赤シートで消える語句をチェックできます） テ158ページ ▼ 正解

景気上昇は消費意欲を増し、物価の上昇要因となります。逆に**景気下降**は消費意欲を減退させ、物価の下落要因となります。	×
一般に**市場金利が上昇**すると、企業は資金調達がしづらくなり成長が抑制されるため、**株価は**下落します。**市場金利が低下**すると、**株価は**上昇します。	○

☐ ❸ 国債の大幅な増発を伴う公共事業の拡大等の財政政策の実施は、金利の上昇要因となる。

☐ ❹ 日本銀行が金融政策として行う売りオペレーションには、金利を高めに誘導する効果がある。

☐ ❺ 買いオペレーションによる市中の通貨量の増加は、国内短期金利の上昇要因となる。

■ 為替相場の変動要因

☐ ❶ 一般に、景気の後退は、為替相場の円安要因となる。

☐ ❷ 日本の景気が持続的に回復し、ビジネスチャンスの広がりにより海外からの投資が増加することは、円高要因となる。

☐ ❸ 日本にとってA国からの輸入額が増えることは、A国通貨に対して円安要因となる。

☐ ❹ 日本銀行が実施する売りオペレーションは、他国通貨に対して円安要因となる。

☐ ❺ 購買力平価説によれば、通貨を異にする2国間において物価上昇が継続的に高い方の国の通貨は、長期的には、低い方の国の通貨に対する価値が上がる。

☐ ❻ 一般に、円高ドル安は、ドルベースの価格を変更せずに輸出した場合、円ベースの販売額を増大させることから、輸出型企業の株価の上昇要因となる。

国債の増発は、国が借金をすることなので、**国の信用の**低下につながります。**国の信用の**低下は、**市場金利の**上昇**要因**となります。　　○

売りオペレーション（売りオペ）は、日本銀行が保有する債券等を民間金融機関に売却し、市場の資金を減らして**市場金利を**上昇させます（**金融**引締め）。　　○

買いオペレーション（買いオペ）は、金融機関の保有する債券等を買い取り、市場の資金を増やして**市場金利を**低下させます（**金融**緩和）。　　✕

▼ 解説（赤シートで消える語句をチェックできます）　　⏎159ページ　　▼ 正解

一般に**景気の**上昇は為替相場の**円高要因**、逆に**景気の**後退は為替相場の**円安要因**となります。😀**ウラ技**　景気上昇→**通貨**高　　○

海外から投資する場合、外貨を売って円を買い、その円で日本の株や不動産などを購入します。円の需要が高くなるので、円高になります。逆に、海外への投資は円安の要因です。😀**ウラ技**　海外からの投資→**通貨**高　　○

輸入では日本企業が円を売ってＡ国の通貨を買い、Ａ国の商品を購入するため、Ａ国通貨に対して円安**要因**となります。😀**ウラ技**　輸入増加→**通貨**安　　○

売りオペは、日本の市場金利を上昇させます（金融引締め）。日本国内の金利の上昇は、日本で今後、高金利が見込まれることになるので、円高**要因**となります。😀**ウラ技**　金利上昇→**通貨**高　　✕

購買力平価説によると、物価上昇率が継続的に高い方の国の通貨は、物価上昇率が低い方の国の通貨に対しての**価値が**下がるとされています。😀**ウラ技**　物価上昇→**通貨**安　　✕

円高ドル安は高い円で海外製品をより多く買って国内で売れるため、輸入**型企業の株価の上昇要因**になります。逆に**円安ドル高**は日本製品を海外に安く売れるため、輸出**型企業の株価の上昇要因**になります。　　✕

2 金融商品に関する法律

問題数029

再現例題

わが国における個人による金融商品取引に係るセーフティネットに関する次の記述のうち、最も適切なものはどれか。　　　　　　　　2023年9月

1. 外国銀行の在日支店に預け入れた当座預金は預金保険制度による保護の対象とならないが、日本国内に本店のある銀行の海外支店に預け入れた当座預金は預金保険制度による保護の対象となる。

2. 金融機関の破綻時において、同一の預金者が当該金融機関に複数の預金口座を有している場合、普通預金や定期預金などの一般預金等については、原則として、1口座ごとに元本1,000万円までとその利息等が、預金保険制度による保護の対象となる。

3. 日本国内で事業を行う生命保険会社が破綻した場合、生命保険契約者保護機構による補償の対象となる保険契約については、高予定利率契約を除き、原則として、破綻時点の責任準備金等の90％まで補償される。

4. 証券会社が破綻し、分別管理が適切に行われていなかったために、一般顧客の資産の一部または全部が返還されない事態が生じた場合、日本投資者保護基金は、補償対象債権に係る顧客資産について、その金額の多寡にかかわらず、全額を補償する。

解答　① ② ③ ④

▼ 適切なものは○、不適切なものは×で答えなさい。また、（　）に入る語句の組み合わせを選びなさい。

TOP 60 ❶ 預金者と投資家の保護

☐ ❶ 預金保険機構には、預金保険対象金融機関から保険料が納付されている。

☐ ❷ 一般預金等について預金保険により保護される金額は、1金融機関ごとに預金者1人当たり元本1,000万円までとなっており、利息については保護の対象外となる。←よく出る

過去13年間

👑1 預金者と投資家の保護…**出題率1.12%**［96問］

👑2 金融商品に関する法律…**出題率0.94%**［80問］

👑3 消費者契約法…**出題率0.22%**［19問］

※出題率は、過去13年間の学科試験8,539問中の出題割合［質問数］を示しています。

学科③

金融資産運用

【金融商品に関する法律】の出題傾向

頻出順に「預金者と投資家の保護」、「金融商品に関する法律」、「消費者契約法」に関する問題が出題されています。

1 預金者と投資家の保護…預金保険制度に関する問題が、繰り返し出題されています。覚えることは多くないので、確実に加点できる分野です。

2 金融商品に関する法律…金融サービス提供法（金融サービスの提供及び利用環境の整備等に関する法律）と金融商品取引法が頻出です。

3 消費者契約法…消費者契約法は、消費者（個人）を保護するための法律で、法人は対象外です。消費者契約法は契約の取消し、金融サービス提供法は損害賠償責任が定められていることを覚えておきましょう。

▼ 再現例題の解説と解答

生命保険契約者保護機構は、原則として、保険会社が破綻時点で積み立てていた責任準備金の90％（高予定利率契約を除く）までを補償します。

③

▼ 解説（赤シートで消える語句をチェックできます）　　📖162ページ　　▼ 正解

預金保険制度は、銀行や信用金庫などの金融機関が破綻したときに、預金者を保護する制度で、**預金保険対象金融機関からの**保険料で運営されています。	◯
預金保険制度では、金融機関ごとに一般預金で**預金者1人当たり元本1,000万円までとその利息等**が保護されます。**保護の対象**となるのは、**日本国内に本店のある銀行・信用金庫等の**国内支店に預けられた預金等に限られます。**外国銀行の在日支店、日本の銀行の海外支店のいずれも対象外**です。	✕

131

☐ ❸ 預金保険制度による保護の対象となる金銭信託の1人当たり元本の金額は、元本補てん契約のある場合は全額、元本補てん契約のない場合は他の一般預金と合わせて1,000万円までである。

☐ ❹ 個人事業主の場合、預金保険制度による保護の対象となる預金（決済用預金を除く）を事業用の預金と事業用以外の預金に区分し、それぞれ1金融機関ごとに元本1,000万円までとその利息等が保護される。

☐ ❺ 外貨預金は、国内銀行に預け入れたものであっても、普通預金や定期預金などの預金の種類にかかわらず、預金保険制度による保護の対象とならない。
←よく出る

☐ ❻ 国内銀行に預け入れられている預金を用いた財形貯蓄は、預金保険制度による保護の対象である。

☐ ❼ 決済用預金は、無利息・要求払い・決済サービスを提供できることの3要件を満たす預金であり、預入額にかかわらず、全額が預金保険制度により保護される。　←よく出る

☐ ❽ 国内銀行で購入した投資信託は、原則として、日本投資者保護基金による補償の対象である。←よく出る

信託は、利益も損失も受益者に帰属することが原則ですが、**元本の損失を補てんする契約（元本補てん契約）**を結ぶことが信託銀行に認められています。元本補てん契約がある場合は、**他の一般預金と合わせて** 1,000**万円**まで保護されます。元本補てん契約のない場合は**保護され**ません。

×

1つの銀行内の**同じ名義の複数口座は合算**して保護金額を算定（名寄せ）されます。家族でも別名義の預金なら別々の預金者とされます。個人事業主の預金は、**事業用と事業用以外を**合算して保護金額を算定（名寄せ）されます。

×

外貨預金は、国内銀行に預け入れたものであっても預金保険機構の**補償対象**ではありません。

○

財形貯蓄は、預金以外にも、投信や国債等の金融商品で積立可能ですが、預金を利用した財形貯蓄は預金保険制度の保護対象です。

○

当座**預金**、無利息型普通預金など、「無利息・要求払い・決済サービス」を提供する**決済用預金**は、**全額**が預金保険制度により保護されます。

預金保険制度	覚えよう
保護の対象となる預貯金	保護される最大限度額
定期預金、普通預金、金融債（保護預り専用商品に限る）、民営化後のゆうちょ銀行の貯金など、**元本保証**型の預貯金 ※民営化前のゆうちょ銀行の貯金は国が保護。JAバンクの貯金等は、農水産業協同組合貯金保険制度によって保護	金融機関ごとに預金者1人当たり元本 1,000**万円**とその利息を保護。1,000**万円**を超える部分は、破綻した金融機関の財産状況に応じて弁済金や配当金が支払われる
当座預金、無利息型普通預金など、無利息・要求払い・決済サービスを提供する**決済用預金**	全額を保護

● **外貨預金**、譲渡性預金（金融市場で売却できる定期預金）は保護されない。また、保険、投資信託、個人向け国債、外貨建てMMF等は預金ではないので対象外。

○

銀行で購入した投資信託は**日本投資者保護基金**では補償されません。また、**投資信託は預金ではない**ため、**預金保険制度**でも補償されません。なお、**日本投資者保護基金**は、何らかの事情で証券会社が返却できない資産について、1,000**万円**まで補償を行います。

×

☐ ❾ 国内証券会社が保護預かりしている一般顧客の外国株式は、投資者保護基金による補償の対象である。

☐ ❿ 金融ADR制度において、全国銀行協会等の相談室による苦情対応では納得できない顧客などは、弁護士や消費者問題専門家などで構成されたあっせん委員会を無料で利用することができる。

② 金融商品に関する法律

☐ ❶ 金融商品販売業者等が重要事項の説明義務に違反したことにより顧客に損害が生じ、当該顧客が損害賠償を請求する場合には、金融サービス提供法により、元本欠損額が当該顧客に生じた損害の額と推定される。

☐ ❷ 金融サービス提供法の保護の対象となるのは個人のみであり、法人は対象となっていない。

☐ ❸ 金融サービス提供法では、預貯金、有価証券および投資信託等の幅広い金融商品を適用対象とするが、外国為替証拠金取引およびデリバティブ取引は適用対象外である。 ←よく出る

国内証券会社が保護預かりしている一般顧客の**外国株式**、**外貨建てMMF**は、**投資者保護基金により1人につき1,000万円まで補償**されます。

○

金融ADR制度は、金融商品取引において金融機関と利用者との間で苦情、紛争が発生したときに、当事者以外の第三者（金融ADR機関）がかかわり、裁判以外の方法で迅速な解決を図る制度です。相談室による苦情対応では納得できない顧客などは、弁護士や消費者問題専門家などで構成された**あっせん委員会を無料で利用**できます。

○

▼ 解説 （赤シートで消える語句をチェックできます）　🕮163・164ページ　▼ 正解

金融サービス提供法（金融サービスの提供及び利用環境の整備等に関する法律）では、金融商品販売業者等が金融商品の販売等に際し、「顧客に対して重要事項の説明をしなかったこと」「（「絶対に損しません」などの断定的判断）を行ったこと」により、顧客に損害が生じた場合の損害賠償責任が定められています。また、**金融サービス仲介業は内閣総理大臣の登録を受けた者に限る**ことも規定しています。

○

金融サービス提供法では、被害者が**個人でも法人でも保護の対象**（機関投資家等を除く）となっています。

×

金融サービス提供法は、**外国為替証拠金取引（FX）**※や**デリバティブ取引を適用対象にして**います。

金融サービス提供法	
保護の対象	預貯金、株式、国債・地方債・社債、投資信託、保険・共済、外国為替証拠金取引（FX取引）、デリバティブ取引、通貨・金利スワップ、海外の商品先物取引など、**ほとんどの金融商品**
保護の対象外	国内の商品先物取引、ゴルフ会員権、金地金

- 重要事項の説明不要と意思表示した顧客、**機関投資家等のプロの投資家**には、重要事項の説明を**省略できる**。
- 重要事項には、為替リスク等の価格変動に関する項目だけでなく、権利行使期間の制限や契約解除期間の制限といった商品固有の条件も含まれる。
- 金融商品販売業者が金融商品の販売に係る勧誘方針を定めたときは、政令で定める方法により、速やかに公表しなければならない。

×

※証拠金を差し入れて、2つの国の通貨の為替相場を予測して売買を行う金融商品。外国為替（Foreign Exchange）に由来してFXという。

☐ **❹** 金融商品取引業者等が、顧客（特定投資家を除く）と金融商品取引契約を締結しようとする場合、当該顧客が「十分な投資経験があるので、書面の交付は不要である」旨を申し出たときであっても、その申出をもって、契約締結前交付書面の交付義務は免除されない。

☐ **❺** 金融商品取引法では、顧客を特定投資家と一般投資家に区分しており、顧客が特定投資家に該当する場合には、適合性の原則や断定的判断の提供等の禁止などの行為規制の適用が免除されている。

☐ **❻** 金融商品取引法では、業者等が行う金融商品取引業の内容に関する広告等を行うときは、利益の見込み等について、著しく事実に相違する表示をし、または著しく人を誤認させるような表示をしてはならないとしている。

☐ **❼** 金融商品取引業者等が、顧客に対して「償還時には必ず円安になる」と告げて外貨建て商品の勧誘を行った場合、結果として償還時に円安となり、当該顧客が利益を得ることになれば、金融商品取引法上の断定的判断の提供に該当しない。

☐ **❽** 金、白金、大豆などのコモディティを対象とした市場デリバティブ取引は、金融商品取引法の適用対象となる。

☐ **❾** 犯罪収益移転防止法により、銀行等の特定事業者は、個人顧客と預金契約等の特定取引を行う際には、原則として、当該顧客の「本人特定事項」「取引を行う目的」「職業」の確認を行うことが義務付けられている。

☐ **❿** 盗難キャッシュカードにより預金の不正な払戻しの被害に遭った預金者に重大な過失があった場合、預金者保護法に基づく補償額は、被害金額の80％相当額となる。

☐ **⓫** 外国為替証拠金取引では、証拠金にあらかじめ決められた倍率を掛けた金額まで売買できるが、倍率の上限は各取扱業者が決めており、法令による上限の定めはない。

☐ **⓬** 金融庁は「顧客本位の業務運営に関する原則」※において、詳細なルールを規定したルールベース・アプローチを採用している。

金融商品取引法において、**金融商品取引業者**は契約概要、手数料、主なリスクなどの重要事項を記載した書面を契約締結前に交付しなければならないという義務があります。なお金融商品取引法では、金融商品取引業者は内閣総理大臣の登録を受けることが定められています。

〇

特定投資家制度…金融商品取引法では、投資家を**特定投資家**と**一般投資家**に区分し、特定投資家の場合には**契約締結前の書面交付義務**、顧客の知識、経験、財産等に適応した商品の販売・勧誘しなければならないという適合性の原則は免除されます。虚偽告知や断定的判断の提供は禁止されています。

✕

広告の規制…**金融商品取引法**では、広告等を行うときは、利益の見込み等について、著しく事実に相違する表示、人を誤認させるような表示をしてはならないことが定められています。

〇

「必ず〜になる」「確実である」「絶対に損しない」など、断定的判断の提供等による勧誘は、金融商品取引法で禁止されています。これは結果に関係なく、**行為自体が禁止**となる行為規制です。なお、金融サービス提供法にも同様の規制があります。

✕

金融商品取引法は、金・白金・大豆などのコモディティを対象とした**市場**デリバティブ取引（商品先物取引・商品先物オプション取引）なども含め、**投資性のある金融商品を幅広く横断的に規制対象**としています。

〇

犯罪収益移転防止法によって、銀行等の特定事業者は、金融機関等に対し、顧客の「**本人特定事項、取引目的、職業の確認**」、「**取引記録の作成と7年間の保存**」を行うことなどが義務付けられています。

〇

偽造カードや盗難カードによる預金の不正な払戻し被害は、**預金者保護法により100%補償を受ける**ことができますが、人に暗証番号を知らせるなど、預金者の**重大な過失があった場合**は補償されません。

✕

外国為替証拠金取引（FX）は、レバレッジ効果で証拠金の何倍もの金額の取引ができます。その倍率は、**法令により証拠金の25倍までに制限**されています。証拠金以上の損失が生じるおそれのあるリスクの高い商品といえます。

✕

金融庁は、金融事業者に**顧客本位の業務運営**をうながすため、**原則や規範を示す**プリンシプルベース・アプローチを採用しています。

✕

3 消費者契約法

☐ ❶ 消費者契約法では、事業者の一定の行為により、消費者が誤認・困惑した場合について、消費者契約の申込み・承諾の意思表示を取り消すことができるとされている。←よく出る

☐ ❷ 消費者契約法における契約の取消権は、消費者が追認することができる時から1年、もしくは契約締結時から3年を経過した時、時効によって消滅する。

☐ ❸ 消費者契約法においては、金融商品取引業者等の断定的判断の提供により顧客が損失を被ったとき、顧客は損害賠償を求めることができる。

☐ ❹ 金融商品の販売等において、金融サービス提供法と消費者契約法の両方の規定に抵触する場合、金融サービス提供法の規定が常に優先して適用される。

☐ ❺ 事業者の損害賠償額の上限額について、消費者の利益を一方的に害する事項が定められている場合には、その契約全体が無効となる。

☐ ❻ 2019年6月に施行された消費者契約法の一部を改正する法律により、恋愛感情を利用したデート商法や、不安をあおって結んだ契約は取り消すことができるようになった。

消費者契約法は、**消費者（個人）を保護**するための法律（**法人は対象外**）で、事業者の一定の行為により**消費者が誤認または困惑をして契約を締結**した場合には、**契約の**取消しができるとされています。	○
契約の取消権は、消費者が誤認や困惑に気付いた時（**追認**できる時）から1年を経過、もしくは**契約締結時から5年**を経過したとき、**時効によって消滅**します。	✕
取引業者が断定的判断の提供等を行ったことにより顧客に損害が生じた場合の**損害賠償責任**が定められているのは、金融サービス提供法です。	✕
金融サービス提供法（損害賠償）と消費者契約法（契約取消し）の両方の規定に抵触する場合には、両方の規定が適用されます。	✕
消費者契約法では、消費者の不利になっている事項に係る条項は無効となります。その場合、契約全体は有効です。	✕
消費者契約法では、「契約しないと別れる」など恋愛感情を利用して契約させるデート商法や、「このセミナーに入らないと一生就職できない」など**消費者の不安をあおって結んだ契約を取り消す**ことができます。	○

金融資産運用

学科③

3 預貯金

再現例題

金融機関が取り扱う金融商品に関する次の記述のうち、最も不適切なものはどれか。

2015年5月

1. 「無利息」「要求払い」「決済サービスを提供できること」の3要件を満たす決済用預金は、預入額の全額が預金保険制度による保護の対象となる。

2. オプション取引などのデリバティブを組み込んだ仕組預金は、原則として、中途解約することができない。

3. スーパー定期預金には単利型と半年複利型があるが、個人は半年複利型を利用することができない。

4. 貯蓄預金は、公共料金などの自動支払口座や給与・年金などの自動受取口座として利用することはできない。

解答　①　②　③　④

▼ 適切なものは○、不適切なものは×で答えなさい。また、（　）に入る語句の組み合わせを選びなさい。

1 利息・利率の計算

☐ ❶ 年1%（税引前）の金利が適用される3カ月物定期預金に100万円を預け入れると、満期時に受け取る利息の額は8,000円（税引前）となる。

☐ ❷ 年0.025%の金利が適用される定期預金（単利型）に1億円を1年間預け入れた場合、所得税、復興特別所得税および住民税の源泉徴収（特別徴収）後の手取りの利息は、2万円である。なお、1円未満の端数は切り捨てるものとする。

出題DATA 過去13年間

1 銀行預金とゆうちょの貯金…出題率0.82% [70問]
2 利息・利率の計算…出題率0.04% [3問]

※出題率は、過去13年間の学科試験8,539問中の出題割合 [質問数] を示しています。

【預貯金】の出題傾向

銀行や信用組合に預けるお金を預金、郵便局や農協に貯えるお金を貯金といいます。ここでは「銀行預金とゆうちょの貯金」、「利息・利率の計算」に関する問題が出題されます。

1 **銀行預金とゆうちょの貯金**…普通預金、貯蓄預金、決済用預金、定期貯金など、いろいろな預貯金の種類と基本的な特徴を問う問題です。

2 **利息・利率の計算**…預貯金の利息（利子）を計算する簡単な問題です。

▼ 再現例題の解説と解答

スーパー定期預金…個人は預入期間が3年未満なら単利型、3年以上なら単利型と半年複利型の選択ができます。法人は単利型のみ利用可能です。

③

▼ 解説（赤シートで消える語句をチェックできます）　　　🔗168ページ　　▼ 正解

年利1%で100万円を預け入れた場合の利息の額は、
1年（12カ月）分では、**100万円×**0.01**＝10,000円**になります。
3カ月満期では、期間が12カ月の4分の1なので、
100万円×0.01÷4＝2,500**円**になります。　　　　　　　　　　　　　✕

預貯金の利子所得は、20.315%（所得税15％＋復興特別所得税0.315％＋
住民税5％）の源泉徴収。1億円を年0.025％の利率の定期預金に預けた場合、
税引前の利息…**100,000,000円×0.00025＝25,000円**
源泉徴収される税額…**25,000円×**0.20315＝5,078.75**円**　　　　　　✕
税引後の利息…**25,000円－**5,078**円＝**19,922**円**

☐ ❸ 年1回複利ベースの割引率を年率0.5％とした場合、4年後の1,000万円の現在価値は、9,804,364円（円未満切り捨て）である。

TOP 60 ❷ 銀行預金とゆうちょの貯金

☐ ❶ 普通預金は、預入期間の定めのない流動性預金であり、給与や年金などの自動受取口座として利用することができる。

☐ ❷ 貯蓄預金は、給与、年金等の自動受取口座や公共料金等の自動振替口座に指定することができる。

☐ ❸ 決済用預金は、「無利息」・「要求払い」・「決済サービスを提供できること」という3つの条件を満たした預金であるが、法人向けのみとなっており、個人で利用できる決済用預金はない。

☐ ❹ スーパー定期預金は、同一の金融機関で、同一の預入期間であれば、店頭取引およびインターネット取引とも利率が同一とされている。

☐ ❺ 大口定期預金は、半年ごとに適用利率が変わる変動金利型の預金である。

☐ ❻ 期日指定定期預金は、据置期間経過後は最長預入期日までの任意の日を満期日として指定することができる。

☐ ❼ ゆうちょ銀行の定期貯金は、預入期間が3年未満は単利型であり、3年以上は半年複利型である。

☐ ❽ ゆうちょ銀行の定額貯金は、預入日から1年が経過するまでは中途解約できず、1年経過後に中途解約する場合、所定の中途解約利率が適用される。

☐ ❾ 2009年1月1日以降の取引から10年以上、その後の取引がない預金・貯金は休眠預金となり、預金保険機構に移管されて民間公益活動に活用される。

割引率とは、将来の価値を現在の価値に直すために用いる率です。「4年後に1,000万円になっている資産の現在価値はいくらか」という問題です。

X円×(1.005)⁴＝10,000,000円

X円＝10,000,000円÷1.0201505≒9,802,475円

×

▼ 解説（赤シートで消える語句をチェックできます）　⬆170ページ　▼ 正解

普通預金…変動金利で半年ごとに利子が付きます。給与等の「自動受取口座」や公共料金等の「自動支払口座」に利用できます。**流動性**預金（満期がなく、出し入れ自由な預金）です。

○

貯蓄預金…預入残高によって金利が変動する預金です。**自動受取口座や自動振替口座に指定**できません。

×

決済用預金…「無利息」「要求払い」「決済サービスを提供できる」預金で、**全額が預金保険制度の保護対象**です。**法人でも個人でも**利用できます。

×

スーパー定期預金…固定金利で、金利は各金融機関がそれぞれ別個に設定します。インターネット取引では利率が**優遇される**ことがあります。

×

大口定期預金…預入金額1,000万円以上、固定金利の単利型で、金利は店頭表示金利を基準として銀行との**相対（交渉）で決定**します。

×

期日指定定期預金…固定金利で1年複利。1年間の据置期間経過後は、最長預入期日までの**任意の日を満期日**にできます。

○

定期貯金…預入期間が3年未満なら**単利型**、3年以上なら**半年複利型**です。中途解約する場合は、所定の中途解約利率（預入日の通常貯金・普通預金と同程度の利率）が適用されます。

○

定額貯金…固定金利で半年複利。利子は満期一括払いです。6カ月の据置期間経過後はいつでも解約できます。なお、**ゆうちょ銀行の通常貯金と定期性貯金の預入限度額はそれぞれ**1,300**万円、合計で**2,600**万円**までです。

×

2009年1月1日以降の取引から10**年以上**取引のない預貯金は、**休眠預金**になります。**休眠預金**でも解約して元本と利息を引き出すことはできます。

○

4 債券

問題数027

　固定利付債券（個人向け国債を除く）の一般的な特徴に関する次の記述のうち、最も適切なものはどれか。　　　　　　　　　　　　　　2019年1月

1．国内景気が好況で国内物価が継続的に上昇傾向にある局面では、債券価格は上昇する傾向がある。

2．市場金利の上昇は債券価格の上昇要因となり、市場金利の低下は債券価格の下落要因となる。

3．債券の発行体の財務状況の悪化や経営不振などにより、償還や利払い等が履行されない可能性が高まると、当該債券の市場価格は下落する傾向がある。

4．債券を償還日の直前に売却した場合には、売却価格が額面価格を下回ることはない。　　　　　　　　　　　　解答　①　②　③　④

▼ 適切なものは○、不適切なものは×で答えなさい。また、（　）に入る語句の組み合わせを選びなさい。

1 債券の基礎知識

❶ 日本の公社債市場において、発行額が最も多いのは、日本政府が発行する債券（国債）である。

❷ 利付債の表面利率とは、債券の購入金額に対する年間利子額の割合のことである。

❸ オーバーパー発行の債券を発行時に購入し償還まで保有していた場合、その債券が額面金額によって償還されれば、償還差益が発生する。

出題DATA 過去13年間

👑1 **債券の利回り**…出題率0.45% ［38問］

👑2 **債券のリスクと格付**…出題率0.42% ［36問］

👑3 **債券の価格変動と金利**…出題率0.30% ［26問］

※出題率は、過去13年間の学科試験8,539問中の出題割合［質問数］を示しています。

【債券】の出題傾向

頻出順に「債券の利回り」、「債券のリスクと格付」、「債券の価格変動と金利」に関する問題が出題されています。

1 **債券の利回り**…利回りの計算は学科だけでなく実技でも出題されます。基本的な計算方法さえ覚えておけば確実に加点できる問題です。

2 **債券のリスクと格付**…主なリスクの特徴が出題されます。格付では、BBB以上とBB以下の違いが頻出しています。

3 **債券の価格変動と金利**…残存期間が長いほど、表面金利が低いほど、金利変動に対する価格変動幅が大きいことを覚えておきましょう。

▼ 再現例題の解説と解答

1. 金利（景気）と債券価格は逆の動きをします。
4. 償還日直前の売却でも額面価格を下回ることはあります。　　③

▼ 解説（赤シートで消える語句をチェックできます）　　🔲174ページ　　▼ 正解

解説	正解
日本の公社債（債券）市場で**発行額が最も多い**のは、**日本政府が発行する債券（国債）** です。	◯
表面利率（クーポンレート） は、債券の額面金額に対する年間利子額の割合です。債券の単価は、原則、**額面100円当たりの価格**で表されます。	✕
額面より高い価格で発行されることを**オーバーパー発行**といいます。債券は満期時に額面金額で償還されるので、オーバーパー発行の債券を発行時に購入して満期まで保有すると、**償還差損**が発生します。**額面より低い価格**で発行される**アンダーパー発行**の債券を発行時に購入して満期まで保有すると、**償還差益**が発生します。	✕

☐ ❹ オーバーパー発行の債券の応募者利回り（単利）は、表面利率を下回る。

☐ ❺ 割引債の現在価値は、将来価値（額面100円）に複利現価率を乗じたものとなる。

❷ 債券の利回り

☐ ❶ 固定利付債券の利回り（単利・年率）の計算に関する次の記述の空欄（ア）～（エ）にあてはまる計算式として、最も不適切なものは（　）である。

> 表面利率が0.1％、償還年限が10年の固定利付債券が額面100円当たり101円55銭で発行された。この固定利付債券の応募者利回りは（ア）、直接利回りは（イ）となる。また、この固定利付債券を新規発行時に購入し、3年後に額面100円当たり102円で売却した場合の所有期間利回りは（ウ）となる。さらに、この固定利付債券を発行から3年後に額面100円当たり102円で購入し、償還まで保有した場合の最終利回りは（エ）となる。←よく出る

1. （ア）応募者利回り$(\%) = \dfrac{0.1 + \dfrac{100.00 - 101.55}{10}}{101.55} \times 100$

2. （イ）直接利回り$(\%) = \dfrac{0.1}{101.55} \times 100$

3. （ウ）所有期間利回り$(\%) = \dfrac{0.1 + \dfrac{102.00 - 101.55}{3}}{101.55} \times 100$

4. （エ）最終利回り$(\%) = \dfrac{0.1 + \dfrac{102.00 - 100.00}{7}}{100.00} \times 100$

☐ ❷ 債券の価格が下落すると、その債券の最終利回りは下落する。

☐ ❸ 額面金額100万円につき1年間に税引前で2万円の利子が支払われる固定利付債の表面利率は、2％である。

応募者利回りは、新発債を満期まで保有していた場合の利回りです。オーバーパー債券の応募者利回りは、表面利率より低くなります。　〇

割引債（ゼロ・クーポン債）は、利子（クーポン）がないかわりに、額面金額から利子相当分を割り引いた価格で発行され、満期時に額面で償還される債券です。割引債の現在価値は、将来償還される額面100円に複利現価率（現価係数）を乗じて算出されます。複利現価率は、複利運用後の目標金額になるために必要な元本（現価）を求めるときに使用します。　〇

▼ 解説（赤シートで消える語句をチェックできます）　☞175ページ　▼ 正解

債券の利回りは、すべて次の手順で計算できます。

❶　（売却価格−購入価格）÷所有年数 ←1年あたりの差益（利子以外の利益）

❷　表面利率（本問は0.1）＋❶ ←利子＋差益…1年あたりの収益合計

❸　❷÷購入価格×100 ←利回り

1. **応募者利回り**は、発行時に購入し、満期まで所有した場合の利回りです。満期では額面100円で売却します。

売却価格−購入価格が**100.00−101.55**なので、適切な式です。

2. **直接利回り**は、購入（発行）価格に対する年間の利子の割合のことです。

購入価格101.55円なので、適切な式です。

3. **所有期間利回り**は、満期（償還）の前に売却した場合の利回りです。

売却価格−購入価格が**102.00−101.55**なので、適切な式です。

4. **最終利回り**は、時価で途中購入し、満期まで所有した場合の利回りです。

額面金額−購入価格「**100.00−102.00**」が、逆になっています。また分母の購入価格が**102.00**になるはずですが、100.00になっています。

本問の最終利回り… $(100-102) \div 7 = -0.2857 \cdots \fallingdotseq -0.29$

$$0.1 + (-0.29) = 0.1 - 0.29 = -0.19$$

$$-0.19 \div 102 \times 100 = -0.186 \cdots \% \fallingdotseq -0.19\%$$

4

債券の（購入）価格が下落すると、額面で償還されるときの差益が増えますから、利回りは上昇することになります。　✕

固定利付債は、表面利率が償還まで変わらない利付債です。100万円につき1年間に2万円の利子なので、**表面利率は2÷100＝0.02（2%）**です。　〇

- **❹** 額面金額100円、発行価格95円、クーポンレート2%（年1回利払い）の固定利付債券を額面100万円保有する場合、受け取る年利子の金額（税引前）は、19,000円である。

- **❺** 逆イールドとは、他の条件が同じであれば、残存期間の長い債券の利回りよりも残存期間の短い債券の利回りの方が高い状況のことをいう。

❸ 個人向け国債

- **❶** 個人向け国債の募集条件や中途換金時の換金金額は、取扱金融機関によって異なる。

- **❷** 個人向け国債は、購入最低額面金額である1万円から1万円単位で購入することができ、中途換金する場合も額面1万円単位となる。

- **❸** 3年満期の個人向け国債は変動金利型で、5年満期および10年満期の個人向け国債は固定金利型であり、いずれも半年ごとに利払いがある。←よく出る

- **❹** 10年満期の個人向け国債の適用利率は、「基準金利×0.66」である。

❹ 債券のリスクと格付

- **❶** 債券の発行体の財務状況の悪化などにより、その発行する債券の利子や償還金の支払いが債務不履行（デフォルト）となるリスクを、信用リスクという。

- **❷** 他の条件が同じであれば、信用リスクが高い債券は、信用リスクが低い債券よりも、一般に、債券価格が高い。←よく出る

- **❸** 時価がオーバーパーであるB社発行の社債が、急きょ、期限前償還されることが発表され、そのことが当該社債の価格の下落につながった。

クーポンレートは、利付債において、額面に対して1年間にどれぐらいの割合の利子が支払われるかを示したもののことです。クーポンレート2%で受け取る年利子の金額は、**1,000,000 × 0.02 ＝ 20,000円**（税引前）です。 ✗

通常、**残存期間の長い債券ほど利回りが高く**なります。これを順イールドといいます。まれに**残存期間の長い債券の利回りより残存期間の短い債券の利回りの方が高くなる**ことがあります。これを逆イールドといいます。 ○

▼ 解説（赤シートで消える語句をチェックできます）　🖬179ページ　▼ 正解

個人向け国債は日本国政府が発行する債券です。募集条件や中途換金時の換金額は、取扱金融機関にかかわらず一律です。 ✗

個人向け国債は、**最低1万円**から**1万円単位**で購入することができ、中途換金も1万円単位です。発行から1年を経過すればいつでも換金できます。 ○

個人向け国債には、**変動10年**、**固定5年**、**固定3年**の3種類があり、いずれも半年ごとに利払いがあります。 ✗

変動10年は基準金利×0.66、**固定5年は基準金利－0.05%**、**固定3年は基準金利－0.03%**で、いずれも最低0.05%の金利が保証されています。なお、新発10年国債の利回りは、国内の長期金利の代表的な指標となっています。🗨ウラ技　固定5年－0.05%。固定3年－0.03% ○

▼ 解説（赤シートで消える語句をチェックできます）　🖬180ページ　▼ 正解

信用リスクは、発行体の財務状態の悪化などにより、運用に損失が生じるリスクです。デフォルトリスク、**債務不履行リスク**ともいいます。 ○

信用リスクが高いほど信用度が低く、欲しがる人が少ないので**購入価格**が下がって、利回りは上がります。ハイリスクハイリターンになるわけです。 ✗

期限前償還されると、オーバーパー債券は償還差損が発生するまでの期間が短くなってしまうため、債券価格の下落につながります。これは**期限前償還リスク**（期限前償還により予定運用収益が確保されなくなるリスク）です。 ○

☐ ❹ D国が公共事業拡大を柱とする財政政策を実施し、その財源として大量の国債を発行したことが、D国国債の価格の下落につながった。

☐ ❺ 公募により発行されて不特定多数の投資者に保有され、発行額が大きい債券は、流動性が高いとされる。

☐ ❻ 外国政府が日本国内で発行する円建て外債（サムライ債）には、その発行国の政治・経済情勢などに起因するカントリーリスクが存在する。

☐ ❼ 債券の信用格付では、通常、BB格（相当）以下の債券は「投機的格付」、BBB格（相当）以上の債券は「投資適格」とされるが、この信用格付が引き上げられた場合に当該債券の利回りは低下する。 ←よく出る

❺ 債券の価格変動と金利

☐ ❶ 固定利付債券において、表面利率などの他の条件が同じであれば、残存期間が長い債券ほど、金利変動に対する価格変動幅が大きい。 ←よく出る

☐ ❷ 他の条件が同じであれば、表面利率の低い債券よりも表面利率の高い債券の方が、金利の変動に対する価格変動幅は大きい。 ←よく出る

☐ ❸ 固定利付債と変動利付債を比較した場合、他の条件が同じであれば、変動利付債の方が金利変動に伴う債券価格の変動が大きい。

☐ ❹ 日本の長期国債の利回りが急激に下落したことが、日本企業A社が発行した円建て社債の価格の下落につながった。

☐ ❺ 金利が上昇する局面では、短期債、中期債および長期債を均等に保有するより、短期債を中心に保有するほうが適切といえる。

大量の国債の発行は、国の借金返済能力を疑われて信用度の低下につながり、債券価格の下落につながります。債券発行体の国の政治情勢や経済情勢などにより発生するリスクをカントリーリスクといいます。 ○

公募で発行されて不特定多数の投資者が保有する債券は、市場の流通量が多く取引が成立しやすくなります。これを流動性が高いといいます。取引量が少ない債券では、流動性リスクが生じます。 ○

円建て外債（サムライ債）は、外国政府が発行する円建て外国債です。円建てなので為替変動リスク（為替レートの変動で、海外債券の円換算における価値が変動するリスク）はありませんが、カントリーリスクがあります。 ○

格付は、債券自体や債券の発行体の信用評価の結果を示したもので、民間の格付機関（信用格付業者）が行っています。AAAが信用度が最も高く、Dが信用度が最も低くデフォルト（破産）を表します。BBB以上の債券を投資適格債券、BB以下の債券を投機的格付債券（非投資適格債券、投資不適格債券、ハイ・イールド債またはジャンク債）といいます。格付が引き上げられると、債券価格が上がって、利回りが低下します。 ○

▼ 解説（赤シートで消える語句をチェックできます）　　　　　🔖182ページ　　▼ 正解

残存期間が長い債券ほど、金利変動の影響を受ける期間が長くなるため、価格の変動率は大きくなります。 ○

表面利率の高い債券ほど、市場金利の変動幅がクーポンの利率に占める割合が低くなるため、金利変動に対する価格変動幅は小さくなります。 ×

固定利付債と変動利付債では、固定利付債の方が金利変動に伴う債券価格の変動が大きくなります。 ×

長期国債の利回りは長期金利の指標となっているので、長期国債の利回りが下落すると市場金利は下落します。市場金利が下落すると債券価格は上昇し、市場金利が上昇すると債券価格は下落します。 ×

金利上昇局面では債券価格は下落するため、金利の影響を受ける期間が短い短期債を中心に保有するほうが適切といえます。 ○

金融資産運用　学科③

5 株式

問題数023

再現例題

上場株式の取引に関する次の記述のうち、最も不適切なものはどれか。

2015年9月

1. 取引所における株式の売買注文は、価格優先および時間優先の原則に従って処理され、また、成行注文は指値注文よりも優先される。

2. 取引所における株式の普通取引では、売買契約締結の日に資金決済が行われ、それと同時に株主の権利の移転等が証券保管振替機構および金融商品取引業者等に開設された口座において電子的に処理される。

3. 株式累積投資は、金融商品取引業者が選定する株式について、毎月一定の日に、申込者があらかじめ指定する一定金額（1万円以上）により同一銘柄を継続的に買い付ける取引である。

4. 株式ミニ投資は、金融商品取引業者が選定する株式について、売買単位株数の10分の1の整数倍（10分の9まで）で売買できる取引である。

解答 ① ② ③ ④

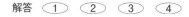

▼ 適切なものは○、不適切なものは×で答えなさい。また、（　）に入る語句の組み合わせを選びなさい。

TOP60 1 株式の取引

☐ ❶ 国内で、株式の現物取引を行う金融商品取引所は、東京、大阪、名古屋、福岡の4つがある。

☐ ❷ 東京証券取引所において、スタンダード市場の上場会社がプライム市場へ市場区分の変更をするためには、プライム市場の新規上場基準と同様の基準に基づく審査を受ける必要がある。

☐ ❸ 東京証券取引所では、現在、9時から11時まで（前場）と12時30分から15時まで（後場）の2つの時間帯で立会内取引が行われているが、2024年11月をめどに、後場の立会時間が30分延長される予定である。

出題DATA 過去13年間

1 株式の投資指標…出題率0.97%［83問］

2 株式の取引…出題率0.75%［64問］

3 株価指数…出題率0.40%［34問］

※出題率は、過去13年間の学科試験8,539問中の出題割合［質問数］を示しています。

【株式】の出題傾向

頻出順に「株式の投資指標」、「株式の取引」、「株価指数」が出題されています。

1 株式の投資指標…配当利回り、株価収益率（PER）、株価純資産倍率（PBR）、自己資本利益率（ROE）、配当性向など、広く浅く出題されます。

2 株式の取引…信用取引に関する問題が頻出しています。信用取引は、顧客が一定の委託保証金を証券会社に担保として預け、買付資金や売付証券を借りて取引を行うものです。

3 株価指数…単純平均株価、東証株価指数、日経平均株価など、基本的な株価指数と意味は、必ず覚えておきましょう。

▼ 再現例題の解説と解答

国内の証券取引所に上場している株式（外国株式含む）の売買が約定すると、約定日を含めて3営業日目（約定日から2営業日後）に決済と受渡しが行われます。受渡しは口座において、電子的に処理されます。 ②

▼ 解説（赤シートで消える語句をチェックできます） 🔖186・188ページ ▼ 正解

株式の**現物取引を行う金融商品取引所**は、**東京**、**名古屋**、**札幌**、**福岡**の**4つ**があります。**大阪と東京にはデリバティブ取引を行う取引所**があります。	×
東京証券取引所は**プライム市場・スタンダード市場・グロース市場**という3市場があり、市場区分の変更をするためには、新規上場基準と同様の基準に基づく審査を受ける必要があります。	○
東京証券取引所では、立会内取引の立会時間は、**午前9時～11時30分**まで（**前場**）と**12時30分～15時**まで（**後場**）です。2024年11月に**後場**は**15時30分**までに延長される予定です。	×

金融資産運用 学科③

☐ ❹ 株式市場における出来高は、その市場で成立した売買取引の量を数量（株数）で示したものである。

☐ ❺ 信用取引は、顧客が一定の委託保証金を証券会社に担保として預け、買付資金または売付証券を借りて取引が行われる。

☐ ❻ 金融商品取引法では、株式の信用取引を行う際の委託保証金の額は30万円以上であり、かつ、当該取引に係る株式の時価に100分の30を乗じた金額以上でなければならないとされている。←よく出る

☐ ❼ 信用取引において、委託保証金率を30％とすると、委託保証金の約3.3倍までの取引ができる。←よく出る

☐ ❽ 信用取引で買い建てた株式の価格が下落し、委託保証金維持率割れとなった場合、追加保証金を差し入れなければならない。

☐ ❾ 信用取引には制度信用取引と一般信用取引の2種類がある。制度信用取引は、証券取引所の規則により返済期限が定められており、新規建約定日から6カ月後の応当日までに返済しなければならない。

☐ ❿ 信用取引の弁済方法には、反対売買と現引き・現渡しがあり、保有していない銘柄でも「売り」から取引を開始できる。

☐ ⓫ 単元未満株投資制度で株式を購入した場合は保有株式数が100株に満たなくても売却できるが、株式累積投資制度で株式を購入した場合は保有株式数が100株以上になるまで売却できない。

一日にその市場で取引が成立した株数を**出来高**といいます。**1,000 株の売り注文に 1,000 株の買い注文**で取引が成立すると、出来高は 1,000 株です。 ○

信用取引は、投資家が証券会社から資金や株式を借り入れて取引を行うものです。一定の委託保証金を担保として差し入れる必要があります。 ○

信用取引で株式を売買する場合の**最低委託保証金は** 30 万円以上で、売買した株の約定価額の 30%以上の委託保証金が必要です。また、委託保証金は、現金のほか有価証券で代用することができます。 ○

委託保証金率30%のとき、取引金額の上限は委託保証金の**約** 3.3 **倍**です。委託保証金 90 万円なら取引金額の上限は、**90 万円÷ 0.3 ＝ 300 万円**です。 ○

株式の価格が下落し、**委託保証金維持率割れ（約定価額の 20～40%よりも低い価額）**となった場合は、追加保証金（追証）を差し入れなければいけません。 ○

制度信用取引の弁済期限は、新規建約定日から 6 **カ月後**の応当日です。

信用取引の種類　覚えよう

制度信用取引	証券取引所が定めた銘柄を対象に、証券取引所の規則に基づく取引。返済期限は最長 6 **カ月**
一般信用取引	証券会社と顧客の間で返済期限を任意に決めることができる取引。返済期限を無期限とすることもできる

○

信用取引の決済（弁済）方法には、**差金決済（反対売買）**と**現物決済（現引き・現渡し）**があります。また、「売り」からも取引を始められます。

差金決済と現物決済　覚えよう

差金決済	原資産の受渡しをせず、反対売買によって損益に応じた金額（差金）だけを受け渡す決済方法。利益が出れば利益分の金額を受け取り、損失が出れば、損失分の金額を証券会社に支払う
現物決済	買いの場合は現引き…証券会社に現金を払って株を引き取る 売りの場合は現渡し…売った株と同種同量の現物株を証券会社に渡し、代金を受け取る

○

単元未満株投資制度、株式累積投資（るいとう）、株式ミニ投資で株式を購入した場合、保有株式数が 100 **株（単元株）**に満たなくても、証券会社を通じて市場で売却ができます。 ✕

2 株価指数

☐ ❶ 株式市場における単純平均株価は、対象となる銘柄の株価の合計を、その銘柄数で除して求められる。

☐ ❷ 東証株価指数は、選定された銘柄の時価総額を加重平均して算出する株価指数である。

☐ ❸ 東証株価指数は、時価総額の大きい銘柄（大型株）の値動きよりも株価水準の高い銘柄（値がさ株）の値動きによる影響を受けやすい。

☐ ❹ 日経平均株価は、増資や株式分割があっても指標としての連続性を保つように計算される修正平均型の株価指数である。

☐ ❺ 日経平均レバレッジ・インデックスは日経平均株価の変動率の2倍、日経平均インバース・インデックスは日経平均株価の変動率の－2倍（マイナス2倍）として算出される指数である。

TOP 60 | 3 株式の投資指標

☐ ❶ 配当利回りは、税引後純利益に対して、当該利益から配当金として支払った金額の割合を示す指標である。

☐ ❷ PER（株価収益率）は、株価が1株当たり純資産の何倍であるかを示す指標である。

☐ ❸ 同規模・同一業種の銘柄間においては、一般に、PBR（株価純資産倍率）の高い銘柄が割高と考えられる。

単純平均株価は、対象となる銘柄の**株価合計**を銘柄数で除したものです。
単純平均株価＝対象銘柄の株価合計÷対象銘柄数
また、**売買単価**は、１株当たりの平均売買金額を示す指標です。
売買単価＝売買代金÷出来高（売買高）

○

東証株価指数（TOPIX）は、東京証券取引所が選定する**浮動株を対象**としており、**時価総額を**加重平均して算出する株価指数です。

○

東証株価指数（TOPIX）は、単なる平均株価ではなく、**時価総額を**加重平均して算出した株価指数なので、時価総額の大きい銘柄の値動きの影響を受けやすい指数となっています。

×

日経平均株価（日経225）は、東証プライム市場上場銘柄のうちの225**銘柄**から構成される株価指数で、増資や株式分割（権利落ち）があっても指標としての連続性を保つように計算される**修正平均型の株価指数**です。

○

日経平均レバレッジ・インデックスは、日経平均株価の変動率の2倍になるように算出される指数で、**日経平均インバースインデックス**は、日経平均株価の変動率の−1倍（マイナス1倍）になるように算出される指数です。

×

配当利回りは、株価に対する年間配当金の割合（％）を示す指標です。
配当利回り＝1株当たり年間配当金÷株価×100

×

株価収益率（PER）は、**株価が**1株当たり純利益（EPS）**の何倍か**を示す指標です。**株価収益率（PER）＝株価÷**1株当たり純利益（EPS）
PERが高いほど株価は割高、PERが低いほど株価は割安といえます。

×

株価純資産倍率（PBR）は、**株価が**1株当たり純資産（BPS）**の何倍か**を示す指標です。
株価純資産倍率（PBR）＝株価÷1株当たり純資産（BPS）
PBRが1倍で「株価＝解散価値」になり、PBRが高いほど株価は割高、PBRが低いほど株価は割安だといえます。

○

☐ ❹ ROEは、総資産に対する自己資本の割合を示す指標である。

☐ ❺ 配当性向は、株価に対する年間配当金の割合を示す指標である。←よく出る

☐ ❻ 下記〈A社のデータ〉に基づき算出されるA社の株式指標に関する記述のうち、誤っているものは（　　）である。←よく出る

〈A社のデータ〉

株価	：500円
当期純利益	：100億円
自己資本（＝純資産）	：1,000億円
総資産	：3,000億円
発行済株式数	：2億株
1株当たり配当金	：20円

1．PBR（株価純資産倍率）は、1.0倍である。
2．PER（株価収益率）は、10.0倍である。
3．ROE（自己資本利益率）は、10.0％である。
4．配当利回りは、2.5％である。

自己資本利益率（ROE）は、株主の投資額（自己資本）を使って、どれだけ効率的に利益を獲得したかを判断する指標で、**自己資本に対する純利益の割合**（%）で表します。

自己資本利益率(ROE)＝当期純利益÷自己資本×100

✕

配当性向は、**当期純利益のうち配当金が占める割合（%）**です。配当金額が一定の場合、**当期純利益**が増えると**配当性向**は**低く**なります。

配当性向＝1株当たり配当額÷1株当たり当期純利益×100

✕

---

1. **株価純資産倍率（PBR）＝株価÷（純資産÷発行済株式数）**

500÷（1,000億÷2億）＝1.0

よって、PBRは1.0倍です。

2. **株価収益率（PER）＝株価÷1株当たり純利益**

1株当たり純利益は「**当期純利益 ÷発行済株式数**」なので、

100億÷2億＝50

株価収益率(PER)＝500÷50＝10

よって、PERは10.0倍です。

3. **自己資本利益率（ROE）＝当期純利益÷自己資本×100**

100億÷1,000億×100＝10

よって、ROEは10.0%です。

4. **配当利回り＝1株当たり年間配当金÷株価×100**

20÷500×100＝4

よって、配当利回りは4%です。

4

6 投資信託

問題数028

再現例題

株式投資信託の一般的な運用手法等に関する次の記述のうち、最も不適切なものはどれか。 2023年5月

1. 株価が現在の資産価値や利益水準などから割安と評価される銘柄に投資する手法は、バリュー投資と呼ばれる。

2. 個別企業の業績の調査や財務分析によって投資対象となる銘柄を選定し、その積上げによってポートフォリオを構築する手法は、ボトムアップ・アプローチと呼ばれる。

3. 割安な銘柄の売建てと割高な銘柄の買建てをそれぞれ同程度の金額で行い、市場の価格変動に左右されない絶対的な収益の確保を目指す手法は、マーケット・ニュートラル運用と呼ばれる。

4. ベンチマークの動きに連動して同等の運用収益率を得ることを目指すパッシブ運用は、アクティブ運用に比べて運用コストが低い傾向がある。

解答 ① ② ③ ④

▼ 適切なものは○、不適切なものは×で答えなさい。また、（ ）に入る語句の組み合わせを選びなさい。

1 投資信託の仕組み

☐ ❶ 契約型の委託者指図型投資信託において、信託財産の保管は、受託者（信託会社等）が行う。

☐ ❷ 契約型の委託者指図型投資信託において、目論見書の作成は、受託者（信託会社等）が行う。 ←よく出る

☐ ❸ 契約型の委託者指図型投資信託において、受益証券の発行は、受託者（信託会社等）が行う。

出題DATA
過去13年間

👑**1** 投資信託の分類と運用手法…出題率1.05%［90問］

👑**2** 投資信託の商品概要…出題率0.64%［55問］

👑**3** 投資信託の仕組み…出題率0.25%［21問］

※出題率は、過去13年間の学科試験8,539問中の出題割合［質問数］を示しています。

【投資信託】の出題傾向

頻出順に「投資信託の分類と運用手法」、「投資信託の商品概要」、「投資信託の仕組み」に関する問題が出題されています。

1 **投資信託の分類と運用手法**…アクティブ運用とパッシブ運用、トップダウン・アプローチとボトムアップ・アプローチ、グロース投資とバリュー投資の区別は、必ず覚えておきましょう。

2 **投資信託の商品概要**…MRF、J-REIT、ETFが出題されています。

3 **投資信託の仕組み**…3級でも出題されている基本的な質問が多いので、確実に得点しておきたい分野です。

▼ 再現例題の解説と解答

マーケット・ニュートラル運用は、割安な銘柄の買建て（ロング）と、割高な銘柄の売建て（ショート）をそれぞれ同額の金額で行い、価格変動による影響を受けることなく、利益を出そうとする手法です。 （**3**）

▼ 解説（赤シートで消える語句をチェックできます）　　🔖196ページ　　**▼ 正解**

受託者（信託銀行等の信託会社）は、信託財産の名義人となって、**信託財産の保管、売買**を行います。	**○**
交付目論見書（投資信託説明書）は、投資信託の概要や投資方針などを記載した書面です。運用指図をする委託者（投資信託委託会社）が作成して、販売と同時に交付します。目論見書には、投資家の請求に基づき交付される**請求目論見書**もあります。	**✕**
受益証券とは、証券投資信託や貸付信託の運用による利益分配を受ける権利を表示する証券のことです。委託者が発行します。	**✕**

☐ ❹ 証券投資信託の基準価額は、ファンド1口当たりの財産的価値を示すもので、投資信託財産の（ア）を受益権総口数で除することによって求められる。この基準価額は、新聞や投資信託委託会社、販売会社等のホームページなどにも掲載されており、当初1口＝1円で設定される証券投資信託については、原則として（イ）当たりの額が表示される。受益者は、換金時においては、原則として、この基準価額に基づいて換金することになる。ただし、換金時に（ウ）を徴収するファンドについては、この基準価額から（ウ）を控除した価額で換金することとなる。

    1．（ア）純資産総額　　　（イ）1万口　　　（ウ）信託財産留保額

    2．（ア）純資産総額　　　（イ）1口　　　　（ウ）信託報酬

    3．（ア）分配可能額　　　（イ）1口　　　　（ウ）信託財産留保額

    4．（ア）分配可能額　　　（イ）1万口　　　（ウ）信託報酬

☐ ❺ 交付目論見書に「商品分類：追加型投信／海外／債券」「商品名：Xファンド（毎月決算型）」と記載されている投資信託において、「毎月決算型」とは、投資信託協会の定める決算頻度による属性区分で、決算頻度が年12回であり、毎月の分配金の支払いが保証されていることを表している。

TOP 60 ❷ 投資信託の分類と運用手法

☐ ❶ 株式投資信託は、運用対象が株式等に限定されており、公社債を組み入れることができない証券投資信託である。◆よく出る

☐ ❷ 公社債投資信託は、信託財産に株式をいっさい組み入れることができない。

☐ ❸ 単位型（ユニット型）の投資信託には、解約制限がない。

☐ ❹ 「追加型投信」は、原則として、投資信託が運用されている期間中いつでも追加設定することができるものであることを表している。

☐ ❺ ブル型ファンドはベンチマークとする市場指数の変動と同じ動き、ベア型ファンドは市場指数の変動と逆の動きとなるように設計されている。

投資信託の**基準価額**は、投資信託を購入・換金する際の1口当たりの値段のことで、1日について**1本の基準価額**となります。基準価額は、投資信託財産の**純資産総額**を受益権総口数で除したもので、通常は**1万口**当たりで示されます。1口1円の投資信託の基準価額は**1万口**当たりの額で表示され、換金時にも基準価額に基づいて換金されます。ただし、投信によっては**換金時に信託財産留保額**が控除されることがあります。基準価額は、信託財産から、投資家の負担となる**運用管理費用（信託報酬）**や**監査費用**、**組入有価証券に係る**売買委託**手数料**等を差し引いて算出されます。

信託財産留保額…証券等の換金に係る費用等を解約する投資家にも負担させ、受益者間の公平性を保とうとするもので、**投資信託を解約（中途換金）する際に支払う費用**（まれに購入時に支払うこともある）です。追加設定時の購入代金には含まれません。また、**外貨建てMMFでは徴収されません**。

1

毎月決算型なので決算は年12回です。毎月の分配金は運用によって増減し、**支払われないこともあります**。

▼ 解説（赤シートで消える語句をチェックできます）　　　⊖199ページ　　▼正解

株式投資信託…**株式も債券（公社債）も組み入れる**ことができる非上場の投資信託です。**株式**は組み入れなくてもよいことになっています。	✕
公社債投資信託…**国債、社債などの債券（公社債）が運用の中心**になる非上場の投資信託です。**株式**はいっさい組み入れることができません。	○
単位型（ユニット型）…**当初募集期間のみ購入**でき、**解約制限**があります。	✕
追加型（オープン型）…当初設定日以降も**追加設定と解約**ができるタイプです。なお、単位型はもちろん、**追加型でも繰上償還される**ことがあります。	○
ブル型…牛（Bull）の角が上を向いていることに由来。**市場が上昇**しているときに**収益が上がる**商品です。市場指数の変動と**同じ**動き。 **ベア型**…熊（Bear）が爪を上から下に振り下ろす様子に由来。**市場が下落**しているときに**収益が上がる**商品です。市場指数の変動と**逆の**動き。	○

☐ ❻ ベンチマークを上回る運用成績を目指して運用される株式投資信託は、アクティブ運用のファンドに分類される。 ←よく出る

☐ ❼ 一般に、パッシブ運用の投資信託は、アクティブ運用の投資信託に比べ、運用コストが高い。

☐ ❽ パッシブ型投資信託は、運用成果がベンチマークの収益率からかい離するほど、運用成果が優れていると判断される。 ←よく出る

☐ ❾ インデックスファンドは、特定の株価指数等に値動きが連動することを目指した運用がなされている。

☐ ❿ トップダウン・アプローチは、経済環境などのマクロ的な分析によって国別組入比率や業種別組入比率などを決定し、その比率の範囲内で銘柄を決めていく手法である。 ←よく出る

☐ ⓫ ボトムアップ・アプローチは、銘柄選択を重視し、個別企業の調査・分析によって銘柄を選定し、ポートフォリオ構築を図るアプローチである。

☐ ⓬ 企業の成長性を重視し、売上高や利益の成長性の高さに着目して、銘柄選択を行う運用手法は、グロース投資と呼ばれる。 ←よく出る

☐ ⓭ 株価指標や配当割引モデルなどからみた株価の割安性に着目して、銘柄選択を行う運用手法は、バリュー投資と呼ばれる。 ←よく出る

☐ ⓮ 購入時手数料がかからない投資信託をノーロード投資信託といい、購入が証券会社経由でも銀行経由でも手数料が無料となる。

アクティブ運用は、ベンチマークを上回る運用成果を目指す運用スタイルです。**パッシブ**運用は、ベンチマークに連動することを目指します。	〇
一般に、**アクティブ**運用の方が銘柄の売買回数が比較的多くなり、**パッシブ**運用より運用コストが高めになります。	×
パッシブ運用は、ベンチマークに連動することを目指すので、**ベンチマークの収益率とかい離**しないほど、運用成果が優れていると判断されます。	×
インデックスファンド…**株価指数と連動した運用成績を目指すファンド**で、パッシブ運用の代表的な例です。	〇
トップダウン・アプローチ…上から下の方向で判断する運用手法です。経済・金利・為替、国・地域、業種といった大枠レベルの**マクロ経済の動向**から判断して、個別の銘柄選別を行います。	〇
ボトムアップ・アプローチ…下から積み上げていく運用手法です。**個別企業の調査・分析**に基づいて企業の将来性を判断し、投資判断をします。	〇
グロース投資…**グロース**（成長）が期待できる企業に投資する手法。**売上高や利益の成長性**などに着目して割安と判断される銘柄に投資します。	〇
バリュー投資…**バリュー**（価値）がある企業に投資する手法。**配当割引モデル、PER、PBR**などの指標を用いて、割安と判断される銘柄に投資します。**アクティブ**運用に分類されます。	〇
投資信託には、購入時手数料がかかるもの（販売会社によって金額は異なります）と、購入時手数料がかからない**ノーロード**投資信託とがあります。**ノーロード**投資信託は、どこで購入しても手数料は無料です。	〇

学科③ 金融資産運用

☐ ❶ MRF（マネー・リザーブ・ファンド）は、追加型公社債投資信託の一種で、短期の公社債・金融商品等を運用対象とし、日々決算が行われる。

☐ ❷ 東京証券取引所に上場されているETF（上場投資信託）は、取引所での売り手と買い手の需給によって決まる市場価格が取引価格となる。

☐ ❸ ETF（上場投資信託）は、すべて会社型投資信託である。

☐ ❹ ETF（上場投資信託）は、株価指数に連動するものに限られており、貴金属や穀物、原油など商品価格・商品指数に連動するものは上場されていない。

☐ ❺ ETF（上場投資信託）において、レバレッジ型は原指標の日々の変動率に一定の負の倍数を乗じて算出される指数に連動した運用成果を目指し、インバース型は原指標の日々の変動率に一定の正の倍数を乗じて算出される指数に連動した運用成果を目指している。

☐ ❻ 上場されている不動産投資信託（J-REIT）は、上場株式の売買と同様、指値注文・成行注文がいずれも可能である。←よく出る

☐ ❼ 東京証券取引所に上場されている不動産投資信託（J-REIT）は、すべて契約型投資信託である。

☐ ❽ 公募のファンド・オブ・ファンズは、投資信託のほかに、株式の個別銘柄、CP（コマーシャル・ペーパー）および短期社債等に投資することができる。

追加型公社債投資信託…**追加型**（いつでも購入できる）で**オープンエンド型**（いつでも解約できる）の公社債投資信託です。運用実績に応じて日々決算が行われ、月末最終営業日に元本超過額が分配金として再投資されます。これには、**中期国債ファンド**、**MRF（マネー・リザーブ・ファンド）**などがあります。

○

ETF（上場投資信託）は、株価指数や商品指数に連動するパッシブ運用の投資信託で、その時々の**市場価格で購入**できます。通常の株式同様に**指値注文**や**成行注文**、信用取引ができます。

○

ETF（上場投資信託）は、主に**契約型投資信託**です（**会社型**もあります）。

✕

ETF（上場投資信託）には、**TOPIX**などの株価指数に連動するもののほか、原油や金、農産物等の商品価格・指数に連動するものもあります。

✕

レバレッジ型（ブル型）は、原指標（日経平均株価など）の日々の変動率に一定の**正**の倍数を乗じて算出される指数に連動した運用成果を目指すもの、**インバース型（ベア型）**は原指標の日々の変動率に一定の**負**の倍数を乗じて算出される指数に連動した運用成果を目指すものです。倍数が大きいほど、**ハイリスク・ハイリターンの商品**となります。

✕

上場不動産投資信託（J-REIT）や**ETF（上場投資信託）**は、証券取引所で取引され、証券会社を通して購入します。**株式と同じく指値注文・成行注文、信用取引**が可能です。**購入時手数料や換金時の信託財産留保額はありません**が、**市場で売却する際の売買委託手数料等はかかります。**

○

上場不動産投資信託（J-REIT）は、不動産（オフィスビル、商業施設、マンション）や貸借権などに投資し、賃貸収入や売買益を分配する商品で、**少額から投資できる会社型投資信託**です。

✕

ファンド・オブ・ファンズは、投資対象や運用スタイル等の異なる複数の投資信託に分散投資する投資信託です。株式の個別銘柄、CP（コマーシャル・ペーパー）および短期社債に**投資できません。**

✕

7 外貨建て金融商品ほか

問題数027

再現例題

以下の<条件>で、円貨を米ドルに交換して米ドル建て定期預金に10,000米ドルを預け入れ、満期時に米ドルを円貨に交換して受け取る場合における円ベースでの利回り（単利・年率）として、最も適切なものはどれか。なお、税金については考慮しないものとし、計算結果は表示単位の小数点以下第3位を四捨五入するものとする。

2023年9月

<条件>
- 預入期間　1年
- 預金金利　3.00%（年率）
- 為替予約なし

・為替レート（米ドル/円）

	TTS	TTB
預入時	130.00円	129.00円
満期時	135.00円	134.00円

1．3.17%
2．4.79%
3．6.17%
4．7.79%

解答　① ② ③ ④

▼ 適切なものは○、不適切なものは×で答えなさい。また、（　）に入る語句の組み合わせを選びなさい。

1 外貨建て金融商品と為替レート

❶ 顧客が円貨を外貨に換えて外貨預金に預け入れる際に適用される為替レートは、預入金融機関が提示するTTB（対顧客電信買相場）である。

❷ 外貨建て金融商品の取引にかかる為替手数料は、一般に、通貨や利用する金融機関、取扱金額等によって異なる。←よく出る

出題DATA　過去13年間

1 デリバティブ取引…出題率0.83%［71問］
2 外貨建て金融商品と為替レート…出題率0.47%［40問］
3 外国株式と外国債券…出題率0.33%［28問］

※出題率は、過去13年間の学科試験8,539問中の出題割合［質問数］を示しています。

【外貨建て金融商品ほか】の出題傾向

頻出順に「デリバティブ取引」、「外貨建て金融商品と為替レート」、「外国株式と外国債券」に関する問題が出題されています。

1 **デリバティブ取引**…デリバティブ取引は、株式や債券などと連動して価格が変動する金融派生商品を対象にした取引です。
2 **外貨建て金融商品と為替レート**…TTSとTTBの違いが頻出です。
3 **外国株式と外国債券**…外国株式・外国債券・外貨建てMMF、いずれも外国証券取引口座の開設が必要です。

▼ 再現例題の解説と解答

預入時…10,000米ドル×130円＝1,300,000円
満期時…10,000米ドル×3%＝300米ドル、元利合計額は10,300米ドル
円換算での利回り…10,300米ドル×134円＝1,380,200円
(1,380,200 − 1,300,000) ÷ 1,300,000 × 100 ＝ 6.169…%　③

▼ 解説（赤シートで消える語句をチェックできます）　　　🔗212ページ　　　▼ 正解

円と外貨を交換するレートを**為替レート**といい、次の3種類があります。

為替レート		覚えよう
TTS	顧客が円を外貨に換える場合のレート。「顧客が円売り」（銀行が外貨売り）なので、Selling（売る）Rate	✕
TTB	顧客が外貨を円に換える場合のレート。「顧客が円買い」（銀行が外貨買い）なので、Buying（買う）Rate	
TTM	基準となる真ん中（Middle）のレート。仲値	

外貨建て金融商品の取引にかかる**為替手数料**は、通貨や利用する金融機関、取扱金額等によって異なります。　〇

❸ 米ドル建て債券を保有していた場合、米ドルと円の為替レートが円高方向に変動すると、当該債券投資に係る円換算の投資利回りは上昇する。

❹ 金利水準が日本よりも高い国の通貨建て外貨預金に為替リスク回避目的の為替先物予約が付されている場合、円換算の実質的な金利は、その外貨預金の表面上の金利よりも低くなる。

2 外国株式と外国債券

❶ 国外の証券取引所に上場している外国株式を国内店頭取引により売買するためには、あらかじめ外国証券取引口座を開設する必要がある。

❷ 国内における外国債券の取引は、取引所取引よりも店頭市場での相対取引が中心となっている。

❸ 国内の証券取引所に上場されている外国株式を国内委託取引により売買する場合、決済は当該外国株式の通貨により行われる。

❹ 発行体が非居住者である債券や発行地が海外である債券は、外国債券と呼ばれる。

❺ ニューヨーク証券取引所では、東京証券取引所と異なり、ストップ高やストップ安といった株価の値幅制限はない。

外貨建て金融商品では、購入時より**円安になれば投資利回りは**上昇します。例えば、1ドル120円時に購入、円安で1ドル150円時に売却すれば、30円分の差益が発生します。逆に、**円高になれば投資利回りは**低下します。

×

為替（先物）予約取引は、将来の為替レートを決めておき、為替相場の変動で基準価額が変動しないように設計されています。**為替ヘッジ**（為替リスクを回避できること）がついた分、円換算での利回りは外貨預金の表面上の金利よりも低くなります。**円高予想なら為替ヘッジあり**の取引を選びます。

○

▼ 解説（赤シートで消える語句をチェックできます）　☞214ページ　▼ 正解

外国株式や外国債券の取引には、外国証券取引口座の開設が必要です。

○

日本では、外国債券も含め、ほとんどの**債券取引は**店頭取引です。

○

国内委託取引では、外国企業の株式を円で取引します。

外国株式の取引		覚えよう
外国取引 **（海外委託取引）**	外国の取引所に上場している外国株式を取引する。円または外貨での決済ができる（入出金は原則円貨）	
国内店頭取引	証券会社が保有する外国の取引所に上場している外国株式を国内で取引する。円または外貨での決済ができる	
国内委託取引	国内の証券取引所に上場されている外国企業の株式を円で取引する	

×

外国債券とは、「発行体」「発行地」「通貨」のいずれかが外国の債券のことです。

○

ニューヨーク証券取引所にはサーキットブレーカー（株価が異常な際に売買停止させる制度）があり、**値幅制限は**ありません。国内証券取引所における株式取引では、株価が大幅に変動すると、投資家に不測の損害を与える可能性があるため、ストップ高やストップ安といった株価の値幅制限があります。

○

学科③

金融資産運用

☐ **❻** 購入代金の払込みと利払いを円で行い、償還金を外貨で支払う債券を、デュアル・カレンシー債という。

❸ 外貨建てMMF

☐ **❶** 外貨建てMMFは、外貨建ての公社債や短期金融商品などで運用されており、株式はいっさい組み入れられていない。

☐ **❷** 外貨建てMMFは、分配金が運用実績によって毎日計算され、毎年末（最終取引日）に再投資される。

☐ **❸** 外貨建てMMFは、外貨預金に比べて為替手数料が低く、また購入時手数料がない。

☐ **❹** 外貨建てMMFを買付後30日未満で換金した場合、換金の請求をした日の基準価額から所定の信託財産留保額が差し引かれる。

TOP
60 ❹ デリバティブ取引

☐ **❶** 先物取引は、取引時点において、現在価値の等しいキャッシュフローを交換する取引である。

☐ **❷** ヘッジ取引は、現物と反対のポジションの先物を保有することなどにより、価格変動リスク等を回避または軽減することを狙う取引である。

デュアル・カレンシー債は、購入代金の払込みと利払いは円で、償還を外貨で行う債券のことです。

外国債券の種類	覚えよう
サムライ債	外国の発行体が日本国内で発行する円建て外債
ショーグン債	外国の発行体が日本国内で発行する外貨建て外債
デュアル・カレンシー債	購入代金の払込みと利払いは円で、償還を外貨で行う債券
リバース・デュアル・カレンシー債	逆二重通貨建て債ともいう。払込みと償還は円で、利払いを外貨で行う債券

▼ 解説（赤シートで消える語句をチェックできます）　📖216ページ　▼ 正解

外貨建てMMFは、外国籍の公社債投資信託のことで、株式を組み入れることはできません。外貨建てMMFの取引には、外国証券取引口座が必要です。　○

外貨建てMMF、MRFは、毎日決算が行われ、月末最終営業日に元本超過額が分配金として再投資されます。買った翌日から換金できます。　✕

外貨建てMMFは、購入時手数料（売買手数料・申込手数料）がありません。また、外貨預金に比べると為替手数料が低く、利回りが高めです。　○

外貨建てMMFは、信託財産留保額は徴収されません。　✕

▼ 解説（赤シートで消える語句をチェックできます）　📖220ページ　▼ 正解

デリバティブ取引は、株式や債券などの現物市場と連動して価格が変動する商品（金融派生商品）を対象にした取引で、先物取引、オプション取引、スワップ取引があります。先物取引は、将来の特定の時点に特定の価格で売買することを契約する取引で、価格の上昇が予測されれば買建てが有効です。　✕

ヘッジ取引は、現物と反対のポジションの先物の保有などで価格変動リスク等を回避・軽減する取引で、将来の価格上昇リスク等を回避・軽減するのが買いヘッジ、価格下落リスク等を回避・軽減するのが売りヘッジです。　○

□ ❸ オプション取引においては、オプションの買い手がオプションの売り手にプレミアム（オプション料）を支払う。

□ ❹ コール・オプションとは、将来の一定期日または一定期間内に、株式などの原資産をあらかじめ定められた価格（権利行使価格）で買う権利のことをいう。←よく出る

□ ❺ オプションの売り手の最大損失は、プレミアム（オプション料）に限定される。←よく出る

□ ❻ オプション取引においてオプションの売り手は、オプションを行使する権利を有するが、その権利を放棄することもできる。

□ ❼ 日経225オプションおよびTOPIXオプションは、取引開始日から取引最終日までの間であればいつでも権利行使可能なアメリカンタイプである。

□ ❽ コール・オプション、プット・オプションのいずれも、他の条件が同じであれば、満期までの期間が長いほど、プレミアム（オプション料）は高くなる。

⑤ 金投資

□ ❶ 純金積立で毎月購入する金の価格は、1トロイオンス当たりの米ドル建て価格で表示されている。

□ ❷ 純金積立には時価で換金する方法のほか、金地金等の現物で引き取る方法もある。

□ ❸ 金の譲渡益（売却益）は非課税である。

□ ❹ 個人が金地金を業者に売却する際には、売却代金の他に、売却代金の消費税相当額を受け取ることができる。

オプション取引は、有価証券・商品等について、一定の日（期間内）に、特定の価格（権利行使価格）で取引する権利（オプション）を売買する取引です。オプションの<u>買い</u>手は<u>売り</u>手にプレミアムを支払います。	○
オプション取引において、買う権利を<u>コール・オプション</u>、売る権利を<u>プット・オプション</u>といいます。	○
オプション取引では、<u>売り</u>**手の利益はプレミアムに限定**され、損失は無限大です。逆に、<u>買い</u>**手の損失はプレミアムに限定**され、利益は無限大です。	×
オプション取引では、<u>買い</u>手は権利を行使するか放棄するかを選べます。一方、<u>売り</u>手は当初プレミアムを手に入れる代わりに、<u>買い</u>手の権利行使に応じる義務を放棄できません。	×
日経225オプションやTOPIXオプションは、**いつでも権利行使可能な**<u>アメリカン</u>**タイプではなく、満期日に限り権利行使可能な**<u>ヨーロピアン</u>**タイプ**です。	×
満期までの期間が長いほど、また**価格変動率（ボラティリティ）が増大する**ほど、**プレミアム（オプション料）**が<u>高く</u>なります。	○

▼ 解説（赤シートで消える語句をチェックできます）　　☞222ページ　　▼ 正解

日本における純金積立の購入価格は、<u>円</u>**価格で表示**されます。ただし、**金の国際価格は**<u>米ドル</u>**表示**が基準ですから、**円安ドル高**になると円換算したときの金の価格は<u>上昇</u>します。	×
純金積立には、<u>時価</u>**で換金**するほか、<u>金地金</u>**等の現物**で引き取る方法があります。なお、**純金積立には利子や配当はありません。**	○
金地金の譲渡益は、売却までの**保有期間が**<u>5</u>**年以下であれば短期譲渡所得、5年を超えていれば長期譲渡所得として所得税・住民税の課税対象**となります。また、一日に何度も取引するような場合は<u>雑所得</u>になります。	×
金地金の購入時には<u>消費</u>**税が課税**されます。一方、**金地金の売却時には売却額に対する**<u>消費</u>**税相当額を受け取る**ことができます。※	○

※個人は消費税の申告不要。消費税の課税業者に該当する場合は必要。

8 金融商品と税金

問題数018

再現例題

NISAに関する次の記述のうち、最も適切なものはどれか。なお、本問においては、NISAにより投資収益が非課税となる口座をNISA口座という。 2023年5月〈改〉

1. NISA口座で保有する上場株式の配当金を非課税扱いにするためには、配当金の受取方法として登録配当金受領口座方式を選択しなければならない。

2. NISA口座で保有する金融商品を売却することで生じた譲渡損失の金額は、確定申告を行うことにより、同一年中に特定口座や一般口座で保有する金融商品を売却することで生じた譲渡益の金額と通算することができる。

3. 2024年にNISA口座を開設できるのは、国内に住所を有する者のうち、2024年1月1日現在で20歳以上の者に限られる。

4. NISA口座の開設先を現在開設している金融機関から別の金融機関に変更する場合、変更したい年分の前年の10月1日から変更したい年分の属する年の9月30日までに変更手続きを行う必要がある。

解答 (1) (2) (3) (4)

▼ 適切なものは○、不適切なものは×で答えなさい。また、（ ）に入る語句の組み合わせを選びなさい。

1 債券と税金

☐ ❶ 外貨建てMMFを売却した場合、その為替差益を含む譲渡益は、申告分離課税の対象となる。

☐ ❷ 公社債投資信託などの特定公社債等の譲渡益は、株式・株式投信と損益通算をすることができる。

出題DATA 過去13年間

👑1 **NISA（少額投資非課税制度）**…出題率 **1.07%** ［91問］

👑2 **株式と税金**…出題率 **0.21%** ［18問］

👑3 **外貨預金と税金**…出題率 **0.16%** ［14問］

※出題率は、過去13年間の学科試験8,539問中の出題割合［質問数］を示しています。

【金融商品と税金】の出題傾向

「NISA」、「株式と税金」、「外貨預金と税金」に関する問題が頻出です。

1️⃣ **NISA（少額投資非課税制度）**…2024年から新NISAが始まりました。出題が予想される最重要分野です。

2️⃣ **株式と税金**…譲渡所得は、20.315%の申告分離課税です。

3️⃣ **外貨預金と税金**…元本部分の為替差損益は、雑所得として総合課税です。

▼ 再現例題の解説と解答

1．NISA口座で受け取った配当金を非課税扱いするためには「株式数比例配分方式」を選択する必要があります。

2．一般口座や特定口座で生じた譲渡益や配当金と損益通算をすることはできません。

3．1月1日時点で18歳以上の者がNISA口座を開設できます。　④

▼ 解説（赤シートで消える語句をチェックできます）　　　☞204ページ　▼ 正解

外貨建てMMFの為替差益を含む譲渡益は、申告分離課税の対象です。

債券（公社債投資信託含む）への課税

 覚えよう

種類	利子・分配金	譲渡益・償還差益	損益通算
特定公社債等（国債、地方債、外国債券等）	20.315%の源泉徴収で申告不要。または、確定申告（申告分離課税）を選択可	上場株式等の譲渡所得等として20.315%の申告分離課税	確定申告（申告分離課税）することで、**上場株式等と損益通算、繰越控除が可能**
一般公社債等（特定公社債以外）	20.315%の源泉分離課税。※確定申告不可	一般株式等の譲渡所得等として20.315%の申告分離課税	上場株式等と損益通算、繰越控除は不可

○

○

※税金が源泉徴収されて課税関係が終了することを源泉分離課税という。

2 株式と税金

☐ ❶ 上場株式の譲渡に係る譲渡所得は、10%の申告分離課税の対象となる。

☐ ❷ 上場株式等の譲渡所得の金額の計算上生じた損失の金額は、申告分離課税を
選択した上場株式等の配当所得の金額から控除することができる。

☐ ❸ 上場株式の配当金は、所得税、復興特別所得税、住民税を合わせて10.147%
の税率により源泉徴収（特別徴収）される。

☐ ❹ 個人が受け取るJ-REITの分配金は、上場株式の配当金と同様に、確定申告す
ることにより配当控除の適用を受けることができる。

3 投資信託と税金

☐ ❶ 公社債投資信託の収益分配金は、特定公社債等の利子と同じく、20.315%の
源泉徴収後申告不要、または申告分離課税を選択することとなっている。

☐ ❷ 追加型の公募株式投資信託の元本払戻金（特別分配金）は、非課税である。
◆よく出る

上場株式の譲渡所得は、20.315%の申告分離課税の対象です。　❌

上場株式等の譲渡損失は、同一年の上場株式等の譲渡所得、申告分離課税を選択した特定公社債等の利子・収益分配金・譲渡益・償還差益、および申告分離課税を選択した上場株式等の配当所得と損益通算でき、確定申告することで翌年以後最長3年間にわたって繰越控除ができます。ただし、不動産所得、預貯金の利子所得とは損益通算できません。　⭕

上場株式の配当金は、所得税、復興特別所得税と住民税を合わせて20.315%が源泉徴収されます。下表の課税方法を選択することができます。

上場株式等の配当所得で選択可能な課税方法	覚えよう
総合課税	確定申告をして他の所得と合算して課税する。 ●配当控除の適用を受けることができる ●配当金と上場株式等の譲渡損失との損益通算ができない
申告不要制度	会社の発行済株式総数の3％以上を保有する大口株主を除いて、配当所得の金額にかかわらず申告不要にできる。 ●配当金受取時に20.315%が源泉徴収されて申告不要
申告分離制度 （申告分離課税）	他の所得と分離して税率20.315%で税額計算し確定申告。 ●配当金と上場株式等の譲渡損失との損益通算ができる ●配当控除の適用は受けられない

❌

上場不動産投資信託（J-REIT）の分配金（配当金）は、上記の上場株式と同じく配当所得です。ただし、上場不動産投資信託や外国株式の配当所得には、配当控除は適用されません。　

公社債投資信託の分配金は、20.315%の源泉徴収で申告不要。または申告分離課税（上場株式等と損益通算・繰越控除が可能）です（177ページ参照）。　⭕

追加型の株式投資信託の収益の分配のうち、元本払戻金（特別分配金）に該当するものは非課税です。元本払戻金とは、分配落ち後の基準価額が分配落ち前の個別元本（手数料を除く平均購入価格）を下回ったときの分配金です。　⭕

4 外貨預金と税金

☐ ❶ 外貨預金の利息は、円貨預金の利息と同様に、源泉分離課税の対象となる。

☐ ❷ 外貨預金の預入時に為替先物予約を締結した場合、満期時に生じた為替差益は、源泉分離課税の対象となる。

TOP 60 5 NISA（少額投資非課税制度）

☐ ❶ 2023年末で、つみたてNISAと一般NISAは終了したが、そこでの保有商品は2024年以降のNISAの年間投資枠の外枠で管理され、非課税期間終了後にNISAに移管（ロールオーバー）することができる。

☐ ❷ NISA口座を開設すると、開設した年の1月1日から起算して5年間は、非課税管理勘定を設定する金融機関を変更することはできない。

☐ ❸ 新NISAは18歳以上の成人を対象とする保有期間無期限の非課税制度で、つみたて投資枠と成長投資枠がある。

☐ ❹ 新NISAの成長投資枠は年間投資枠240万円で受け入れることができる投資信託等には、公募株式投資信託のほかに、公募公社債投資信託も含まれる。

☐ ❺ 新NISAのつみたて投資枠は年間投資枠120万円で、国が定めた基準を満たす投資信託・ETF［上場投資信託］が対象となる。

☐ ❻ 所定の手続きにより、すでに特定口座や一般口座で保有している上場株式をNISA口座に移管することができる。

☐ ❼ 新NISAの非課税保有限度額は買付金額ベースで1800万円（うち成長投資枠が1,200万円）であり、売却した場合には買付金額分の枠が翌年復活する。

▼ 解説（赤シートで消える語句をチェックできます）　　　📖213ページ　　▼ 正解

外貨預金の利子は、円預金の利子と同じく20.315%の源泉分離課税です。　　　◯

外貨預金の税制は、以下のとおりです。

> **外貨預金の税制**　　　　　　　　　　　　　　　　　　　　　`覚えよう`
> - **利子**は、20.315%の源泉分離課税
> - 元本部分の**為替差損益**は、雑所得として総合課税
> - **先物為替予約付外貨預金**（満期時の為替レートを予約した外貨預金）については、利子も為替差益も20.315%の源泉分離課税

◯

（右側に縦書き）金融資産運用　学科③

▼ 解説（赤シートで消える語句をチェックできます）　　　📖208ページ　　▼ 正解

2023年までのNISA（つみたてNISAと一般NISA）での保有商品は、**2024年以降の新NISAの年間投資枠の外枠**で保有でき、売却も自由ですが、非課税期間終了後に**新NISAへの移管（ロールオーバー）することは**できません。　　　✕

NISAは、**同一年に1人1口座で1年単位で金融機関を変更**できます。変更前年の10月1日から変更したい年の9月30日の間に手続きが必要です。　　　✕

新NISAは18歳以上の成人を対象とする保有期間無期限の非課税制度で、つみたて投資枠と成長投資枠があります。　　　◯

上場株式、株式投資信託、ETF［上場投資信託］、上場不動産投資信託［J-REIT］が対象。債券（公社債）、公社債投資信託は受け入れ対象外です。また、整理・監理銘柄や一部の投資信託等は対象外です。　　　✕

NISAの年間投資枠は、**成長投資枠が**240**万円、つみたて投資枠が**120**万円です。2つの枠は併用可能**で、合わせて360万円が年間の限度額です。　　　◯

NISA口座の株式は特定口座や一般口座に移管ができます。逆に、**他の口座からNISA口座への移管は**できません。　　　✕

非課税保有限度額は、**買付額**1,800**万円（うち成長投資枠が**1,200**万円）**です。保有商品を売却すれば、**翌年に売却した分の枠の再利用（買付）が可**能になります。　　　◯

9 投資の手法

問題数014

再現例題

　ポートフォリオ理論の一般的な考え方等に関する次の記述のうち、最も不適切なものはどれか。　　　　　　　　　　　　　　　2023年5月

1. ポートフォリオ理論は、期待リターンが同じであれば、投資家はリスクのより低い投資を選好する「リスク回避者」であることを前提としている。

2. アセットアロケーションとは、投資資金を株式、債券、不動産等の複数の資産クラスに配分することをいう。←よく出る

3. 運用期間中、各資産クラスへの資産の配分比率を維持する方法として、値下がりした資産クラスの資産を売却し、値上がりした資産クラスの資産を購入するリバランスという方法がある。

4. 各資産クラスのリスク量が同等になるように資産配分を行うリスクパリティ運用（戦略）では、特定の資産クラスのボラティリティが上昇した場合、当該資産クラスの資産の一部売却を行う。

解答　①　②　③　④

▼ 適切なものは○、不適切なものは×で答えなさい。また、（　）に入る語句の組み合わせを選びなさい。

1 分散投資

☐ ❶ 同じ格付の債券であっても、複数銘柄に分けて投資することで、単一銘柄への集中投資よりも債券のデフォルトリスクを軽減する効果が期待できる。

☐ ❷ 運用資産が不動産などの換金性が低いものに偏っている場合、その一部を預金等の換金性が高いものに移し変えれば、保有資産の流動性を高めることができる。

出題DATA 過去13年間

👑1 ポートフォリオ…出題率1.24%［106問］
👑2 ドルコスト平均法…出題率0.11%［9問］
👑3 分散投資…出題率0.05%［4問］

※出題率は、過去13年間の学科試験8,539問中の出題割合［質問数］を示しています。

【投資の手法】の出題傾向

頻出順に「ポートフォリオ」、「ドルコスト平均法」、「分散投資」に関する問題が出題されています。

1　ポートフォリオ…標準偏差は値が小さいほどよい投資、シャープレシオは値が大きいほどよい投資と覚えておきましょう。

2　ドルコスト平均法…定期的に一定金額ずつ購入する投資手法です。

3　分散投資…預金と株式と不動産など、投資の対象を分散することで、資産運用のリスクを低減する投資手法です。

▼ 再現例題の解説と解答

3．リバランスは、値上がりして構成比率が大きくなった資産を売却し、値下がりして構成比率が小さくなった資産を購入することで配分比率を適正化する方法です。3.以外の選択肢は適切です。

③

▼ 解説（赤シートで消える語句をチェックできます）　　　　　📖224ページ　　　▼ 正解

同じ格付の債券でも、**複数銘柄**に**分散投資**することにより、単一銘柄への集中投資よりも債券の**信用リスク**（**デフォルト**リスク）を**軽減**できます。
分散投資…投資対象を多様化させて、資産運用のリスク低減をめざす方法です。代表的な手法に、預金・株式・不動産など、財産を3種類の異なる資産で所有する**財産3分法**があります。　　　　　　　　　　　　　　　　　○

運用資産が換金性が低い不動産などに偏っている場合、一部を預金などの換金性が高いものに移せば、**資産の流動性を高める**ことができます。　　　　　○

TOP 60　② ポートフォリオ

□ ❶ 資産を株式、債券、不動産など、複数の異なる資産へ配分して運用すること
をアセット・アロケーションという。

□ ❷ 株式のポートフォリオへの組入れ銘柄数を増やすことにより、ポートフォリ
オの期待収益率は、組入れ銘柄の期待収益率の加重平均を上回ることができ
る。

□ ❸ 2つの金融商品の値動きが同じ場合は相関係数が0となり、ポートフォリオ
のリスク低減効果は期待できない。←よく出る

□ ❹ 株式のポートフォリオへの組入れ銘柄数を増やすことにより、市場全体の動
き（システマティック・リスク）の影響を軽減することができる。

□ ❺ ポートフォリオの期待収益率が5%で標準偏差が10%の場合、おおむね3分
の1の確率で、収益率がマイナス5%からプラス15%の範囲内となる。

□ ❻ 標準偏差は異なるが収益率が同じ2つのファンドをシャープレシオで比較し
た場合、標準偏差の値が大きいファンドの方が効率よく運用されていたと評
価することができる。←よく出る

□ ❼ 無リスク資産利子率を1.0%としてシャープレシオを算出したとき、下記の
ファンドBのシャープレシオの方がファンドAよりも大きいため、ファンド
Bの方が効率よく運用されていたと評価できる。

	実績収益率	標準偏差
ファンドA	12%	8%
ファンドB	9%	5%

資産を株式、債券、不動産など、**複数の異なる資産クラス（アセットクラス）へ配分（アロケーション）して運用すること**をアセットアロケーション（資産配分）といい、**資産の組み合わせのこと**をポートフォリオといいます。

○

ポートフォリオにおける期待収益率は、ポートフォリオに組み込む**各資産の期待収益率を組入比率（構成比）で加重平均したものの合計**ですので、組入れ銘柄数を増やすことにより、ポートフォリオの期待収益率が組入れ銘柄の期待収益率の加重平均を上回ることはできません。

×

相関係数は、値動きの相関関係を−1（逆の値動き）から＋1（同じ値動き）までの数値で表します。相関係数が＋1未満であれば、**ポートフォリオのリスク低減効果**が期待できます。

×

システマティック・リスク（市場リスク）の影響は、ポートフォリオによる分散投資では消せません。ポートフォリオへの組入れ銘柄の選択によって軽減することができるのは、非システマティック・リスク（アンシステマティック・リスク：市場の動きとは関係のない個別銘柄の変動リスク）です。

×

ポートフォリオでは標準偏差の大きさにかかわらず、ポートフォリオの収益率が期待収益率を上回るか下回るかの確率は同じ（正規分布）です。理論上、ポートフォリオの収益率は**約68%（約3分の2）の確率で「期待収益率±標準偏差」の範囲内**に収まります。

×

ポートフォリオでは収益率の**ばらつき具合**をリスクとし、リスクを分散や標準偏差という尺度で測ります。標準偏差の値が大きいほど、**リスクが高い投資（効率が悪い投資）**とされています。

×

シャープレシオ（シャープの測度）は、異なるポートフォリオのパフォーマンス（投資効率）を比較評価する際に用いられる指標で、次の式で求めます。
シャープレシオ＝(収益率−無リスク資産利子率)÷標準偏差
ファンドA…(12−1)÷8＝1.375　　ファンドB…(9−1)÷5＝1.6
シャープレシオの値が大きいファンドBの方が、効率的な運用といえます。なお、**標準偏差の代わりに、ベータを用いて計算する**トレイナーレシオ（トレイナーの測度）もあります。

○

3 ドルコスト平均法

☐ ❶ ドルコスト平均法では、1回の投資につき、投資対象資産の単価が高くなれ
ば高くなるほど、その資産を多く購入できる。

☐ ❷ 株式累積投資の制度を利用して、ドルコスト平均法により、1回当たり3万
円の投資金額でA社株式を以下のとおり買い付けたときの平均取得単価（株
価）は、1,212円である。なお、売買委託手数料等は考慮しないものとし、計
算過程および解答は円未満を四捨五入している。
  第1回：1,000円
  第2回：1,250円
  第3回：1,500円
  第4回：1,200円

4 株価チャート分析

☐ ❶ 株価チャート分析は、過去の株価や出来高などの推移を図示し、将来の株価
の動向を予測する手法であり、ファンダメンタルズ分析の手法の一つとされ
ている。

☐ ❷ 株価のローソク足では、始値より終値の方が高ければ陽線（白い棒）、逆に
始値よりも終値の方が安ければ陰線（黒い棒）で示す。

ドルコスト平均法は、価格が変動する金融商品を**定期的に一定金額ずつ購入**する投資手法です。**投資時期**を分散して、価格が安いときに**多い量**を、価格が高いときに**少ない量**を自動的に購入することができます。

✕

（1,000 ＋ 1,250 ＋ 1,500 ＋ 1,200）÷４と計算するのは間違いです。
株式を２回以上に分けて購入した場合、平均取得単価は**加重平均**で求めます。
最初に、買い付けた株数を求めます。
第１回…30,000円 ÷ 1,000円＝ 30株
第２回…30,000円 ÷ 1,250円＝ 24株
第３回…30,000円 ÷ 1,500円＝ 20株
第４回…30,000円 ÷ 1,200円＝ 25株
合計投資資金は**30,000円 × ４回＝ 120,000円**。これを**99株**で割ります。
120,000 ÷ 99 ＝ 1212.1212…≒ 1,212円 （円未満四捨五入）

○

金融資産運用　学科③

株価の分析手法には、企業業績や財務状況から値動きの要因を分析する**ファンダメンタルズ分析**と、株価の値動き自体を分析するテクニカル**分析**があります。**株価チャート分析は**テクニカル**分析**の一つです。

✕

株価のローソク足は、始値より終値の方が高ければ陽線（白い**棒**）、逆に始値よりも終値の方が安ければ陰線（黒い**棒**）で示します。

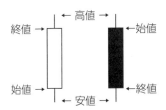

○

1 所得税と所得金額

問題数040

所得税における各種所得に関する次の記述のうち、最も不適切なものはどれか。

2019年1月

1. 給与所得の金額は、原則として、収入金額からその収入金額に応じて計算される給与所得控除額を控除して計算される。

2. 定年退職時に退職手当として一時金を受け取ったことによる所得は、退職所得である。

3. 一時所得の金額は、「一時所得に係る総収入金額−その収入を得るために支出した金額の合計額」の算式により計算される。

4. 専業主婦が金地金を売却したことによる所得は、譲渡所得である。

解答　①　②　③　④

▼ 適切なものは○、不適切なものは×で答えなさい。また、（　）に入る語句の組合せを選びなさい。

TOP 60 １ 所得税の基礎知識

□ ❶ 所得税において課税対象となる所得は、総合課税または源泉分離課税のいずれかの対象となる。

□ ❷ 所得税の課税総所得金額に対する所得税額は、所得の金額の多寡にかかわらず、一律の税率により計算する。

出題DATA 過去13年間

👑1 所得税の基礎知識…出題率0.94% ［80問］
👑2 給与所得／退職所得…出題率0.70% ［60問］
👑3 不動産所得／事業所得…出題率0.61% ［52問］

※出題率は、過去13年間の学科試験8,539問中の出題割合［質問数］を示しています。

【所得税と所得金額】の出題傾向

頻出順に「所得税の基礎知識」、「給与所得／退職所得」、「不動産所得／事業所得」に関する問題が出題されています。

1 所得税の基礎知識…超過累進課税、申告納税方式のほか、計算期間や納税義務者など基礎的な仕組みについて問われます。

2 給与所得／退職所得…給与所得、退職所得、2つの控除額が超頻出です。退職所得控除額は次の算出式を覚えておきましょう。

退職所得＝（収入金額−退職所得控除額）×1/2

3 不動産所得／事業所得…事業的規模、必要経費の算入、減価償却などがよく出題されます。

▼ 再現例題の解説と解答

3. 一時所得＝総収入金額−収入を得るために支出した額−特別控除50万円　で、総所得金額を計算する際に、一時所得はその2分の1の額を総所得金額へ算入します。　　　　　　　　　　　　　　　　　　　　　　　　　　　　③

▼ 解説（赤シートで消える語句をチェックできます）　　📖235・236ページ　　▼ 正解

解説	正解
所得税では、課税対象となる所得を**10**種類に区分し、それぞれの計算方法で所得金額を計算します。所得税の課税には、次の**3つの方法**があります。①**総合**課税…複数の所得をまとめて課税する。②**申告分離**課税…他の所得と分けて税額を計算する。③**源泉分離**課税…一定税率で税金が差し引かれる。	×
課税総所得金額…所得税の課税対象となる金額のこと。総所得金額から所得控除額を差し引いたあとの金額です。 **超過累進**課税…総合課税の所得税の計算で採用されています。課税所得金額が多くなるに従って税率が高くなる累進課税の一種です。	×

☐ ❸ 所得税では、賦課課税方式が採用され、税務署長が所得や納付すべき税額を決定する。

☐ ❹ 所得税では、納税義務者を日本に住所を有する個人に限定している。

② 所得税の非課税所得

☐ ❶ 会社員が、定年退職により会社から受け取った退職一時金は非課税所得としている。

☐ ❷ オープン型の証券投資信託の収益の分配のうち、信託財産の元本払戻金（特別分配金）は非課税所得とされている。

☐ ❸ 遺族が受ける損害賠償金は非課税所得とされている。

☐ ❹ 納税者本人の生活の用に供されていた家具、衣服の譲渡による所得で、宝飾品や骨とう、美術工芸品等に該当しないものは非課税所得である。

☐ ❺ 生命保険の満期保険金や、解約返戻金は、所得税の課税対象にはならない。

③ 利子所得 / 配当所得

☐ ❶ 国債の利子や株式会社が発行する社債の利子は、利子所得となる。

☐ ❷ 個人事業主が事業資金で購入した株式の配当金に係る所得は、配当所得に該当する。

☐ ❸ 発行済株式総数の3％未満を所有する株主が受ける上場株式等に係る配当等は、その金額の多寡にかかわらず、申告不要制度を選択することができる。

所得税は、納税者本人が1月1日〜12月31日の期間に得た所得（収入 − 必要経費）の税額を計算し、本人が納付する申告納税方式の税金です。なお、各種所得の金額の計算上、収入金額には、原則として、その年において収入すべき金額である**未収の収入も計上**しなければなりません。

✕

所得税の納税義務者は、**居住者**（日本国内に住所がある、または現在まで引き続き1年以上居所を有する個人）に限らず、**非居住者**も、日本国内で生じた所得に限って納税義務を**負います**。なお、居住者は「非永住者*」と「永住者」に分けられ、課税所得の範囲が異なります。

✕

※非永住者：居住者のうち、日本国籍がなく過去10年以内に日本国内に住所・居所があった期間の合計が5年以下である個人。

▼ 解説（赤シートで消える語句をチェックできます）　　🔖235ページ　▼ 正解

退職一時金は、**退職所得**として所得税・住民税の**課税対象**になります。

✕

覚えよう

所得税の非課税所得

・投資信託の特別分配金（**元本払戻金**）
・遺族が受け取る損害賠償金
・家具や衣服など生活用動産（**宝飾品・骨とう・美術工芸品**等は除く）の譲渡**所得**
・「身体の傷害に基因」して支払われる給付金。ただし、保険金（満期保険金、解約返戻金）は課税**対象**。
・雇用保険、健康保険、国民健康保険の保険給付等
・障害者や遺族が受け取る障害年金、遺族年金
・給与所得者の月15万円までの**通勤手当**
・社会通念上相当の金額の見舞金、補償金、慰謝料、香典
・宝くじの当選金、サッカーくじの払戻金

〇

〇

〇

✕

▼ 解説（赤シートで消える語句をチェックできます）　　🔖242ページ　▼ 正解

国債や社債の利子、預貯金の利子などは、利子**所得（＝収入金額）です**。利子所得には控除される必要経費はありません。

〇

株式の配当金や投資信託（公社債投資信託を除く）の収益分配金などによる所得は、配当**所得**として**総合課税**の対象です。

〇

申告不要制度は、確定申告をせずに源泉徴収で申告を済ませる制度です。上場株式の配当金は、**申告不要制度**を選択できます。その場合、**配当控除や源泉徴収税額の控除**は受けられません。

〇

4 不動産所得／事業所得

☐ ❶ その賃貸が事業的規模で行われているアパート経営の賃貸収入に係る所得は、事業所得となり、総合課税の対象とされる。

☐ ❷ 1階および2階部分を賃貸用、3階部分を自己の居住用として使用している1棟の建物を課税対象として納付した固定資産税は、その全額が租税公課として必要経費となる。

☐ ❸ アパートで入居者の退去があり、その貸室の室内清掃のために支出した費用で貸主負担部分の金額は、必要経費に算入される。

☐ ❹ 個人事業主が店舗として使用している建物を売却したことによる所得は、事業所得となる。

☐ ❺ 個人事業主が事業所得に係る個人事業税を納付した場合、その全額を必要経費に算入することができる。

☐ ❻ 減価償却資産の償却方法は、「所得税の減価償却資産の償却方法の届出書」を提出していない場合、原則として定率法により計算する。

☐ ❼ 使用可能期間が1年未満、あるいは、取得価額10万円未満の減価償却資産は、減価償却せずに全額をその事業年度に損金算入できる。

事業的規模…アパート等は貸与可能な独立した室数が<u>10室以上</u>、独立家屋は<u>5棟以上の貸付け</u>をいいます。不動産の貸付けによる所得は、事業的規模かどうかにかかわらず、<u>不動産</u>所得であり、総合課税の対象です。

×

不動産に係る固定資産税のうち、租税公課として必要経費になるのは、**賃貸部分**（1階と2階）のみなので、全額**必要経費**には<u>なりません</u>。

×

● 不動産所得の総収入金額と必要経費

総収入金額	○家賃、地代、礼金、更新料、借地権料、共益費など ○敷金、保証金のうち賃借人に返還を要しない部分 ×後に返還するものは総収入金額には含まれない
必要経費	○**固定資産税、登録免許税**、都市計画税、不動産取得税、アパート賃貸業に係る事業税 ○修繕費、損害保険料、火災保険料、減価償却費 ○賃貸不動産を取得するための借入金の利子 ×**借入金元本返済額**は**必要経費**には<u>ならない</u> ×所得税、住民税は必要経費にはならない

○

<u>事業</u>所得とは、農業、漁業、製造業、卸売業、小売業、サービス業、その他事業による所得で、**総合課税**です。一方、土地や建物などの不動産の売却による所得（売却益）は、<u>譲渡</u>所得です。

×

個人事業主が納付した個人事業税は、全額**必要経費に算入**<u>できます</u>。

● 事業所得の必要経費

必要経費	・売上原価（商品などの仕入代金） ・販売費用、給与、減価償却費、広告宣伝費 ・固定資産税、事業税、家賃・水道・光熱費

○

減価償却…時の経過、利用によって年々価値が減少する資産について、その取得に要した金額を耐用年数にわたって各年分の必要経費に配分する手続です。償却方法には、<u>定率法</u>と<u>定額法</u>の2種類あり、「所得税の減価償却資産の償却方法の届出書」を提出しない場合は、すべて<u>定額法</u>により計算します。

×

使用可能期間が<u>1年未満</u>か、**取得価額**<u>10万円未満</u>の減価償却資産は、全額必要経費として損金算入が<u>できます</u>。これを**少額減価償却資産**といいます。

○

タックスプランニング④　学科

5 給与所得／退職所得

☐ ❶ 会社員が勤務先から無利息で資金を借りたことによる経済的利益は、原則として、給与所得となる。

☐ ❷ 給与所得の金額の計算上、その年中の特定支出の額の合計額が所定の金額を超える場合、給与等の収入金額から給与所得控除額を控除した金額から、さらにその超える部分の金額を控除することができる。

☐ ❸ 会社員である給与所得者が、会社から受け取った月額5万円（通常の通勤の経路および方法での定期代相当額）の通勤手当は課税所得である。

☐ ❹ 退職所得の金額（特定役員退職手当等に係るものを除く）は、「（その年中の退職手当等の収入金額−退職所得控除額）×1/2」の算式により計算される。

☐ ❺ 退職手当等の支払いの際に「退職所得の受給に関する申告書」を提出した者は、退職手当等の金額の多寡にかかわらず、原則として、当該退職所得に係る所得税の確定申告は不要である。

☐ ❻ 勤続年数が20年を超える者の退職所得控除額は、「800万円＋40万円×（勤続年数−20年）」の算式により計算される。

☐ ❼ 確定拠出年金の老齢給付金を一時金で受け取ったことによる所得は、退職所得となる。

☐ ❽ 所得税の計算において、総所得金額から所得控除額を控除しきれなかった場合、控除しきれなかった所得控除額は退職所得の金額から控除することができる。

勤務先からの無利息の金銭借入れ、商品・土地・建物等を無償（低価格）で譲り受けたり、借り受けたりしたことによる**経済的利益**も<u>給与</u>**所得**です。　〇

給与所得者が支払った通勤費、転居費、資格取得費などの支出合計額がその年中の給与所得控除額の**半額**を超える場合、給与所得控除後の所得金額から超える部分の金額を**差し引くことが**<u>できます</u>。これを「**給与所得者の特定支出控除**」といいます。　〇

通勤手当（電車・バス通勤者の場合は**月額**<u>15</u>**万円**が上限）、出張旅費は<u>非課税</u>**所得**です。　✕

退職所得とは、退職時に勤務先から受け取る退職一時金（退職金）などの所得で、次の式で算出します。**退職所得＝（収入金額−退職所得控除額）×**<u>1/2</u>※　〇

「**退職所得の受給に関する申告書**」を**提出した場合**→適正な税額が源泉徴収されて課税関係が終了し**確定申告は**<u>不要</u>です。なお、退職金の支給額が退職所得控除額以下の場合、退職金から所得税・住民税の源泉徴収は行われません。**提出しない場合**→退職金の支給額に<u>20.42</u>**％（所得税および復興特別所得税）**の税率で源泉徴収されます。源泉徴収額が本来納める税額より少ない場合は、所得税の申告期限である所得の生じた年の翌年の<u>2</u>月<u>16</u>日から<u>3</u>月<u>15</u>日までに**確定申告**が<u>必要</u>です。　〇

● 退職所得控除額の算出式

| 勤続年数**20**年以下 | <u>40</u>**万円×勤続年数** → 20年で<u>800</u>万円 |
| 勤続年数**20**年超 | <u>800</u>万円＋<u>70</u>万円×（**勤続年数**−<u>20</u>年） |

▲勤続年数の1年未満の端数は切り上げて1年とする。**最低控除額は80万円**。なお、障害者になったことに基因する退職の場合は100万円が加算される。　✕

確定拠出年金の老齢給付金は、年金で受給する場合は<u>雑</u>所得に、一時金で受給する場合は<u>退職</u>所得になります。
ウラ技 雑ネン（年金は雑所得）は、一時退けよ（一時金は退職所得）！　〇

「退職所得の受給に関する申告書」を提出し、他の所得から控除しきれない所得控除額があった場合、退職所得について確定申告をしてその控除しきれない金額を<u>退職所得の金額</u>から控除することが<u>できます</u>。　〇

※ 2022年分以後の所得税について、役員等以外の者としての勤続年数が5年以下である者に対する退職手当等のうち、退職所得控除額を控除した残額の300万円を超える部分については2分の1課税を適用しない。

6 譲渡所得

☐ ❶ 不動産の売買取引の仲介により生じた所得は、譲渡所得となる。

☐ ❷ 個人が金地金を売却したことによる所得は、譲渡所得となる。

☐ ❸ 上場株式の譲渡に係る譲渡所得は、総合課税の対象となる。

☐ ❹ 土地や建物の譲渡に係る譲渡所得の金額は、申告分離課税の対象となる。

☐ ❺ 総合課税の対象となる短期譲渡所得の金額は、「譲渡所得の総収入金額－（取得費＋譲渡費用）－特別控除額」の算式により計算される。

7 一時所得／雑所得

☐ ❶ 被保険者が死亡したことにより契約者（＝保険料負担者）が受け取った終身保険の死亡保険金は、一時所得として所得税の課税対象となる。

☐ ❷ 次の①〜③の金額のうち、一時所得として所得税が課税されるものにはA、所得税が非課税となるものにはBをつけなさい。
① 宝くじ（当選金付証票の当選金品）の当選金100万円
② サッカーくじ（スポーツ振興投票券）の払戻金100万円
③ 競馬・競輪の払戻金100万円

☐ ❸ 一時所得の金額は、「（一時所得の総収入金額－その収入を得るために支出した金額－特別控除額）×1/2」の算式により計算される。

☐ ❹ 保険金の支払開始日以後に、生命保険会社から、年金として契約者配当金を受けたことによる所得は、配当所得となる。

☐ ❺ 公的年金等に係る雑所得の金額は、「公的年金等の収入金額－公的年金等控除額」の算式により計算される。

▼ 解説（赤シートで消える語句をチェックできます）　☞246ページ　▼ 正解

不動産（賃貸の用に供していた不動産を含む）の**売却益**は譲渡所得ですが、不動産の**仲介手数料**などは、事業所得です。	✕
個人が金地金を売却した場合、**譲渡所得**として総合課税の対象となります。	〇
株式の譲渡所得は申告分離課税の対象となります。税率20.315%（所得税15%＋復興特別所得税0.315%＋住民税5%）が一律に課されます。	✕
土地・建物の譲渡所得は、**申告分離課税の対象と**なります。	〇
総合課税の譲渡所得（土地・建物・株式以外）は、短期・長期、ともに、次の式で計算します。 **譲渡所得＝譲渡所得の総収入金額－（取得費＋譲渡費用）－特別控除額**	〇

▼ 解説（赤シートで消える語句をチェックできます）　☞248ページ　▼ 正解

「契約者」と「受取人」が同じ場合、支払われる死亡保険金は**一時所得**として所得税の**課税対象と**なります。満期保険金や解約返戻金も一時所得です。	〇
①　宝くじは、収益の一定割合を自治体に納めているため、購入時に納税済みと同じです。よって、**宝くじの当選金**は、非課税所得とされています。 ②　宝くじ同様、**サッカーくじの払戻金**も、非課税所得です。 ③　**競馬・競輪等の払戻金**は、一時所得として課税対象です。	① B ② B ③ A
一時所得＝一時所得の総収入金額－収入を得るために支出した金額－特別控除額（最高50万円） なお、総所得金額へは、一時所得の**2分の1**を算入します。	✕
生命保険の配当金（契約者配当金）は、年金として受け取ると雑所得、一時金として受け取ると一時所得として課税対象となります。	✕
雑所得の金額は、公的年金等とそれ以外の所得とに分けて計算し合算します。 **公的年金等の雑所得＝公的年金等の収入金額**※**－公的年金等控除額** **公的年金等以外の雑所得＝総収入金額－必要経費**	〇

※65歳未満で公的年金等に係る雑所得以外の所得に係る合計所得金額が1,000万円以下の場合、公的年金等の収入金額が年60万円まで（65歳以上なら年110万円まで）は、公的年金等控除により所得ゼロとなるため、公的年金の雑所得は算出されない。

197

2 総所得金額と所得控除

問題数031

再現例題

Aさんの2024年分の所得の金額が以下のとおりであった場合の所得税における総所得金額として、最も適切なものはどれか。なお、記載のない事項については考慮しないものとし、▲が付された所得の金額は、その所得に損失が発生していることを意味するものとする。

2021年1月（改）

不動産所得の金額	:	500万円
事業所得の金額	:	▲ 50万円（飲食店の経営により生じた損失）
譲渡所得の金額	:	▲200万円（ゴルフ会員権の譲渡により生じた損失）

1．250万円
2．300万円
3．450万円
4．500万円

解答　①　②　③　④

▼ 適切なものは○、不適切なものは×で答えなさい。また、（　）に入る語句の組合せを選びなさい。

TOP60 1 損益通算と繰越控除

❶ 不動産所得、事業所得、山林所得、譲渡所得の金額の計算上生じた損失の金額（一部対象とならないものを除く）は、給与所得や一時所得等の他の所得の金額と損益通算することができる。

❷ 損益通算の対象となる所得の金額の計算上生じた損失の金額は、所定の順序に従って損益通算を行うが、退職所得の金額と損益通算することはできない。

過去13年間

👑1 損益通算と繰越控除…出題率1.22% [104問]

👑2 医療費控除…出題率0.54% [46問]

👑3 配偶者控除…出題率0.37% [32問]

※出題率は、過去13年間の学科試験8,539問中の出題割合［質問数］を示しています。

タックスプランニング

学科④

【総所得金額と所得控除】の出題傾向

頻出順に「損益通算と繰越控除」、「医療費控除」、「配偶者控除」、「基礎控除/扶養控除」に関する問題が出題されています。

1 損益通算と繰越控除…不動産所得のうち土地の借入金の負債利子、株式等の譲渡損失等、損益通算ができない例外が頻出しています。

2 医療費控除…医療費控除の対象か対象外かを問う問題が出ます。通院で使用した自家用車のガソリン代、入院時の身の回り品の購入費は対象外です。

3 配偶者控除…配偶者控除では、配偶者の収入（合計所得金額で48万円以下、収入で103万円以下）を覚えておきましょう。

▼ 再現例題の解説と解答

不動産所得、事業所得、譲渡所得はすべて総合課税の対象です。事業所得の損失は、給与所得や一時所得等の他の所得と損益通算できますが、ゴルフ会員権の譲渡による損失は他の所得と損益通算できません。従って、本問では事業所得▲50万円が損益通算の対象となります。

総所得金額＝500万円－50万円＝450万円 ③

▼ 解説（赤シートで消える語句をチェックできます）　🔢253・255ページ　▼ 正解

損益通算…<u>不動産所得</u>、<u>事業所得</u>、<u>山林所得</u>、<u>譲渡所得</u>で生じた損失（赤字）を他の所得の利益（黒字）から控除すること（差し引くこと）。

配当所得、給与所得、一時所得、雑所得は損益通算できません。また、利子所得、退職所得は、所得金額の計算上、損失が生じることはありません。

ウラ技 富士山上（不事山譲）で損益通算！

○

所定の順序に沿って損益通算を行った結果、残った損失はさらに<u>山林所得</u>や<u>退職所得</u>と損益通算できます。

×

☐ ❸ 不動産所得の金額の計算上生じた損失のうち、不動産所得を生ずべき建物の取得に要した負債の利子の額に相当する部分の金額は、他の各種所得の金額と損益通算をすることができない。

☐ ❹ 居住の用に供したことがない土地や建物を譲渡したことによる譲渡所得の金額の計算上生じた損失の金額は、他の各種所得の金額と損益通算することができない。

☐ ❺ 生命保険を解約して解約返戻金を受け取ったことによる一時所得の金額の計算上生じた損失の金額は、公的年金に係る雑所得の金額と損益通算することができる。

☐ ❻ 上場株式を譲渡したことによる譲渡所得の金額の計算上生じた損失の金額と、非上場株式の配当金に係る配当所得の金額は、確定申告をすることにより、損益通算することができる。

☐ ❼ 上場株式を譲渡したことによる譲渡所得の金額の計算上生じた損失の金額は、総合課税を選択した上場株式に係る配当所得の金額と損益通算することができない。

☐ ❽ 特定居住用財産の譲渡損失の繰越控除は、青色申告者に限り適用を受けることができる。

☐ ❾ 所得税額の計算上、雑損失の繰越控除は青色申告者に限り適用を受けることができる。

☐ ❿ 上場株式の譲渡損失は、非上場株式の譲渡所得の金額と通算することはできないが、一定の要件を満たせば、譲渡損失の金額を翌年以後3年間繰越控除することができる。

不動産所得の損失のうち、建物の取得に要した**借入金の利子**は損益通算できます。損益通算できないのは、土地の取得に要した**借入金の負債利子**です。 ×

譲渡所得で生じた損失は他の所得と損益通算できます。しかし、土地・建物（賃貸用を含む）の譲渡損失は、一定の**居住用財産**を除いて、損益通算できません。 ○

保険の満期保険金、解約返戻金などの一時所得の損失は、他の所得と損益通算できません。そのため、一時所得が損失（マイナス）となった場合、0円として取り扱います。 ×

上場株式等の譲渡損失は、同一年の上場株式等の譲渡所得とであれば、損益通算できます。しかし、非上場株式の配当金に係る配当所得とは損益通算できません。 ×

上場株式等の譲渡損失は、総合課税を選択した上場株式に係る配当所得とは**損益通算**できません。**申告分離**課税を選択した**配当所得**なら損益通算できます。 ○

繰越控除…その年に生じた所得の損失金額を繰り越して、翌年以降の黒字の所得金額から差し引くこと。特定居住用財産の譲渡損失の損益通算および繰越控除は、**青色申告者**に限らず適用を受けられます。 ×

雑損失…災害や盗難での損失のこと。**青色申告者**に限らず、翌年以降**3年間**にわたって繰越控除の適用を受けられます。 ×

上場株式の譲渡損失は、同一年の上場株式等の譲渡所得、特定公社債等の利子・収益分配金・譲渡益・償還差益、および申告分離課税を選択した上場株式等の配当所得と損益通算できます。また確定申告することで翌年以後最長**3年間**にわたって繰越控除ができます。非上場株式、不動産所得、利子所得（預貯金の利子等）とは損益通算できません。 ○

> **他の所得と損益通算できない譲渡所得**　覚えよう
> - **ゴルフ会員権**、**別荘**、**宝石**など、生活に必要のない資産の譲渡損失
> - 家具、衣類、**日常使う自家用車**など、生活用動産の譲渡損失
> - 土地・建物（賃貸用を含む）の譲渡損失（一定の居住用財産を除く）

② 基礎控除／扶養控除

☐ ❶ 基礎控除は、納税者の合計所得金額が1,000万円超である場合には、適用を
受けることができない。

☐ ❷ 特定扶養親族の扶養控除額は58万円である。

☐ ❸ 納税者と生計を一にする大学生である長男（20歳）がアルバイトをしている
場合、その収入金額の多寡にかかわらず、その長男は納税者の扶養控除の対
象とならない。

☐ ❹ 納税者が生計を一にする子に青色事業専従者給与を支払った場合、その年分
について納税者はその子について扶養控除の適用を受けることはできない。

基礎控除は、所得の合計金額から一定金額を差し引く所得控除の１つです。控除額は合計所得金額によって異なり、合計所得金額が**2,400万円以下なら48万円**、2,400万円超2,450万円以下で**32万円**、2,450万円超2,500万円以下で**16万円**、**2,500万円超で適用外**となります。

納税者に**控除対象扶養親族**がいる場合、扶養控除が適用されます。扶養親族の区分と控除額は次のように決められています。

控除対象扶養親族の区分と控除額		覚えよう
区分		控除額
一般の扶養親族：16歳以上		**38万円**
特定扶養親族：19歳以上23歳未満		**63万円**
老人扶養親族：**70歳以上**	同居老親等以外の者	48万円
	同居老親等	**58万円**

▲適用年齢は12月31日時点の年齢。控除対象扶養親族が、年の途中で死亡した場合でも、死亡時に適用要件を満たしていれば、控除適用となる。

長男は、20歳なので、特定扶養親族に該当します。**収入金額が103万円以下（合計所得金額48万円以下）**であれば、**扶養控除の対象と**なります。

青色事業専従者とは、青色申告者と生計を一にする配偶者や**15歳以上**の親族で、年間**6カ月**を超えて従業員として従事する者をいいます。青色事業専従者は**扶養控除**の適用を受けることは**できません**。

扶養控除の要件	覚えよう
●配偶者以外の親族で納税者本人と**生計を一にしている**こと。 ●青色申告者または白色申告者の**事業専従者でない**こと。 ●扶養親族の合計所得金額**48万円以下**、収入が給与のみなら**年収103万円以下**。 ●老人扶養親族は、収入が公的年金のみの場合、**年収158万円以下**。	

3 配偶者控除

☐ ❶ 生計を一にしていない配偶者でも、合計所得金額が38万円以下であれば、配偶者控除の対象となる。

☐ ❷ 納税者の合計所得金額が900万円を超えると、配偶者控除の額は、段階的に縮小し、1,000万円を超えると控除の適用を受けることができなくなる。

TOP 60 4 医療費控除

☐ ❶ 医療費控除の控除額は、その年中に支払った医療費の金額（保険金等により補てんされる部分の金額を除く）から、総所得金額等の合計額の5％相当額または10万円のいずれか低い方の金額を控除して算出され、最高200万円である。

☐ ❷ 風邪の治療のための一般的な医薬品の購入費は、医師の処方がなくても、医療費控除の対象となる。

☐ ❸ その年の12月31日までに受けた治療に係る医療費を、翌年の1月以降に現金で支払う場合、治療を受けた年の医療費控除の対象となる。

☐ ❹ 病院に自家用車で通院した際に支払った駐車場代やガソリン代は、医療費控除の対象となる。

☐ ❺ セルフメディケーション税制では、自己や生計を一にする配偶者等のために特定一般用医薬品等購入費を支払った場合、その額が1万2,000円を超えるときは、その超える部分の金額を総所得金額等から控除することができる。

☐ ❻ 人間ドックにより重大な疾病が発見され、引き続きその疾病の治療を行った場合における当該人間ドックの費用は、医療費控除の対象となる。

> **配偶者控除の要件**　　　　　　　　　　　　　　**覚えよう**
> - 納税者本人と<u>生計</u>を一にしている**配偶者**であること。[※]
> - **青色申告者**または**白色申告者**の<u>事業専従者</u>でないこと。
> - 配偶者の**合計所得金額**<u>48</u>**万円以下**（給与のみの場合で**年収**<u>103</u>**万円以下**）。
> - 納税者本人の**合計所得金額**<u>1,000</u>**万円以下**（給与のみの場合で**年収**<u>1,195</u>**万円以下**）であること。控除額**最高**<u>38</u>**万円**。

×

納税者本人の合計所得金額が<u>1,000</u>**万円超**の場合、配偶者の合計所得金額が要件を満たしていても、**配偶者特別控除**の適用を受けることは<u>できません</u>。

○

※控除対象配偶者のうち、その年12月31日現在の年齢が70歳以上の人を老人控除対象配偶者という。

医療費控除は、毎年**最高**<u>200</u>**万円**まで控除されます。
医療費控除額＝医療費−保険金等での補てん金額−AかBのいずれか低い金額
A：総所得金額の<u>5</u>**％相当額**　　　　**B：**<u>10</u>**万円**
なお、医療費控除は年末調整されないので、<u>確定申告</u>が必要です。その際**医療費控除の明細書**の添付が必要です。

○

医薬品の購入費（薬局で購入する市販薬を含む）は医療費控除の**対象とな<u>ります</u>**。ただし、美容・健康増進を目的とするもの（美容整形、歯列矯正、ビタミン剤、健康食品等）は、控除の対象外です。

○

治療を受けた年の年末時点で**未払いの医療費**は、医療費控除の<u>対象外</u>です。未払い分は、翌年分の医療費控除の対象となります。

×

通院で使用した自家用車の**ガソリン代**、**駐車場代**、**タクシー代**、入院の際の**身の回り品**の購入費は、医療費控除の<u>対象外</u>です。対象となる通院費は、**公共交通機関**の交通費、**緊急時のタクシー代**、**松葉杖**などです。

×

セルフメディケーション税制[※]（医療費控除の特例）の年に支払った特定一般用医薬品（**スイッチOTC医薬品**）等の金額が、<u>1万2,000</u>**円**を超える場合、その超える部分の金額（**上限8万8,000円**）が所得控除の**対象となります**。

○

人間ドックの検査費用は、原則として医療費控除の<u>対象外</u>です。**重大な疾病**が発見されて、治療を行った場合に医療費控除の**対象とな<u>ります</u>**。

○

※この特例の適用を受ける場合、現行の医療費控除の適用を受けることはできない。

5 社会保険料控除ほか

☐ ❶ 納税者と生計を一にしている長男の負担すべき国民年金保険料を納税者が支払った場合、その支払った金額は、納税者の社会保険料控除の対象となる。

☐ ❷ その年分の合計所得金額が500万円を超える者は、寡婦控除の適用を受けることができない。

☐ ❸ 寄附金控除の控除額は、その年中に支出した特定寄附金の額のうち、その年分の総所得金額等の合計額の40％相当額までの金額から4,000円を控除した金額である。

☐ ❹ 納税者が詐欺の被害に遭ったことにより生じた損失の金額は、雑損控除の対象となる。

☐ ❺ ひとり親控除は、納税者本人の合計所得金額が400万円以下であり、現に婚姻していない、または配偶者が生死不明の場合で、同一生計の子（総所得金額等が48万円以下）を有する者が適用対象となる。

☐ ❻ 小規模企業共済等掛金控除の控除限度額は、その年に支払った小規模企業共済等の掛金の金額にかかわらず、5万円である。

☐ ❼ 所得税法上の障害者に該当する納税者は、その年分の合計所得金額の多寡にかかわらず、障害者控除の適用を受けることができる。

6 総所得金額の算出

☐ Aさんの2024年分の所得が下記のとおりであった場合の総所得金額として、最も適切なものはどれか。なお、記載のない事項については考慮しないものとする。

> 給与所得の金額：900万円
> 上場株式の譲渡所得の金額：10万円
> 一時所得の金額：70万円

1．900万円　　2．910万円　　3．935万円　　4．980万円

納税者および生計を一にする**配偶者**、**親族**の負担すべき**社会保険料**（国民年金保険料、国民健康保険料、厚生年金保険料等）を支払った場合に、その<u>全額</u>が支払った納税者の**社会保険料控除**の対象となります。　○

寡婦控除は、合計所得金額が<u>500</u>万円以下で、**ひとり親に該当しない**寡婦に適用されます。控除額は27万円です。　○

寄附金の控除額は、①支出した特定寄附金の合計額　②総所得金額等の<u>40</u>%相当額の、①・②の低い方の金額から<u>2,000</u>円を控除した金額です。なお、寄附金控除は年末調整されないので、<u>確定申告</u>が必要です。　×

雑損控除は、**災害**、**盗難**、**横領**により損害を受けた場合に適用され、**詐欺や恐喝**の被害は**適用**<u>対象外</u>です。なお、雑損控除は、<u>確定申告</u>が必要です。　×

ひとり親控除の適用対象となるのは、納税者本人（**合計所得金額**<u>500</u>**万円以下**）が現に婚姻していないか、または配偶者が生死不明で、総所得金額等が<u>48</u>**万円以下**の同一生計の子を有する者です。**控除額は**<u>35</u>**万円**です。　×

<u>小規模企業共済等掛金</u>**控除**は、小規模企業共済や確定拠出年金の掛金の支払がある場合に適用される所得控除で、**支出額の**<u>全額</u>が控除対象となります。　×

障害者控除は、納税者が障害者に該当する場合のほか、納税者の控除対象配偶者や扶養親族が障害者に該当する場合、その納税者のその年分の**合計所得金額の多寡にかかわらず**、**適用を受けることが**<u>できます</u>。　○

総所得金額…総合課税の所得を合計し、損益通算と繰越控除を行ったあとの金額のこと。
本問では、給与所得900万円と一時所得70万円が総合課税の対象です。上場株式の譲渡所得は分離課税のため、計算に含めません。また、一時所得はその<u>2分の1</u>の金額を算入します。従って、
総所得金額＝900万円＋70万円×1／2＝**935万円**　3

3 税額控除と申告

問題数038

再現例題

　所得税における住宅借入金等特別控除（以下「住宅ローン控除」という）に関する次の記述のうち、最も適切なものはどれか。なお、住宅は、2024年4月に取得し、同月中にその住宅を居住の用に供したものとする。　　　　2022年1月（改）

1. 住宅ローン控除の対象となる家屋は、床面積が30㎡以上330㎡以下でなければならない。

2. 住宅ローン控除の対象となる家屋は、床面積の3分の1以上に相当する部分がもっぱら自己の居住の用に供されるものでなければならない。

3. 住宅ローン控除の適用を受けようとする場合、納税者のその年分の合計所得金額が2,500万円以下でなければならない。

4. 住宅ローン控除の適用を受ける最初の年分は、必要事項を記載した確定申告書に一定の書類を添付し、納税地の所轄税務署長に提出しなければならない。

解答　① ② ③ ④

▼ 適切なものは○、不適切なものは×で答えなさい。また、（ ）に入る語句の組合せを選びなさい。

TOP60 1 住宅借入金等特別控除

□ ❶ 住宅ローン控除の対象となる家屋については、床面積の2分の1以上に相当する部分が専ら自己の居住の用に供されるものでなければならない。

□ ❷ 住宅ローン控除の対象となる住宅借入金等の契約における償還期間は、15年以上でなければならない。

出題DATA 過去13年間

1 住宅借入金等特別控除…出題率 1.65%［141問］
2 青色申告…出題率 0.85%［73問］
3 確定申告…出題率 0.60%［51問］

※出題率は、過去13年間の学科試験8,539問中の出題割合［質問数］を示しています。

【税額控除と申告】の出題傾向

頻出順に「住宅借入金等特別控除（住宅ローン控除）」、「青色申告」、「確定申告」「配当控除／外国税控除」に関する問題が出題されています。

1 **住宅借入金等特別控除**…「住宅借入金等特別控除（住宅ローン控除）」は、「学科」で出題ランキング1位の項目です。控除要件が頻出しています。

2 **青色申告**…青色申告特別控除についての問題です。青色申告者のうち、事業所得者と事業的規模の不動産所得者は最高65万円、事業的規模ではないそれ以外の者は10万円が控除されます。そのほか、青色事業専従者給与の必要経費への算入、純損失の繰越控除などについても出題されます。

3 **確定申告**…本来確定申告が不要な給与所得者のうち、確定申告が必要になる条件、パターンが頻出します。しっかり整理しておく必要があります。

▼ 再現例題の解説と解答

給与所得者が住宅ローン控除を受ける場合、最初の年分は確定申告が必要です。ただし、翌年分からは必要書類を勤務先に提出することで年末調整されるため、確定申告は不要となります。なお、2023年1月1日以降に居住の場合、原則、年末残高証明書等の添付は不要となりました。

④

▼ 解説（赤シートで消える語句をチェックできます）　　☞268ページ　　▼ 正解

住宅借入金等特別控除（住宅ローン控除）の対象となる家屋の床面積は、①50㎡以上、②40㎡以上（合計所得金額1,000万円以下※）で、共に2分の1以上が居住用であることが要件です。	〇
住宅借入金等特別控除の償還（返済）期間は10年以上の分割返済でなければ控除の適用を受けられません。	✕

※2022年以降の入居で、2024年12月31日までに建築確認を受けた新築住宅の場合。

☐ ❸ 2024年12月31日までに、転勤等のやむを得ない事由により転居して当該住宅を居住の用に供しなくなった場合、2025年以降に当該住宅を居住の用に供したとしても、再入居した年以降の残存控除期間について住宅ローン控除の適用を受けることはできない。

☐ ❹ 2024年に取得・居住した場合、住宅ローン控除の適用を受けていた者の合計所得金額が2,000万円を超えた場合、その超えた年の翌年以降、合計所得金額が2,000万円以下になった年においても、その者は住宅ローン控除の適用を受けることができない。

☐ ❺ 2024年1月の取得で、入居開始が同年4月31日であった場合、住宅ローン控除の控除額の計算上、住宅借入金等の年末残高等に乗ずる率は1.0%である。

❷ 配当控除／外国税控除

☐ ❶ 非上場株式の配当金で、総合課税を選択したものは所得税における配当控除の適用対象となる。

☐ ❷ 上場されている不動産投資信託（J-REIT）の収益の分配で、総合課税を選択したものは配当控除が適用対象となる。

☐ ❸ 追加型の公募株式投資信託の収益の分配のうち、元本払戻金（特別分配金）に該当するものは、所得税における配当控除の適用対象となる。

☐ ❹ 株式等の配当所得について確定申告不要制度を選択した場合、その年分の所得税について、当該配当所得に係る配当控除の適用を受けることはできない。

転居した場合、第三者へ賃貸した場合は適用を受けることはできません。ただし、本人転居後も**家族**が**居住**している場合、また本問のように、**当初の控除期間内に本人が再入居した場合**は適用を受けることが**できます**。

×

合計所得金額が2,000万円以下になれば、**再び適用を**受けられます。

> **住宅借入金等特別控除（住宅ローン控除）**　覚えよう
> - 控除を受ける年の**合計所得金額**が、2,000万円以下であること。
> - **住宅取得日**から**6カ月以内**に入居し、控除を受ける年の12月31日まで引き続き居住していること。
> - 夫婦それぞれが住宅ローンを組んで共有名義とした場合には、夫婦それぞれが住宅ローン控除を受けられる。
> - 給与所得者の場合、控除適用には**最初の年だけ確定申告**が必要。**翌年分から**は**不要**（必要書類を勤務先に提出。年末調整で終了）。
> - 年末時点の借入金の**年末残高証明書**が**必要**※1
> - 控除額が所得税額を超える場合、**控除しきれなかった部分を翌年度分の**住民税**から控除できる**※2（確定申告不要）。

 ×

住宅ローン控除は、2022年1月以降の取得、2025年12月31日までに入居した者を対象とし、借入金の年末残高に乗ずる**控除率は**0.7%です。

 ×

※1 2023年1月1日以後の居住分には、原則、証明書等の添付不要。
※2 2022年以降の入居（2023年以降の住民税）で、住宅ローン控除の限度額は、所得税の課税総所得金額等の合計額の5%（上限97,500円）となった。

▼ 解説（赤シートで消える語句をチェックできます）　📖270ページ　▼ 正解

配当所得がある場合、確定申告を行うことで、一定の金額の**税額控除**の適用を受けられます。これを**配当控除**といいます。非上場株式の配当金は**配当控除の対象と**なります。受取時に税率20.42%（所得税および復興特別所得税）が源泉徴収されますが、確定申告によって、一定の金額が控除されます。

 ○

不動産投資信託（J-REIT）の収益分配金や外国株式の配当金は、配当控除の**適用**対象外です。

 ×

追加型の公募株式投資信託の収益の分配のうち、元本払戻金（特別分配金）に該当するものは、非課税となるため、配当控除の**適用**対象外です。

 ×

株式等の配当所得で、配当控除の適用を受けるには、**総合課税**を選択して**確定申告**を行う必要があります。申告分離課税や確定申告不要**制度**を選択した場合は、配当控除の適用を受けることはできません。

 ○

3　確定申告

☐ **❶** 年間の給与収入の金額が10,000千円を超える給与所得者は、年末調整によって所得税額が確定しないため、確定申告を行わなければならない。

☐ **❷** 勤務している会社で年末調整を受けた給与所得者であっても、給与所得および退職所得以外の所得金額が20万円を超える場合は、確定申告を行わなければならない。

☐ **❸** 次の所得控除のうち、給与所得者が年末調整により適用を受けることができるものはどれか。
　　1．雑損控除　　　　2．医療費控除
　　3．寄附金控除　　　4．配偶者特別控除

☐ **❹** 年末調整後に生命保険料控除の対象となる控除証明書を発見した場合、確定申告時に所定の手続を行うことで、当該控除証明書分についても生命保険料控除の適用を受けることができる。

☐ **❺** 老齢基礎年金および老齢厚生年金を合計で年額200万円受給し、かつ、原稿料に係る雑所得が年額10万円ある者は確定申告が必要である。

☐ **❻** 同族会社である法人1カ所から給与として年額1,500万円の支払いを受け、かつ、その法人から不動産賃貸料として年額12万円の支払いを受けたその法人の役員は確定申告が必要である。

☐ **❼** 所得税の申告義務を有し納税額が発生する者は、所得の生じた年の翌年2月16日から3月15日までの間に確定申告を行わなければならない。

確定申告は、納税者本人が所得税額を計算して申告・納付する手続きです。年間給与額が2,000万円（20,000千円）超の場合、確定申告が必要です。　✕

> **確定申告が必要なケース**　覚えよう
> - その年に支払いを受けた**給与等の金額が**2,000**万円**を超える場合。
> - 給与所得、退職所得以外の所得金額が20**万円**を超える場合。
> - 給与を2カ所以上から受けていて、年末調整をされなかった給与（従たる給与）の収入金額と、各種の所得金額（給与所得、退職所得を除く）との合計所得金額が20万円を超える場合。
> - 住宅借入金等特別控除の適用を初めて受ける場合（初年度のみ必要）。
> - 雑損控除・医療費控除・寄附金控除の適用を受ける場合（領収書や証明書、明細書等添付）。
> - **配当控除**の適用を受ける場合。

○

4

配偶者**特別控除**は給与所得者が年末調整により適用を受けることができます。

給与所得者は年末調整により納税手続きが完了しますが、年末調整後に生命保険料の控除証明書を発見した場合は、確定申告することで、後日発見した控除証明書分についても生命保険料控除の適用を受けることができます。　○

申告の年の公的年金等の収入金額が400**万円以下**であり、かつ、その年分の公的年金等に係る雑所得以外の所得金額が20**万円以下**である場合には確定申告の必要はありません。　✕

同族会社の役員が、その法人から給与以外に不動産賃貸料等を受け取っている場合、**年額**20**万円以下**であっても確定申告が必要です。　○

確定申告は、所得が生じた年の**翌年**2**月**16**日～**3**月**15**日**の間に行います。税額は、1年間（1月1日～12月31日）の所得から算出します。

申　告	確定申告書を納税者の納税地（住所地）を管轄する税務署長へ持参、郵送、またはインターネットで提出
納　付	金融機関、または所轄税務署で納付。インターネットでの電子申告・納税（e-Tax）も可

○

☐ ❽ 確定申告をした後、所得税を過大に納付していたことが判明した場合は、申告期限後3年以内に限り、更正の請求ができる。

☐ ❾ 所得税の納付を一定の期日まで延期するためには、確定申告によって納付すべき税額の2分の1以上の額を納付期限までに納付する必要がある。

☐ ❿ 確定している前年分の所得金額や税額などを基に計算した金額（予定納税基準額）が一定額以上である場合には、原則として、その年分の所得税の一部をあらかじめ国に納付しなければならない。

☐ ⓫ 下図は収入から納税までの、所得税の計算の流れを表したものである。下の文章の空欄①～③にあてはまる語句の組合せとして、正しいものを選びなさい。

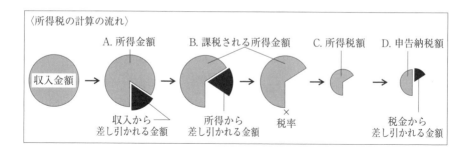

（①）は「収入から差し引かれる金額」に、（②）は「所得から差し引かれる金額」に、（③）は「税金から差し引かれる金額」に、それぞれ該当する。

1．① 公的年金等控除　　② 住宅借入金等特別控除　　③ 扶養控除
2．① 雑損控除　　　　　② 基礎控除　　　　　　　　③ 生命保険料控除
3．① 給与所得控除　　　② 社会保険料控除　　　　　③ 住宅借入金等特別控除
4．① 配偶者控除　　　　② 医療費控除　　　　　　　③ 配当控除

納め過ぎた所得税については、法定申告期限（3月15日）から**5年以内に限り**、納め過ぎの税額の還付を受ける<u>更正の請求</u>ができます。また、本来の納税額より少なく納付したことが判明した場合は、**修正申告**を行います。

×

所得税を<u>延納</u>するには、確定申告をした上で、納付すべき税額の**2分の1以上の額**を期限内に納付する必要があります。残りの納付は、申告の年の5月末まで延長できます。

○

予定納税基準額…その年の5月15日現在において確定している前年分の所得金額や税額などを基に計算した金額のこと。予定納税基準額が**15万円以上**である場合、その年の所得税および復興特別所得税の一部をあらかじめ国に納付しなければなりません。

○

所得税の計算手順に従って、該当するものを選びます。

・「収入から差し引かれる金額」は、給与所得者であれば、<u>給与所得</u>**控除**、そのほかの事業者であれば、<u>必要経費</u>等です。公的年金等控除、雑損控除、配偶者控除は、3つとも「<u>所得</u>**控除**」であり、課税される所得金額から差し引くものなので、①に該当しません。

・「所得から差し引かれる金額」とは、前述の<u>所得</u>**控除**のことです。

選択肢のなかでは、<u>基礎</u>**控除**、<u>社会保険料</u>**控除**、<u>医療費</u>**控除**が該当します。住宅借入金等特別控除は、所得控除ではなく税額控除です。

・最後に、「税金から差し引かれる金額」は、前述の<u>税額</u>**控除**のことです。選択肢のなかでは、<u>住宅借入金特別</u>**控除**と<u>配当</u>**控除**が該当します。

この税額控除を行って、最終的な所得税額（申告納税額）が決定します。

つまり、「収入から差し引かれる金額」に該当するのは、①<u>給与所得</u>**控除**。

「所得から差し引かれる金額」に該当するのは、②<u>社会保険料</u>**控除**。

「税金から差し引かれる金額」に該当するのは、③<u>住宅借入金等特別</u>**控除**

となります。

3

□ ⑫ 確定申告において、事業所得については申告書に収支内訳書を添付する必要があるものの、不動産所得については収支内訳書を添付する必要はない。

□ ⑬ 被相続人の死亡により、相続人となった者は、原則として、相続の開始があったことを知った日の翌日から4カ月以内に確定申告をしなければならない。

TOP60 ❹ 青色申告

□ ❶ 不動産所得、事業所得または山林所得を生ずべき業務を行う者で、納税地の所轄税務署長の承認を受けた場合には、青色申告書を提出することができる。

□ ❷ 青色申告者が受けられる税務上の特典には、青色事業専従者給与の必要経費算入、純損失の3年間の繰越控除、純損失の繰戻還付、棚卸資産の評価について減価法を選択できることなどがある。

□ ❸ 賃貸アパートの経営者が青色申告制度を利用する場合、青色申告特別控除として、不動産所得について最大で65万円の控除を受けられる。ただし賃貸アパートの経営が事業的規模でない場合は、控除額は最大で10万円となる。

□ ❹ 青色申告者と生計を一にしていない親族に対する給与（労務の対価として相当と認められるもの）は、その全額が必要経費となる。

□ ❺ 青色事業専従者給与の支給を受けている配偶者は、その年分の合計所得金額が48万円以下であれば控除対象配偶者となる。

□ ❻ 純損失の金額を繰り越すことができる期間は、その損失が生じた年の翌年以降3年間である。

□ ❼ アパートの貸付規模が事業的規模に満たない場合においても、青色事業専従者給与として届け出た金額については、必要経費に算入される。

収支内訳書は、青色申告ではなく、白色申告を選択した事業者が、確定申告の際に提出する書類の1つで、1年間の収入、売上原価、経費等を記載し、その年の所得金額を計算する用紙です。事業所得、不動産所得、山林所得等は、確定申告の際、収支内訳書を添付する必要があります。　　×

確定申告をすべき居住者が死亡した場合、相続人は、原則としてその相続の開始があったことを知った日の翌日から4カ月以内に、死亡した人の所得について確定申告をしなければなりません。これを準確定申告といいます。　　○

▼ 解説（赤シートで消える語句をチェックできます）　🔗277・278・290ページ　▼ 正解

青色申告は、正規の簿記の原則に基づいて所得税や法人税を計算して申告する制度です。不動産所得、事業所得、山林所得のいずれかがある者が、青色申告書を提出することにより税法上の特典を受けることができます。　　○

青色申告者の特典として、棚卸資産の評価について選べるのは低価法です。低価法とは、原価と時価を比較して、どちらか低いほうを採用する資産評価のことで、売却前に資産の時価減少を損益に反映できるという利点があります。　　×

青色申告制度では、事業所得者の所得、事業的規模の不動産所得者の不動産所得についての控除額は、最大で65万円※です。また事業的規模でない不動産所得の控除額は10万円です。　　○

親族に対する給与であっても、生計を一にしておらず、労務の対価として相当と認められた場合であれば、その全額が必要経費になります。つまり、他人を雇って給与を支払ったことと同じということです。　　○

青色事業専従者給与の必要経費への算入を行った場合、配偶者特別控除、扶養控除との併用はできません。　　×

青色申告制度では、純損失を翌年以後3年間繰り越して各年分の所得金額から控除できる特典があります。　　○

不動産所得では、事業的規模に該当する場合、青色申告特別控除額最高65万円※が認められ、青色事業専従者給与の必要経費算入が可能になります。　　×

※正規の簿記の原則により記帳し、確定申告期限までに青色申告書を提出すれば55万円、さらに電子申告（e-Tax）または電子帳簿保存を行うことで65万円の控除となる。

217

☐ ❽ 青色申告の承認を受けている者が備え付けるべき貸借対照表等の帳簿書類の保存期間は、原則として3年間である。

☐ ❾ 1月16日以後新たに業務を開始した者が、その年分から青色申告の適用を受けようとする場合には、その業務を開始した日から3カ月以内に「青色申告承認申請書」を納税地の所轄税務署長に提出し、その承認を受けなければならない。

☐ ❿ 新設法人が設立事業年度から青色申告の適用を受ける場合には、設立の日以後2カ月以内に「青色申告承認申請書」を納税地の所轄税務署長に提出し、その承認を受けなければならない。

☐ ⓫ 青色申告承認申請書の提出があった場合、原則として、その承認を受けようとする年の12月31日までにその申請につき承認または却下の通知がなかったときは、承認があったものとみなされる。

☐ ⓬ 青色申告者が青色申告の対象となる事業を廃業した場合、その年分の所得税については、青色申告の各種特典の適用を受けることはできない。

☐ ⓭ 確定申告書の提出期限後に青色申告書を提出した場合、正規の簿記の原則により記録していることで、その期限後申告においても、最高65万円の青色申告特別控除額の適用を受けることができる。

☐ ⓮ 所轄税務署長に提出した「青色事業専従者給与に関する届出書」に記載した事項を変更する場合は、所轄税務署長に対して、遅滞なく青色事業専従者給与に関する変更届出書を提出しなければならない。

☐ ⓯ 個人事業主(青色申告者)が、事業の引継ぎに際して、「個人事業の開業・廃業等届出書」を納税地の所轄税務署長に提出した場合、その提出をもって青色申告を取りやめたこととなるため、主たる事業とは別に、賃貸アパート経営による不動産所得がある場合、青色申告を行うためには、改めて青色申告の承認を得る必要がある。

青色申告制度では、貸借対照表や損益計算書等の帳簿書類は**7年間保存**する必要があります。　✕

1月16日以後に新規に業務を開始した場合の「**青色申告承認申請書**」の提出期限は、業務開始日から**2カ月以内**です。　✕

新設法人の場合、「青色申告承認申請書」の提出期限は、**法人設立**から**3カ月以内**、もしくは、第1期目の事業年度の終了日のうち、**早いほうの日**の**前日**までです。　✕

青色申告承認申請書の提出後、その年の**12月31日**までに承認・却下の通知がなかった場合は、**承認**されたものと**みなされます**。　○

事業を廃業した年分の所得税についてまでは、各種特典の適用が**受けられます**。なお、廃業し青色申告をやめる場合、廃業届と「所得税の青色申告の取りやめ届出書」を提出します。　✕

青色申告書を**確定申告期限後**に提出した場合の**青色申告特別控除額**は、**最高10万円**です（提出期限は翌年の2月16日から3月15日まで）。**65万円**の青色申告特別控除を受けるには、取引の内容を正規の簿記の原則に従って記録し、かつ、それに基づき作成された貸借対照表や損益計算書などを添付した確定申告書を**申告期限内に提出**したうえで、電子申告（e-Tax）または電子帳簿保存を行うといった条件を満たしていなければなりません。　✕

「**青色事業専従者給与に関する届出書**」は、青色事業専従者である親族に給料を支払う上で必ず提出しなくてはならない書類です。記載事項に変更がある場合は、変更届出書を提出しなければ**なりません**。　○

個人事業主（青色申告者）が、主たる事業を廃業した翌年も、不動産所得等の所得が引き続き発生する場合には、継続して**青色申告**が可能となるため、改めて青色申告の承認を得る必要は**ありません**。　✕

学科④　タックスプランニング

4 法人税

問題数039

再現例題

法人税の基本的な仕組み等に関する次の記述のうち、最も不適切なものはどれか。なお、法人はいずれも内国法人（普通法人）であるものとする。 　2021年1月

1．法人税における事業年度とは、法令または定款等により定められた1年以内の会計期間がある場合にはその期間をいう。

2．新たに設立された法人が、その設立事業年度から青色申告の適用を受けるためには、設立の日以後3カ月経過した日と当該事業年度終了の日のいずれか早い日の前日までに、「青色申告承認申請書」を納税地の所轄税務署長に提出しなければならない。

3．法人は、その本店の所在地または当該代表者の住所地のいずれかから法人税の納税地を任意に選択することができる。

4．期末資本金の額等が1億円以下の一定の中小法人に対する法人税の税率は、所得金額のうち年800万円以下の部分については軽減税率が適用される。

解答　① ② ③ ④

▼ 適切なものは○、不適切なものは×で答えなさい。また、（ ）に入る語句の組合せを選びなさい。

TOP60 ① 法人税の基礎知識

❶ 法人税の確定申告書は、原則として、各事業年度終了の日の翌日から2カ月以内に、納税地の所轄税務署長に提出しなければならない。

❷ 内国法人は、国内源泉所得について法人税の納税義務を負い、国外源泉所得は課税対象とならない。

1 法人税の損金算入…出題率 **1.52%**［130問］

2 決算書…出題率 **1.30%**［111問］

3 会社と役員の取引…出題率 **1.14%**［97問］

過去13年間

※出題率は、過去13年間の学科試験8,539問中の出題割合［質問数］を示しています。

【法人税】の出題傾向

頻出順に「法人税の損金算入」、「決算書」、「会社と役員の取引」に関する問題が出題されています。

1 **法人税の損金算入**…交際費は原則、損金不算入ですが、飲食費、会議費、広告宣伝費など損金に算入できるものもあります。まぎらわしい問題が頻出しますが、種類は多くないので、算入・不算入を整理しておくとよいでしょう。

2 **決算書**…決算書のなかでも、特に損益計算書（P/L）に関する問題が頻出しています。

3 **会社と役員の取引**…役員の給与として課税対象になるケース（例：役員が会社から無利息で金銭を借りた場合）が頻出しています。

▼ 再現例題の解説と解答

法人の納税地は、法人の本店または主たる事務所の所在地とされています。従って、その法人の代表者の住所地を、納税地として選択することはできません。

③

▼ 解説（赤シートで消える語句をチェックできます）	☞285・290ページ	▼ 正解
法人税の申告・納付期限は、**各事業年度終了日の翌日から2カ月以内**で、**納税地の所轄**税務署長に申告・納付します。なお、法人税の納税地に異動があった場合、原則として、異動前の納税地の所轄税務署長に「異動届出書」を提出しなければなりません。		○
法人の納税義務者には内国法人（国内に本店、または主となる事務所を有する法人）と外国法人（内国法人以外の法人）があります。内国法人は、国内外すべての源泉所得について納税義務を負います。		✕

☐ ❸ 法人税の各事業年度の所得の金額は、企業会計上の利益の額に、法人税法による加算・減算などの所定の申告調整を行って算出する。

☐ ❹ 法人税の対象となる各事業年度の所得の金額は、その事業年度の益金の額から損金の額を控除した金額である。

☐ ❺ 法人税の各事業年度の所得の金額と企業会計における決算上の当期純利益とは、必ずしも一致するとは限らない。

☐ ❻ 2024年4月1日以後に開始する事業年度において、青色申告法人の所得金額の計算上生じた欠損金額は、翌期以降の最長10年間、各事業年度の所得金額を限度として損金の額に算入することができる。

☐ ❼ 益金の額および損金の額は、会計処理の基準によらず、すべて税法独自の規定に従って計算される。

TOP 60 ❷ 法人税の損金算入

☐ ❶ 資本金の額が1億円を超える法人が支出した法人税法上の交際費等は、全額が損金の額に算入される。

☐ ❷ 得意先への接待のために支出した飲食費は、その金額の多寡にかかわらず、全額が法人税の金額の計算上、交際費等の額に含まれる。

☐ ❸ 法人住民税および法人事業税の本税は、いずれも全額が損金の額に算入される。

法人税法上の課税所得金額は、決算による会計上の当期純利益をもとに、益金・損金に算入・不算入とされる項目を加算・減算することで算出します。 ○

法人税の所得金額は、益金から損金を差し引いて求めます。 ○

法人税の所得金額＝益金－損金

法人税の所得金額は、会計上の利益をもとにして、法人税法による所定の調整（申告調整）を行うことで算出されるため、決算上の利益とは必ずしも**一致するとは限りません**。 ○

● **申告調整による法人税の所得金額**

法人税の 所得金額	＝	会計上の 利益	＋	加算 益金算入 損金不算入	－	減算 益金不算入 損金算入

2024年4月1日以後開始する事業年度に発生した欠損金であれば、**10年間**、損金の額に算入することができます。 ○

損金算入…会計上の費用ではないが、税法上の損金（損失・経費）になるもの

法人税では、益金の額・損金の額は、おおむね会計処理の基準に沿って計算されますが、**税法独自の規定に従って計算されるものもあります**。 ×

▼ 解説（赤シートで消える語句をチェックできます） 🔖244・286・288ページ ▼ 正解

交際費（接待や贈答等で支出する費用）は原則、損金**不算入**ですが、資本金額1億円超※の法人の場合、**接待飲食費の支出額の50%の金額**までは損金算入できます。資本金額1億円以下の法人の場合、年間交際費のうち800万円以下の全額、または接待飲食費の支出の50%の額までは損金算入が可能です。 ×

得意先との飲食費が1人**10,000円以下**であれば、交際費に**含まれません**。 ×

● 交際費に含まれないその他の支出（損金に算入）

・会議用の茶菓子・弁当、昼食の程度を越えない飲食費（会議費）

・カレンダーや手帳作成のための費用（広告宣伝費）

法人税や消費税など、会社や個人事業主が税金などを支払った時に使用する勘定科目を**租税公課**といいます。**法人事業税**は**損金算入**できますが、**法人住民税**は**損金不算入**です。 ×

※資本金額100億円超の法人の交際費は、全額損金不算入。

☐ **④** 法人が納付した印紙税は、その事業年度において全額が損金の額に算入される。

☐ **⑤** 業務中の従業員による駐車違反に対して課せられた交通反則金は、法人税の各事業年度の所得の金額の計算上、損金の額に算入される。

☐ **⑥** 法人が国または地方公共団体に対して支払った寄附金は、原則として、その事業年度において全額が損金の額に算入される。

☐ **⑦** 法人が預金の利子を受け取る際に源泉徴収された所得税の額は、所得税額控除として法人税の額から控除することができる。

☐ **⑧** 取得価額が10万円未満の減価償却資産を取得し、事業の用に供した日の属する事業年度において処理したその取得価額の金額は、法人税の各事業年度の所得の金額の計算上、損金の額に算入される。

☐ **⑨** 新たに取得した有形減価償却資産（建物、鉱業用資産、生物等を除く）について、法人が償却方法選定の届出をしていなかった場合には、法定償却方法（定率法）により償却限度額を計算する。

☐ **⑩** 事前確定届出給与において、事前に税務署長に届け出た金額よりも多い金額を役員賞与として支給した場合、原則として、支給金額の全額について損金の額に算入することができない。

☐ **⑪** 退職した役員に対して支給する退職給与を損金の額に算入するためには、あらかじめ税務署長に対して支給時期および支給額を届け出なければならない。

☐ **⑫** 役員に対して支給する給与のうち、利益に関する指標を基礎として算定される利益連動給与は、同族会社では、損金の額に算入することはできない。

☐ **⑬** 欠損金の繰戻しにより受け取る法人税額の還付金は、益金不算入として、減算することができる。

覚えよう

租税公課の損金算入と不算入

損金算入（全額）	損金不算入
○ 固定資産税、都市計画税 ○ 自動車税、法人事業税 ○ 消費税（税込経理の場合） ○ 印紙税 ○ 登録免許税 ○ 不動産取得税 ○ 国、地方公共団体への寄附金	× 法人税 × 法人住民税の本税 × 加算税、延滞税、過怠税、交通反則金など、懲罰的な意味合いの租税公課 × 法人税から控除する所得税、復興特別所得税や外国法人税

▲法人税・住民税・事業税は、租税公課ではなく「法人税、住民税および事業税」で計上。仕訳も「法人税、住民税および事業税」勘定

○

×

○

法人が支払を受ける**利子等**、**配当等**、**給付補てん金**、**賞金**などについて、源泉徴収される所得税の額は、**法人税の額から控除することが**できます。

○

取得価額10万円未満か、使用可能期間が1**年未満**の減価償却資産は、減価償却せずに全額をその事業年度に損金算入できます。これを**少額減価償却資産**といいます。

○

法人は、有形減価償却資産の償却方法ついて、定額法か定率法のどちらかを選べます。選定の届出を提出しない場合は、定率法で計算します。なお、1998年4月1日以降に取得した建物の減価償却はすべて定額法で行います。

○

事前確定届出給与…あらかじめ、税務署に支払い時期と金額を届け出たうえで支給される給与。事前確定届出給与は、原則、**損金に算入**できます。ただし、事前に税務署長に届け出た金額と**完全に一致**している必要があります。1円でも少なかったり、超過して支払った場合、全額**損金算入**できません。

○

役員の退職給与は、税務署長への届出の必要もなく、原則、**損金算入が**できます。ただし、不相応に高額な部分は損金不算入となります。

×

利益連動給与…同族会社以外の法人が業務を執行する役員に支給する給与。利益連動給与は、**同族会社**では**損金に算入**できません。同族会社以外の法人でのみ損金算入が可能です。

○

法人税・住民税等の損金不算入の税金の還付金は、全額が益金不算入です。なお、法人税の確定額よりも中間納付額が多い場合に受け取る法人税額の還付加算金は益金算入します。

○

3 会社と役員の取引

☐ ❶ 会社が所有する社宅に役員が無償で居住している場合、役員については原則として所得税は課されない。

☐ ❷ 役員が会社に対して無利息で金銭の貸付けを行った場合、役員については原則として所得税は課されない。

☐ ❸ 役員が所有する建物を会社に譲渡した場合において、その譲渡対価が適正な時価に満たないときには、役員は必ず時価により譲渡したものとみなされ譲渡所得の計算を行う。

☐ ❹ 役員が所有する土地を会社に無償で譲渡した場合、会社は、適正な時価を受贈益として益金の額に算入する。

☐ ❺ 法人が役員に譲渡した不動産の適正な時価は、当該不動産の固定資産税評価額とされる。

▼ 解説（赤シートで消える語句をチェックできます）　　☞289ページ　▼ 正解

役員は、本来会社に支払う賃貸料を免除されているので、通常の賃貸料相当の金額が、役員の<u>給与</u>所得として<u>所得</u>税が課されます。	×
貸し手である役員が受け取るはずの利子が入っていないため、所得税は<u>課されません</u>。	○
役員が会社に建物を譲渡した場合の譲渡対価が、適正な時価に満たない場合、次の2通りで課税されます。時価の**2分の1未満**であった場合は、時価との差額が<u>みなし</u>**譲渡所得**として課税されます。時価の**2分の1以上**であった場合は、**実際の譲渡対価**を譲渡収入として計算します。従って、必ず時価により譲渡したものとみなされ譲渡計算を行うわけでは<u>ありません</u>。	×
役員が所有する土地を会社に無償（0円）で譲渡した場合、<u>時価</u>が取得価額となり、<u>時価</u>と売買価額の差額を受贈益として**益金算入**します。	○
不動産の適正な時価としては、固定資産税評価額のほか、<u>公示</u>価格、**基準地価**、<u>相続</u>税評価額、不動産鑑定士による**不動産鑑定評価額**が用いられます。	×

タダでもらっても、
時価で益金算入！

役員の給与所得として課税対象となるケース

覚えよう

ケース	給与所得となるもの
会社が役員に<u>無利子</u>で金銭の貸付けを行った	適正金利との差額
会社所有の不動産を**時価より低い価額**で役員に譲渡した	時価と譲渡価額の差額
会社が役員に社宅を低い賃料で貸与した	適正賃貸料との差額
接待費用として会社が役員に金銭を支給した	精算不要とされている金銭

常識で考えてもわかるね。

4 法人税額の計算と申告

☐ ❶ 新規に設立された普通法人が設立第1期より青色申告の適用を受けようとする場合、設立の日以後3カ月を経過した日と設立後最初の事業年度終了の日とのうちいずれか早い日の前日までに、青色申告承認申請書を納税地の所轄税務署長に提出し、その承認を受けなければならない。

☐ ❷ 法人税の税率は、課税所得金額に応じて6段階の税率が適用される超過累進税率が採用されている。

☐ ❸ 期末資本金の額が1億円以下の一定の中小法人において、2025年3月31日までに開始する事業年度における法人税では、所得金額のうち800万円以下の部分に軽減税率15.0%が適用される。

☐ ❹ 法人が、所定の手続きにより青色申告の承認を受けた場合、その法人は税制上の各種特典を受けることができる。

☐ ❺ 法人税の確定申告書は、原則として、各事業年度終了の日の翌日から2カ月以内に、納税地の所轄税務署長に提出しなければならない。

5 決算書

☐ ❶ 右〈A社の損益計算書〉に関する次の記述のうち、最も適切なものはどれか。なお、問題の性質上、明らかにできない科目は「[※]」で示してある。

ア　経常利益は、400百万円である。
イ　営業利益は、200百万円である。
ウ　税引前当期純利益は、250百万円である。
エ　売上総利益は300百万円である。

〈A社の損益計算書〉	（単位：百万円）
売上高	1,000
売上原価	600
[※]	400
販売費および一般管理費	200
[※]	200
営業外損益	50
[※]	250
特別損益	50
[※]	300
法人税等	100
当期純利益	200

新規法人が青色申告の適用を受ける場合は、①法人設立以後3カ月を経過した日、もしくは②第1期目の事業年度の終了日、①か②のどちらか早い日の前日までに青色申告承認申請書を提出し、承認を受けなければなりません。	○
法人税は、申告調整をした後の所得金額に比例税率（課税標準の大小にかかわりなく同じ税率で課税する税。2018年4月1日より開始する事業年度は23.2%）を掛けて算出します。	×
法人税は、申告調整をした後の所得金額に比例税率を掛けて算出します。一定の中小法人については、2025年3月31日までに開始する事業年度の所得金額のうち800万円以下の部分に15.0%の軽減税率が適用されます。	○
青色申告承認申請書を所轄税務署長に提出して承認を受けた法人は、税制上の各種特典を受けることができます。	○
各事業年度終了日の翌日から原則、2カ月以内で、財務諸表（貸借対照表、損益計算書など）を添付し、確定申告書を納税地の所轄税務署長に提出します。	○

ア　経常利益は、営業利益に通常の営業活動以外の収入と費用を反映した利益のことで、本業と副業を合わせた利益ともいえます。 **A社の経常利益＝1,000－600－200＋50＝250百万円** イ　**営業利益＝売上高－売上原価－販売費および一般管理費**　で求めます。 **A社の営業利益＝1,000－600－200＝200百万円** ウ　税引前当期純利益は、経常利益に、臨時収入や臨時損失である特別損益を反映したものです。 **A社の税引前当期純利益＝250＋50＝300百万円** エ　売上総利益（粗利）は、売上高から売上原価を差し引いたものです。 **A社の売上総利益＝1,000－600＝400百万円**	イ

❷ 〈物品販売業X社の損益計算書（P/L）〉について次の記述の正誤を答えなさい。

〈物品販売業X社の損益計算書（P/L）〉 （単位：千円）

売上高	200,000
売上原価	90,000
売上総利益	110,000
販売費および一般管理費	70,000
営業利益	40,000
営業外損益	10,000
営業外費用	30,000
経常利益	20,000
特別損益	0
税引前当期純利益	20,000
法人税、住民税および事業税	8,000
当期純利益	12,000

ア 売上原価は、期首の在庫（期首商品棚卸高）と期中の商品仕入高の合計から期末に残った在庫（期末商品棚卸高）を差し引いたものである。

イ 営業外費用は、本来の営業活動以外に要した費用であり、支払利息や社債利息などが該当する。

ウ 当期純利益は、1事業年度に計上される最終的な純利益であり、売上高に対するこの当期純利益の割合をROEという。

❸ 法人税申告書別表四は、損益計算書の当期利益の額または当期欠損の額に法人税法上の加算または減算を行い、所得金額または欠損金額を算出する明細書である。

❹ 株主資本等変動計算書は、一定時点（期末時）の財政状態を示すもので、資産、負債、資本の記載により、資金の調達源泉と使い道がわかる書類である。

❺ キャッシュ・フロー計算書は、キャッシュ（現金および現金同等物）を、営業活動、投資活動、財務活動の3つに区分してその収支を計算し、一会計期間におけるキャッシュの増減を示す財務諸表の1つである。

❻ 自己資本比率（株主資本比率）は、総資産に対する自己資本（株主資本）の割合を示したもので、当該比率が低い方が財務の健全性が高いと判断される。

ア **売上原価**は、前期からの商品の繰越額（期首商品棚卸高）と当期に仕入れた商品の原価（当期商品仕入高）の合計から、期末に倉庫や店頭に残っている商品の原価（期末商品棚卸高）を差し引いたもので、商品の仕入れや製造にかかる費用を表します。

売上原価＝期首商品棚卸高＋当期商品仕入高－期末商品棚卸高

イ **営業外費用**とは、企業の本来の営業活動以外の活動で経常的に発生する費用のことで、借入金の支払利息・社債利息等が該当します。

ウ **当期純利益**とは、1事業年度に計上されるすべての収益から、すべての費用を差し引いて計算される当期の最終的な純利益をいいます。ROEは、売上高に対する当期純利益の割合ではなく、自己資本利益率のことです。

ア ◯

イ ◯

ウ ✕

損益計算書に関わるその他の用語と計算式

- **売上高営業利益率**：売上高に対する本業の利益の割合を示す指標。
  売上高営業利益率（％）＝ 営業利益÷<u>売上高</u>×100
- **売上高経常利益率**：売上高に対する本業と副業を合わせた利益の割合を示す指標。
  売上高経常利益率（％）＝ 経常利益÷<u>売上高</u>×100
- **限界利益率**：**限界利益**とは、売上から得られる利益の限界値を表すもので、計算式は、限界利益 ＝ 売上高 － 変動費。**限界利益率**は、売上に占める限界利益の割合のことで、限界利益率が高ければ固定費が回収しやすく、利益を上げやすいとされる。限界利益率（％）＝限界利益÷<u>売上高</u>×100
- **損益分岐点売上高**：売上高－（変動費＋固定費）＝0円 のときの売上高のこと。
  損益分岐点売上高 ＝ 固定費÷<u>限界利益</u>÷売上高

「法人税確定申告書（別表四）」（法人税申告書別表四）は、<u>損益計算書</u>の当期利益の額または当期欠損の額に法人税法上の加算または減算を行い、**所得金額**または**欠損金額**を算出する明細書です。

◯

<u>株主資本等変動</u>**計算書**は、貸借対照表の純資産の変動状況を表すもので、株主資本の変動額が変動事由ごとにわかる計算書類の1つです。一定時点の財政状態を示す書類は、<u>貸借対照表</u>です。

✕

キャッシュ・フロー計算書は、一会計期間における資金（キャッシュ）の<u>増減（収入と支出）</u>を示す書類で、財務諸表の1つです。

◯

自己資本比率…<u>総資産</u>に対する**自己資本**の割合のことです。比率が<u>高い</u>方が負債の割合が低く**健全性が高い**と判断されます。

✕

5 消費税

問題数018

消費税の簡易課税制度に関する次の記述のうち、最も不適切なものはどれか。

2021年1月

1. 簡易課税制度を選択することができるのは、基準期間における課税売上高が1億円以下の事業者である。

2. 簡易課税制度の適用を初めて受けるためには、原則として、その適用を受けようとする課税期間の初日の前日までに、「消費税簡易課税制度選択届出書」を所轄税務署長に提出しなければならない。

3. 簡易課税制度を選択した事業者は、事業を廃止等した場合を除き、原則として、2年間は簡易課税制度の適用を継続しなければならない。

4. 簡易課税制度の選択を取りやめる場合は、原則として、その適用を取りやめようとする課税期間の初日の前日までに、「消費税簡易課税制度選択不適用届出書」を所轄税務署長に提出しなければならない。

解答 ① ② ③ ④

▼ 適切なものは○、不適切なものは×で答えなさい。また、（　）に入る語句の組合せを選びなさい。

TOP60 1 消費税の課税・非課税

☐ ❶ 消費税の課税事業者が行う次の取引のうち、消費税の課税取引となるものを選びなさい。

　ア　貸付期間が1カ月以上の土地の貸付け
　　　（駐車場等の施設の利用に伴う貸付けを除く）
　イ　国債の譲渡
　ウ　自己の生活の用に供していた車両の譲渡
　エ　賃料を対価とする店舗の貸付け

出題DATA
過去13年間

1. 消費税の課税・非課税…出題率0.75% [64問]
2. 消費税の基準期間と納税義務…出題率0.61% [52問]
3. 消費税額の計算と申告…出題率0.53% [45問]

※出題率は、過去13年間の学科試験8,539問中の出題割合［質問数］を示しています。

学科④
タックスプランニング

【消費税】の出題傾向

頻出順に「消費税の課税・非課税」、「消費税の基準期間と納税義務」、「消費税額の計算と申告」に関する問題が出題されています。

1 消費税の課税・非課税…土地（借地権）の譲渡・貸付け（1カ月以上）、株券や国債などの有価証券の譲渡は消費税の非課税取引です。

2 消費税の基準期間と納税義務…基準期間は、個人事業者は前々年、法人は前々事業年度です。基準期間の課税売上高が1,000万円以下の事業者は、原則、その課税期間の納税義務は免除されます。

3 消費税額の計算と申告…消費税の簡易課税制度、消費税額の算出方法、消費税の申告について出題されます。

▼ 再現例題の解説と解答

1. 消費税の簡易課税制度は、基準期間となる前々事業年度（個人は2年前）の課税売上高が5,000万円以下の場合に選択できます。2と3と4はいずれも適切。 ①

▼ 解説（赤シートで消える語句をチェックできます）　　🔗295・296ページ　　▼ 正解

消費税は、納税義務者と税金を支払う者が異なる<u>間接税</u>です。消費税には、課税対象となる取引のほかに、<u>不課税</u>取引（消費税の課税対象に該当しない、課税の要件を満たさない取引）や、<u>非課税</u>取引（課税の対象としてなじまない、社会政策的配慮から消費税を課税しない取引）があります。

ア　**土地・借地権の譲渡・貸付け**は消費税の<u>非課税</u>取引です。

イ　**国債や株式等の有価証券の譲渡**は、<u>非課税</u>取引です。

ウ　消費税の課税対象の原則に、「事業者が事業として行う取引」があります。自己の生活用車両を譲渡した場合は、この原則にあたらず、<u>不課税</u>取引になります。

エ　**対価を受け取る**取引は<u>課税</u>取引にあたります。　　　　　　　　　　　　　エ

233

❷ 不動産の売買や賃貸に係る次の取引の対価について、消費税の課税対象となるものを選びなさい。

　ア　地面が舗装されフェンスが整備された駐車場の月極の利用料
　イ　個人が居住用として30年以上にわたり借りている土地の地代
　ウ　個人が居住用として借りているアパートの家賃
　エ　売主である宅地建物取引業者に支払う土地の譲渡代金
　オ　借地権の譲渡代金

❸ 次の取引のなかで、消費税の非課税取引にあたるものを選びなさい。

　ア　消費税の課税事業者による住宅の販売
　イ　賃料を対価とする店舗の貸付け
　ウ　土地の譲渡に係る仲介
　エ　非居住用建物の賃貸
　オ　更地である土地の譲渡

● 消費税の課税対象

> ● **事業者が事業として行う取引**
> 事業者：個人事業者（事業を行う個人）と法人。
> 事業：対価を得る資産の譲渡等を繰り返し、継続、かつ、独立して行うこと。
> ○個人の中古車販売業者の中古車売買、事業用車両の売買は課税対象となる。
> ×個人が生活の用に供している資産を譲渡する場合は課税対象にならない。
>
> ● **対価を得て行う取引**
> ○対価を受け取る取引は課税対象となる。
> ×寄附金、補助金、配当金、保険金などは、課税対象にならない。
> ×無償の取引・贈与・祝金は、原則として課税対象にならない。
>
> ● **資産の譲渡等**
> 事業として有償で行われる商品や製品などの販売、資産の貸付けおよびサービスの提供は、課税対象となる。

ア 土地の譲渡・貸付けは非課税取引ですが、整備された駐車場施設の**利用料**は消費税の**課税対象**になります。

イ 個人の居住用の土地の貸付け、ウ 個人の住宅の貸付け、エ 土地の譲渡、オ 借地権譲渡はすべて、非課税**取引**です。

● 消費税の非課税取引

> ● **土地（借地権）の譲渡・貸付け（1カ月以上）**←土地は消費されないため
> ▲ただし、建物の譲渡、駐車場施設の利用料、1カ月未満の賃貸料、土地の賃貸借契約の仲介手数料は課税対象となる。
>
> ● **住宅用としての建物、アパートの家賃（1カ月以上）**
> ▲ただし、住宅用でない事務所用建物の家賃は課税対象となる。
>
> ● **有価証券の譲渡（株券、国債、抵当証券、金銭債権）**
> ▲ただし、株式・出資・預託の形態によるゴルフ会員権は課税対象。
>
> ● **預貯金や貸付金の利子、保険料を対価とするサービス**
> ▲ただし、金融機関への融資手数料は課税対象となる。
>
> ● **郵便切手、印紙、商品券、プリペイドカードなど、物品切手等の譲渡**
> ● **行政手数料、外国為替業務に係るサービス**

オ 更地の譲渡は、消費税の非課税**取引**です。

ア 住宅の譲渡、イ 事業用建物の貸付け、ウ 土地の譲渡に係る仲介、エ 非居住用建物の貸付けはすべて、消費税の課税**取引**です。

2 消費税の基準期間と納税義務

☐ ❶ 消費税の納税義務者に該当するかどうかを判定する際の基準期間は、個人事業者の場合はその年の前々年であり、事業年度が1年の法人の場合はその事業年度の前々事業年度である。

☐ ❷ 個人事業主であるAさんの2023年中の課税売上高が600万円であり、2024年中の課税売上高が800万円であった場合、Aさんは、2025年分は免税事業者となることができる。

☐ ❸ 2023年中の課税売上高が800万円であり、2024年中に「消費税課税事業者選択届出書」を納税地の所轄税務署長に提出した個人事業者の2025年分は、消費税の免税事業者となることができる。

☐ ❹ 特定期間（原則として前事業年度の前半6カ月間）の給与等支払額の合計額および課税売上高がいずれも1,000万円を超える法人は、消費税の免税事業者となることができない。

☐ ❺ 小売業による収入が3,000千円、店舗用建物の貸付けによる収入が9,000千円ある者は、消費税の納税義務者となる。

☐ ❻ 新たに設立された法人は、事業年度開始の日における資本金の額または出資の金額にかかわらず、設立事業年度および翌事業年度については消費税の免税事業者となる。

基準期間…消費税の課税売上高を算出する目安となる期間。個人の場合は前々年、法人の場合は前々事業年度です。

○

消費税は、基準期間となる**前々事業年度**の課税売上高が1,000**万円以下**であれば、今年の納税義務が免除され（免税事業者となる）、売上高が1,000**万円**を超えると、**課税事業者**となります。基準期間（2023年中）の課税売上高が1,000万円以下なので、2025年分では、消費税の支払いが免除される**免税事業者**となることができます。

○

消費税課税事業者選択届出書…ある年の課税売上高を課税仕入れ高が上回り、消費税の還付が受けられる場合など、免税事業者でも、課税事業者となることを選択しておくための届出書。届出書提出後2**年間**は、強制的に課税**事業者**となります。そのため、基準期間である2023年中の課税売上高が800万円でも、2025年に消費税の**免税事業者**となることはできません。

✕

特定期間…法人は**前事業年度の前半6カ月間**、個人事業者は前年の1月1日～6月30日。給与の支払合計額と売上高がどちらも1,000万円を超える場合、基準期間の売上高が1,000万円以下であっても、消費税の免税事業者となることはできません。

○

課税取引の売上合計額＝3,000千円＋9,000千円＝12,000千円　10,000千円（1,000万円）を超えるため、消費税の納税義務者となります。

○

基準期間のない新設事業者の場合、資本金または出資金が1,000**万円以上**なら当初2**年間**は課税事業者となります。

✕

3 消費税額の計算と申告

☐ **❶** 消費税の簡易課税制度は、事業者の事業を5つに区分し、それぞれ定められているみなし仕入率により控除対象仕入れ税額を計算する制度である。

☐ **❷** 基準期間の課税売上高が1億円以下である事業者は、所定の手続きを行うことにより、簡易課税制度を適用することができる。

☐ **❸** 「消費税簡易課税制度選択届出書」を提出した事業者は、事業を廃止した場合を除き、原則として3年間は簡易課税制度の適用となる。

☐ **❹** 「消費税簡易課税制度選択届出書」の効力は、新たに事業を開始した場合等を除き、所轄税務署長へ提出した日の属する課税期間の翌課税期間から生じる。

☐ **❺** 簡易課税制度の適用を受けた事業者は、課税売上高に従業員数に応じて定められたみなし仕入率を乗じて仕入に係る消費税額を計算する。

☐ **❻** その課税期間に係る課税売上高が5億円以下の事業者で、課税売上割合が95%以上の場合の消費税の納付税額は、原則として、課税売上に係る消費税額から課税仕入に係る消費税額を控除した残額である。

☐ **❼** 個人の課税事業者は、原則として、消費税の確定申告書をその年の翌年3月31日までに納税地の所轄税務署長へ提出しなければならない。

☐ **❽** 直前の課税期間の消費税の年税額が一定の金額を超える事業者は、原則として、中間申告を行う必要がある。

消費税簡易課税制度…消費税額を算出する際、実際に仕入れ等で支払った消費税額を計算しないで、一定の**みなし仕入率**を用いて計算する制度。預かった消費税に一定率（みなし仕入率）を乗じて算出した額を支払った消費税とみなして納税額を計算します。

みなし仕入率…事業者の**業種**を**6**つに区分した仕入れ率で、税額計算を簡便にするために用いる。

×

簡易課税制度の適用を受けられるのは、課税売上高が**5,000万円以下**の法人、個人事業主です。

×

「消費税簡易課税制度選択届出書」を提出した事業者は、届出書提出後、**2年**間、簡易課税制度の適用となります。

×

「消費税簡易課税制度選択届出書」の効力は、提出した年の<u>翌課税</u>期間（次の事業年度）から生じます。

○

みなし仕入率は、従業員数ではなく、**6つの**<u>業種</u>**別**に定められています。消費税額は次の式で算出します。

課税売上に係る消費税額－（課税売上に係る消費税額×みなし仕入率）

×

課税期間中の課税売上高が**5億円**以下で、課税売上割合（消費税のかかる売上）が95％以上の場合、消費税の納付税額は、次の式で算出します。

消費税額＝課税期間中の<u>課税売上</u>に係る消費税額－<u>課税仕入れ</u>等に係る消費税額

○

個人の課税事業者は、消費税の確定申告書を課税期間の**翌年の3月31日まで**に、納税地の所轄税務署長へ提出します。法人の場合は事業年度終了日（決算日）以後**2カ月以内**です。

○

直前の課税期間の消費税の年税額が一定金額（48万円）を超える事業者は、<u>中間申告</u>が必要です。

○

1 不動産の登記と取引

問題数068

借地借家法に関する次の記述のうち、最も適切なものはどれか。なお、本問においては、同法第38条による定期建物賃貸借契約を定期借家契約といい、それ以外の建物賃貸借契約を普通借家契約という。また、記載のない事項については考慮しないものとする。 2021年1月

1. 普通借家契約において存続期間を6カ月と定めた場合、その存続期間は1年とみなされる。

2. 普通借家契約において、賃借人は、その建物の賃借権の登記がなくても、引渡しを受けていれば、その後その建物について物権を取得した者に賃借権を対抗することができる。

3. 定期借家契約は、契約当事者の合意があっても、存続期間を6カ月未満とすることはできない。

4. 定期借家契約は、公正証書によって締結しなければならない。

解答 ① ② ③ ④

▼ 適切なものは○、不適切なものは×で答えなさい。また、（ ）に入る語句の組合せを選びなさい。

TOP60 ❶ 不動産登記

☐ ❶ 土地の登記記録は、一筆の土地ごとに作成される。

☐ ❷ 仮登記に基づいて本登記をした場合、その本登記の順位は、その仮登記の順位による。

☐ ❸ 所有権移転の仮登記がされた不動産に対しては、抵当権設定登記をすることができない。←よく出る

☐ ❹ 所有権に関する登記事項は、登記記録の権利部甲区に記録される。←よく出る

出題DATA 過去13年間

👑1 借家権（借家契約）…出題率**1.41%**［120問］

👑2 借地権（借地契約）…出題率**1.34%**［114問］

👑3 **不動産の価格と鑑定評価**…出題率**1.26%**［108問］

※出題率は、過去13年間の学科試験8,539問中の出題割合［質問数］を示しています。

【不動産の登記と取引】の出題傾向

「借家権（借家契約）」、「借地権（借地契約）」の2分野は、「学科」のなかで両方とも出題率ベスト10に入っており、必ず覚えておくべき重要項目といえます。また「契約不適合責任」が新たに加わりました。

1 借家権（借家契約）…借家権（借家契約）とは、他人の建物を借りて使用する権利のことです。普通借家契約と定期借家契約の違いが問われます。

2 借地権（借地契約）…借地権は、他人の土地を借りて使用する権利のことです。普通借地契約と定期借地契約の違いが問われます。

3 不動産の価格と鑑定評価…公示価格や固定資産税評価額など、土地の価格を決める機関や基準日をまとめて覚えておきましょう。

▼ 再現例題の解説と解答

2．借主がすでに入居済みの場合、たとえ賃借権の登記をしておらず、貸主が変わったとしても、引き続き借主として入居（建物の賃借権を対抗）することが可能です。　　　　　　　　　　　　　　　　　　②

▼ 解説（赤シートで消える語句をチェックできます）　　　📖300・302・310ページ　　▼ 正解

土地の登記記録は**一筆の土地**、不動産の登記記録は一個の建物ごとに作成されます。筆は土地登記上で土地を数える単位です。	○
仮登記とは、将来の本登記の順位を保全するために行う登記のことです。仮登記に基づいて本登記をした場合、本登記の順位は仮登記の順位に**従い**ます。	○
仮登記には**対抗力**がありません。よって、所有権移転の仮登記がされた後でも**抵当権設定登記が**できます。	×
所有権に関する事項は、登記記録の**権利部甲区**に記録されます。所有権以外の権利に関する事項は**権利部乙区**に記録されます。	○

☐ ❺ 抵当権の実行による競売手続開始を原因とする差押えの登記記録は、権利部の甲区に記録される。←よく出る

文中に抵当権とあるけれど、差押えは抵当権ではなくて所有権に関係するよ。

☐ ❻ 不動産登記には公信力があるため、登記記録を確認し、その登記記録の権利関係が真実であると信じて取引した場合には、その登記記録の権利関係が真実と異なっていても法的な保護を受けることができる。←よく出る

☐ ❼ 区分建物を除く建物の床面積の登記記録は、壁その他の区画の内側線で囲まれた部分の水平投影面積（内法面積）により記録される。➡よく出る

☐ ❽ 公図は、地図に準ずる図面として登記所に備え付けられており、一般に、対象とする土地の位置関係等を確認する資料として利用されている。

☐ ❾ 新築した建物の所有権を取得した者は、その所有権の取得の日から1カ月以内に、所有権保存登記を申請しなければならない。

☐ ❿ 借地上の建物の賃借人は、その土地の登記記録に借地権設定の登記がなくても、当該建物に居住していれば第三者に借地権を対抗することができる。

☐ ⓫ 登記事項証明書は、当該不動産の所有権を有する者に限り、手数料を納付して交付を受けることができる。

☐ ⓬ 権利に関する登記の抹消は、登記上の利害関係を有する第三者がいる場合には、当該第三者の承諾があるときに限り、申請することができる。

権利部乙区には、抵当権、賃借権、借地権、地上権などの所有権以外の権利に関する事項が記載されます。差押えの登記記録は、所有権に関する事項ですから、権利部甲区に記載されます。

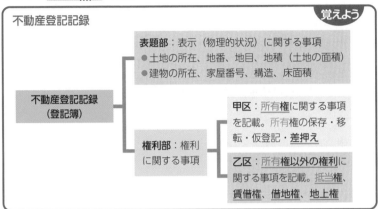

覚えよう

不動産登記記録

不動産登記記録（登記簿）

表題部：表示（物理的状況）に関する事項
● 土地の所在、地番、地目、地積（土地の面積）
● 建物の所在、家屋番号、構造、床面積

権利部：権利に関する事項

甲区：所有権に関する事項を記載。所有権の保存・移転・仮登記・差押え

乙区：所有権以外の権利に関する事項を記載。抵当権、賃借権、借地権、地上権

○

学科⑤　不動産

不動産登記には公信力がないため、登記記録を正しいものと信用して取引を行い、その登記記録の内容が真実と異なっていた場合、法的な保護はされません。

×

区分建物を除く建物（一戸建て等の建物）の床面積の登記記録は、水平投影面積（内法面積）ではなく、壁芯面積で記録されます。

×

公図は地図に準ずる図面で、土地の位置関係等の確認資料として利用されます。距離、角度、面積など、定量的な精度は低いとされています。

○

所有権の保存・移転といった権利に関する登記は義務ではありません。1カ月以内に行う義務があるのは、新たに建てたときに行う建物の表題登記です。

×

建物の賃借人は、借地権を対抗できません。その土地の登記記録に借地権設定の登記があれば、第三者に借地権を対抗することができますが、本問のような賃貸物件の賃借人が借地権を対抗することはできません。

×

登記事項証明書（不動産の登記記録）の交付請求は、法務局で手数料を納付すれば誰でも可能です。

×

権利に関する登記の抹消を申請する場合は、登記上の利害関係のある第三者※がいる場合には、その第三者の承諾が必要です。

○

※第三者を権利者とする抵当権の登記を抹消せずに所有権を移転した場合、買主は購入後、その抵当権が実行されることにより、不動産の所有権を失うことがある。

2 不動産の価格と鑑定評価

☐ ❶ 国土交通省の土地鑑定委員会が公表する公示価格は、毎年4月1日を価格判定の基準日としている。

☐ ❷ 固定資産課税台帳に登録する土地の価格は、国税局長が決定する。

☐ ❸ 相続税路線価は、都道府県地価調査の基準地の標準価格の70％を価格水準の目安として評価される。 ←よく出る

☐ ❹ 都道府県地価調査の基準地は、地価公示の標準地と同じ地点に設定されることはない。

☐ ❺ 都道府県地価調査の基準地の標準価格は、毎年7月1日を価格判定の基準日としている。

☐ ❻ 原価法は、価格時点における対象不動産の再調達原価を求め、これに開発行為などによる増価修正を行って、対象不動産の積算価格を求める手法である。

☐ ❼ 収益還元法は、実際に賃貸の用に供されていない自用の不動産の価格を求める際には用いることができない。

▼ 解説（赤シートで消える語句をチェックできます）　☞302ページ ▼ 正解

国土交通省の土地鑑定委員会が公表する**公示価格**は、毎年 1 月 1 日を**価格判定の基準日**としています。

固定資産税評価額は、固定資産税や都市計画税を算出する基礎となるもので、3 年ごとに見直され、市町村が決定します。

相続税路線価は、地価公示の公示価格の80%を価格水準の目安として設定されています。

都道府県地価調査の基準地は、**地価公示の標準地**と同じ地点に設定されることが あります。

都道府県地価調査の基準地の標準価格は、毎年 7 月 1 日を価格判定の基準日として公示価格を補完する役割を有しています。

公的機関が発表する土地の価格 覚えよう				
	公示価格 （公示地価）	固定資産税評価額	相続税評価額 （路線価）	基準地価格 （標準価格）
内容	土地取引の指標となる１㎡当たりの価格	固定資産税や不動産取得税などの計算のもととなる評価額	相続税や贈与税の計算の基準となる価格	都道府県知事が公表する基準地の標準価格
決定機関	国土交通省	市町村 （東京23区は東京都）	国税庁	都道府県
基準日	毎年 1 月 1 日	基準年度の前年の1月1日を基に3年ごとに評価替え	毎年 1 月 1 日	毎年 7 月 1 日
発表時期	3月中旬～下旬	4月上旬	7月上旬	9月上旬～中旬
価格水準	100%	70%	80%	100%

▲価格水準は、公示価格を100%としたとの水準。

O

原価法とは、不動産の再調達原価（現在時点で買い直す場合の価格）を試算し、減価**修正**（経年劣化等で価値が下がった分を減額）して不動産価格を計算する方法です。

収益還元法とは、家賃、売却価格など、不動産が将来生み出すであろう**純収益（収益－費用）**を基準に価格を求める方法です。賃貸の用に供されていない**自用の不動産**にも適用できます。

□ ⑧ 収益還元法のうちDCF法は、連続する複数の期間に発生する純収益および復帰価格を、その発生時期に応じて現在価値に割り引き、それぞれを合計することによって、対象不動産の収益価格を求める方法である。

□ ⑨ 取引事例比較法の適用に当たって選択すべき取引事例は、投機的取引であると認められる事例等、適正さを欠くものであってはならない。

□ ⑩ 不動産の鑑定評価を行うにあたっては、原価法、取引事例比較法および収益還元法を併用せず、原則として、いずれかを選択して適用すべきである。

TOP60 ❸ 宅地建物取引業

□ ❶ 宅地建物取引業とは、業として宅地または建物を自ら売買または交換する行為で、売買等の媒介のみを行う場合は、宅地建物取引業の免許は不要である。

□ ❷ 賃貸マンションの所有者が、その所有するマンションの賃貸を自ら業として行う場合は、宅地建物取引業の免許が必要となる。

□ ❸ 不動産の鑑定評価に関する法律において、不動産鑑定士および宅地建物取引士は、不動産の鑑定評価を行うことができるとされている。

□ ❹ 宅地建物取引業者は、都市計画法による開発許可を受ける前の造成宅地や建築基準法による建築確認を受ける前の新築建物について、売買契約の締結はできない。

□ ❺ 宅地建物取引業者が不動産の売買を媒介する際、依頼者の合意が得られれば、依頼者から受け取る報酬の額に制限はない。

□ ❻ 宅地建物取引士は、売買契約成立後、速やかに、買主に対して、重要事項説明書を交付して説明しなければならない。

収益還元法には、次の2つがあります。

● 直接還元法…一期間の純収益を還元利回り（投資額に対する年間の賃料収入の割合）で還元することにより、対象不動産の収益価格を求める方法。

● DCF法…連続する複数の期間に発生する純収益および復帰価格（将来の転売価格）を、その発生時期に応じて現在価値に割り引いて合計して、対象不動産の収益価格を求める方法。

〇

取引事例比較法とは、市場で現実に発生した類似の不動産取引を参考に、地域要因の比較、取引時期の比較などの修正、補正を加えて価格を計算する方法です。現実に発生した取引には、投機的取引を含めてはなりません。

〇

不動産の鑑定評価にあたっては、原則として原価法、取引事例比較法および収益還元法の三方式が併用されます。

✕

▼ 解説（赤シートで消える語句をチェックできます）　　303・306ページ　　▼ 正解

宅地建物取引業（宅建業）は、土地や建物の売買、交換、貸借の媒介（仲介）や代理を行う業務です。売買等の媒介に宅地建物取引の免許は必要です。また、宅地建物取引業者名簿が国土交通省と都道府県に設置されており、免許証番号、代表者の氏名、業務停止の処分の内容等が記載されています。

✕

自分（自社）が所有しているマンション、戸建ての賃貸運営・管理を行う場合は、宅地建物取引業の免許は不要です。

✕

宅地建物取引士は、不動産の鑑定評価ができません。不動産の鑑定評価は、不動産鑑定士が行います。

✕

宅地建物取引業者は、都市計画法の開発許可や建築基準法の建築確認等を受ける前は売買契約を締結することができません。

〇

宅地建物取引業者が不動産の売買・交換・賃貸の媒介や代理を行う場合、取引に応じた報酬の限度額は宅地建物取引業法で定められています。

✕

重要事項の説明、重要事項説明書や契約書面への記名は、宅地建物取引士の独占業務で、売買契約成立前に行わねばなりません。

✕

☐ **❼** 一般媒介契約では、依頼者が複数の宅地建物取引業者に重ねて売買の媒介を依頼することができる。

☐ **❽** 専任媒介契約を締結した宅地建物取引業者は、依頼者に対し1カ月に1回以上の業務処理状況報告をしなければならないとされており、契約の有効期間は最長3カ月である。

☐ **❾** 専属専任媒介契約では、依頼者が自ら発見した相手方と売買契約を締結することができる。

☐ **❿** 宅地建物取引業者が、貸主および借主の双方から受け取ることができる報酬の合計額の上限は、借賃の2カ月分に相当する額である。

４ 手付金と解約

☐ **❶** 宅地または建物の売主が宅地建物取引業者で、買主が宅地建物取引業者でない場合、売主は、売買代金の2割を超える額の手付金を受領することはできない。◀よく出る

☐ **❷** 売買契約において解約手付を交付した買主は、自らが契約の履行に着手していない限り、手付放棄による契約の解除をすることができる。

☐ **❸** 買主が解約手付を交付した場合、買主が契約の履行に着手するまでは、売主はその手付の倍額を買主に償還することにより、売買契約を解除することができる。◀よく出る

☐ **❹** 宅地建物取引業者自らが売主の場合、買主が売主の事務所で買受けの申込みおよび売買契約の締結をしたときは、買主はクーリング・オフによる契約解除をすることができない。

☐ **❺** 宅地建物取引業者が自ら売主となる土地建物等の売買契約において、契約の解除に伴う損害賠償額または違約金を定めているときは、一定の要件を満たしてクーリング・オフによる契約の解除を申し出た買主に対しても、損害賠償または違約金の支払いを請求することができる。

一般媒介契約…依頼者は**複数の業者**への**依頼、自己発見（自分で取引相手を見つけること）**が<u>できます</u>。契約有効期間は自由です。 ○

専任媒介契約…依頼者は他の業者への依頼ができません。自己発見は<u>できます</u>。業者は、依頼者に**2週間に1回以上**の業務処理状況報告をしなければならないとされており、契約の有効期間は**最長3カ月**です。 ✕

専属専任媒介契約…依頼者は他の業者への依頼、自己発見が<u>できません</u>。業者は、依頼者に**1週間に1回以上**の業務処理状況報告をしなければならないとされており、契約の有効期間は**最長3カ月**です。 ✕

賃貸借の媒介では、貸主・借主双方から受け取れる**仲介手数料**の合計額の上限は、**賃料の1カ月分+消費税**までです。 ✕

▼ 解説（赤シートで消える語句をチェックできます）　　　⤳308ページ　▼ 正解

宅地建物取引業者は、自らが売主となる不動産の売買契約で取引相手が宅地建物取引業者でない場合、売買代金の額の**2割（10分の2）**を超える額の手付金を受領することは<u>できません</u>。 ○

不動産売買契約における**手付金**は解約手付と解釈され、交付されると、相手方が契約の履行に着手するまでは、買主は手付金を放棄することで契約の解除ができます。相手が契約の履行に着手した後は**契約解除**は<u>できません</u>。 ✕

解約手付が交付されると、相手方が契約の履行（売主の登記や物件引渡し、買主の代金の支払いなど）に着手するまでは、売主は**手付金の倍額を支払う**ことで、買主は交付した**手付金を放棄**することで、契約の解除ができます。 ○

買主が売主の事務所で申込みと契約をした場合、**クーリング・オフは**<u>できません</u>。 ○

要件を満たして発効されたクーリング・オフは**無条件解除**なので、宅建業者は、損害賠償や違約金の支払いを請求することが<u>できません</u>。 ✕

5 不動産の売買契約

☐ ❶ 土地の売買契約において、その土地の実測面積が登記記録の面積と相違している場合、その面積の差に基づく売買代金の増減精算は行わないという特約は、買主に不利な場合があるため無効である。

☐ ❷ 売買契約締結後、売主の責めに帰すべき事由により債務不履行（引渡しなどの履行遅滞）が生じた場合、買主は履行の催告を行い、その催告期間内に履行されない場合に契約を解除することができる。

☐ ❸ 共有となっている不動産について自己が有している持分は、他の共有者の同意を得なければ、第三者に譲渡することができない。

☐ ❹ 売買契約締結後、引渡しまでの間に、売買の目的物である土地が災害により陥没した場合、あるいは建物が消滅した場合、買主は契約の解除、売買代金の支払拒否をすることができる。

☐ ❺ 不動産について二重に売買契約が締結された場合、当該複数の買主間においては、原則として、売買契約を先に締結した者が当該不動産の所有権を取得する。

☐ ❻ 未成年者（既婚者を除く）が法定代理人の同意を得ずに不動産の売買契約を締結した場合、原則として、その法定代理人だけでなく、未成年者本人も、当該売買契約を取り消すことができる。

土地の売買契約において、売買対象面積を登記記録の面積とし、後日、実測した結果、実測面積が当該登記記録の面積と相違しても、売買代金の**増減精算は行わない旨の特約**は有効です。	✕
売主の過失で債務の履行遅滞（引渡し予定日の遅れ）が生じた場合、買主は**履行の催告**をしたうえで、その期間内に履行されない場合には**契約解除**できます。なお、債務不履行が契約および取引上の社会通念に照らして「軽微」であるときは、契約解除はできません。	〇
共有物の変更（売却）は、共有者全員の**合意**がなければできません。自身の持分は、共有者全員の合意なしに**第三者に売却**できます。	✕
契約者双方に過失はなく、**災害**などの理由による**毀損**や**滅失**によって物件の引渡しができなくなった場合の**危険負担**は、民法上売主にあるとされ、買主は**債務の履行（売主への代金支払）**の拒絶および**契約解除が**できます。	〇
売主が複数の相手に同じ物件を譲渡（二重譲渡）した場合、その所有権は先に売買契約を締結した者や代金を支払った者ではなく、**先に登記（所有権移転登記）をしたほうが取得**します。	✕
未成年者（既婚者を除く）が不動産の売買契約等の法律行為を行うには、法定代理人（両親などの親権者）の**同意を得る**ことが必要です。同意を得ずに契約した場合、未成年者本人や法定代理人により**取り消すことが**できます。	〇

学科⑤
不動産

⑥ 契約不適合責任

☐ ❶ 売買の対象物である不動産が、契約の内容に適合しないものであるとき、買主は売主に対し、追完の請求、代金減額の請求、損害賠償の請求、契約の解除の4つを行うことができる。

☐ ❷ 引き渡された目的物が契約の内容に適合しないものであるときは、買主は、①目的物の修補、②代替物の引渡し、③不足分の引渡しの3つの方法から選び、売主に対し履行の追完を請求することができる。

☐ ❸ 買主の権利は、「買主が契約不適合の事実を知った時から5年」「引渡しから10年経過した時」のいずれか早い時点で時効が消滅する。

☐ ❹ 買主が担保責任を追及する場合には、契約不適合の存在を知った時から、1年以内に売主の担保責任について訴求する必要がある。

TOP 60 ⑦ 借地権（借地契約）

☐ ❶ 借地上に借地権者名義で登記された建物を所有する借地権者は、借地権設定者が当該借地権の目的となっている土地の所有権を第三者に譲渡してその登記を移転しても、借地権を当該第三者に対抗することができる。←よく出る

☐ ❷ 普通借地権の設定契約では、30年を超える存続期間を定めることはできない。←よく出る

☐ ❸ 普通借地権の存続期間が満了し、契約の更新がない場合、借地権者は借地権設定者（地主）に対し、借地上の建物を時価で買い取るよう請求することができる。←よく出る

☐ ❹ 普通借地権の存続期間満了に伴い、借地権者が借地権設定者に契約の更新を請求したときは、その土地の上に建物が存在しなくても、従前の契約と同一条件で契約を更新することができる。←よく出る

売買の対象物である不動産が、契約の内容に適合しないものであるとき、買主は売主に対し、**追完の請求**、**代金減額の請求**、**損害賠償の請求**、**契約の解除**を行うことができます。これを売主の契約不適合責任といいます。

◯

目的物が契約の内容に適合しないものであるとき、買主は、売主に対して追完の請求ができます。具体的には、**目的物の修補**、**代替物の引渡し**、**不足分の引渡し**の3つから**買主が**選択します。ただし、買主に不相当な負担を課さない限り、売主は買主が請求した方法とは異なる方法によっても追完することが可能です。

◯

買主の権利は、①買主が契約不適合の事実を知った時から**5年**、②引渡しから**10年** 経過した時　の**いずれか早い時点で時効が**消滅します。

◯

買主は、売主に対して担保責任を追及する場合、契約不適合の存在を知った時から１年以内に訴求を提起する必要はなく、担保責任を追及する**意思を明確に示**しておけばよいとされています。

✕

借地権者（借主）は、**借地権の**登記がなくても、自分名義の建物を所有していれば**第三者に対抗することが**できます。

◯

普通借地権では、地主と借地人の合意によって、**30年**を超える存続期間を定めることができます。

✕

普通借地権の存続期間が満了し、契約の更新がない場合、借主は貸主に借地上の建物を時価で買い取るよう**請求**できます。

◯

普通借地権の存続期間満了後、**建物がある場合に限り**、借主が望めば従前の契約と同一条件で契約が**更新**できます。

✕

□ ❺ 借地借家法施行前に締結された借地権設定契約の更新時に、貸主から一般定期借地権設定契約への切替えの申入れがあった場合、借主は、正当の事由がない限り、その申入れを拒絶することはできない。

□ ❻ 存続期間を25年とする定期借地契約を締結する場合に利用できる定期借地権の種類は、一般定期借地権のみである。

□ ❼ 一般定期借地権では、利用目的の制限がないため、居住用、および事業用に供する建物の所有を目的として設定することができる。

□ ❽ 建物譲渡特約付借地権では、借地権を消滅させるため、借地権設定から20年以上を経過した日に借地上の建物を地主に対して相当の対価で譲渡する旨を特約で定めることができる。

□ ❾ 事業用定期借地権等の設定に関する契約は書面によって行わなければならないが、必ずしも公正証書による必要はない。

TOP 60 **8 借家権（借家契約）**

□ ❶ 期間の定めがない普通借家契約では、賃貸人は3カ月前の解約申入れにより契約を終了させることができる。

□ ❷ 賃貸借の目的である建物の用途が店舗や倉庫等の事業用である場合、その建物の賃貸借については借地借家法は適用されない。←よく出る

□ ❸ 法令または契約により一定期間経過後に取り壊すことが明らかな建物の普通借家契約において、当該建物を取り壊すときには賃貸借が終了する旨の特約をした場合、その特約は無効である。

□ ❹ 普通借家契約および定期借家契約のいずれにおいても、契約は公正証書による書面によって行わなければならない。←よく出る

□ ❺ 期間の定めのある普通借家契約において、建物の賃貸人からの更新拒絶の通知は、正当の事由があると認められる場合でなければ、することができない。

借地借家法施行前に成立した借地権が、借地借家法施行後に更新された場合には、旧借地法の規定が適用されます。借主は、貸主からの一般定期借地権への切替えの申入れがあった場合に拒絶できます。

定期借地権　　覚えよう

種類	一般定期借地権	事業用定期借地権	建物譲渡特約付借地権
契約の締結	特約は公正証書等の書面で契約	公正証書での契約が必要	口頭または書面で契約
契約存続期間	50年以上（建物再築による延長なし）	10年以上50年未満※	30年以上
利用目的	制限なし。居住用、事業用どちらも可	事業用のみ。居住用建物は不可	制限なし
契約終了時	契約終了時に原則、更地にして返還	契約終了時に原則、更地にして返還	土地所有者が建物を買い取る（借地人は土地を返還）。存続期間終了後、借主の請求で引き続き建物利用可

※ 10年以上30年未満（事業用定期借地権）→契約更新なし、建物買取請求不可。
30年以上50年未満（事業用定期借地権）→契約更新なし・建物買取請求なしの特約設定は任意。

▼ 解説（赤シートで消える語句をチェックできます）　⊘311ページ　▼ 正解

期間の定めのない**普通借家契約**において、**賃貸人（貸主）**は、正当の事由をもって期間満了**6カ月前**までに**賃借人（借主）**に通知すれば契約を終了させることができます。

賃貸借の目的である建物の用途が**居住用**または店舗・倉庫等の**事業用**のいずれの場合でも、借地借家**法が適用**されます。

法令や契約で将来取壊しが決まっている建物において、当該建物を取り壊すときには賃貸借が終了する旨の特約を定めた場合は、その特約は有効です。

普通借家契約は口頭でも契約できます。定期借家契約では**書面が必要**ですが、公正証書でなくてもかまいません。

賃貸人による更新拒絶の通知は、**期間満了6カ月前**までに賃借人に通知し、正当の事由**がある場合**に限ります。

☐ **❻** 普通借家契約では、賃借権の登記がなくても建物の引渡しがあれば、その後にその建物の所有権を取得した者に対して、賃借人は、建物の賃借権を対抗することができる。

☐ **❼** 定期借家契約では、賃貸人は賃借人に対し、あらかじめ契約更新がなく期間満了により賃貸借が終了することを書面を交付して説明しなければならない。

☐ **❽** 定期借家契約において、賃借人に造作買取請求権を放棄させる旨の特約は無効である。←よく出る

☐ **❾** 定期借家契約は、あらかじめ当事者である賃貸人と賃借人が期間満了後に契約を更新する旨の合意をしていた場合、その契約を更新することができる契約である。

☐ **❿** 定期借家契約においては、建物賃貸借の期間を1年未満と定めた場合でも、期間の定めのない建物の賃貸借とみなされることはない。

☐ **⓫** 定期借家契約では、床面積が200㎡未満である居住用建物の賃借人が、転勤によりその建物を自己の生活の本拠として使用することが困難となった場合、賃借人は、当該契約の解約の申入れをすることができる。

普通借家契約では、賃借人は、賃借権の登記がなくても**建物の**引渡しがあれば、その後に建物の所有権を取得した者（新たな賃貸人）に対して、**建物の賃借権を対抗（引き続き入居）**することができます。　◯

定期借家契約では、賃貸人は賃借人に対し、**定期借家契約**（契約更新がない旨の定め）であることを記載した書面を交付して説明しなければなりません。　◯

賃借人には、賃貸人（大家）の同意を得て畳や建具、エアコンなどの造作を付加でき、契約満了時は賃貸人にその造作を時価で買い取るよう請求できる**造作買取請求権**があります。造作買取請求権を放棄させる特約は有効です。　✕

定期借家契約は、原則、契約期間満了後に賃借人は退去する必要があり、**契約の更新**はできません。ただし、賃貸人と賃借人双方が期間満了後に契約を更新する旨の合意をしていた場合、**再契約**は可能です。　✕

定期借家契約においては、建物賃貸借の期間を1年未満と定めた場合でも、期間の定めのない建物の賃貸借とみなされることはありません。普通借家契約では1年未満の契約期間は期間の定めのない賃貸借とみなされます。　◯

定期借家契約では、床面積200㎡未満の居住用建物に限り、転勤など、正当の事由があれば賃借人から**中途解約が**可能です。

借家権　覚えよう

種類	普通借家契約 （建物賃貸借契約）	定期借家契約 （定期建物賃貸借契約）
契約の締結	口頭または書面で契約	書面で契約。 公正証書でなくても可
存続期間	1年以上。 1年未満の契約は「期間の定めがない賃貸借」とみなされる	制限なし。1年未満の契約でも契約期間とみなされる
更新	自動更新（法定更新）	更新なし（再契約はできる）
解約の条件	●貸主は正当の事由をもって期間満了6カ月前までに借主に通知すれば解約可能 ●借主からは3カ月前に解約申入れが可能。正当の事由不要。一般的には特約で定められる	●契約期間が1年以上の場合、貸主は期間満了の1年前から6カ月前までに「契約の終了」を借主に通知しなければならない ●床面積200㎡未満の居住用建物に限り、正当の事由があれば借主から中途解約できる

◯

2 不動産に関する法令

再現例題

建築基準法に基づいて下記の土地に住宅を建築する場合、建物の延べ面積の限度として、最も適切なものはどれか。なお、前面道路は、同法第42条第2項により特定行政庁の指定を受けた道路であるものとし、記載のない条件については考慮しないものとする。

2021年3月

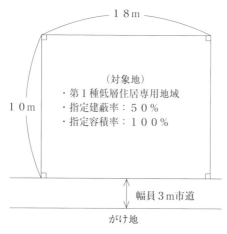

18m

10m

（対象地）
・第1種低層住居専用地域
・指定建蔽率：50％
・指定容積率：100％

※特定行政庁が都道府県都市計画審議会の議を経て指定する区域内ではない。

※前面道路の対象地の反対側はがけ地であり、その方向には後退できない。

幅員3m市道

がけ地

1．90㎡　　2．162㎡　　3．171㎡　　4．180㎡

解答　①　②　③　④

▼ 適切なものは○、不適切なものは×で答えなさい。また、（　）に入る語句の組合せを選びなさい。

TOP60 1 都市計画法

☐ ❶ 準都市計画区域は、都市計画区域内において、おおむね10年以内に優先的かつ計画的に市街化を図るべき区域として指定された区域である。

出題DATA 過去13年間

1 建築基準法…出題率 **1.57%** ［134問］

2 区分所有法…出題率 **1.32%** ［113問］

3 都市計画法…出題率 **1.03%** ［88問］

※出題率は、過去13年間の学科試験8,539問中の出題割合［質問数］を示しています。

【不動産に関する法令】の出題傾向

「建築基準法」、「区分所有法」、「都市計画法」は、いずれも学科試験の超頻出分野です。

1 **建築基準法**…用途制限、建蔽率の上限、2項道路のセットバックは、必ず覚えておいてください。

2 **区分所有法**…区分所有法は、分譲マンションなどの集合住宅における共通の管理や使用について定めた法律です。区分所有者は専有部分とその専有部分に係る敷地利用権を分離処分できないことを覚えておきます。

3 **都市計画法**…開発許可制度に関する問題が頻出しています。

▼ 再現例題の解説と解答

幅員3mの市道は片側が「がけ地」なので、この敷地の場合、現在の道路の境界線から1m後退した線まで後退する必要があるため、敷地面積を計算する際は上下の長さを10m－1m＝9m として計算します。また、前面道路の幅員が12m未満である建築物の容積率は、①指定容積率、②前面道路の幅員×法定乗数のいずれか低い方です。この敷地は住宅系用途地域なので、法定乗数は4／10。①＝100%、②前面道路4m×4／10＝160% なので、低い方の100%で計算します。

延べ面積の限度＝9m×18m×100%＝162㎡

 ②

▼ 解説（赤シートで消える語句をチェックできます）　㋩316・323ページ　▼ 正解

おおむね10年以内に優先的かつ計画的に市街化を図るべき区域は **市街化区域** です。なお、**準都市計画区域** とは、「高速道路のインターチェンジ周辺」、「幹線道路の沿道」など、積極的な整備や開発を行う必要はないものの、土地利用の規制を行わなかったら何らかの支障をきたす恐れがある場合に、土地利用の整序のみを行う目的で定める区域のことです。

×

☐ ❷ 準都市計画区域内において行う開発行為は、その規模にかかわらず、都道府県知事等の許可を必要としない。

☐ ❸ 都市計画区域には、都市計画に区域区分（市街化区域・市街化調整区域）が定められていない区域があり、その区域（非線引き区域）には用途地域は定めないものとされている。

☐ ❹ 市街化区域とは、すでに市街地を形成している区域およびおおむね10年以内に優先的かつ計画的に市街化を図るべき区域のことである。

☐ ❺ 市街化区域内で行う一定面積未満の開発行為は、都道府県知事等の許可を必要としない。

☐ ❻ 土地区画整理事業の施行として行う開発行為は、都道府県知事等の許可を必要とする。

☐ ❼ 開発許可を受けた開発区域内の土地について、開発行為に関する工事完了の公告があるまでの間は、当該土地を譲渡することができない。

☐ ❽ 市街化区域における開発行為については、その規模にかかわらず、開発許可を受ける必要はない。

☐ ❾ 市街化調整区域における、農林漁業用の一定の建築物またはこれらの業務を営む者の居住用建築物の建築の用に供する目的で行う開発行為については、開発許可を受ける必要はない。

☐ ❿ 開発許可を受けた開発区域内の土地に建築物を建築する場合は、その規模等にかかわらず、建築基準法の建築確認が不要である。

準都市計画区域において、3,000㎡以上の規模の開発行為には都道府県知事の許可が必要です。 ✕

都市計画区域の中には、市街化区域・市街化調整区域の区別がない（定められていない）非線引き区域があります。非線引き区域は用途を定めることができます。なお、市街化区域については用途地域を定め、市街化調整区域については原則として用途地域を定めないものとされています。 ✕

市街化区域と市街化調整区域 覚えよう

都市計画区域

線引き区域：市街化区域＋市街化調整区域

市街化区域	**市街化調整区域**
「すでに市街地を形成している区域」、および「おおむね10年以内に優先的かつ計画的に**市街化を図るべき区域**」	▲ ▲ ▲ 「**市街化を抑制すべき区域**」

非線引き区域：市街化区域でも市街化調整区域でもない都市計画区域

○

市街化区域内において行う開発行為で、その規模が1,000㎡未満である場合は、都道府県知事等の許可を**必要と**しません。 ○

土地区画整理事業における開発行為は、都道府県知事等の開発許可を**必要と**しません。 ✕

開発行為に関する工事完了の公告があるまでの間は、建築物を建築することはできませんが、**土地の譲渡**は可能です。 ✕

市街化区域で開発行為をする場合でも、1,000㎡以上の開発を行う際は、都市計画法に定める**開発許可**が必要です。 ✕

市街化調整区域での、農林や漁業用の建築物やその従事者の住宅の建築目的の開発行為には、**開発許可**は不要です。 ○

開発許可を受けた場合でも開発区域内の土地に建築物を建築する場合は建築基準法の**建築確認**が必要です。 ✕

☐ ⑪ 市街化調整区域のうち開発許可を受けた開発区域以外の区域内では、原則として都道府県知事等の許可を受けなければ建築物を建築することができない。

☐ ⑫ 土地登記簿上で土地を分筆する行為は、その行為が建築物の建築または特定工作物の建設を目的としていなくても、都市計画法上の開発行為に該当する。

☐ ⑬ 次のうち、都市計画法により都道府県知事等の開発許可を受ける必要があるものは（　）である。
1. 青空駐車場に供する目的で行う土地の造成
2. 土地区画整理事業の施行として行う開発行為
3. 市街化区域内で行う3,000㎡の開発行為

☐ ⑭ 開発許可を受けた開発区域内の土地においては、開発工事完了の公告があるまでの間は、原則として、建築物を建築することができない。

☐ ⑮ 農業を営む者の居住の用に供する建築物の建築を目的として市街化調整区域で行う開発行為は、開発許可が必要である。

☐ ⑯ 都市計画法での用途地域は、住居の環境を保護するための7地域と商業の利便を増進するための2地域の合計9地域とされている。

TOP 60 ② 建築基準法

☐ ❶ 用途地域のうち工業専用地域においては、原則として、住宅を建築することはできない。

☐ ❷ 共同住宅は、工業地域および工業専用地域では建築することができない。

市街化調整区域では、開発規模にかかわらず都道府県知事等の開発許可が必要です。　**○**

都市計画法における**開発行為**とは、建築物の建築、特定工作物の建設のために、**土地の区画形質を変更すること**をいいます。分筆による土地の権利区画の変更などは、開発行為に**該当**しません。　**×**

1. 青空駐車場には建物を建築しないので、開発行為に**該当**しません。
2. 市街化区域・市街化調整区域等にかかわらず、**土地区画整理**事業における**開発行為**は都道府県知事等の開発許可を**必要と**しません。
3. 市街化区域で開発行為をする場合、その規模が**1,000㎡以上**である際は、都市計画法に定める**開発許可が必要**です。　**3**

開発許可を受けた開発区域内の土地においては、**開発工事完了の公告**があるまでの間は、建築物を建築することは**できません**。　**○**

農林漁業用建築物や農林漁業従事者が、**市街化調整区域**で行う自宅の建築を目的とする開発行為に**許可は不要**です。　**×**

都市計画法では、用途地域を**住居系**、**商業系**、**工業系**に分け、13種類の用途地域を定めています。　**×**

▼ 解説（赤シートで消える語句をチェックできます）☞317・318・320・322ページ　▼ 正解

〈用途地域別の建築物の用途制限〉　覚えよう

建築物の用途　＼　用途地域	住居系								商業系		工業系		
	第一種低層住居専用地域	第二種低層住居専用地域	第一種中高層住居専用地域	第二種中高層住居専用地域	第一種住居地域	第二種住居地域	準住居地域	田園住居地域	近隣商業地域	商業地域	準工業地域	工業地域	工業専用地域
診療所、公衆浴場、保育所、幼保連携型認定こども園、神社、教会、派出所	○	○	○	○	○	○	○	○	○	○	○	○	○
住宅、共同住宅、図書館、老人ホーム	○	○	○	○	○	○	○	○	○	○	○	○	×
幼稚園、小・中学校、高校	○	○	○	○	○	○	○	○	○	○	○	×	×
病院	×	×	○	○	○	○	○	×	○	○	○	×	×
カラオケボックス	×	×	×	×	×	○	○	×	○	○	○	×	×
大学、高等専門学校、専修学校	×	×	○	○	○	○	○	×	○	○	○	×	×
ホテル、旅館	×	×	×	×	○	○	○	×	○	○	○	×	×

▲ **×** と **○** は試験によく出る地域・建築物。

☐ ❸ 建築物の敷地が異なる2つの用途地域にまたがる場合は、その敷地の全部について、敷地の過半の属する用途地域の建築物の用途制限が適用される。

☐ ❹ 建築物の敷地が接する道の幅員が4m未満であっても、特定行政庁が指定したものは、建築基準法上の道路とみなされる。

☐ ❺ 建築物の敷地は、原則として、建築基準法に規定する道路に2m以上接していなければならない。

☐ ❻ 用途地域が近隣商業地域（都道府県都市計画審議会の議を経て指定する区域ではない）に当たる下記の土地に、建築面積135㎡、延べ面積180㎡の2階建の住宅を建築する場合、この住宅の建蔽率として、正しいものはどれか。なお、前面道路は建築基準法第42条第2項により特定行政庁の指定を受けた道路である。また、記載のない条件については考慮しないものとする。

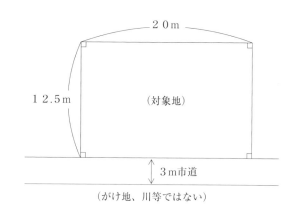

1．54.00%
2．56.25%
3．67.50%
4．75.00%

☐ ❼ 特定行政庁の指定する角地である敷地に耐火建築物以外の建築物を建築する場合、その敷地の建蔽率の上限は、都市計画において定められた建蔽率の数値に20％を加算した値となる。

建築物の**敷地**が異なる**2つ以上の用途地域**にまたがる場合、その敷地の全体について<u>過半</u>の属する用途地域の<u>用途制限</u>が適用されます。

○

建築基準法で道路と指定されるものは、**道路**（幅員（道幅）<u>4m以上の道路</u>）と**2項道路**（都市計画区域にある幅員<u>4m未満の道</u>で、特定行政庁により道路と指定されるもの）の2つです。

○

建築基準法において、建築物の敷地は、**幅員<u>4m以上の道路</u>に<u>2m以上</u>接**している必要があります（<u>接道義務</u>）。

○

「前面道路は建築基準法第42条第2項により特定行政庁の指定を受けた道路」とあるので**2項道路**です。2項道路では、道路の中心線から<u>2m下がった線</u>を<u>みなし道路境界線</u>として、道沿いの建物はみなし道路境界線まで下がって建て直します（道路の片側が川やがけ地の場合は、道路と川やがけ地との境界線から4m下がります）。**セットバック部分**（下図参照）は敷地面積に算入されません。幅員3mなので、

セットバック部分の道路幅＝(4−3)÷2＝0.5m

敷地面積＝20m×(12.5m−<u>0.5m</u>)＝<u>240㎡</u>

建築面積＝建蔽率×敷地面積

建蔽率＝建築面積135㎡÷敷地面積<u>240㎡</u>＝0.5625→<u>56.25%</u>

2

角地の建築物は、都市計画の建蔽率の数値に<u>10%が加算</u>されます。

×

建蔽率の上限が緩和される場合	覚えよう
防火地域内（建蔽率の上限80%の地域※を除く）にある耐火建築物及び耐火建築物と同等以上の延焼防止性能の建築物。もしくは、準防火地域内にある耐火建築物、準耐火建築物及びこれらの建築物と同等以上の延焼防止性能の建築物	プラス<u>10%</u>
特定行政庁の指定する<u>角地</u>にある建築物	プラス<u>10%</u>
▲上記の両方に該当する場合（10%＋10%）	プラス<u>20%</u>

※防火地域内にある耐火建築物及び耐火建築物と同等以上の延焼防止性能の建築物で建蔽率の上限80%の地域は制限なし（建蔽率100%）。

☐ **❽** 建蔽率60%の近隣商業地域内で、かつ、防火地域内にある耐火建築物については、建蔽率に関する制限の規定は適用されない。

☐ **❾** 防火地域内に耐火建築物を建築する場合、建蔽率と容積率の双方の制限について緩和を受けることができる。

☐ **❿** 前面道路の幅員が12m未満の場合の建築物の容積率は、前面道路の幅員に所定の率を乗じた容積率と、都市計画において定められた容積率との、いずれか高い方が上限となる。

☐ **⓫** 前面道路の幅員が12m以上である敷地に耐火建築物を建築する場合、その敷地の容積率の上限は、都市計画において定められた容積率の数値に20%を加算した値となる。

☐ **⓬** 防火地域内においては、原則として、階数が3以上または延べ面積が100㎡を超える建築物は耐火建築物としなければならない。

☐ **⓭** 建築物が防火地域と準防火地域にわたる場合、その建築物の全部について、過半の属する地域の建築物に関する規定が適用される。 ←よく出る

☐ **⓮** 都市計画区域内の建築物は、すべての用途地域において、隣地境界線までの水平距離に応じた高さ制限（隣地斜線制限）の規定が適用される。

☐ **⓯** 準工業地域、工業地域および工業専用地域においては、地方公共団体の条例で日影規制の対象区域として指定することができない。

☐ **⓰** 第一種低層住居専用地域においては、原則として、高さが7mを超える建築物を建築することはできない。

建蔽率が<u>80%</u>の地域で、かつ防火地域内に耐火建築物やこれと同等以上の延焼防止性能の建築物を建てる場合、建蔽率の制限はありません。本問は建蔽率60%、防火地域内の耐火建築物なので**建蔽率は<u>10%緩和</u>**されます。 ✕

防火地域に耐火建築物を建築する場合、**建蔽率は<u>緩和</u>されますが**、**容積率は<u>緩和</u>されません**。 ✕

前面道路の幅員が<u>12</u>m未満のとき、建築物の容積率は、前面道路の幅員に所定の率を乗じた容積率と都市計画で定められた容積率のいずれか<u>低い方が</u><u>上限</u>となります。 ✕

前面道路の幅員が<u>12</u>m以上の場合は指定容積率がそのまま適用されます。<u>12</u>**m未満**の場合は以下のように容積率に制限があります。
住居系用途地域の場合……**前面道路幅×4/10**
その他の用途地域の場合…**前面道路幅×6/10**
この計算式結果と指定容積率を比べて、<u>小さい</u>**方が容積率の上限**となります。 ✕

防火地域では原則、階数が<u>3以上</u>または**延べ面積**<u>100㎡</u>を超える建築物は<u>耐火</u><u>建築物</u>としなければなりません。また、**準防火地域**では地階を除く階数が<u>4以上</u>または**延べ面積**<u>1,500㎡超</u>の建築物は、**耐火建築物**としなければなりません。 〇

建築物が防火地域と準防火地域にわたる場合は、その建築物の<u>全部</u>について**最も<u>厳しい</u>規制（防火地域の規制）**が適用されます。 ✕

斜線制限…土地の日照や通風を確保するために建物の高さを制限するもの。
北側斜線制限…**住居専用地域**と**田園住居地域**が対象。「準住居」「第1種住宅」「第2種住宅」地域は対象外。
道路斜線制限（道路高さ制限）…<u>すべて</u>の用途地域が対象。
隣地斜線制限…**第一種・第二種低層住宅専用、田園住居地域**<u>以外</u>の地域が対象。 ✕

日影規制（日影による中高層の建築物の高さ制限）の適用地域は、**住居系の用途地域・近隣商業地域・<u>準工業地域</u>**です。原則、適用外となるのは、**商業地域、工業地域および工業専用地域**です。 ✕

絶対高さ制限…建築基準法により、**第一種・第二種<u>低層住居</u>専用地域、田園住居地域**では、10mと定められた地域では10mを、12mと定められた地域では12mを超える建築物を建築できません（地域によって10mまたは12mの制限）。 ✕

3 区分所有法

☐ ❶ 区分所有法では、一棟の建物のうち、構造上区分され、住居として利用できる部分であっても、規約によって共用部分とすることができる。

☐ ❷ 共用部分に対する区分所有者の共有持分は、規約に別段の定めがない限り、各共有者が有する戸数の総戸数に占める割合による。

☐ ❸ 専有部分の占有者は、区分所有者が規約または集会の決議に基づいて負うすべての義務と同一の義務を負う。

☐ ❹ 建物のうち、構造上の独立性と利用上の独立性を備えた部分であっても、規約によって共用部分とすることができる。

☐ ❺ 区分所有者は、その区分所有建物の管理を行うための団体である管理組合に任意に加入または脱退することができる。

☐ ❻ 管理者は、少なくとも毎年1回、集会を招集しなければならない。

☐ ❼ 区分所有法では、規約の変更は、区分所有者および議決権の各4分の3以上の賛成による集会の決議によらなければならないとされている。

☐ ❽ 区分所有者が管理者を選任または解任する場合は、集会の決議が必要であり、規約で別段の方法を定めることはできない。

☐ ❾ 区分所有者は、敷地利用権が数人で有する所有権その他の権利である場合には、規約に別段の定めがない限り、専有部分とその専有部分に係る敷地利用権とを分離して処分することができない。←よく出る

☐ ❿ マンションの専有面積について、建物の区分所有等に関する法律および不動産登記規則上は内法面積（壁の内側で測った面積）によるが、建築基準法施行令上は壁芯面積（壁の厚さの中心線で測った面積）による。

▼ 解説（赤シートで消える語句をチェックできます）　🔑312・324ページ　▼ 正解

住居として利用できる部分でも、**規約によって共用部分**とすることが<u>できます</u>。また、その旨を登記することで<u>第三者に対抗できます</u>。	○
共用部分の持分割合は、各共有者が有する専有部分の<u>床面積</u>の割合で決まります。	×
マンションの住人は、建物の使用方法については規約および集会の決議に基づく義務を負いますが、<u>共有**部分の管理義務**</u>などを負う必要は<u>ありません</u>。	×
区分所有法では、**建物の専有部分**が「構造上の独立性と利用上の独立性を備えた部分」としていますが、規約によって**共用部分**とすることが<u>できます</u>。	○
区分所有者は、所有者自身の意思にかかわらず、区分所有者の団体（管理組合）の構成員となります。**任意に加入・脱退**は<u>できません</u>。	×
区分所有法において、管理者は、**少なくとも毎年**1回、<u>集会</u>を招集しなければなりません。通常の集会の招集の通知は、原則として開催日の少なくとも1週間前に会議の目的事項を示して、各区分所有者に発する必要があります。	○
規約の変更、共用部分の変更、管理組合法人の設立には、区分所有者および議決権の各**4分の3以上**の賛成が必要です。なお、著しい変更を伴わない共用部分の変更は、区分所有者および議決権の過半数以上の多数による集会の決議が必要です。また、建物の取壊し、建替えには、区分所有者および**議決権**の各**5分の4以上**の賛成が必要です。	○
管理者の選任または解任については、規約で別段の定めをすることが<u>できます</u>（管理者を持ち回り制にするなど）。	×
区分所有者は、原則、専有部分とその専有部分に係る敷地利用権を**分離処分**することは<u>できません</u>。	○
マンションの専有面積は、区分所有法と不動産登記規則上では<u>内法</u>面積（壁の内側で測った面積）により、建築基準法では<u>壁芯</u>面積（壁の厚さの中心線で測った面積）によります。	○

学科⑤
不動産

4 土地区画整理法と農地法

☐ ❶ 土地区画整理法において、仮換地指定の効力が発生した後でも、従前の宅地の所有者は、従前の宅地をそのまま使用することができる。

☐ ❷ 農家が所有する採草放牧地に自宅を建設する場合には、農地法による許可や届出は必要ない。

☐ ❸ 市街化区域内の農地を宅地への転用目的で売買する場合には、あらかじめ農業委員会に届け出たとしても、原則として、都道府県知事等の許可が必要である。

区画整理によって新しく割り当てられた土地を<u>換地</u>、区画整理によって土地を所有者等に割り当てることを<u>換地処分</u>といいます。**仮換地**とは、換地処分の前に仮の換地として指定される土地のことです。仮換地が指定されると、従前の宅地での**使用・収益はできなく**なります。

<table>
<tr><td colspan="2">**土地区画整理法**</td><td>覚えよう</td></tr>
</table>

施行者	土地区画整理事業を行う者。都道府県や市町村、国土交通大臣、土地区画整理組合、土地区画整理会社など ● 施行者は、土地所有者などの個人でもなることができる ● 施行者は、換地処分を行う前に仮換地を指定することができる
かりかんち 仮換地	換地処分の前に仮の換地として指定される土地。仮換地が指定されると、従前の宅地での使用・収益は<u>できなくなる</u>
保留地	施行者が事業資金調達を目的として売却する土地。換地計画では、一定の土地を換地として定めずに、保留地として確保することができる。これを保留地減歩という

✕

農家が所有する採草放牧地に自宅を建設する場合には、農地法による許可や届出は**必要**<u>ありません</u>。

◯

市街化区域内にある一定の農地については、<u>農業委員会へ届出</u>をすれば、**都道府県知事の許可は**<u>不要</u>となります。

農地法		覚えよう

農地等の転用・売買・貸借	許可・届出
農地の、農地以外のものへの転用 （権利移動・一時的な転用を含む）	<u>都道府県知事の許可</u> （指定市町村区域内は市町村の長）
<u>市街化区域内</u>にある一定の農地の、 農地以外のものへの転用（一時的も含む）	<u>都道府県知事の許可不要</u> 農業委員会への届出
農地または採草放牧地の、 そのままの状態での売買・貸借権の設定	農業委員会の許可

3 不動産の税金

問題数041

─再現例題─

　個人が土地を譲渡した場合における譲渡所得の金額の計算に関する次の記述のうち、最も不適切なものはどれか。　　　　　　　　　　　　　　　　　2021年1月

1. 相続により取得した土地を譲渡した場合、その土地の所有期間を判定する際の取得の日は、相続人が当該相続を登記原因として所有権移転登記をした日である。
2. 土地を譲渡した日の属する年の1月1日における所有期間が5年以下の場合には短期譲渡所得に区分され、5年を超える場合には長期譲渡所得に区分される。
3. 土地を譲渡する際に直接要した仲介手数料は、譲渡所得の金額の計算上、譲渡費用に含まれる。
4. 土地の譲渡が長期譲渡所得に区分される場合、課税長期譲渡所得金額に対し、原則として、所得税（復興特別所得税を含む）15.315%、住民税5%の税率により課税される。

解答　　　　

▼ 適切なものは○、不適切なものは×で答えなさい。また、（　）に入る語句の組合せを選びなさい。

TOP60 ❶ 不動産取得税

☐ ❶ 不動産取得税は、不動産を取得した者に対し、不動産の所有権の取得に関する登記をした時をその不動産を取得した時期として課税される。

☐ ❷ 不動産取得税は、相続や法人の合併を原因とする取得の場合は非課税となる。

☐ ❸ 不動産取得税は、原則として、不動産を取得した者に対して当該不動産所在の都道府県が課税する。

☐ ❹ 不動産取得税は、原則として不動産の所有権を取得した者に対して、その不動産が所在する市町村が課税するものである。

出題DATA 過去13年間

1. 👑 **不動産の譲渡所得**…出題率**0.88%**［75問］
2. 👑 **居住用財産の譲渡所得の特別控除**…出題率**0.78%**［67問］
3. 👑 **固定資産税**…出題率**0.69%**［59問］

※出題率は、過去13年間の学科試験8,539問中の出題割合［質問数］を示しています。

【不動産の税金】の出題傾向

頻出順に「不動産の譲渡所得」、「居住用財産の譲渡所得の特別控除」、「固定資産税」に関する問題が出題されています。

1 不動産の譲渡所得…土地の譲渡に係る所得については、その所有期間が5年を超えると長期譲渡所得、5年以内であれば短期譲渡所得となります。

2 居住用財産の譲渡所得の特別控除…居住用財産を売ったときには、譲渡所得から最高3,000万円を控除できます。

3 固定資産税…固定資産税は、不動産を取得した翌年度から課税される地方税で、評価額は、市町村長等が3年ごとに見直します。

▼ 再現例題の解説と解答

1. 贈与や相続によって財産を取得した場合、その取得日・取得費を引き継ぎます。従って、所有期間を判定する際の取得日は、相続人ではなく、被相続人が取得した日となります。 ①

▼ 解説（赤シートで消える語句をチェックできます）　☞328ページ　▼ 正解

解説	正解
不動産取得税は、土地や家屋を**購入・新築・増改築**したり、**贈与**されたりしたとき、取得者に課される地方税です。**登記**をした際に課税されるものでは**ありません**。**取得**したタイミングで申告納税をしてから課税されます。	✕
不動産取得税は、**相続・法人の合併**などの一般承継の場合、課税されません。	◯
不動産取得税は、不動産を取得した者に対して不動産所在の**都道府県**が課税する地方税です。	◯
不動産取得税は、その不動産（土地・家屋）の**所有権を取得した者**に対してその**不動産が所在する都道府県**が課税する**地方税**です。	✕

学科⑤ 不動産

273

☐ ❺ 住宅または土地の取得に係る不動産取得税の標準税率は、特例により3％とされている。

☐ ❻ 所定の要件を満たす新築住宅の家屋の取得に対する不動産取得税は、税額の軽減措置の対象となり、課税標準に税率を乗じた金額からその床面積により算出された一定の金額を控除した額が税額となる。←よく出る

☐ ❼ 不動産取得税の課税標準となるべき額が10万円未満の土地を取得した場合には、不動産取得税は課税されない。

☐ ❽ 個人が借地権を取得した場合、不動産取得税は課されない。

② 登録免許税 / 印紙税 / 消費税

☐ ❶ 建物を新築して最初に表示に関する登記（表題登記）を行う場合、登録免許税は課税されない。

☐ ❷ 売買により土地を取得して所有権移転登記を受ける場合の登録免許税の課税標準は、実際の取引価格である。

☐ ❸ 相続による不動産の取得に起因して所有権移転登記を行う場合は、登録免許税は課税されない。

☐ ❹ 不動産売買に係る契約内容を補充する念書および覚書や、不動産売買契約書に先立って作成される仮契約書は、印紙税の課税対象となることはない。

☐ ❺ 不動産売買契約書に貼付した印紙が消印されていない場合は、その印紙の額面金額に相当する過怠税が課される。

☐ ❻ 個人が事業者からの譲渡により居住用建物を取得した場合、その譲渡は消費税の非課税取引とされる。

不動産取得税の税率は、特例により2027年3月31日までに住宅または土地を取得した場合、**3%**（本則4%）です。非住宅家屋は4%です。

○

不動産取得税の課税標準の特例のうち、**新築住宅**の特例として、**床面積が50㎡**(一戸建て以外の貸家住宅は一区画**40㎡**)**以上240㎡以下の住宅**であれば、1戸(マンションは1住戸)につき**1,200万円**(認定長期優良住宅では**1,300万円**)を課税標準から控除できます(2026年まで延長)。
新築住宅の不動産取得税＝(課税標準－1,200万円)×税率3%
「課税標準に税率を乗じた」とあるので、不適切です。

×

不動産取得税は、課税標準が**10万円未満の土地**、**12万円未満の家屋の売買・贈与**、**23万円未満の家屋の新築・増改築**の場合は課税されません。

○

不動産の取得税ですから、借地権の取得では不動産取得税は**課されません**。

○

▼ 解説（赤シートで消える語句をチェックできます）　　　　　🔖330ページ　　▼ 正解

建物を新築して最初に**表示に関する登記（表題登記）**を行う場合、登録免許税は課税されません。**登録免許税**は、**所有権保存登記**、**所有権移転登記**、**抵当権の設定登記**等に課されます（新築後1年以内は税率軽減）。

○

登録免許税の課税標準[※1]とされる不動産の価格は、登記申請日に応じ、前年12月31日またはその年の1月1日現在において固定資産課税台帳に登録されている価格（固定資産税評価額）を基準として定められます。

×

不動産の相続、売買、贈与などで、所有権移転登記を行う場合、**登録免許税**[※2]が課税されます。

×

印紙税は、不動産売買契約書等の課税文書の作成に課される国税で、収入印紙への消印で納税します。**仮契約書**でも、契約の成立や変更を証明するために作成されるものであれば、**印紙税の納付が必要**となる場合があります。

×

契約書に貼付された収入印紙の消印がない場合は印紙の額面金額と同額の過怠税が課されます。ただし、契約自体は有効です。

○

建物（居住用含む）の譲渡には**消費税が課税**されます。**土地の譲渡**や貸付期間が1カ月以上の土地・居住用建物の貸付けは**消費税の非課税取引**です。

×

※1 抵当権設定登記をする際の登録免許税の課税標準は、債権金額。相続の場合は税率0.4%。
※2 登記原因が売買と贈与であれば税率2.0%、相続の場合は税率0.4%。

3 固定資産税

☐ ❶ 固定資産税の全額を前納していた納税義務者が、その年の途中に対象となる固定資産を売却した場合、その者は、所定の手続きにより、売却後の期間に対応する税額の還付を受けることができる。

☐ ❷ 固定資産税の課税標準となる価格は、基準年度ごとに市町村長等が決定し、原則として3年間据え置かれる。←よく出る

☐ ❸ 固定資産税における小規模住宅用地（住宅用地で住宅1戸当たり200㎡以下の部分）の課税標準は課税標準となるべき価格の3分の1とする特例がある。

☐ ❹ 2024年3月31日までに所定の要件を満たす新築住宅を取得した場合、1戸当たり120㎡以下の床面積に相当する固定資産税の税額について、一定期間にわたり2分の1が減額される。

☐ ❺ 地方税法において、新築住宅を取得した場合のその家屋に係る都市計画税については、一定の床面積以下の部分の税額が一定期間軽減される特例がある。

☐ ❻ 所得税における固定資産の交換の特例について、土地と借地権の交換の場合は、本特例の適用を受けることはできない。

4 都市計画税

☐ ❶ 都市計画税の税率について、市町村は、条例により標準税率である0.3％を超える税率を定めることができる。

☐ ❷ 都市計画税は、原則として、市街化区域内に所在するすべての土地または家屋の所有者に対して課される。←よく出る

☐ ❸ 都市計画税における小規模住宅用地（住宅用地で住宅1戸当たり200㎡以下の部分）の課税標準は課税標準となるべき価格の3分の1とする特例がある。

固定資産税の納付者は、毎年<u>1</u>月<u>1</u>日時点の固定資産課税台帳に登録されて<u>いる者</u>です。年の途中に対象固定資産を売却しても税額還付はありません。また、住宅を賃貸した場合でも固定資産税の納税義務を負います。	✕
固定資産税評価額（固定資産税の<u>課税標準</u>となる<u>価格</u>）は、<u>市町村長</u>等が<u>3年ごと</u>に見直します。原則として、固定資産税評価額に標準税率<u>1.4%</u>を乗じた数値が固定資産税額です。<u>1.4%</u>は各市町村の条例で変えることができます。	○
「住宅用地に対する固定資産税の課税標準の特例」は、小規模住宅用地（200㎡以下の部分）の課税標準を課税標準となるべき価格の<u>6分の1</u>とします。200㎡を超える部分は<u>3分の1</u>です。賃貸アパートの敷地にも適用できます。	✕
新築住宅の税額軽減…居住用部分の床面積<u>50㎡（一戸建ての場合）以上</u><u>280㎡以下</u>を要件に、1戸当たり<u>120㎡以下の床面積</u>に相当する固定資産税について、新築後3年間（新築中高層建築物は5年間）、**固定資産税の<u>2分の1</u>**が減額されます。2026年3月31日までの特例です。	○
新築住宅の税額軽減特例があるのは<u>固定資産税</u>です。都市計画税の課税標準の特例は、建物に対してではなく、土地に対しての特例です。	✕
固定資産の交換の特例とは、個人が土地や建物などの固定資産を**同じ種類の**固定資産と交換したときに**譲渡がなかったものとする特例**です。**土地と借地権の交換**は、適用を受けることが<u>できます</u>。	✕

都市計画税は、**税率0.3%**を<u>上限</u>として、市町村が条例により下げることができます。	✕
都市計画税は、都市計画区域のうち、原則として、<u>市街化</u>区域内に所在する土地・家屋の所有者に対して課されます。	○
都市計画税では、小規模住宅用地の課税標準を課税標準となるべき価格の<u>3分の1</u>とする**小規模住宅用地の特例**があります。	○

学科⑤
不動産

5 不動産の譲渡所得

☐ **❶** 不動産の課税譲渡所得金額は、総収入金額から、購入代金、登録免許税等の取得費と仲介手数料、売主負担の印紙税等の譲渡費用を差し引き、そこから特別控除を除いた金額となる。

☐ **❷** 譲渡所得の金額の計算上、貸家を譲渡するために借家人に支払った立退料は、譲渡費用に含まれる。

☐ **❸** 個人が土地または建物を譲渡した場合の譲渡所得について、建物の取得費は、当該建物の取得に要した金額に設備費と改良費を加えた合計額となる。

☐ **❹** 譲渡した土地の取得費が譲渡収入金額の5％相当額を下回る場合、譲渡収入金額の5％相当額をその土地の取得費とすることができる。

☐ **❺** 土地の譲渡に係る所得については、その所有期間が譲渡した日の属する年の1月1日において、5年を超える場合には長期譲渡所得に区分される。

☐ **❻** 土地の譲渡が短期譲渡所得に区分される場合、課税所得金額に対し、所得税および復興特別所得税30％、住民税9％の税率が課せられる。

☐ **❼** 相続により取得した土地を譲渡した場合、譲渡所得の金額の計算上、その土地の所有期間は、原則として、相続により取得した日の翌日から計算する。

不動産の課税譲渡所得金額は次のように算出します。

> **譲渡所得金額の算出式**　
>
> **課税譲渡所得金額＝譲渡所得の総収入金額－（取得費＋譲渡費用）－特別控除**
>
> - 総収入金額…土地や建物を売った金額。
> - 取得費…売った土地や建物の購入代金、建築代金、購入手数料、設備費、改良費、**登録免許税**、不動産取得税、印紙税等。建物の取得費は、購入代金または建築代金から減価償却費相当額を差し引いた金額となる。
> - 概算取得費…買い入れ時期が古いなど、取得費が不明の場合は取得費は譲渡価額の5%相当額にできる。また、実際の取得費が譲渡価額の5%相当額を下回る場合も5%相当額にできる。
> - 譲渡費用…仲介手数料、売却の広告料、土地の測量費、売主負担の印紙税等、**売るために直接かかった費用**。固定資産税、都市計画税、修繕費など、土地や建物の**維持・管理**にかかった費用は譲渡費用に**含まれない**。

○

貸家を売るため、借家人に家屋を明け渡してもらうときに支払う**立退料**は、売るために直接かかった費用として譲渡費用に含まれます。

○

建物の取得費は、売った土地や建物の購入代金、手数料、建築代金、設備費、改良費などの合計額から、減価償却費相当額を差し引いた金額です。

×

譲渡所得は、取得費が不明の場合や実際の取得費が譲渡価額の5%相当額を下回る場合も5%相当額にできます。

○

- **短期譲渡所得**…譲渡した年の1月1日現在において所有期間が**5年以内**
- **長期譲渡所得**…譲渡した年の1月1日現在において所有期間が**5年超**

○

譲渡所得税額＝譲渡所得金額×税率

税率…**短期譲渡所得**は所得税および復興特別所得税30.63%＋住民税9%、**長期譲渡所得**は所得税および復興特別所得税15.315%＋住民税5%です。

×

贈与・相続により取得した土地の譲渡では、譲渡所得の計算上、土地所有期間は**土地を残した被相続人の取得日**を引き継ぎます。例えば父親が6年前に取得した土地を相続し、その1年後に売った場合、所有期間は**7年**で長期譲渡所得となります。

×

6 居住用財産の譲渡所得の特別控除

☐ ❶ 居住用財産を譲渡した場合の3,000万円の特別控除は、譲渡した日の属する年の1月1日において所有期間が10年を超えていなければ適用を受けることができない。←よく出る

☐ ❷ 土地、家屋ともに夫婦の共有である居住用財産を譲渡した場合、3,000万円特別控除の適用を受けることができるのは、夫婦のいずれか一方のみである。

☐ ❸ 「居住用財産の譲渡所得の特別控除」（居住用財産を譲渡した場合の3,000万円の特別控除）は、配偶者に対して譲渡した場合には適用されない。

☐ ❹ 居住用財産を譲渡した場合の3,000万円の特別控除の特例（3,000万円特別控除）適用には、居住用財産を居住の用に供さなくなった日から3年を経過する年の12月31日までの譲渡であることが条件である。

「居住用財産の譲渡所得の特別控除の特例」、「居住用財産を譲渡した場合の3,000万円の特別控除」、「3,000万円の特別控除」など、検定でもいろいろな名称で出題されるよ。

☐ ❺ 居住用財産を譲渡した場合の3,000万円の特別控除の特例と、居住用財産を譲渡した場合の長期譲渡所得の課税の特例（軽減税率の特例）は、重複して適用を受けることができる。

☐ ❻ 居住用財産を譲渡した場合の3,000万円の特別控除と、特定の居住用財産の買換えの特例は、重複して適用を受けることができる。

居住用財産（マイホームの家屋、敷地）を譲渡した場合、譲渡所得（譲渡益）から最高3,000万円を控除できます。所有期間の条件はありません。 　✕

夫婦共有の居住用財産を譲渡した場合、要件を満たしていれば、夫婦の両方が3,000万円特別控除の適用を受けることができます（共有者ごとに判定）。 　✕

居住用財産の譲渡所得の特別控除は、特別関係者（配偶者、父母、子、生計を一にする親族等）への譲渡に適用されません。 　○

3,000万円特別控除が適用されるためには、住まなくなった日から3年を経過する日の属する年の12月31日までの譲渡であることが必要です。

> **居住用財産を譲渡した場合の3,000万円の特別控除の特例** 　覚えよう
>
> **課税譲渡所得＝譲渡所得（譲渡益）－3,000万円（特別控除）**
>
> ● 所有期間の条件はない。
> ● 居住しなくなった日から3年を経過する日の属する年の12月31日までの譲渡であることが必要。また、建物を取り壊した後で、敷地を賃貸やその他の用途に供した場合は居住用財産に該当しない。
> ● 特別関係者（配偶者、父母、子、生計を一にする親族等）への譲渡には適用できない。
> ● 土地、家屋ともに夫婦の共有である居住用財産を譲渡した場合、共有者ごとに判定するため、夫婦ともに要件を満たしていれば双方とも適用可能。
> ● 前年・前々年に同じ特例を受けていると利用できない。
> ● この特例によって、譲渡所得が0円になる場合でも確定申告が必要。

　○

3,000万円特別控除と「居住用財産を譲渡した場合の長期譲渡所得の課税の特例」（軽減税率の特例）は併用できます。 　○

3,000万円の特別控除と「特定の居住用財産の買換えの場合の長期譲渡所得の課税の特例」（特定の居住用財産の買換えの特例）は併用できません。 　✕

学科⑤ 不動産

7 居住用財産の特例

☐ ❶ 「居住用財産を譲渡した場合の長期譲渡所得の課税の特例」（軽減税率の特例）
による軽減税率は、課税長期譲渡所得金額のうち1億円以下の部分の金額に
ついて適用される。

☐ ❷ 「特定の居住用財産の買換えの場合の長期譲渡所得の課税の特例」は、譲渡
資産の譲渡対価の額が1億円を超えている場合は、適用を受けることができ
ない。

☐ ❸ 「居住用財産の買換え等の場合の譲渡損失の損益通算及び繰越控除」のうち、
譲渡損失の損益通算の特例の適用を受けるためには、買換資産を取得した日
の属する年の12月31日時点において、買換資産に係る住宅借入金等の金額
を有していなければならない。

```
マイホームを売ったときの5つの特例
①「居住用財産を譲渡した場合の3,000万円の特別控除の特例」
    （居住用財産の譲渡所得の特別控除・3,000万円の特別控除）
②「居住用財産を譲渡した場合の長期譲渡所得の課税の特例」
    （軽減税率の特例）
③「特定の居住用財産の買換えの場合の長期譲渡所得の課税の特例」
    （特定の居住用財産の買換えの特例）
④「居住用財産の買換え等の場合の譲渡損失の損益通算および繰越控除の特例」
⑤「特定居住用財産の譲渡損失の損益通算および繰越控除の特例」
```

3,000万円、
軽減税率、
買換え、で3つ
損益通算・繰越控除2つ

☐ ❹ 「被相続人の居住用財産（空き家）に係る譲渡所得の特別控除の特例」は、被
相続人の居住用財産（空き家）を相続した相続人が、その家屋または取壊し
後の土地を譲渡（売却）した場合、一定の要件のもと、譲渡益から最高3,000
万円を控除できる制度である。

「居住用財産を譲渡した場合の長期譲渡所得の課税の特例」（軽減税率の特例）では、前ページ「居住用財産を譲渡した場合の3,000万円の特別控除の特例（居住用財産の譲渡所得の特別控除）」後の金額のうち、6,000万円以下の部分に14.21%（所得税＋復興特別所得税＋住民税）の軽減税率が適用されます。6,000万円を超える部分については長期譲渡所得の税率20.315%です。また、適用を受けるには、譲渡した年の1月1日に、所有期間が10年を超えていることが必要です。

×

「特定の居住用財産の買換えの場合の長期譲渡所得の課税の特例」（特定の居住用財産の買換えの特例）は、譲渡資産の譲渡対価の額が1億円を超えている場合は、適用を受けることができません。また、譲渡した年の1月1日に、所有期間が10年を超えていることが必要です。

○

「居住用財産買換え等の場合の譲渡損失の損益通算・繰越控除」では、繰越控除を適用する年の12月31日時点で買換資産について償還期間10年以上の住宅ローンの残高があること、譲渡する年の1月1日現在で所有期間が5年超であることが必要です。

> **特定の居住用財産の買換えの特例** 　覚えよう
> 買換資産の取得価額に対応する部分について、譲渡益の100%相当分の課税を繰り延べることができる特例。
> ● 所有期間が10年超、居住期間が10年以上の居住用財産の譲渡であること。
> ● 譲渡年に買換資産を取得し、譲渡年の翌年末までに居住開始、または譲渡年の翌年中に取得見込みで取得年の翌年末までに居住開始のものが対象。
> ● 譲渡資産の対価の額（旧宅の売却額）が1億円以下であること。
> ● 買換資産について、居住用部分の床面積が50㎡以上、敷地の面積が500㎡以下。買換資産が耐火建築物の中古住宅は築25年以内であること。
> ● 他の居住用財産の特例と併用不可。適用後2年間は同じ特例の適用不可。

○

「空き家に係る譲渡所得の特例」では、1981年5月31日以前に建築された一戸建て^{※1}で、相続開始直前まで被相続人（一人暮らし）の居住用家屋・敷地であったもの、譲渡価額が1億円以下、確定申告書に被相続人居住用家屋等確認書を添付する等の要件のもと、最高3,000万円の特別控除^{※2}が受けられます。

○

※1 現行の耐震基準を満たしていない場合は、耐震リフォームして家屋のみもしくは家屋・敷地を譲渡するか、更地にした敷地を譲渡すれば、適用可能。
※2 相続財産を譲渡した場合の取得費の特例との併用は不可。なお、複数の相続人が共有で相続し売却した場合、各相続人それぞれが最高3,000万円の控除が可能。

4 不動産の有効活用

問題数015

 再現例題

　Aさんは、商業用店舗の建設等を通じた所有土地の有効活用について検討している。土地の有効活用の手法の一般的な特徴についてまとめた下表のうち、各項目に記載された内容が最も適切なものはどれか。　　　　　　　　　　2021年5月

有効活用の手法	土地の所有名義 （有効活用後）	建物の所有者名義	Aさんの建設資金の 負担の要否
建設協力金方式	Aさん	デベロッパー	不要（全部または一部）
等価交換方式	Aさんとデベロッパー	Aさんとデベロッパー	必要
定期借地権方式	Aさん	借地人	不要
事業受託方式	Aさんとデベロッパー	Aさん	必要

1．建設協力金方式
2．等価交換方式
3．定期借地権方式
4．事業受託方式

解答　①　②　③　④

▼ 適切なものは○、不適切なものは×で答えなさい。また、（　）に入る語句の組合せを選びなさい。

TOP60 ❶ 土地活用の事業方式

☐ ❶ 等価交換方式では、土地所有者は、有効活用の対象となる土地の全部をデベロッパーに対していったん譲渡しなければならない。

☐ ❷ 等価交換方式では、所有権を有する土地だけでなく、借地権や底地であっても、等価交換の対象となる。

学科⑤

不動産

【不動産の有効活用】の出題傾向

頻出順に「土地活用の事業方式」、「DCF法」、「不動産の投資利回り」が出題されます。

1 **土地活用の事業方式**…土地を有効に活用するための代表的な方法、等価交換方式、事業受託方式、定期借地権方式、建設協力金方式が出題されます。

2 **DCF法**…DCF法は、将来得られる収益見通しを、現時点での価値に置き直して不動産の評価額とする方法です。

3 **不動産の投資利回り**…投資利回りは、投資額に対してどれだけのリターン（収益）が得られるかを見極める指標です。

▼ 再現例題の解説と解答

定期借地権方式は、一定期間、土地を借地人に賃貸して地代を受け取る方法で、所有名義としては、土地はその所有者、建物は借地人です。資金負担がなくて済むものの、一般的に建物の賃貸収入より収益は少ないです。　③

▼ 解説（赤シートで消える語句をチェックできます）　🔁310・344ページ　▼ 正解

等価交換方式では、土地所有者が土地の**一部または全部を提供（譲渡）**し、デベロッパー（開発業者）等が**資金を負担**して建物を建設し、両者が土地と建物（それぞれの一部）を等価交換します。必ず土地の全部を譲渡しなければならないわけではありません。等価交換方式には、**全部譲渡方式**（土地の全部を開発業者に譲渡し、土地所有者は出資割合に応じた**土地付き建物**を取得する方式）と、**部分譲渡方式**（土地の一部を開発業者に譲渡し、建物建設後、譲渡した**土地の価額に相当する分**の建物を取得する方式）の2つがあります。　✕

等価交換方式では、借地権や底地も等価交換の対象となります。　○

- ❸ 等価交換方式によって土地を譲渡した土地所有者は、「特定の事業用資産の買換えの場合の譲渡所得の課税の特例」の適用を受けることにより、当該譲渡所得に対して課税されない。

- ❹ 事業受託方式であれば、受託者である不動産開発業者等に事業に必要な業務を任せられるので、業務負担が軽減される。

- ❺ 定期借地権方式であれば、土地の所有者には建物の建設資金の負担は発生せず、一定期間、比較的安定した収入を確保することができる。

- ❻ 定期借地権方式において、甲土地でアパート賃貸事業を行う者を借地人とするのであれば、存続期間が10年以上50年未満である事業用定期借地権等の設定契約をする方法がある。

- ❼ 建設協力金方式ならば、建設する建物を使用する事業者等が、建物の一部の所有権を取得する代わりにその取得に見合う資金を土地所有者に提供するので、建設資金負担が軽減される。

- ❽ Aさんは、所有する土地の有効活用を検討している。貸しビルを建設する際の土地の有効活用の手法の一般的な特徴についてまとめた下表の空欄（ア）〜（ウ）にあてはまる語句の組合せとして、最も適切なものはどれか。

有効活用の手法	有効活用後の土地の所有名義	有効活用後の貸しビルの所有名義	貸しビル建設資金のAさんの負担の要否
定期借地権方式	Aさん	借地人	不要
建設協力金方式	（ア）	Aさん	不要（全部または一部）
事業受託方式	Aさん	（イ）	必要
等価交換方式	Aさん、デベロッパー	Aさん、デベロッパー	（ウ）

1. （ア）Aさん 　　（イ）デベロッパー 　　（ウ）必要
2. （ア）デベロッパー 　（イ）Aさん 　　（ウ）必要
3. （ア）Aさん 　　（イ）Aさん 　　（ウ）不要
4. （ア）デベロッパー 　（イ）デベロッパー 　　（ウ）不要

「**特定の事業用資産の買換えの場合の譲渡所得の課税の特例**」は、一定の条件のもとで事業用不動産を買い替えた場合、譲渡益に対する課税を繰り延べることができる制度のこと。**譲渡収入の20%を課税対象**とし、80%を将来再譲渡した時まで繰り延べる制度なので、**非課税には<u>なりません</u>**。

✕

<u>事業受託</u>**方式**…土地所有者が資金を出して、建設・管理・運営などの事業一切を開発業者に任せます。土地所有者が土地・建物の権利を維持し賃料も受け取ります。業務負担が軽減する反面、委託する分だけ収入は落ちます。

○

<u>定期</u>**借地権方式**…**土地を借地人に賃貸**して地代を受け取ります。原則、契約期間終了後は更地で返還されます。資金負担がありませんが、収入は一般的な建物の賃貸収入より少なくなります。

○

アパート賃貸事業の建物は居住用建物となるため、**定期借地権方式**においても、<u>一般定期</u>借地権または**建物譲渡特約付借地権**で契約しなければいけません。

✕

<u>建設協力金</u>**方式**…土地所有者が建物を建設する際、建設資金の全部および一部に、その建物に入居予定のテナント等から預かった保証金や建設協力金を充てる方式です。土地・建物の所有権は土地所有者が維持します。

✕

ア　**建設協力金方式**では、<u>土地所有者</u>の名義で建物を建設しますが、建設資金の全部および一部には、その建物に入居予定のテナント等から預かった保証金や建設協力金を充てます。

イ　**事業受託方式**では、土地所有者が資金調達をし、マンション等の建設・管理・運営などの事業一切を開発業者に任せます。土地・建物の権利は<u>土地所有者</u>が維持・取得します。

ウ　**等価交換方式**では、土地所有者が土地を提供し、建物の建設には、<u>開発業者（デベロッパー）</u>等が資金を負担します。

3

❷ 不動産の投資利回り

☐ 　NOI利回り（純利回り）は、対象不動産から得られる年間収入を総投資額で除して算出される利回りであり、不動産の収益性を図る指標である。

❸ DCF法

☐ ❶ 　DCF法は、不動産の保有期間中に生み出される純収益の現在価値の総和と、保有期間満了時点における対象不動産の価格の現在価値を合算して、不動産の収益価格を求める手法である。

☐ ❷ 　NPV法（正味現在価値法）による投資判断においては、投資額の現在価値の合計額が投資不動産から得られる収益の現在価値の合計額を上回っている場合、その投資は有利であると判定することができる。

☐ ❸ 　IRR法（内部収益率法）による投資判断においては、DCF法によって求めた投資不動産の収益価格が実際の投資（予定）額の現在価値を上回っている場合、その投資は有利であると判定することができる。←よく出る

❹ DSCRとデュー・デリジェンス

☐ ❶ 　DSCR（借入金償還余裕率）は、元利金返済前の年間キャッシュフロー（純収益）を借入金の年間元利返済額で除した比率のことで、借入金返済の安全度を測る尺度として用いられる。

☐ ❷ 　不動産投資の際のデュー・デリジェンスとは、一般に、投資対象の経済的・法律的・物理的側面等に関する詳細かつ多面的な調査をいう。

▼ 解説（赤シートで消える語句をチェックできます）　📖346ページ　▼ 正解

NOI利回り（純利回り）とは、**年間収入合計（賃料）**から諸経費（管理費・固定資産税）**を引いた額**の総投資額（物件購入価格）に対する割合のこと。本問のように、諸経費を引かずに考慮される指標は表面利回りです。

●表面利回りと実質利回りの算出式
　表面利回り（％）＝ 年間収入合計÷総投資額×100
　実質利回り（％）＝ 純収益÷総投資額×100
　※純収益＝年間賃料収入－諸経費

×

▼ 解説（赤シートで消える語句をチェックできます）　📖347ページ　▼ 正解

DCF法（ディスカウント・キャッシュ・フロー法）は、不動産の保有期間に発生する純収益（賃料等）と復帰価格（**不動産の将来の転売価格**）を現在価値に置き直したうえで合計して、不動産の収益価格を求める方法です。

○

NPV法（正味現在価値法）は、将来の収益の現在価値の合計（DCF法で求めた収益）から、投資額の現在価値を差し引いて、投資の適否を判定する方法です。将来の収益の現在価値の合計額が、**投資額の**現在価値**の合計額を上回っている**場合、投資に有利と判定されます。

×

IRR法（内部収益率法）は、不動産投資の内部収益率（IRR）と投資家の期待する収益率（期待収益率）とを比較して、投資が適しているかどうかを判定する方法です。内部収益率が期待収益率を上回っている場合、投資に有利と判定されます。設問は、**NPV法**の説明になっている点が誤りです。

×

▼ 解説（赤シートで消える語句をチェックできます）　📖348ページ　▼ 正解

DSCR（借入金償還余裕率）は、債務返済能力を測る尺度のことです。年間キャッシュフロー（純収益）を年間元利金返済額で除した割合を倍率で表したもので、これが大きいほど望ましいとされます。**DSCRの数値が1.0を下回ると**賃料収入のみでは**借入金の返済が追いつかない**とされます。

○

不動産投資の際の**デュー・デリジェンス**とは、一般に、投資対象の経済的・法律的・物理的側面等に関する詳細かつ多面的な調査をいいます。

○

1 贈与税

問題数040

再現例題

贈与税の課税財産に関する次の記述のうち、最も不適切なものはどれか。

2020年1月

1. 父が所有する土地の名義を無償で子の名義に変更した場合には、原則として、父から子に土地の贈与があったものとして贈与税の課税対象となる。

2. 子が父の所有する土地を使用貸借によって借り受けて、その土地の上に賃貸アパートを建築した場合、父から子に土地の使用貸借に係る使用権の価額（借地権相当額）の贈与があったものとして贈与税の課税対象となる。

3. 離婚が贈与税の課税を免れるために行われたと認められる場合には、離婚により取得した財産は贈与税の課税対象となる。

4. 離婚による財産分与によって取得した財産の額のうち、婚姻中の夫婦の協力によって得た財産の額等の事情を考慮しても、なお過大であると認められる部分は、贈与税の課税対象となる。

解答 ① ② ③ ④

▼ 適切なものは○、不適切なものは×で答えなさい。また、（ ）に入る語句の組合せを選びなさい。

TOP60 1 贈与契約の種類

❶ 贈与契約は、当事者の一方が自己の財産を無償で相手方に与える意思表示をすることにより成立し、相手方が受諾する必要はない。

1 贈与契約の種類…出題率1.14%［97問］

2 贈与税の非課税財産…出題率1.04%［89問］

3 贈与税の基礎知識…出題率0.78%［67問］

※出題率は、過去13年間の学科試験8,539問中の出題割合［質問数］を示しています。

【贈与税】の出題傾向

頻出順に「贈与契約の種類」、「贈与税の非課税財産」、「贈与税の基礎知識」に関する問題が出題されます。

1 贈与契約の種類…頻出する死因贈与は、遺言で撤回できること、贈与税ではなく相続税の課税対象となること、の2つはしっかり覚えておきましょう。

2 贈与税の非課税財産…親から子への生活費や教育費などは非課税。一方親子間であっても著しく低い価額での財産の譲渡は課税対象になります。

3 贈与税の基礎知識…贈与税の申告と納付、納税義務者、基礎控除額、物納のしかたなどについて出題されます。

▼ 再現例題の解説と解答

2. 親子などの個人間で土地を使用貸借（地代を取らずに無償で土地を貸すこと）する場合、土地の使用権は経済的価値が非常に低いものと考えられるため、贈与税の課税対象外となります。　　②

▼ 解説（赤シートで消える語句をチェックできます）　　🖙352ページ　　▼ 正解

贈与は無償で財産をあげますという**片務契約**（相手に対価を要求しない契約）です。**当事者間の**合意で成立するため、相手方の**受託が**必要です。

贈与契約 覚えよう

- **口頭での贈与契約**…引渡しがされていない分（履行前の分）については、各当事者が撤回するには、相手方の**承諾が**不要。
- **書面での贈与契約**…各当事者が撤回するには、相手方の**承諾が**必要。
- 贈与者は贈与の目的物に瑕疵があることを知らなかった場合や、不存在について、原則として、受贈者に対してその責任を負わない。
- 夫婦間でした贈与契約は、第三者の権利を害しない限り、婚姻中、いつでも夫婦の一方から取り消すことができる。

×

□ ❷ 贈与は、書面によらないものであっても、当事者の一方が自己の財産を無償で相手方に与える意思を表示し、相手方が受諾をすることによって、その効力を生ずる。 ←よく出る

□ ❸ 定期贈与とは、贈与者が受贈者に対して定期的に給付することを目的とする贈与のことをいい、贈与者または受贈者の死亡によってその効力を失う。

□ ❹ 負担付贈与では、受贈者がその負担である義務を履行しない場合において、贈与者が相当の期間を定めてその履行の催告をし、その期間内に履行がないときは、贈与者は、当該贈与の契約の解除をすることができる。

□ ❺ 死因贈与契約は、贈与者の一方的な意思表示により成立する。

□ ❻ 死因贈与契約の贈与者は、原則として、遺言によりその契約を撤回することができる。

TOP 60 ❷ 贈与税の基礎知識

□ ❶ 贈与税の申告書の提出期間は、原則として、贈与を受けた年の翌年の2月16日から3月15日までである。

□ ❷ 受贈者の配偶者（贈与者ではない）は、受贈者のその年中の贈与税額のうち、受贈財産の価額の2分の1に対応する部分について、受贈財産の価額の2分の1に相当する金額を限度として、贈与税の連帯納付義務を負う。

□ ❸ 受贈時に日本国内の住所と日本国籍を有している個人の受贈者は、受贈した財産が国内財産か国外財産かを問わず、原則として、贈与税の納税義務がある。

□ ❹ 贈与税の納税義務者は、自然人たる個人に限られるため、法人が個人とみなされて贈与税の納税義務者となることはない。

贈与は当事者間の合意で成立するため、<u>口頭</u>でも**書面**でも契約は**有効**です。当事者の一方が相手方に意思を表示し、相手方が受諾することにより効力が発生します。 ○

定期贈与は、贈与者から受贈者に定期的に給付する贈与です。贈与者または受贈者が死亡した場合、**その効力を失います**。 ○

受贈者に一定の債務を負わせることを条件にした贈与契約が<u>負担</u>付贈与です。受贈者が債務を履行しない場合、贈与者は負担付贈与契約の**解除が<u>可能</u>です**。 ○

死因贈与契約…当事者間の<u>合意</u>に基づき、贈与者の<u>死亡</u>により実現する契約です。贈与税ではなく、<u>相続</u>税の課税対象となります。 ×

死因贈与契約の贈与者は、原則として、遺言によりその契約を**撤回すること**が<u>できます</u>。 ○

▼ 解説（赤シートで消える語句をチェックできます） 353・354・356ページ ▼ 正解

受贈者は、原則として、贈与を受けた年の**翌年の<u>2</u>月<u>1</u>日から<u>3</u>月<u>15</u>日まで**に贈与税の申告書をその者の住所地の所轄税務署長に提出し、その申告書の提出期間内に贈与税を納付します。 ×

連帯納付義務とは、本来受贈者が負担すべき贈与税を滞納等により支払えない場合に、贈与者がその一定部分を負担する義務のことです。ただし、受贈者の配偶者や親族等（贈与者ではない）には**連帯納付義務は<u>ありません</u>**。 ×

受贈時に日本国籍を持っている個人は、日本国内に住所がある・なしにかかわらず、受贈した国内外の財産に対して贈与税の**納税義務が<u>あります</u>**。 ○

贈与税は、個人から財産を贈与された個人に課せられる税金なので、**法人が納税義務者となることは<u>ありません</u>**。ただし、法人のうち、人格のない社団・財団法人（PTA・町内会・同好会など）、持分の定めのない法人（出資していても退社や法人解散時に払戻しがない法人）は個人とみなされて**贈与税がかかる場合が<u>あります</u>**。 ×

☐ ❺ 贈与税の納付について、延納によっても金銭で納付することを困難とする事由がある場合には、その納付を困難とする金額を限度として物納が認められる。←よく出る

☐ ❻ 贈与により財産を取得した者が暦年課税の適用を受けた場合、基礎控除額を超える部分について、一律20%の税率により贈与税が課される。

☐ ❼ 父から贈与を受けた子が同一年中に母からも贈与を受け、暦年課税を選択した場合、贈与税の課税価格から基礎控除として贈与者ごとにそれぞれ110万円を控除することができる。←よく出る

☐ ❽ 父からの贈与により取得した財産について暦年課税の適用を受け、受贈財産がそれのみの場合、贈与を受けた年の1月1日において18歳以上である受贈者の贈与税の額は、一般税率（一般贈与財産に適用される税率）を適用して計算する。

⬛ 贈与税の非課税財産

TOP 60

☐ ❶ 子が親から無利子で金銭の借入れをした場合、その借入金に対する通常の利子相当額が少額である場合または課税上弊害がないと認められる場合を除き、子が親から通常の利子相当額の贈与を受けたものとして、贈与税の課税対象となる。←よく出る

☐ ❷ 子が親から著しく低い価額の対価で財産の譲渡を受けた場合、原則として、その財産の譲渡時の時価と対価との差額は、子が親から贈与により取得したものとして、贈与税の課税対象となる。

☐ ❸ 死亡保険金受取人が子である定期保険の場合、子が受け取った死亡保険金は、子が相続の放棄をしたときには、贈与税の課税対象となる。

☐ ❹ 個人の債務者が資力を喪失して債務を弁済することが困難になり、その債務の免除を受けた場合、債務免除益のうち債務を弁済することが困難である部分の金額は、贈与税の課税対象とならない。

☐ ❺ 夫名義の住宅ローンの返済を夫婦で行った場合の妻の返済分は、妻から夫へのみなし贈与財産として課税対象となる。

贈与税の**物納**は**認められて**いません。贈与税額が10万円超で、納期限まで
に金銭での納付が困難な場合には、**延納**が**認められて**います（**最長5年間**）。
金銭による一括**納付**が原則ですが、分割納付も認められる場合があります。　×

贈与税の暦年課税の適用を受けていた場合、控除額を超えた部分は、超過累
進税率で計算するため、税率は**課税価格によって**変わります。　×

暦年課税では、1暦年間に複数人から贈与を受けた場合、贈与者ごとではな
く、贈与財産の合計額から**基礎控除額**110万円を控除して、贈与税額を算出
します。　×

直系尊属（祖父母や父母など）から、18歳以上の者（子・孫など）への贈与
は、**特例贈与財産**として、**一般税率とは別の税率を適用**して計算します。な
お、贈与者に**年齢要件は**ありません（相続時精算課税では満60歳以上の父
母と祖父母に限る）。　×

▼ 解説（赤シートで消える語句をチェックできます）　☎354・356・383ページ　▼ 正解

親子間、夫婦間で無利子の金銭貸与を行った場合の利子相当額はみなし贈与
財産として、贈与税の課税対象となります。
みなし**贈与財産**…贈与によって取得した財産ではないが、実質的に贈与と同
様の性質をもつ**生命保険金**、**低額譲渡**、**債務免除**など。　○

時価と比較して著しく低い価額の対価で財産、土地の名義、営業権などの譲
渡を受けた場合、その**差額**は**みなし贈与財産（低額譲渡）**として、贈与税の
課税対象と**なります**。　○

受取人である子が相続の放棄をした場合も、死亡保険金は受け取ることがで
き、税制上の「みなし**相続財産**」として**相続税**の課税対象となります。　×

免除された借金はみなし贈与財産として課税対象となりますが、免除されて
得た利益のうち、**債務を弁済することが困難である部分の金額**は、課税対象
と**なりません**。　○

個人名義のローンの返済を名義人以外が返済した場合、その**返済分**は**みなし
贈与財産**として、課税対象と**なります**。　○

□ **❻** 扶養義務者からの贈与により取得した財産のうち、生活費または教育費として通常必要と認められるものは、贈与税の課税対象とならない。

□ **❼** 贈与税の課税を免れるために、離婚を手段として財産分与により財産を取得したと認められる場合には、その取得した財産は贈与税の課税対象となる。

□ **❽** 父の所有する土地を子が無償で借り、その土地の上に建物を建築した場合には、父から子へ借地権の贈与があったものとして贈与税の課税対象となる。

□ **❾** 父から下記の土地の贈与を受け、その贈与を受ける条件として父の銀行借入金1,500万円を負担した場合、贈与税の課税価格は2,500万円となる。

> 土地の取得価額（父が15年前に購入）：3,000万円
> 贈与時における土地の相続税評価額　：2,800万円
> 贈与時における土地の通常の取引価額：4,000万円

4 相続時精算課税

□ **❶** 相続時精算課税制度を選択しようとする受贈者は、贈与税の申告書に相続時精算課税選択届出書をその他一定の書類とともに添付して、その選択に係る最初の贈与を受けた年分の贈与税の申告期限までに納税地の所轄税務署長に提出しなければならない。

□ **❷** 相続時精算課税制度を一度選択すると、その選択した年以後に特定贈与者から贈与を受けた財産については本制度の適用を受けることとなり、本制度の選択を撤回して暦年課税に変更することはできない。

□ **❸** 父からの贈与に相続時精算課税制度を選択している者は、母からの贈与（これまでに贈与を受けたことはない）については、暦年課税の選択はできない。

通常必要とみなされる額の**扶養義務者**^{※1}から扶養家族への**生活費**、**教育費**は贈与税の課税対象と<u>なりません</u>。 ○

離婚^{※2}の慰謝料や**財産分与**（社会通念上相当な範囲内の場合）は**非課税**ですが、課税回避を目的に離婚による財産分与を行った場合は課税対象と<u>なります</u>。 ○

親子間で土地を**使用貸借**する場合の借地権相当額は、贈与税の課税対象と<u>なりません</u>。そのほか、次のものには贈与税は課税されません。
● 一般に認められる額の**祝金**、**香典**、**見舞金**、**贈答**など。
● 相続開始年に被相続人から受けた贈与（**生前贈与加算**の対象）。
● 特定障害者が受け取る信託財産である特定贈与信託。
● <u>法人</u>から個人への贈与（給与所得や一時所得の対象）。 ×

負担付贈与では、贈与財産から負担額を控除した額に課税されます。不動産の贈与では贈与時の**通常の取引額**から負担額を控除した額とし、不動産以外では、**相続税評価額**から負担額を控除した額となります。贈与時の通常の取引額4,000万円で、負担付贈与における借入金負担額1,500万円なので、
贈与税の課税価格＝4,000万円－1,500万円＝2,500万円 ○

※1 直系血族および兄弟姉妹は、互いに扶養をする義務がある。また家庭裁判所は、特別の事情があるときは、3親等内の親族間においても扶養の義務を負わせることができる。
※2 夫婦が離婚する方法には、協議離婚、調停離婚、審判離婚や裁判離婚がある。

▼ 解説（赤シートで消える語句をチェックできます） ⇨360ページ ▼ 正解

相続時精算課税制度…贈与時点の贈与税を軽減し、後に相続が発生したときに**贈与分**（<u>贈与時点での時価</u>）と**相続分**を合算して<u>相続</u>税として支払う制度です。この制度の適用を受けるには、最初の贈与を受けた年分の贈与税の申告期限（贈与を受けた翌年の2月1日から3月15日）までに**相続時精算課税選択届出書**を居住地の税務署長に提出する必要があります。 ○

相続時精算課税を選択した場合、その贈与者から贈与を受ける財産については、その選択をした年分以降すべてこの制度が適用され、**暦年課税へ変更**することは<u>できません</u>。暦年課税の基礎控除110万円も利用できません。 ○

贈与者ごと、受贈者ごとに、**相続時精算課税か暦年課税かを個別に選択**します。贈与財産の種類・金額、贈与回数に制限はありません。 ×

☐ ❹ 相続時精算課税制度を選択した場合の贈与税額は、その年分の特定贈与者の贈与財産から、基礎控除額110万円を引き、さらに残りの課税価格から、特別控除額(累計で2,500万円)を控除した後の金額に、一律20%の税率を乗じて計算する。←よく出る

5 贈与税の配偶者控除

☐ ❶ 配偶者から居住用不動産(相続税評価額1,500万円)の贈与を受け、贈与税の配偶者控除の適用を受けた場合、贈与税の配偶者控除の限度額に満たない金額については、翌年以降に繰り越すことができる。

☐ ❷ 配偶者から居住用不動産の贈与を受け、贈与税の配偶者控除の適用を受けるためには、その居住用不動産には家屋が含まれていなければならず、土地のみではその適用を受けることができない。

☐ ❸ 贈与税の配偶者控除の適用を受けた場合、贈与税の課税価格から基礎控除110万円を控除することはできない。←よく出る

☐ ❹ 被相続人から相続開始前3年以内に贈与により取得した不動産であっても、贈与税の配偶者控除の適用を受けている場合、その適用により控除された金額に相当する部分は、その贈与を受けた者の相続税の課税価格に加算する必要がない。

☐ ❺ 贈与税の配偶者控除の適用を受ける場合において、一般に、居住用家屋の購入資金として現金1,500万円の贈与を受けるよりも相続税評価額1,500万円の居住用家屋の贈与を受ける方が、実質的に多額の財産の贈与を受けることになる。

相続時精算課税制度での課税

覚えよう

- 贈与財産の価額から、「**相続時精算課税の基礎控除額**（年間**110万円**）[※]」と**特別控除額**（累計**2,500万円**まで）の合計金額を控除できる（ここまでが非課税）。ただし贈与税の**申告は必要**。
- 非課税分を超えた贈与額には、一律**20%**が課される。課税された贈与税分は、将来相続が発生したときに支払う相続税から控除される。
- 暦年課税の基礎控除110万円と併用不可。
- 相続税額から控除しきれない相続時精算課税に係る贈与税相当額については、相続税の申告をすることにより還付を受けることができる。
- 相続時精算課税制度で贈与を受けた場合、相続時に相続人として財産を取得しなくても（相続の放棄を含む）、相続税の課税価格に加算される。

○

※2024年1月1日以降の贈与について、暦年課税とは別に、相続時課税制度に新たに創設された基礎控除。年間110万円以下であれば、贈与税・相続税がかからず申告不要。

▼ 解説（赤シートで消える語句をチェックできます）　　　🔖359ページ　　▼ 正解

贈与税の配偶者控除…婚姻の届出の日から贈与の日までの婚姻期間が**20年**以上の配偶者から贈与を受けた場合、**最高2,000万円**までの贈与額が非課税になる特例。贈与年の翌年3月15日までに贈与税の申告書を提出します。なお、贈与税額が**0円の場合**も**贈与税の申告書の提出が**必要です。過去に同一の配偶者からの贈与で特例を受けていないこと（1度のみ適用）が要件なので、限度額に満たない分を翌年以降に**繰り越すことは**できません。

✕

贈与税の配偶者控除は、「居住用不動産、または居住用不動産を取得するための金銭の贈与が行われた場合」に適用されます。家屋のみや土地のみの贈与で適用を**受けることは**できます。

✕

贈与税の配偶者控除（**最高2,000万円**）は、暦年課税の基礎控除110万円と**併用**できます。最高**2,110万円**まで控除できることになります。

✕

相続開始前7年以内[※]に生前贈与された財産でも、贈与税の配偶者控除に相当する部分は、相続税の課税価格に加算する必要がありません。また、贈与者が贈与した年に死亡して相続を開始した場合でも、所定の要件を満たせば、贈与税の配偶者控除の適用を受けることができます。

○

現金より不動産（建物）で贈与されたほうが、実質的に多額の財産の贈与を受けることになります。現金はそのまま課税価額になりますが、建物の場合は実際の市場価額より低い固定資産税評価額を用いて課税価格を計算するためです。

○

※2024年以降の贈与財産にかかる相続より、加算期間は3年から7年に順次延長された。延長4年間（相続開始前4年〜7年）に受けた贈与の合計額から100万円を控除し、相続財産の価額に加算する。

🄺 直系尊属からの贈与の特例

☐ ❶ 2024年2月に贈与を受けた場合、その年分の所得税に係る合計所得金額が 2,000万円を超える受贈者は、「直系尊属から住宅取得等資金の贈与を受けた 場合の贈与税の非課税」の適用を受けることができない。

☐ ❷ 父からの贈与に「相続時精算課税制度」を選択している者は、父からの住宅 取得資金の贈与について「直系尊属から住宅取得等資金の贈与を受けた場合 の贈与税の非課税」の適用を受けることができない。

☐ ❸ 2024年5月に、Aさんは、父から現金1,500万円、祖母から現金500万円 の贈与を受け、その全額を省エネ住宅の取得費用の一部に充当した。Aさん が父と祖母いずれの贈与についても暦年課税を選択し、「直系尊属から住宅 取得等資金の贈与を受けた場合の贈与税の非課税」の適用を受けた場合には、 納付すべき贈与税はない。

☐ ❹ 「直系尊属から教育資金の一括贈与を受けた場合の贈与税の非課税」の適用 を受けており、教育資金管理契約期間中に贈与者が死亡した場合、その契約 に係る非課税拠出額から教育資金支出額を控除した残額(管理残額)がある ときは、その死亡の日において、受贈者が23歳未満である等の一定の場合 を除き、その残額は、相続税の課税の対象となる。

☐ ❺ 「直系尊属から教育資金の一括贈与を受けた場合の贈与税の非課税」の受贈 者は、教育資金管理契約を締結する日において30歳未満の子や孫とされて いるが、贈与者には年齢要件はない。

☐ ❻ 「直系尊属から教育資金の一括贈与を受けた場合の贈与税の非課税」におい て、学校等以外に直接支払われる教育資金の適用対象となるものには、学習 塾・水泳教室などに支払われる金銭や、通学定期券代なども含まれる。

☐ ❼ 「直系尊属から結婚・子育て資金の一括贈与を受けた場合の贈与税の非課税」 では、所定の要件を満たした場合、受贈者1人につき1,500万円までの金額 に相当する部分の価額について贈与税が非課税となる。

直系尊属から住宅取得等資金の贈与を受けた場合の贈与税の非課税（以下、住宅取得等資金の贈与税の特例）…直系尊属から住宅取得等資金（土地・家屋、土地の先行取得）として贈与を受けた場合一定金額が非課税となる制度。受贈者は贈与年の**1月1日**時点で満**18歳以上**、合計所得が**2,000万円以下**などのほか、店舗併用住宅の場合、**床面積の2分の1以上が居住用**であること等適用要件があります。なおこの特例の適用で非課税となった金額は、贈与者が贈与後3年以内に死亡した場合も相続税の課税価格に加算されません。

○

住宅取得等資金の贈与税の特例は、**暦年課税の基礎控除110万円**、または**相続時精算課税の特別控除2,500万円**のいずれかと併用できます。なお本特例により贈与税額が0円となった場合でも、贈与税の**申告書の提出が必要です**。

×

住宅取得等資金の贈与税の特例では、**省エネ等住宅家屋**[※1]を取得した場合、**1,000万円までが非課税**です。受贈者1人につき**1回だけ適用**できます。複数の贈与者からの贈与の場合も可なので、父と祖母の贈与金額の合計額2,000万円が対象となり、**1,000万円**を超えた分から基礎控除額を引いた金額に贈与税がかかります。なお、**住宅ローン返済**のための贈与は**非課税対象外**です。

×

教育資金の一括贈与の特例は、直系尊属から教育資金として金銭の贈与を受けた場合に限り、受贈者1人につき、**最大1,500万円**が非課税となる特例。契約途中で贈与者が死亡した場合、その時点の残額が**相続税の課税価格に加算**されます[※2]。しかし同日において受贈者が①**23歳未満**、②学校等に在学中、③教育訓練を受講中、のいずれかにあたる場合は**生前贈与加算の対象外**です。

○

教育資金の一括贈与の贈与者は直系尊属（父母や祖父母）であれば、**年齢要件はありません**。一方、受贈者は**満30歳未満の直系卑属（子や孫）**です。ただし在学や教育訓練中などの場合は、**30歳以降40歳まで**継続可能です。

○

教育資金の一括贈与は、**学校以外の教育サービス費用（学習塾、レッスン、通学定期券代、留学渡航費など）**に対して、1人につき**500万円**までが非課税となります。また、外国の大学等の一定の教育施設も適用対象です。

○

結婚・子育て資金の一括贈与の特例では要件を満たした受贈者1人につき**1,000万円**までの価額について贈与税が非課税です（結婚に際して支出する費用については上限**300万円**）。基礎控除、住宅取得等資金の贈与税の特例とも併用可。

×

※1 省エネ等基準（断熱等性能、一次エネルギー消費量、耐震、免震、高齢者等配慮対策等）に適合する住宅用の家屋。
※2 課税価格の合計が5億円を超える場合は、管理残高すべてが相続税の課税対象となる。

2 相続の基礎知識

問題数048

再現例題

民法上の相続人および相続分に関する次の記述のうち、最も不適切なものはどれか。

2020年9月

1. 相続人が被相続人の配偶者および母の合計2人である場合、配偶者の法定相続分は3分の2、母の法定相続分は3分の1である。

2. 相続人が被相続人の配偶者および姉の合計2人である場合、配偶者の法定相続分は4分の3、姉の法定相続分は4分の1である。

3. 相続人となるべき被相続人の弟が、被相続人の相続開始以前に死亡していた場合、その弟の子が代襲して相続人となる。

4. 相続人となるべき被相続人の子が相続の放棄をした場合、その放棄した子の子が代襲して相続人となる。

解答 (1) (2) (3) (4)

▼ 適切なものは○、不適切なものは×で答えなさい。また、（　）に入る語句の組合せを選びなさい。

TOP60 1 相続の基礎知識

☐ ❶ 被相続人の兄弟姉妹は、被相続人に子（その代襲相続人を含む）も直系尊属もいない場合に、被相続人の相続人となる。 ←よく出る

出題DATA
過去13年間

1 遺言と遺留分…出題率0.95% ［81問］

2 相続人と法定相続分…出題率0.78% ［67問］

3 相続の基礎知識…出題率0.75% ［64問］

※出題率は、過去13年間の学科試験8,539問中の出題割合［質問数］を示しています。

【相続の基礎知識】の出題傾向

頻出順に「遺言と遺留分」、「相続の基礎知識」、「相続人と法定相続分」に関する問題が出題されています。

1 **遺言と遺留分**…3つの遺言のうち、最も出題が多いのが公正証書遺言です。秘密証書遺言は過去13年間に1度も出題されていません。

2 **相続人と法定相続分**…遺産相続する割合が相続分です。配偶者のみの場合は配偶者がすべて相続するほか、配偶者と父母、配偶者と子、配偶者と兄弟姉妹、の3つのケースはしっかり覚えておきましょう。

3 **相続の基礎知識**…子の種類、養子縁組、相続の承認と放棄、代襲相続、法定相続人の順位等、相続に関する基本的な知識について出題されます。

▼ 再現例題の解説と解答

4. 相続放棄は、「初めから相続人とならなかったもの」としてみなされます。従って、相続放棄した人に子どもがいる場合でも、その子どもが代襲相続人になることはできません。 ④

▼ 解説（赤シートで消える語句をチェックできます） ☞366・368ページ　▼ 正解

被相続人の兄弟姉妹は法定相続人のうちの**第3順位**です。第1順位（子）、第2順位（直系尊属）の法定相続人がいない場合に**相続人と**なります。

● **法定相続人の順位**

・配偶者は常に**法定相続人**。

・第1順位…子（養子、非嫡出子、胎児を含む）→子がいない場合は孫

・第2順位…直系尊属 →父母がいない場合は祖父母

・第3順位…兄弟姉妹 →兄弟姉妹がいない場合は甥、姪

・第1順位〜第3順位では、上位者がいる場合、下位者は相続人になれない。

○

☐ **❷** 法定相続人が被相続人の相続開始以前に死亡したときには、その法定相続人の子が代襲して相続人となる。

☐ **❸** 相続人が相続の放棄をした場合、放棄をした者の子が、放棄をした者に代わって相続人となる。

☐ **❹** 相続開始時における胎児には相続権が認められるが、死産だったときは、その胎児はいなかったものとして取り扱われる。

☐ **❺** 特別養子縁組が成立した場合、原則として、養子と実方の父母との親族関係は終了するため、実方の父母の相続人とならない。

☐ **❻** 夫婦が未成年者を養子とするには、原則として、夫婦共同で縁組をしなければならない。

☐ **❼** 推定相続人は、家庭裁判所に申述することにより、相続の開始前に相続の放棄をすることができる。

☐ **❽** 相続について単純承認する場合、原則として、相続の開始があったことを知った時から3カ月以内に、家庭裁判所にその旨を申述しなければならない。

代襲相続は、相続の開始時に、法定相続人が死亡、欠格、廃除によって、相続権がなくなっている場合、その法定相続人の直系卑属が代わって相続するものです。被相続人が死亡するより先に、法定相続人が死亡したとき、その子（被相続人の孫）が代襲相続人となります。

○

相続放棄をした相続人の子は、相続人（代襲相続人）にはなれません。
●代襲相続の順位
・第1順位（子）→孫→ひ孫 …直系卑属は代襲できる。
・第2順位（直系尊属）… 祖父母は代襲ではなく法定相続人。
・第3順位（兄弟姉妹）→ 甥・姪（兄弟姉妹の子）まで代襲できる。
・被相続人の子の配偶者は代襲できない。
・欠格・廃除者の子は代襲できる。

×

胎児は被相続人の実子として相続権が認められますが、死産だった場合はいなかったものとして取り扱われ、相続権は認められません。

○

養子には、普通養子と特別養子の2種類あり、養子縁組の成立によって、それぞれ実親・養親との親族関係が次のようになります。
・普通養子…実方の父母との法律上の親族関係を存続したまま、養親と親子関係を結ぶ（嫡出子の扱いとなる）。実親・養親両方の相続人になる。
・特別養子…実方の父母との親族関係は終了し、養親のみの相続人になる。
・特別養子縁組の成立には、原則、実の父母の同意が必要。

○

夫婦が未成年者を養子とするには、原則、夫婦共同で縁組をしなければなりません。なお、家庭裁判所の許可が必要です。

○

推定相続人（相続が開始した時点で、相続権があるとされる人）は、相続開始前に相続の放棄をすることはできません。
●相続放棄のその他の主なポイント
・被相続人の資産および負債をすべて相続しない。
・相続開始を知った日から3カ月以内に、家庭裁判所に申述する必要がある。単独で申述できる。
・原則として撤回できない。

×

単純承認は、相続の開始があったことを知った時から3カ月以内に限定承認や相続放棄しなければ、自動的に単純承認したとみなされます。

×

② 相続人と法定相続分

☐ **❶** 配偶者および直系尊属が相続人であるときは、配偶者の相続分は3分の2、
　　直系尊属の相続分は3分の1である。←よく出る

☐ **❷** 相続人が被相続人の配偶者、孫（相続開始時において死亡している長男の子）
　　の合計2人である場合、孫の代襲相続分は4分の1である。

☐ **❸** 嫡出でない子の相続分は、嫡出である子の相続分の2分の1である。

☐ **❹** 父母の一方のみを同じくする兄弟姉妹の法定相続分は、父母の双方を同じく
　　する兄弟姉妹の法定相続分の2分の1である。

☐ **❺** 相続人が不存在である場合は、被相続人の相続財産は法人となり、特別縁故
　　者の請求によってその財産の全部または一部が特別縁故者に対して分与され
　　ることがある。

☐ **❻** 共同相続人に特別受益者がいる場合、特別受益額を被相続人の遺産の額から
　　控除して各共同相続人の相続分を算出する。

☐ **❼** 共同相続人に寄与分権利者がいる場合、寄与分を被相続人の遺産の額から控
　　除せずに各共同相続人の相続分を算出する。

遺産相続する割合を**相続分**といいます。相続分には、**指定相続分**（被相続人が遺言で指定する）と**法定相続分**（民法に規定がある）の2種類があります。

●**法定相続人と法定相続分の主なケース**
・相続人が配偶者のみの場合…**配偶者**がすべて**相続**。
・相続人が配偶者と父母…配偶者**3分の2**、父母**3分の1**
・相続人が配偶者と子…配偶者**2分の1**、子**2分の1**
・相続人が配偶者と兄弟姉妹…配偶者**4分の3**、兄弟姉妹**4分の1**

○

代襲相続人の相続分は、その直系尊属（この場合は代襲相続人の父親）の相続分と同じです。相続人が配偶者と代襲相続する孫の2人の場合、孫の代襲相続分は**2分の1**です（孫にとっての親である長男の相続分**2分の1**と同じ）。

×

実子・養子・非嫡出子・胎児の法定相続分はすべて**同等**です。死産だった場合は、その胎児に相続権はありません。

×

片親が同じである兄弟姉妹の法定相続分は、両親が同じである兄弟姉妹の法定相続分の**2分の1**です。

○

相続人が一人もいない（相続人不存在）場合、その遺産は「**相続財産法人**」によって管理されます。その上で、特別縁故者に財産分与される、遺言書で指定された人に渡る、国庫に帰属する、といった方法がとられます。

○

特定の相続人が被相続人の生前に贈与や遺贈を受けていた場合、その相続人を特別受益者、受けた財産分を特別受益分といいます。**共同相続人**（相続人が複数いる場合の全相続人）に特別受益者がいる場合、すでに贈与された特別受益分をいったん被相続人の遺産額に加算してから、**法定相続分で分配**します。なお、特別受益者の分配分からは特別受益分を差し引きます。

×

被相続人の生前に財産の形成・維持に特別に寄与した相続人を寄与分権利者、寄与した財産分を寄与分といいます。寄与分権利者がいる場合、寄与分を被相続人の遺産の額から控除してから、各共同相続人の相続分を算出します。控除した寄与分は、分配対象とならず寄与した相続人のものとなります。特別寄与者※が、寄与に応じた額の金銭の支払いを相続人に請求できる「特別寄与料の請求権」が認められることになりました。

×

※被相続人に対して、無償で療養看護などの労務を提供することで財産の維持・増加について特別の寄与をした被相続人の相続人でない親族。例：義父母の看護をした相続人の配偶者。

❸ 遺産分割の種類

☐ ❶ 民法では、遺産の分割は、遺産に属する物または権利の種類および性質や各相続人の年齢、職業、心身の状態および生活の状況その他一切の事情を考慮してするものと定められている。

☐ ❷ 共同相続人において遺産分割協議が調わない場合には、家庭裁判所に対して、調停による遺産分割申立てに先立って、審判による遺産分割の申立てをしなければならない。

☐ ❸ 遺産分割は、すべての遺産の分割が確定した場合に初めて有効になることから、一部の財産についてのみの分割は無効である。

☐ ❹ 被相続人は、遺言により、相続開始の時から5年を超えない期間を定めて、遺産の分割を禁ずることができる。

☐ ❺ 配偶者居住権の存続期間は、原則として、被相続人の配偶者の終身の間である。

☐ ❻ 遺産分割協議書は、あらかじめ1人の相続人が遺産分割協議書の草案を用意して、他の共同相続人全員が順次これに署名・捺印する持回り方式により作成することも認められている。◀よく出る

☐ ❼ 被相続人の財産の維持や増加について特別の寄与をした相続人について認められる寄与分の額は、原則として共同相続人の協議によって定めるが、協議が調わないときは、寄与をした者の請求により家庭裁判所が寄与分を定める。

☐ ❽ 各共同相続人は、遺産の分割前において、遺産に属する預貯金債権のうち、相続開始時の債権額の3分の1に法定相続分を乗じた額の払戻しを受ける権利を単独で行使することができる。

相続財産を相続人で分けることを**遺産**分割といいます。被相続人の遺言による**指定**分割と、共同相続人全員の協議で決める**協議**分割の２つの種類があります。遺産分割は、民法上、遺産に属する物、権利の種類および性質や各相続人の年齢、職業、心身の状態や生活の状況その他一切の事情を考慮して行うものと**定められています**。 ○

遺産分割では、まず**指定**分割が最優先されます。遺言がない場合、**協議**分割を行います。協議が成立しない場合、各相続人は、通常は、家庭裁判所の**審判**に先立って、**調停**による遺産分割の申立てを行います。 ×

協議が長引くときなど、一部の財産についてのみ**先に分割**することが**できます**。また、葬儀費用等のための預金の一部払い出しも可能です。 ×

相続人は相続開始後にいつでも遺産分割ができます（いつでも分割請求が可能）。ただし、被相続人は遺言により**5年**を超えない期間を定めて、**遺産分割を禁ずることが**できます。 ○

配偶者居住権の存続期間は、遺言や遺産分割協議にて別段の定めのある場合を除き、**終身とされています**。 ○

遺産分割協議書は、遺言書がない場合に、相続人全員の同意の下で遺産分割を行ったことを証明する書類です。遺産分割協議が成立したら、遺産分割協議書（書式は定められていない）を作成して相続人**全員が**署名・**押印する必要があります**（ただし、実印・印鑑証明書の添付は不要）。相続人の１名が用意した草案をもとに、残り全員が順次署名・捺印する**持回り方式の作成方法**も認められています。なお、協議成立後でも共同相続人全員の合意により遺産分割協議の**解除**や**再分割協議**ができます。 ○

協議が調わない場合は、寄与分権利者（被相続人の生前に財産の形成・維持に特別に寄与した相続人）の請求により、家庭裁判所での**調停**や**審判**で寄与分を**定めます**。 ○

遺産分割前の払戻し制度により、相続する「**各口座ごとの預貯金額の3分の1×法定相続分**」までは、他の共同相続人の同意無しで**遺産分割前での引き出し**が可能です（金融機関ごとに**150万円**が上限）。 ○

☐ ❾ 共同相続人の1人が遺産の分割前にその相続分を共同相続人以外の第三者に譲り渡した場合、他の共同相続人は、当該第三者に対して一定期間内にその価額および費用を支払うことで、その相続分を譲り受けることができる。

4 遺産分割の方法

☐ ❶ 被相続人名義の土地1区画を3つに分割してそれぞれ3人の相続人が相続する方法は、現物分割である。

☐ ❷ 換価分割は、共同相続人が相続によって取得した財産の全部または一部を金銭に換価し、その換価代金を共同相続人間で分割する方法である。

☐ ❸ 換価分割において、共同相続人が相続によって取得した財産の全部または一部を換価し、その換価代金を分割した場合、各相続人が取得した換価代金は、所得税において非課税所得とされている。

☐ ❹ 遺産の大半が農地であり、農地をすべて後継者に相続させたい場合に一般に用いられる方法は、換価分割である。

☐ ❺ 代償分割は、共同相続人のうち特定の者が被相続人の遺産を取得し、その代償としてその者が他の相続人に対して、自己の固有財産を交付する分割方法である。

☐ ❻ 代償分割によって特定の相続人から他の相続人が取得した代償財産は、被相続人から相続により取得した財産ではないため、贈与税の課税対象となる。

☐ ❼ 代償分割において、共同相続人のうち、特定の者が被相続人の相続財産を取得し、その者が他の相続人や受贈者に代償として交付する資産は、その者の固有財産のうち現金に限られる。

☐ ❽ 代償分割に備えて、被保険者を被相続人、保険料負担者および保険金受取人を財産取得予定の相続人とする生命保険に加入することも有効である。

☐ ❾ 被相続人名義の土地1区画を相続人がそれぞれの相続分に応じた登記を行い、その土地を共有する方法は、共有分割である。

遺産の分割前であっても、共同相続人は自身の相続分を**第三者に譲渡**することが<u>できます</u>。この場合、他の共同相続人はその譲渡価額と費用を支払えば、その**相続分を買い取る**ことが<u>できます</u>。

○

▼ 解説（赤シートで消える語句をチェックできます）　　<u>テ</u>372ページ　▼ 正解

<u>現物</u>**分割**…個別の財産ごとにそのままの形で分割して相続する方法。

○

<u>換価</u>**分割**…共同相続人のうち1人または数人が、相続財産を売却処分し、その代金を分割する方法。

○

例えば、相続財産が不動産だった場合、土地を譲渡した際の**譲渡益に<u>所得</u>税**が課される場合などがあります。非課税所得とは限りません。

×

相続財産が不動産や自社株などで、分割が困難な財産の場合に利用されるのは、<u>代償</u>**分割**です。

×

<u>代償</u>**分割**…共同相続人のうち特定の相続人が遺産を取得し、代償として他の相続人に対して、自己の固有財産を交付する方法。

○

代償分割で取得した財産は、被相続人から取得した財産として<u>相続</u>**税**の課税対象となります。

×

代償分割で交付する代償財産は金銭に<u>限りません</u>。なお、不動産など、金銭以外を代償財産として交付した場合は時価により譲渡したものとみなされて<u>所得</u>**税**の課税対象となります。

×

<u>代償</u>**分割**に備えて、被保険者を被相続人、保険料負担者および保険金受取人を財産取得予定の相続人とする生命保険に加入することも有効です。

○

<u>共有</u>**分割**（<u>共有物</u>**分割**）…動産や不動産等を複数人での共有の場合、各相続人の持分を決めて共有で分割する方法。例えば被相続人名義の土地1区画を相続人が各相続分に応じた登記を行うことでその土地を共有する方法などです。

○

☐ **❶** 15歳に達していない者は、遺言をすることができない。

☐ **❷** 先に作成した公正証書遺言の全部または一部を、その後、自筆証書遺言によって撤回することができる。

☐ **❸** 嫡出でない子の認知は、遺言によってすることはできず、生前に届出によってしなければならない。

☐ **❹** 遺言者の死亡以前に受遺者が死亡していた場合は、遺言者がその遺言に別段の意思を表示していない限り、受遺者の代襲相続人が遺贈を受ける権利を承継する。

☐ **❺** 前の遺言が後の遺言と抵触するときは、その抵触する部分については、後の遺言で前の遺言を撤回したものとみなす。◀よく出る

☐ **❻** 自筆証書によって遺言をするには、遺言者による遺言書の全文、日付および氏名の自書（財産目録は自書以外でも可）ならびに押印が必要である。

　　　　　　　　　　　　　　　　　　　　　　　　　　　　　◀よく出る

☐ **❼** 公正証書によって遺言をするには証人2人以上の立会いが必要であり、推定相続人は、その証人になることができる。

自らの死後のために意思表示することを<u>遺言</u>、遺言によって財産を受遺者（遺贈を受けられる人）に与えることを遺贈といいます。遺言は<u>満15歳以上</u>で意思決定能力があれば作成できます。なお、遺言は<u>単独</u>で作成するものであり、夫婦共同での遺言などは作成できません。

○

遺言書はいつでも、どの遺言書でも内容の変更、**撤回が**<u>できます</u>。日付の新しいものが有効です。

○

非嫡出子の認知は<u>遺言</u>によっても可能です。

✕

遺言者より先に受遺者が死亡していた場合、遺言者がその遺言に別段の意思を表示していない限り、受遺者の**代襲相続人**が遺贈を受け取ることは<u>できません</u>。

✕

変更前の遺言が後の遺言と抵触するときは、その**抵触する部分**については、後の遺言で**撤回**したものと<u>みなします</u>。

○

普通方式による遺言の種類　覚えよう

自筆証書遺言	**証人不要** **検認必要**	遺言者が遺言の**全文**（日付（暦上の特定の日）、氏名を自書（財産目録※のみ自筆以外も可）し押印する。証人の立会いは<u>不要</u>。相続開始後に家庭裁判所で検認の手続きが必要。
公正証書遺言	**証人必要** **検認不要**	・公証人役場で**証人2名以上**（推定相続人、受遺者、及びその配偶者・直系血族は<u>不可</u>）立会いのもと、遺言者が遺言の趣旨を公証人に口授し公証人が筆記する。 ・遺言者、証人、公証人の署名・押印が必要 ・原本は公証人役場に保管されるため遺言者が正本の一部を破棄しても遺言撤回とみなされない ・相続開始後の家庭裁判所の**検認**は<u>不要</u> ・遺言書作成には手数料等の費用がかかる。
秘密証書遺言	**証人必要** **検認必要**	・遺言者が作成し、署名押印し、封印。 ・**証人2名以上**の前で公証人が日付を記入する。 ・遺言者自身が保管する ・相続開始後に家庭裁判所で検認の手続きが必要

▲検認前に遺言書を開封した場合でも、その遺言書は無効にはならない。

○

✕

※自筆証書遺言の財産目録については、所定の要件を満たせばパソコン等やコピーでの作成可。また、法務局（遺言書保管所）で保管されている自筆証書遺言書については、検認不要。

☐ ⑧ 公正証書遺言は、その作成時において遺言者が所有するすべての財産について受遺者を指定しなければならない。

☐ ⑨ 遺言による相続分の指定または遺贈によって、相続人の遺留分が侵害された場合であっても、その遺言が無効となるわけではない。

☐ ⑩ 遺留分権利者が相続開始後に遺留分を放棄するためには、家庭裁判所の許可を得なければならない。

☐ ⑪ 遺留分侵害額請求権は、相続の開始および遺留分の侵害を知った日から1年、もしくは、相続の開始を知らなかった場合は相続の開始から10年を過ぎると、時効となる。

⑥ 成年後見制度

☐ ❶ 法定後見制度は、本人の判断能力が不十分になる前に、家庭裁判所によって選任された成年後見人等が本人を法律的に支援する制度である。

☐ ❷ 家庭裁判所が保佐人に代理権を付与する旨の審判を行う場合、被保佐人以外の者の請求によるときは、被保佐人の同意がなければならない。

☐ ❸ 成年後見人は、家庭裁判所に報酬付与の審判を申し立てて認められれば、成年被後見人の財産のなかから審判で決められた報酬を受け取ることができる。

☐ ❹ 精神上の障害により事理を弁識する能力を欠く常況にある者について、家庭裁判所に後見開始の審判を請求することができるのは本人の親族のみである。

公正証書遺言に限らず、遺言では、すべての遺産について**受遺者を指定する必要は**<u>ありません</u>。一部の財産のみ指定することも可能です。

×

遺言によって相続人の遺留分が侵害された場合もその**遺言自体は**<u>有効</u>です。
遺留分…民法で定められている一定の相続人が**最低限相続できる財産**のこと。
遺留分の割合は以下の通りです。
- 遺留分権利者が**父母のみ**………相続財産の**3**分の1
- 遺留分権利者が**配偶者のみ**……相続財産の**2**分の1
- 遺留分権利者が**子のみ**…………相続財産の**2**分の1
- 遺留分権利者が**配偶者と子**……「配偶者と子」で相続財産の**2**分の1
- 遺留分権利者が**配偶者と父母**…「配偶者と父母」で相続財産の**2**分の1

○

遺留分権利者…遺留分が保証されている人。被相続人の**配偶者**、**子**（子の代襲相続人を含む）、**父母**で、**兄弟姉妹**は保証されていません。遺留分権利者が遺留分の放棄をするには、**相続開始**<u>後</u>ならば意思表示を行うだけで**手続きは**<u>不要</u>です。ただし相続開始前ならば家庭裁判所の許可を得ることが必要です。

×

遺留分侵害額請求権（遺言により遺留分を侵害された場合、遺留分確保のために侵害された額を金銭で請求できる権利）は、遺留分権利者が相続の開始および遺留分の侵害を知った日から<u>1年以内</u>に行使しないと**時効により消滅**します。相続の開始を知らなかった場合の時効は相続の開始から<u>10</u>年です。

○

▼ 解説（赤シートで消える語句をチェックできます）　　🖙377ページ　　▼ 正解

法定後見制度は、**成年後見制度**の1つで、本人の判断能力が**不十分になった後**に、本人や親族等の請求により<u>家庭裁判所</u>が後見人等を選ぶ制度です。後見開始の審判後はその内容が<u>登記</u>されます。成年後見人は、成年被後見人が行った法律行為について、日常生活に関する行為を除いて**取消しが**<u>可能</u>です。

×

保佐人や補助人の代理権を、被保佐人（本人）以外の人が請求する場合、**被保佐人の同意が**<u>必要</u>です。

○

成年後見人は、報酬付与の審判で認められた場合、決められた**報酬を受け取ることが**<u>できます</u>。なお、成年後見人となるための特別な資格は不要です。

○

後見開始の審判請求は、<u>本人</u>または**その配偶者**のほか、本人の**4親等内の親族**も<u>できます</u>。

×

3 相続税

問題数038

 **再現例題**

相続税の課税財産に関する次の記述のうち、最も不適切なものはどれか。

2020年9月

1. 被相続人が交通事故により死亡し、加害者が加入していた自動車保険契約に基づき、相続人が受け取った対人賠償保険の保険金は、相続税の課税対象となる。

2. 契約者（＝保険料負担者）および被保険者を被相続人とする生命保険契約に基づき、相続の放棄をした者が受け取った死亡保険金は、相続税の課税対象となる。

3. 被相続人から相続時精算課税による贈与により取得した財産は、その者が相続または遺贈により財産を取得したかどうかにかかわらず、相続税の課税対象となる。

4. 相続または遺贈により財産を取得した者が、相続開始前3年以内に被相続人から暦年課税による贈与により取得した財産は、原則として相続税の課税対象となる。

解答 (1) (2) (3) (4)

▼ 適切なものは○、不適切なものは×で答えなさい。また、（ ）に入る語句の組合せを選びなさい。

TOP 60 1 相続財産の種類

☐ ❶ 父が契約者（＝保険料負担者）および被保険者、子が死亡保険金の受取人である生命保険契約に基づき、父が死亡したことにより子が受け取った死亡保険金は、みなし相続財産として、相続税の課税対象となる。◀よく出る

☐ ❷ 死亡保険金は、死亡保険金受取人の固有の財産となるため、特段の事情がない限り、相続人等による遺産分割協議の対象とならない。

☐ ❸ 被相続人が土地を取得した直後に死亡し、被相続人への所有権移転登記が未済のまま、その土地を相続人が取得した場合であっても、その土地は相続税の課税対象となる。

出題DATA 過去13年間

👑**1** 相続財産の種類…出題率0.53%［45問］

👑**2** 相続税の非課税財産…出題率0.49%［42問］

👑**3** 相続税の延納・物納…出題率0.48%［41問］

※出題率は、過去13年間の学科試験8,539問中の出題割合［質問数］を示しています。

学科⑥

相続・事業承継

【相続税】の出題傾向

頻出順に「相続財産の種類」、「相続税の非課税財産」、「相続税の延納・物納」、「債務控除」に関する問題が出題されています。

1 **相続財産の種類**…生命保険金、死亡退職金、生前贈与財産（相続開始前7年以内に受けた贈与財産）、相続時精算課税による贈与財産は、相続財産にあたります。この4つを覚えておけば、高得点につながります。

2 **相続税の非課税財産**…非課税限度額の計算式を使った計算問題が出ます。

3 **相続税の延納・物納**…延納や物納にできる財産の種類などが出ます。

4 **債務控除**…被相続人の生前の債務や未払いの税金は控除対象です。

▼ 再現例題の解説と解答

1. 加害者の加入していた対人賠償保険契約により遺族が受け取った保険金は、遺族の所得となり、相続税の課税対象にはなりません。また、対人・対物事故により支払われる損害保険の保険金や賠償金は、所得税法上非課税所得となるため、遺族が受け取る場合も非課税です。　①

▼ 解説（赤シートで消える語句をチェックできます）　📖381・382ページ　▼ 正解

生命保険金の契約者と被保険者が同一で、受取人が相続人である場合、その死亡保険金は、相続税の課税対象となります。	○
死亡保険金は、受取人固有の財産となるため、遺産分割協議の対象にはなりません。なお、死亡保険金は相続放棄者も受け取ることができます。	○
被相続人が生前に購入した不動産で、相続開始時までに被相続人への所有権移転登記が未済のまま、相続人が取得した場合、その土地は相続税の課税対象となります。	○

☐ ❹ 被相続人に対する給与のうち、相続開始時において支給期の到来していない
もので、被相続人の死亡後3年以内に支給が確定したものは相続税の課税対
象となる。

☐ ❺ 相続時精算課税制度の適用を受けて取得した贈与財産は、相続開始時の相続
税評価額で相続財産に加算される。←よく出る

☐ ❻ 被相続人から相続開始前3年以内に贈与により取得した不動産が、被相続人
の死亡により相続税の課税価格に加算される場合、加算される価額は、贈与
時における価額による。

② 相続税の非課税財産

☐ ❶ 死亡保険金の相続税の非課税限度額は、「500万円×法定相続人の数」で算
出し、その額を相続人の数で均等に割ったものが、各相続人の非課税限度額
となる。

☐ ❷ 相続または遺贈により財産(みなし相続財産を含む)を取得しなかった者が、
相続開始前3年以内に当該相続の被相続人から暦年課税による贈与により取
得した財産は、相続税の課税財産とならない。

☐ ❸ 被相続人の死亡により相続人が受け取る退職手当金の非課税限度額は、被相
続人に係る賞与以外の普通給与の3年分相当額である。

☐ ❹ 相続または遺贈によって取得した財産のうち、被相続人に帰属する一身専属
権は、相続税の課税財産とならない。

☐ ❺ 相続人が、相続または遺贈により取得した財産のうち、相続税の申告期限ま
でに国に寄附(贈与)したものは、原則として、相続税の非課税財産である。

相続開始時、支給期の到来していない給与のうち、被相続人の死亡後**3年以内**に支給が確定したものは、相続財産として、**相続税の課税対象と**なります。 ○

相続時精算課税の適用を受けていた贈与財産は、相続税の課税対象となります。その際、**贈与時の相続税評価額**で相続財産に**加算**されます。 ×

被相続人から**相続開始前の7年以内**[※]に贈与を受けた財産は、生前贈与財産として相続財産に加算されます。その際の**加算価額は贈与時の価額**によります。 ○

● **相続税の課税対象となる財産・まとめ**

・預貯金、株式、債券、現金、貴金属、不動産、特許権、生命保険金や死亡退職金
・保険期間中に被保険者より先に契約者が死亡した場合の解約返戻金
※被相続人（年金の受給権者）の死亡時に、未支給だった年金を相続人が受け取った場合、相続人の一時所得となり、相続税ではなく所得税の課税対象となる。

▼ 解説（赤シートで消える語句をチェックできます）　　　　 382ページ　　▼ 正解

各相続人の非課税限度額は、各相続人が受け取った保険金の割合に応じて按分されます。なお、相続放棄者が死亡保険金を受け取った場合、この非課税限度額の規定は適用されず、全額が相続税の課税対象となります。 ×

相続または遺贈により財産を取得していないので、贈与を受けていても**相続税の課税とは**なりません。 ○

死亡後3年以内に支払いが決定した退職手当金や生命保険金は、相続税の対象となり、「**500万円×法定相続人の数**」まで非課税です。なお、相続人の中に**相続放棄者**がいた場合、その放棄がなかったものとして**人数に加えます**。 ×

一身専属権とは、例外的に権利者個人に専属するもので、他人が取得または行使することのできない権利をいいます。特定の人に専属する権利なため、相続財産には含まれず、相続税の**課税財産とは**なりません。 ○

相続税の申告期限までに国に寄附（贈与）したものは、相続税が課されない、**非課税財産です。** ○

※ 2024年以降の贈与財産にかかる相続より、加算期間は3年から7年に順次延長となった。
延長4年間（相続開始前4年～7年）に受けた贈与は、その合計額から100万円を控除し、相続財産の価額に加算する。

3 法定相続人の数

☐ ❶ 相続人に被相続人の実子と複数の養子（特別養子ではない）がいる場合、「法定相続人の数」に算入する養子の数は 1 人となる。

☐ ❷ 代襲相続人であり、かつ、被相続人の養子となっている者については、実子 2 人分として「法定相続人の数」に算入する。

☐ ❸ 相続税における「遺産に係る基礎控除額」の計算において相続人の数に含まれなかった養子であっても、財産を相続することができる。

☐ ❹ 相続税を計算する際、相続放棄者は、法定相続人の数に算入する。

4 債務控除

☐ ❶ 葬式に際して寺院等に支払うお布施、戒名料で、被相続人の職業、財産その他の事情に照らして相当程度と認められるものは、葬式費用として債務控除の対象となる。

☐ ❷ 被相続人が生前に購入した墓石や墓地の代金で、その相続開始時において未払いであったものは債務控除の対象となる。

☐ ❸ 相続を放棄した者が負担した葬式費用は、その者に遺贈により取得した財産があれば、債務控除の対象となる。

法定相続人の数に算入する養子の数

覚えよう

- 被相続人に**実子がいる**場合は、算入できる養子の数は<u>1</u>人まで。
- 被相続人に**実子がいない**場合は、算入できる養子の数は<u>2</u>人まで。
  ただし、次の場合は養子を実子とみなして**すべて法定相続人の数に**<u>含める</u>。
- 特別養子縁組で養子となっている者（実父母との親子関係を断った養子）。
- **代襲相続人**で、かつ**被相続人の養子**となっている者（<u>1</u>人分として）。
- 配偶者の実子で、かつ被相続人の養子となっている者。

○

×

相続税の基礎控除額を計算する際に、法定相続人の数に含まれなかった養子
（実子がいたために数に含まれなかった養子）であっても、相続権自体はある
ため、**財産を相続することが**<u>できます</u>。

○

遺産に係る基礎控除額等の計算をする場合、**相続放棄者**は、法定相続人の数
に**算入**<u>します</u>。

○

被相続人の<u>債務</u>などは、相続財産から**控除**<u>できます</u>。

相続財産の債務控除

覚えよう

控除できる（控除対象）	控除できない（控除対象外）
○債務…被相続人の借入金、相続人が支払った特別寄与料相当額	×**墓石**や<u>墓地</u>、**仏壇**などの非課税財産（相続税がかからない財産）に係る<u>未払い金</u>
○税金や医療費の未払い金、買掛金などの事業上の<u>未払い金</u>	×弁護士に支払った遺言執行費用
○通夜、葬儀（お布施、**戒名料**、読経料）、火葬、納骨の費用	×<u>香典返戻費用</u>（香典返し）
○被相続人から引き継いだ生命保険契約の契約者貸付金	×初七日・四十九日・一周忌等、法要の費用

○

×

相続を放棄した人は、債務も放棄した（債務を相続していない）ことと同じ
なので、本来は債務控除の適用外です。しかし、実際には相続放棄者が被相
続人の葬儀費用を負担するという場合もあり、遺贈で取得した財産があれば、
その相続放棄者が負担した葬式費用等は、**債務控除の対象**<u>と</u>なります。※

○

※特定納税義務者の場合、国内に住所がある国内居住者であれば、相続時精算課税で取得した
　国内外すべての財産が相続税の課税対象となり、相続時精算課税で取得した国内外すべての
　財産に係る債務が債務控除の対象となる。

5 相続税の申告と納税義務者

☐ ❶ 相続人に相続税の申告義務がある場合、相続の開始があったことを知った日の翌日から12カ月以内に申告書を提出すればよい。

☐ ❷ 日本国内に住所のある者が相続または遺贈により財産を取得した場合、その財産のうち日本国内に所在するもののみが相続税の課税対象になる。

☐ ❸ 外国に住所のある外国籍の者が、日本国内に住所のある被相続人から相続や遺贈により財産を得た場合、その財産のすべてが相続税の課税対象になる。

☐ ❹ 相続時精算課税制度の適用を受けた受贈者が特定贈与者の相続時に相続財産を取得しなかった場合でも、相続時精算課税制度の適用を受けた財産について相続税の納税義務者になることがある。

6 相続税の延納・物納

☐ ❶ 相続税の延納を申請するに当たって、担保として提供することができる財産は、相続または遺贈により取得した財産に限られる。

☐ ❷ 物納に充てることのできる財産は、相続税法にその順位が規定されており、第1順位は国債、地方債、社債、株式とされ、第2順位は不動産、船舶とされている。

☐ ❸ 相続開始前3年以内に被相続人から暦年課税による贈与により取得した財産で、相続税の課税価格に加算されたものは、所定の要件を満たせば、物納に充てることができる。

郵 便 は が き

料金受取人払郵便

神田局承認

5548

差出有効期間
2026年5月25
日まで

1 0 1 - 8 7 9 6

9 2 2

東京都千代田区神田神保町1-52
ナツメ出版企画株式会社 行

|||||||||||||||||||||||||||||||||||

住所： 〒□□□-□□□□

電話： 　　　（　　　　　　　）

メール：

フリガナ：

氏名： 　　　　　　　　　　　　　性別： 男 / 女

年齢： 　　歳

職業： 1.学生(高校 専門学校 短大 大学 大学院 その他)
　　　 2.会社員 　3.公務員 　4.自営業 　5.無職
　　　 6.その他(　　　　　　　　　　　)

※本アンケートは当社出版物の企画の参考とさせていただきます。なお、ご提
　供いただいた情報は当社にて管理し、第三者に開示することはありません。

●購入書籍のタイトル（該当するものに印をつけてください）
　□オールカラー超入門！マンガでわかるＦＰ３級
　□史上最強のＦＰ３級テキスト
　□史上最強のＦＰ３級問題集
　□史上最強のＦＰ２級ＡＦＰテキスト
　□史上最強のＦＰ２級ＡＦＰ問題集

●本書を購入したポイント（いくつでも結構です）
　□内容（□わかりやすい　□情報が多い　□役立つ・使いやすい）
　□価格　□カバーデザイン　□カバーや帯のコピー　□知人の紹介
　□レイアウト（□文字が読みやすい　□イラストや図が豊富）

●本書についてのご感想やお気づきの点をお聞かせください。

●FP技能検定を受検された体験記をお寄せください。

●お寄せいただいたご感想・体験記を一部抜粋・編集して、書籍のPR等に使用さ
　せていただく場合がございます（ただし、個人情報を公表することはありません）。
　□許可する　　　□許可しない

※ご協力ありがとうございました。次年以降の企画や書籍の内容の参考とさせていただきま
す。本に役立つ情報をお寄せいただいた方には薄謝（図書カード等）を進呈いたします。

相続税の申告と納税は、相続の開始があったことを**知った日の翌日から10カ月以内**に行うことが必要です。なお、被相続人が確定申告すべきだった場合、相続人は相続の開始があったことを**知った日の翌日から4カ月以内**に、その年の被相続人の所得税の確定申告をすることが必要です（準確定申告）。

×

日本国内に住所のある人が取得した相続財産は、**すべて相続税の課税対象になります**。また、被相続人の住所地が**国内にある場合**、相続税の申告書の提出先は、**被相続人の死亡時の住所地を所轄する**税務署長です。なお、相続税の納税義務者は、相続や遺贈により財産を取得した個人ですが、その個人には、人格なき社団も含まれます。

×

相続人が外国籍の人、被相続人が相続開始時に国内に住所がある人の場合、国内外の制限なく**取得財産のすべてが課税対象と**なります。

○

相続時精算課税制度は、贈与時点の贈与税を軽減し、後に相続が発生したときに贈与分と相続分を合算して相続**税として支払う制度**です。この制度の適用を受けた受贈者は、特定贈与者の相続時に相続財産を取得しなかった場合でも、相続**税の納税義務者になることがあります**。

○

相続税は、金銭一括納付が困難である場合、要件を満たせば延納ができます。担保は相続や遺贈による取得財産に限らず、**相続人自身の財産でも可能です**。

×

物納に充当できる財産は、相続税法に以下の順位が規定されています。
第1順位…不動産、**船舶**、国債証券、地方債証券、上場株式等※
第2順位…非上場株式等※　　　第3順位…動産
※特別の法律により法人の発行する債券および出資証券を含み、短期社債等を除く。
なお、第1順位の不動産に、抵当権が設定されていた場合は、物納に充てることはできません。

×

相続開始前3年以内に被相続人から**暦年課税による贈与**により取得した財産で、相続税の課税価格に加算されたものは、所定の要件を満たせば**物納に充てることが**できます。

○

☐ ❹ 小規模宅地等についての相続税の課税価格の計算の特例の適用を受けた宅地等を物納する場合の収納価額は、原則として特例適用後の価額となる。

７ 相続税の計算

☐ ❶ 2024年中に開始する相続では、遺産に係る基礎控除額は、「5,000万円＋1,000万円×法定相続人の数」の算式によって計算される。

☐ ❷ 下記〈親族関係図〉において、その年中にAさんに相続が開始した場合の相続税の計算における「遺産に係る基礎控除額」として、最も適切なものはどれか。なお、Cさんは相続の放棄をしている。

〈親族関係図〉

1. 70,000千円　　2. 54,000千円　　3. 48,000千円　　4. 42,000千円

☐ ❸ 課税遺産総額に法定相続人の法定相続分を乗じた金額が6億円を超える場合、その超える部分についての相続税の税率は55％である。

☐ ❹ すでに死亡している被相続人の子を代襲して相続人となった被相続人の孫は、相続税額の2割加算の対象者となる。

物納財産の収納価額は相続税評価額、つまり、小規模宅地等の特例の**適用後の価額と**なります。

課税遺産総額は、課税価格の合計額から**遺産に係る基礎控除額**を差し引いた額です。遺産に係る基礎控除額は、次の式で求めます。
遺産に係る基礎控除額＝3,000万円＋600万円×法定相続人の数

被相続人（Aさん）の法定相続人は妻Bさん、子ども2人、の計3人です。相続放棄した長女Cさんは、「遺産に係る基礎控除額」の計算上、「**相続放棄はなかったもの**」として扱うため、人数に入れます。また、被相続人に実子がいる場合、法定相続人の数に算入できる**養子の数は**1**人まで**です。この場合、養子1人分を人数に入れます。

Aさんの遺産に係る基礎控除額 ＝30,000千円＋6,000千円×3
　　　　　　　　　　　　　　　＝48,000千円

なお、「遺産に係る基礎控除額」の計算において、相続人の数に含まれなかった養子であっても、財産を相続することはできます。

3

相続税と贈与税の税率は、10%～55%の8段階があります。取得金額が6億円超の場合、超えた部分の**税率は**55**%**です。

2割加算とは、相続または遺贈によって財産を取得した人が、**配偶者や1親等の血族（子、父母）以外の人**である場合に、その人の相続税額に、その相続税額の2割に相当する金額が加算されるものです。ただし、子を代襲して孫が相続人となった場合は、**2割加算の対象には**なりません。

> **覚えよう**
> 2割加算の対象者
> ●**兄弟姉妹**（2親等）、祖父母（2親等）、甥・姪（3親等）、養子にした孫（被相続人の**生存している実子の子**）

8 相続税の税額控除

☐ ❶ 被相続人の配偶者が「配偶者に対する相続税額の軽減」の適用を受けた場合、配偶者が相続等により取得した財産の価額が、1億6,000万円または配偶者の法定相続分相当額のいずれか多い金額までであれば、原則として、配偶者の納付すべき相続税額はないものとされる。

☐ ❷ 「配偶者に対する相続税額の軽減」の適用を受けるためには、相続が開始した日において被相続人との婚姻期間が20年以上でなければならない。

☐ ❸ 相続人が被相続人から相続開始前3年以内に贈与を受け、相続税の課税価格に加算された贈与財産について納付していた贈与税額は、その者の相続税額から控除することができる。

☐ ❹ 配偶者の税額軽減は、相続税の期限内申告書の提出期限までに遺産が分割された場合にのみ適用を受けることができ、提出期限後に分割された場合には適用を受けることができない。

☐ ❺ 「相続開始前3年以内に贈与があった場合の相続税額」の規定（いわゆる相続税額から控除する暦年課税分の贈与税額控除）の適用の対象者は、相続人に限られる。

☐ ❻ 未成年者控除額が未成年者の相続税額から控除しきれない場合、その控除しきれない部分の金額は当該未成年者の扶養義務者で、同一の被相続人から相続または遺贈により財産を取得した者の相続税額から控除することができる。

☐ ❼ 相続人が障害者の場合には、障害者控除としてその障害者が85歳に達するまでの年数1年につき10万円（特別障害者の場合は20万円）で計算した額がその障害者の相続税額から差し引かれる。

相続税の税額控除の１つである**配偶者に対する相続税額の軽減**は、配偶者が相続した財産の価額の**法定相続分相当額**、または**１億6,000万円まで**のいずれか多い金額まで、相続税が控除される制度です。相続人が被相続人の配偶者のみの場合、相続により取得した**財産額の多寡にかかわらず**、原則として配偶者が納付すべき相続税額は**ないもの（0円）**とされます。なお、適用には、配偶者の納付額が**0円**になっても、相続税の**申告書提出が必要**です。

$$\text{配偶者の税額軽減額} = \text{相続税の総額} \times \frac{\text{①と②のいずれか低い金額}}{\text{課税価格の合計額}}$$

① 課税価格の合計額×配偶者の法定相続分、または１億6,000万円の高い方
② 配偶者の課税価格（実際の取得額）

○

配偶者に対する相続税額の軽減の適用要件に、**婚姻期間による制限はありません**。「婚姻期間が20年以上」は、「贈与税の配偶者控除2,000万円」の要件です。

✕

相続開始前3年以内に被相続人から贈与を受けた場合、贈与時に支払った贈与税額は、**相続税額**から控除することが**できます**。この制度を、**贈与税額控除**といいます。

○

申告期限までに分割されなかった財産についても、**期限後3年以内に分割されたもの**については、**適用を受けることができます**。相続税の申告書、または更正の請求書に「**申告期限後3年以内の分割見込書**」の添付が必要です。

✕

贈与税額控除は、相続税と贈与税の二重支払いを防ぐため、相続税から差し引くものです。贈与税額控除の対象者は、相続人に限らず、**遺贈で財産を取得した者も含まれます**。

✕

「未成年者控除」は、未成年者の相続税額から一定金額を控除する制度です。控除しきれない部分の金額は、その**扶養義務者の相続税額から控除することができます**。控除額：（18歳−相続開始時の年齢）×10万円

○

障害者控除の控除額は、次のとおりに相続税額から差し引かれます。
・障害者が相続した場合：**（85歳−相続開始時の年齢）×10万円**
・特別障害者が相続した場合：（85歳−相続開始時の年齢）×20万円

○

学科⑥
相続・事業承継

4 相続財産の評価

問題数035

再現例題

　小規模宅地等についての相続税の課税価格の計算の特例に関する次の空欄（ア）〜（エ）にあてはまる語句の組み合わせとして、最も適切なものはどれか。なお、宅地等の適用面積の調整は考慮しないものとする。　　2021年5月

特例対象宅地等の区分	減額の対象となる限度面積	減額割合
特定事業用宅地等	400㎡	（ア）
特定居住用宅地等	（イ）	80%
特定同族会社事業用宅地等	（ウ）	80%
貸付事業用宅地等	200㎡	（エ）

1．（ア）50%　　（イ）330㎡　　（ウ）400㎡　　（エ）50%
2．（ア）50%　　（イ）400㎡　　（ウ）200㎡　　（エ）80%
3．（ア）80%　　（イ）330㎡　　（ウ）400㎡　　（エ）50%
4．（ア）80%　　（イ）400㎡　　（ウ）200㎡　　（エ）80%

解答　①　②　③　④

▼ 適切なものは○、不適切なものは×で答えなさい。また、（　）に入る語句の組合せを選びなさい。

1 宅地の評価

❶ 宅地の価額は、利用の単位となっている一画地ごとではなく、登記上の一筆ごとの単位で評価する。

❷ 宅地の評価に当たっては、評価方法が路線価方式か倍率方式かにかかわらず、宅地の形状等による補正を行って評価する必要がある。

出題 DATA 過去13年間	👑1	株式の評価…出題率0.60%［51問］
	👑2	借地権・貸宅地・貸家建付地の評価…出題率0.56%［48問］
	👑3	国内金融資産等の評価…出題率0.48%［41問］

※出題率は、過去13年間の学科試験8,539問中の出題割合［質問数］を示しています。

相続・事業承継

学科⑥

【相続財産の評価】の出題傾向

頻出順に「株式の評価」、「借地権・貸宅地・貸家建付地の評価」、「国内金融資産等の評価」、「建物の評価」に関する問題が出題されています。

1 **株式の評価**…上場株式の評価方法と非上場株式の評価方法は異なります。非上場株式では、類似業種比準方式、純資産価額方式、配当還元方式の3つが出題されています。

2 **借地権・貸宅地・貸家建付地の評価**…相続税評価額に関する問題です。それぞれの評価額を求める計算式をしっかり覚えておきましょう。

3 **国内金融資産等の評価**…国債、生命保険契約、証券投資信託、J-REITなどの評価方法について出題されます。

4 **建物の評価**…自用家屋、貸家の各評価額の算出式を覚えておきましょう。

▼ 再現例題の解説と解答

小規模宅地等の特例では、特定居住用は330㎡を上限に80%減額となり、特定事業用・特定同族会社事業用は400㎡を上限に80%の減額となります。また、貸付事業用は200㎡を上限に50%の減額です。

▼ 解説（赤シートで消える語句をチェックできます）　　　📖398ページ　　▼ 正解

宅地の価額は登記上の<u>一筆</u>ごとではなく、利用単位である<u>一画地</u>ごとに**評価されます**。登記上の二筆の宅地でも、一体利用している場合は<u>一画地</u>として、一筆の宅地に自宅と貸家がある場合は、<u>二画地</u>としてそれぞれ評価されます。　　✕

宅地の評価は、原則、市街地的形態を形成する地域にある宅地については<u>路線価</u>※**方式**、それ以外の宅地については<u>倍率</u>**方式**により行います。路線価方式では宅地の形状等により、奥行価格補正率などを用いて補正を行いますが、倍率方式では**補正を行って評価する必要は**<u>ありません</u>。　　✕

※路線価や倍率は国税庁により路線価図・評価倍率表として公表されている。

❷ 自用地の評価額

- ❶ 宅地の評価額の計算に用いられる奥行価格補正率は、奥行距離に正比例して数値が大きくなる。

- ❷ 路線価図において、路線に「200 D」と記載されている場合、「200」はその路線に面する標準的な宅地の1㎡当たりの価額が20万円であることを示している。

- ❸ 土地所有者が、所有する宅地を青空駐車場として賃貸の用に供している場合、その宅地は貸宅地として評価する。

- ❹ 使用貸借契約に基づき親の所有する土地の上に子が所有する貸家が建てられている場合、その土地の評価額は自用地価額となる。

❸ 借地権・貸宅地・貸家建付地の評価

- ❶ 借地権割合については、国税局長が借地権の残存期間に応じた一定割合を定めている。

- ❷ 宅地を借りるに当たって、所轄税務署長に「土地の無償返還に関する届出書」を提出して、その宅地上に建物を建築している場合においては、借主の有する借地権の価額はゼロである。

奥行価格補正率は、国税庁が「奥行価格補正率表」に定めた補正率で、土地の相続税評価額を計算する際に用います。宅地の奥行距離に応じて補正率が決められており、奥行距離が長すぎても（道路から離れた部分の利用効率が悪くなる）、短すぎても（土地利用がしにくくなる）、補正率の**数値は小さくなります**。つまり、奥行距離に正比例して**数値は大きくなりません**。

×

路線価図では、**1㎡当たりの価格**を**千円**単位で**表示**しています。「200 D」の表示なら、1㎡あたりの価額が**20万円**であることを示します。末尾の**アルファベット**※は**借地権割合**を示します。

※A：90%、B：80%、C：70%、D：60%、E：50%、F：40%、G：30%を示す。

○

貸宅地は、借地権が設定されている宅地（住宅用z地）です。自己所有の宅地に青空駐車場を建てて賃貸している場合、借地権等は発生しないので**貸宅地**ではなく**自用地**（自分で使用している自分所有の宅地）として**評価します**。

×

親所有の土地に子が貸家を建てた場合、その土地の評価額は、**自用地価額となります**。そのほか、次の場合も自用地価額となります。

①宅地とその上に建つ貸家が同一人の所有で、借家人の立退きによりその貸家が**空き家**となっている場合。

②自己名義の宅地に家屋を建て**事務所として使用**している場合。

○

借地権割合は、各国税局が**借地事情が似ている地域ごと**に設定するもので、一般に地価が高い地域ほど借地権割合も高くなります。

×

借主もしくは貸主が法人で「土地の無償返還に関する届出書」を税務署に提出している場合、**借地権の価額はゼロになります**。そのほか、

●借地権の価額がゼロになるその他の例

①**使用貸借**（地代を取らずに土地の使用権を貸し与えること）した場合。

②借地権者が権利金に代えて相当の**地代**を支払っている場合。

○

☐ ❸ Aさんが、Bさんから賃借した宅地の上に自己名義の居住用家屋を建て、これを自宅として使用している場合、その宅地の上に存する権利は借地権として評価する。←よく出る

☐ ❹ Aさんが所有する宅地をBさんに賃貸し、Bさんがその宅地の上にBさん名義の家屋を建て、これをBさんの個人事業の事務所として使用している場合、その宅地は貸宅地として評価する。

☐ ❺ 貸宅地の価額は、「自用地評価額×（1－借地権割合×借家権割合×賃貸割合）」の算式により計算した金額により評価する。

☐ ❻ 土地所有者が、所有する宅地の上に賃貸アパートを建築して賃貸の用に供している場合、その宅地は貸家建付地として評価する。

☐ ❼ Aさんが所有する甲宅地は、使用貸借契約により、長男に貸し付けられており、長男が所有する乙建物の敷地の用に供されている。Aさんの相続が開始し、長男が相続により甲宅地を取得した場合、貸宅地として評価する。

❹ 私道・農地の評価額

☐ ❶ 専ら特定の者の通行の用に供されている私道の価額は、その私道を1画地の宅地として評価した価額の30％相当額により評価する。

☐ ❷ 農地の価額は、農地を純農地、中間農地、市街地周辺農地、市街地農地に区分して評価する。

借りた土地の上に自己所有の住居を建てて使用している場合、その「宅地上に存する権利」自体が**借地権として評価**されます。

借地権の価額＝自用地評価額×借地権割合

なお、借家権の価額は、その権利が権利金等の名称をもって取引される慣行のない地域にあるものについては評価しません。

○

自己所有の宅地を第三者に貸し、その貸借人が家屋を建てた場合の宅地は、**貸宅地**として評価します。**貸宅地(底地)**は、借地権が設定されている宅地のことです。**貸宅地評価額＝自用地評価額×(1－借地権割合)**

○

貸宅地の評価額は、次の式で算出した金額で評価します。

貸宅地評価額＝自用地としての評価額×(1－借地権割合)

×

自己所有の土地に自己所有の貸家を建てた場合の土地が**貸家建付地**です。価額は次の式で計算します。**貸家建付地評価額＝自用地評価額×（1－借地権割合×借家権割合×賃貸割合）**　なお、**賃貸割合が高いほど低く評価**されます。

○

甲宅地は、無償の貸し借りである**使用貸借契約**で長男に貸し出されています。このように使用貸借で借り受けた土地に、自宅（乙建物）を建築し、居住している場合は、貸宅地ではなく**自用地**として**評価**されます。

×

▼ 解説（赤シートで消える語句をチェックできます）　⚲401ページ　▼ 正解

私道は、私道の利用者により評価方法が異なります。

私道の利用者と評価　覚えよう

私道利用者	私道の評価
宅地の所有者のみ	自用地評価額（自用地として評価）
特定の者	**自用地評価額×30%**
不特定多数	評価額0円（財産として評価しない）

○

農地の相続税評価額は、**純農地**、**中間農地**、**市街地周辺農地**、**市街地農地**の4つに区分して**評価**します。

○

5 小規模宅地等の評価減の特例

☐ ❶ 相続により取得した宅地に特定居住用宅地等と特定事業用等宅地等が含まれる場合、それぞれの適用対象面積まで「小規模宅地等についての相続税の課税価格の計算の特例」の適用を受けることができる。

☐ ❷ 相続人が相続により取得した宅地が特定事業用等宅地等および貸付事業用宅地等に該当する場合、調整計算をしない各適用対象面積まで「小規模宅地等についての相続税の課税価格の計算の特例」の適用を受けることができる。

☐ ❸ 特定居住用宅地等に係る「小規模宅地等についての相続税の課税価格の計算の特例」の適用対象面積は、330㎡までの部分である。◆よく出る

☐ ❹ 夫の死亡により妻が面積350㎡、自用地評価額70,000千円の宅地および自宅を相続により取得した。相続に係る相続税の計算上、「小規模宅地等の相続税の課税価格の計算の特例」の適用を受けた場合の相続税の課税価格に算入する金額を最も少なくなるように計算した場合は37,000千円となる。

☐ ❺ 特定事業用等宅地等に係る「小規模宅地等についての相続税の課税価格の計算の特例」の適用対象面積は、550㎡までの部分である。◆よく出る

☐ ❻ 貸付事業用宅地等に該当する宅地等について「小規模宅地等についての相続税の課税価格の計算の特例」の適用を受ける場合は、200㎡を限度として50％相当額が減額できる。◆よく出る

小規模宅地等についての相続税の課税価格の計算の特例（以下、**小規模宅地等の評価減の特例**）は、被相続人の居住地や事業用地を相続する際、一定割合を減額する制度です。特定居住用宅地等と特定事業用等宅地等が含まれる場合、この特例の適用を**受けることが**できます。なお、**相続・遺贈で財産取得した宅地**に適用されるため、**贈与された宅地には適用**されません。

○

特定事業用等宅地等と**貸付事業用宅地等**が混在する宅地を取得した場合、「小規模宅地等の評価減の特例」の適用が受けられる対象限度面積は、一定の算式により調整計算して求めます。

×

「小規模宅地等の評価減の特例」の**特定居住用宅地等**に該当する場合、適用対象限度面積は330㎡、減額割合は80％です。
特定住居用宅地と他の宅地等を**併用**する場合の**適用対象限度面積**…①特定事業用宅地等と併用する場合→330＋400＝730㎡。②貸付事業用宅地等と併用する場合→特例を適用する敷地面積に応じて適用対象面積の調整計算が必要。

○

課税価格に算入する金額の計算式＝宅地等の評価額－宅地等の評価額×（限度面積／その宅地等の敷地面積）×減額割合＝70,000千円－70,000千円×（330㎡／350㎡）×80％＝17,200千円
●**特定居住用宅地等**…自宅の敷地（被相続人等の居住用宅地）を
①配偶者が取得したもの（**居住・保有の要件なし。第三者への賃貸も可**）。
②同居親族が取得したもの（相続税申告期限まで宅地所有、居住継続が必要）。
③配偶者・同居親族がいない場合で、別居親族が取得したもの（相続税申告期限までの宅地所有が必要）など。
➡ 評価減の対象限度面積330㎡、減額割合80％

×

●**特定事業用宅地等**※…店舗等（被相続人等の事業用宅地）を一定の親族が取得したもの（相続税申告期限まで宅地所有・事業継続が必要）。
➡ 評価減の対象限度面積400㎡、減額割合80％（特定同族会社事業用も同様）。

×

●**貸付事業用宅地等**※…被相続人等の貸付事業（不動産貸付業、駐車場業、自転車駐車場事業等）に使用されていた土地（または借地権、ただし青空駐車場は対象外）を一定の親族が取得したもの（相続税申告期限まで貸付け・保有継続が必要）。 ➡ 評価減の対象限度面積200㎡、減額割合50％

○

※相続開始前3年以内に事業を開始した特定事業用の宅地や賃貸開始した貸付事業用の宅地は、小規模宅地等の評価減の特例の対象外。

6 建物の評価

☐ ❶ 自用家屋は、「その家屋の再建築価額−経過年数に応じた減価償却費相当額」によって算出した価額により評価する。

☐ ❷ 建築中の家屋の評価額は、課税時期までに投下された建築費用の合計額である。

☐ ❸ 貸家は、「自用家屋としての価額×（1−借家権割合×賃貸割合）」によって算出した価額により評価する。

☐ ❹ 借家権の価額は、「自用家屋評価額×（1−借家権割合）」により評価する。

7 株式の評価

☐ ❶ 金融商品取引所に上場されている株式の価額は、課税時期の属する月の前1年以内の終値の平均額によって評価する。

☐ ❷ 自社株（非上場株式）を同族株主等が相続または遺贈により取得した場合、規模区分が大会社と判定された評価会社の株式の価額は、原則として、類似業種比準方式により評価する。なお、評価会社は、特定の評価会社ではないものとする。

▼ 解説（赤シートで消える語句をチェックできます）　📖403ページ　▼ 正解

自用家屋の評価額は、固定資産税評価額と同一です。

自用家屋評価額＝固定資産税評価額×1.0

✕

課税時期までにかかった建築費用のおよそ7割程度です。

建築途中の家屋の評価額＝費用現価の額×70%

✕

貸家の評価額は次の式で計算します。

貸家評価額＝自用家屋評価額×（1－借家権割合×賃貸割合）

家屋の固定資産税評価額が1,000万円、借家権割合が
30%である地域で、賃貸割合が100%である場合、
1,000万円×（1－30%×100%）＝700万円となるね。

〇

借家権の評価額は、次の計算式で算出した金額で評価します。

借家権の価額＝自用家屋評価額×借家権割合×賃借割合

✕

▼ 解説（赤シートで消える語句をチェックできます）　📖403・404ページ　▼ 正解

上場株式の価額は、終値の平均額ではなく、次のA〜Dのうち**最も低い価格**
で評価します。

例　相続開始日（8月5日死亡）

A	相続開始日の最終価格（8月5日の最終価格）
B	相続開始日の月の毎日の最終価格の平均額（8月の月平均額）
C	相続開始日の前月の毎日の最終価格の平均額（7月の月平均額）
D	相続開始日の前々月の毎日の最終価格の平均額（6月の月平均額）

✕

非上場株式の価額は、同族株主が取得した場合、原則、次のとおり、会社の
規模区分別に行います。

大会社	類似業種比準方式（純資産価額方式も可）
中会社	類似業種比準方式と純資産価額方式の併用方式
小会社	純資産価額方式（併用方式も可）

◀（　）内の方式とい
ずれか低い方で評価
できる。

〇

類似業種比準方式…上場している類似の企業と比べ、1株当たりの**配当金額**、
年利益金額、**純資産価額**の3つの比準要素を考え合わせて評価する方式。

□ ❸ 同族会社の株式を同族株主以外の株主が相続により取得した場合、その取得した株式の価額は、原則として配当還元方式により評価する。

□ ❹ 土地保有特定会社または株式保有特定会社に該当する評価会社の株式を取得した場合、当該株式の価額は、原則として、類似業種比準方式と純資産価額方式の併用方式により評価する。

□ ❺ 2017年度税制改正により、類似業種比準方式の見直しが行われ、配当金額、利益金額、簿価純資産価額の比重が1：1：1に改正された。

❽ 国内金融資産等の評価

□ ❶ 相続開始時において、まだ保険事故が発生していない生命保険契約に関する権利の価額は、原則として、相続開始時においてその契約を解約するとした場合に支払われることとなる解約返戻金の額により評価する。

□ ❷ 公募型の証券投資信託の受益証券の価額は、課税時期の属する月の毎日の基準価額の平均額によって評価する。

□ ❸ 金融商品取引所に上場されている不動産投資信託（J-REIT）の価額は、上場株式の評価方法に準じて評価する。

□ ❹ 定期預金の価額は、原則として、課税時期の預入残高に源泉所得税相当額控除後の既経過利子を加算した金額により評価する。

同族会社の株式を、同族以外の株主が相続した場合、<u>配当還元</u>**方式で評価し**ます。配当還元方式による株式の価額は、1株当たりの過去2年間の平均配当金額を<u>10%の利率で還元</u>して、元本の株式価額を求めます。 ○

土地保有特定会社（土地保有割合が70%以上の会社）、または**株式保有特定会社**（株式保有割合が50%以上の会社）**の株式を取得した場合は、**<u>純資産価額</u>**方式により評価します。** ×

比重は従来の1：3：1から<u>1：1：1</u>に**改正されました**。2017年1月1日以後の相続・贈与等により取得した取引相場のない株式の評価から適用されています。 ○

▼ 解説（赤シートで消える語句をチェックできます） 🔗 405ページ ▼ 正解

生命保険契約は<u>解約返戻金</u>の価額で、証券投資信託は<u>解約**請求**（**買取請求**）</u>を行った場合に支払われる価額で、上場されている不動産投資信託（J-REIT）は<u>上場株式</u>の評価方法に準じた価額でそれぞれ評価します。 ○

財産評価の出題ポイント 覚えよう

国債	中途換金した場合の価額
生命保険契約	課税時期の<u>解約返戻金</u>の価額
普通預金	相続開始時の既経過利子額（預入日から相続開始日までの利子）が少額であれば、課税時期の預金残高
定期預金	課税時期の預入残高＋源泉徴収後の利子額
上場されている利付公社債	課税時期の最終価格（市場価格）＋源泉徴収後の利子額
証券投資信託	課税時期に<u>解約請求</u>（または<u>買取請求</u>）を行った場合に支払われる価額（基準価額から解約手数料を差し引いた価額）
外貨建て財産	課税時期でのTTBレートで円換算して評価
ゴルフ会員権	課税時期での取引価格の<u>70%</u>の価額
上場不動産投資信託（J-REIT）	<u>上場株式</u>の評価方法に準じて評価する

× ○

定期預金は、原則として、課税時期の**預入残高**と、源泉徴収後の**利子額**の合計額で評価します。 ○

5 相続税対策・事業承継対策

問題数019

再現例題

非上場企業の事業承継対策等に関する次の記述のうち、最も不適切なものはどれか。

2020年9月

1. 経営者への役員退職金の原資の準備として、契約者（＝保険料負担者）および死亡保険金受取人を法人、被保険者を経営者とする終身保険などの生命保険に加入することが考えられる。

2. 経営者が保有している自社株式を役員である後継者に取得させる場合、後継者にとってその取得資金の負担が大きいときには、あらかじめ後継者の役員報酬を増加させるなどの対策を講じることが考えられる。

3. 「非上場株式等についての贈与税の納税猶予及び免除の特例」の適用を受ける場合、相続時精算課税制度の適用を受けることはできない。

4. 「非上場株式等についての贈与税の納税猶予及び免除の特例」の適用を受けた場合、後継者が先代経営者から贈与を受けたすべての非上場株式が、その特例の対象となる。

解答　①　②　③　④

▼ 適切なものは○、不適切なものは×で答えなさい。また、（　）に入る語句の組合せを選びなさい。

1 相続税対策

☐ ❶ 不動産を相続し延納を選択した場合、利子税が課され、かつ、利子税は不動産所得の金額の計算における必要経費とならないため、借入条件によっては、延納に代えて金融機関からの借入れにより相続税を一括納付することを検討してもよい。

☐ ❷ 分割が困難な土地等を所有している場合、相続開始前にその土地等を共同相続人間で分割がしやすい資産に変換しておくことは、有効な遺産分割対策になり得る。

出題DATA（過去13年間）

1. 事業承継対策…出題率1.03%［88問］
2. 相続税対策…出題率0.35%［30問］

※出題率は、過去13年間の学科試験8,539問中の出題割合［質問数］を示しています。

【相続税対策・事業承継対策】の出題傾向

頻出順に「事業承継対策」、「相続税対策」に関する問題が出題されています。

1 事業承継対策…後継者がスムーズに会社経営を引き継ぎ、継続できるように承継するための対策に関する問題です。会社株式の相続税負担を軽くするために、利益と純資産を下げる、後継者を死亡保険金受取人とする生命保険に加入して、後継者の納税資金を確保するなどの対策がよく出題されています。

2 相続税対策…円滑な相続のために、遺言や生前贈与などにより準備しておくのが相続税対策です。「固定資産の交換の特例」はこの分野で出題されます。

▼ 再現例題の解説と解答

「非上場株式等についての贈与税の納税猶予及び免除の特例」は、相続時精算課税と併用できます。これにより、特例適用が取り消された場合に、生前贈与された非上場株式について相続時精算課税を適用することで、納税負担を軽減することが可能となります。 ③

▼ 解説（赤シートで消える語句をチェックできます）　　☞408ページ　　▼ 正解

延納に代えて金融機関からの借入れにより相続税を一括納付し、不動産収入で借入金を返済することは、借入金の利子を不動産所得の必要経費に算入することができるため、相続税の**納税対策に有効です**。	○
土地等を相続人の間で分割がしやすい資産に換えておくことは、有効な**遺産分割対策に**なります。	○

☐ ❸ 貸宅地と借地権を等価交換するとき、「固定資産の交換の特例」の適用を受ければ、所得税・住民税の課税上は、その交換に伴う譲渡所得はなかったものとされる。

☐ ❹ 相続により取得した不動産を相続開始のあった日の翌日から相続税の申告期限の翌日以後3年以内に売却した場合、相続財産に係る譲渡所得の課税の特例により取得費に相続税額のうちの一定の金額を加算することができるため、相続開始前に売却するよりも税引き後の手取り金額が増える場合がある。

☐ ❺ 抵当権の目的となっている不動産を相続した場合、当該不動産を売却して相続税の納税資金を捻出することは困難であるため、当該不動産を優先的に物納財産に充当するのが有効である。

☐ ❻ 相続税の納税資金対策として、被相続人が生前に相続人に対して保険料相当額の金銭を贈与し、契約者（＝保険料負担者）および死亡保険金受取人を相続人、被保険者を被相続人とする生命保険に加入する方法がある。

固定資産の交換の特例…個人が、土地や建物などの固定資産を同じ種類の固定資産と交換したときは、**譲渡がなかったものとする**特例。本特例の適用を受けることにより、交換に伴う譲渡所得として課税されないため、相続**税対策として有効**です。

●**不動産に関するその他の相続税対策**

・**不動産**（評価額は市場価格より低い）を購入する。

・自用地を貸宅地や貸家建付**地**にして評価額を下げる。

・相続で取得した土地を延納の**担保**として提供する。

○

相続財産は、相続開始前に売却するよりも、一定期間内（相続開始のあった日の翌日から相続税の申告期限の翌日以後３年以内）に売却し、取得費の特例を受けたほうが、税引き後の**手取り金額が増える場合が**あります。

相続財産を譲渡した場合の取得費の特例…相続により取得した土地・建物・株式などを一定期間内に譲渡し、相続税額のうち一定金額を取得費に加算できる特例。

○

抵当権の目的となっていたり、担保権が設定されている不動産は、管理処分不適格財産として、**物納に充当でき**ません。

×

生前に、相続人に保険料相当額の金銭を贈与して、契約者および死亡保険金受取人を相続**人**、被保険者を被相続**人**とする生命保険に加入する方法は、相続税の**納税資金対策に**なります。

○

相続税対策のまとめ　覚えよう

生命保険	●相続人に保険料相当額の金銭を贈与して、契約者および死亡保険金受取人を相続人、被保険者を被相続人とする生命保険に加入。
資産の売却	●相続により取得した土地・建物・株式などを一定期間内に譲渡し、相続税額のうち一定金額を取得費に加算できる「相続財産を譲渡した場合の取得費の特例」を受ける。
借入	●不動産を相続して延納を選択すると、不動産所得の計算で必要経費とならない利子税が課される。延納に代えて借入金により相続税を一括納付し、不動産収入で借入金を返済。借入金の利子を不動産所得の必要経費に算入して節税を図ることができる。

2 事業承継対策

☐ **❶** 役員退職金の支給は、その会社の純資産価額が減少するため、純資産価額方式による自社株式の評価額を引き下げる効果がある。

☐ **❷** オーナー経営者が保有する自社株式を役員である後継者が取得する際の後継者の資金負担が心配される場合、あらかじめ、後継者の役員報酬を増やす等により相当の金融資産を確保しておく方策が考えられる。

☐ **❸** 自社株式は、法人税の課税所得金額を基礎として評価されるため、課税所得金額がマイナスである会社の自社株評価額はゼロとなることから、その移転時に納税資金負担が問題となることはない。

☐ **❹** 純資産価額方式による自社株式の価額の計算上、自社が課税時期前3年以内に取得した土地や建物の価額は、原則として課税時期における通常の取引価額に相当する金額によって評価するため、不動産を取得しても、直ちに純資産価額の引下げ効果が発生するわけではない。

☐ **❺** 「遺留分に関する民法の特例」の適用を受けるためには、合意について経済産業大臣の確認を受けた日から一定期間内にした申立てにより、家庭裁判所の許可を得ることが必要である。

☐ **❻** 除外合意とは、後継者が旧代表者からの贈与等により取得した所定の株式等について、その価額を遺留分を算定するための基礎財産の価額に算入しない旨の合意をいう。

☐ **❼** 固定合意とは、後継者が旧代表者からの贈与等により取得した所定の株式等について、遺留分を算定するための基礎財産の価額に算入すべき価額を取得時点における価額とする旨の合意をいう。

役員退職金を支給して利益と純資産を下げることは、純資産価額方式による自社株式の**評価額引下げに効果が**あります。**純資産価額方式**…会社が保有する純資産を発行済株式数で割り、1株当たりの価格とする非上場株式の評価方式。

● **相続税評価額引下げのためのその他の方法**

・不良債権を処理して**償却費を損金計上**し、純資産価額を下げる。

・高収益部門を**分社化**して、会社の利益を減少させる。

・**低配当**、または**無配**にする。

○

後継者である役員の給与を増額しておくと、将来必要となる贈与税や相続税といった**納税資金の確保に有効**であり、納税のために借り入れする必要もなくなります。

○

非上場株式会社の株式は、**純資産価額**、**配当金**等を基礎として評価されるため、法人税の課税所得金額がマイナスであっても、純資産等が豊富であれば、移転時に**納税資金負担が起きる場合も**あります。

✕

不動産のような、相続税評価額が時価よりも低い資産を購入すると、実質的な資産価値は変えずに、**純資産価額方式による相続税評価額の引下げに効果が**あります。ただし、相続開始前**3年以内に取得した不動産**は、通常の取引価額で評価するため、純資産価額の**引下げ効果はすぐには発生**しません。

○

「遺留分に関する民法の特例」の適用を受けるには、「推定相続人全員の合意」を得て、「経済産業大臣の確認」および「家庭裁判所の許可」を**受けることが必要**です。本特例は、後継者へ自社株式を移転する際の円滑な株式の移転や株式分散を防止するために有効です。

○

除外合意…贈与等で取得した株式を、遺留分対象の財産から除外することに、推定相続人全員が合意すること。除外合意により、当該株式等の価額は遺留分算定基礎財産に算入されず、遺留分侵害額請求の対象にもなりません。

○

固定合意…後継者に贈与された株式等について、遺留分対象の財産に含める価額を**取得時点の価額**ではなく、推定相続人全員の**合意**時の評価額で固定すること。固定合意により、自社株式の価額が上昇しても遺留分の額に影響しないことから、後継者は相続時に想定外の遺留分の主張を受けずにすみます。

✕

☐ ❽ 40歳のオーナー経営者を被保険者、法人を契約者および死亡保険金受取人とする長期平準定期保険に加入することは、将来（65歳前後）においてオーナー経営者が勇退した場合の生存退職金を準備する対策として有効といえる。

☐ ❾ 相続財産とみなされる役員死亡退職金は、その役員に支給されるべきであった退職金で、その役員の死亡後3年以内に支給が確定したものであるが、実際にその退職金が支給される時期は問わない。

☐ ❿ 経営者の死亡により、その経営者の相続人が会社から支給を受けた弔慰金については、経営者の死亡の原因が業務上であるかどうかを問わず、その経営者の死亡時における普通給与の3年分に相当する金額までが、相続税において非課税とされる。

☐ ⓫ 非上場株式等についての相続税の納税猶予制度の適用を受けるためには、原則として、相続開始時の常時従業員数を60％以上に維持する必要がある。

☐ ⓬ 株式譲渡制限会社である株式会社においては、株主でなければ取締役に就任することはできない。

経営者を被保険者、会社を契約者・死亡保険金受取人とする長期平準定期保険などに加入しておくことは、**死亡・引退時の退職金を準備する対策として**有効です。

○

死亡後3年以内に支給が確定した役員死亡退職金は、相続財産とみなされ、相続税の課税対象です。**実際に支給される時期は**問いません。

○

相続人が受け取る弔慰金のうち、非課税とされる金額は**死亡原因（業務上の事由か否か）により異なります。**以下の基準を超えた部分は実質的に退職金等に該当するものとして、相続税の課税対象となります。

弔慰金の非課税の範囲	
業務上の事由による死亡のとき	死亡当時の普通給与の**3**年分
業務外の事由による死亡のとき	死亡当時の普通給与の**6**カ月分

×

非上場株式等についての相続税の納税猶予制度（納税猶予の特例）…贈与税では、後継者が前経営者からの贈与によって非上場株式を取得した場合、株式の**贈与税の**全額**が猶予**されます。そして前経営者（被相続人）の相続が開始したとき、納税猶予を受けていた**贈与税は免除**され、代わりに**贈与時の評価額が相続税の課税対象**になります。ここで一定の要件を満たせば相続税の納税猶予制度の適用を受け、**相続税の課税価格の**全額**が猶予**されます。適用を受けることで、**取得した全ての株式が贈与税・相続税の**全額**猶予の対象**となります（2018年1月1日～2027年12月31日までの贈与・相続が対象）。この納税猶予制度は、**相続時精算課税と併用**可能**です。
納税猶予制度の適用には、**雇用を80%以上維持**することが必要です（維持できない場合は都道府県への申告により猶予継続が可能）。さらに事業承継に係る取組みを計画的に行っていることについて**経済産業大臣**の認定を受けること、個人事業承継計画を**都道府県知事**に**提出して確認**を受けることが必要です。

×

株式譲渡制限会社とは、すべての株式に**譲渡制限に関する規定がある会社**をいいます。株主が誰かに株式を譲渡する場合、取締役会または株主総会の許可が必要です。しかし、定款で取締役の資格を「株主のみにする」という制限の定めがない限り、株主でない者も取締役に就任することは可能です。

×

個人の出題ランキング

項目数	順位	項目名	出題率	質問数
1	1	相続税の総額の算出	7.03%	121
2	2	総所得金額・所得税額の算出	5.35%	92
3	3	老齢年金の受給額の計算	4.24%	73
4	4	建築面積と延べ面積の計算	3.49%	60
5	5	株式の投資指標←学科カード	3.37%	58
6	6	投資信託と税金	3.31%	57
7	7	遺言と遺留分	3.25%	56
8	8	遺族給付	3.02%	52
9	9	扶養控除／配偶者控除／基礎控除	2.96%	51
10	10	投資の手法	2.91%	50
11	11	土地活用の事業方式	2.79%	48
12	12	建築基準法←学科カード	2.73%	47
13	13	小規模宅地等の評価減の特例	2.67%	46
14	14	NISA（少額投資非課税制度）←学科カード	2.50%	43
15	14	住宅借入金等特別控除←学科カード	2.50%	43
16	16	退職所得←学科カード「給与所得／退職所得」	2.44%	42
17	16	課税長期譲渡所得金額の計算	2.44%	42
18	18	贈与税の特例	2.38%	41
19	19	青色申告	1.92%	33
20	20	株式と税金	1.63%	28
21	20	外貨建て金融商品	1.63%	28
22	22	国民年金の被保険者資格	1.45%	25
23	23	老齢基礎年金←学科カード	1.39%	24
24	23	不動産取得税←学科カード	1.39%	24
25	25	雇用保険	1.34%	23

TOP 60

計 68.80%

▲
別冊に収録

出題率…過去13年間の「個人」1,721問中の出題割合。
　　　　出題率＝各項目の質問数÷全質問数1721×100。
質問数…項目ごとに過去13年間全問題の空欄や個々に正誤判定が必要な選択肢の
数を集計した数。複数項目の知識が必要な質問では、重複計測したものもある。
TOP60…全質問数の60%以上（68.80%）を占める項目。問題横にTOP60のマー
クをつけて、別冊に収録。
©オフィス海

ムダなく学習するため、学科で
学習済みの項目は、実技でカッ
トしたものもあるよ。

実技 [金財]
個人資産相談業務

1 社会保険と公的年金
1 出産手当金
2 退職後の公的医療保険
3 公的介護保険
4 雇用保険
5 老齢年金の受給額の計算
6 在職老齢年金
7 遺族給付

2 金融資産運用
1 債券
2 株式の口座と売買
3 株式の投資指標
4 株式と税金
5 投資信託と税金
6 外貨建て金融商品
7 投資の手法

3 タックスプランニング
1 事業所得／減価償却
2 退職所得
3 扶養控除／配偶者控除／基礎控除
4 総所得金額・所得税額の算出
5 源泉徴収票の見方

6 確定申告
7 青色申告
8 個人住民税

4 不動産
1 不動産登記
2 賃貸不動産の賃料の鑑定評価
3 不動産の売買契約
4 建築面積と延べ面積の計算
5 不動産取得税
6 不動産の譲渡所得
7 課税長期譲渡所得金額の計算
8 借家権（借家契約）
9 土地活用の事業方式
10 不動産の投資利回り

5 相続
1 贈与税の特例
2 遺言と遺留分
3 相続税の申告と納付
4 相続税の総額の算出
5 配偶者に対する相続税額の軽減
6 小規模宅地等の評価減の特例

「個人資産相談業務」の出題形式は
記述式や選択式。
【第1問】〜【第5問】まで、5つの
設例について3問ずつ計15問が出
題されるんだ。
50点満点で30点以上が合格だよ。

1 社会保険と公的年金

問題数028

再現例題

【第1問】次の設例に基づいて、下記の問に答えなさい。

2022年9月〈改〉

――――《設 例》――――

　会社員のAさん（1978年3月22日生まれ・46歳）は、妻Bさん（1979年10月20日生まれ・44歳・専業主婦）、長女Cさん（16歳）、長男Dさん（14歳）および二男Eさん（12歳）との5人暮らしである。なお、年齢は2024年8月時点のものとする。

〔Aさんの公的年金加入歴・2024年8月までの期間〕

20歳　　　　　　22歳		46歳
国民年金 保険料納付済期間 （25月）	厚生年金保険	
	被保険者期間 （36月）	被保険者期間 （257月）
	2003年3月以前の 平均標準報酬月額25万円	2003年4月以後の 平均標準報酬月額37万円

　妻Bさんは、20歳から22歳までの大学生であった期間(30月)は国民年金の第1号被保険者として保険料を納付し、22歳からAさんと結婚するまでの5年間(60月)は厚生年金保険に加入。結婚後は、国民年金に第3号被保険者として加入している。

　以下の文章の空欄①～④に入る最も適切な数値を解答用紙に記入しなさい。なお、年金額は2024年度価額に基づいて計算し、年金額の端数処理は円未満を四捨五入すること。

Ⅰ　「遺族基礎年金の額は『（ ① ）円＋子の加算』の計算式により算出され、子の加算は第1子・第2子までは1人につき□□□円、第3子以降は1人につき（ ② ）円となります」

Ⅱ　「Aさんが厚生年金保険の被保険者期間中に死亡した場合、遺族厚生年金の額は、原則として、Aさんの厚生年金保険の被保険者記録を基礎として計算した老齢厚生年金の報酬比例部分の額の（ ③ ）相当額になります。ただし、その計算の基礎となる被保険者期間の月数が□□□月に満たないときは、□□□月とみなして年金額が計算されます。仮に、Aさんが現時点（2024年9月11日）で死亡した場合、妻Bさんが受給することができる遺族厚生年金の額は、年額（ ④ ）円となります」

〈資料〉遺族厚生年金の額（本来水準の額）＝（a＋b）×□□□月／□□□月×△／○

a：2003年3月以前の期間分

平均標準報酬月額×7.125／1,000×2003年3月以前の被保険者期間の月数

b：2003年4月以後の期間分

平均標準報酬額×5.481／1,000×2003年4月以後の被保険者期間の月数

※本試験では、1つの《設例》について3問出題されます。

※出題率は、過去13年間の「個人資産相談業務」1,721問中の出題割合［質問数］を示しています。

【第1問】の出題範囲

実技「個人」の【第1問】では、〈家族構成と公的年金の加入歴等〉を説明した《設例》に基づいて、【社会保険と公的年金】に関する問題が3問出題されます。

【第1問】の出題傾向

頻出順に次の問題が出題されています。

1 **老齢年金の受給額の計算**…65歳から受給することができる老齢基礎年金と老齢厚生年金の受給額を計算する問題が頻出です。

2 **遺族給付**…本書の「学科」で学習済みなので、ここではカットしてあります。 **復習** 障害・遺族給付と併給調整▶48ページ

3 **国民年金の被保険者資格**…本書の「学科」で学習済みなので、ここではカットしてあります。

復習 国民年金の被保険者資格▶36ページ

学科と重複しない「個人」独自の問題演習だから、確実に合格できるよ！

「再現例題」の解説と解答

① 遺族基礎年金の額は、『816,000円＋子の加算額』です。

② 子の加算は、第1子・第2子は各234,800円、第3子以降は各78,300円です。

③ 遺族厚生年金の額は死亡した人の老齢厚生年金の報酬比例部分の4分の3で、被保険者期間が300月未満の場合は300月とみなして計算されます。

④ Aさんの被保険者期間は、36月＋257月＝293月で300月未満のため、300月とみなして計算（報酬比例部分に300／293を乗じる）します 。

a：250,000円×7.125／1,000×36月＝64,125円

b：370,000円×5.481／1,000×257月＝521,188.29円

遺族厚生年金額＝(64,125＋521,188.29)×300／293×3／4

＝449,472.66…円→449,473円（円未満四捨五入）

解答 ①816,000 ②78,300 ③4分の3 ④449,473

個人資産相談業務 実技

▼ 適切なものには○、不適切なものには×で答えなさい。また、（　）に入る語句の記号を答えなさい。

1 出産手当金

☐ ❶ 出産手当金の額は、1日につき「支給開始日以前の継続した12カ月間の各月の標準報酬月額の平均額÷30日×1/2」に相当する額である。

☐ ❷ 出産手当金と傷病手当金が併給される場合、出産手当金は全額支給、傷病手当金は出産手当金の額を超える部分だけが支給される。

☐ ❸ 被保険者の産前産後休業期間は、事業主が所定の手続を行うことにより産前産後休業期間に係る健康保険および厚生年金保険の保険料が免除される。

2 退職後の公的医療保険

次の〈設例〉に基づいて、下記の各間の正誤を答えなさい。
〈設例〉　会社員のAさん(59歳)は、妻Bさん(52歳)との2人暮らしである。Aさんは、大学卒業後から現在に至るまでX社に勤務しており、2024年10月に満60歳で定年退職し、その後再就職等をしない予定である。

☐ ❶ Aさんは、退職後、現在加入している健康保険に任意継続被保険者として加入することができ、任意継続被保険者の資格を取得するためには、原則として、退職日の翌日から2週間以内に任意継続被保険者となるための申出をする必要がある。

☐ ❷ 任意継続被保険者となることができる期間は、最長で2年間である。

☐ ❸ Aさんが任意継続被保険者として健康保険に加入することを選択した場合、Aさんが負担する健康保険の保険料額は、退職時の標準報酬月額に一般保険料率を乗じて得た額となる。

☐ ❹ Aさんは、退職後の年間収入が180万円未満かつ妻Bさんの年間収入の2分の1未満である場合、原則として、妻Bさんが加入している健康保険の被扶養者になることができる。

☐ ❺ Aさんは、退職後から65歳になるまでの間、28月を限度として、国民年金の任意加入被保険者として国民年金の保険料を納付することができる。

指示のある問題はその指示に従って答えなさい。

▼ 解説 （赤シートで消える語句をチェックできます）　　⏎32・53ページ　　▼ 正解

出産手当金は、出産前の42日間＋出産後の56日間＝98日間のうち仕事を休んだ日数分について、休業1日に対して**支給開始日以前の継続した12カ月間の各月の標準報酬月額の平均額÷30日×2/3**が支給されます。	✕
出産手当金と傷病手当金が併給される場合には、<u>出産**手当金**</u>は全額支給、<u>傷病**手当金**</u>は<u>出産**手当金**</u>の額を超える部分だけが支給されます。	○
産前産後休業期間と育児休業期間は、事業主が申出をすれば、**健康保険・厚生年金保険の保険料（被保険者分と事業主分とも）は免除**されます。	○

個人資産相談業務　実技

▼ 解説 （赤シートで消える語句をチェックできます）　　⏎36ページ　　▼ 正解

〔60歳までの公的年金の加入歴（見込みを含む）〕
Aさん…国民年金未加入期間28月、厚生年金被保険者期間452月（加入見込み7月含む）
Bさん…国民年金未加入期間30月、厚生年金被保険者期間450月（加入見込み89月含む）

❶　退職後に任意継続被保険者となるには、被保険者期間が継続して**2カ月以上**必要で、Aさんは条件を満たしています。任意継続被保険者となるには、資格喪失日（退職日の翌日）から**20日以内**に申出をする必要があります。　❶✕

❷　任意継続被保険者となることができる期間は、最長で**2年間**です。　❷○

❸　任意継続被保険者の保険料は、退職（資格喪失）時の標準報酬月額と、前年9月30日時点の全被保険者の標準報酬月額の平均額の、いずれか低い額に、一般保険料率を乗じて算出されます。ただし、**40〜64歳**の介護保険の**第2号被保険者**に該当する年齢（Aさんは退職時に60歳）の場合、一般保険料率に**介護保険料率**を追加して算出されます。　❸✕

❹　被扶養者の要件は、**国内居住者**で、**年収130万円未満**、60歳以上や障害者では**年収180万円未満**。同居では年収が被保険者の年収の**2分の1未満**、同居でなければ被保険者の援助額より少ない必要があります。　❹○

❺　老齢基礎年金額を**満額（480月）**に近づけたい場合、60歳以降65歳になるまで国民年金に任意加入できます。Aさんは**28月**が限度です。　❺○

353

3 公的介護保険

□ ❶ 介護保険の保険給付を受けようとする被保険者は、市町村または特別区による要介護認定または要支援認定を受けなければならない。

□ ❷ 介護保険被保険者証は、第1号被保険者および第2号被保険者全員に対し、市町村または特別区から交付される。

□ ❸ 居宅介護サービス費区分支給限度基準額は、要介護状態区分に応じて定められており、その支給限度基準額を超えて当該サービスを利用した者は、その超えた部分の費用の全額を自己負担しなければならない。

4 雇用保険

次の〈設例〉に基づいて、下記の各問の正誤を答えなさい。
〈設例〉 Aさん（32歳）および妻Bさん（30歳）は、民間企業に勤める会社員である。妻Bさんは、2024年9月に第1子を出産する予定である。また、別居しているAさんの父親Cさん（55歳）は、22年勤務した会社を会社募集の退職制度で来月退職することになっている。

□ ❶ Aさんが、正当な理由のない自己都合で会社を退職した場合、雇用保険の基本手当の給付日数は120日であり、「退職後7日間の待期期間」の経過後に給付される。

□ ❷ Cさんが、会社募集の退職制度に応募して会社都合で退職した場合、雇用保険の基本手当の給付日数は最長150日であり、「退職後7日間の待期期間」の経過後に給付される。

□ ❸ 妻Bさんが、所定の手続により、雇用保険から育児休業給付金の支給を受ける場合、その給付金の額は、給付金の支給に係る休業日数が通算して180日に達するまでは、休業開始時賃金日額に支給日数を乗じて得た額の67%に相当する額となる。

□ ❹ 妻Bさんは育児休業期間に給与が支給されない場合、雇用保険の保険料を負担する必要はないが、妻Bさんが、所定の手続により、雇用保険から育児休業給付金の支給を受ける場合、その給付金に対しては所得税が課される。

▼ 解説（赤シートで消える語句をチェックできます）	🖛38ページ	▼ 正解
介護給付は、<u>市町村（または特別区）</u>から、要介護者・要支援者の**認定**を受ける必要があります。		○
介護保険の被保険者証は、第1号被保険者には、<u>市町村（または特別区）</u>から全員に交付されます。第2号被保険者には、<u>特定疾病による**要介護状態または要支援状態**</u>と認定された人にだけ交付されます。		✕
居宅（在宅）サービスを含め、介護保険では**支給限度基準額を超えた部分**は<u>全額</u>が**自己負担**となります。		○

▼ 解説（赤シートで消える語句をチェックできます）　　　🖛44ページ　　▼ 正解

〔公的年金の加入歴〕
Aさん…国民年金保険料納付済期間25月、厚生年金被保険者期間125月、雇用保険に加入
Bさん…国民年金未加入期間35月、厚生年金被保険者期間89月、雇用保険に加入
Cさん…厚生年金被保険者期間442月、雇用保険に加入

❶　一般受給資格者（自己都合・定年退職）で、厚生年金被保険者期間125月（**10年以上20年未満**）の給付日数は**120日**です。また、「<u>正当な理由のない**自己都合退職**</u>」の場合、「**退職後7日間の待期期間＋2カ月間の給付制限期間（最新の離職日からさかのぼって5年以内に3回以上自己都合退職をしている場合は3カ月の給付制限期間）**」の経過後に**支給**されます。　　❶✕

❷　離職票の退職理由が「会社都合」となっている場合は、**特定受給資格者**（会社都合：倒産・解雇）となります。Cさんは雇用保険の被保険者期間が**20年以上**なので、給付日数は**最長330日**。また、自己都合、重責解雇ではないので、**退職後7日間の待期期間経過後**に支給されます。　　❷✕

❸　雇用保険の**育児休業給付金**は、休業開始から**6カ月間（180日目まで）**は原則、休業開始時賃金日額×支給日数の<u>67%</u>、それ以降は**50%**です。　　❸○

❹　入院・手術・通院・診断等、<u>身体の傷害</u>に基因して支払われる給付金や、<u>雇用</u>**保険の給付（基本手当・育児休業給付金・高年齢雇用継続給付）**は**非課税**です。　　❹✕

個人資産相談業務　実技

5 老齢年金の受給額の計算

次の〈設例〉に基づいて、下記の各問に答えなさい。
〈設例〉 Aさん（1983年10月22日生まれ）は、X株式会社を2020年8月末日に退職し、個人事業主として独立した。独立から4年以上が経過した現在、事業は軌道に乗り、収入は安定している。Aさんの妻Bさん（1986年4月21日生まれ）は、会社員で60歳になるまでの間、厚生年金保険の被保険者として勤務する見込みである。

以下、計算にあたっては〈設例〉および下記の〈資料〉に基づくこと。なお、年金額は2024年度価額に基づき、端数処理は円未満を四捨五入すること。

☐ ❶ Aさんが65歳から受給することができる老齢基礎年金の額は（ ① ）円である。

☐ ❷ Aさんが65歳から受給することができる老齢厚生年金の額は（ ② ）円である。Aさんの厚生年金保険の被保険者期間は（ ③ ）年以上ないので、老齢厚生年金の額に配偶者に係る加給年金額の加算はない。

〈資料〉

○老齢基礎年金の計算式（4分の1免除月数、4分の3免除月数は省略）

$$816,000円 \times \frac{保険料納付済月数 + 保険料半額免除月数 \times \frac{\Box}{\Box} + 保険料全額免除月数 \times \frac{\Box}{\Box}}{480月}$$

○老齢厚生年金の計算式（本来水準の額）

ⅰ）報酬比例部分の額＝ⓐ＋ⓑ

ⓐ 2003年3月以前の期間分

$$平均標準報酬月額 \times \frac{7.125}{1,000} \times 2003年3月以前の被保険者期間の月数$$

ⓑ 2003年4月以後の期間分

$$平均標準報酬額 \times \frac{5.481}{1,000} \times 2003年4月以後の被保険者期間の月数$$

ⅱ）経過的加算額（円未満四捨五入）＝1,701円×被保険者期間の月数

$$-816,000円 \times \frac{1961年4月以後で20歳以上60歳未満の厚生年金保険の被保険者期間の月数}{480}$$

ⅲ）加給年金額＝408,100円

Aさんの公的年金加入歴（60歳までの見込みを含む）

20歳	22歳	36歳	60歳
国民年金 学生納付特例期間 （30月）	厚生年金 被保険者期間（173月） 平均標準報酬月額28万円	国民年金 保険料納付済期間 （277月）	
	2006年4月	2020年9月	

❶ ① 〈資料〉の「老齢基礎年金の計算式」にそって計算していきます。

Aさんの「保険料納付済月数」を求めます。**学生納付特例期間は、追納をしない限り、年金額の計算に算入され**ません。問題文に追納したとは書かれていないので、学生納付特例期間30月は「保険料納付済月数」には含まれません。また、免除期間はありません。厚生年金保険料を納付すれば、国民年金保険料も納付したものとみなされますから、Aさんの「保険料納付済月数」は、173＋277＝450月です。老齢基礎年金の額は、816,000円× 450月÷ 480月＝ 765,000円

❷ ② 〈資料〉の「老齢厚生年金の計算式」にそって計算していきます。

ⅰ）報酬比例部分＝ⓐ＋ⓑ

ⓐ 2003年3月以前の期間分…Aさんに2003年3月までの加入期間はありません。

ⓑ 2003年4月以後の期間分…**厚生年金被保険者期間の** 173月で、平均標準報酬額は 28万円です。

ⓑ 平均標準報酬月額× $\frac{5.481}{1,000}$ × 2003年4月以降の被保険者期間の月数

$= 280,000円× 5.481 ÷ 1,000 × 173月＝ 265,499.64円→ 265,500円$

ⅱ）経過的加算額 式のとおりに数字を当てはめます。Aさんの「被保険者期間の月数」は、会社員だった 173月です。

経過的加算額＝1,701円× 173月－816,000円× 173月÷ 480月

$= 294,273円－294,100円＝173円$

報酬比例部分＋経過的加算＝ 265,500円＋ 173円＝ 265,673円

❷ ③ **配偶者に係る加給年金は、厚生年金の被保険者期間が 20年（240月）以上**で、65歳未満の配偶者（年収850万円未満で、厚生年金の被保険者期間20年以上の老齢厚生年金等を受給していないこと）がいる場合に加算されます。Aさんの厚生年金保険の被保険者期間は 173月ですから、加算はありません。

❶ ①765,000円
❷ ②265,673円
　③20年

個人資産相談業務　実技

357

6 在職老齢年金

次の〈設例〉に基づいて、下記の各文の正誤を答えなさい。
〈設例〉Aさん（63歳：1961年3月31日生まれ、2024年6月時点）は、Aさんに生計を維持されている妻Bさん（58歳）がいる。Aさんは、高校卒業後から現在に至るまでX社に勤務している。X社の定年は満60歳であるが、希望すれば60歳以降も継続して勤務できる。

☐ ❶ Aさんが64歳到達日にX社を退職し、その後再就職しない場合、受給できる老齢厚生年金の年金額は、長期加入者の特例により、老齢厚生年金の定額部分の額と報酬比例部分の額を合算した額に加給年金額を加算した額となります。

☐ ❷ Aさんの「年金の基本月額と総報酬月額相当額の合計額」が50万円を超える場合、老齢厚生年金の金額の一部または全部が支給停止となります。

☐ ❸ Aさんが特別支給の老齢厚生年金の受給権取得日以後もX社に勤務し、特別支給の老齢厚生年金と雇用保険の高年齢雇用継続基本給付金とを同時に受けられる場合、特別支給の老齢厚生年金は、在職支給停止の仕組みに加えて、高年齢雇用継続給付との調整により、毎月、標準報酬月額の8％に相当する額を上限として年金額が支給停止となります。

7 遺族給付

次の〈設例〉に基づいて、下記の各文の正誤を答えなさい。
〈設例〉会社員のAさんは、2024年1月15日に55歳で病死した。Aさんには、妻Bさん（51歳）、長男Cさん（24歳）および長女Dさん（19歳）の3人の家族がいた。妻Bさんは、現在のところ、就業の予定はなく、今後は長男Cさんおよび長女Dさんと3人で暮らす予定である。

☐ ❶ Aさんは老齢基礎年金を受給することなく亡くなられていますので、Bさんには、国民年金から死亡一時金が支給されます。

☐ ❷ 遺族年金は、原則として、毎年2月、4月、6月、8月、10月および12月の6期に、それぞれの前月までの分が支給されます。

☐ ❸ Bさんには、65歳以後、ご自身の老齢基礎年金および老齢厚生年金が支給されますが、遺族厚生年金については、Bさんの老齢厚生年金の額に相当する部分の支給が停止されます。

▼ 解説（赤シートで消える語句をチェックできます）　🔗67ページ　▼ 正解

〔Aさんの60歳までの公的年金の加入歴〕
厚生年金被保険者期間：504月
・Aさんの2003年3月以前の平均標準報酬月額：40万円（288月）
・Aさんの2003年4月以後の平均標準報酬額：50万円（216月）

❶　Aさんは、**厚生年金加入期間が60歳までの504月＋64歳までの48月＝552月（46年）**になるので、**長期加入者の特例「44年特例」**に該当します。「44年特例」は、加入期間44年以上の受給者が65歳未満で退職などで被保険者でなくなると、**特別支給の老齢厚生年金（報酬比例部分）に加えて厚生年金の定額部分を受け取る**ことができる制度です。**1961年3月**に生まれたAさんの報酬比例部分は、64歳から支給されます。加給年金は、**厚生年金加入期間が20年以上で配偶者が65歳未満**の場合に支給されます。

❶ ○

❷ ○

❷　**60歳以上の就労者**の「年金の基本月額と総報酬月額相当額の合計額」が**50万円を超える**場合、在職老齢年金の仕組みで老齢厚生年金（特別支給含む）の一定額が支給停止になります。**復習** 在職老齢年金▶46ページ

❸ ✕

❸　雇用保険の高年齢雇用継続基本給付金を受給している間は、老齢厚生年金（在職老齢年金）は標準報酬月額の6%を上限として支給停止されます。

▼ 解説（赤シートで消える語句をチェックできます）　🔗74ページ　▼ 正解

〔公的年金の加入歴〕
Aさん…国民年金未加入36月（20～23歳）、厚生年金加入393月（23～55歳）。
妻Bさん…高校卒業後から25歳でAさんと結婚するまでは厚生年金保険に加入。結婚後はAさんの第3号被保険者として国民年金に加入していた。

❶　**死亡一時金**は「**国民年金の第1号被保険者**」として保険料を**3年間（36月）**以上納めた人が対象です。Aさんは国民年金に未加入となっています。

❶ ✕

❷　年金は偶数月に2カ月分が支給されます。

❷ ○

❸　65歳以降の遺族厚生年金と老齢年金は、次のように併給調整されます。

・**老齢基礎年金と老齢厚生年金は全額支給**される。

・**遺族厚生年金**は、老齢厚生年金相当額の分だけ支給停止。老齢厚生年金を上回る分は支給される。**復習** 遺族厚生年金／公的年金の併給調整▶52ページ

❸ ○

個人資産相談業務　実技

2 金融資産運用

問題数031

再現例題

【第2問】次の設例に基づいて、下記の問に答えなさい。

2019年1月〈改〉

　Mさんは、Aさんに対して、公募株式投資信託の譲渡益の課税関係について説明した。下記＜資料＞の条件に基づき、2024年中に特定口座（源泉徴収あり）を利用してZ投資信託を100万口購入し、同年中に全部を換金した場合に徴収される所得税、復興特別所得税および住民税の合計額を計算した次の＜計算の手順＞の空欄①〜③に入る最も適切な数値を解答用紙に記入しなさい。なお、手数料等については考慮しないものとする。また、問題の性質上、明らかにできない部分は「□□□」で示してある。

＜資料＞Z投資信託の基準価額および2024年中の収益分配金（1万口当たり）

購入時の基準価額		10,000円
換金時の基準価額		11,000円
換金時までに受け取った収益分配金の合計額		1,000円
	普通分配金	800円
	元本払戻金（特別分配金）	200円

＜計算の手順＞
1．譲渡所得の金額
　　{11,000円－（10,000円－（　①　）円）}×（100万口÷1万口）＝□□□円

2．所得税および復興特別所得税の合計額
　　□□□円×（　②　）％＝□□□円

3．住民税額
　　□□□円×5％＝□□□円

4．所得税、復興特別所得税および住民税の合計額
　　□□□円＋□□□円＝（　③　）円

※本試験では、1つの《設例》について3問出題されます。

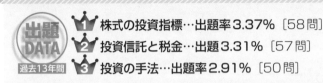

出題DATA 過去13年間

1 株式の投資指標…出題率**3.37%** ［58問］

2 投資信託と税金…出題**3.31%** ［57問］

3 投資の手法…出題率**2.91%** ［50問］

※出題率は、過去13年間の「個人資産相談業務」1,721問中の出題割合［質問数］を示しています。

【第2問】の出題範囲

「個人」の【第2問】では、〈資産データと運用方針〉を説明した《設例》や〈資料〉に基づいて、【金融資産運用】に関する問題が3問出題されます。

【第2問】の出題傾向

頻出順に次の問題が出題されています。学科で学習済みの「NISA」と「株式の投資指標」も頻出項目です。

1 **株式の投資指標**…各種投資指標の数値を求める問題です。

2 **投資信託と税金**…信託財産留保額に関する問題、また税額の計算問題が出題されます。

3 **投資の手法**…ポートフォリオ、シャープ・レシオ、ドルコスト平均法に関する計算問題です。2級のなかで最も難しい分野の1つといえるでしょう。

「再現例題」の解説と解答

1. 譲渡所得は、「換金時の基準価格11,000円－個別元本」です。個別元本は、「購入時の基準価額－①元本払戻金（特別分配金）」なので、①は200円です。譲渡所得の金額は、

{11,000円－（10,000円－200円）}×（100万口÷1万口）＝120,000円

公募株式投資信託の譲渡所得に対しては、上場株式と同じく所得税15%と復興特別所得税0.315%、住民税5%で、合計20.315%が課税されます。従って、

2. の所得税および復興特別所得税の合計額は、

120,000円×15.315%＝18,378円

3. の住民税額は、

120,000円×5%＝6,000円

4. 所得税、復興特別所得税および住民税の合計額は、

18,378円＋6,000円＝24,378円となります。

解答 ①**200** ②**15.315** ③**24,378**

個人資産相談業務 実技

▼ 適切なものには○、不適切なものには×で答えなさい。また、（　）に入る語句の記号を答えなさい。

1 債券

X社社債を次の条件で購入した場合について、次の①〜③をそれぞれ求めなさい（計算過程の記載は不要）。なお、〈答〉は％表示の小数点以下第3位を四捨五入することとし、税金や手数料は考慮しないものとする。◀よく出る

〈X社社債に関する資料〉
・表面利率：1.2％
・残存期間：4年
・購入価格：103.5円（額面100円当たり）
・償還価格：100円

☐ ❶ X社社債を購入した場合の直接利回り（　　）％
☐ ❷ X社社債を購入し、償還まで保有した場合の最終利回り（　　）％
…年率・単利
☐ ❸ X社社債を購入し、2年後に額面100円当たり101.50円で売却した場合の所有期間利回り（　　）％…年率・単利

2 株式の口座と売買

☐ ❶ 株式の売買では、指値注文は成行注文に優先するため、売買が成立しやすくなるが、想定していた価格と異なる価格で売買が成立する可能性がある。

☐ ❷ 売買立会による株式の普通取引の場合、売買契約締結日（約定日）から起算して、3営業日目に決済される。

☐ ❸ 特定口座は、各金融商品取引業者等に1つずつ開設できるため、現在開設している特定口座のほかに、投資目的等に応じて、新たに他の金融商品取引業者等に特定口座を開設して株式の売買に利用することもできる。

指示のある問題はその指示に従って答えなさい。

▼ 解説（赤シートで消える語句をチェックできます）　　🔖175ページ　　▼ 正解

利回りは、購入価格に対する1年あたりの収益合計（<u>差益</u>＋<u>利子</u>）の割合のことです。

❶ **直接利回り**…購入価格に対する<u>年間の利子（＝表面利率）の割合</u>

$$直接利回り（\%）＝\frac{表面利率}{購入価格}×100$$

<u>1.2</u>÷**103.5**×100＝<u>1.159</u>％ → <u>1.16</u>％（小数点以下第3位四捨五入）

❷ **最終利回り**…<u>途中購入</u>して<u>満期（償還）</u>まで所有した場合の利回り

債券の利回りは、すべて次の手順で計算できます。

① **（売却価格－購入価格）÷所有年数** ←差益…1年あたりの差益（利子以外の利益）

　　<u>（100－103.5）÷4＝－0.875</u>

② **表面利率＋①** ←利子＋差益…1年あたりの収益合計

　　<u>1.2＋（－0.875）＝1.2－0.875＝0.325</u>

③ **②÷購入価格×100** ←利回り（1年あたりの収益合計÷購入価格×100）

　　<u>0.325÷103.5×100＝0.314％　→0.31％</u>

❸ **所有期間利回り**…<u>満期（償還）</u>の前に<u>売却</u>した場合の利回り

① <u>（101.50－103.5）÷2＝－1.0</u>

② <u>1.2＋（－1.0）＝1.2－1.0＝0.2</u>

③ <u>0.2÷103.5×100＝0.193％　→0.19％</u>

❶ 1.16
❷ 0.31
❸ 0.19

▼ 解説（赤シートで消える語句をチェックできます）　　🔖188・206ページ　　▼ 正解

売買価格を指定しない<u>成行</u>**注文**の方が、<u>指値</u>**注文**より優先されます。

✕

株の売買は、取引が成立してすぐに決済されるわけではなく、**売買契約締結日（約定日）から起算して3営業日目**に決済されます。

〇

証券会社の口座には、**一般口座**と**特定口座**があります。一般口座は、口座名義人本人が1年間の売却損益の計算をして確定申告をする口座です。<u>特定口</u><u>座</u>は、証券会社が口座名義人に代わって1年間の損益計算をするもので、1つの金融機関ごとに**1人**<u>1</u>**口座**開設できます。

〇

個
人
資
産
相
談
業
務

実
技

3 株式の投資指標

> 次の〈設例〉に基づいて、下記の各文の正誤を答えなさい。
> 〈設例〉 会社員のAさん(42歳)は、これまで投資信託(特定口座の源泉徴収選択口座内にて保有)により資産を運用してきたが、上場株式による資産運用にも興味を持っており、上場企業X社およびY社の株式(以下、それぞれ「X社株式」「Y社株式」という)の購入を検討している。X社株式およびY社株式に関する資料は、右のとおりである。

次の(　　)に入る各種投資指標の数値を求めなさい。なお、〈答〉は表示単位における小数点以下第2位を四捨五入すること(計算過程の記載は不要)。

☐ ❶ X社株式のPBR(　　　)倍

☐ ❷ X社株式のROE(　　　)%

☐ ❸ Y社株式の配当利回り(　　　)%

☐ ❹ Y社株式の配当性向(　　　)%

4 株式と税金

☐ ❶ 株式の配当控除の適用を受けた場合、その年分の所得税額から一定の金額を控除することができる。

☐ ❷ 株式等の配当所得について確定申告不要制度を選択した場合、その年分の所得税について、当該配当所得に係る配当控除の適用を受けることはできない。

☐ ❸ 上場株式の譲渡損失については、申告分離課税を選択した上場株式等に係る配当所得との損益通算や翌年以降への繰越控除などが可能である。

	X社株式	Y社株式
業種	電子部品製造業	食料品製造業
株価	1,000円	520円
当期純利益	130億円	45億円
純資産（＝自己資本）	900億円	450億円
発行済株式数	2億株	2億株
1株当たり配当金額（年額）	14円	7円

❶ PBR（株価純資産倍率）は、株価が1株当たり純資産額の何倍かを示す指標です。

PBR（株価純資産倍率）＝株価÷1株当たり純資産額

＝株価÷（自己資本÷発行済株式数）

X社株式のPBR＝1,000÷（900÷2）＝2.22… → 2.2倍

❷ ROE（自己資本利益率）は、自己資本に対する当期純利益の割合を示す指標です。

ROE（自己資本利益率）＝当期純利益÷自己資本×100

X社株式のROE＝130÷900×100＝14.44…% → 14.4%

❸ 配当利回りは、株価に対する年間配当金の割合を示す指標です。

配当利回り＝1株当たり年間配当金÷株価×100

Y社株式の配当利回り＝7÷520×100＝1.34…% → 1.3%

❹ 配当性向は、当期純利益のうち配当金が占める割合です。

配当性向＝1株あたり配当金÷1株あたり当期純利益×100

Y社株式の配当性向＝7÷（45÷2）×100＝31.11…% →31.1%

❶ 2.2

❷ 14.4

❸ 1.3

❹ 31.1

個人資産相談業務

実技

上場株式の配当金は、所得税・復興特別所得税・住民税を合わせて20.315%の源泉徴収です。配当控除は、配当所得があるときに受けられる控除で、確定申告によって源泉徴収税額と配当控除の額が所得税額から控除されます。

○

株式等の配当所得について、確定申告不要制度や申告分離課税を選択すると、配当控除が適用されません。 復習 株式と税金▶178ページ

○

上場株式の譲渡損失は、申告分離課税を選択した上場株式等の配当所得と損益通算でき、翌年以後最長3年間にわたって繰越控除ができます。

○

☐ ❹ 非上場株式の配当金は、原則として総合課税の対象で受取時に税率20%の所得税が源泉徴収される（住民税は源泉徴収されない）。なお、復興特別所得税は考慮しないものとする。

☐ ❺ 非上場株式の配当金で、1回に支払を受ける金額が、15万円に配当計算期間の月数を乗じて、これを12で除して計算した金額以下である場合には、当該配当金について少額配当として確定申告不要制度を選択することができる。

TOP 60 ❺ 投資信託と税金

☐ ❶ 投資信託が償還された場合、償還金から信託財産留保額が控除される。

☐ ❷ 信託財産留保額は、すべての投資信託に設定されている。

〈X投資信託(公募株式投資信託)に関する資料〉
・追加型／国内／株式
・主な投資対象　：高配当の国内株式
・信託期間　　　：無期限

☐ ❸ Aさんが、2024年中に、特定口座の源泉徴収選択口座で保有するX投資信託200万口を基準価額10,000円（1万口当たり）ですべて解約した場合に徴収される所得税（復興特別所得税を含む）および住民税の合計額を計算した次の空欄①〜③に入る数値を解答用紙に記入しなさい。なお、Aさんにはこれ以外にこの年における株式等の取引はなく、X投資信託からの元本払戻金（特別分配金）は購入後一度も受け取っていないものとする。◀よく出る

・譲渡所得の金額（問題の性質上、明らかにできない部分…○○○）
　（○○○円－8,480円）×2,000,000口÷10,000口＝（ ① ）円
・所得税（復興特別所得税を含む）および住民税の合計額
　所得税(復興特別所得税を含む)…（ ① ）円×○○○％＝○○○円
　住民税…（ ① ）円×（ ② ）％＝○○○円
　合計額　○○○円＋○○○円＝（ ③ ）円

非上場株式の配当金は、総合課税の対象で、**所得税20%が源泉徴収**されます（住民税なし）。復興特別所得税を含むと20 × 1.021 ＝ **20.42%**です。

○

非上場株式の配当金は、1銘柄につき1回の配当金が10万円以下なら確定申告不要です。10万円を超えると確定申告が必要となります。
少額配当の基準…10万円×配当計算期間の月数÷12 ≦ 10万円

×

▼ 解説 （赤シートで消える語句をチェックできます）　　　☞206ページ　▼ 正解

信託財産留保額は、中途解約する投資家にも証券等の換金に係る費用等を負担させ、受益者間の公平性を保とうとするもので、解約（中途換金）する際に支払う費用（まれに購入時に支払うこともある）です。

×

信託財産留保額は、例えば**外貨建て**MMFでは徴収されません。つまり、すべての投資信託に設定されているわけではありません。

×

個人資産相談業務　実技

・決算日　　　　　：毎年9月6日
・購入時手数料　　：なし
・信託財産留保額：解約時の基準価額に対して0.2%
・購入時の基準価額：8,480円（1万口当たり）

上場株式（株式投資信託含む）の譲渡所得は、20.315%（**所得税**15%＋復興特別所得税0.315%＋住民税5%）の申告分離課税です。

譲渡所得の金額…（○○○円－8,480円）×2,000,000口÷10,000口＝（ ① ）円

8,480円は購入時の基準価額なので、○○○円には解約時の換金額が入ることがわかります。解約時の基準価額は10,000円で、ここから「**信託財産留保額**：解約時の基準価額に対して0.2%」を差し引いたものが解約時の換金額となります。

換金額＝ 10,000円－ 10,000円×0.2%＝ 9,980円

（9,980円－8,480円）×2,000,000口÷10,000口＝①300,000円

所得税…300,000円× 15.315%＝ 45,945円（復興特別所得税含む）

住民税…300,000円×②5%＝ 15,000円

合計額…45,945円＋ 15,000円＝③60,945円

① 300,000

② 5

③ 60,945

次の〈設例〉に基づいて、下記の各文の正誤を答えなさい。
〈設例〉 Aさんは、特定口座の源泉徴収選択口座を利用して、右の条件でX投資信託を500万口購入した。

❹ Aさんが受け取った収益分配金のうち、元本払戻金（特別分配金）は100円（1万口当たり）、普通分配金は500円（1万口当たり）である。←よく出る

❺ 普通分配金による所得は利子所得とされ、受取時に所得税および復興特別所得税と住民税の合計で20.315％の税率により源泉徴収（特別徴収）される。

6 外貨建て金融商品

❶ 海外株式を対象にした投資信託において、購入後に投資対象国通貨に対して円高となった場合、為替ヘッジを行っていない投資信託の方が為替ヘッジを行っている投資信託と比較して、基準価額の値下がりは大きくなる。

❷ Aさんが、下記の条件で円貨を豪ドルに換えて豪ドル建て定期預金を行って満期を迎えた場合の円ベースでの運用利回り（単利による年換算）を求めなさい。なお、預入期間6カ月は0.5年として計算し、〈答〉は％表示の小数点以下第3位を四捨五入すること。なお、税金は考慮しないものとする。
←よく出る

〈豪ドル建て定期預金〉
・預入金額 ：10,000豪ドル
・預入期間 ：6カ月満期
・利率(年率)：3.0％(満期時一括支払)
・適用為替レート(円/豪ドル)

	TTS	TTM	TTB
預入時	93.00	92.00	91.00
満期時	97.00	96.00	95.00

Aさんが購入した時の基準価額：9,500円（1万口当たり）
課税時の基準価額（分配金落ち後）：9,400円（1万口当たり）
Aさんが最初に受け取った収益分配金の合計額（税引前）：600円（1万口当たり）

株式投資信託（追加型）では、課税時の基準価額（分配金落ち後）が平均購入価格（分配金落ち前。手数料を除く）を下回る部分の分配金は、**元本払戻金（特別分配金）として非課税**となります。

元本払戻金＝ 9,500円－9,400円＝ 100 円

普通分配金＝収益分配金 600 **円－元本払戻金** 100 **円＝** 500 **円**

普通分配金による所得は配当**所得**となり、20.315**%**（**所得税** 15%＋復興特別所得税 0.315%＋**住民税** 5%）が源泉徴収されます。

▼ 解説（赤シートで消える語句をチェックできます）　　🖙212ページ　　▼正解

為替ヘッジは、為替の変動による外貨資産の「円に換算したときの価値」の変化を避けることです。**為替ヘッジのない場合**は、為替ヘッジがある場合に比べて、円高による為替差損が大きく基準価額の**値下がり**も大きくなります。　　○

円貨を外貨に換える場合の為替レートは TTS です。預入時TTS「1豪ドル93.00円」なので、**10,000豪ドル×** 93 **円＝** 930,000 **円**が元本です。

年率1.0%で6カ月満期なので、6カ月分（0.5年）の利息は年率の 0.5 倍です。

6カ月分の利息＝ 10,000豪ドル× 0.03 **×** 0.5 **＝** 150 **豪ドル**

外貨を円貨に換える場合の為替レートは TTB です。満期時「1豪ドル95.00円」なので、満期時の 10,150 **豪ドル**を円換算して 10,150 **豪ドル×** 95 **円＝** 964,250 **円**です。

元本 930,000 円が964,250円に増えたので、6カ月の利益は、

964,250 **円－** 930,000 **円＝** 34,250 **円**

「年換算」の利回りを求めるので、6カ月を年換算するために 2 **倍**します。

年換算の利益額＝ 34,250 **円×** 2 **＝** 68,500 **円**

運用利回りとは、元本に対する利益額の割合のことなので、

運用利回り＝ 68,500 **円÷** 930,000 **円×** 100 **≒** 7.37**%**（小数点以下第3位四捨五入）

7.37%

個人資産相談業務　実技

7 投資の手法

□ **❶** 下記のシナリオに基づいて、X投資信託を60%、Y投資信託を40%の比率で組み入れたポートフォリオの期待収益率を求めなさい（計算過程の記載は不要）。なお、〈答〉は％表示の小数点以下第2位まで表示すること。

〈シナリオとX投資信託・Y投資信託の予想収益率〉

	生起確率	X投資信託の予想収益率	Y投資信託の予想収益率
シナリオ1	40%	− 5.0%	16.0%
シナリオ2	50%	10.0%	12.0%
シナリオ3	10%	15.0%	− 8.0%

□ **❷** ファイナンシャル・プランナーのMさんは、Aさんに対して、X投資信託およびY投資信託のパフォーマンス評価について説明した。Mさんが説明した以下の文章の空欄①〜②に入る最も適切な語句または数値を答えなさい。なお、問題の性質上、明らかにできない部分は「□□□」で示してある。

〈X投資信託とY投資信託の過去3年間の運用パフォーマンスに関する資料〉

	X投資信託	Y投資信託
平均収益率	3%	7%
収益率(リターン)の標準偏差(リスク)	2%	4%

「無リスク資産利子率を1％と仮定した場合、過去3年間の運用パフォーマンスに基づくX投資信託のシャープ・レシオは、（ ① ）です。一方、Y投資信託のシャープ・レシオは、□□□です。シャープ・レシオの値が大きいほど、取ったリスクに対して大きなリターンを得たことになります。このため、X投資信託とY投資信託を比較した場合、シャープ・レシオについては（ ② ）投資信託の方が過去のパフォーマンスは優れていたといえます」

□ **❸** 下記のX投資信託をドルコスト平均法を用いて3回購入した場合の平均購入単価（1万口当たり）は、（ ）円（円未満四捨五入）である。

購入時期	基準価格(1万口当たり)	毎回300,000円購入する場合		毎回300,000口購入する場合	
		購入口数	購入金額	購入口数	購入金額
第1回	12,000円		300,000円	300,000口	
第2回	10,000円		300,000円	300,000口	
第3回	8,000円		300,000円	300,000口	
合計	−	○○○口	900,000円	900,000口	○○○口

ポートフォリオ（分散された資産の組み合わせ）における**期待収益率**は、ポートフォリオに組み込む各資産の期待収益率を組入比率（構成比）で**加重平均**（量の大小を反映させた平均）したものの合計です。

期待収益率＝生起確率×予想収益率の平均値

資産Xの期待収益率…0.4×（−5.0）＋0.5×10.0＋0.1×15.0＝4.50％

資産Yの期待収益率…0.4×16.0＋0.5×12.0＋0.1×（−8.0）＝11.60％

・X投資信託60％、Y投資信託40％の比率で組み入れるので、

ポートフォリオの期待収益率＝4.5×0.6＋11.6×0.4＝7.34％　　**7.34％**

シャープ・レシオは、異なるポートフォリオのパフォーマンス（投資効率）を比較評価する際に用いられる指標で、**超過収益率**を**標準偏差**で除した値です。**値が大きい**ほど超過収益率が高く**優れた金融商品**ということになります。

シャープ・レシオ＝超過収益率÷標準偏差

超過収益率は、**収益率から無リスク資産利子率を引いた値**なので、

X投資信託の超過収益率＝3−1＝2

X投資信託のシャープ・レシオ＝2÷2＝1.0

同様に、

Y投資信託の超過収益率＝7−1＝6

Y投資信託のシャープ・レシオ＝6÷4＝1.5

シャープ・レシオの値が大きい**Y投資信託**の方が、過去のパフォーマンスは優れていたといえます。

① 1.0
② Y

ドルコスト平均法は、一定金額で積立投資を行う方法です。

各回の購入株式数(口数)＝各回の投資金額÷各回の株価(基準価額)

第1回の購入口数…300,000円÷（12,000円/1万口）＝25万口

第2回の購入口数…300,000円÷（10,000円/1万口）＝30万口

第3回の購入口数…300,000円÷（8,000円/1万口）＝37.5万口

総合計購入口数……25＋30＋37.5＝92.5万口

総投資金額　　…300,000円×3回＝900,000円

平均取得単価＝900,000円÷92.5万口＝9,729.7≒9,730円　　9,730

3 タックスプランニング

問題数039

再現例題

【第3問】次の設例に基づいて、下の問に答えなさい。

2023年1月〈改〉

《設 例》

　会社員のAさんは、妻Bさん、長男Cさんおよび二男Dさんとの4人家族である。

〈Aさんとその家族に関する資料〉
Aさん（48歳）　　：会社員
妻Bさん（45歳）　：会社員。2024年中に給与収入300万円を得ている。
長男Cさん（20歳）：大学生。2024年中の収入はない。
二男Dさん（14歳）：中学生。2024年中の収入はない。

〈Aさんの2024年分の収入等に関する資料〉
・給与収入の金額　　　　　　　　　　　　：900万円
・不動産所得の金額　　　　　　　　　　　：▲80万円　（白色申告）
※損失の金額80万円のうち、当該不動産所得を生ずべき土地の取得に係る負債の利子20万円を含む。
※妻Bさん、長男Cさんおよび二男Dさんは、Aさんと同居し、生計を一にしている。
※Aさんとその家族は、いずれも障害者および特別障害者には該当しない。
※Aさんとその家族の年齢は、いずれも2024年12月31日現在のものである。
※上記以外の条件は考慮せず、各問に従うこと。

　Aさんの2024年分の所得金額について、次の①、②を求めなさい。なお、①の計算上、Aさんが所得金額調整控除の適用対象者に該当している場合、所得金額調整控除額を控除すること。また、〈答〉は万円単位とすること。
①総所得金額に算入される給与所得の金額
②総所得金額

〈資料〉給与所得控除額の速算表

給与の収入金額（年収）	給与所得控除額
180万円以下	収入金額×40％－10万円 （55万円に満たない場合は55万円）
180万円超 ～ 360万円以下	収入金額×30％＋8万円
360万円超 ～ 660万円以下	収入金額×20％＋44万円
660万円超 ～ 850万円以下	収入金額×10％＋110万円
850万円超	195万円

※本試験では、1つの《設例》について3問出題されます。

🏆1 総所得金額・所得税額の算出…出題率**5.35%**〔92問〕

🏆2 扶養控除/配偶者控除/基礎控除…出題率**2.96%**〔51問〕

🏆3 住宅借入金等特別控除…出題率**2.50%**〔43問〕

※出題率は、過去13年間の「個人資産相談業務」1,721問中の出題割合〔質問数〕を示しています。

【第3問】の出題範囲

「個人」の【第3問】では、〈各種所得に関する税務〉を説明した《設例》に基づいて、【タックスプランニング】に関する問題が3問出題されます。

【第3問】の出題傾向

頻出順に次の問題が出題されています。

1 総所得金額・所得税額の算出…総合課税の所得を合計し、控除額を引いて総所得金額を求める問題や税率を掛けて所得税額を算出する問題が出ます。

2 扶養控除/配偶者控除/基礎控除…扶養控除の金額は控除対象扶養親族の年齢や同居の有無などがポイントです。配偶者控除は納税者本人と配偶者のそれぞれの収入金額に注意が必要です。3つの控除はそれぞれの要件に注意。

3 住宅借入金等特別控除…学科で学習済みの項目です。　復習　住宅借入金等特別控除▶208ページ

▼ 再現例題の解説と解答

① 給与所得の金額は、給与所得＝給与収入金額−給与所得控除で算出します。

Aさんの給与所得＝900万円−195万円＝705万円

また、Aさんは給与収入金額が850万円超で、収入のない長男Cさん（20歳）と二男Dさん（14歳）を扶養しているため、所得金額調整控除の対象者となります。

子ども・特別障害者の所得金額調整控除＝（給与収入−850万円）×10%＝（900万円−850万円）×10%＝5万円

したがって、控除後のAさんの給与所得は705万円−5万円＝700万円

② Aさんの総所得金額は、給与所得、不動産所得の合計額です。不動産所得では、土地取得に要した負債の利子20万円は損益通算できないため、▲（損失分）80万円から除かれ、▲60万円となります。

Aさんの総所得金額＝700万円（給与所得）−60万円（不動産所得）＝640万円

解答　① 700（万円）　② 640（万円）

1 事業所得 / 減価償却

次の〈設例〉に基づいて、下記の各問に答えなさい。
〈設例〉　Aさん（青色申告者）は、2024年4月1日から、個人事業（卸売業）を新規に開業した。
2024年分の当該事業に関する収支の予想は、以下のとおりである。また、Aさんは、棚卸資
産の評価方法および減価償却資産の償却方法については、届出をしていない。
〈収入〉
売上高収入　　60,000千円　（年末時点において売掛金等の営業債権はない）
雑収入　　　　　20千円　（Aさんの業務中の事故により心身に受けた損害に係る損害保険
　　　　　　　　　　　　　会社からの見舞金で、経費補てんや収益補償的でないもの）
〈支出〉
売上原価　　42,000千円　（年末棚卸資産を最終仕入原価法で計算した場合）
　　　　　　43,000千円　（年末棚卸資産を先入先出法で計算した場合）

□ ❶　Aさんの2024年分の事業所得の金額の計算上、必要経費に算入される車両
の減価償却費の金額を千円単位で求めなさい。

□ ❷　Aさんが、2024年分の所得税の事業所得の予想額を計算するうえでまとめ
た下記の表の空欄ア〜ウに入る最も適切な数値を求めなさい。なお、事業所
得の金額については、税務上認められる範囲内において可能な限り少額にな
るように計算すること。

〈総収入金額〉　　　　　　　（ア）千円
〈必要経費〉
　売上原価　　　　　　　　（イ）千円
　家賃・租税公課支払額　　1,500 千円
　減価償却費　　　　　　　□□□ 千円　←上記❶の答え
　少額減価償却資産　　　　（ウ）千円
　青色事業専者給与　　　　□□□ 千円
　上記以外の必要経費　　　□□□ 千円

＊表にある「□□□」の部分は、問題の性質上明らかにできないため数値を伏せている。

指示のある問題はその指示に従って答えなさい。

▼ 解説（赤シートで消える語句をチェックできます）　☎244ページ　▼ 正解

| 家賃支払額 | 900千円 | （税務上、すべて必要経費として認められるものである） |

家賃支払額　　　900千円　（税務上、すべて必要経費として認められるものである）

租税公課支払額　600千円　（税務上、すべて必要経費として認められるものである）

什器備品購入額　270千円　（事業用のパソコンで2024年8月1日に購入し、直ちに事業の
　　　　　　　　　　　　　　　用に供した）

車両購入費　　1,800千円　（営業用自動車で2024年9月1日に新品で購入し、直ちに事業
　　　　　　　　　　　　　　　の用に供した。事業専用割合2/3、法定耐用年数：4年、法定
　　　　　　　　　　　　　　　耐用年数4年の償却率（定額法：0.250、定率法：0.625））

青色事業専従者給与1,500千円（妻に対して支払ったものであり、労務の対価として相当で
　　　　　　　　　　　　　　　あると認められるものである）

その他の経費支出10,000千円（税務上、すべて必要経費として認められるものである）

※Aさんには、この事業以外に所得はない。上記以外の条件は考慮せず、各問に従うこと。

❶　減価償却資産の償却方法には、**定額法**と**定率法**があります。Aさんは、償却方法についての届出をしていないため、**定額法**（毎年同額を減価償却費として計上する方法）で計算します。**減価償却費＝取得価額×定額法償却率×業務供用月数/12カ月**

減価償却できるのは事業で使った月数分のみです。Aさんの車両の使用開始日は**9月1日**なので、使用期間**4カ月間**（9月～12月）、事業専用に使用した割合は**3分の2**です。

$$\text{車両の減価償却費} = 1,800千円 \times 0.250 \times \frac{4}{12} \times \frac{2}{3}$$

$$= 450千円 \times \frac{1}{3} \times \frac{2}{3} = 100千円$$

❷　ア　事業所得の総収入金額とは、確定した売上金額（未収額も含む）のことで、必要経費を控除する前の収入の合計額をいいます。Aさんの場合、売上高収入の中に必要経費となる営業債権がないため、**60,000千円**がそのまま総収入金額となります。

イ　棚卸資産の評価方法には、最終仕入原価法や先入先出法などがあります。Aさんは、年末棚卸資産（在庫）の評価方法について届出をしていないので、最終仕入原価法で計算した額（**42,000千円**）が売上原価（商品などの仕入れ代金）になります。

ウ　少額減価償却資産とは、使用可能期間が1年未満か、取得価額10万円未満の減価償却資産をいいます。資本金1億円以下の中小企業者等で青色申告をしている法人、もしくは個人事業主は、取得価額が30万円未満のものについて、取得価額を全額損金算入できます。Aさんの少額減価償却資産は、**什器備品購入額27万円（270千円）**です。

❶ 100千円　**❷** ア 60,000　　イ 42,000　　ウ 270

2 退職所得

> 次の〈設例〉に基づいて、下記の問に答えなさい。
> 〈設例〉 会社員のAさん(60歳)は、2024年3月にこれまで入社以来36年3カ月勤務していたX社を定年退職した。Aさんは、X社を退職した後に再就職はしておらず、今後も再就職をする予定はない。

☐ AさんがX社から受け取った退職金に係る退職所得の金額を、下記の〈計算手順〉に従って求めなさい。答えは万円単位とすること。なお、Aさんは、これ以外に退職手当等の収入はなく、障害者になったことが退職の直接の原因ではないものとする。
〈計算手順〉 1.退職所得控除額 2.退職所得の金額

3 扶養控除/配偶者控除/基礎控除

> 次の〈設例〉に基づいて、下記の各問に答えなさい。
> 〈設例〉 会社員のAさんは、妻Bさん、長女Cさん、長男Dさん、母Eさんの5人家族で、生計を一にしている。近所で一人暮らしをしている母Eさんを除く4人が同居している。
> 〈Aさんの家族構成〉
> ・Aさん(50歳)   :会社員。2024年分の収入は、給与収入のみの830万円である。
> ・妻Bさん(48歳) :2024年中にパートにより給与収入120万円を得ている。

☐ ❶ 長女Cさんの合計所得金額は48万円以下であるため、Aさんは長女Cさんについて63万円の扶養控除の適用を受けることができる。←よく出る

☐ ❷ Aさんは母Eさんを老人扶養親族とする扶養控除の適用を受けることができ、その控除額は63万円である。

☐ ❸ 妻Bさんの合計所得金額は48万円を超えているため、Aさんは妻Bさんについて配偶者控除の適用を受けることはできないが、配偶者特別控除の適用を受けることができる。←よく出る

☐ ❹ Aさんの扶養控除の合計額は、149万円である。

▼ 解説（赤シートで消える語句をチェックできます）　☞245ページ　▼ 正解

〈Aさんの2024年分の収入等に関する資料〉
・X社からの給与収入の金額（1～3月分）：210万円
・X社から支給を受けた退職金の額：3,000万円
Aさんは退職金の支給を受ける際に「退職所得の受給に関する申告書」を提出している。

退職所得控除額は、勤続年数が20年以下の期間は、1年当たり40万円。20年超の期間は1年当たり70万円で計算します。

Aさんの退職所得控除額＝40万円×20年＋70万円×（37年－20年）＝1,990万円

退職所得の金額＝（退職収入－退職所得控除額）×$\frac{1}{2}$※1

▲ 36年3カ月は、1年未満の端数を切り上げて、37年で計算。

＝（3,000万円－1,990万円）×$\frac{1}{2}$＝505万円

505万円

※1 2022年分以後の所得税で、役員等以外の者としての勤続年数が5年以下である者に対する退職手当等のうち、退職所得控除額を控除した残額の300万円を超える部分については2分の1課税を適用しない。

▼ 解説（赤シートで消える語句をチェックできます）　☞258ページ　▼ 正解

・長女Cさん（22歳）：大学4年生。2024年中にアルバイトにより給与収入20万円を得ている。
・長男Dさん（14歳）：中学生
・母Eさん（72歳）　：2024年中に公的年金60万円を得ている。
※家族は、いずれも障害者および特別障害者には該当しない。
※年齢は、いずれも2024年12月31日現在のものとする。

❶　長女Cさんは**特定扶養親族（19歳以上23歳未満）**に該当し、給与収入が**103万円以下**なので、Aさんは長女Cさんについて**特定扶養控除63万円**の適用を**受けることが**できます。

❶ ◯

❷　母Eさんは、年齢70歳以上、公的年金のみの**年収158万円以下**なので、**老人扶養親族**に該当します。Aさんとは同居していないので、Aさんが母Eさんについて適用を受けられる**扶養控除額は48万円**です。

❷ ✕

❸　妻Bさんの給与収入は**120万円**。Aさんの**合計所得金額**が**1,000万円以下**（給与収入**1,195万円**以下）なので、Aさんは配偶者控除の適用は不可でも、**配偶者特別控除**の適用を**受けることが**できます。

❸ ◯

❹　Aさんの扶養控除の合計額は、**63万円（Cさん）＋48万円（Eさん）**＝**111万円**です。16歳未満の長男Dさんは扶養控除の適用対象外です。

❹ ✕

個人資産相談業務　実技

4 総所得金額・所得税額の算出

☐ ❶ 個人事業主Aさん（66歳）の2024年分の総所得金額を計算した下記の空欄ア〜ウに入る最も適切な数値を求めなさい。

〈Aさんの2024年分の収入等に関する資料〉
(1) 物品販売業に係る事業所得の金額　　　　　　：　　5,000,000円
　　（この金額は青色申告特別控除後の金額である）
(2) 上場株式の譲渡損失の金額　　　　　　　　　：　　　300,000円
(3) 老齢基礎年金の年金額　　　　　　　　　　　：　　　600,000円
(4) 個人年金保険に係る確定年金の年金額　　　　：　1,200,000円
　　（この年金額に係る雑所得の金額の計算上の必要経費は、600,000円である）
(5) ゴルフ会員権の譲渡損失の金額　　　　　　　：　　　500,000円
　　（健全に経営されているゴルフ場の会員権である）

〈資料〉公的年金等控除額（公的年金等に係る雑所得以外の所得に係る合計所得金額が1,000万円以下の場合）

納税者区分	公的年金等の収入金額	公的年金等控除額
65歳以上の者	330万円未満	110万円

・個人年金保険に係る雑所得の金額は（ ア ）円 である

・雑所得の合計金額は（ イ ）円である。

・総所得金額は（ ウ ）円である。

☐ ❷ 会社員のAさんは、2024年3月にX社を定年退職した。Aさんの2024年分の総所得金額を計算した下記の空欄ア〜ウに入る数値を求めなさい。

〈Aさんの2024年分の収入等に関する資料〉
・X社からの給与収入の金額（1〜3月分）　　　：　　　210万円
・X社から支給を受けた退職金の額　　　　　　　：　　3,000万円
　※Aさんは退職金の支給を受ける際に「退職所得の受給に関する申告書」を提出している。
・賃貸アパート（居住用）の不動産所得に係る損失の金額：　　60万円
　※土地等を取得するために要した負債の利子の額に相当する部分の金額はない。

〈Aさんが2024年中に解約した生命保険に関する資料〉
保険の種類　　　：一時払変額個人年金保険　　解約返戻金額　：600万円
契約年月日　　　：2011年4月1日　正味払込保険料：500万円
契約者（＝保険料負担者）：Aさん

給与所得金額　：（ ア ）万円

一時所得の金額：（ イ ）万円

総所得金額　　：（ ウ ）万円

〈資料〉給与所得控除額の速算表（抜粋）

給与の収入金額（年収）	給与所得控除額
180万円超 〜 360万円以下	収入金額×30％＋8万円
360万円超 〜 660万円以下	収入金額×20％＋44万円

ア　個人年金保険に係る雑所得は公的年金等以外の雑所得なので、次の式で求めます。

公的年金等以外の雑所得＝総収入金額－必要経費

個人年金保険に係る雑所得の金額＝120万円－60万円＝60万円

イ　雑所得の合計金額は、公的年金等とそれ以外の所得とに分けて計算し、合算します。

公的年金等の雑所得＝公的年金等の収入金額－公的年金等控除額　の式で求めます。

Aさんの公的年金等の雑所得は、老齢基礎年金の年金額（60万円）です。公的年金等控除額は、資料より「公的年金等の収入金額330万円未満→110万円」なので、

老齢基礎年金の年金額－公的年金等控除額＝60万円－110万円＝－50万円（0円扱い）

雑所得の合計金額＝0円（公的年金等）＋60万円（公的年金等以外）＝60万円

ウ　総所得金額は、総合課税となる所得を合計して求めます。Aさんの収入のうち、総所得金額に算入するのは、事業所得（**500万円**）と雑所得（**60万円**）だけです。損失が生じた場合に損益通算の対象となるのは**不動産所得**、**事業所得**、**譲渡所得**、**山林所得**です。ただし、譲渡所得の損失のうち、ゴルフ会員権の譲渡損失、株式等の譲渡損失は他の所得と損益通算できません。従って、

Aさんの総所得金額＝500万円＋60万円＝560万円

ア	600,000
イ	600,000
ウ	5,600,000

ア　**給与所得金額＝収入金額－給与所得控除額（最低55万円）**

給与所得控除額は、資料より「収入金額×30％＋8万円」なので、

Aさんの給与所得金額 ＝210万円－（210万円×30％＋8万円）
＝210万円－71万円
＝139万円

イ　Aさんは給与収入以外に、一時払変額個人年金保険の解約返戻金**600万円**を受け取っています。生命保険の解約返戻金は、**一時所得**に該当します。**一時所得**は、

一時所得の総収入金額－収入を得るために支出した金額－特別控除額（最高50万円）

なので、**600万円－500万円－50万円＝50万円**

ウ　不動産所得の損失は他の所得と損益通算できるので、総所得金額に算入するのは、給与所得、一時所得、不動産所得の損失です。なお、一時所得はその**2分の1**の額、**25万円**を算入します。また、退職所得は分離課税なので、総所得金額には算入できません。

Aさんの総所得金額＝139万円＋25万円＋（－60万円）＝104万円

ア	139
イ	50
ウ	104

❸ 飲食業を営む個人事業主のＡさん（62歳）の2024年分の収入等に関する資料等は、以下のとおりである。Ａさんの2024年分の所得税の確定申告（青色申告）による所得税の算出税額を計算した下記の表の空欄ア〜エに入る最も適切な数値を求めなさい。なお、問題の性質上、明らかにできない部分は「□□□」で示してある。また、Ａさんは母Ｅさんについて扶養控除の適用を受けるものとする。

〈Ａさんの家族構成〉
・Ａさん　　　：62歳　個人事業主(青色申告者)
・妻Ｂさん　　：58歳　Ａさんの青色事業専従者
・長男Ｃさん：36歳　Ａさんの青色事業専従者
・長男Ｃさんの妻Ｄさん：会社員。2024年中に給与収入400万円を得ている。
・母Ｅさん　　：86歳　2024年中に公的年金70万円を得ている。

〈Ａさんの2024年分の収入等に関する資料〉
・事業所得の金額：800万円（青色申告特別控除後の金額）
・居住用賃貸アパートの不動産所得に係る損失の金額：70万円
上記の損失の金額のうち、当該不動産所得を生ずべき土地の取得に要した負債の利子20万円を必要経費に算入している。
※妻Ｂさん、長男Ｃさん、長男Ｃさんの妻Ｄさんおよび母Ｅさんは、Ａさんと同居し、生計を一にしている。
※家族は、障害者および特別障害者には該当しない。
※家族の年齢は、2024年12月31日現在のものである。

〈資料〉　所得税の速算表(抜粋)

課税所得金額（万円）	税率（％）	控除額（万円）
～　195以下	5	0
195超　～　330以下	10	9.75
330超　～　695以下	20	42.75
695超　～　900以下	23	63.6
900超　～1,800以下	33	153.6

(a)	総所得金額	（　ア　）円
(b)	社会保険料控除	□□□円
	生命保険料控除	□□□円
	扶養控除	（　イ　）円
	基礎控除	（　ウ　）円
	所得控除の合計額	1,900,000円
(c)	課税総所得金額	□□□円
(d)	算出税額（cに対する所得税額）	（　エ　）円
(e)	復興特別所得税額（円未満切捨て）	□□□円
(f)	所得税および復興特別所得税の額	□□□円

ア　総所得金額を求めます。Aさんの収入のうち、総所得金額に算入できる総合課税の所得は**事業所得**と**不動産所得**です。事業所得は次の式で求めます。

事業所得＝事業所得の総収入金額－必要経費（－青色申告特別控除額）

資料より、Aさんの事業所得800万円は青色申告特別控除後の金額なので、そのまま総所得金額に算入できます。

次に不動産所得の損失は他の所得と損益通算ができますが、土地の取得に要した負債の利子は損益通算できないため、必要経費からはぶきます。

損益通算できる不動産所得の損失金額＝70万円－20万円＝50万円

Aさんの総所得金額　＝800万円＋（－50万円）

＝750万円

イ　扶養控除の金額を求めます。要件に「配偶者以外の親族で納税者と生計を一にしていること。青色申告者、または白色申告者の事業専従者ではないこと」とあるため、妻Bさん、青色事業専従者である長男Cさんは、扶養控除の控除対象外です。また、長男Cさんの妻Dさんは、給与のみの年収が**103万円超**なので、やはり控除対象外となります。母Eさんは、扶養控除の適用を受けるものとするとあるので、控除対象扶養親族は母Eさん1人となります。母Eさんは、年齢86歳、納税者本人のAさんと同居しているので、**老人扶養親族**に該当し、**扶養控除額は58万円**となります。

（復習）控除対象扶養親族の区分と控除額▶203ページ

ウ　基礎控除は、所得の合計金額から一定金額を差し引く所得控除の1つです。控除額は合計所得金額によって異なり、合計所得金額が**2,400万円以下**なら**48万円**、2,400万円超2,450万円以下で**32万円**、2,450万円超2,500万円以下で**16万円**となり、**2,500万円超で適用外**となります。Aさんは2,400万円以下に当たるので、控除額は48万円です。

エ　算出税額は、課税総所得金額に対する所得税額です。まず、課税総所得金額を求めます。課税総所得金額は総所得金額から所得控除額を差し引いたあとの金額なので、

課税総所得金額＝総所得金額－所得控除の合計額で求めます。

所得控除の合計額は、左の表より「（b）190万円」なので、

課税総所得金額＝750万円－190万円＝560万円

資料の速算表の税率と控除額を用いて所得税額を算出します。

所得税額は、資料より「課税所得金額×20％－42.75万円」なので、

算出税額＝560万円×20％－42.75万円＝69.25万円

ア	7,500,000
イ	580,000
ウ	480,000
エ	692,500

5 源泉徴収票の見方

次の〈設例〉に基づいて、下記の各問に答えなさい。

〈設例〉 会社員のAさんは、妻Bさん(パート勤務)と長女Cさん(大学生)の3人家族である。Aさんは、2024(令和6)年5月に一戸建新築住宅を取得して同月中に自己の居住の用に供した。Aさんが勤務先から受け取った令和6年分の「給与所得の源泉徴収票」は、右のとおりである。なお、問題の性質上、明らかにできない部分は□□□で示してある。

〈資料1〉 旧契約
(2011年12月31日以前に締結した保険契約等)に基づく場合の控除額

年間支払保険料	控除額
25,000円以下	支払保険料の全額
25,000円超 50,000円以下	支払保険料×2分の1 ＋1万2,500円
50,000円超 100,000円以下	支払保険料×4分の1 ＋2万5,000円
100,000円超	50,000円

〈資料2〉 新契約
(2012年1月1日以後に締結した保険契約等)に基づく場合の控除額

年間支払保険料	控除額
20,000円以下	支払保険料の全額
20,000円超 40,000円以下	支払保険料×2分の1 ＋10,000円
40,000円超 80,000円以下	支払保険料×4分の1 ＋20,000円
80,000円超	40,000円

☐ ❶ Aさんの令和6年分の所得税の年末調整の際に控除された生命保険料控除額は、8万円である。

☐ ❷ Aさんの令和6年分の所得税の年末調整の際に控除された扶養控除額は、63万円である。

☐ ❸ 妻Bさんの令和6年中の収入がパートによる給与のみであった場合、その給与収入の金額は103万円以下である。

☐ ❹ Aさんは、令和6年分の所得税の年末調整に際して、同年中に支払った地震保険料の合計額が8万円であったことを証明する地震保険料控除証明書を勤務先に提出したと推定される。

令和6年分　**給与所得の源泉徴収票**　（一部抜粋）

支払を受ける者	住所又は居所	東京都千代田区〇〇〇〇			（受給者番号）			
					（役職名）			
					氏名	（フリガナ）		
						A		

種別		支払金額		給与所得控除後の金額（調整控除後）		所得控除の額の合計額		源泉徴収税額	
給料・賞与		内	7 800 000	千　　　　円 □□□		千　　　　円 □□□		内 千　円	

（源泉）控除対象配偶者の有無等		配偶者（特別）控除の額	控除対象扶養親族の数（配偶者を除く。）				16歳未満扶養親族の数	障害者の数（本人を除く。）		非居住者である親族の数
有	従有		特定		老人	その他		特別	その他	
〇		千　　円	人 従人	内　人	人 従人	人 従人		内　人	人	
			1							

社会保険料等の金額		生命保険料の控除額		地震保険料の控除額		住宅借入金等特別控除の額	
内 1100 000	円	千　　　円 □□□	円	40 000	円	千　　　円 □□□	円

摘要

生命保険料の金額の内訳	新生命保険料の金額	円	旧生命保険料の金額	120,000	円	介護医療保険料の金額	円	新個人年金保険料の金額	円	旧個人年金保険料の金額	120,000	円
住宅借入金等特別控除の額の内訳			居住開始年月日（1回目）	年 月 日		住宅借入金等特別控除区分（1回目）				住宅借入金等年末残高（1回目）		円

個人資産相談業務　実技

❶　旧契約では、資料1より「年間支払保険料100,000円超」で「控除額50,000円」です。Aさんの年間支払保険料は、**旧契約の一般の生命保険**の支払保険料が12万円、**旧契約の個人年金保険**の支払保険料が12万円で、どちらも10万円を超えています。従って、Aさんの生命保険の控除額は、**5万円**（一般）と**5万円**（個人）の合計**10万円**です。

● 2011年12月31日以前の契約（旧契約）の控除限度額

	一般の生命保険	個人年金保険	介護医療保険	控除限度額
所得税	**5万円**	**5万円**	—	**10万円**

❷　「控除対象扶養親族の数」欄の「特定」に「1」とあるため、長女Cさんは、特定扶養親族（**19**歳以上**23**歳未満）であるとわかります。**特定扶養控除額**は**63万円**です。

❸　「（源泉）控除対象配偶者の有無等」欄の「有」に「〇」とあるため、妻Bさんは、配偶者控除の対象者です。配偶者控除の適用要件には、配偶者の合計所得金額**48万円以下**（給与のみの年収**103万円以下**）があるため、妻Bさんの給与収入は**103万円以下**であるとわかります。

❹　地震保険料の所得税は、支払った保険料の**全額が控除（上限5万円）**されます。「地震保険料の控除額」の記入欄から、Aさんが支払った地震保険料の正しい合計額は、全額の**4万円**であることがわかります。

❶ ✕
❷ 〇
❸ 〇
❹ ✕

❺ Aさんは、2024年分の所得税の確定申告により住宅借入金等特別控除の適用を受けている。Aさんの2024年分の所得税の還付税額を計算した下記の表の空欄ア〜エに入る最も適切な数値を求めなさい。なお、問題の性質上、明らかにできない部分は□□□で示してある。

〈資料：Aさんが取得した住宅および借入金の概要〉
(住宅の建物および敷地を2024年12月に一括で取得した)

住宅(建物)の床面積	100㎡	住宅(建物)の取得価額	1,600万円
土地(住宅の敷地)の面積	130㎡	土地(住宅の敷地)の取得価額	2,500万円

資金調達：自己資金　2,500万円
　　　　　銀行借入金 1,600万円(15年の割賦償還)
「住宅取得資金に係る借入金の年末残高等証明書」の2024年の年末残高は1,590万円である。また、取得した住宅は新築(2023年までに建築確認済みの一般住宅)で、認定長期優良住宅および認定低炭素住宅には該当しない。
※Aさんには給与所得以外に、2024年中の収入・所得はない。
※上記以外の条件は考慮しない。

〈資料：給与所得控除額の速算表(抜粋)〉

給与の収入金額 (年収)	給与所得控除額
180万円超 ～　360万円以下	収入金額×30%＋8万円
360万円超 ～　660万円以下	収入金額×20%＋44万円
660万円超 ～　850万円以下	収入金額×10%＋110万円

〈資料：所得税の速算表(抜粋)

課税所得金額 (万円)	税率 (%)	控除額 (万円)
～　195以下	5	0
195超 ～　330以下	10	9.75
330超 ～　695以下	20	42.75
695超 ～　900以下	23	63.60

a	総所得金額 (給与所得の金額)	□□□円
b	所得控除の合計額	□□□円
c	課税総所得金額 (a−b)	(ア) 円
d	算出税額 (cに対する所得税額)	(イ) 円
e	税額控除 (住宅借入金等特別控除額)	(ウ) 円
f	差引所得税額 (d−e)	□□□円
g	所得税および復興特別所得税額 (f＋f×2.1%)	□□□円
h	源泉徴収税額 (d＋d×2.1%)	□□□円
i	申告納税額または還付税額	(エ) 円

ア　課税総所得金額（総所得金額から所得控除額を差し引いたあとの金額）は**総所得金額－所得控除の合計額**で求めます。収入が給与所得のみのAさんの場合、総所得金額は、「支払金額」欄の780万円－給与所得控除額です。給与所得控除額は〈資料：給与所得控除額の速算表〉の該当する計算式を用います。

総所得金額（給与所得）＝780万円－（780万円×10％＋110万円）＝592万円

次に、「所得控除の合計額」を求めます。Aさんが受けられる所得控除は次のとおり。

- 生命保険料控除：10万円（❶より）
- 特定扶養控除：63万円（❷より）
- 配偶者控除：38万円（❸より）
- 地震保険料控除：4万円（❹より）
- 社会保険料控除：110万円（「社会保険料等の金額」欄より）
- 基礎控除：48万円（合計所得金額2,400万円以下場合の控除額）

**所得控除の合計額＝10万円＋63万円＋38万円＋4万円＋110万円＋48万円
＝273万円**

課税総所得金額＝592万円（総所得金額）－273万円（所得控除の合計額）＝319万円

イ　算出税額（課税総所得金額に対する所得税額）を求めます。計算には、〈資料：所得税の速算表〉の該当する税率・控除額を用います。

算出税額＝319万円×10％－9.75万円＝22.15万円

ウ　税額控除の金額を求めます。Aさんは住宅借入金等特別控除（以下、住宅ローン控除）の適用を受けています。2024年の**認定住宅等以外の新築一般住宅**[※1]の「**借入金等の年末残高の限度額**」は2,000万円[※2]、控除率は0.7％、〈資料〉より、Aさんの年末残高は1,590万円なので、**住宅ローン控除額＝1,590万円×0.007＝11.13万円**

※1　認定長期優良住宅・認定低炭素住宅、ZEH水準省エネ住宅、省エネ基準適合住宅を指す。
※2　2023年までに建築確認を受けているか、もしくは2024年6月30日までに建築された住宅で、居住開始が2024年・2025年の新築一般住宅の場合の限度額。また中古住宅の限度額は、一般の住宅であれば2,000万円。認定住宅等の場合は3,000万円。

算出税額から住宅ローン控除額を引いて、差引所得税額を求めます。

差引所得税額＝22.15万円－11.13万円＝11.02万円

給与所得者の場合、給与から所得税が源泉徴収され、所得控除も年末調整されますが、税額控除は差し引かれていません。つまり、この他に収入・控除のないAさんの場合、**算出所得税額（税額控除を引く前の金額）と復興特別所得税が源泉徴収税額**となって引かれているわけです。これはあくまでも仮の納税額で、税額控除後の本来納める納税額との差額がマイナスになる場合は還付税額（払い過ぎの税金）として還付されます。

エ　**還付税額＝所得税および復興特別所得税額－源泉徴収税額**
　　　＝11.2514万円－22.6151万円＝－11.3637万円

ア	3,190,000
イ	221,500
ウ	111,300
エ	113,637

6 確定申告

次の〈設例〉に基づいて、下記の問に答えなさい。
〈設例〉会社員であるAさんは、2024年中に保険契約者(＝保険料負担者)および被保険者をAさんとする20年満期の生命保険契約が満期になり、満期保険金を一時金で受け取った。Aさんの収入は右のとおりであり、これら以外の所得はないものとする。

Aさんの2024年分の所得税については、生命保険の満期保険金（一時金）に係る一時所得の金額が（ ① ）万円であって、その金額を2分の1にした金額が（ ② ）万円を超えるため、所得税の確定申告をする（ ③ ）。

ア．10	イ．15	ウ．20	エ．65	オ．130	カ．180
キ．1,000	ク．1,500	ケ．2,000	コ．必要がある	サ．必要がない	

7 青色申告

TOP
60

次の〈設例〉に基づいて、下記の各問に答えなさい。
〈設例〉 飲食業を営むAさんは、妻Bさん、長男Cさんとの3人暮らしである。Aさんは、事業を2024年10月に長男Cさんに引き継ぐ予定である。

❶ Aさんが、青色事業専従者（妻Bさん）の給与の年間上限額を1,800千円として納税地の所轄税務署長に届け出ていた場合、実際には1,500千円しか給与を支払っていなかったとしても、1,800千円をその年分の事業所得の金額の計算上、必要経費に算入することができる。

❷ 長男Cさんが、事業を引き継いで青色申告の承認を得た場合、Aさんの青色事業専従者であった妻Bさんをこれまでと同様に青色事業専従者とするためには、長男CさんはBさんに係る「青色事業専従者給与に関する届出書」を納税地の所轄税務署長に提出しなければならない。

〈資料：2024年分のAさんの収入〉
給与・賞与の支払い金額：12,000,000円
生命保険満期保険金額　：　1,800,000円　※正味払込保険料を差し引いた金額

Aさんは給与収入以外に、生命保険の満期保険金を一時金で受け取っており、この一時所得の金額が**130万円**（180万円－特別控除額50万円）です。給与所得・退職所得以外の所得が**20万円**を超えた場合、所得税の**確定申告が必要**です。Aさんの一時所得の金額**130万円**の2分の1の金額**65万円**は、20万円を超えるため、所得税の確定申告をする**必要が**あります。

① オ
② ウ
③ コ

個人資産相談業務

実技

〈Aさんの家族構成〉
・Aさん　　　：65歳　個人事業主(青色申告者)
・妻Bさん　　：60歳　Aさんの青色事業専従者
・長男Cさん：40歳　Aさんの青色事業専従者

❶　**青色事業専従者**とは、青色申告者と生計を一にする配偶者や15歳以上の親族で、年間6カ月を超えて従業員として従事する者をいいます。必要経費に算入できる青色事業専従者給与額は、実際に支給した給与の金額が労務の対価として相当と認められるもので、「青色事業専従者給与に関する届出書」に記載した金額の範囲内に限られます。つまり、Aさんは**180万円（1,800千円）を必要経費に算入することは**できません。

❷　長男Cさんが事業を引き継ぐ前と同様に、妻Bさんを継続して青色事業専従者とするには、長男Cさんは、改めて「青色事業専従者給与に関する届出書」を納税地の所轄税務署長に**提出する**必要があります。

❶

❷

8 個人住民税

個人の住民税の納付に関する以下の文章の空欄①～③に入る最も適切な語句を、下記の〈語句群〉のイ～リのなかから選びなさい。

住民税の賦課期日（課税の基準となる日）は、その年の（①）であり、給与所得者の場合、原則として、その者の前年分の所得の金額をもとに計算された税額を給与の支払者が給与を支払う際に特別徴収の方法により（②）までの12回に分けて差し引き、納付する。なお、その年度分の個人住民税について、退職等の事由により特別徴収できない場合には、納税者本人が市町村または特別区から送付された納税通知書および納付書により納付することになるが、この納付方法を（③）徴収という。

イ．1月1日	ロ．3月31日
ハ．4月1日	ニ．その年4月からその翌年3月
ホ．その年6月からその翌年5月	ヘ．その年10月からその翌年9月
ト．一般　　チ．普通　　リ．選択	

個人住民税には、都道府県が徴収する道府県民税（東京都は都民税）と、市町村が徴収する市町村民税（東京23区は特別区民税）があります。個人住民税の**賦課期日**（課税の基準となる日）は、<u>1</u>月<u>1</u>日であり、その日に住所がある都道府県または市町村に納付します。

給与所得者の住民税は、原則、前年分の所得に対して課税され、**その年6月からその翌年5月まで**の12回に分割され、毎月の給与から徴収されます。この徴収方法が「<u>特別</u>**徴収**」です。

なお、退職等で特別徴収できない場合は、納税者本人が納税通知書・納付書で直接納付します。この納付方法が「<u>普通</u>**徴収**」です。

① イ

② ホ

③ チ

個人資産相談業務

実技

4 不動産

問題数042

再現例題

【第4問】次の設例に基づいて、下の問に答えなさい。

2022年9月

《設　例》

Aさん（51歳）は相続後に空き家となっている甲土地の有効活用を検討している。甲土地の概要は、以下のとおりである。

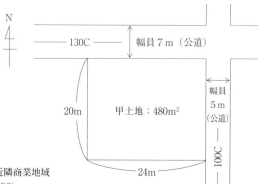

・用途地域　　：近隣商業地域
・指定建蔽率　：80％
・指定容積率　：300％
・前面道路幅員による容積率の制限：前面道路幅員×6／10
・防火規制：準防火地域

※甲土地は、建蔽率の緩和について特定行政庁が指定する角地である。
※指定建蔽率および指定容積率とは、それぞれ都市計画において定められた数値である。
※特定行政庁が都道府県都市計画審議会の議を経て指定する区域ではない。
※上記以外の条件は考慮せず、各問に従うこと。

　甲土地上に耐火建築物を建築する場合における次の(1)、(2)を求めなさい（計算過程の記載は不要）。

(1)　建蔽率の上限となる建築面積
(2)　容積率の上限となる延べ面積

※本試験では、1つの《設例》について3問出題されます。

【第4問】の出題範囲

「個人」の【第4問】では、〈不動産の概要〉を説明した《設例》に基づいて、「**不動産**」に関する問題が3問出題されます。

【第4問】の出題傾向

頻出順に次の問題が出題されています。

1 **建築面積と延べ面積の計算**…建築物を建てる際の最大建築面積と最大延べ面積を求める計算問題です。また、防火規制のある地域に耐火建築物や準耐火建築物を建築する場合の建蔽率緩和についても、出題されます。

2 **土地活用の事業方式**…土地信託方式、定期借地権方式、事業受託方式が出題されています。各内容と、それぞれのメリット・デメリットをまとめておきましょう。

3 **建築基準法**…学科で学習済みの項目です。**復習** 建築基準法▶262ページ

4 **課税長期譲渡所得金額の計算**…5年以上所有している自宅を売却したときの長期譲渡所得や税金額を求める計算問題です。

▼ 再現例題の解説と解答

(1) 建蔽率の緩和規定により、準防火地域の角地で耐火建築物や準耐火建築物を建築する場合は10%、加えて特定行政庁が指定する角地の建築物には10%、合わせて20%の建蔽率の緩和を受けることができます。

建築面積＝土地面積×その地域の建蔽率　から、

甲土地の建築面積の上限＝480㎡×(80%〈指定〉＋20%〈緩和〉)＝480㎡

(2) 甲土地は前面道路の幅が12m未満で、近隣商業地域（住居系用途地域以外の地域）なので「前面道路幅×6／10」の計算結果と指定容積率で小さいほうが容積率の上限になります。前面道路幅は広い方である7mで計算するため、

7m×6／10＝4.2（420%）　＞　指定容積率300%。

甲土地の延べ面積の上限＝土地面積×その土地の容積率

＝480㎡×300%＝1440㎡　　　　　　**解答**　(1) **480**（㎡）　(2) **1440**（㎡）

▼ 適切なものには○、不適切なものには×で答えなさい。また、（　）に入る語句の記号を答えなさい。

1　不動産登記

☐ ❶ 所有権移転登記の申請を行った場合、当該登記による登記名義人には登記識別情報通知が交付される。

☐ ❷ 所有権の登記の申請をした場合に登記所から通知される登記識別情報は、情報を紛失した際において、再通知はなされない。

☐ ❸ 所有権移転登記の申請は原則として登記権利者と登記義務者が共同で行うことになっているが、相続による場合は登記権利者が単独で行うことができる。

☐ ❹ 所有している土地に賃貸アパートを新築した場合、アパートの所有権を取得した日から3カ月以内に表題登記を申請しなければならない。

☐ ❺ 新築分譲マンションの販売時に広告やパンフレット等で表示された専有面積と、不動産登記簿上の専有面積とは、一般的には一致していない。

2　賃貸不動産の賃料の鑑定評価

☐ ❶ 賃貸用マンションの適正な賃料を求める鑑定評価方法の1つである積算法は、対象不動産の価格時点における基礎価格を求め、これに期待利回りを乗じて得た額に、必要諸経費等を加算して対象不動産の試算賃料（積算賃料）を求める手法である。

☐ ❷ 賃貸事例比較法は、多数の新規の賃貸借等の事例を収集して、適切な事例の実際実質賃料に必要に応じて事情補正および時点修正を行い、地域要因および個別的要因によって求められた賃料を比較考慮し、これによって対象不動産の試算賃料（比準賃料）を求める手法である。

☐ ❸ 収益還元法は、一般の企業経営に基づく総収益を分析して対象不動産が一定期間に生み出すであろうと期待される純収益を求め、これに必要諸経費等を加算して対象不動産の試算賃料（収益賃料）を求める手法である。

指示のある問題はその指示に従って答えなさい。

▼ 解説（赤シートで消える語句をチェックできます）　🔖300ページ　▼ 正解

不動産登記の申請をした名義人に対しては、法務局から登記識別情報通知が交付されます。	○
登記識別情報は一度通知されると、原則として**再通知（再作成）してもらえません。**	○
所有権移転登記は、通常は登記権利者（買主）と登記義務者（売主）が共同で行います。ただし、個人が相続により不動産を取得した場合の所有権移転登記は、**登記権利者**が単独で**申請**できます。	○
建物を新築した際には、建物の所有権を取得した日から1**カ月以内**に表題登記の申請をしなければなりません。	×
マンションの専有面積は、登記記録では壁などの内側線で囲まれた部分の**水平投影面積（内法面積）**で記録されます。不動産の広告やパンフレットでは壁芯面積で表示されますから、広告の床面積のほうが広くなります。	○

▼ 解説（赤シートで消える語句をチェックできます）　🔖303ページ　▼ 正解

賃貸用不動産の適正な賃料を求める鑑定評価方法に関する問題です。積算法…不動産の基礎価格に期待利回りを乗じて、必要諸経費等を加算した額を試算賃料とする。	○
賃貸事例比較法…多数の賃貸マンションの事例を収集し、地域要因および個別的要因によって求められた賃料を比較することで、試算賃料を求める手法。	○
収益分析法…対象不動産が一定期間に生み出すであろうと期待される純収益（収益－費用）を求め、必要諸経費等を加算して対象不動産の試算賃料を求める手法。収益還元法は、不動産の家賃、売却価格など、不動産が将来生み出すであろう純収益を基準に不動産の価格を求める手法です。	×

3 不動産の売買契約

次の〈設例〉に基づいて、下記の各文の正誤を答えなさい。
〈設例〉 Aさんは、戸建住宅(物件X：譲渡価額7,000万円)を同居していた父親の相続により取得している。Aさんは、これまで物件Xに家族3人で暮らしていたが、建物が老朽化してい

☐ ❶ Aさんが物件Xの売却にあたり、宅地建物取引業者と専属専任媒介契約を締結した場合、Aさんは、媒介契約の期間中は他の業者に重ねて媒介を依頼することはできず、また、Aさんが自ら見つけた相手方と当該宅地建物取引業者の媒介を受けることなく売買契約を締結することもできない。

☐ ❷ Aさんが物件Yの売主との売買契約の締結にあたり、「物件Xが所定の期日までに一定額以上で売却できなかった場合には、物件Yの売買契約を解除するとともに手付金の返還を受けることができる」旨の特約をした場合、その特約は有効である。

☐ ❸ Aさんが宅地建物取引業者の媒介により物件Xを売却する場合、一般に、Aさんは媒介契約に基づき宅地建物取引業者に仲介手数料を支払うことになり、その額は最高で物件Xの売買価額の2.16％（税込）相当額となる。

☐ ❹ Aさんが、種類または品質に関して契約の内容に適合しない物件Xを買主に引き渡した場合、買主は、その不適合を知った時から1年以内にAさんに担保責任の追及を行わなければ、Aさんに対する担保責任を追及することはできなくなる。

るため、近くの新築分譲マンション（物件Y：取得価額6,000万円。売主は業者）に住み替える予定である。Aさんは、物件Xを売却して得た資金を物件Yの購入に充てる予定である。

専属専任媒介契約では、依頼者は他の業者に重ねて媒介を依頼することも、自ら相手を見つけて**直接契約することも**できません。また、契約の有効期間は**最長3カ月**ですが、これより長い期間を定めて契約した場合でも、有効期間は3カ月と見なされます。

○

本問では、物件Yの買主Aさんに有利な特約なので**有効**です。宅建業法上は、買主は手付金の放棄、売主は**手付金**の倍額償還により契約の解除が可能です。また売主が宅地建物取引業者、買主が宅地建物取引業者でない場合、**買主に不利な特約は無効**となります。

○

宅地建物取引業者が不動産の売買・交換・賃貸の媒介や代理を行った場合、取引額に応じた**媒介手数料率の限度額**が宅地建物取引業法で定められています。

売買代金 200万円以下	売買代金×5％（税抜き）
売買代金 200万円超400万円以下	売買代金×4％＋2万円（税抜き）
売買代金 400万円超	売買代金×3％＋6万円（税抜き）

売買代金**400万円超**で**3**％だけ覚えておけば大丈夫です。なお、賃貸借を媒介する場合には、貸主・借主双方から受け取れる仲介手数料の合計額の上限は、賃料の1カ月分＋消費税までです。

✕

契約不適合による担保責任を追及するためには、買主は、契約不適合の事実を知った時から1年以内に売主（Aさん）に通知する必要があります。ただし、通知をしておけば、実際の責任追及はその後に行ってもかまいません。

✕

個人資産相談業務

実技

TOP60 **4** 建築面積と延べ面積の計算

甲土地と乙土地の建築物を取り壊した上で、甲土地および乙土地を一体利用して耐火建築物を建築する場合の、①最大建築面積および②最大延べ面積を求めなさい。 ←よく出る

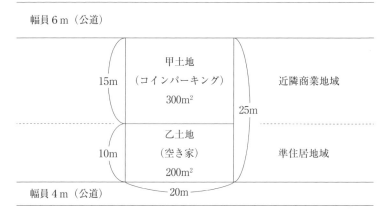

○甲土地
- ・用途地域　　：近隣商業地域
- ・指定建蔽率　：80%
- ・指定容積率　：400%
- ・前面道路幅員による容積率の制限
　　　：前面道路幅員×$\frac{6}{10}$
- ・防火規制：防火地域

○乙土地
- ・用途地域　　：準住居地域
- ・指定建蔽率　：60%
- ・指定容積率　：300%
- ・前面道路幅員による容積率の制限
　　　：前面道路幅員×$\frac{4}{10}$
- ・防火規制：準防火地域

TOP60 **5** 不動産取得税

❶ 土地・建物を取得した者は、地方税法および都道府県の条例によれば、取得後一定期間内に取得の事実等を、所轄する都道府県税事務所に申告する義務があるとされている。

❷ 不動産取得税の課税標準は、市区町村の固定資産課税台帳に登録された固定資産税評価額である。借地権割合が60%の土地の場合には、底地の取得に伴う不動産取得税の課税標準は、固定資産税評価額の40%相当額となる。

① 防火規制が異なる土地にまたがっている場合、最も厳しい規制が課されます。本問では、すべて防火地域扱いとなります。甲土地：防火地域内で、かつ指定建蔽率80%の地域に耐火建築物及び耐火建築物と同等以上の延焼防止性能の建築物を建てる場合は制限なし（建蔽率100%）です。甲土地の建蔽率は100%です。

乙土地：防火地域に耐火建築物を建築する場合、10%の建蔽率緩和を受けることができます。乙土地の建蔽率は、60%＋緩和10%＝70%です。

建築物の敷地が、建蔽率の異なる2つ以上の用途地域にわたる場合、敷地全体の最大建築面積は、「各地域の面積×各建蔽率」の合計となります。

甲土地の建築面積上限＝300㎡×1＝300㎡

乙土地の建築面積上限＝200㎡×0.7＝140㎡

対象地の建築面積上限＝300㎡＋140㎡＝440㎡

② 幅員が4mと6mの2つありますが、このような場合は広いほうの道路幅を前面道路とすることができます。甲乙は一体利用して1つの土地になりますので、両方とも前面道路6mで計算します。容積率は、前面道路の幅が12m未満の場合に制限されます。

甲土地：容積率制限は6m×6／10で360%。指定容積率400%のため、小さい方が適用されて、甲土地の容積率の上限は360%です。

甲土地の最大延べ面積＝300㎡×3.6＝1,080㎡

乙土地：容積率制限は6m×4／10で240%。指定容積率300%のため、小さい方が適用されて、乙土地の容積率の上限は240%です。

乙土地の最大延べ面積＝200㎡×2.4＝480㎡

対象地の最大延べ面積＝1,080㎡＋480㎡＝1,560㎡

① 440㎡

② 1,560㎡

個人資産相談業務　実技

不動産を取得した場合、取得日から一定期間内に所轄の都道府県税事務所に申告する義務があります。不動産取得者は不動産取得税の納税義務者となるため、併せて不動産取得税の申告・納税をすることになります。

不動産取得税の課税標準は、市区町村の固定資産課税台帳に登録された固定資産税評価額です。借地権の設定された底地であっても借地権は考慮されません。固定資産税評価額の100%が課税標準になります。

⑥ 不動産の譲渡所得

Aさんは、賃借人の明け渡し完了により、2024年中にアパートを取り壊し甲土地を更地にして売却することにした。下記の〈甲土地を更地で売却する場合の資料〉を基に、下記〈計算の順序〉①〜④に入る数値を求めなさい。

〈甲土地を更地で売却する場合の資料〉
・譲渡価額は、1億2,000万円である。
・賃貸アパートおよび敷地は10年前に父から相続。土地の取得価額等は不明である。
・Aさんが支払った譲渡費用は次のとおりである。
　立退き料：500万円
　建物の取壊し費用：600万円
　土地の売買媒介(仲介)手数料：300万円

〈計算の順序〉
1．土地の概算取得費：（①）円
2．譲渡費用　　　　：（②）円
3．譲渡益　　　　　：（③）円
4．税額（所得税、復興特別所得税および住民税の合計額を算出）：（④）円

TOP60 ⑦ 課税長期譲渡所得金額の計算

❶ Aさんが物件Xを売却し、「居住用財産を譲渡した場合の3,000万円の特別控除の特例」および「居住用財産を譲渡した場合の長期譲渡所得の課税の特例（軽減税率の特例）」の適用を受けた場合における以下の①〜③に入る数値を求めなさい。

〈物件Xに関する資料〉

取得時期	Aさんの父親が1978年4月に取得
取得価額	不明
譲渡時期	2024年3月
譲渡価額	7,000万円（土地、建物の合計）
条件等	仲介手数料等の譲渡費用は、250万円

1．取得費（概算取得費）：（①）円
2．課税長期譲渡所得金額：（②）円
3．税額（所得税、復興特別所得税および住民税の合計額を算出）：（③）円

① 土地の概算取得費…取得費は、過去に土地を取得した際の費用です。取得費が不明な場合には、概算取得費として**譲渡価額（売却金額）**の5%とすることができます。譲渡価額1億2,000万円の5%が概算取得費となります。

12,000万円×0.05＝600万円

② 譲渡費用…土地や建物を売却した際にかかった費用です。立退き料、取壊し費用、仲介手数料の合計になります。

500万円＋600万円＋300万円＝1,400万円

③ **譲渡所得金額（譲渡益）＝譲渡収入金額－（取得費＋譲渡費用）**

譲渡収入金額は、譲渡価額（売ったときの収入金額）です。

12,000万円－（600万円＋1,400万円）＝10,000万円

（居住用財産に該当しないため、特別控除はありません）

④ 税額…譲渡した年の1月1日現在の所有期間が5年を超える長期譲渡所得なので、

譲渡所得金額×20.315%（所得税＋復興特別所得税＋住民税）

10,000万円×0.20315＝2031.5万円

① 6,000,000
② 14,000,000
③ 100,000,000
④ 20,315,000

個人資産相談業務　実技

---

① 取得費（概算取得費）…取得費不明なので、**譲渡価額（売却金額）**の5%とします。

7,000万円×0.05＝350万円

② 課税長期譲渡所得金額…「居住用財産を譲渡した場合の3,000万円の特別控除の特例」を受けた場合、3,000万円が控除されます。

課税長期譲渡所得金額＝譲渡収入金額－（取得費＋譲渡費用）－特別控除3,000万円

7,000万円－（350万円＋250万円）－3,000万円＝3,400万円

③ 税額…「居住用財産を譲渡した場合の長期譲渡所得の課税の特例（軽減税率の特例）」を受けた場合、課税長期譲渡所得金額のうち6,000万円以下の部分が**所得税＋復興特別所得税**10.21%、**住民税**4%で、**合計税率**14.21%に軽減されます。

3,400万円×0.1421＝483.14万円

① 3,500,000
② 34,000,000
③ 4,831,400

次の〈設例〉に基づいて、下記の問に答えなさい。

〈設例〉　Ａさんは、母と妻の３人で一戸建て住宅(土地・建物ともに母と共有)に当該住宅を取得して以来居住しているが、母が介護付き老人ホームに入居することになり資金の手当てが必要となった。そこで建物は古く建替えの時期でもあることから、この機会に売却することにより、母の持分相当額は老人ホーム資金に、自分の持分相当額は自宅近くの新築分譲マンション5,000万円(Ａさん単独名義)の購入資金に、それぞれ充当しようと考えている。

☐ ❷　Ａさんが母との共有住宅を譲渡し、「特定の居住用財産の買換えの場合の長期譲渡所得の課税の特例」の適用を受けた場合、課税長期譲渡所得金額に係る所得税および住民税の合計額を計算した次の〈計算式〉の空欄①〜④に入る最も適切な数値を求めなさい。なお、復興特別所得税は考慮せず、〈設例〉に記載されているもの以外の費用等はないものとする。

〈計算式〉

1．Ａさんの持分に応じた金額明細

　　譲渡価額 ＝ 9,000万円 × （ ① ）＝ □□□万円

　　概算取得費 ＝ □□□万円 × （ ② ）% ＝ □□□万円

　　譲渡費用 ＝ （90万円 ＋ 270万円）× （ ① ）＝ □□□万円

2．特定の居住用財産の買換えの場合の長期譲渡所得の課税の特例

　　ａ．収入金額：6,000万円 － 買換え資産取得価額5,000万円 ＝ 1,000万円

　　ｂ．取得費・譲渡費用：

　　　　（□□□万円 ＋ 240万円）× $\dfrac{1,000万円}{□□□万円}$ ＝ （ ③ ）万円

　　ｃ．譲渡益：1,000万円 － （ ③ ）万円 ＝ □□□万円

　　ｄ．所得税・住民税：（ ④ ）万円

〈譲渡予定物件の概要〉

取得時期：1975年10月

購入価額：土地・建物ともに不明

譲渡価額：土地9,000万円（持分割合は取得時より母3分の1、Aさん3分の2）

条件など：建物は取り壊した（費用90万円）うえで更地として売却する。

仲介手数料など、その他の譲渡費用は270万円とする。

1. Aさんの持分割合で計算します。Aさんの持分割合は3分の2なので、

譲渡価額＝9,000万円×（① $\frac{2}{3}$）＝6,000万円

土地の取得費は不明なので<u>5%</u>で計算します。

概算取得費＝6,000万円×（② 5）%＝300万円

譲渡費用は、建物の取壊し費用90万円と仲介手数料などの270万円ですが、ここにも

持分割合を乗じる必要があります。

譲渡費用＝（90万円＋270万円）×（① $\frac{2}{3}$）＝240万円

2. 「特定の居住用財産の買換えの場合の長期譲渡所得の課税の特例」では、売った資産

よりも買った資産のほうが高ければ課税繰延べ、売った資産のほうが買った資産よりも

高ければ**差益に20%課税**（買った家の取得価額分の譲渡益は課税繰延べ）されます。新

築分譲マンション5,000万円（Aさん単独名義）で購入予定なので、差益は、

a. 譲渡価額6,000万円－取得価額5,000万円＝1,000万円

b. 土地全体の取得費・譲渡費用は、（**概算取得費**300万円＋**譲渡費用**240万円）です。

ここから、差益に応じた割合（1,000/6,000）だけを計上します。

取得費・譲渡費用＝（300万円＋240万円）× $\frac{1,000万円}{6,000万円}$ ＝（③ 90 ）万円

c. **譲渡益＝収入金額1,000万円－（③ 90 ）万円＝910万円**

d. **所得税・住民税＝910万円×20%＝（④ 182 ）万円**

① $\frac{2}{3}$

② 5

③ 90

④ 182

個人資産相談業務

実技

8 借家権（借家契約）

☐ ❶ 賃貸アパート（賃借人と普通借家契約を締結している）を建て替えるには、賃貸物件を明け渡してもらう必要があるが、賃借人から普通借家契約更新の依頼があった場合、家主が更新を拒絶するためには、借地借家法で定める正当事由が必要である。

☐ ❷ 賃貸アパートについて、期間の定めのない普通借家契約を締結していた場合、賃貸人は、正当の事由があると認められれば、6カ月前の申入れにより借家契約を解約することができる。

☐ ❸ 賃貸人が、賃借人の同意なく賃貸アパートを第三者に譲渡した場合、その譲渡は原則として無効となる。

☐ ❹ 賃貸アパートの敷地を更地で譲渡するために建物を取り壊した場合、不動産登記法上、取壊し日から3カ月以内に当該建物の滅失の登記を申請しなければならない。

〔TOP 60〕 9 土地活用の事業方式

☐ ❶ 土地信託方式の場合、信託会社による配当の保証のもと、信託会社が土地所有者に代わって土地の運用を行う。

☐ ❷ 定期借地権方式の場合、定期借地権を設定した土地は、原則として、契約期間終了時に更地で返還される。

☐ ❸ 事業受託方式の場合、土地所有者は建物建築資金を拠出することなく、土地活用事業の一切をデベロッパー等の業者に任せることができる。

賃借人（入居者）から普通借家契約更新の依頼があった場合、賃貸人（家主）が更新の拒絶をするためには、期間の満了前の一定期間内に賃借人（入居者）に対して、更新をしない旨を通知することに加えて、<u>正当事由</u>（賃貸人や賃借人がその土地や建物を必要とする事情等）が必要です。	○
普通借家契約では、賃貸人が正当事由をもって期間満了<u>6カ月前</u>までに借主に通知すれば解約可能です。	○
賃貸物件の譲渡において、賃借人の同意は<u>不要</u>です。第三者への賃借人の同意がない譲渡は<u>有効</u>です。	✕
登記してある建物を取り壊した場合、取り壊した日から<u>1カ月以内</u>に、建物の<u>滅失</u><u>登記</u>を申請しなければなりません。	✕

個人資産相談業務　実技

土地信託方式…信託銀行に土地を信託し、資金調達・建設・管理・運営を任せて配当を受け取る方式です。基本的に自己資金が不要で、事業を信託銀行に任せられ、契約終了時に土地・建物が返却されます。ただし、配当は運用実績により変動があって、**保証**されません。	✕
定期借地権方式…一定期間、土地を借地人に賃貸して地代を受け取る方式です。資金負担がなく、安定収入が得られます。契約期間終了後は<u>更地</u>で<u>返還</u>**されます**。一般的に建物の賃貸収入より収益は少なくなります。	○
事業受託方式…<u>土地所有者</u>が建築資金を調達して、マンション等の建設・管理・運営などの事業一切を開発業者（デベロッパー）に任せる方式です。土地・建物の権利は土地所有者が維持・取得し、賃料も土地所有者が受け取ります。開発業者から事業ノウハウの提供を受けられますが、建設資金と事業報酬の負担があります。	✕

☐ ❹ マンションの建築における等価交換方式で、還元床面積の計算にあたり原価積上げ方式（出資額方式）とする場合は、土地評価額および建築費の合計を総事業費として、Aさんは土地評価額を基準に、デベロッパーは建築費を基準に、総事業費に占めるそれぞれの出資割合に応じて、それぞれが取得する専有床面積が決定される。

☐ ❺ 建設協力金方式による土地の有効活用において、建設した店舗に係る固定資産税の納税義務は、土地の所有者が負うことになる。

⑩ 不動産の投資利回り

☐ 所有地を有効活用し、賃貸用マンションを建築した場合の投資利回りに関する以下の〈計算式〉の空欄①～④に入る最も適切な数値を求めなさい。

項　目	金　額	備　考
所有地の時価評価額	75,000千円	地積250m^2
マンション建築費	210,000千円	4階建て耐火建築物
年間想定賃料収入額	18,000千円	150千円（月当たりの賃料）×10室
年間想定固定資産税等	2,140千円	―
年間想定維持管理費	2,700千円	修繕費・建物管理費等
年間建物減価償却費	4,620千円	―

〈計算式〉

・純利回り（%）＝ $\dfrac{\text{純利益（年間賃料収入－諸経費（減価償却費を除く））}}{\text{総投資額（所有地の時価評価額を含む）}}$ ×100

$\dfrac{18,000千円－（　①　）千円}{（　②　）千円}$ ×100 ≒ （　③　）%（小数点以下第1位未満切捨て）

・投下資本収益率（%）＝ $\dfrac{\text{純利益－減価償却費}}{\text{総投資額（所有地の時価評価額を含む）}}$ ×100

$\dfrac{□□□千円－4,620千円}{（　②　）千円}$ ×100 ≒ （　④　）%（小数点以下第1位未満切捨て）

等価交換方式※…土地所有者が土地を提供し、開発業者が資金を負担して建物を建設し、両者が土地と建物（それぞれの一部）を等価交換する方式です。土地所有者と開発業者それぞれが取得する建物の床面積を計算する必要があり、これを<u>還元床面積の計算</u>といいます。 ○

<u>原価積上げ</u>**方式**…**原価（土地と建物の出資額）**に応じて、建物の持分割合を計算する方式です。土地の価値が高いほど、また建物の建設費をおさえるほど、土地所有者が建物床面積を多く取得できます。

建設協力金方式…土地所有者が建物を建設し、建設資金の全部および一部には、その建物に入居予定のテナント等から預かった保証金や建設協力金を充てる方法です。**固定資産税の納税義務者は**<u>土地所有者</u>です。 ○

※等価交換方式による有効活用にあたっては、不動産の譲渡益に関する課税を100％繰り延べられる「立体買換の特例」の適用を検討することが可能。

▼ 解説（赤シートで消える語句をチェックできます）　　🔗346ページ　　▼ 正解

純利回り（実質利回り／NOI利回り）…年間賃料収入から諸経費（固定資産税、管理費）を引いた額の総投資額（所有地の時価評価額＋建築費）に対する割合です。

　純利回り（％）＝ 純収益÷総投資額×100
　　　　　　　　　年間賃料収入－諸経費

① **諸経費＝固定資産税**<u>2,140</u>**千円＋維持管理費**<u>2,700</u>**千円＝**<u>4,840</u>**千円**

② **総投資額＝所有地の時価評価額**<u>75,000</u>**千円＋建築費**<u>210,000</u>**千円**
　　　　＝<u>285,000</u>**千円**

③ **純利回り＝（18,000千円－**<u>4,840</u>**千円）÷**<u>285,000</u>**千円×100**
　　　　　　＝<u>4.61754</u>**≒**<u>4.6</u>**％**（小数点以下第1位未満切捨て）

投下資本収益率…投資額に対してどれだけ利益を出せるかを測る指標です。純収益から減価償却費を引いた額の総投資額（所有地の時価評価額＋建築費）に対する割合です。

④ **投下資本収益率＝（18,000千円－4,840千円－**<u>4,620</u>**千円）÷**<u>285,000</u>**千円×100＝**<u>8,540</u>**千円÷**<u>285,000</u>**千円×100＝**<u>2.99649</u>**≒**<u>2.9</u>**％**

（小数点以下第1位未満切捨て）

① 4,840　② 285,000　③ 4.6　④ 2.9

5 相続

再現例題

【第5問】 次の設例に基づいて、下の問に答えなさい。

2017年1月〈改〉

――――《設 例》――――

Aさんは、2024年11月に病気により75歳で死亡した。Aさんの家族関係図、および生前に行った贈与の内容は以下のとおりである。

〈Aさんの家族関係図〉

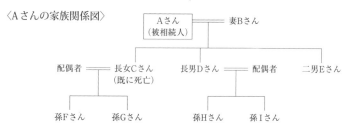

〈Aさんが生前に行った贈与の内容〉

ⅰ）2018年3月に長男Dさんに賃貸アパートの建物とその敷地を贈与し、長男Dさんはこの贈与について相続時精算課税制度の適用を受けた。

ⅱ）2022年12月に孫Fさんに「直系尊属から教育資金の一括贈与を受けた場合の贈与税の非課税」の特例の適用を受けて現金1,500万円を贈与した。なお、この特例に係る教育資金管理契約はAさんの相続開始時点で終了しておらず、Aさんの死亡日における教育資金管理契約に係る非課税拠出額から教育資金支出額を控除した残額は1,000万円である。

ⅲ）2022年12月に孫Gさん、孫Hさんおよび孫Iさんに耐久消費財の購入資金として、それぞれ現金50万円を贈与した。 ※上記以外の条件は考慮せず、問に従うこと。

Aさんが生前に行った贈与に関する次の記述①～③について、最も適切なものを解答用紙に記入しなさい。

① 長男DさんがAさんから贈与を受けた賃貸アパートの建物とその敷地については、Aさんの相続開始時点の相続税評価額により相続税の課税価格に算入される。

② 孫FさんがAさんから贈与を受けた教育資金に関して、Aさんの死亡日における教育資金管理契約に係る非課税拠出額から教育資金支出額を控除した残額1,000万円は、Aさんの贈与税の課税価格に算入される。

③ 孫Hさんおよび孫Iさんが相続または遺贈により財産を取得しない場合、孫Hさんおよび孫Iさんが2022年12月にAさんから贈与を受けた現金50万円は、いずれもAさんの相続に係る相続税の課税価格に算入されない。

※本試験では、1つの《設例》について3問出題されます。

👑1 **相続税の総額の算出**…出題率7.03%［121問］

👑2 **遺言と遺留分**…出題率3.25%［56問］

👑3 **小規模宅地等の評価減の特例**…出題率2.67%［46問］

※出題率は、過去13年間の「個人資産相談業務」1,721問中の出題割合［質問数］を示しています。

【第5問】の出題範囲

「個人」の【第5問】では、〈相続に係る親族関係と相続財産〉を説明した《設例》に基づいて、【相続】に関する問題が3問出題されます。

【第5問】の出題傾向

頻出順に次の問題が出題されています。

1　相続税の総額の算出…課税価格の合計額、遺産に係る基礎控除額、各相続人の相続税額、そして相続税の総額を求める計算問題です。難しい計算式は出てこないので、手順を踏んでいけばムリなくクリアできます。

2　遺言と遺留分…公正証書遺言、自筆証書遺言の順に頻出します。各遺言書の、証人の有無と人数、検認の有無等、必要条件を把握しておきましょう。また、家系図をもとに遺留分の割合を求める問題もよく出題されています。

3　小規模宅地等の評価減の特例…特定居住用宅地等、特定事業用宅地等、貸付事業用宅地等のそれぞれの対象限度面積と減額割合が頻出します。

4　贈与税の特例…贈与税の配偶者控除、相続時精算課税制度、住宅取得等資金の特例、教育資金の一括贈与に関する問題です。計算問題も出ます。

▼ 再現例題の解説と解答

① 長男Dさんは、贈与された賃貸アパートの建物とその敷地について、すでに相続時精算課税の適用を受けているので、贈与時の評価額で相続税が計算されます。

② 教育資金の一括贈与に係る贈与税の非課税措置を受けた場合には、原則として、贈与者の死亡までの年数に関わらず、管理残高（教育資金管理契約に係る非課税拠出額から教育資金支出額を控除した残額）に相続税が課税されます。

③ 相続開始前7年以内に贈与された財産は、贈与時の価額で相続税の課税価格に加算されます。しかし、相続の放棄等で相続財産を取得していない場合、相続開始前7年以内に財産を贈与されていても、相続税の課税価格に加算する必要はありません。

解答　③

※2024年以降の贈与財産にかかる相続より、加算期間は3年から7年に順次延長となった。延長4年間（相続開始前4年〜7年）に受けた贈与については、その合計額から100万円を控除し、相続財産に加算する。

個人資産相談業務　実技

TOP 60 **❶ 贈与税の特例**

次の〈設例〉に基づいて、下記の各問に答えなさい。
〈設例〉　Aさんは、同居家族である妻Bさんおよび長男Cさんへの生前贈与を考えている。なお、Aさんおよびその親族は全員、日本国内に住所を有し、財産はすべて日本国内にある。

〈2024年（贈与時点）の贈与財産と相続税評価額〉
　［妻Bさんに対する贈与］
　Aさんが妻Bさんと同居している下記の家屋およびその敷地のそれぞれ25％を贈与する。
　家屋：10,000千円（家屋全体の評価額）
　敷地：100,000千円（敷地全体の評価額）

□ **❶** 仮に、妻Bさんへ〈設例〉の贈与が2024年中に行われ、妻Bさんが贈与税の配偶者控除の適用を受けた場合における贈与税額を求めなさい。答えは千円の単位で示すこと。なお、妻Bさんは、2024年中にこれ以外に贈与を受けた財産はないものとする。

〈贈与税の速算表〉一部抜粋

基礎控除後の課税価格	一般（特例以外）		特例（直系尊属からの贈与）	
	税率	控除額	税率	控除額
200万円以下	10%	—	10%	—
200万円超 ～ 　300万円以下	15%	10万円	15%	10万円
300万円超 ～ 　400万円以下	20%	25万円		
400万円超 ～ 　600万円以下	30%	65万円	20%	30万円
600万円超 ～ 1,000万円以下	40%	125万円	30%	90万円

□ **❷** 仮に、長男Cさんへ〈設例〉の贈与が2024年中に行われ、長男Cさんが、Aさんからの贈与については相続時精算課税を選択し、妻Bさんからの贈与については暦年課税を選択した場合の贈与税額を求めなさい。答えは千円の単位で示すこと。なお、長男Cさんは、2024年中にこれ以外に贈与を受けた財産はないものとする。また、贈与税額が最も少額になるように計算すること。

指示のある問題はその指示に従って答えなさい。

▼ 解説（赤シートで消える語句をチェックできます）　☎356・359・360ページ　▼ 正解

[長男Cさんに対する贈与]
Aさんからの贈与：預金30,000千円
妻Bさんからの贈与：預金3,000千円
※長男Cさんは過去に相続時精算課税制度の
　適用を受けたことがない。

〈Aさんの親族関係図〉

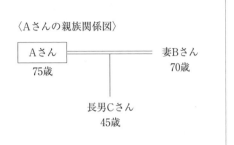

❶　妻Bさんが贈与される財産の合計額は、家屋10,000千円、敷地100,000千円のうち、それぞれ25%なので、

妻Bさんの贈与財産の合計額＝（10,000千円＋100,000千円）×25%＝27,500千円
次に、贈与税の配偶者控除（控除額2,000万円）は、贈与税の基礎控除（控除額110万円）とも併用できるため、
妻Bさんの贈与税の課税価格＝27,500千円－20,000千円－1,100千円＝6,400千円
贈与税の速算表より、6,400千円（640万円）の税率と控除額で計算します。
妻Bさんの贈与税額＝6,400千円×40%－1,250千円＝1,310千円

❷　相続時精算課税制度を選択した場合、贈与財産の価額から、「**相続時精算課税の基礎控除額（年110万円）**※」と**特別控除額（累計2,500万円**まで）の合計額を控除できます。贈与税額は、贈与額から控除した残額に**一律20%**の税率を乗じて算出します。この制度の適用要件は、贈与者が60歳以上の父母・祖父母、受贈者は推定相続人である18歳以上の子なので、Aさんと長男Cさんは要件を満たしています。なお、この制度を選択した場合、選択年以降、同一贈与者からの贈与について**暦年課税とは併用できません**。また、暦年課税に戻すこともできません。

● Aさんから長男Cさんへの贈与に対する税額
（30,000千円－1,100千円－25,000千円）×20%＝780千円
一方、長男Cさんは母Bさんからの贈与については暦年課税を選択しているので、**基礎控除額は110万円**です。また直系尊属からの贈与なので、特例贈与にあたります。
● Bさんから長男Cさんへの贈与に対する税額
3,000千円－1,100千円＝1,900千円
税額は速算表より、1,900千円×10%＝190千円
長男Cさんの贈与税額＝780千円＋190千円＝970千円

❶ 1,310千円
❷ 970千円

※2024年1月1日以降の贈与に適用。

個人資産相談業務

実技

TOP 60 ☑ 遺言と遺留分

☐ ❶ 自筆証書により「私の財産について、妻に2分の1を相続させ、長男の配偶者に残りを遺贈する」という旨の遺言書を作成した場合、法定相続分に反する内容であるため無効となる。

☐ ❷ 遺言者が、遺言書を作成した後に、遺言書に記載されている財産の一部を生前に売却（生前処分）している場合、その処分と抵触する部分の遺言が撤回されたものとみなされる。

☐ ❸ 相続人が、相続に関して不当な利益を得る目的で、相続に関する被相続人の遺言書を破棄した場合、その相続人は相続欠格者となる。

☐ ❹ Aさんは2024年4月に85歳で死亡した。Aさんの家族関係図は下記のとおりである。次の空欄①～④に適する数字をイ～トのなかから選びなさい。

〈Aさんの家族関係図〉

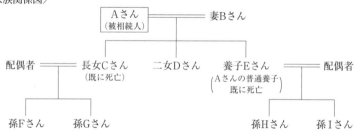

・妻Bさんの遺留分の割合は、（①）である。
・二女Dさんの遺留分の割合は、（②）である
・孫F・Gさんの遺留分の割合は、（③）である。
・孫H・Iさんの遺留分の割合は、（④）である。

イ. $\frac{1}{2}$　　ロ. $\frac{1}{4}$　　ハ. $\frac{1}{6}$　　ニ. $\frac{1}{8}$　　ホ. $\frac{1}{10}$　　ヘ. $\frac{1}{12}$　　ト. $\frac{1}{24}$

自筆証書遺言は、遺言者が遺言文、日付、氏名を自書し、押印（認印・拇印可）することで作成する遺言書です。この遺言書は、本来受け取れるはずの長男の法定相続分に反する内容ですが、こうした遺言や遺贈により、相続人の遺留分（一定の相続人が最低限相続できる財産）が侵害された場合も**遺言自体は有効**です。ただし相続人が遺留分侵害額請求権を行使した場合、侵害された遺留分については無効となります。なお、**自筆証書遺言の保管制度**により、法務局に保管した場合は相続開始後の**検認が不要**です。

×

遺言者が、生前に遺言の内容と異なる財産処分をしたら、その遺言は**撤回されたものとみなされます**。つまり、遺言書に書かれていても、生前処分されていた財産は、相続できないということになります。

○

相続に関する被相続人の遺言書を**偽造**し、**変造**し、**破棄**し、または**隠匿した者**は、**相続欠格者となり**、相続権を失います。

○

遺留分権利者（遺留分が保証されている人）とは、遺留分を請求して受け取ることのできる権利を持つ兄弟姉妹以外の相続人のことです。配偶者と子が相続人のときは**配偶者と子**（代襲相続人含む）が、子がなくて、配偶者と父母が相続人のときは**配偶者と父母**が遺留分権利者となります。Aさんの相続に関して、遺留分権利者となるのは、妻Bさん、二女Dさん、孫F・孫Gさん（長女Cさんの代襲相続人）、孫H・孫Iさん（養子Eさんの代襲相続人）の計**6人**です。

① ロ

遺留分権利者が「配偶者と子」の場合、遺留分は相続財産の**2分の1**です。それぞれの遺留分は、**2分の1**に各自の法定相続分を乗じて求めます。

② ヘ

妻Bさんの遺留分の割合 ………… $\frac{1}{2} \times \frac{1}{2} = \frac{1}{4}$

③ ト

二女Dさんの遺留分の割合 ……… $\frac{1}{2} \times \frac{1}{6} = \frac{1}{12}$

④ ト

孫F・孫Gさんの遺留分の割合 … $\frac{1}{2} \times \frac{1}{12} = \frac{1}{24}$

孫H・孫Iさんの遺留分の割合 … $\frac{1}{2} \times \frac{1}{12} = \frac{1}{24}$

個人資産相談業務　実技

3 相続税の申告と納付

❶ 相続税の申告と納付に関する以下の文章の空欄①〜④に入る最も適切な語句を、下記のア〜クのなかから選びなさい。

被相続人の相続が開始し、相続税の申告が必要である場合、相続人はその相続の開始があったことを知った日の翌日から原則として（ ① ）以内に相続税の申告書を提出しなければならない。相続税の納付期限は申告書の提出期限と同じであり、その申告書を期限内に提出しても納付が遅れると法定納期限の翌日から完納する日までの期間の日数に応じ、（ ② ）が加算される。また、納付は金銭による一括納付を原則としているが、納期限までに金銭で一括納付することが困難とする事由があり、相続税額が（ ③ ）を超える場合には一定の要件のもとに（ ④ ）が認められる。

| ア．6カ月 | イ．10カ月 | ウ．利子税 | エ．延滞税 |
| オ．5万円 | カ．10万円 | キ．延納 | ク．物納 |

❷ 相続税の延納において、課税相続財産の価額に占める不動産等の価額の割合が一定以上であるときは、不動産等部分の税額に係る延納期間については最長で50年とすることができる。

❸ 相続税の延納の担保として認められるのは、相続税の課税価格の計算の基礎となった財産に限られる。

❹ 相続または遺贈により取得した財産がすべて不動産である場合は、その人の納付すべき相続税額について金銭による一時納付が可能であったとしても、物納を選択することが認められる。

相続税の申告書の提出期限は、原則として相続人が相続の**開始があったこと を知った日の翌日から**10**カ月以内**に申告書を、死亡した被相続人の納税地 （住所地）の**所轄税務署長**に提出します。納付が遅れると法定納期限の翌日か ら完納する日までの期間の日数に応じ、**延滞税が加算されます**。また、相続 税の納付は、金銭一括納付が原則ですが、次の要件を満たせば延納が認めら れています。延納期間中は利子税の納付が必要となります。

・金銭一括納付が困難であること。
・相続税額が10**万円**を超えていること。
・相続税の申告期限までに、延納申請書を提出すること。
・延納税額と利子税額相当の担保の提供が必要。

なお、**準確定申告**（死亡した被相続人の分の確定申告）の提出期限は、相続 人が相続の**開始があったことを知った翌日から**4**カ月以内**です。

① イ
② エ
③ カ
④ キ

相続財産のうち、課税相続財産の価額に占める不動産等の価額の割合が一定 以上であるときは、不動産部分の税額にかかる延納期間を**最長で**20**年**とす ることができます。　✕

相続や遺贈により取得した財産に限りません。相続人の固有の財産や共同相 続人または第三者が所有している財産であっても担保として提供することが できます。　✕

相続財産がすべて不動産の場合でも、相続税の金銭による一時納付が可能で あれば、**物納は選択できません**。物納は、あくまでも**金銭納付が困難な場合** に、相続税の申告期限までに物納申請書を提出することで認められるもので す。そのほか、物納には次の決まりがあります。

・物納財産の収納価額は相続税評価額（特例適用後の価額）となる。
・物納の許可日の翌日から1年以内であれば、物納の撤回ができる。
・相続開始前7年以内に被相続人から暦年課税による贈与により取得した財 産で相続税の課税価格に加算されたものは、所定の要件を満たせば物納可。
・相続時精算課税制度を適用している場合、適用対象の財産は物納不可。　✕

☐ **❶** Aさんの相続が開始し、課税遺産総額（「課税価格の合計額－遺産に係る基礎控除額」）が1億2,000万円であった場合の相続税の総額を計算した下記の空欄①～③に入る最も適切な数値を下のイ～チより選びなさい。

［相続税の総額の基となる税額］

・妻Bさん　　　：（　①　）万円

・長男Cさん　　：（　②　）万円

・相続税の総額：（　③　）万円

〈Aさんの家族関係図〉

〈資料：相続税の速算表（一部抜粋）〉

法定相続分に応ずる取得金額	税率	控除額
1,000万円以下	10%	－
1,000万円超 ～ 3,000万円以下	15%	50万円
3,000万円超 ～ 5,000万円以下	20%	200万円
5,000万円超 ～ 1億円以下	30%	700万円
1億円超 ～ 2億円以下	40%	1,700万円

イ．200	ロ．400	ハ．500	ニ．1,100
ホ．1,500	ヘ．1,900	ト．2,300	チ．3,000

☐ **❷** Aさんの相続において、孫Eさんおよび孫Fさんが相続人となる場合、2割加算の対象と「なる」であれば○を、対象と「ならない」であれば×を下の空欄①・②に入れなさい。

〈Aさんの家族関係図〉

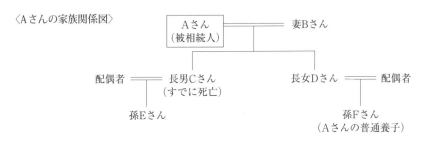

・孫Eさんは、2割加算の対象と（　①　）。

・孫Fさんは、2割加算の対象と（　②　）。

Aさんの法定相続人は妻、子ども2人の計3人。

相続税の総額は、次の手順で算出します。

●**課税遺産総額（1億2,000万円）を法定相続分で分割する。**

妻Bさんの法定相続分…1億2,000万円× 1/2 ＝6,000万円

長男Cさんの法定相続分…1億2,000万円× 1/4 ＝3,000万円

二男Dさんの法定相続分…1億2,000万円× 1/4 ＝3,000万円

●**相続税の速算表を使い、各人の相続税の総額の基となる税額を出す。**

妻Bさんの相続税額…6,000万円×30％－700万円＝1,100万円

長男Cさんの相続税額…3,000万円×15％－50万円＝400万円

二男Dさんの相続税額…3,000万円×15％－50万円＝400万円

●**相続税の総額（3人の相続税額の合計）を出す。**

1,100万円＋400万円＋400万円＝1,900万円

① ニ

② ロ

③ ヘ

個人資産相談業務

実技

2割加算とは、相続または遺贈によって財産を取得した人が、**特定の人以外**である場合に、その人の相続税額に、その相続税額の2割に相当する金額が加算されるものです。2割加算の対象者は次のとおり。

・**兄弟姉妹**（2親等）

・祖父母（2親等）

・甥・姪（3親等）

・**養子にした孫**（被相続人の**生存している実子の子**）

なお、子を代襲して孫が相続人となった場合は、2割加算の対象にはなりません。従って、

孫Eさん…長男C（すでに死亡）さんの代襲相続人なので、

　　　　→**対象と**なりません。

孫Fさん…Aさんの養子にした孫で、長女Dさんは生存しているので、

　　　　→**対象と**なります。

① ✖

② ◯

5 配偶者に対する相続税額の軽減

Aさんの家族関係図は下のとおりである。仮に、2024年4月8日にAさんの相続が発生した場合、配偶者に対する相続税額の軽減額を算出した下記の計算式の空欄①～③に入る最も適切な語句を、下記のイ～リのなかから選びなさい。なお、Aさんの相続に係る相続税の課税価格の合計額は2億円とする。

〈Aさんの家族関係図〉

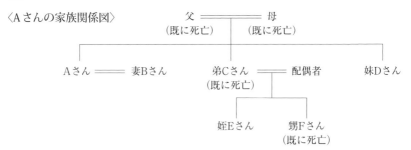

〈Aさんの相続に係る概要〉
・課税価格の合計額：2億円
・相続税の総額：2,350万円
・全財産を妻Bさんが相続

配偶者に対する相続税額の軽減額＝相続税の総額 × $\dfrac{X}{（①）}$

Xの金額は、次のⅠ・Ⅱのいずれか低い金額

Ⅰ：a、bのいずれか高い金額

　　a：（①）×配偶者の法定相続分

　　b：（②）

Ⅱ：妻Bさんの相続税の課税価格

従って、妻Bさんに対する相続税額の軽減額は（③）となる。

イ．1,175万円	ロ．1,762万5,000円	ハ．1,880万円
ニ．2,350万円	ホ．1億円	ヘ．1億2,000万円
ト．1億5,000万円	チ．1億6,000万円	リ．2億円

配偶者に対する相続税額の軽減は、配偶者が相続した財産の価額の**法定相続分相当額**、または 1億6,000万円までのいずれか多い金額まで、相続税が控除される制度です。次の計算式で求めます。

配偶者に対する相続税額の軽減額＝相続税の総額× $\dfrac{\text{Ⅰ・Ⅱのいずれか低い金額}}{\text{課税価格の合計額（2億円）}}$

Ⅰ：a、bのいずれか高い金額

　　a：**課税価格の合計額（2億円）×配偶者の法定相続分**

　　b：1億6,000万円

Ⅱ：妻Bさんの相続税の課税価格…2億円（全財産を妻Bさんが相続するため）

●妻Bさんの法定相続分を割り出して、aの金額を計算します。

Aさんを被相続人とする場合の法定相続人は、妻Bさん、妹Dさん、姪Eさん（代襲相続）の3人。配偶者と兄弟姉妹が相続する場合、配偶者の法定相続分は4分の3なので、

妻Bさんの法定相続分… 3／4

a…2億円×3／4＝1億5,000万円

b…1億6,000万円

Ⅰは、a、bのいずれか高い金額なので、Ⅰ…1億6,000万円

以上から、Ⅰ・Ⅱのいずれか低い金額は、

1億6,000万円＜2億円　により 1億6,000万円。

これを計算式に入れて、配偶者に対する相続税額の軽減額を求めます。

配偶者に対する相続税額の軽減額 ＝2,350万円× $\dfrac{\text{1億6,000万円}}{\text{2億円}}$

　　　　　　　　　　　　＝1,880万円

個人資産相談業務　実技

①リ　②チ　③ハ

Aさんの親族、財産の状況は、以下のとおりである。仮に、Aさんの相続が2024年4月18日に開始し、妻BさんがAさんの自宅の敷地のすべてを相続により取得し、「小規模宅地等についての相続税の課税価格の計算の特例」の適用をその限度額まで受けた場合、Aさんの自宅の敷地について、Aさんの相続における相続税の課税価格に算入すべき価額を求めなさい。解答は万円単位とすること。なお、Aさんの自宅の敷地以外にこの特例の適用を受ける宅地等はないものとする。

〈Aさんの親族関係図〉

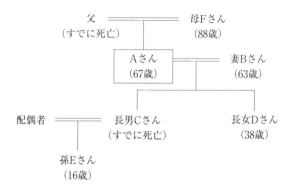

〈Aさんの主な財産の状況(相続税評価額)〉
・預貯金　　　　　　　　：7,000万円
・有価証券　　　　　　　：8,500万円
・自宅の敷地(350㎡)　：1億4,000万円
(「小規模宅地等についての相続税の課税価格の計算の特例」適用前)
・自宅の家屋　　　　　　：2,000万円

※上記以外の条件は考慮せず、問に従うこと

小規模宅地等についての相続税の課税価格の計算の特例（以下、小規模宅地等の評価減の特例）は、被相続人の居住地や事業用地を相続する際、一定割合を減額する制度です。特定居住用宅地は<u>330㎡</u>を上限に、<u>80%</u>減額となります。

妻Bさんが被相続人Aさんの自宅の敷地すべてを相続して、小規模宅地等の評価減の特例をその限度額まで受けた場合、Aさんの自宅敷地は350㎡なので、330㎡までが適用対象となります。

特例により減額される金額の計算式

　　＝宅地等の評価額×（限度面積／その宅地等の敷地面積）×減額割合

妻Bさんが取得した自宅敷地の相続税評価額は<u>1億4,000</u>**万円**なので、

減額される金額の限度額

　　＝<u>1億4,000</u>**万円**×<u>330㎡</u>/<u>350㎡</u>×<u>80%</u>＝<u>1億560</u>**万円**

自宅の敷地の相続税評価額から、減額される金額を差し引いて、Aさんの相続における相続税の課税価格に算入すべき価額を求めます。

<u>1億4,000</u>**万円**－<u>1億560</u>**万円**＝<u>3,440</u>**万円**

なお、「小規模宅地等の評価減の特例」や「配偶者に対する相続税額の軽減（416ページ）」は、相続税の申告期限までに遺産分割されていない財産は対象外です。ただし、申告書に「申告期限後<u>3年以内の</u><u>分割見込書</u>」を添付して申告期限から<u>3年以内</u>に分割した場合などは適用の対象になります。また、相続税の申告後の遺産分割により「小規模宅地等の評価減の特例」や「配偶者の税額軽減」を受けるには、分割日の翌日から<u>4カ月以内</u>に**更正の請求**が必要です。

● 特定事業用や特定居住用と貸付事業用を併用する場合の限度面積の制限

小規模宅地の特例は、特定事業用や特定居住用と貸付事業用を併用する場合、一定の限度面積の制限があります。

特定事業用の適用面積×200／400＋特定居住用の適用面積×200／330＋貸付事業用の適用面積≦200㎡

個人資産相談業務　実技

3,440**万円**

生保の出題ランキング

項目数	順位	項目名	出題率	質問数
1	1	相続税の総額の算出	6.85%	122
2	2	総所得金額・所得税額の算出	6.51%	116
3	3	所得控除	6.34%	113
4	4	老齢基礎年金	5.05%	90
5	4	長期平準定期保険	5.05%	90
6	6	老齢厚生年金	4.32%	77
7	7	法人の保険と税務	4.21%	75
8	8	退職所得	3.59%	64
9	9	必要保障額	3.25%	58
10	10	青色申告 ←学科カード	3.09%	55
11	11	生命保険の特約	2.92%	52
12	12	公的介護保険	2.75%	49
13	13	個人の保険金への課税	2.53%	45
14	14	健康保険の療養・出産の給付	2.24%	40
15	14	遺族給付	2.24%	40
16	14	小規模宅地等の評価減の特例	2.24%	40
17	17	個人の保険の見直し	2.13%	38
18	17	逓増定期保険	2.13%	38

TOP 60

計 65.32%

▲
別冊に収録

出題率…過去13年間の「生保」1,782問中の出題割合。
　　　　出題率＝各項目の質問数÷全質問数1782×100
質問数…項目ごとに過去13年間全問題の空欄や個々に正誤判定が必要な選択肢の
数を集計した数。複数項目の知識が必要な質問では、重複計測したものもある。
TOP60…全質問数の60%以上（65.32%）を占める項目。問題横にTOP60のマー
クをつけて、**別冊に収録**。　　　　　　　　　　　　　　　　　　©オフィス海

別冊に収録したカードだけで、合格ラインを超える65.32%をカバー！

実技 [金財]
生保顧客資産相談業務

1 社会保険と公的年金
1 健康保険の療養・出産の給付
2 老齢基礎年金
3 老齢厚生年金
4 在職老齢年金
5 遺族給付
6 確定拠出年金
7 中小企業退職金共済(中退共)

2 個人の保険
1 必要保障額
2 個人の保険の見直し
3 一時払終身保険
4 保険契約の保障内容
5 生命保険の特約
6 個人の保険金への課税

3 法人の保険
1 法人の保険と税務
2 長期平準定期保険
3 逓増定期保険
4 ハーフタックスプラン

4 タックスプランニング
1 退職所得
2 所得控除
3 総所得金額・所得税額の算出

5 相続
1 相続時精算課税
2 相続人と法定相続分
3 遺留分
4 相続財産の種類と非課税財産
5 相続税の総額の算出

「生保顧客資産相談業務」の出題形式は記述式や選択式。
【第1問】～【第5問】まで、5つの設例について3問ずつ計15問が出題されるんだ。
50点満点で30点以上が合格だよ。

1 社会保険と公的年金

問題数029

再現例題

【第1問】次の設例に基づいて、下記の問に答えなさい。

2023年1月〈改〉

《設 例》

　X株式会社(以下、「X社」という)に勤務するAさん(55歳)は、高校を卒業後、X社に入社し、現在に至るまで同社に勤務している。Aさんは、X社の継続雇用制度を利用して65歳まで働く予定である。Aさんは、老後の生活資金の準備等、今後の資金計画を検討するにあたり、将来どのくらいの年金額を受給することができるのか、公的年金制度について理解を深めたいと考えている。妻Bさん(56歳)は、先日、パート先の店長からシフトを増やせないかと相談された。妻Bさんは今の仕事にやりがいを感じており、シフトを増やすことを検討している。そこで、Aさん夫妻は、ファイナンシャル・プランナーのMさんに相談することにした。

〈Aさん夫妻に関する資料〉

(1) Aさん(1968年7月16日生まれ・55歳・会社員)

・18歳から65歳(見込み)まで、全国健康保険協会管掌健康保険、雇用保険に加入。

(2) 妻Bさん(1967年9月28日生まれ・56歳・パート従業員)

・18歳からAさんと結婚するまでの6年間(72月)は、厚生年金保険に加入。結婚後は、国民年金に第3号被保険者(被扶養者)として加入。

・週18時間のパート勤務、年収92万円、勤務先は、特定適用事業所に該当する。

※上記以外の条件は考慮せず、各問に従うこと。

　Mさんは、Aさん夫妻に対して、短時間労働者に対する健康保険・厚生年金保険の適用について説明した。Mさんが説明した以下の文章の空欄(1)～(3)に入る最も適切な語句または数値を、下記の〈語句群〉のなかから選び、その記号を解答用紙に記入しなさい。

「1週間の所定労働時間および1カ月の所定労働日数が通常の労働者の(1)以上になった場合、健康保険および厚生年金保険の被保険者となります。また、妻Bさんがパート従業員として勤務している現在の事業所においては、1週間の所定労働時間または1カ月の所定労働日数が通常の労働者の(1)未満であっても、1週間の所定労働時間が(2)時間以上であること、雇用期間が2カ月を超えて見込まれること、賃金の月額が(3)円(賞与、残業代、通勤手当等を除く)以上であること、学生でないことの要件をすべて満たした場合、妻Bさんは健康保険および厚生年金保険の被保険者となります」

〈語句群〉

イ.20　　ロ.25　　ハ.36　　ニ.88,000　　ホ.100,000　　ヘ.125,000
ト.2分の1　　チ.3分の2　　リ.4分の3

※本試験では、1つの《設例》について3問出題されます。

【第1問】の出題範囲

実技「生保」の【第1問】は、〈家族構成と公的年金の加入歴〉を説明した《設例》に基づいて、【社会保険と公的年金】に関する問題が3問出題されます。

【第1問】の出題傾向

頻出順に次の問題が出題されています。

1 老齢基礎年金…老齢基礎年金の年金額を計算する問題と付加年金に関する問題が出題されています。

2 老齢厚生年金…老齢厚生年金の年金額を計算する問題が出題されています。また、老齢基礎年金、老齢厚生年金、付加年金についての繰上げ・繰下げに関する問題もよく出題されます。

3 公的介護保険…本書の「学科」で学習済みなので、カットしてあります。
【復習】 公的介護保険▶28ページ

学科と重複しない「生保」独自の問題演習。だから、確実に合格できるんだ!

「再現例題」の解説と解答

労働時間・労働日数が常時雇用者の4分の3以上の就業者は、健康保険・厚生年金保険の加入対象です。労働時間・労働日数が常時雇用者の4分の3未満でも、以下の条件すべてを満たす場合には、健康保険・厚生年金保険の被保険者となります。

・特定適用事業所:被保険者の総数が100人超(2024年10月からは50人超)

・週の所定労働時間が20時間以上

・2か月を超える雇用期間が見込まれること

・賃金月額が8.8万円以上(賞与、残業代、通勤手当等を除く)

・学生でないこと

解答　1　リ．4分の3　　2　イ．20　　3　ニ．88,000

▼ 適切なものには○、不適切なものには×で答えなさい。また、（　）に入る語句の記号を答えなさい。

TOP60 ❶ 健康保険の療養・出産の給付

☐ **❶** Aさん（47歳）が病気により下記の〈条件〉で入院し、事前に健康保険限度額適用認定証の交付を受けて、所定の手続をした場合、Aさんは、医療機関に一部負担金のうち（ ① ）円を支払えばよく、実際の一部負担金との差額（ ② ）円が現物給付されることになる。

〈条件〉・Aさんの標準報酬月額は41万円である。
　　　　・入院は1カ所の病院で、期間は2024年4月3日〜17日までの15日間である。
　　　　・総医療費（すべて健康保険の保険給付の対象となるもの）は50万円である。
　　　　・他に医療費はない。
〈資料〉医療費の自己負担限度額（月額）
　　　　自己負担限度額…80,100円＋（総医療費－267,000円）×1％

イ．67,570	ロ．68,470	ハ．80,100	ニ．81,530
ホ．82,430	ヘ．150,000	ト．417,570	

☐ **❷** 会社員のAさん（30歳）は、専業主婦である妻Bさん（28歳）との2人家族である。妻Bさんが2024年6月に第1子を出産した場合、Aさんは、加入している健康保険から、（ ① ）を受給することができる。
また、妻Bさんの出産後、Aさんは、第1子が3歳になるまで、原則として、月額（ ② ）の児童手当を受給することができるが、児童手当には、扶養親族等の数に応じて所得制限限度額が設けられており、受給資格者の所得が所得制限限度額以上である場合は、月額5,000円となる。なお、子が1人の場合、児童手当は、第1子の（ ③ ）時まで受給することができる。

イ．出産手当金	ロ．出産育児一時金	ハ．家族出産育児一時金
ニ．1万円	ホ．1万2,000円	ヘ．1万5,000円
ト．小学校修了	チ．中学校修了	リ．高等学校修了

☐ **❸** 傷病手当金は、病気やケガによる療養のため会社等を連続して3日以上休み、事業主から給料の支払を受けられない場合に、休業4日目から支給される給付で、支給期間は同一の病気やケガにつき支給開始日から通算して最長1年6カ月である。

指示のある問題はその指示に従って答えなさい。

▼ 解説 （赤シートで消える語句をチェックできます）　🖪30・32ページ　▼ 正解

1カ月の医療費の支払額が**自己負担限度額を超えた場合、高額療養費**が給付
されます。**70歳未満の人は健康保険限度額適用認定証の交付**を受けて、医
療機関の窓口に提示すれば、窓口の支払いが自己負担限度額までとなります。
70歳以上75歳未満の人は高齢受給者証（一定の現役並み所得者は限度額適
用認定証が必要）を窓口に提示すれば、自己負担限度額までとなります。

① ホ

自己負担限度額は、問題の式に総医療費を当てはめて計算します。

自己負担限度額…80,100円＋(500,000円－267,000円)×1％

② イ

＝80,100円＋2,330円 ＝82,430円

70歳未満の場合、医療費の自己負担割合は**3割**ですから、

実際の一部負担金…500,000円×0.3 ＝ 150,000円

実際の一部負担金との差額…150,000円－82,430円 ＝67,570円

① 被保険者（企業の従業員や役員）が出産すると出産育児一時金が支給さ
れます。また、被保険者の被扶養者（配偶者）が出産すると家族出産育児
一時金が支給されます。

② 第1子が3歳になるまで、原則として**月額**15,000**円の児童手当**を受給
できます。3歳以上の児童の場合、月額10,000円の児童手当を受給でき
ます。所得が「所得制限限度額」以上の場合、特例給付として月額5,000
円が支給されます。なお、両親のどちらかの所得が「所得上限限度額」以
上の場合には、児童手当・特例給付の対象外となります。

① ハ

② ヘ

③ 児童手当の支給対象は、中学校**修了前**の児童です。

③ チ

※2024年10月分（2025年1月試験以降）からは、児童手当の支給期間が中学校修了
までから高校生年代までに延長され、支給額については3歳になるまでが月15,000円、
3歳～高校生年代が月10,000円、第3子以降が月3万円に引き上げられ、所得制限が撤
廃される予定。

傷病手当金は、業務外の事由による病気やケガの療養のため仕事を休んだ日か
ら連続する**3日間**の後、休業**4日目以降の給与の支払いがない日**に対し、支
給開始日から**通算で1年6カ月**支給されます。1日の支給額は「支給開始日
以前の継続した12カ月間の各月の標準報酬月額の平均額÷30日×2/3」です。

○

次の〈設例〉に基づいて、下記の各問に答えなさい。

〈設例〉 Aさん（45歳）：個人事業主。厚生年金保険に加入したことはなく、国民年金のみに加入している。国民年金の保険料未納期間が23月（2009年3月以前）、保険料全額免除期間が39月（2009年3月以前）、納付期間が243月、60歳までの納付予定期間が175月である。

□ ❶ Aさんが65歳から受給できる老齢基礎年金の年金額はいくらか。

□ ❷ 妻Bさんが65歳から受給できる老齢基礎年金の年金額はいくらか。

〈計算条件〉
・Aさん、Bさんともに、60歳まで保険料を納付する。上記以外の条件は考慮しない。
・〔計算過程〕は、円未満を四捨五入。
・〈答〉の年金額は、50円未満は切捨て、50円以上100円未満は100円に切上げ。

〈資料〉
老齢基礎年金の年金額（2024年度価額）

$$◎円 \times \frac{保険料納付済月数 + 半額免除月数 \times \dfrac{○}{□} + 全額免除月数 \times \dfrac{△}{□}}{480月}$$

※上記計算式において、保険料4分の1免除月数および4分の3免除月数は省略している。
※問題の性質上、明らかにできない部分は「◎」「○」「△」「□」で示してある。

□ ❸ Aさんは、老後の年金収入を増やすために、国民年金の付加保険料を納付することができる。仮に、Aさんが付加保険料を120月納付し、65歳から老齢基礎年金を受給する場合、年額の付加年金はいくら受給できるか。

□ ❹ 老齢基礎年金は、公的年金等に係る（　）として所得税・住民税の課税対象となる。

妻Bさん（45歳）：18歳からAさんと結婚するまで厚生年金保険に84月加入（20歳以降では68月加入）している。Aさんとの結婚後は国民年金に加入し、国民年金の保険料未納期間はない。国民年金納付期間が234月、60歳までの納付予定期間が178月である。

老齢基礎年金額（2024年度価額）の計算式は、以下のとおりです。

$$816,000円 \times \frac{保険料納付済月数 + 半額免除月数 \times \frac{2}{3} + 全額免除月数 \times \frac{1}{3}}{480月}$$

2009年3月以前の期間分です。ちなみに4分の1免除月数は、「×5/6」、4分の3免除月数は「×1/2」です。なお、**2009年4月以降の期間分は、半額免除月数が**3/4**に、全額免除月数が**1/2になります。

❶　Aさんの**保険料納付済月数**は、納付予定も含めて418月（243月＋175月）です。**免除月数**は全額免除39月です。未納期間は年金額に反映されません。従って、Aさんの老齢基礎年金は、

$$816,000円 \times \frac{418月 + 半額免除月数0月 \times \frac{2}{3} + 全額免除月数39月 \times \frac{1}{3}}{480月}$$

$$= 816,000円 \times \frac{418月 + 13月}{480月} = 816,000円 \times 431 \div 480$$

$$= 732,700円$$

❷　妻Bさんは厚生年金と国民年金に加入しています。老齢基礎年金の支給額に反映されるのは、**20歳以上60歳未満**の加入期間なので、Bさんの保険料納付済月数は、68月＋234月＋178月＝480月です。従って、Bさんの老齢基礎年金額は、

$$816,000円 \times \frac{480月}{480月} = 816,000円$$

❸　**付加年金**の保険料は**月額**400円で、200円×**付加保険料納付月数**が付加されます。付加保険料を120月納付した場合、老齢基礎年金に上乗せされるのは、

$$200円 \times 120月 = 24,000円$$

❹　**老齢基礎年金と老齢厚生年金**は、公的年金等に係る雑所得として所得税・住民税の課税対象となります。**障害年金と遺族年金**は非課税です。

❶ 732,700円
❷ 816,000円
❸ 24,000円
❹ 雑所得

次の〈設例〉に基づいて、下記の空欄に当てはまる数値を答えなさい。

〈設例〉　個人事業主のAさん（1973年7月13日生まれ、50歳。2024年4月時点）は、妻Bさん（50歳）とともに、駅前の商店街で飲食店を営んでいる。

・Aさんの平均標準報酬月額は260,000円とする。

❶　Aさんが、原則として、65歳から受給することができる老齢厚生年金の年金額は（　　）円である。2024年度価額（本来水準による価額）に基づき、〈答〉は円単位、年金額の端数処理は円未満を四捨五入すること。

〈資料〉

老齢厚生年金の年金額（本来水準の年金額、2024年度価額）

下記、老齢厚生年金の計算式の Ⅰ)＋Ⅱ)＋Ⅲ)

老齢厚生年金の計算式

Ⅰ)報酬比例部分の額＝①＋②

①：2003年3月以前の期間分

$$平均標準報酬月額 \times \frac{7.125}{1,000} \times 2003年3月以前の被保険者期間の月数$$

②：2003年4月以後の期間分

$$平均標準報酬月額 \times \frac{5.481}{1,000} \times 2003年4月以後の被保険者期間の月数$$

Ⅱ)経過的加算額＝1,701円×被保険者期間の月数

$$-816,000円 \times \frac{1961年4月以後で20歳以上60歳未満の厚生年金保険の被保険者期間の月数}{加入可能年数 \times 12}$$

Ⅲ)加給年金額＝408,100円（要件を満たしている場合のみ加算すること）

---

❷　仮に、Aさんが60歳0カ月で老齢基礎年金の繰上げ支給を請求した場合の減額率は（　①　）％となります。なお、Aさんが老齢基礎年金の繰上げ支給を請求する場合、その請求と同時に老齢厚生年金の繰上げ支給の請求をしなければいけません。他方、65歳以降も生活費等に困らない程度の収入を得ることができる場合には、老齢基礎年金の支給開始を繰り下げることもできます。仮に、Aさんが66歳に達する前に老齢基礎年金の請求をしなかった場合、Aさんは、66歳に達した日以後の希望するときから、老齢基礎年金の繰下げ支給の申出をすることができます。仮に、Aさんが70歳0カ月で老齢基礎年金の繰下げ支給の申出をした場合の増額率は（　②　）％となります。

〔Aさんの公的年金の加入歴（見込みを含む）〕

厚生年金保険 被保険者期間 132月	国民年金 保険料納付済期間 252月	国民年金保険 保険料納付予定期間 111月

1992年4月（18歳）　　2003年4月（29歳）　　　　　2024年4月　　　　60歳

❶　計算ミスさえしなければ、簡単な問題です。〈資料〉にそって計算していきます。

Ⅰ）報酬比例部分の額　Aさんの平均標準報酬月額は26万円で、2003年3月以前の厚生年金の被保険者期間の月数は 132 月なので、

①平均標準報酬月額 $\times \dfrac{7.125}{1,000} \times$ 2003年3月以前の被保険者期間の月数

　＝260,000円×7.125÷1000× 132 月＝ 244,530 円

②2003年4月に国民年金に加入しているため、2003年4月以降の厚生年金の被保険者期間はありません。

Ⅱ）経過的加算額　式のとおりに数字を当てはめます。

Aさんの厚生年金保険の「被保険者期間の月数」は 132 月。「1961年4月以後で20歳以上60歳未満の厚生年金保険の被保険者期間の月数」は、20歳未満「1992年4月から1993年6月まで（18歳〜19歳の誕生月の前月）」の 15 月を 132 月から引いた 117 月です。分母の「加入可能年数」は 20 歳以上 60 歳未満の 40 年で、12を掛けて 480 です。

経過的加算額＝ 1,701 円× 132 － 816,000 × 117 ÷ 480

　　＝ 224,532 円－ 198,900 円＝ 25,632

報酬比例部分＋経過的加算＝ 244,530 円＋ 25,632 円＝ 270,162 円

Ⅲ）加給年金額＝ 408,100 円

加給年金の要件は、厚生年金の被保険者期間が 20 年以上で 65 歳未満の配偶者がいること。Aさんの被保険者期間は132月（11年）なので、**加給年金が支給されません**。

❷　**繰上げ**は、1カ月につき 0.4 %減額※されて減額された年金額が生涯続きます。65歳からの年金を60歳から受給するので、繰上げは、 5 年× 12 月＝ 60 月。

①繰上げによる減額率＝ 60 月× 0.4 %＝ 24 %

繰下げは、1カ月につき 0.7 %増額されて増額された年金額が生涯続きます。65歳からの年金を70歳から受給するので、繰下げは、 5 年× 12 月＝ 60 月。

②繰下げによる増額率＝ 60 月× 0.7 %＝ 42 %

繰上げは**老齢基礎年金と老齢厚生年金を同時**に行わなければいけませんが、**繰下げ**は**別々**に行うことができます。

❶ 270,162

❷ ①24

　 ②42

※ 1962年4月1日以前生まれの人の繰上げ受給は0.5%の減額。

4 在職老齢年金

次の〈設例〉に基づいて、下記の各文の正誤を答えなさい。
〈設例〉 会社員のAさん（63歳：1960年11月11日生まれ、2024年6月時点）は、妻Bさん（55歳）との2人暮らしである。Aさんは、大学卒業後から現在の会社（X社）に勤務している。X社の定年は満60歳であるが、継続雇用制度を利用して65歳まで勤務することが可能である。

- ❶ Aさんは、原則として64歳から年金を受け取ることができる。ただし、Aさんが64歳以後も引き続き厚生年金保険の被保険者としてX社に勤務する場合、年金額は総報酬月額相当額との間で調整が行われる。
- ❷ Aさんは、老齢厚生年金の基本月額と総報酬月額相当額との合計が支給停止調整開始額の48万円に達するまでは年金の全額が支給される（2024年4月1日以降の在職老齢年金の支給停止基準額を用いること）。
- ❸ Aさんが65歳以上になると、厚生年金の額は、毎年改定されていくことになる。

TOP 60 5 遺族給付

- ❶ 遺族基礎年金の受給権を満たし、生計を共にする15歳と17歳の子がいる妻に支給される遺族基礎年金の額は、1,285,600円（2024年度価額）になる。

- ❷ 遺族基礎年金・遺族厚生年金の受給に必要な要件は、被保険者期間のうち「保険料納付済期間＋保険料免除期間」が3分の2以上あること。あるいは、死亡日に65歳未満で前々月までの1年間に保険料の滞納がないことである。

- ❸ 遺族厚生年金を受給することができる遺族は、死亡した被保険者等によって生計を維持されていた「配偶者、子、父母、孫、兄弟姉妹」となっており、妻以外の遺族には年齢等の要件がある。

▼ 解説（赤シートで消える語句をチェックできます）　🖐67ページ　▼ 正解

Aさんの公的年金加入歴（65歳までの見込みを含む）

20歳　　　　22歳　　　　　　　　　　　　　　　　　　　65歳

国民年金 未加入期間（29月）	厚生年金保険 被保険者期間（511月）

❶ 「**1959年4月2日～1961年4月1日生まれ**」の男性は、原則として **64**歳から**特別支給の老齢厚生年金の報酬比例部分**を受け取ることができます。ただし、Aさんが**64**歳以後も引き続き厚生年金保険の被保険者として X社に勤務する場合、年金額は<u>総報酬月額相当</u>額との間で調整が行われます。

❶ ○

❷ 　60歳以上の就労者は、<u>総報酬月額相当</u>額と基本月額の合計が、**支給停止調整開始額**の**50万円**に達するまでは**年金の全額が支給**されます。なお、「基本月額」とは「加給年金額を除いた老齢厚生年金の月額」、「総報酬月額相当額」とは「（その月の標準報酬月額）＋（直近1年間の標準賞与額の合計）÷ 12」のことをいいます。

❷ ✕

❸ 　**65**歳以上の就労者は、**在職定時改定**によって、会社を退職しなくても、**毎年10月（支給は12月）**に老齢厚生年金の額が改定されていきます。

❸ ○

生保顧客資産相談業務　実技

▼ 解説（赤シートで消える語句をチェックできます）　🖐74ページ　▼ 正解

遺族基礎年金の2024年度価額は、**816,000**円（満額の老齢基礎年金と同額）＋子の加算額（第1子と第2子は各**234,800**円、第3子以降は各78,300 円）です。本問では**18**歳到達年度の末日までの子が2人います。
816,000円＋234,800円＋234,800円＝1285,600円

○

遺族給付の受給要件は、被保険者が20歳～死亡月の前々月までの期間のうち、「納付済期間＋免除期間」が**3分の2以上**あることです。65歳未満で死亡した場合は、死亡月の**前々月**までの**1年間**に滞納（未納）がなければOKです。

○

遺族厚生年金は、死亡者によって生計を維持されていた「配偶者・子、父母、孫、<u>祖父母</u>（受給順位順）」のうち、<u>最高順位</u>の者に支給されます（子・孫は 18歳未満、夫・父母・祖父母は55歳以上）。**復習** 遺族厚生年金▶52ページ

✕

⬛6 確定拠出年金

☐ ❶ 確定拠出年金の個人型年金（iDeCo）に加入する国民年金第1号被保険者の拠出限度額は、付加年金または国民年金基金の掛金と合わせて年額27.6万円（月額2.3万円）で、年払い、または月払いのどちらかを選んで拠出できる。

☐ ❷ 国民年金第1号被保険者のAさんは最長で60歳まで個人型年金に加入することができ、国民年金第2号被保険者のBさんは最長で65歳まで個人型年金に加入することができる。

☐ ❸ 確定拠出年金のデメリットは、加入時や運用期間中に事務費などの手数料がかかること、年金資産の運用リスクは加入者が負うことなどである。

⬛7 中小企業退職金共済（中退共）

☐ ❶ 中小企業退職金共済（中退共）は、退職金を社外に積み立てる退職金準備の共済制度で、法人が支出した掛金は全額を損金の額に算入する。

☐ ❷ 従業員が中途退職（生存退職）した場合、中退共の退職金は法人が受け取ることになる。

☐ ❸ 法人が全額負担する中小企業退職金共済制度の掛金を福利厚生費として損金の額に算入するためには、原則として、従業員全員の加入が必要となっている。

☐ ❹ 中退共に加入後、急な資金需要が発生した場合は、積立金残高の8割を上限に契約者貸付制度を利用することができる。

第1号被保険者の拠出限度額は、**付加年金または国民年金基金の掛金と合わせて年額81.6万円（月額6.8万円）**で、年払い、半年払い、月払いなど、12カ月を区分した期間ごとに拠出できます。**復習** 確定拠出年金▶56ページ	✕
確定拠出年金の個人型年金に掛金を拠出することができる期間は、**国民年金の被保険者である期間と同じ**で、**第1号・第3号被保険者は60歳未満**、第**2号被保険者**と**任意加入**被保険者は**65歳未満**となります。	◯
確定拠出年金は、加入時や運用期間中に事務費などの**手数料が**かかります。また、加入者自身の運用指図による運用実績に応じて給付額が増減します。	◯

中小企業退職金共済（中退共）は、中小事業主が従業員の退職金の準備を図る共済制度です。掛金は、福利厚生費として全額を損金（個人事業では必要経費）に算入できます。**復習** 中小企業退職金共済（中退共）▶60ページ	◯
被共済者（従業員）が中途退職（生存退職）した場合、中退共の退職金は一時金として従業員に直接支払われ、退職所得扱いとなります。分割払いにした場合には、公的年金等の雑所得扱いとなり、所得税（復興特別所得税含む）と住民税の課税対象となります。	✕
中小企業退職金共済（中退共）の掛金は法人が全額を負担します。従業員を加入させる場合は、試用期間中の人、定年などの短期間内に退職する人、期間を定めて雇用される人などを除き、全員を加入させる必要があります。	◯
中小企業退職金共済（中退共）では、加入法人が融資を受けることはできません。	✕

生保顧客資産相談業務　実技

2 個人の保険

再現例題

【第2問】次の設例に基づいて、下記の問に答えなさい。

2015年9月〈改〉

《設 例》

　大手食品メーカーに勤務しているAさん（38歳）は、専業主婦の妻Bさん（36歳）、長女Cさん（3歳）、先月生まれた二女Dさん（0歳）の4人家族である。Aさんは、現在、職場に来ている生命保険会社の担当者から生命保険商品の提案を受けているが、最終的な決断ができないでいる。そこで、Aさんは、その提案内容について、大学時代の友人でもあるファイナンシャル・プランナーのMさんに相談することにした。

　Aさんが提案を受けている生命保険に関する資料は、以下のとおりである。

保険の種類：5年ごと配当付終身保険（65歳払込満了）

■契約者（＝保険料負担者）・被保険者：Aさん　　　■死亡保険金受取人：妻Bさん

■月払保険料（集団扱い）：17,471円　　　（注）最低支払保証期間は5年（最低5回保証）

主契約および特約の内容	保障金額	保険期間
終身保険	100万円	終身
定期保険特約	900万円	10年
収入保障特約（注）	年額120万円（65歳まで）	10年
特定疾病保障定期保険特約	200万円	10年
総合医療特約（180日型）	1日目から日額10,000円	10年
先進医療特約	先進医療の技術費用と同額	10年
リビング・ニーズ特約	－	
指定代理請求特約	－	

　Mさんは、Aさんが提案を受けている生命保険の内容について説明した。Mさんが説明した次の記述①～③について、適切なものには○印を、不適切なものには×印を解答用紙に記入しなさい。

①「Aさんが40歳（保険支払対象期間である65歳まで25年0カ月）で死亡した場合、妻Bさんが収入保障特約から受け取る年金受取総額は3,000万円、Aさんが63歳（保険支払対象期間まで2年0カ月）で死亡した場合の年金受取総額は600万円です」

②「総合医療特約において、疾病・災害入院給付金、手術給付金等の保障はカバーされています。そのほか、がん保障に特化したもの、退院後の通院保障など、Aさんのニーズにあわせて医療保障を充実させることを検討してください」

③「陽子線治療や重粒子線治療などの先進医療の技術に係る費用は200万～300万円を超える場合があります。なお、先進医療特約の支払対象となる先進医療は、入院を伴う治療に限られ、外来での治療は対象外となるため注意が必要です」

※本試験では、1つの《設例》について3問出題されます。

👑1 **必要保障額**…出題率**3.25%**［58問］

👑2 **生命保険の特約**…出題率**2.92%**［52問］

👑3 **個人の保険金への課税**…出題率**2.53%**［45問］

※出題率は、過去13年間の「生保顧客資産相談業務」1,782問中の出題割合［質問数］を示しています。

【第2問】の出題範囲

【第2問】は、〈家族構成と生命保険〉を説明した《設例》に基づいて、【個人の保険】に関する問題が3問出題されます。

【第2問】の出題傾向

頻出順に次の問題が出題されています。

1 必要保障額…学科では出題されない必要保障額を計算する問題が出ます。この問題では、<u>住宅ローンの返済額は団体信用生命保険から支払われるため0円になる</u>ことに注意します。

2 生命保険の特約…様々な特約について出題されます。ここでは、学科と異なる内容を中心に掲載しました。

3 個人の保険金への課税…満期保険金と解約返戻金への課税に関する問題が頻出です。

「再現例題」の解説と解答

① 収入保障保険（収入保障特約）は、世帯主などの被保険者が死亡・高度障害状態となった場合、一定期間、年金として毎月定額の給付金が受取人に支払われる保険です。「保障金額：年額120万円（65歳まで）」なので、Aさんが40歳（65歳になるまで25年0カ月）で死亡した場合、年金受取総額は120万円×25年＝3,000万円です。また「（注）最低支払保証期間は5年（最低5回保証）」なので、65歳まで5年未満で死亡しても、年金受取総額は120万円×5年＝600万円です。

② 総合医療特約は、不慮の事故（災害）や病気（疾病）による入院・手術等を保障する特約です。「そのほか〜ニーズに合わせて検討」とあるので、適切です。

③ 先進医療特約は、特定の病院や医療施設で、厚生労働大臣が認可した先進医療治療を受けた場合に給付金が支払われる特約です。入院も外来も支払対象です。

解答 ①◯　②◯　③✕

TOP 60 ❶ 必要保障額

次の〈設例〉に基づいて、下記、および438ページの各問に答えなさい。
〈設例〉　会社員であるAさん（37歳）は、長男Cさん（0歳）の誕生とマイホーム（戸建て）
の購入を機に、生命保険の見直しを考えている。
〈Aさんの家族構成〉
Aさん年齢37歳（会社員）／妻Bさん年齢33歳（会社員、産休中）／長男Cさん年齢0歳
〈支出に関する資料〉
日常生活費：月額30万円（日常生活費以外の支出については下表のとおり）

❶　Aさんが死亡した場合の必要保障額を計算した表の空欄①〜④に入る金額を
　　求めなさい。金額がマイナスになる場合は金額の前に▲を記載すること。

> Ⅰ）　長男Cさんが独立する年齢は、22歳（大学卒業時）とする。
> Ⅱ）　Aさんの死亡後から長男Cさんが独立するまで（22年間）の生活費は現在の日常生活費
> 　　の70%、長男Cさんが独立した後の妻Bさんの生活費は現在の日常生活費の50%とする。
> Ⅲ）　長男Cさん独立時の妻Bさんの平均余命は、33年とする。

	〈ケース1〉	〈ケース2〉
死亡時期（仮定のケース）	2024年6月時	長男Cさん独立時
Aさんの年齢	37歳	59歳
妻Bさんの年齢	33歳	55歳
長男Cさんの年齢	0歳	22歳
日常生活費	（　①　）	（　④　）
住宅ローンの返済額	（　②　）	（　②　）
住宅修繕・リフォーム費用	800	480
租税公課（固定資産税等）	750	450
教育・結婚援助資金	1,500	200
耐久消費財購入費用	600	370
その他費用（趣味・娯楽等）	1,400	850
死亡整理資金（葬儀費用等）	300	300
（a）遺族に必要な資金の総額	□□□	□□□
遺族厚生年金等	4,000	2,300
妻Bさんの公的年金	3,000	3,000
妻Bさんの給与収入等	9,200	2,200
死亡退職金等	500	1,800
金融資産（現金、預貯金等）	300	1,300
（b）準備資金	17,000	10,600
必要保障額（a−b）	（　③　）	□□□

※問題の性質上、明らかにできない部分は「□□□」で示してある。
※各数値の単位は万円であり、計算にあたって、物価上昇率等は考慮していない。

指示のある問題はその指示に従って答えなさい。

▼ 解説 （赤シートで消える語句をチェックできます）　🔖147・148ページ　▼ 正解

〈2024年6月に取得したマイホーム（戸建て）に関する資料〉
物件概要…取得価額：3,200万円、建物の延床面積：90㎡
資金調達方法…自己資金700万円、銀行からの借入金…2,500万円（Aさんが全額借入予定）
住宅ローン…返済期間30年、毎年の返済額102万円、元利均等方式（団体信用生命保険加入）
〈Aさんが現在加入している生命保険（死亡保険金受取人はすべて妻Bさん）〉
終身保険（2011年4月加入）： 死亡保険金額 1,000万円
勤務先で加入している団体定期保険：死亡保険金額 1,000万円

①には、2024年6月時から妻Bさん死亡時までの日常生活費（長男Cさん独立前の日
常生活費＋長男Cさん独立後の日常生活費）が入ることに注意しましょう。

④には長男Cさん独立後の日常生活費が入ります。

・ **長男独立前**…月額30万円 × 70％ × 12カ月 × 22年 = 5,544 万円

・ **長男独立後**…月額30万円 × 50％ × 12カ月 × 平均余命33年 = 5,940 万円 ←④

・ **合計**…5,544 + 5,940 = 11,484 万円 ←①

②住宅ローンの返済額は、団体信用生命保険から支払われるため0円になります。

③必要保障額（a − b）を計算します。

（a）遺族に必要な資金の総額

　　11,484 + 0 + 800 + 750 + 1,500 + 600 + 1,400 + 300 = 16,834 万円

（b）準備資金

　　17,000万円

必要保障額（a − b） = 16,834 − 17,000 = − 166 万円

「金額がマイナスになる場合は金額の前に▲を記載すること」とあるので、▲166。

・本問では、「準備資金」を17,000万円として計算することになっているので、設例に
記載されている死亡保険金額などは考慮しません。

① 11,484
② 0
③ ▲166
④ 5,940

❷ 〈設例〉、および問題❶に基づいて、次のＡさんへのアドバイス①〜④の正誤を答えなさい。

① 「〈ケース１〉における必要保障額はマイナスとなるため、計算上、死亡保障は必要ないことになります。しかし、今回の計算は妻Ｂさんが働き続けることを前提としていますので、少しでも状況が変化すれば、必要保障額の算出結果が大きく異なる可能性があることに留意してください」

② 「必要保障額はお子さまの成長とともに逓増することが一般的ですので、将来が不安な場合には逓増定期保険への加入を検討してみてはいかがでしょう」

③ 「教育費は高校・大学と進学するにつれて高額となり、国公立と私立（文系・理系・医歯系）、自宅と下宿などの違いにより、学費等に大きな差異が生じます。教育費の概算額は、文部科学省等の統計データや各生命保険会社の資料等で確認することができますので、参考にしてください」

④ 「妻Ｂさんが死亡あるいはケガや病気等で働けなくなった場合、世帯収入が減少するだけでなく、それまで夫婦が行ってきた家事や育児等の労力を少なからず外部に頼ることになると思います。Ａさんの生命保険の見直しと同時に、妻Ｂさんの加入内容も確認する必要があると思います」

TOP 60 ❷ 個人の保険の見直し

❶ 金利が今より高い時代の保険契約の場合、見直しによって現在の低い予定利率が適用され、保障の割に保険料が高くなってしまう場合もある。

❷ 現在の終身保険を払済終身保険に変更する場合、終身保険に付加されていた各種特約は消滅する（無料の特約は継続できる）。

❸ 現在の生命保険契約を払済保険に変更する場合、健康状態等についての告知または医師の診査を受ける必要がある。

❹ 第２子誕生や住宅取得等のライフイベントにより保障内容を見直すことになった場合、契約転換制度を利用すれば、転換前契約の加入時年齢で保険料が計算されるので、保険料の上昇を抑える効果が期待できる。

❺ 契約転換制度を利用して現在の保障内容を見直す際に保険会社が指定した医師の診査を受けた場合、転換後契約はクーリング・オフ制度の対象となる。

① **必要保障額（＝死亡後の総支出－総収入）がマイナス**なので、<u>死亡</u>保障は必要ないことになります。ただし、配偶者の健康状態、祖父母の介護など、状況が変化すれば、必要な保障額が異なってくるのは当然のことです。

② **必要保障額**は年月が経過するほど**遺族に必要な資金や支出を計算する期間**が<u>減って</u>いきます。つまり、**子どもの成長とともに必要保障額は<u>減っていきます</u>**。この場合には、保険料が割安で、年を経るごとに保険金額が減っていく<u>逓減</u>**定期保険**への加入が検討対象になります。

③ 教育費の負担は、子の進路によって大きく異なります。文部科学省等の統計データや各生命保険会社の資料等で確認することができます。

④ 共働きの場合には、配偶者が働けなくなった場合の世帯収入の減少や家事・育児等の外部依頼による支出増も考えなければいけません。**夫だけでなく妻の生命保険の加入内容も確認することは当然**のことです。

① 〇
② ✕
③ 〇
④ 〇

▼ 解説（赤シートで消える語句をチェックできます）　☞97・98・148ページ　▼ 正解

予定利率は保険会社が見込む運用利回りで、**予定利率が<u>高い</u>**ほど保険料は安くなります。**金利が今より高い時代の保険の方が予定利率は<u>高い</u>**ので、見直しによって現在の<u>低い</u>**予定利率が適用**されると保険料が<u>高く</u>なる場合があります。	〇
払済保険や**延長保険**に変更した場合、**各種特約は<u>消滅</u>**します（リビング・ニーズ特約など無料の特約を除く）。	〇
払済保険や**延長保険**への変更では告知や診査は<u>不要</u>**です**。なお、元の保険に戻す（**復旧**する）場合には、医師の診査または告知が必要となります。	✕
契約転換は、現在の保険の責任準備金と積立配当金を「転換（下取り）価格」として、新しい契約の一部に充てる方法です。契約転換時や更新時は以前より年齢が上がっているため、**保険料は以前より<u>高く</u>**なることがあります。	✕
契約転換のために保険会社指定の医師による診査を受けた場合、冷静に判断したうえで契約締結したとみなされ、**クーリング・オフの<u>対象外</u>**となります。	✕

3　一時払終身保険

☐ ❶　一時払保険料は、その全額が支払った年の生命保険料控除の対象となる。前納保険料と異なり、各年中に到来する払込期日の回数に応じた金額（保険料）が毎年の生命保険料控除の対象とはならないので注意が必要である。

☐ ❷　一時払終身保険は、払込保険料が一般勘定で運用され、一生涯の保障と貯蓄性を兼ね備えた生命保険である。

☐ ❸　一時払終身保険を契約から短期間のうちに解約した場合、解約返戻金が一時払保険料相当額を下回るケースもある。

4　保険契約の保障内容

次の〈設例〉に基づいて、下記の各文の正誤を答えなさい。
〈設例〉　会社員のAさん(50歳)は、専業主婦である妻Bさん(49歳)および長男Cさん(23歳)との3人家族である。Aさんは、現在加入している生命保険の契約内容を再確認したいと思っている。社会保険制度の知識も深めたいと考えているAさんは、知り合いであるファイナンシャル・プランナーのMさんに相談することにした。Aさんが現在加入している生命保険に関する資料は、以下のとおりである。
〈Aさんが現在加入している生命保険に関する資料〉
保険の種類：定期保険特約付終身保険(75歳払込満了)
契約年月日：2015年11月1日
契約者(＝保険料負担者)・被保険者：Aさん
死亡保険金受取人：妻Bさん
月払保険料(口座振替)：21,107円
妻の入院日額は、被保険者Aさんの6割である。

☐ ❶　仮に、Aさんが、2024年6月に医師によって生まれて初めて胃がんと診断確定され、手術をしないで、継続して14日間入院した場合、Aさんが受け取ることができる給付金等の総額は、321万円となります。◀よく出る

☐ ❷　主契約が消滅した場合でも、疾病入院特約および災害入院特約については更新が可能です。

▼ 解説（赤シートで消える語句をチェックできます）　🔖93・102ページ　▼ 正解

一時払保険料は、その<u>全額</u>が支払った**年の生命保険料控除の対象**となります。一方、**保険料の前納**では、各年中に到来する払込期日の回数に応じた金額（各年ごとの保険料）が、**毎年、生命保険料控除の対象**となっていきます。

○

一時払終身保険は、一括で保険料を支払う終身保険です。払込保険料が<u>一般勘定</u>で運用され、一生涯の保障と貯蓄性を兼ね備えた生命保険です。
- <u>一般</u>勘定…元本、利率の保証がある。運用実績によっては上乗せ配当する。
- <u>特別</u>勘定…元本、利率の保証はない。運用実績に応じて配当する。

○

一定期間経過すると解約返戻金は増えていきますが、短期で解約すると、一時払終身保険でも<u>解約返戻金</u>が**一時払保険料を下回る**ことがあります。

○

▼ 解説（赤シートで消える語句をチェックできます）　🔖148ページ　▼ 正解

主契約および特約の内容	保障金額	払込・保険期間
終身保険	100万円	75歳・終身
定期保険特約	1,600万円	10年
うち転換部分	1,000万円	10年
特定疾病保障定期保険特約	300万円	10年
収入保障特約（10年満了確定年金）	年額180万円	10年
傷害特約	500万円	10年
災害割増特約	500万円	10年
疾病入院特約（本人・妻型）	1日目から日額1万円	10年
災害入院特約（本人・妻型）	1日目から日額1万円	10年
成人病入院特約	1日目から日額5,000円	10年
家族定期保険特約	300万円	10年
リビング・ニーズ特約	–	–

❶　胃がんで入院した場合、<u>特定疾病保障定期保険</u>**特約**から保険金が支払われます。また「疾病入院特約：1日目から日額1万円」「成人病入院特約：1日目から日額5,000円」とあります。従って、がんで14日間入院した場合、
保険金合計額＝<u>300万円＋1万円×14＋0.5万円×14＝321万円</u>
❷　**主契約が<u>消滅</u>**すれば、それに付加されている**特約は<u>消滅</u>**します。

❶ ○

❷ ×

☐ ❸ 仮に、Aさんが、不慮の事故によって、事故から180日以内に亡くなった場合、妻Bさんが受け取ることができる死亡保険金（一時金および年金受取額）の総額は、3,500万円となります。←よく出る

☐ ❹ 死亡保険金を受け取った場合、妻Bさんの入院保障は消滅することになりますから、奥さまを被保険者とする生命保険等に新規加入することをご検討されてはいかがでしょうか。

^{TOP} ⁶⁰ ⑤ 生命保険の特約

☐ ❶ 病気やケガで働けなくなって収入が途絶えた場合であれば、所定の高度障害状態に該当しなくても、収入保障特約から給付金が支給される。

☐ ❷ 収入保障保険の加入時点の年金受取総額と定期保険（平準定期保険）の保険金額が同額で、保険期間等の他の条件も同一である場合は、通常、定期保険の保険料に比べて収入保障保険の保険料の方が割安になる。

☐ ❸ リビング・ニーズ特約は、病気やケガの種類にかかわらず、被保険者の余命が6カ月以内と判断された場合に、所定の範囲内で特約保険金を請求することができる特約であり、指定した保険金額からその保険金額に相当する6カ月分の利息および保険料相当額が差し引かれた金額が支払われる。

☐ ❹ 先進医療は、治療効果が期待される反面、費用は高額となるケースも多く、また、健康保険における先進医療に係る費用の一部負担金（自己負担額）の割合は3割となる。

☐ ❺ 傷害特約では、不慮の事故による傷害が原因で所定の障害状態に該当しても、給付金を受け取ることができる。

☐ ❻ 指定代理請求特約は、被保険者本人が事故や病気等で寝たきり状態となり意思表示ができないなどの特別な事情がある場合に、被保険者本人が受取人となる保険金等をあらかじめ指定された代理人が請求できる特約である。

❸ 死亡した場合、**終身保険**、**定期保険特約**、**特定疾病保障定期保険特約**、収入保障**特約**から保険金が出ます。特定疾病保障定期保険**特約**は、原因が脳卒中・がん・**急性心筋梗塞**でない**死亡・高度障害状態も補償**されます。また、収入保障**保険（特約）**では、被保険者が死亡・高度障害に陥った場合、毎月定額の給付金（本問では180万円）が一定期間（本問では10年）、遺族に支払われます（一時金として受け取ることも可能）。不慮の事故で180日以内に死亡した場合は、**傷害特約**、**災害割増特約**から保険金が出ます。従って、

保険金合計額＝100万円＋1,600万円＋300万円＋180万円×10年＋
500万円＋500万円＝4,800万円

❹ 被保険者の死亡により**主契約が消滅**すれば、**特約**は消滅します。

❸ ✕

❹ ◯

▼ 解説（赤シートで消える語句をチェックできます）　　 ⊖145ページ　　▼ 正解

収入保障保険（特約）は、被保険者が**死亡・高度障害状態になった場合に保険金**が支払われます。働けなくなって収入が途絶えた場合ではありません。	✕
収入保障保険（特約）は、保険期間の経過とともに保険金が**逓減**するため、死亡保障が一定額の定期保険より保険料が**割安**になります。	◯
リビング・ニーズ特約は、**余命6カ月**以内の診断によって保険金が支払われる特約です。ただし、保険金額からその保険金額に相当する**6カ月分の利息および保険料相当額が差し引かれた金額**が支払われます。なお、リビング・ニーズ特約は**無料で自動付加**される特約です。	◯
先進医療は公的医療保険の適用外です。通常の治療と共通する基礎的部分以外は、技術料が**全額自己負担**となります。不安な場合には、**先進医療特約**への加入を検討することになります。	✕
傷害特約は、不慮の事故で**180日以内**に死亡した場合に保険金が支払われますが、所定の**障害状態**に該当した場合にも給付金を受け取ることができます。	◯
指定代理請求特約は、被保険者が要介護状態等で保険金を請求できない場合、指定代理請求人が被保険者に代わって保険金を請求できる特約です。**非課税の保険金**※は、指定代理請求人が受け取っても**非課税です（贈与税対象外）**。	◯

※「身体の傷害に基因」して支払われる給付金、民間の介護保険の介護給付金等。

生保顧客資産相談業務　実技

6 個人の保険金への課税

☐ **❶** 一時払終身保険を契約後3年で解約した場合の解約返戻金は、払込保険料との差益が一時所得として総合課税の対象となる。←よく出る

☐ **❷** 契約者と年金受取人が同じ個人年金保険で、確定年金として年金を受け取る場合、その年金は雑所得に該当し、所得税（復興特別所得税を含む）、および住民税の課税対象となる。他方、年金額を一括して受け取った場合、その一時金は一時所得に該当し、所得税および住民税の課税対象となる。

☐ **❸** 被保険者が死亡し、配偶者が収入保障特約から毎年受け取る年金は、所得税額の計算上は非課税となるため、受け取った年金は全額を残された家族の生活費や教育資金に活用することができる。

☐ **❹** 急性心筋梗塞により所定の状態になり、特定疾病保険金を受け取った場合、受け取った特定疾病保険金は一時所得として所得税の課税対象となるため、所得税の確定申告が必要となる。

所得税がかかる**満期保険金や解約返戻金**のうち、保険期間が**5年以下**（**5年以内の解約**も含む）の**一時払いの養老保険**、**一時払いの損害保険**、**一時払いの個人年金保険**などの**払込保険料との差益**については、金融類似商品の収益とみなされて20.315%の源泉分離課税となります（復興特別所得税を含む）。ただし、金融類似商品の対象になるのは、死亡保険金額が満期保険金額の**一定倍率以下**とされているため、満期のない終身保険は金融類似商品に該当しません。従って**解約返戻金は一時所得として総合課税の対象**となります。　○

個人年金保険を**毎年の年金**として受け取る場合は、年金年額から**必要経費**を差し引いた額が雑**所得**として所得税・住民税が課税されます。**一括して一時金**として受け取る場合は**一時所得**となり、これまでに支払った保険料と特別控除額（最高50万円）を差し引いた金額の2分の1が所得税・住民税の課税対象になります。なお、**契約者と受取人が異なる場合**には、年金受取開始時に贈与税が課税されます（2年目以降は所得税・住民税）。　○

収入保障保険（特約）によって遺族が受け取る年金は、雑**所得**として所得税・住民税が課税されます。相続時には、年金受給権が相続税の課税対象となります。　×

被保険者や配偶者等が受け取る通院・手術・入院など、**「身体の傷害に基因」して支払われる給付金、保険金は**非課税になります。
〔復習〕非課税となる給付金、保険金▶87ページ　×

3 法人の保険

問題数035

再現例題

【第3問】次の設例に基づいて、下記の各問に答えなさい。

2020年1月〈改〉

――――《設 例》――――

Aさん(68歳)は、X株式会社(以下、「X社」という)の創業社長である。Aさんは、今期限りで専務取締役の長男Bさん(40歳)に社長の座を譲り、勇退することを決意している。Aさんは、先日、<資料1>の生命保険に関しての相談を生命保険会社の営業担当者であるファイナンシャル・プランナーのMさんにした。

<資料1>X社が現在加入している生命保険の契約内容

保険の種類:無配当逓増定期保険(特約付加なし、契約年月日:2015年3月1日)

- ・契約者(=保険料負担者):X社
- ・死亡保険金受取人:X社
- ・基本保険金額:1億円
- ・年払保険料:750万円
- ・現時点の解約返戻金額:4,600万円
- ・被保険者:Aさん
- ・保険期間・保険料払込期間:77歳満了
- ・逓増率変更年度:第9保険年度
- ・現時点の払込保険料累計額:6,000万円

Mさんは、Aさんに対して、定期保険の保険料に係る経理処理について説明した。Mさんが説明した以下の文章の空欄①~③に入る最も適切な語句または数値を、下記のイ~チから選び、その記号を解答用紙に記入しなさい。

2019年6月28日に『定期保険等の保険料に相当多額の前払部分の保険料が含まれる場合の取扱い』に関する通達が新設され、法人が支払う定期保険等の保険料の取扱いが変更されました。当該通達によると、定期保険等の最高解約返戻率に応じて資産計上期間や資産計上額が決定されます。最高解約返戻率が(①)%超70%以下の契約については、保険期間の前半4割に相当する期間に、当期分支払保険料の40%を資産に計上し、最高解約返戻率が70%超85%以下の契約については、保険期間の前半4割に相当する期間に、当期分支払保険料の60%を資産に計上します。最高解約返戻率が85%を超える契約については『当期分支払保険料×最高解約返戻率×70%(保険期間開始日から10年を経過する日までは90%)』の算式により、資産計上額が決定されます。また、最高解約返戻率が(①)%以下の契約については、支払保険料の(②)を損金の額に算入することができます。

なお、Aさんが現在加入している無配当逓増定期保険の2024年3月に支払う保険料について、当該通達の規定が適用(③)。

| イ.40 | ロ.50 | ハ.60 | ニ.3分の2 | ホ.4分の3 | ヘ.全額 |
| ト.されます | チ.されません | | | | |

※本試験では、1つの《設例》について3問出題されます。

👑**1** 長期平準定期保険…出題率**5.05%**［90問］

👑**2** 法人の保険と税務…出題率**4.21%**［75問］

👑**3** 逓増定期保険…出題率**2.13%**［38問］

※出題率は、過去13年間の「生保顧客資産相談業務」1,782問中の出題割合［質問数］を示しています。

【第3問】の出題範囲

「生保」の【第3問】は、【法人の保険】に関する問題が3問出題されます。

【第3問】の出題傾向

1 **長期平準定期保険**…保険期間満了時70歳を超えていて、かつ「加入時年齢＋保険期間×2＞105」となる定期保険です。

2 **法人の保険と税務**…法人の保険と税務について幅広い知識が求められます。

3 **逓増定期保険**…逓増定期保険の経理処理についての問題です。

「再現例題」の解説と解答

従来、長期平準定期保険は2分の1資産計上・2分の1損金算入、逓増定期保険は加入時年齢と満了時年齢、保険期間によって2分の1～4分の3資産計上・残りを損金算入という経理処理でしたが、2019年7月8日以降に契約された定期保険については、最高解約返戻率を基準にした以下の区分で資産計上割合が決まります。

最高解約返戻率50%超70%以下…保険期間の前半4割に相当する期間は、支払保険料の40%を資産計上、残り60%を損金算入。以降は全額を損金算入。

最高解約返戻率70%超85%以下…保険期間の前半4割に相当する期間は、支払保険料の60%を資産計上、残り40%を損金算入。以降は全額を損金算入。

最高解約返戻率85%超…保険期間の当初10年間は、「支払保険料×最高解約返戻率の90%」を資産計上、残り10%を損金算入。11年目以降～最高解約返戻率となる期間の終了日までは、「支払保険料×最高解約返戻率の70%」を資産計上。残り30%を損金算入。以降は全額を損金算入。

① 最高解約返戻率が50%超70%以下の契約は、保険期間の前半4割に相当する期間に、支払保険料の40%相当額を資産計上し、残額を損金に算入します。

② 保険期間が3年未満の定期保険等や最高解約返戻率が50%以下の定期保険等[※]に係る保険料については、従来通り支払保険料の全額が損金となります。

③ 2019年7月7日以前に契約された保険は、改正の適用外です。

解答　①ロ　②ヘ　③チ

※保険期間3年未満、最高解約返戻率が50%超70%以下かつ1被保険者あたりの年換算保険料相当額が30万円以下（全保険会社の契約を通算）のものを含む。

TOP 60　**❶　法人の保険と税務**

❶ 法人が申込者（契約者）となり生命保険契約を締結する場合、クーリング・オフ制度による申込みの撤回等はできなくなる。

❷ 法人が保険期間10年の定期保険に加入し、保険料を全期前納した場合、その保険料は、支払った年度において、全額を損金の額に算入することになる。

❸ 事業保障資金は、短期債務額（短期借入金＋買掛金＋支払手形）に全従業員の1年分の給与総額を加算して求められる。また事業保障資金を生命保険で準備する場合は、受取保険金に対する法人税等の額も考慮する必要がある。

❹ 無配当定期保険の保険料は、全額を損金算入できる。また解約返戻金の額は、保険期間の経過により増減し、保険期間満了時には0（ゼロ）となる。

❺ 法人が役員にかけた生命保険を、役員退職金の一部として現物支給するため役員個人に名義変更するとき、保険契約の権利の価額は会社が支払った保険料総額で評価され、またその際、役員個人の告知、診査が必要となる。

❻ 保険期間中に法人に資金需要が発生した場合、契約者貸付制度によって、利用時点での解約返戻金相当額まで融資を受けることができる。

❼ 役員・従業員を被保険者とし、死亡保険金受取人を法人とする終身保険の保険料は、支払保険料の全額を資産に計上する。また被保険者が死亡した場合は、それまで資産計上していた保険料積立金を取り崩し、死亡保険金との差額を雑収入として経理処理する。◀よく出る

❽ 役員・従業員を被保険者とし、法人を保険金受取人とする定期保険特約付終身保険の保険料は、終身部分を資産計上し、定期部分は損金算入する。また死亡保険金を受け取った場合、死亡保険金と資産計上している保険料積立金等との差額を雑収入（または雑損失）として計上する。

指示のある問題はその指示に従って答えなさい。

▼ **解説**（赤シートで消える語句をチェックできます） 🔖91・122ページ ▼ **正解**

法人契約、個人事業主の事業に対する契約、保険期間1年以下の契約、保険会社指定の医師診査を受けた後の契約は、**クーリング・オフ**の対象外です。

○

複数年分の定期保険料を**全期前納**した場合、**支払った年度で損金算入**できるのは、その年度分の保険料だけです。

×

事業保障資金は「**短期債務額（短期借入金＋買掛金＋支払手形）**＋全従業員の1年分の給与総額」です。また、生命保険の保険金には法人税がかかる場合がありますから、手取りを考慮した保険契約とする必要があります。

○

無配当定期保険は、配当金がない掛捨て型の保険のため、支払った保険料の**全額を損金算入**することができます。解約返戻金は一定期間まで増加、その後は逓減し、保険期間満了時に0（ゼロ）となります。

○

役員退職金の一部として、**生命保険の受取人を法人から役員個人に名義変更**した場合、その時点での解約返戻金相当額が保険契約の権利の価額となり、**退職収入**とみなされます。また、告知、診査は不要です。

×

契約者貸付制度では、解約返戻金相当額の**70〜90%**（商品・保険会社によって異なる）まで融資を受けられます。融資額には利息が発生します。

×

死亡保険金受取人を法人とする終身保険の保険料は、**支払保険料の全額を保険料積立金として資産計上**します。また、死亡保険金、満期保険金、解約返戻金等は、資産計上していた保険料積立金を取り崩し、**保険金と保険料積立金との差額を雑収入（または雑損失）**として計上します。

【払込保険料総額400万円、保険金8,000万円の場合】

借　　方		貸　　方	
現金・預金	8,000万円	保険料積立金	400万円
		雑収入	7,600万円

○

保険金が法人に入る**終身保険**の保険料は**資産計上**、掛捨ての**定期保険**部分の保険料は**損金算入**です。 また、**死亡保険金と資産計上している保険料積立金等との差額は、雑収入（または雑損失）**として計上します。

○

2 長期平準定期保険

次の〈設例〉に基づいて、下記の各問に答えなさい。

〈設例〉Aさん(54歳)は、X社の創業社長である。Aさんは、今後の保険料負担も考慮し、下記の生命保険契約を見直したいと考えている。

保険の種類：5年ごと利差配当付定期保険(特約付加なし)

契約年月日：2010年11月1日(Aさん40歳の時点で契約。現在までの保険契約期間14年)

契約者(＝保険料負担者)：X社

被保険者：Aさん

☐ ❶ Aさんへのアドバイス①〜④の正誤を答えなさい。

① 当該生命保険を解約せず、払済終身保険に変更することも検討事項の1つとなります。将来、Aさんが勇退する際に、契約者をAさん、死亡保険金受取人をAさんの配偶者等に名義変更し、その払済終身保険契約を役員退職金の一部として現物支給することができます。◀よく出る

② 当該生命保険を払済終身保険に変更した場合、変更時点における資産計上額と解約返戻金相当額との差額を雑収入もしくは雑損失として経理処理することになります。◀よく出る

③ 当該生命保険を現時点で払済終身保険に変更した場合、変更した事業年度において多額の雑損失が計上されます。これによって、変更した事業年度の経常利益が大きく減少する可能性があります。

④ X社が現在加入している生命保険の返戻率（解約返戻金額÷払込保険料累計額）は現時点がピークであり、解約や払済保険への変更をするには現時点が最適な時期であると考えられます。

☐ ❷ 当該生命保険を下記の条件で解約した場合のX社の経理処理（仕訳）について、空欄①〜④に入る最も適切な語句または数値を答えなさい。◀よく出る

〈条件〉 ・X社が支払った保険料の総額は2,800万円である。
・解約返戻金の額は2,200万円である。

〈解約返戻金受取時のX社の経理処理(仕訳)〉

借　方		貸　方	
現金・預金	（ ① ）万円	前払保険料	（ ② ）万円
		（　③　）	（ ④ ）万円

死亡保険金受取人：X社
保険期間・保険料払込期間：95歳満了
死亡保険金額：1億円
年払保険料：200万円
現時点の解約返戻金額：2,200万円
65歳時の解約返戻金額：4,500万円
※保険料の払込みを中止し、払済終身保険に変更することができる。

設例の保険は、**2019年7月7日以前の契約の長期平準定期保険保険期間**（満了時70歳を超えていて、かつ「加入時年齢＋保険期間×2＞105」）です。

①　上記※のとおり払済終身保険に変更できます。また、法人が役員や従業員にかけた生命保険は、名義変更して退職金の一部として**現物支給でき**ます。　① ◯

②　払済終身保険は、解約返戻金相当額をもとに一時払保険に変更します。解約した場合と同様、資産計上額（これまでに資産計上している前払保険料）と解約返戻金相当額との差額を**雑収入（または雑損失）**として計上します。　② ◯

③　解約返戻金は2,200万円、払込保険料の総額は2,800万円（200万円×14年）です。**長期平準定期保険で前半6割期間での保険料**なので、**2分の1**の**1,400万円**をこれまでに**前払保険料**として**資産計上**しているはずです。従って、**差額800万円が雑収入**となり、経常利益は**増大**する可能性があります。　③ ✕

④　長期平準定期保険は、解約返戻金の返戻率が高いピーク期間（単純返戻率90％超←商品によって異なる）が比較的長く続きます。現時点では払込保険料総額2,800万円、解約返戻金は2,200万円で、**返戻率＝2,200÷2,800×100≒79%**、65歳時点では**返戻率＝4,500÷（200×25）×100＝90%**となり、現時点がピークとは言えません。　④ ✕

最初に解約返戻金2,200万円が、「現金・預金」の入金として記帳されます。←①

前問より、これまでに前払保険料として資産計上されているのは1,400万円。
従って、「前払保険料」は1,400万円です。←②

最後に、**解約返戻金2,200万円と資産計上していた前払保険料1,400万円の差益800万円を「雑収入」として益金算入します。**
←③④

① 2,200
② 1,400
③ 雑収入
④ 800

❸ 逓増定期保険

次の〈設例〉に基づいて、下記の各問に答えなさい。
〈設例〉Aさん(50歳)は、X社の創業社長で、Aさんが死亡した場合の事業保障資金や役員退職金の準備を目的として、下記の生命保険へ加入している。
保険の種類：無配当逓増定期保険(特約付加なし)
契約年月・保険期間：2019年2月・22年
契約者(＝保険料負担者)：X社
被保険者：Aさん

□ ❶ 設例の生命保険に関する①〜④の正誤を答えなさい。

① 返戻率がピークの時期に払済終身保険に変更した場合でも、逓増定期保険から払済終身保険への変更に限り、経理処理の必要はない。

② X社が当該生命保険契約を解約した場合にX社が受け取る解約返戻金は、Aさんに支給する役員退職金の原資や事業資金として活用することができる。

③ 当該生命保険契約の死亡保険金受取人をX社ではなくAさんの遺族とした場合、X社が支払う保険料は、その全額を福利厚生費としてX社の損金の額に算入することができる。

④ 当該生命保険契約の単純返戻率（解約返戻金÷払込保険料累計額）は、逓増率変更年度から上昇し、第9保険年度の前後にピークを迎え、その後、保険期間満了時まで同程度の水準を維持しながら推移する。

□ ❷ 当該生命保険を、将来、下記の条件で解約した場合の経理処理（仕訳）について、空欄①〜④に入る最も適切な語句または数値を答えなさい。

〈条件〉
・X社が解約時までに支払った保険料の総額を8,460万円とする。
・解約時の解約返戻金の金額を7,500万円とする。

〈解約返戻金受取時のX社の経理処理(仕訳)〉

借　方		貸　方	
現金・預金　（①）万円	（②）　（③）万円		
	雑　収　入　　（④）万円		

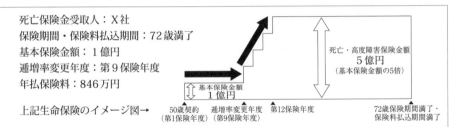

死亡保険金受取人：X社
保険期間・保険料払込期間：72歳満了
基本保険金額：1億円
逓増率変更年度：第9保険年度
年払保険料：846万円

上記生命保険のイメージ図→

① 　**逓増定期保険**を払済終身保険へ変更する場合も、他の保険と同様です。資産計上額（これまでに資産計上している前払保険料）と解約返戻金相当額との差額を**雑収入（または雑損失）**として計上します。　　①✕

② 　企業が受け取った逓増定期保険の解約返戻金は、役員退職金の原資や設備投資等の**事業資金として活用**できます。　　②〇

③ 　被保険者を特定の役員、死亡保険金受取人を役員の遺族とする場合、法人が役員の生命保険料を肩代わりしていることになるため、全額を役員への**給与**として計上します。　　③✕

④ 　逓増定期保険の単純返戻率（解約返戻金÷払込保険料累計額）は、逓増率変更年度から上昇し、保険金額がピーク（一般に契約から5〜15年）を過ぎると**徐々に減って保険期間満了時になくなります**。　　④✕

逓増定期保険は、次のように経理処理をします。[※]

● **逓増定期保険の保険料の仕訳：前半6割の期間**…〈設例〉前半（22年×0.6＝）13.2年まで

満了時年齢と条件（45歳以下は全額損金算入）	下記以外は「定期保険料」として損金算入
❶45歳超　←❷❸に該当しないもの	2分の1を「前払保険料」として資産計上
❷70歳超かつ契約時年齢＋保険期間×2＞95	3分の2を「前払保険料」として資産計上
❸80歳超かつ契約時年齢＋保険期間×2＞120	4分の3を「前払保険料」として資産計上

● **逓増定期保険の保険料の仕訳：後半4割の期間**…保険料全額を「定期保険料」として損金算入。前半で「前払保険料」として資産計上した分を取り崩して損金算入。

満了時72歳、**契約時年齢50歳＋保険期間22年×2＝94＜95**なので、❶に該当。

解約返戻金 7,500万円 は「現金・預金」として記帳されます。←①　　① 7,500

10年（8,460÷846）で解約（60歳）、それまでに資産計上されている「前払保険料」は**8,460万円÷2＝4,230万円**です。←②③　　② 前払保険料

解約返戻金 7,500万円 と前払保険料 4,230万円 の　　③ 4,230

差益3,270万円を「雑収入」として益金算入します。←④　　④ 3,270

※ 2008年2月28日〜2019年7月7日に契約した場合の逓増定期保険の経理処理。

453

4 ハーフタックスプラン

> 次の〈設例〉に基づいて、下記の各問に答えなさい。
> 〈設例〉代表取締役社長であるAさん(65歳)は、X社の専務取締役である長男Bさんに事業を譲ることを検討している。また、社長の交代時期に合わせ、X社の役員や従業員を対象とした福利厚生制度の整備・充実も検討している。そこで、生命保険会社の営業職員であるファイナンシャル・プランナーのMさんに相談したところ、下記の生命保険の提案を受けた。
> 保険の種類:養老保険(特約付加なし)
> 契約者(=保険料負担者):X社

❶ Aさんへのアドバイス①〜④の正誤を答えなさい。

① X社では、現時点における役員・従業員だけでなく、プラン導入後に入社する従業員に対しても、当該プランの趣旨を周知徹底するとともに、プラン導入後に加入漏れ等が生じないように留意する必要がある。

② 提案を受けている生命保険に加入した後、被保険者が保険期間中に退社し、保険契約を解約した場合、その時点での解約返戻金相当額が被保険者本人に直接支払われる。

③ 当該プランは原則として全役員・全従業員を加入対象者とするが、勤続年数などの合理的な基準により普遍的に設けられた条件によって加入対象者を定めることも可能である。

④ 積立配当の経理処理は、配当金とすでに積み立てられた配当金に対する利息を、雑収入として配当の通知を受けた事業年度の益金に算入する。

❷ 上記の生命保険に加入した後、X社の従業員のCさんが死亡し、Cさんの遺族が死亡保険金を受け取った場合の経理処理(仕訳)について、空欄①〜④に入る最も適切な語句または数値を答えなさい。 ◀よく出る

〈条件〉 従業員Cさんを被保険者とする保険契約について、
・Cさんの死亡時までにX社が支払った保険料の総額を100万円とする。
・X社が計上している配当金積立金の額を5万円とする。

〈死亡保険金受取時のX社の経理処理(仕訳)〉

借 方		貸 方	
(①)	(②)万円	(③)	(④)万円
		配当金積立金	5 万円

被保険者：全役員・全従業員（20名）
保険金受取人：（満期時）X社　（死亡時）被保険者の遺族
保険期間・保険料払込期間：65歳満了
保険金額：被保険者1人当たり800万円
年払保険料：600万円
配当方法：積立配当

設例のように、**被保険者＝**全役員・従業員、**死亡保険金受取人＝**被保険者の遺族、**満期保険金受取人＝**法人とする法人契約の養老保険を**ハーフタックスプラン（福利厚生プラン、福利厚生保険）**といいます。

①　ハーフタックスプランは、全従業員が**被保険者となる普遍的加入が条件**なので、新入の従業員にも、周知徹底・加入漏れ防止への留意が必要です。

 ① ○

②　従業員が中途退職した場合、**ハーフタックスプランの解約返戻金は**、法人が受け取ります。**死亡保険金**は被保険者の遺族へ直接支払われます。

 ② ✕

③　例えば勤続3年以上の正社員など、合理的な基準により普遍的に設けられた条件であれば、加入対象者を定めることもできます。

③ ○

④　積立配当による配当金は、配当金を所定の利率で積み立てたもの（配当金＋利息）です。全額を**配当金積立金**として資産計上し、同額を配当の通知を受けた事業年度の雑収入として益金に算入します。

 ④ ○

ハーフタックスプランでは、支払保険料の2分の1を保険料積立金として資産計上、残りの2分の1は福利厚生費として損金算入します。死亡時までに支払った保険料総額が100万円なので、資産計上している「保険料積立金」は**2分の1の50万円**。←③④

Cさんの保険契約の配当金積立金は5万円で資産計上されています。資産計上の合計額55万円（50万円は保険料積立金としての取り崩し、5万円は配当金積立金としての取り崩し）、と同額55万円を「雑損失」として損金計上します。←①②

保険料の2分の1と配当金を積み立てていましたが、役員・従業員の死亡時の死亡保険金は、法人自身が受け取るわけではないので損金として処理します。

① 雑損失
② 55
③ 保険料積立金
④ 50

生保顧客資産相談業務　実技

455

4 タックスプランニング

問題数027

再現例題

【第4問】次の設例に基づいて、下の問に答えなさい。

2022年5月〈改〉

── 《設 例》──

会社員のAさんは、妻Bさんおよび長女Cさんの3人で暮らしていたが、妻Bさんは、2024年7月に病気により45歳で他界した。また、Aさんは、2024年中に終身保険の解約返戻金および一時払変額個人年金保険の解約返戻金を受け取っている。長女Cさんは、Aさんと同居し、生計を一にしている。Aさんと長女Cさんは、いずれも障害者および特別障害者には該当しない。

〈Aさんの2024年分の収入等に関する資料〉

(1)給与所得の金額：440万円

(2)終身保険の解約返戻金

契約年月 ：2005年6月

契約者(＝保険料負担者)

被保険者 ：Aさん

死亡保険金受取人：妻Bさん

解約返戻金額 ：350万円

一時払保険料 ：380万円

(3)一時払変額個人年金保険(10年確定年金)の解約返戻金

契約年月 ：2015年10月

契約者(＝保険料負担者)

被保険者 ：Aさん

死亡保険金受取人：妻Bさん

解約返戻金額 ：670万円

一時払保険料 ：500万円

Aさんの2024年分の所得税の算出税額を計算した右の表の空欄①～③に入る最も適切な数値を求めなさい。なお、問題の性質上、明らかにできない部分は「□□□」で示してある。

(a)	総所得金額	(①) 円
	社会保険料控除	□□□円
	生命保険料控除	120,000円
	地震保険料控除	15,000円
	ひとり親控除	□□□円
	配偶者控除	□□□円
	扶養控除	□□□円
	基礎控除	(②) 円
(b)	所得控除の額の合計額	2,700,000円
(c)	課税総所得金額 ((a)−(b))	□□□円
(d)	算出税額 ((c)に対する所得税額)	(③) 円

資料〈所得税の速算表〉

課税所得金額	税率	控除額
195万円以下	5%	0円
195万円超～ 330万円以下	10%	97,500円
330万円超～ 695万円以下	20%	427,500円
695万円超～ 900万円以下	23%	636,000円
900万円超～1,800万円以下	33%	1,536,000円
1,800万円超～4,000万円以下	40%	2,796,000円
4,000万円超	45%	4,796,000円

※上記以外の条件は考慮せず、各問に従うこと。

※本試験では、1つの《設例》について3問出題されます。

👑1 **総所得金額・所得税額の算出**…出題率**6.51%**〔116問〕

👑2 **所得控除**…出題率**6.34%**〔113問〕

👑3 **退職所得**…出題率**3.59%**〔64問〕

※出題率は、過去13年間の「生保顧客資産相談業務」1,782問中の出題割合〔質問数〕を示しています。

【第4問】の出題範囲

「生保」の【第4問】では、〈個人の所得と申告に関する資料〉を説明した《設例》に基づいて、【タックスプランニング】に関する問題が3問出題されます。

【第4問】の出題傾向

頻出順に次の問題が出題されています。

1 **総所得金額・所得税額の算出**…総所得金額や所得税額を求める計算問題です。所得を計算する際に差し引く控除額や必要経費など、間違いやすいポイントがいくつかあります。計算自体は難しくないので、まずは問題になれておくことが大切。手順に従って解いていけば、ムリなく解答できます。

2 **所得控除**…扶養控除、配偶者控除、医療費控除に関する問題が頻出します。

3 **退職所得**…退職所得控除額では勤続年数20年以下と20年超で計算式が異なります。この計算式を頭に入れておけば正答できます。

▼ 再現例題の解説と解答

① Aさんの総所得金額＝給与所得＋一時所得（終身保険の解約返戻金と一時払変額個人年金保険の解約返戻金）

一時所得＝収入額－収入を得るために支出した金額－特別控除50万円　なので、

Aさんの一時所得 ＝（350万円＋670万円）－（380万円＋500万円）－50万円
＝90万円

総所得金額に算入するのは、一時所得の2分の1の額なので、45万円。

Aさんの総所得金額＝440万円＋45万円＝485万円

② Aさんの合計所得金額は2,400万円以下なので、基礎控除額は48万円。

③ 課税総所得金額＝485万円（総所得金額）－270万円（所得控除額の合計額）＝215万円　所得税の速算表から、

算出税額＝215万円×10％－9.75万円＝11.75万円

解答　①4,850,000円　②480,000円　③117,500円

▼ 適切なものには○、不適切なものには×で答えなさい。また、（　）に入る語句の記号を答えなさい。

TOP 60 **1** 退職所得

Aさん（54歳）は、役員在任期間（勤続年数）27年3カ月でX社を退任した。X社が役員退職金として5,000万円を支給した場合、Aさんが受け取る役員退職金に係る退職所得の金額を計算した下記の計算式の空欄ア〜ウに入る最も適切な数値を求めなさい。なお、Aさんは、これ以外に退職手当等の収入はなく、障害者になったことが退職の直接の原因ではないものとする。また、問題の性質上、明らかにできない部分は「□□□」「△△△」で示してある。

〈退職所得控除額〉

　800万円＋□□□万円×（（ ア ）年－20年）＝（ イ ）万円

〈退職所得の金額〉

　（5,000万円－（ イ ）万円）×△△△＝（ ウ ）万円

TOP 60 **2** 所得控除

次の〈設例〉に基づいて、下記の各問に答えなさい。

〈設例〉　Aさんは、妻Bさん、長男Cさん、二男Dさん、母Eさんとの5人家族である。

〈Aさんとその家族に関する資料〉

　Aさん（53歳）　　：会社員。2024年分の収入は、給与収入のみの730万円である。

　妻Bさん（48歳）　：パート勤務。2024年中の収入は、給与収入のみの135万円である。

　長男Cさん（21歳）：大学生。2024年中の収入はない。

❶ 妻Bさんの合計所得金額は133万円以下、Aさんの合計所得金額は1,000万円以下であるため、Aさんは妻Bさんについて、配偶者特別控除の適用を受けることができる。

❷ 長男Cさん、二男Dさんはともに、特定扶養親族に該当するため、Aさんは、1人63万円、合計126万円の扶養控除の適用を受けることができる。

❸ 母Eさんの合計所得金額は48万円以下となるので、Aさんは、母Eさんについて扶養控除の適用を受けることができる。母Eさんに係る扶養控除の控除額は58万円である。

指示のある問題はその指示に従って答えなさい。

▼ 解説（赤シートで消える語句をチェックできます）　テ245ページ　▼ 正解

退職所得控除額は、勤続年数により、次の2通りに分かれます。

・勤続年数 20年以下 … 40万円×勤続年数 → 20年で 800万円

・勤続年数 20年超 … 800万円＋70万円×（勤続年数－20年）

ア　Aさんの勤続年数は27年3カ月なので、28年（1年未満の端数は切り上げ）です。

イ　800万円＋70万円×（28年－20年）＝1,360万円

退職所得の計算式は次のとおりです。

$$退職所得＝（退職収入金額－退職所得控除額）×\frac{1}{2}^{※}$$

ウ　退職所得の金額　＝（5,000万円－1,360万円）×$\frac{1}{2}$
　　　　　　　　　　＝1,820万円

ア	28年
イ	1,360万円
ウ	1,820万円

※ 2022年分以後の所得税について、役員等以外の者としての勤続年数が5年以下である者に対する退職手当等のうち、退職所得控除額を控除した残額の300万円を超える部分については2分の1課税を適用しない。

▼ 解説（赤シートで消える語句をチェックできます）　テ258ページ　▼ 正解

二男Dさん（14歳）　：中学生。2024年中の収入はない。
母Eさん（79歳）　　：2024年中の収入は公的年金のみで、その収入金額は90万円である。

※妻Bさん、長男Cさん、二男Dさんは、Aさんと同居し、生計を一にしている。
※母Eさんは、Aさんと生計を一にしているが、近くで一人暮らしをしている。
※Aさんとその家族は、いずれも障害者および特別障害者には該当しない。
※Aさんとその家族の年齢は、いずれも2024年12月31日現在のものとする。

❶　納税者本人の合計所得金額が 1,000万円以下、配偶者の合計所得金額が 48万円超～133万円以下（収入が給与のみの場合は 年収 103万円超～201.6万円未満）である場合、**配偶者特別控除**が適用されます。妻Bさんの給与収入は135万円（合計所得金額80万円）なので、Aさんは配偶者特別控除の適用を**受けることが**できます。

❷　**特定扶養親族の年齢**は 19歳以上 23歳未満 です。21歳の長男Cさんは該当しますが、14歳の二男Dさんは控除対象外です。よって、Aさんが息子2人について、適用を受けられる扶養控除額は、長男Cさんについてのみの 63万円です。

❸　母Eさんは、**年齢 70歳以上**、公的年金のみの **年収 158万円以下** にあたるため、**老人扶養親族**に該当します。Aさんとは同居していないので、Aさんが母Eさんについて適用を受けられる **扶養控除額は 48万円**です。

❶ ○
❷ ×
❸ ×

※給与収入135万円－給与所得控除額55万円＝80万円（合計所得金額）

次の〈設例〉に基づいて、下記の問に答えなさい。
〈設例〉 会社員のAさんは、妻Bさん、長男Cさんおよび長女Dさんとの4人暮らしである。Aさんの2024年分の医療費控除の控除額を計算すると右資料のとおりである。
〈Aさんが2024年中に支払った医療費等に関する資料〉
(1) Aさんのケガの治療に係る入院治療費：10万円
※Aさんは上記入院治療費について、医療保険から入院給付金2万円を受け取っている。

❹ 次の空欄①〜③に入る適切な数字を、下の数値群から選びなさい。
所得税における医療費控除の控除額は、原則、その年中に支払った、自己または自己と生計を一にする配偶者その他の親族に係る医療費の金額（保険金等で補てんされる部分の金額を除く）から、「総所得金額等の合計額×5％」と（ ① ）万円のいずれか低いほうの額を控除した後の額となるが、その控除した後の額が200万円を超える場合は、200万円がその年分の控除額となる。Aさんの2024年分の医療費控除の控除額は以下のとおりとなる。

$$
\begin{pmatrix} 医療費控除 \\ の対称とな \\ る医療費の額 \\ （②）万円 \end{pmatrix} - \begin{pmatrix} 入院給付 \\ 金として受 \\ け取った額 \\ 2万円 \end{pmatrix} - \begin{pmatrix} a\ 総所得金額等の \\ \quad 合計額×5％ \\ b\ （①）万円 \\ \quad \square\square\square万円 \\ ※aとbのいずれか低い額 \end{pmatrix} = \begin{pmatrix} Aさんの医 \\ 療費控除額 \\ （③）万円 \end{pmatrix}
$$

イ．2	ロ．5	ハ．7	ニ．10	ホ．13	ヘ．14
ト．15	チ．18	リ．19	ヌ．20		

❺ 次の空欄①〜③に入る適切な語句または数値を、下の語句群から選びなさい。
所得控除は基礎控除を含め14種類あるが、（ ① ）、医療費控除、寄附金控除の3つは、所得控除の適用を受けるためには確定申告が必要となる。ただし、寄附金控除については、2015年度税制改正において、給与所得者等が寄附を行った場合には確定申告を不要とする「ふるさと納税ワンストップ特例制度」が創設された。なお、寄附者が確定申告を行った場合、または1年間に（ ② ）団体を超える都道府県もしくは市町村に対して寄附を行った場合は、この特例制度は適用されない。医療費控除は、総所得金額等の合計額が（ ③ ）万円以上である者の場合、その年中に支払った医療費の総額が10万円を超えていなければ、その適用を受けることはできない。

イ．5	ロ．7	ハ．10	ニ．100	ホ．200	ヘ．300
ト．雑損控除	チ．配偶者特別控除	リ．住宅借入金等特別控除			

(2) 妻Bさんが美容と健康のために服用したサプリメントの購入費：5万円

(3) 長男Cさんの虫歯の治療費：3万円

(4) 長女Dさんが服用した薬局での医薬品購入代金：1万円

※「特定一般用医薬品等購入費を支払った場合の医療費控除の特例」（セルフメディケーション税制）は考慮しないものとする。

医療費控除は、納税者が**本人または生計を一にする配偶者や親族の医療費**をその年中に支払った際に所得控除を受けられるものです。

① **医療費控除の控除額**は、その年中に支払った自己負担の医療費から、保険金などで補てんされた金額を引き、さらに「総所得金額等の合計額の5%」と<u>10万円</u>のいずれか低いほうの額を控除した後の額です。

② 医療費控除の対象となる医療費の額を求めます。資料から、Aさんが支払った医療費のうち、控除の対象となるのは、(1)入院治療費（10万円）、(3)虫歯の治療費（3万円）、(4)医薬品購入代金（1万円）の3つなので、<u>10万円＋3万円＋1万円＝14万円</u>

資料(2)のサプリメント購入費（5万円）は、美容・健康増進を目的とするもののため、医療費控除の対象とはなりません。

③ **Aさんの医療費控除額**

　＝<u>14万円－2万円</u>（入院給付金）－<u>10万円＝2万円</u>

① ニ

② ヘ

③ イ

① 所得控除（14種類）のうち、年末調整では適用を受けることができないため、給与所得者であっても、確定申告が必要になる所得控除は、<u>雑損</u>控除、医療費控除、<u>寄附金</u>控除の3つです。なお、住宅借入金特別控除の適用を受ける最初の年分は確定申告が必要です。**ウラ技 キ（寄附金）ザ（雑損）な医者（医療費）は、確定申告せよ。**

② **ふるさと納税ワンストップ特例制度**は、自分が応援したい自治体（市町村）に対して寄附をした場合、確定申告なしで**寄附金控除を受けられる仕組み**です。この制度を利用した場合、寄附金額のうち、2,000円を超える部分について、翌年度の住民税・所得税から原則として全額が控除されます（一定の上限あり）。ただし、寄附者が確定申告を行った場合や1年間にふるさと納税で寄附する自治体数が<u>5団体</u>を超えた場合、この特例制度は適用されません。

③ 医療費控除は、総所得金額等の合計額が<u>200万円</u>以上である者の場合、医療費の総額が10万円超でなければ、医療費控除の適用を受けることはできません。

① ト

② イ

③ ホ

次の〈設例〉に基づいて、下記の問に答えなさい。

〈設例〉　Aさんは、20年間勤務していたX社を2024年5月末に退職し、同年7月から個人で学習塾を開業している。Aさんは開業後直ちに青色申告承認申請と青色事業専従者給与に関する届出を所轄税務署長に対して行っている。

〈Aさんの2024年分の収入等に関する資料〉
(1)事業所得の金額：252万円（青色申告特別控除後）
(2)上場株式の譲渡損失の金額　　：18万円
　　※上場株式の譲渡は、証券会社を通じて行ったものである。
(3)非上場株式の譲渡所得の金額：10万円
(4)X社からの給与収入の金額　　：400万円

☐ ❶　Aさんの2024年分の各種所得の金額および総所得金額を計算した下記の表および文章の空欄ア～エに入る最も適切な数値を求めなさい。なお、問題の性質上、明らかにできない部分は「☐☐☐」で示している。

各種所得	各種所得の金額
事業所得の金額	2,520,000 円
給与所得の金額	（ ア ）円
譲渡所得の金額	☐☐☐円 　上場株式：▲ 180,000 円（▲はマイナスを表す） 　非上場株式：100,000 円
一時所得の金額	（ イ ）円
雑所得の金額	（ ウ ）円
退職所得の金額	0 円

以上から、Aさんの2024年分の総所得金額は（ エ ）円となる。

資料〈給与所得控除額の速算表〉

給与等の収入金額（年収）		給与所得控除額
	162.5 万円以下	55 万円
162.5 万円超	180 万円以下	収入金額× 40％－ 10 万円
180 万円超	360 万円以下	収入金額× 30％＋ 8 万円
360 万円超	660 万円以下	収入金額× 20％＋ 44 万円
660 万円超	850 万円以下	収入金額× 10％＋ 110 万円
850 万円超		195 万円（上限）

(5) X社からの退職手当等の収入金額 ：700万円

※退職時に「退職所得の受給に関する申告書」を提出している。

(6) 個人年金保険に係る確定年金の額 ：100万円（必要経費82万円）

(7) 生命保険の解約返戻金額 ：690万円

〈Aさんが2024年中に解約した生命保険の契約内容〉

保険の種類 ：一時払変額個人年金保険

契約年月 ：2013年7月

契約者（＝保険料負担者）・被保険者：Aさん 死亡給付金受取人：妻Bさん

解約返戻金額 ：690万円

一時払保険料 ：600万円

総所得金額は、総合課税となる各所得について、所得控除や損益通算、繰越控除等を行ったあとの合計額です。Aさんの総合課税となる所得は、**事業所得（252万円）**、**給与所得**、**一時所得**（一時払変額個人年金の解約返戻金）、**雑所得**（個人年金保険の確定年金額）です。株式の譲渡所得や譲渡損失、退職所得は分離課税のため、総所得金額には算入できません。

●**給与所得**は次の式で求めます。

給与所得＝給与収入金額－給与所得控除額（最低55万円）

給与所得控除額は、資料より「収入金額×20％＋44万円」なので、

給与所得 ＝400万円－（400万円×20％＋44万円）＝276万円

●**一時所得**は次の式で求めます。

一時所得＝一時所得の総収入金額－収入を得るために支出した金額－特別控除額（最高50万円） なので、**690万円－600万円－50万円＝40万円**

●**雑所得**を求めます。Aさんの雑所得は、公的年金以外（個人年金）のみなので、次の式で求めます。

公的年金等以外の雑所得＝総収入金額－必要経費 なので、

100万円－82万円＝18万円

●各所得を合計して、**総所得金額**を求めます。その際、注意が必要なのは一時所得で、総所得金額に算入する金額は、その**2分の1の額**、**20万円**です。

Aさんの総所得金額 ＝252万円＋276万円＋20万円＋18万円

＝566万円

ア	276万
イ	40万
ウ	18万
エ	566万

生保顧客資産相談業務　実技

次の〈設例〉に基づいて、下記の問に答えなさい。

〈設例〉 Ａさん(63歳)は、理髪店を営む個人事業主である。Ａさんの収入等に関する資料等は、以下のとおりである。

〈Ａさんの2024年分の収入等に関する資料〉

(1) 事業所得の金額　　　　　　　　　　　：　4,600,000円
　　 (青色申告特別控除後)
(2) 上場株式の譲渡損失の金額　　　　　　：　 300,000円
　　 (証券会社を通じて譲渡したものである)
(3) 特別支給の老齢厚生年金の年金額　　　：　 400,000円
(4) 個人年金保険に係る確定年金の年金額　：　1,200,000円　(必要経費960,000円)
(5) 生命保険の解約返戻金額　　　　　　　：　4,800,000円

❷　Ａさんの2024年分の納付すべき所得税額を計算した下記の空欄ア～エに入る適切な数値を求めなさい。なお、予定納税額や源泉徴収税額、復興特別所得税は考慮しないものとし、Ａさんの2024年分の所得税に係る所得控除の額の合計額は1,800,000円とする。なお、問題の性質上明らかにできない部分は「□□□」で示す。

・事業所得の金額：4,600,000円

・雑所得の金額：

(a) 公的年金に係る雑所得の金額：(ア) 円

(b) 個人年金保険に係る雑所得の金額：(イ) 円

(a) ＋ (b) ＝□□□

・一時所得の金額：□□□円

・総所得金額：(ウ) 円

・課税総所得金額：(ウ) － 1,800,000円＝□□□

・納付すべき所得税額：(エ) 円

資料〈公的年金等控除額〉(公的年金等に係る雑所得以外の所得に係る合計所得金額が1,000万円以下の場合)

納税者区分	公的年金等の収入金額	公的年金等控除額
65歳未満	130万円未満	60万円
	130万円以上　410万円未満	収入金額× 25％ ＋ 27.5万円
	410万円以上　770万円未満	収入金額× 15％ ＋ 68.5万円
	770万円以上 1,000万円未満	収入金額× 5％ ＋ 145.5万円

資料〈所得税の速算表〉(抜粋)

課税所得金額（万円）	税率（％）	控除額（万円）
～　 195以下	5	0
195超 ～ 330以下	10	9.75
330超 ～ 695以下	20	42.75

〈Ａさんが2024年中に解約した生命保険の契約内容〉
　　保険の種類　　　：一時払養老保険（10年満期）
　　契約年月日：2015年2月1日
　　契約者（＝保険料負担者）　：Ａさん
　　被保険者　　　　：Ａさん
　　死亡保険金受取人：妻Ｂさん
　　解約返戻金額　　：4,800,000円
　　一時払保険料　　：5,000,000円

Ａさんの総合課税となる所得は、**事業所得（460万円）**、**雑所得**（老齢厚生年金、個人年金）、**一時所得**（一時払養老保険の解約返戻金）です。株式の譲渡損失は他の所得と損益通算できないため、総所得金額には算入できません。まず雑所得から求めます。雑所得は、公的年金等とそれ以外の所得とに分けて計算し、それを合算します。

● **公的年金等の雑所得＝収入金額－公的年金等控除額**

Ａさんの公的年金等の雑所得**40万円（老齢厚生年金）**は、〈公的年金控除額〉より「公的年金の収入金額130万円未満」にあたるので、控除額は**60万円**。

Ａさんの公的年金等の雑所得＝40万円－60万円（控除額）＝－20万円

マイナスの雑所得は**0円扱い**となります。

● **公的年金等以外の雑所得＝総収入金額－必要経費**　なので、

120万円(個人年金の年金額)－96万円(必要経費)＝24万円

Ａさんの雑所得（合計）＝0円＋24万円＝24万円

● **一時所得＝480万円(一時払養老保険の解約返戻金)－500万円(保険料)＝－20万円**

一時所得のマイナスは所得がなかったものとして、**0円扱い**となります。

Ａさんの総所得金額　＝460万円＋24万円＋0万円＝484万円

● 課税総所得金額を算出して、納付すべき**所得税額**を求めます。

課税総所得金額 ＝総所得金額－180万円（所得控除の合計額）

　　　　　　　　 ＝484万円－180万円＝304万円

〈所得税の速算表〉より該当する税率と控除額は「課税所得金額×10％－9.75万円」なので、**Ａさんの所得税額＝304万円×10％－9.75万円＝20.65万円**

ア 0　イ 240,000　ウ 4,840,000　エ 206,500

次の〈設例〉に基づいて、下記の間に答えなさい。

〈設例〉 会社員のAさんは、2024年7月に新築マンションを取得し、同年9月中に居住を開始した。Aさんは、住宅借入金等特別控除の適用を受けるために2024年分の所得税について確定申告をしている。

〈Aさんの2024年中の収入に関する資料〉
給与収入の金額：840万円

〈Aさんが2024年中に支払った生命保険の保険料に関する資料〉
正味払込保険料：20万円（一般の生命保険料控除の対象となる保険契約）
※上記生命保険は2011年4月に契約した（契約後に更新や契約内容の見直しはしていない）ものであり、正味払込保険料はAさんの2024年分の所得税に係る所得控除の対象である。

❸ Aさんの2024年分の所得税および復興特別所得税の申告納税額または還付税額を計算した下記の表の空欄ア～エに入る最も適切な数値を求めなさい。なお、問題の性質上、明らかにできない部分は「□□□」で示してある。

(a) 総所得金額		（ア）円
	社会保険料控除	□□□円
	生命保険料控除	（イ）円
	配偶者控除	□□□円
	扶養控除	□□□円
	基礎控除	480,000円
(b) 所得控除の合計額		2,240,000円
(c) 課税総所得金額（a－b）		□□□円
(d) 算出税額（cに対する所得税額）		（ウ）円
(e) 税額控除（住宅借入金等特別控除）		（エ）円
(f) 差引所得税額		□□□円
(g) 源泉徴収税額		□□□円
(h) 申告納税額または還付税額		□□□円

資料〈所得税における生命保険料控除額（2011年12月31日以前に締結した保険契約）〉

年間支払保険料	控除額
25,000円以下	支払保険料の全額
25,000円超　50,000円以下	支払保険料×2分の1＋12,500円
50,000円超　100,000円以下	支払保険料×4分の1＋25,000円
100,000円超	一律50,000円

資料〈給与所得控除額〉（抜粋）

給与等の収入金額（年収）	給与所得控除額
360万円超　660万円以下	収入金額×20％＋　44万円
660万円超　850万円以下	収入金額×10％＋110万円

資料〈所得税の速算表〉（抜粋）

課税所得金額	税率	控除額
195万円超　330万円以下	10％	9.75万円
330万円超　695万円以下	20％	42.75万円

〈Ａさんが取得した新築マンションに関する資料〉

取得価額 ：3,810万円

土地 ：48㎡（敷地利用権の割合相当の面積）

建物 ：70㎡（専有部分の床面積）

取得日・契約日 ：2024年7月3日

居住開始日 ：2024年9月26日

資金調達方法 ：自己資金1,800万円、銀行からの借入金2,010万円

返済期間 ：20年

※Ａさん単独の借入れであり、2024年12月31日現在の借入金残高は2,000万円である。

※取得したマンションは、認定長期優良住宅および認定低炭素住宅には該当しない。

※2023年11月30日建築確認済み。住宅借入金等特別控除の適用要件は満たしている。

Ａさんの総合課税となる所得は**給与収入（840万円）**のみです。

給与所得＝給与収入金額－給与所得控除額（最低55万円）

給与所得控除額は、資料より「収入金額×10％＋110万円」なので、

Ａさんの給与所得 ＝840万円－（840万円×10％＋110万円）

＝840万円－194万円

＝646万円

生命保険料の控除額は、旧契約（2011年12月31日以前の契約）と新契約（2012年1月1日以降の契約）で異なります。

Ａさんは、2011年4月の契約なので、**旧契約の一般の生命保険**に該当します。払込保険料は20万円、資料〈所得税における生命保険料控除額〉より、「各払込保険料10万円超」なので、生命保険料の控除額は限度額の**5万円**です。

●**課税総所得金額**を求め、**算出税額（課税総所得金額に対する所得税額）**を算出します。

課税総所得金額 ＝総所得金額－224万円（所得控除の合計額）

＝646万円－224万円＝422万円

〈所得税の速算表〉より、該当する税率と控除額は「課税所得金額×20％－42.75万円」なので、**Ａさんの算出税額（所得税）＝422万円×20％－42.75万円＝41.65万円**

●**税額控除（住宅借入金等特別控除）**を求めます。**住宅借入金等特別控除**とは、住宅ローンの**年末残高の2,000万円以下**の部分に一定率（0.7％）を掛けた金額を所得税額から控除するものです。Ａさんの取得したマンションは新築の一般住宅（認定住宅に該当しない）で、居住開始年が2024年9月、借入金残高は2,000万円なので、全額に**控除率0.7％**を掛けます。

Ａさんの税額控除＝2,000万円×0.007＝14万円

ア 6,460,000 **イ** 50,000 **ウ** 416,500 **エ** 140,000

※2023年までに建築確認済み、または2024年6月30日までに建築された新築一般住宅（2024・2025年入居開始）の場合の限度額。なお、新築の認定住宅の場合の限度額は4,500万円。

5 相続

【第5問】次の設例に基づいて、下の問に答えなさい。

2022年5月

―――《設 例》―――

　個人で不動産賃貸業を営んでいるＡさん(75歳)は、妻Ｂさん(72歳)および長女Ｃさん(45歳)と3人でX市内の自宅で暮らしている。Ａさんの推定相続人は、妻Ｂさん、長女Ｃさんおよび二女Ｄさん(41歳)の3人である。

〈Ａさんの推定相続人〉

　妻Ｂさん　　：Ａさんと自宅で同居している。

　長女Ｃさん：会社員。Ａさん夫妻と同居している。

　二女Ｄさん：会社員。夫と2人で戸建住宅(持家)に住んでいる。

〈Ａさんが加入している一時払終身保険の内容〉

　契約者(＝保険料負担者)・被保険者：Ａさん

　死亡保険金受取人　　　：妻Ｂさん

　死亡保険金額　　　　　：2,000万円

〈Ａさんの主な所有財産(相続税評価額、下記の生命保険を除く)〉

　現預金　　　　　　　　：7,000万円

　自宅(敷地400㎡)　　　：7,000万円

　自宅(建物)　　　　　　：2,000万円

　賃貸ビル(敷地400㎡)：7,000万円

　賃貸ビル(建物)　　　　：5,000万円

※敷地は、「小規模宅地等についての相続税の課税価格の計算の特例」適用前の金額。

　Ａさんの相続等に関する次の記述①〜③について、適切なものには○印を、不適切なものには×印を記入しなさい。

①「妻Ｂさんが自宅の敷地および建物を相続により取得した場合、『小規模宅地等についての相続税の課税価格の計算の特例』の適用を受けることで、自宅の敷地(相続税評価額7,000万円)について、相続税の課税価格に算入すべき価額を1,400万円とすることができます」

②「妻Ｂさんが受け取る死亡保険金(2,000万円)は、みなし相続財産として相続税の課税対象となりますが、死亡保険金の非課税金額の規定の適用を受けることで、相続税の課税価格に算入される金額は、500万円となります」

③「長女Ｃさんが、二女Ｄさんに対する代償交付金を準備する方法として、契約者および死亡保険金受取人を長女Ｃさん、被保険者をＡさんとする終身保険に加入し、長女Ｃさんが負担する保険料相当額の現金をＡさんが贈与することも検討事項の1つです」

※本試験では、1つの《設例》について3問出題されます。

【第5問】の出題範囲

「生保」の【第5問】では、〈相続に係る親族関係と相続財産〉を説明した《設例》に基づいて、【相続】に関する問題が3問出題されます。

【第5問】の出題傾向

頻出順に次の問題が出題されています。

1 相続税の総額の算出…相続税の課税価格の合計額、遺産に係る基礎控除額、課税遺産総額、相続税の総額を求める計算問題です。難しい計算式ではないので、手順どおりに計算していけば、無理なくクリアできます。

2 小規模宅地等の評価減の特例…対象限度面積と減額割合についての問題です。「学科」で学習した内容と重複しているので、ここではカットしてあります。

3 遺留分…遺留分権利者によって遺留分の割合は異なります。また、式を使って遺留分の金額を求める問題が出題されます。

実技

生保顧客資産相談業務

▼ 再現例題の解説と解答

① ✕ 「小規模宅地等の特例」による特定居住用宅地等の評価減の対象限度面積は330㎡、80％減額です。Aさんの宅地400㎡のうち、330㎡までが80％の減額となります。小規模宅地の特例による評価減額＝自用地評価額×適用上限／敷地面積×減額割合＝7,000万円×330㎡／400㎡×80％＝4,620万円

したがって、減額評価後の金額は、7,000万円－4,620万円＝2,380万円

② ○ 契約者と被保険者が同じで、保険金受取人が異なり、受取人が相続人となる場合、支払われる死亡保険金は、みなし相続財産として、相続税の課税対象となります。ただし、「500万円×法定相続人の数」までは非課税です。

③ ○ 死亡保険金受取人を後継者、被保険者を被相続人とする生命保険契約を結んだ場合、死亡保険金は、被保険者の遺産ではなく、保険金受取人の固有の財産とされるため、民法上の相続財産に含まれず、すべて代償金の支払いに充てることができます。

解答 ① ✕ ② ○ ③ ○

469

▼ 適切なものには○、不適切なものには×で答えなさい。また、（　）に入る語句の記号を答えなさい。

1 相続時精算課税

次の〈設例〉に基づいて、下記の各問いに答えなさい。

〈設例〉　Aさん(72歳)の家族と贈与財産に関する資料は以下のとおりである。

〈2024年中にAさんが贈与した財産に関する資料〉

(1)妻Bさんに対する贈与財産　自宅(土地および建物)：6,000万円(相続税評価額)

(2)長男Cさんに対する贈与財産　X社株式：3,000万円(相続税評価額)

(3)長女Dさんに対する贈与財産　国債：500万円(相続税評価額)

現金：500万円

☐ ❶ 長男Cさんの2024年分の贈与税額を求めなさい。なお、長男Cさんは、相続時精算課税制度の適用を受けるものとする。

☐ ❷ 長女Dさんの2024年分の贈与税額を求めなさい。なお、長女Dさんは、相続時精算課税制度の適用は受けず、暦年課税の適用を受けるものとする。

〈贈与税の速算表〉　一部抜粋

基礎控除後の課税価格	一般（特例以外）		特例（直系尊属からの贈与）	
	税率	控除額	税率	控除額
200万円以下	10%	－	10%	－
200万円超 ～ 300万円以下	15%	10万円	15%	10万円
300万円超 ～ 400万円以下	20%	25万円		
400万円超 ～ 600万円以下	30%	65万円	20%	30万円
600万円超 ～ 1,000万円以下	40%	125万円	30%	90万円

2 相続人と法定相続分

☐ ❶ 会社役員であるAさんの家族構成は以下のとおりである。仮にAさんが現時点で死亡した場合、Aさんの相続に係る法定相続人の数は3人となり、弟Cさんと妹Dさんの民法上の法定相続分は6分の1である。

〈Aさんの家族関係図〉

```
          父 ══════════ 母
        (既に死亡)      (既に死亡)
            │
    ┌───────┼───────────┐
  弟Cさん    妹Dさん      Aさん ═══ 妻Bさん
```

指示のある問題はその指示に従って答えなさい。

▼ 解説（赤シートで消える語句をチェックできます）　☎356・360ページ　▼ 正解

〈Aさんの家族関係図〉　　　　Aさん ═══════ 妻Bさん

配偶者 ═══════ 長男Cさん　　　　　長女Dさん
　　　　　　　　　（47歳）　　　　　　（42歳）

孫Eさん　　　　　　　　　　　　　　　※年齢は2024年1月1日現在。

❶　相続時精算課税制度を選択した場合、贈与財産の価額から、「**相続時精算課税の基礎控除額**（年**110万円**）」と**特別控除額**（累計**2,500万円**まで）の合計額を控除できます。贈与税額は、贈与額から控除した残額に**一律20%**の税率を乗じて算出します。なお、相続時精算課税制度は、贈与税の**暦年課税の基礎控除**（控除額**110万円**）とは**併用できません**。従って、長男Cさんの2024年分の贈与税額は次のとおりになります。

長男Cさんの贈与税額＝（3,000万円－110万円－2,500万円）×20%＝78万円

❷　長女Dさんは、相続時精算課税制度を選択しないので、贈与額から控除できるのは、暦年課税の基礎控除額**110万円**のみです。贈与税の税率は、「一般贈与財産」と「特例贈与財産」に区分され、直系尊属（祖父母や父母など）から、その年の1月1日において**18歳以上**の者（子・孫など）への贈与税の計算には、「**特例贈与財産**」の税率を用います。42歳の長女Dさんはこれに該当するため、贈与税額は次のとおりになります。

長女Dさんの贈与税額　＝（500万円＋500万円－110万円）×30%－90万円
**　　　　　　　　　　　＝177万円**

❶ 78万円　❷ 177万円

▼ 解説（赤シートで消える語句をチェックできます）　☎369ページ　▼ 正解

Aさんには子・孫がなく、配偶者と兄弟姉妹が相続する場合の法定相続分は、**妻Bさんが4分の3**、**兄弟姉妹が4分の1**です。
弟Cさんと妹Dさんの法定相続分は、**4分の1**をさらに2人で分けるので**8分の1**。

生保顧客資産相談業務　実技

❷ 被相続人であるＡさんの家族構成は以下のとおりである場合、法定相続人の数は5人であり、孫Ｆさんの民法上の法定相続分は12分の1である。

〈Ａさんの家族関係図〉

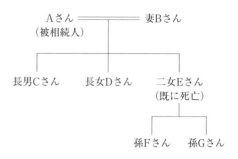

③ 遺留分

❶ 被相続人のＡさん（73歳）の推定相続人は次のとおりである。遺留分算定の基礎となる財産の価額が4億5,000万円であるとした場合、長男Ｃさんの遺留分の金額を求めなさい。

〈Ａさんの推定相続人〉
妻Ｂさん　　：Ａさんと同居している。
長男Ｃさん：会社員。妻と子2人の4人暮らし。
長女Ｄさん：Ａさんと同居し、Ａさんの不動産賃貸業を手伝っている。

❷ 会社員Ａさんの家族構成は、次のとおりである。仮に、現時点でＡさんの相続が開始し、相続における遺留分算定の基礎となる財産の価額が3億円であったとした場合の、長女Ｄさんの遺留分の金額を求めなさい。

〈Ａさんの家族構成〉

```
Ａさん ＝＝＝＝＝ 妻Ｂさん
         │
    ┌────┼────┐
  長男Ｃさん  長女Ｄさん  二男Ｅさん
```

Aさんの法定相続人は、妻Bさん、長男Cさん、長女Dさん、死亡した二女Eさんの代襲相続人である孫Fさん、孫Gさんの**計5人**です。

法定相続分は、妻Bさんが2分の1、子3人まとめて2分の1。子1人分は、**2分の1を3人**で分けるので、それぞれ**6分の1**。孫2人の法定相続分は、**6分の1**をさらに**2人**で分けるので、それぞれ**12分の1**となります。

○

▼ 解説（赤シートで消える語句をチェックできます）　㊡376ページ　▼ 正解

1人の相続分（遺留分の金額）＝相続財産×遺留分×法定相続分　で求めます。

遺留分権利者（遺留分が保証されている人）が「配偶者と子」の場合、遺留分の割合は相続財産の**2分の1**です。また、本問の場合、相続人が被相続人の配偶者と子2人の合計3人なので、長男Cさんの法定相続分は**4分の1**です。従って、遺留分算定の基礎となる財産の価額が4億5,000万円であるとした場合、長男Cさん（子1人）の「遺留分の金額」は、

$$4億5,000万円×\frac{1}{2}×\frac{1}{4}＝5,625万円$$　となります。

5,625万円

遺留分権利者が「配偶者と子」の場合、遺留分の割合は相続財産の**2分の1**です。また、相続人が被相続人の配偶者と子3人の合計4人なので、長女Dさんの法定相続分は、**6分の1**です。

1人の相続分（遺留分の金額）＝相続財産×遺留分×法定相続分　なので、

遺留分算定の基礎となる財産の価額が3億円であったとした場合、長女Dさん（子1人）の「遺留分の金額」は、

$$3億円×\frac{1}{2}×\frac{1}{6}＝2,500万円$$　となります。

2,500万円

生保顧客資産相談業務　実技

4 相続財産の種類と非課税財産

次の〈設例〉に基づいて、下記の問に答えなさい。
〈設例〉 個人事業主であるAさん（68歳）の2024年3月現在の家族構成、およびAさんが加入している生命保険、贈与に関する資料は、以下のとおりである。

〈Aさんの家族構成〉

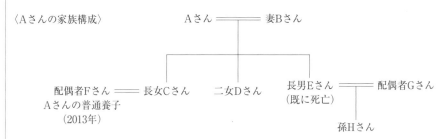

※妻Bさん、長女Cさん、二女Dさん、配偶者Fさん、配偶者Gさん、孫Hさんは、Aさんと同居し、生計を一にしている。

❶ Aさんの相続に関する①〜⑤の正誤を答えなさい。

① 仮に、現時点でAさんが死亡した場合、設例の(1)定期保険から支払われる死亡保険金の金額のうち、妻Bさんの相続税の課税価格に算入される金額は、0（ゼロ）円である。

② 仮に、現時点でAさんが高度障害保険金を受け取った場合、当該保険金は非課税所得とされるが、当該保険金を使い切らないままAさんに相続が発生し、その残金をAさんの相続人が相続した場合は、その残金の額から「5,000千円×法定相続人の数」で計算した額を控除した後の金額が、相続税の課税価格に算入される。

③ 仮に、現時点でAさんが死亡し、妻Bさんが設例の一時払終身保険に関する権利を取得した結果、当該権利の価額として相続税の課税価格に算入される金額は、15,000千円である。

④ 仮に、現時点でAさんの相続が開始した場合、二女Dさんが2022年9月にAさんから贈与を受けた100万円については、Aさんの相続における二女Dさんの相続税の課税価格に加算する。

⑤ 仮に、現時点でAさんが死亡し、孫Hさんが死亡保険金を取得した場合、その死亡保険金は、相続税における死亡保険金の非課税規定の適用対象とならない。

〈Aさんが加入している生命保険に関する資料〉

(1)定期保険

契約者（＝保険料負担者）・被保険者
：Aさん

死亡保険金受取人（受取割合）
：妻Bさん（50％）・長女Cさん（50％）

死亡保険金額　　　　：30,000千円
高度障害保険金額　　：30,000千円

(2)一時払終身保険A

契約者（＝保険料負担者）：Aさん
被保険者　　　　　　：妻Bさん
死亡保険金受取人　　：Aさん
一時払保険料　　　　：15,000千円

死亡保険金額　　　　：18,500千円
解約返戻金額　　　　：14,750千円

(3)終身保険B

契約者（＝保険料負担者）：Aさん
被保険者　　　　　　：Aさん
死亡保険金受取人　　：孫Hさん
死亡保険金額　　　　：50,000千円

〈Aさんから二女Dさんへの贈与〉

株式の購入資金：100万円（2022年9月）Dさんは、同年中に他に贈与を受けた財産がなく、贈与税の基礎控除額以内であったため、同年分の贈与税の申告・納付はしていない。

---

① 　妻Bさんの相続税の課税価格に算入される金額は、次の式で算出します。
妻Bさんが受け取る死亡保険金の金額（Ⓐ）－法定相続人（5人）の非課税限度額（Ⓑ）×（Ⓐ÷法定相続人が受け取る死亡保険金の合計額（Ⓒ））
Ⓐ＝30,000千円×50％＝15,000千円、Ⓑ＝500万円×5人＝25,000千円、
Ⓒ＝30,000千円＋50,000千円＝80,000千円　Ⓐ〜Ⓒを前述の式に当てはめます。<u>15,000千円－25,000千円×（15,000千円÷80,000千円）＝10312.5千円</u>　従って課税価格に算入される金額は<u>0円</u>では<u>ありません</u>。　① ✗

② 　高度障害保険金を使い切らずにAさんが死亡した場合、**残金の額**がそのまま**相続税の課税価格に算入されます**。非課税限度額（保険金のうち**5,000千円×法定相続人**までは非課税）は控除されません。　② ✗

③ 　契約者であるAさんが保険期間中に死亡し、妻Bさんが契約を引き継いで一時払終身保険に関する権利を取得した場合、相続税の課税価格に算入される金額は、**解約返戻金14,750千円**です。　③ ✗　④ ◯

④ 　相続人が被相続人から**相続開始前7年以内**※に贈与を受けた財産は、生前贈与財産として相続財産に加算されます。現時点（2024年3月）で相続が開始した場合の二女Dさんの贈与財産は、この生前贈与財産に該当するため、**相続税の課税価格に加算**します。　⑤ ✗

⑤ 　死亡保険金の受取人が相続人（この場合代襲相続である孫Hさん）である場合、死亡保険金の非課税規定の**適用対象となります**。

※2024年以降の贈与財産にかかる相続より、加算期間は3年から7年に順次延長された。延長4年間（相続開始前4年〜7年）に受けた贈与については、合計額から100万円を控除し、相続財産に加算する。

☐ ❷ 死亡保険金と同時に前納保険料の払戻しを受けた場合、当該保険料はみなし相続財産として相続税の課税対象になる。

☐ ❸ 生命保険の契約者が保険料を負担し、契約者以外の者が被保険者である生命保険契約で、契約者自身が死亡した場合は、「本来の相続財産」に該当し、相続税の課税対象となる。

[TOP 60] 5 相続税の総額の算出

☐ ❶ 2024年4月に、病気により死亡したAさんの推定相続人は以下のとおりである。Aさんの相続における課税遺産総額が2億4,000万円であった場合の相続税の総額を計算した下記の表の空欄①～④に入る最も適切な数値を求めなさい。

〈Aさんの推定相続人〉
妻Bさん　　：年齢72歳
長女Cさん：年齢44歳
（※長女Cさんは家庭裁判所に相続の放棄をする旨を申述し、正式に受理されている）
長男Dさん：年齢41歳
二女Eさん：年齢37歳

(a)課税価格の合計額	□□□万円
(b)遺産に係る基礎控除額	（①）万円
課税遺産総額（a－b）	2億4,000万円
相続税の総額の基となる税額	
妻Bさん	（②）万円
長女Cさん	□□□万円
長男Dさん	（③）万円
二女Eさん	□□□万円
相続税の総額	（④）万円

〈相続税の速算表〉　一部抜粋

法定相続分に応ずる取得金額		税率	控除額
万円超	万円以下		
	1,000	10%	―
1,000 ～	3,000	15%	50万円
3,000 ～	5,000	20%	200万円
5,000 ～	10,000	30%	700万円
10,000 ～	30,000	40%	1,700万円

みなし相続財産とは、生命保険金や死亡退職金など、被相続人の死亡で相続人が取得する財産のことで、相続税の課税対象となります。生命保険金とともに払戻しを受ける前納保険料もみなし相続財産として**相続税の課税対象になります**。	○
契約者（＝保険料負担者）と被保険者が異なる生命保険契約で、保険期間中に契約者が死亡した場合は、新しく契約者となった人が保険契約の権利を引き継ぎ、契約者自身が死亡した時点で、「本来の相続財産」として解約返戻金相当額が**相続税の課税対象と**なります。	○

▼ 解説（赤シートで消える語句をチェックできます）　⊜391・392ページ　▼ 正解

① 　Aさんの法定相続人は、妻、子3人の**計4人**。長女Cさんは、相続を放棄していますが、相続税の計算上、相続放棄者も法定相続人の数に含めて計算します。

遺産に係る基礎控除額＝3,000万円＋600万円×4人＝5,400万円

②〜④ 　課税遺産総額2億4,000万円を各相続人の法定相続分で分割して「法定相続分に応ずる取得金額」を求め、それに税率を掛けてそれぞれの税額を求めます。法定相続分は、妻Bさんが**2分の1**、子3人がそれぞれ**6分の1**ずつ（$\frac{1}{2}$÷3人）。

妻Bさんの相続税額……2億4,000万円×$\frac{1}{2}$×**40%**－**1,700万円＝3,100万円**

長女Cさんの相続税額…2億4,000万円×$\frac{1}{6}$×**20%**－**200万円＝600万円**

長男Dさんの相続税額…2億4,000万円×$\frac{1}{6}$×**20%**－**200万円＝600万円**

二女Eさんの相続税額…2億4,000万円×$\frac{1}{6}$×**20%**－**200万円＝600万円**

相続税の総額＝3,100万円＋600万円＋600万円＋600万円＝4,900万円

なお、相続税は、各相続人等が取得した財産の合計を一旦法定相続分で取得したものと仮定して相続税の総額を算出し、それを実際の遺産取得額に応じて按分する「法定相続分課税方式」を採用しています。つまり、**実際の分割内容に関わらず相続税の総額が**算出されます。

① 5,400
② 3,100
③ 600
④ 4,900

次の〈設例〉に基づいて、下記の問に答えなさい。

〈設例〉 X株式会社の代表取締役社長であったAさんは、2024年1月4日(木)に病気により74歳で死亡した。当面、妻Bさん(70歳)がX社の社長に就任し事業を承継するが、将来は2年前にX社に入社した孫Eさん(24歳)に承継する予定である。Aさんの親族関係図等は、以下のとおりである。

〈各人が取得予定の相続財産(みなし相続財産を含む)〉

(1)妻Bさん

　現預金　　　：2,000万円

　自宅(敷地)　：2,000万円(「小規模宅地等についての相続税の課税価格の計算の特例」適用後の相続税評価額)

　自宅(建物)　：1,000万円(固定資産税評価額)

　X社株式　　：1億5,000万円(相続税評価額)

　死亡退職金　：5,000万円

❷ Aさんの相続に係る相続税の総額を試算した下記の表の空欄①～④に入る最も適切な数値を求めなさい。なお、問題の性質上、明らかにできない部分は「□□□」で示してある。

	妻Bさんに係る課税価格	□□□万円
	長女Cさんに係る課税価格	(①)万円
	二女Dさんに係る課税価格	3,000万円
	普通養子Eさんに係る課税価格	600万円
(a)	課税価格の合計額	□□□万円
	(b) 遺産に係る基礎控除額	(②)万円
	課税遺産総額 (a－b)	□□□万円
	相続税の総額の基となる税額	
	妻Bさん	□□□万円
	長女Cさん	□□□万円
	二女Dさん	(③)万円
	普通養子Eさん	□□□万円
相続税の総額		(④)万円

〈相続税の速算表〉 一部抜粋

法定相続分に応ずる取得金額		税率	控除額
万円超	万円以下		
	1,000	10%	－
1,000 ～	3,000	15%	50万円
3,000 ～	5,000	20%	200万円
5,000 ～	10,000	30%	700万円
10,000 ～	20,000	40%	1,700万円
20,000 ～	30,000	45%	2,700万円

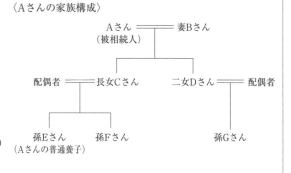

(2)長女Cさん
　現預金　　　：1,000万円
　死亡保険金：2,000万円
　契約者(＝保険料負担者)
　・被保険者：Aさん
　死亡保険金受取人：
　長女Cさん
(3)二女Dさん
　現預金　　　：3,000万円
(4)孫Eさん(Aさんの普通養子)
　現預金　　　：600万円

〈Aさんの家族構成〉

Aさんの法定相続人は、妻、長女、二女、孫(普通養子)の計4人。死亡保険金・死亡退職金の非課税限度額＝<u>500万円×4(法定相続人の数)</u>＝<u>2,000万円</u>　なので、妻Bさんの死亡退職金と長女Cさんの死亡保険金から、それぞれ<u>2,000</u>万円が控除されます。

●各相続人の課税価格を算出して合計し、<u>(a)課税価格の合計額</u>を求めます。

妻Bさんに係る課税価格…2,000万円＋2,000万円＋1,000万円＋1億5,000万円＋(5,000万円－2,000万円)＝2億3,000万円

長女Cさんに係る課税価格…1,000万円＋(2,000万円－2,000万円)＝1,000万円

二女Dさんに係る課税価格…3,000万円、孫Eさんに係る課税価格…600万円

(a)課税価格の合計額 ＝2億3,000万円＋1,000万円＋3,000万円＋600万円
　　　　　　　　　　＝2億7,600万円

●(a)課税価格の合計額－(b)遺産に係る基礎控除額で、**課税遺産総額**を求めます。

遺産に係る基礎控除額＝3,000万円＋600万円×4(法定相続人の数)＝5,400万円

課税遺産総額(a－b)＝2億7,600万円－5,400万円＝2億2,200万円

●課税遺産総額を法定相続分で分割し、各人の相続税額を合計して**相続税の総額**を求めます。法定相続分は、妻2分の1、子と養子の孫がそれぞれ6分の1ずつです。

妻Bさんの相続税額：2億2,200万円×$\frac{1}{2}$×40%－1,700万円＝2,740万円

法定相続分が同じ長女Cさん、二女Dさん、孫Eさんの相続税額はそれぞれ

　　　　：2億2,200万円×$\frac{1}{6}$×20%－200万円＝540万円

相続税の総額＝2,740万円＋540万円＋540万円＋540万円＝4,360万円

① 1,000　② 5,400　③ 540　④ 4,360

生保顧客資産相談業務　実技

資産の出題ランキング

項目数	順位	項目名	出題率	質問数
1	1	FPの倫理と関連法規	4.63%	146
2	2	係数の活用	3.62%	114
3	3	生命保険の保障内容	3.59%	113
4	4	不動産登記	2.73%	86
5	5	生命保険と税金	2.70%	85
6	6	キャッシュフロー表	2.60%	82
7	7	住宅ローン	2.57%	81
8	8	相続人と法定相続分	2.38%	75
9	9	遺族給付	2.22%	70
10	10	健康保険の給付内容	2.09%	66
11	10	贈与税の特例	2.09%	66
12	12	老齢基礎年金←学科カード	2.06%	65
13	13	雇用保険	2.03%	64
14	14	教育資金	1.62%	51
15	15	金融商品に関する法律←学科カード	1.59%	50
16	16	債券	1.49%	47
17	17	株式の投資指標←学科カード	1.43%	45
18	18	投資信託の計算問題	1.40%	44
19	18	退職所得←学科カード「給与所得／退職所得」	1.40%	44
20	20	ライフプランニングと資料←学科カード	1.36%	43
21	21	不動産広告	1.30%	41
22	22	任意継続被保険者	1.27%	40
23	23	地震保険←学科カード	1.24%	39
24	24	バランスシート	1.21%	38
25	24	扶養控除／配偶者控除	1.21%	38
26	26	相続税の計算	1.17%	37
27	27	外貨建て金融商品	1.14%	36
28	27	公的介護保険	1.14%	36
29	29	住宅借入金等特別控除←学科カード	1.08%	34
30	29	遺言と遺留分←学科カード	1.08%	34
31	31	総所得金額の算出	1.05%	33
32	31	建築面積と延べ面積	1.05%	33
33	33	医療保険←学科カード	1.02%	32
34	33	確定申告←学科カード	1.02%	32
35	35	任意加入の自動車保険←学科カード	0.98%	31
36	35	医療費控除	0.98%	31
37	37	個人年金保険と税金	0.95%	30
38	37	宅地の評価	0.95%	30

計 65.42%

出題率…過去13年間の「資産」3,152問中の出題割合。出題率＝各項目の質問数÷全質問数3152×100
質問数…項目ごとに過去13年間全問題の空欄や個々に正誤判定が必要な選択肢の数を集計した数。複数
項目の知識が必要な質問では、重複計測したものもある。
TOP60…全質問数の60％以上（65.42%）を占める項目。問題横にTOP60のマークをつけて、**別冊に収録**。
©オフィス海

実技 [FP協会]
資産設計提案業務

1 ライフプランニングと資金計画
1 FPの倫理と関連法規
2 ライフプランニングと資料
3 キャッシュフロー表
4 バランスシート
5 係数の活用
6 財形住宅貯蓄
7 住宅ローン
8 健康保険の給付内容
9 雇用保険
10 老齢基礎年金
11 遺族給付

2 リスク管理
1 保険料の構成
2 保険契約の継続
3 生命保険の保障内容
4 生命保険と税金
5 個人年金保険と税金
6 医療保険
7 火災保険

3 金融資産運用
1 預金保険制度
2 債券
3 NISA
4 証券口座
5 株式の計算問題
6 株式の投資指標
7 投資信託の分類
8 投資信託の計算問題
9 外貨建て金融商品

4 タックスプランニング
1 所得税の計算の流れ
2 不動産所得
3 事業所得／減価償却
4 退職所得
5 損益通算
6 扶養控除／配偶者控除
7 医療費控除
8 総所得金額の算出
9 確定申告
10 源泉徴収票の見方
11 青色申告
12 個人住民税

5 不動産
1 不動産登記
2 不動産広告
3 建築面積と延べ面積
4 不動産の譲渡所得

6 相続
1 贈与税の計算
2 贈与税の特例
3 相続の承認と放棄
4 相続人と法定相続分
5 遺言と遺留分
6 相続財産の種類と非課税財産
7 相続税の計算
8 宅地の評価

「資産設計提案業務」の出題形式は
記述式、択一式、語群選択式で40問。
100点満点で60点以上が合格だよ。

1 ライフプランニングと資金計画

問題数051

再現例題

2022年1月〈改〉

《設 例》

国内の企業に勤務する加瀬博之さんは、今後の生活のことなどに関して、FPで税理士でもある細井さんに相談をした。下記のデータは2024年1月1日現在のものである。

加瀬家の財産の状況

[資料1：保有資産(時価)]
(単位：万円)

	博之	晴美（妻）
金融資産		
預貯金等	1,060	530
株式・投資信託	710	220
生命保険（解約返戻金相当額）	［資料3］を参照	［資料3］を参照
不動産		
土地（自宅敷地）	2,400	
建物（自宅）	640	
その他（動産等）	120	100

[資料2：負債残高] 住宅ローン：1,680万円、自動車ローン：80万円（債務者は博之さん）

[資料3：生命保険]
(単位：万円)

保険種類	保険契約者	被保険者	死亡保険金受取人	保険金額	解約返戻金相当額
定期保険 A	博之	博之	晴美	1,000	—
定期保険特約付終身保険 B					
（終身保険部分）	博之	博之	晴美	300	120
（定期保険部分）				3,000	
個人年金保険 C	博之	博之	晴美	—	350
終身保険 D	晴美	晴美	博之	200	50

注1：解約返戻金相当額は、現時点(2024年1月1日)で解約した場合の金額である。
注2：個人年金保険Cは、据置期間中に被保険者が死亡した場合には、払込保険料相当額が死亡保険金として支払われるものである。
注3：すべての契約において、保険契約者が保険料を全額負担している。
注4：契約者配当および契約者貸付については考慮しないこと。

FPの細井さんは、まず現時点（2024年1月1日）における加瀬家（博之さんと晴美さん）のバランスシート分析を行うこととした。下表の空欄（ア）に入る数値を計算しなさい。

[資産]		[負債]	
金融資産		住宅ローン	×××
預貯金等	×××	自動車ローン	×××
株式・投資信託	×××		
生命保険(解約返戻金相当額)	×××	負債合計	×××
不動産			
土地（自宅敷地）	×××		
建物（自宅）	×××	[純資産]	（ ア ）
その他（動産等）	×××		
資産合計	×××	負債・純資産合計	×××

(単位：万円)

【ライフプランニングと資金計画】の出題傾向

次の3分野は、すべて「資産」トップクラスの出題率となっています。

1 **FPの倫理と関連法規**…誰にでも許されている一般的な行為は適切、他の専門家の独占業務の具体的な行為は不適切、顧客の不利益になりかねない行為は不適切と覚えておくだけで、5割は得点できるでしょう。

2 **係数の活用**…終価係数、現価係数、減債基金係数、資本回収係数、年金終価係数、年金現価係数という6つの係数を使った計算問題です。各係数の意味を理解していれば、確実に得点できる分野なので、取りこぼしをしないようにしましょう。

3 **キャッシュフロー表**…キャッシュフロー表の空欄に入る金額を計算する問題です。特に、変動率1%または2%で、2、3年後の基本生活費を求める問題と1、2年後の金融資産残高を求める問題が、毎回のように出題されています。

> 学科と重複しない「資産」独自の問題演習。だから、確実に合格できるよ！

「再現例題」の解説と解答

純資産＝資産合計－負債合計

〈資産〉預貯金等 ：1,060万円＋530万円＝1,590万円

株式・投資信託 ：710万円＋220万円＝930万円

生命保険 ：120万円＋350万円＋50万円＝520万円

不動産 ：土地（自宅敷地）2,400万円

：建物（自宅）640万円

その他（動産等） ：120万円＋100万円＝220万円

資産合計…1,590万円＋930万円＋520万円＋2,400万円＋640万円＋220万円＝6,300万円

〈負債〉住宅ローン1,680万円、自動車ローン80万円

負債合計…1,680万円＋80万円＝1,760万円

純資産＝6,300万円－1,760万円＝4,540万円 **解答 4,540**

資産設計提案業務 実技

TOP 60 **1** FPの倫理と関連法規

□ **❶** 新聞記事をコピーし、生活者向け講演会の資料として配布する場合は、当該新聞社の許諾が必要だが、政府が集計、公表した統計資料を転載する場合、原則として担当省庁の許諾は不要である。

□ **❷** 公表された他者の著作物を自分の著作物に引用する場合、内容的に引用部分が「主」で自ら作成する部分が「従」であるような主従関係がなければならない。

□ **❸** FP事務所の出入りが自分のみの、個人経営のFPは、顧客情報を保管する書類収納庫に施錠する必要はない。

□ **❹** FPが、無料相談会において相談者から匿名かつ住所未記入でライフプラン設計の相談を受けた場合、その相談者の事例については、相談内容の詳細を第三者に公開しても構わない。

□ **❺** 保険代理店業務を営んでおり、個人情報保護法における個人情報取扱事業者に該当するFPは、過去に相談を受けた顧客がダイレクトメール等の案内を希望していない場合、相談内容に合致する新商品の案内であっても、顧客の承諾なしに送付すべきではない。

□ **❻** 投資助言・代理業の登録をしていないFPが、顧客のコンサルティング中に特定の企業について具体的な投資時期等の判断や助言を行った。

□ **❼** 保険募集人の登録をしていないFPが、変額個人年金保険の商品概要について説明を行った。

□ **❽** 社会保険労務士資格を有していないFPが、顧客が持参した「ねんきん定期便」を基に公的年金の受給見込み額を計算した。

指示のある問題はその指示に従って答えなさい。

▼ 解説（赤シートで消える語句をチェックできます）　☞2ページ　▼ 正解

書籍・新聞・雑誌等の内容を転載する場合は、著作権者である著者・出版社・新聞社等の**許諾が必要**です。**政府や自治体等が公表した統計資料**は、著作権はあるものの、**許諾が不要で資料に転載、利用できます。**	○
著作物を自分の著作物に引用する場合、内容的に自ら作成する部分が「主」で、引用部分が「従」であるような主従関係が必要となります。引用部分が「主」では著作権の侵害になることがあります。	×
FPには顧客の個人情報に対する守秘義務があります。個人情報を取り扱う事業者であるFPは**個人情報取扱事業者**に該当し、個人情報保護法の義務を負います。**顧客情報は厳重に管理**しなければいけません。個人の権利利益を害するおそれがある**個人データの漏えい**などが発生した場合、**個人情報保護委員会への報告と本人への通知**を行わなければなりません。	×
無料相談会での匿名の情報であっても、相談内容の詳細を第三者に**公開してはいけません**。FPには顧客の個人情報に対する守秘義務があるためです。許可なく相談者の情報を漏らすような行為は**不適切**です。 （ウラ技）顧客の不利益になりかねない行為は不適切	×
個人情報保護法では、消費者からあらかじめ請求や承諾を得ていない限り、**電子メール広告の送信は原則的に禁止**されています。これを**オプトイン規制**といいます。	○
投資助言・代理業の登録をしていないFPは、特定の企業に関する**具体的な投資時期等の判断や助言はでき**ません。公開されている情報の提供はできます。 （ウラ技）具体的とあればほぼ不適切	×
保険募集人登録を受けていないFPでも、保険の**商品説明はでき**ます。ただし、**保険の募集・勧誘はでき**ません。	○
社会保険労務士資格や税理士資格のないFPでも、**顧客の公的年金の**受給見込み額の計算はできます。ただし、**公的年金の請求手続きの代行等はできませ**ん。	○

資産設計提案業務

実技

2 ライフプランニングと資料

☐ ❶ ファイナンシャル・プランニング・プロセスの順序に従い、次の（ア）～
（カ）を6つのステップの順番に並べ替えたとき、そのなかで2番目（ステップ2）となるものとして、最も適切なものはどれか。その記号を解答欄に記入しなさい。

（ア）面談やヒアリングシートにより顧客のデータを収集し、顧客や家族の情報、財政的な情報等を確認する。

（イ）顧客の目標達成のための提案書を作成し、顧客に提示して説明を行う。

（ウ）顧客にファイナンシャル・プランニングで行うサービス内容や報酬体系などを説明する。

（エ）顧客のキャッシュフロー表などを作成し、財政状況の予測等を行う。

（オ）顧客の家族構成などの環境の変化に応じて、定期的にプランの見直しを行う。

（カ）顧客が実際に行う金融商品購入等の実行支援を行う。

☐ ❷ 顧客の「現在の預金残高」は、定量的情報に該当する情報、「お金に対する価値観」は、定性的情報に該当する情報である。

☐ ❸ 老後に必要な資金を算出するために、定年後の平均余命について、厚生労働省が作成する国勢調査を参考にした。

☐ ❹ 老後の生活費を見込むために、総務省が作成する家計調査の結果を用いて生活費を算出した。

FPが顧客に行うライフプランニングは、おおむね次のステップで行います。

Step 1 ▶ 顧客との関係を確立する

　サービス内容・報酬の説明、責任の明確化、信頼関係の構築を行う。

Step 2 ▶ 顧客データを収集し、顧客の目標・希望を明確化する

　家族構成、年収、将来の希望、価値観など**顧客データを**収集する。

Step 3 ▶ 顧客の財務状況の分析・評価をする

　キャッシュフロー表などを作成し、顧客の**資産と負債の状況を予測**する。

Step 4 ▶ プランの作成と提示をする

　ライフプランに関する提案書の作成と提示を行う。

Step 5 ▶ プラン実行の支援を行う

　金融商品の購入、不動産売却、相続の準備等の**実行支援**を行う。

Step 6 ▶ プランの定期的な見直しをする

順番は、**（ウ）→（ア）→（エ）→（イ）→（カ）→（オ）**です。

ア

定量的情報…顧客の収入・支出、預貯金残高、保険金額など、**数字で表せる情報・評価**。住所・氏名・年齢・家族構成・勤務先等も定量的情報に含まれる。定量的情報は、質問紙方式での情報収集が適している。
定性的情報…顧客の価値観、生活目標、性格、運用方針など、**数字で表せない情報・評価**。定性的情報は、面談方式での情報収集が適している。

○

年齢別・性別の生存率や平均余命は、**厚生労働省が発表する**簡易生命表で知ることができます。国勢調査は、統計法という法律に基づき、日本に住むすべての人・世帯を対象として5年に一度行われる統計調査です。

×

総務省の「家計調査」には、1世帯当たりの1カ月間の収入と支出の金額の統計値が記載されていますから、老後の生活費を見込む資料となります。

復習 ライフプランニングと資料▶6ページ

○

資産設計提案業務　実技

3 キャッシュフロー表

☐ ❶ 筒井家のキャッシュフロー表の空欄（ア）に入る数値を計算しなさい。

単位：万円（万円未満は四捨五入）

経過年数			基準年	1年	2年	3年	4年
西暦（年）			2024	2025	2026	2027	2028
家族構成／年齢	筒井 明人	本人	44歳	45歳	46歳	47歳	48歳
	香織	妻	42歳	43歳	44歳	45歳	46歳
	航太	長男	16歳	17歳	18歳	19歳	20歳
	優樹菜	長女	14歳	15歳	16歳	17歳	18歳
ライフイベント			航太 高校入学		優樹菜 高校入学	航太 大学入学	
		変動率					
収入	給与収入（夫）	1%	475	480	485		
	給与収入（妻）	−	100	100	100	100	100
	収入合計	−	575				594
支出	基本生活費	1%	204			（ ア ）	212
	住居費	−	146	146	146	146	146
	教育費	−	98	110	120	170	150
	保険料	−	42	42	42	42	42
	その他支出	1%	20	20	20		
	支出合計	−	510	524	536	589	571
年間収支		−	65	56			
金融資産残高		1%	514	（ イ ）			

☐ ❷ 筒井家のキャッシュフロー表の空欄（イ）に入る数値を計算しなさい。

☐ ❸ 上記の筒井家で、2年後に住宅ローンを組んで住宅を購入するに当たり、購入できる物件価格の上限額を下記〈条件〉に基づいて試算した。下記の空欄（ウ）、（エ）にあてはまる数値を解答欄に記入しなさい。←よく出る

〈条件〉

・1年後の金融資産残高から、その年（1年後）の世帯年収（夫婦の収入合計）の2分の1相当額を手元に残し、残りを住宅購入のための自己資金に充てる。また、自己資金には、明人さんの両親から住宅取得資金贈与として500万円を追加できる。不足分は住宅ローンを利用する。

1年後の金融資産残高−世帯年収の2分の1相当額＝（ ☐ ）万円

自己資金＝（ ☐ ）＋500＝（ ウ ）万円

・住宅購入のための自己資金については、頭金（物件価格の2割相当額）および諸費用（物件価格の1割相当額）に充てる。

物件価格の上限額＝（ エ ）万円

・万円未満は四捨五入

❶　物価変動、定期昇給などがある場合には、その変動率（変化の割合）を考えた将来価値（n年後の額）を計算します。

n年後の額＝今年の額×(1＋変動率)^n

現在の基本生活費が204万円。変動率1％の3年後を複利計算します。

204×(1+0.01)^3＝210.181404≒210万円（万円未満四捨五入）　←（ア）

▲電卓で (1+0.01)^3 は、1.01 ×＝＝1.030301で計算できます（×を2度押す電卓もあります）。もちろん、1.01×1.01×1.01でもかまいません。

❷　前年（基準年）の金融資産残高514万円に変動率1％の増加分と、当年の年間収支56万円を加えます。

514×(1+0.01)+56＝575.14≒575万円（万円未満四捨五入）　←（イ）

❸　「1年後の金融資産残高－世帯収入の2分の1＝(□円)」

まず、1年後の金融資産残高は❷のとおり**575**万円です。

1年後の世帯年収は、キャッシュフロー表より、**480＋100＝580**万円です。

世帯収入の2分の1は、**580÷2＝290**万円です。

□＝575－290＝285万円

自己資金＝285＋500＝785万円　←（ウ）

次に、自己資金は頭金（物件価格の2割）と諸費用（物件価格の1割）に充てるので、結局、自己資金額は物件の3割に等しいことになります。

自己資金＝頭金＋諸費用＝物件価格×20％＋物件価格×10％＝物件価格×30％

よって、

物件価格の上限額＝785÷0.3＝2,616.666万円≒2,617万円　←（エ）

資産設計提案業務　実技

❶ 210
❷ 575
❸ ウ 785　エ 2,617

次の〈設例〉に基づいて、下記の問に答えなさい。

〈設例〉 安藤邦彦さんは、国内の上場企業の会社員である。なお、下記のデータはいずれも 2024年1月1日現在のものである。

Ⅰ．家族構成(同居家族)

　安藤邦彦(本人)：1964年10月18日生まれ、59歳、会社員

　泰子(妻)：1964年12月12日生まれ、59歳、会社員

Ⅱ．安藤家(邦彦さんと泰子さん)の財産の状況

〈資料1：保有資産(時価)〉(単位：万円)

	邦彦さん	泰子さん
金融資産		
預貯金等	2,800	1,200
株式	530	300
投資信託	260	0
生命保険 (解約返戻金相当額)	〈資料3〉を参照	〈資料3〉を参照
不動産		
土地 (自宅敷地)	3,000	1,000
建物 (自宅)	900	300
その他 (動産等)	150	100

安藤家のバランスシートの空欄（ア）に入る数値を計算しなさい。◀よく出る

単位：万円（万円未満は四捨五入）

[資産]		[負債]	
金融資産		自動車ローン	×××
預貯金等	×××	住宅ローン	×××
株式	×××	負債合計	×××
投資信託	×××		
生命保険(解約返戻金相当額)	×××		
不動産		[純資産]	（ ア ）
土地 (自宅敷地)	×××		
建物 (自宅)	×××		
その他 (動産等)	×××		
資産合計	×××	負債・純資産合計	×××

〈資料2：負債残高〉
自動車ローン：160万円（債務者は邦彦さん）
住宅ローン　：1,200万円（債務者は邦彦さん。団体信用生命保険付き）
〈資料3：生命保険等〉（単位：万円）

保険種類	保険契約者	被保険者	死亡保険金受取人	死亡保険金額	解約返戻金相当額	保険期間
定期保険特約付終身保険A						
（終身保険部分）	邦彦	邦彦	泰子	500	240	終身
（定期保険部分）	邦彦	邦彦	泰子	500	－	2025年まで
終身保険B	邦彦	泰子	邦彦	320	250	終身
終身保険C	泰子	邦彦	泰子	240	150	終身
終身保険D	泰子	泰子	邦彦	300	200	終身
医療保険E	邦彦	邦彦	－	－	－	終身

注1：解約返戻金相当額は、現時点（2024年1月1日）で解約した場合の金額である。
注2：終身保険Bの保険料は一時払い方式であり、2023年中に保険料の払込みはない。
注3：医療保険Eは医療保障のみの保険であり、死亡保険金は支払われない。
上記以外の情報については、一切考慮しないこと。また、復興特別所得税については考慮しないこと。

保険は「解約返戻金相当額」を資産に算入します。読み間違い、計算ミスさえなければ、簡単な問題です。

純資産＝資産合計－負債合計

〈資産〉　預貯金等：2,800 ＋ 1,200 ＝ 4,000万円
　　　　　株式・投資信託：530 ＋ 260 ＋ 300 ＝ 1,090万円
　　　　　生命保険：240 ＋ 250 ＋ 150 ＋ 200 ＝ 840万円
　　　　　不動産　：土地3,000 ＋ 1,000 ＝ 4,000万円
　　　　　　　　　：建物900 ＋ 300 ＝ 1,200万円
　　その他（動産等）：150 ＋ 100 ＝ 250万円

資産合計…4,000 ＋ 1,090 ＋ 840 ＋ 4,000 ＋ 1,200 ＋ 250 ＝ 11,380**万円**

〈負債〉
自動車ローン　　：160万円
住宅ローン　　　：1,200万円

負債合計…160 ＋ 1,200 ＝ 1,360**万円**

純資産＝11,380 － 1,360 ＝ 10,020**万円**

10,020

次の〈資料〉に基づいて、下記の各問に答えなさい。

〈資料〉 係数早見表（年利1.0%）

	終価係数	現価係数	減債基金係数	資本回収係数	年金終価係数	年金現価係数
1年	1.010	0.990	1.000	1.010	1.000	0.990
2年	1.020	0.980	0.498	0.508	2.010	1.970
3年	1.030	0.971	0.330	0.340	3.030	2.941
4年	1.041	0.961	0.246	0.256	4.060	3.902
5年	1.051	0.952	0.196	0.206	5.101	4.853

☐ **❶** 宇野さんは、相続で取得した2,000万円を将来の生活資金に充てるため、運用しようと考えている。これを10年間、年利1.0%で複利運用する場合、10年後の合計額はいくらになるか。

☐ **❷** 川野さんは、住宅の改築費用として、10年後に1,000万円を準備したいと考えている。10年間、年利1.0%で複利運用する場合、現在いくらの資金があればよいか。

☐ **❸** 吉田さんは、マイホームの購入資金の一部として、これから毎年年末に1回ずつ一定金額を積み立てて、10年後に2,000万円を準備したいと考えている。10年間、年利1.0%で複利運用する場合、毎年いくらずつ積み立てればよいか。

☐ **❹** 青山さんは、これまでに老後の生活資金の一部として積み立てた3,000万円の資金を有している。これを20年間、年利1.0%で複利運用しながら毎年年末に均等に取り崩す場合、毎年年末に受け取ることができる金額はいくらになるか。

☐ **❺** 長谷川さんは、開業資金として、毎年年末に100万円の積立てをすることにした。これを年利1.0%で複利運用した場合、10年後の合計額はいくらになるか。

☐ **❻** 山田さんは、老後の生活資金の一部として、毎年年末に100万円を受け取りたいと考えている。受取り期間を20年間とし、年利1.0%で複利運用する場合、受取り開始年の初めにいくらの資金があればよいか。

	終価係数	現価係数	減債基金係数	資本回収係数	年金終価係数	年金現価係数
6年	1.062	0.942	0.163	0.173	6.152	5.795
7年	1.072	0.933	0.139	0.149	7.214	6.728
8年	1.083	0.924	0.121	0.131	8.286	7.652
9年	1.094	0.914	0.107	0.117	9.369	8.566
10年	1.105	0.905	0.096	0.106	10.462	9.471
15年	1.161	0.861	0.062	0.072	16.097	13.865
20年	1.220	0.820	0.045	0.055	22.019	18.046

❶　現在の元本（元金）を複利運用した場合の元利合計（終わりの価）を計算するには、終価**係数**を使います。以下、単位を「万円」で計算してもかまいません。

20,000,000 × 1.105 = 22,100,000円

❷　複利運用しながら目標額にするために必要な元本（現在の価）を計算するには、現価**係数**を使います。

10,000,000 × 0.905 = 9,050,000円

❸　目標額にするために必要な毎年の積立金額（積み立てる基金）を計算するには、減債基金**係数**を使います。

20,000,000 × 0.096 = 1,920,000円

❹　現在の元本を複利運用しながら取り崩す場合の毎年の受取額（資本の回収額）を計算するには、資本回収**係数**を使います。

30,000,000 × 0.055 = 1,650,000円

❺　毎年の積立金を複利運用した場合の、元利合計（終わりの価）を計算するには、年金終価**係数**を使います。

1,000,000 × 10.462 = 10,462,000円

❻　目標額の年金を毎年受け取るために必要な元本（現在の価）を計算するには、年金現価**係数**を使います。

1,000,000 × 18.046 = 18,046,000円

❶ 22,100,000円　❷ 9,050,000円　❸ 1,920,000円
❹ 1,650,000円　❺ 10,462,000円　❻ 18,046,000円

資産設計提案業務　実技

6 財形住宅貯蓄

☐ **❶** 財形住宅貯蓄は、申込時の年齢が55歳未満で1人1契約となっている。

☐ **❷** 財形住宅貯蓄（金銭信託）の非課税限度額は、財形年金貯蓄と合わせて、元利合計で550万円までである。

☐ **❸** 財形住宅貯蓄の保険型の非課税限度額は、財形年金貯蓄と合わせて払込保険料累計額で385万円までである。

☐ **❹** 居住用新築マンションの購入のために財形住宅貯蓄を非課税で払い出すためには、床面積が50㎡以上の物件を選ぶ必要がある。

☐ **❺** マンションの購入について財形住宅融資を受ける場合、一定の要件を満たしていれば、一般財形貯蓄、財形住宅貯蓄および財形年金貯蓄の合計残高の10倍の範囲内で融資を受けることができる。

☐ **❻** 財形住宅貯蓄を住宅資金以外の目的で解約した場合、過去5年間に生じた利子すべてにさかのぼって課税される。

TOP60 7 住宅ローン

☐ **❶** 変動金利型の適用金利は半年ごとに、返済額の見直しは3年に1度見直される。

☐ **❷** 借入額、返済期間および金利が同じである場合、返済総額（総支払利息）は元金均等返済の方が元利均等返済よりも少なくなる。 ←よく出る

☐ **❸** 住宅ローンの借換えに当たっては、すでに住宅ローンを借りている今の住まいに住み続けることが条件となっている。

☐ **❹** 住宅ローンの借換えには、登記費用や手数料などの諸費用がかかる。

財形住宅貯蓄は、居住用の住宅の取得、または住宅の増改築のための資金を5年以上積み立てる制度で、申込時の年齢が55歳未満[※]、1人1契約です。 ○

財形貯蓄は、給与からの天引きで貯蓄します。**一般財形貯蓄（制約なし）・財形住宅貯蓄（住宅資金）・財形年金貯蓄（老後の資金）**の3種類があり、財形住宅と財形年金は合わせて元利合計550万円まで利子が非課税です。 ○

財形貯蓄には貯蓄型のほかに保険型があります。**財形住宅貯蓄の保険型**は保険の保険料・掛金等、払込保険料累計額550万円までの差益、**財形年金の保険型**は払込保険料累計額385万円までの差益が非課税です。**財形住宅貯蓄と財形年金貯蓄を合わせると払込保険料累計額550万円**まで非課税です。 ✕

財形住宅を非課税で払い出す（適格払い出し）には、**床面積50㎡以上**や勤労者本人が居住すること等、一定の要件、理由を満たすことが必要です。 ○

財形住宅融資は、財形貯蓄を1年以上積み立てている人を対象とした公的ローンで、住宅・土地取得、住宅改良等に要する費用など、**貯蓄残高の10倍、最高4,000万円以内**（所要額の90%以内）まで低利で融資する制度です。 ○

財形住宅貯蓄と財形年金貯蓄では、**目的外の払出しは解約扱い**となり、**5年間**さかのぼって、利子すべてに20.315%の源泉分離課税です。なお**財形年金貯蓄**は、**60歳以降**に5年以上の期間で年金を受け取ることができます。 ○

※財形年金貯蓄も申込時の年齢は55歳未満に限られるが、一般財形貯蓄には年齢制限はない。

変動金利型住宅ローンでは、金利の見直しは**年2回（半年ごと）**、返済額の見直しは**5年**に1度です。金利は一般に**短期プライムレートを基準**にします。 ✕

返済総額（総支払利息）は、元金均等返済の方が元利均等返済よりも少なくなります。**ウラ技 金（元金均等）が得** ○

住宅ローンの借換えとは、住宅ローンを借りている今の住まいに住み続けることを条件に、より有利な住宅ローンに変更することをいいます。 ○

登記費用・保証料・金融機関の手数料・登録免許税等の費用が発生します。 ○

次の〈資料〉に基づいて、下記の問に答えなさい。
〈資料〉 福岡家の住宅ローンの償還予定表の一部

返済回数（回）	毎月返済額（円）	うち元金（円）	うち利息（円）	残高（円）
243	116,766	85,279	31,487	11,722,485
244	116,766	85,506	31,260	11,636,979
245	116,766	85,734	31,032	11,551,244
246	116,766	85,963	30,803	11,465,282
247	116,766	86,192	30,574	11,379,090
248	116,766	86,422	30,344	11,292,668
249	116,766	86,652	30,114	11,206,016
250	116,766	86,883	29,883	11,119,132
251	116,766	87,115	29,651	11,032,017
252	116,766	87,347	29,419	10,944,670
253	116,766	87,580	29,186	10,857,090
254	116,766	87,814	28,952	10,769,276
255	116,766	88,048	28,718	10,681,228

❺ 福岡さんが現在居住しているマンションの住宅ローンは、全期間固定金利、返済期間30年、元利均等返済、ボーナス返済なしである。この住宅ローンを244回返済後に、200万円以内の最大額で期間短縮型の繰上げ返済をする場合、この繰上げ返済により短縮される返済期間は何年何カ月か。上記の表を使って計算しなさい。繰上げ返済に伴う手数料等は考慮しないものとする。

TOP 60 ⑧ 健康保険の給付内容

❶ 全国健康保険協会管掌健康保険（協会けんぽ）における子どもの医療費の自己負担割合は、小学校入学前の子は医療費の1割を負担、小学校入学以後の子は医療費の2割を負担することになっている。

❷ 高額療養費は、医療費の自己負担額が1カ月に一定額（自己負担限度額）を超えたときに給付されるが、外来・入院ともに対象となっている。

返済回数（回）	毎月返済額（円）	うち元金（円）	うち利息（円）	残高（円）
256	116,766	88,283	28,483	10,592,945
257	116,766	88,518	28,248	10,504,427
258	116,766	88,754	28,012	10,415,673
259	116,766	88,991	27,775	10,326,682
260	116,766	89,228	27,538	10,237,454
261	116,766	89,466	27,300	10,147,987
262	116,766	89,705	27,061	10,058,283
263	116,766	89,944	26,822	9,968,339
264	116,766	90,184	26,582	9,878,155
265	116,766	90,424	26,342	9,787,731
266	116,766	90,665	26,101	9,697,065
267	116,766	90,907	25,859	9,606,158
268	116,766	91,150	25,616	9,515,008
269	116,766	91,393	25,373	9,423,616

<u>繰上げ返済</u>とは元金残高の全額または一部を返済することをいい、利息は元金に対してかかるため、**繰上げ返済時期が早いほど総返済額が減少**します。**返済期間短縮型**の方が**返済額軽減型**よりも**利息軽減効果が<u>大きく</u>**なります。償還予定表より、244回返済した借入残高は<u>11,636,979</u>円です。この時点で、繰上げ返済200万円をすると、借入残高は<u>11,636,979</u>－2,000,000＝<u>9,636,979</u>円になります。償還予定表の残高を見ると、<u>9,636,979</u>円は、<u>266</u>回返済した借入残高の9,697,065円より少ないことがわかります。つまり、繰上げ返済200万円をすると<u>266</u>**回**分より多く返済したことになるわけです（266回分まで繰上げ返済すると11,636,979円－9,697,065円＝1,939,914円で200万円以内に収まります）。

従って、繰上げ返済により短縮される返済期間は、

<u>266</u>－<u>244</u>＝<u>22</u>回で、<u>1</u>**年**<u>10</u>**カ月**分です。　　**1年10カ月**

資産設計提案業務　実技

▼ 解説（赤シートで消える語句をチェックできます）　📄 29・30ページ　▼ 正解

医療費の自己負担割合は、小学校入学前は**2割**、小学校入学後～70歳未満は**3割**、70歳～74歳は**2割**、75歳以上は**1割**です。ただし、70歳以上の現役並み所得者は3割負担。75歳以上で一定以上の収入がある者は2割です。

同じ月に同じ医療機関の窓口で支払う額は、自己負担割合を支払いますが、1カ月の支払額が自己負担限度額を超えた場合、申請により**高額療養費**が給付されます。高額療養費は、**外来・入院ともに**支<u>給</u>対象です。

497

☐ ❸ 山田さん（37歳）は、2024年5月に胆石の手術で3日間、健康保険限度額
適用を受けずに医療機関に入院した。山田さんの2024年5月の1カ月間に
おける保険診療分の医療費（窓口での自己負担分）が15万円であった場合、
高額療養費として支給される額はいくらか。なお、山田さんは全国健康保険
協会管掌健康保険（協会けんぽ）の被保険者であり、標準報酬月額は34万
円であるものとする。

〈医療費の1カ月当たりの自己負担限度額（70歳未満の人）〉

所得区分	自己負担限度額（月額）
標準報酬月額：83万円以上	252,600円＋（総医療費－842,000円）×1%
標準報酬月額：53〜79万円	167,400円＋（総医療費－558,000円）×1%
標準報酬月額：28〜50万円	80,100円＋（総医療費－267,000円）×1%
標準報酬月額：26万円以下	57,600円
住民税非課税者等	35,400円

※多数該当および世帯合算については考慮しない。

TOP60 ❾ 雇用保険

☐ ❶ 24歳から勤めている勤務先を自己都合で2024年12月末に56歳で離職した
場合、雇用保険の基本手当の所定給付日数は、330日である。

☐ ❷ 受給期間は原則として離職の日の翌日から起算して1年間だが、妊娠、出産、
育児その他一定の事由に該当する場合、申出により最長で2年間延長される。

☐ ❸ 雇用保険の基本手当は退職後7日間の待期期間の経過後に給付されるが、正
当な理由のない自己都合退職の場合には、待期期間＋最長1カ月間の給付制
限期間の経過後に支給される。

☐ ❹ 22歳から働いている現在の会社で、60歳の定年後も再雇用制度を利用して、
下記の賃金月額で働いた場合、雇用保険の高年齢雇用継続基本給付金は上限
で3万6,000円支給される。
・60歳到達時の賃金月額：42万円
・60歳以後（支給対象月）の賃金月額：24万円

高額療養費は外来・入院ともに支給されますが、食費、差額ベッド代、先進医療などの保険外併用療養費は支給対象外です。保険適用外の診療も高額療養費の対象外です。

また、70歳未満の人が、同一月、同一医療機関での窓口の支払いを自己負担限度額までとするためには、事前申請して**健康保険限度額適用認定証**の提示が必要[※]となります。

保険診療分の窓口負担額15万円は、総医療費×**3割（70歳未満の自己負担割合）**を支払っているはずなので、総医療費は、

15万円÷0.3＝50万円

標準報酬月額は34万円なので、表より、

自己負担限度額＝80,100円＋（500,000円－267,000円）×1%

＝80,100円＋2,330円

＝82,430円

高額療養費は、「窓口負担額－自己負担限度額」なので、

高額療養費＝150,000円－82,430円＝67,570円

67,570円

※オンライン資格確認システムが導入された医療機関等では、本人が同意し、システムで区分の確認ができれば、限度額適用認定証の提示がなくても窓口の支払いが自己負担限度額までとなる。

▼ 解説（赤シートで消える語句をチェックできます）　　　🖙44ページ　▼ 正解

自己都合退職や定年退職等は、**一般受給資格者**となり、基本手当の給付日数は、**被保険者期間20年以上で最長150日**となります。	×
基本手当の受給期間は離職の日の翌日から起算して**1年間**ですが、一定の事由に該当する場合、1年経過後さらに最長**3年間延長**できます（合計4年間）。	×
基本手当は、原則として**退職後7日間の待期期間**の経過後に給付されます。**正当な理由のない**自己都合退職では**7日間の待期期間＋2カ月間**（5年間のうち3回目からの退職は**3カ月**）の経過後に支給されます。**重責解雇では7日間の待期期間＋3カ月間の給付制限期間**の経過後に支給されます。	×
高年齢雇用継続基本給付金の受給要件は、**60歳到達月から65歳到達月までの一般被保険者**であり、雇用保険の被保険者期間が**通算5年以上**あること、また60歳以後の賃金が到達時の賃金月額より**75%未満**であることです。本問では、42万円から24万円に下がっており、24万円÷42万円＝0.5714…→**57%**で、**75%未満**になります。支給額の上限（低下後の賃金が低下前に比べて**61%未満**になった場合）は**60歳以後の賃金×15%相当額**なので、**24万円×0.15＝3.6万円**支給されます。	○

資産設計提案業務　　実技

TOP 60 🔟 老齢基礎年金

次の〈設例〉に基づいて、下記の空欄に当てはまる語句・数値を答えなさい。
〈設例〉 美雪さんの母親の智恵さんは、65歳になる。智恵さんの23歳から60歳までの国民年金の保険料納付状況は右のとおりであり、このほかに保険料納付済期間および保険料免除期間はないものとする。

☐ **❶** 智恵さんに65歳から支給される老齢基礎年金の額は（　）円である。計算に当たっては、下記の〈老齢基礎年金の計算式〉を使用し、振替加算は考慮しないものとする。

〈老齢基礎年金の計算式〉

$$816{,}000円 \times \frac{保険料納付済月数+(保険料免除月数 \times 免除の種類に応じた割合^※)}{480月}$$

※免除の種類に応じた割合（2009年3月以前の保険料免除期間）
　全額免除：1/3、3/4免除：1/2、半額免除：2/3、1/4免除：5/6
・端数処理
　老齢基礎年金額については、50銭未満の端数が生じたときはこれを切り捨て、50銭以上1円未満の端数が生じたときはこれを1円に切り上げるものとする。

☐ **❷** 智恵さんには、老齢年金の支給開始年齢に達する3カ月前に、日本年金機構から「年金請求書（国民年金・厚生年金保険老齢給付）」が送られる。その用紙に記載し必要書類を添付のうえ、年金事務所等に提出する。この手続きは、支給開始年齢の誕生日の（ ア ）から行うことができる。年金は原則として、受給権が発生した月の翌月分から受給権が消滅した月分まで支給され、万一手続きが遅れた場合でも、（ イ ）年前の年金まではさかのぼって支給される。年金は、原則として年（ ウ ）回支払われる。

☐ **❸** ・2022年4月1日以降に60歳に達した人が、61歳に達した月に老齢年金の「支給繰上げの請求」をすると、65歳から支給される額の（ エ ）％に減額され、この支給率が一生涯継続して適用される。
　・2022年3月31日までに60歳に達した人が、61歳に達した月に老齢年金の「支給繰上げの請求」をすると、65歳から支給される額の（ オ ）％に減額され、この支給率が一生涯継続して適用される。
　・68歳に達した月に老齢年金の「支給繰下げの申出」をすると、65歳から支給される額の（ カ ）％に増額される。

〔智恵さんの国民年金の保険料納付状況〕

保険料納付済 ３６月	保険料 全額免除 ７２月	保険料3/4 免除 ２４月	保険料納付済 ３１２月

※上記の保険料免除期間（全額免除および3/4免除）は2009年3月以前のものである。

❶　〈老齢基礎年金の計算式〉と〔智恵さんの国民年金の保険料納付状況〕とを見比べて、該当する数値を当てはめて計算するだけです。

保険料納付済月数…36月＋312月＝348月

保険料免除月数×割合…全額免除72月× 1/3 ＝ 24月

　　　　　　　　　3/4免除24月× 1/2 ＝ 12月

816,000円×（348月＋24月＋12月）÷480月

＝816,000円×384月÷480月

＝652,800円

❷　公的年金の受給は、受給開始年齢の３カ月前に、日本年金機構から送られてくる「年金請求書」に必要事項を記入し、必要書類とともに年金事務所等へ提出することで請求手続きが完了します。この手続きは、支給開始年齢の誕生日の前日（１日前）から行うことができます。手続きが遅れても、5年前の年金まではさかのぼって受給できます。年金は、受給権が発生した月の翌月から2カ月に１回（偶数月）、年6回給付されます。

❸　2022年４月から、年金繰上げの減額率が変更になりました。

・2022年４月１日以降に60歳に達した人が老齢基礎年金の支給繰上げの請求をすると、繰上げ１カ月について0.4%減額されます。65歳から支給される年金を４年繰上げて61歳から受給した場合の減額率は、**4年×12月×0.4%＝19.2%** です。支給される額の何％に減額されるかが問われているので、100%－19.2%＝80.8%となります。

なお、2022年３月31日までに60歳に達した人の場合は、繰上げ１カ月について0.5%減額されるので、4年×12月×0.5%＝24%減額となり、100%－24%＝76%となります。

・支給繰下げの申出をすると、繰下げ１カ月について0.7%増額されます。従って、65歳からの年金を３年繰下げて68歳から受給した場合の増額率は、3年×12月×0.7%＝25.2%です。支給される額の何％に増額されるかが問われているので、答えは100%＋25.2%＝125.2%です。

❶ 652,800

❷ ア　前日

　イ　5

　ウ　6

❸ エ　80.8

　オ　76

　カ　125.2

11 遺族給付

次の〈設例〉に基づいて、下記の各問に答えなさい。
〈設例〉 北山青志さんは、民間企業に勤務する会社員である。青志さんは大学卒業後の22歳から現在まで継続して厚生年金保険に加入しており、記載以外の遺族給付の受給要件はすべて満たしているものとする。家族構成は右のとおりである。

☐ ❶ 仮に青志さんが2024年5月に46歳で在職中に死亡したものとすると、青志さんの死亡時点において美雪さんが受給できる公的年金の遺族給付の組み合わせとして、正しいものはどれか。
　　 1. 遺族基礎年金+遺族厚生年金+中高齢寡婦加算
　　 2. 遺族基礎年金+中高齢寡婦加算
　　 3. 遺族基礎年金+遺族厚生年金
　　 4. 遺族厚生年金+中高齢寡婦加算

次の〈設例〉に基づいて、下記の各問に答えなさい。
〈設例〉 山口武雄さんは、民間企業に勤務する会社員である。武雄さんは大学卒業後の22歳から現在まで継続して厚生年金保険に加入しており、記載以外の遺族給付の受給要件はすべて満たしているものとする。家族構成は右のとおりである。

☐ ❷ 仮に武雄さんが2024年7月に46歳で在職中に死亡したものとすると、武雄さんの死亡時点において果穂さんが受給できる公的年金の遺族給付の額は（　　）円である。
　　 〈資料〉
　　 ・遺族厚生年金の額：600,000円
　　 ・中高齢寡婦加算額：612,000円（2024年度価額）
　　 ・遺族基礎年金の額：816,000円（2024年度価額）
　　 ・遺族基礎年金の子の加算額
　　　 第1子・第2子（1人当たり）：234,800円（2024年度価額）

北山青志（本人）1977年7月23日生まれ（46歳）、以下の4人家族で、全員生計同一である。
　　美雪（妻）　　1979年6月3日生まれ（44歳）、パート勤務
　　北斗（長男）　2009年5月5日生まれ（14歳）、中学生
　　美波（長女）　2012年8月2日生まれ（11歳）、小学生　　※年齢は、2024年4月時点。

・国民年金の被保険者が死亡した場合、被保険者に生計を維持されていた、子のある配偶者、または子には、<u>遺族基礎**年金**</u>が支給されます。配偶者（親）と子が生計同一の場合は配偶者、生計同一でない場合は子が受給します。**子の要件は**<u>18**歳**</u>到達年度の末日（3月31日）までの子、または20歳未満で障害等級1級、2級該当者です。従って、美波さんの18歳到達年度末まで、<u>遺族基礎**年金（基本額＋子の加算額）が支給**</u>されます。

・厚生年金保険の被保険者が死亡した場合、被保険者に生計を維持されていた① 配偶者・子、② 父母、③ 孫、④ 祖父母のうち、受給順位が最も高い者には、<u>遺族厚生**年金**</u>が支給されます。従って、美雪さんには<u>遺族厚生**年金**</u>も支給されます。遺族厚生年金の受給権者が65歳になって老齢厚生年金の受給資格を得た場合は、遺族厚生年金は老齢厚生年金との差額だけ支給されます。

・夫の死亡時に40歳以上で子のいない妻や、子があってもその子が遺族基礎年金の対象外となったとき、40歳以上の妻に<u>中高齢寡婦加算</u>が加算されます。美雪さんには、<u>中高齢寡婦加算</u>はありません。

3

山口武雄（本人）1977年10月23日生まれ（46歳）、以下の3人家族で、全員生計同一である。
　　果穂（妻）　　1976年9月3日生まれ（47歳）、パート勤務
　　果林（長女）2006年8月20日生まれ（17歳）、高校3年生
　　　　　　　　　　　　　　　　　　　　　　　　※年齢は、2024年4月時点。

果穂さんには、<u>遺族基礎年金</u>、<u>遺族基礎年金の子の加算額</u>、<u>遺族厚生年金</u>が支給されます。<u>中高齢寡婦加算額</u>は支給されません。
遺族給付の額＝<u>816,000</u>＋<u>234,800</u>＋<u>600,000</u>＝<u>1,650,800</u>**円**
なお、17歳の果林さんの18歳到達年度末（3月31日）が過ぎると、果穂さんは<u>遺族基礎年金と遺族基礎年金の子の加算額</u>の受給権を失います。そのとき、<u>中高齢寡婦加算</u>が加算されます。

1,650,800

資産設計提案業務　　**実技**

2 リスク管理

問題数031

 再現例題

2016年5月〈改〉

《設 例》

　物品販売業（神田商店）を営む自営業者の神田正夫さん（青色申告者）は、FPで税理士でもある宮本さんに相談をした。下記のデータは2024年4月1日現在のものとする。

家族構成（同居家族）　神田正夫：53歳（1970年6月12日生まれ）、自営業
　　　　　　　　　　　芳恵（妻）：48歳（1975年9月21日生まれ）、パート勤務
　　　　　　　　　　　春香（長女）17歳（2006年7月22日生まれ）、高校生
　　　　　　　　　　　美佳（二女）13歳（2010年11月25日生まれ）、中学生

〈生命保険〉
単位：万円

保険種類	保険契約者	被保険者	死亡保険金受取人	保険金額	解約返戻金相当額	保険期間
定期保険A（注）	正夫	正夫	芳恵	1,000	－	2031年まで
定期保険特約付終身保険B						
（終身保険部分）	正夫	正夫	芳恵	300	200	終身
（定期保険部分）	正夫	正夫	芳恵	1,500	－	2030年まで
定期保険C	正夫	芳恵	正夫	300	－	2034年まで
養老保険D	正夫	正夫	芳恵	500	450	2031年まで
終身保険E	芳恵	正夫	芳恵	240	200	終身
終身保険F	芳恵	芳恵	正夫	500	470	終身
終身保険G	正夫	正夫	芳恵	600	270	終身

注：定期保険Aには、保険金額500万円の傷害特約が付加されており、傷害特約の保険期間は2031年までである。

　正夫さんの死亡時に支払われる保険金に関するFPの宮本さんの次の説明の空欄（ア）、（イ）に入る適切な数値を語群のなかから選び、解答欄に記入しなさい。なお、同じ数値を何度選んでもよいこととする。また、現在加入中の生命保険は、解約せず同一内容で有効に継続し、かつ、特約は自動更新されていないものとする。

「春香さんが大学を卒業する予定の2029年3月に正夫さんが交通事故等の不慮の事故で死亡すると仮定した場合、支払われる生命保険の保険金の合計は（　ア　）万円です。一方、美佳さんが大学を卒業する予定の2033年3月に正夫さんが交通事故等の不慮の事故で死亡すると仮定した場合、支払われる生命保険の保険金の合計は（　イ　）万円です。」

〈語群〉

840	1,140	1,440	4,140	4,440	4,640

1 生命保険の保障内容…出題率3.59% [113問]

2 生命保険と税金…出題率2.70% [85問]

3 地震保険…出題率1.24% [39問]

※出題率は、過去13年間の「資産設計提案業務」3,152問中の出題割合［質問数］を示しています。

【リスク管理】の出題傾向

頻出順に、次の問題が出題されています。

1 生命保険の保障内容…生命保険の契約書や保障内容に基づいて、支払われる保険金・給付金の額を求める問題が毎回のように出題されます。三大疾病保障では、原因が三大疾病（脳卒中・がん・急性心筋梗塞）でなくても、死亡・高度障害状態に陥った際に保険金が支払われることを覚えておいてください。

2 生命保険と税金…夫の死亡時に妻が受け取る死亡保険金が、相続税、所得税のどちらになるかを問う問題が頻出します。

3 地震保険…「地震保険」は、本書の「学科」で学習済みなので、カットしてあります。 復習 地震保険▶98ページ

「再現例題」の解説と解答

保険Aの傷害特約では、不慮の事故による180日以内の死亡・身体障害が支払対象で、500万円が加算されます。保険期間と被保険者に注意して合計します。

ア　2029年に正夫さんが交通事故等の不慮の事故で死亡した場合の保険金

保険A…死亡保険金1,000万円＋傷害特約500万円＝1,500万円

保険B…終身300万円＋定期1,500万円＝1,800万円

保険C…被保険者が妻の芳恵さんなので、保険金は出ません

保険D…死亡保険金500万円

保険E…死亡保険金240万円

保険F…被保険者が妻の芳恵さんなので、保険金は出ません

保険G…死亡保険金600万円

合計＝1,500＋1,800＋500＋240＋600＝4,640万円

イ　2033年では、保険期間が切れている保険A、保険Aの特約、保険Bの定期部分、保険Dの保険金が支払われません。

支払われる保険金の合計＝300＋240＋600＝1,140万円

解答　（ア）4,640　　（イ）1,140

▼ 適切なものには○、不適切なものには×で答えなさい。また、（　）に入る語句の記号を答えなさい。

1 保険料の構成

空欄に入る語句を語群から選んで番号で答えなさい。

契約者が保険会社に払い込む営業保険料は（ ア ）と（ イ ）に分けられる。（ ア ）は将来の保険金の支払いに充てられるもので（ ウ ）と予定利率に基づいて決まる。一方（ イ ）は保険会社の諸経費に充てられるもので（ エ ）に基づいて計算される。

〈語群〉
1．純保険料　　2．付加保険料　　3．予定事業費率
4．予定配当率　　5．予定返戻率　　6．予定死亡率　　7．責任準備金

2 保険契約の継続

生命保険の契約継続について一般的な流れを説明する下記の図の空欄に入る語句を語群から選んで番号で答えなさい。

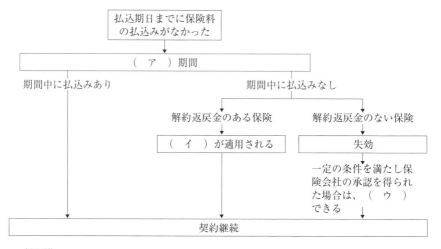

〈語群〉
1．延長（定期保険）　　2．免除　　3．自動振替貸付　　4．契約者貸付
5．再契約　　6．払込猶予　　7．復活　　8．てん補
9．減額　　10．更新

指示のある問題はその指示に従って答えなさい。

▼ 解説（赤シートで消える語句をチェックできます）　🖰94ページ　▼ 正解

保険料は、純**保険料**と付加**保険料**に分けられます。

営 業 保 険 料

純**保険料**	付加**保険料**
保険金を支払う財源 ▲予定死亡率、予定利率をもとに算出	保険の運営・維持費用 ▲予定事業費率をもとに算出

死亡保険料	生存保険料
死亡保険金を 支払う財源	満期保険金を 支払う財源

営業保険料＝契約者が保険会社に払い込む保険料。通常、保険料とは営業保険料のことを指します。

ア 1

イ 2

ウ 6

エ 3

▼ 解説（赤シートで消える語句をチェックできます）　🖰96ページ　▼ 正解

ア　保険料が払込期日までに払い込めなかった場合でも、すぐに保険契約が失効するわけではありません。払込猶予**期間**中に保険料を払い込めば、契約は継続します。

イ　払込猶予**期間**中に払込みがない場合、解約返戻金のある保険ならば、解約返戻金の範囲内で保険会社が保険料を立て替えて契約が継続します。これを自動振替貸付といいます。

ウ　払込猶予**期間**中に払込みがない場合、解約返戻金のない保険ならば、保険契約は失効します。その後、一定の条件を満たし保険会社の承認を得られた場合は、契約の復活が可能です。復活するには、原則として失効期間中の保険料と利息を払い込む必要があります。

ア 6

イ 3

ウ 7

資産設計提案業務　実技

3 生命保険の保障内容

羽田卓さん（48歳）が保険契約者（保険料負担者）および被保険者として加入している生命保険（下記〈資料〉参照）の保障内容に関する次の各問の空欄にあてはまる数値を求めなさい。なお、保険契約は有効に継続し、かつ特約は自動更新しているものとし、卓さんはこれまでに〈資料〉の保険から、保険金・給付金を一度も受け取っていないものとする。各々の記述はそれぞれ独立した問題であり、相互に影響を与えないものとする。

〈資料1〉①定期保険特約付終身保険
保険契約者：羽田卓／被保険者：羽田卓／受取人：羽田千絵（妻）
終身保険金額（主契約保険金額）：150万円
定期保険特約保険金額：1,500万円
三大疾病保障定期保険特約保険金額：300万円
傷害特約保険金額：300万円
災害入院特約：入院5日目から日額5,000円

❶ 卓さんが現時点（48歳）で、交通事故で即死した場合、保険会社から支払われる保険金・給付金の合計は（　　）万円である。←よく出る

❷ 卓さんが現時点（48歳）で、糖尿病で24日間入院した場合（手術は受けていない）、保険会社から支払われる保険金・給付金の合計は（　　）万円である。←よく出る

❸ 卓さんが現時点（48歳）で、初めてがん（肝臓がん・悪性新生物）と診断されて26日間入院し、その間に約款所定の手術（給付倍率40倍）を1回受けた場合、保険会社から支払われる保険金・給付金の合計は（　　）万円である。←よく出る

疾病入院特約：入院5日目から日額5,000円
（※約款所定の手術を受けた場合、手術の種類に応じて入院給付金日額の10倍・20倍・40倍の手術給付金を支払います。）
成人病入院特約：入院5日目から日額5,000円
＊入院給付金の1入院当たりの限度日数は120日、通算限度日数は1,095日です。

〈資料2〉②医療保険
保険契約者：羽田卓／被保険者：羽田卓／受取人：羽田千絵（妻）
疾病入院給付金：1日につき日額5,000円（入院1日目から保障）
災害入院給付金：1日につき日額5,000円（入院1日目から保障）
手術給付金：1回につき10万円（約款所定の手術を受けたとき）
死亡保険金：20万円
がん診断給付金：初めてがんと診断されたとき50万円

❶　①の定期保険特約付終身保険から…**終身保険150万円＋定期保険特約1,500万円**
＋三大疾病保障定期保険特約300万円＋傷害特約300万円＝2,250万円

②の医療保険から…死亡保険金20万円

保険金・給付金の合計＝2,250万円＋20万円＝2,270万円

●**三大疾病保障定期保険特約**…死亡・高度障害状態に陥った際は、原因が三大（特定）疾病（脳卒中・がん・急性心筋梗塞）でなくても保険金が支払われます。

●**傷害特約**…不慮の事故で180日以内に死亡・高度障害に至った場合に、保険金が支払われます。　🙂ウラ技　**事故の人は全部補償**

❷　①の定期保険特約付終身保険から…疾病入院特約0.5万円×（24日−4日）＋成人病入院特約0.5万円×（24日−4日）＝20万円（4日目までは支払対象外）。

●**成人病**（生活習慣病）…がん、脳血管疾患、心臓疾患、高血圧性疾患、糖尿病の5つ。

②の医療保険から…疾病入院給付金が、**0.5万円×24日＝12万円**

保険金・給付金の合計＝20万円＋12万円＝32万円

❸　①の定期保険特約付終身保険から…三大疾病保障定期保険特約300万円＋疾病入院特約0.5万円×（26日−4日）＋成人病入院特約0.5万円×（26日−4日）＋手術給付金0.5万円×40＝342万円

三大疾病保障定期保険特約の対象…脳卒中・がん・急性心筋梗塞

②の医療保険から…疾病入院給付金0.5万円×26日＋手術給付金10万円＋がん診断給付金50万円＝73万円が支払われます。

保険金・給付金の合計＝342万円＋73万円＝415万円

❶ 2,270
❷ 32
❸ 415

資産設計提案業務　実技

□ ❹ 次のうち、定期保険の解約返戻金相当額の推移に係る図として、最も適切な
ものはどれか。番号で答えなさい。

1.
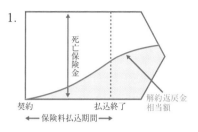

3.
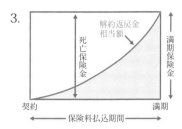

2.
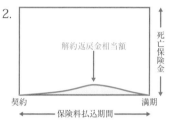

TOP 60 **❹ 生命保険と税金**

□ ❶ 下記の生命保険契約について、保険金・給付金が支払われた場合の税金に関
する次の記述の空欄に入る適切な語句を語群のなかから選び、番号で答えな
さい。なお、同じ語句を何度選んでもよいこととする。◀よく出る

	保険種類	払込方法	契約者 (保険料負担者)	被保険者	死亡保険金 受取人	満期学資金 受取人
契約A	定期保険	月払い	夫	夫	妻	－
契約B	医療保険	月払い	夫	夫	妻	－
契約C	学資保険	年払い	夫	子	夫	夫

・契約Aについて、妻が受け取った死亡保険金は、（ ア ）となる。

・契約Bについて、夫が受け取った入院給付金は、（ イ ）となる。

・契約Cについて、夫が受け取った満期学資金は、（ ウ ）となる。

〈語群〉

1．所得税（雑所得）の課税対象　　2．所得税（一時所得）の課税対象

3．相続税の課税対象　　　　　　4．贈与税の課税対象　　5．非課税

定期保険は、**図2**が適切。**図1**は**終身保険**、**図3**は**養老保険** で不適切。

終身保険…図1

● 死亡・高度障害状態の保障が一生涯続く保険なので、満期がない。

● 払込期間終了後は、保険料負担なしで保障が続く。

● 解約返戻金が、期間の経過に従って一定額まで増えていく。

定期保険…図2

● 定められた期間中だけ死亡・高度障害状態を保障。いわゆる掛捨ての保険

● 掛捨てで満期保険金はないため、保険料が安い。

● 解約返戻金が少ない（商品によってはない）。保険料が安い

養老保険…図3

● 保険期間中に死亡すると死亡保険金が、保険期間満了まで生存すると満期保険金が支払われる保険。死亡保険金が支払われると契約が終了する。

● 保険期間満了後の満期保険金が、死亡・高度障害保険金と同額。

● 解約返戻金が満期・死亡保険金と同額まで増えていく。

2

▼ 解説（赤シートで消える語句をチェックできます） 🔖117ページ **▼ 正解**

ア 契約者と被保険者が夫で、死亡保険金受取人＝相続人が妻の場合、死亡保険金は**相続税**の課税対象です。死亡保険金への課税は次のとおりです。

	契約者	被保険者	受取人	税金の種類
死亡保険金	Aさん	Aさん	Aさん以外	相続税
	Aさん	Bさん	Aさん	所得税・住民税（一時所得）
	Aさん	Bさん	Cさん	贈与税

なお、契約者と被保険者が同一で、死亡保険金の受取人が法定相続人（配偶者や子）の場合、「**500万円×法定相続人の数**」の金額が**非課税**です。相続人以外の者が受け取った場合は、この適用を受けることはできません。

イ 通院・手術・入院など、**身体の傷害に対する保険金、給付金は非課税**です。なお、非課税となるのは、受取人が被保険者本人、妻、直系血族、生計同一の親族のいずれかの場合だけです。

ウ **契約者と受取人が同じ**なので、**満期学資金や満期保険金は一時所得**として所得税（＋住民税）の課税対象となります。

ア 3

イ 5

ウ 2

資産設計提案業務 | 実技

511

下記〈資料〉の保険について、各問の正誤を答えなさい。
〈資料：収入保障特約付終身保険の契約内容〉
［契約形態］
保険契約者(保険料負担者)：中井文夫
被保険者：中井文夫

☐ ❷ 文夫さんが死亡し、洋子さんが収入保障特約保険金を一括で受け取った場合、
保険金は一時所得として所得税および住民税の課税対象となる。←よく出る

☐ ❸ 文夫さんが病気で入院した場合、支払われる入院給付金は非課税である。
←よく出る

☐ ❹ 文夫さんがこの保険を解約した場合、支払われる解約返戻金は雑所得として
所得税および住民税の課税対象となる。←よく出る

TOP 60 ❺ 個人年金保険と税金

下記〈資料〉の保険について、各問の正誤を答えなさい。
〈資料：変額個人年金保険の契約内容〉
契約日：2015年12月5日
契約者(保険料負担者)、被保険者、年金受取人：大久保隆

☐ ❶ 支払った一時払い保険料は、10年間、個人年金保険料控除の対象となる。
←よく出る

☐ ❷ 隆さんが毎年受け取る年金は、一時所得として所得税の課税対象となる。
←よく出る

☐ ❸ 契約日から6年目に解約し利益が出ていた場合には、一時所得として所得税
の課税対象となる。

死亡保険金受取人：中井洋子（妻）
［保障内容］
主契約：死亡・高度障害保険金額　700万円
特　約：収入保障特約(年金年額)　180万円(確定年金10年間)
総合医療特約(入院給付金日額)　　5,000円

収入保障保険（特約）の死亡保険金は、**一時金**で受け取る場合は**相続税**の課税対象（契約者＝被保険者の場合）です。　　✕

通院・手術・入院など、**身体の傷害に対する保険金、給付金は非課税**です。　　○

契約者（＝保険料負担者）が受け取った**解約返戻金**は、**一時所得**として所得税・住民税の対象です。　　✕

▼ 解説（赤シートで消える語句をチェックできます）　🔑113・114ページ　▼ 正解

年金種類：確定年金
年金支払期間：10年
一時払い保険料：1,000万円

一時払いの年金保険は、**個人年金保険料控除**ではなく、**一般の生命保険料控除の対象**となります。　　✕

契約者と年金受取人が同じ個人年金保険の年金は、公的年金等以外の**雑所得**として所得税・住民税の課税対象です。**雑所得**の金額は総合課税で、他の所得と合算されて総所得金額へ集約されます。　　✕

６年目以降の解約差益は、一般の解約返戻金等と同じく**一時所得**として所得税・住民税の課税対象です。**一時所得**の金額は総合課税で、他の所得と合算されて総所得金額へ集約されます。なお、**一時払いの個人年金保険**を契約から**5年以内**に解約すると、**金融類似商品**として差益に20.315％の**源泉分離**課税となります。　　○

中田幸夫さん（50歳）が銀行の窓口で契約した個人年金保険〈資料〉に関する下記の記述の正誤を答えなさい。

〈資料〉　個人年金保険
契約日：2022年4月28日
契約者（保険料負担者）、被保険者、年金受取人：中田幸夫

☐ ❹　中田さんの2024年分の所得税の個人年金保険料控除額は、40,000円である。
　　　←よく出る

☐ ❺　契約先の保険会社が破綻した場合には、この保険は預金保険機構による保護の対象となる。

TOP 60 ⑥ 医療保険

細川秀一さんが団体扱いで契約している〈資料〉の医療保険に関する各問の正誤を答えなさい。各問の記述はそれぞれ独立した問題であり、相互に影響を与えないものとする。

〈資料：医療保険の契約内容〉
［契約形態］
保険契約者（保険料負担者）：細川秀一（契約年齢31歳）
被保険者：細川秀一
給付金受取人：細川秀一
死亡保険金受取人：細川冨美子（妻）

☐ ❶　秀一さんが退職した場合、団体扱いで契約していたこの医療保険は自動的に解約扱いとなる。

☐ ❷　秀一さんが、胆石の手術（1回）で14日間入院した場合、入院給付金と手術給付金の合計15万円を受け取ることができる。

☐ ❸　秀一さんが、手術前の検査のために2日間通院した場合、通院給付金として6,000円を受け取ることができる。

☐ ❹　秀一さんが交通事故により即死した場合、冨美子さんは死亡保険金として50万円を受け取ることができる。

死亡給付金受取人：中田愛（妻）
保険料払込期間：60歳払込満了
保険料：10,400円（月払い）
＊税制適格特約付加

個人年金保険料控除の対象になる個人年金保険で、**税制適格特約**が付加されています。月払い10,400円×12月で年間保険料が**80,000**円超となるので、控除額は**40,000**円です。 **復習** 個人年金保険料控除▶84ページ ○

銀行の窓口で契約した生命保険契約でも、預金ではないので預金保険機構ではなく、**生命保険契約者保護機構**による補償対象となります。 ×

▼ 解説（赤シートで消える語句をチェックできます）　　🖝143ページ　▼ 正解

［保険料］
保険期間・保険料払込期間：終身
保険料払込方法：団体扱い
［保障内容］
入院給付金：日額5,000円（5日以上の入院時に5日目から）
手術給付金：10万円（1回につき）
通院給付金：日額3,000円（退院後の通院に限る）
死亡保険金：50万円

団体扱いとは、保険料の扱いについてだけ勤務先がかかわる保険です。**保険契約者（保険料負担者）は個人**なので、退職しても解約扱いに**なりません**。 ×

胆石の手術（1回）で14日間入院…入院給付金は**入院日額0.5万円×（14日−4日）＝5万円**（4日目までは支払対象外）。手術給付金は「10万円（1回につき）」です。合計…**5万円＋10万円＝15万円** ○

通院給付金は「退院後の通院に限る」とあるので、手術前の通院には支払われません。 ×

死亡保険金50万円を受け取ることができます。なお、生命保険の**免責事由（支払い責任を免れる事由）**には、契約日から一定期間内の自殺、保険金の受取人による故意による致死（殺人）、戦争による死亡事故などがあります。 ○

資産設計提案業務　実技

515

中井さんは、同じ病気で2回入院した。下記に基づき、中井さんが契約している医療保険から受け取ることができる入院給付金の日数に関する記述の空欄に入る数値を求めなさい。

［中井さんの入院日数］

❺ 中井さんが受け取ることができる入院給付金の日数は、1回目の入院につき（ ア ）日分、2回目の入院につき（ イ ）日分である。

7 火災保険

広尾さんは、保険価額3,000万円の居住用建物を目的として、保険金額1,500万円の住宅総合保険を契約している。〈資料〉に基づいて、保険金額を答えなさい。
〈資料〉［住宅総合保険普通保険約款（一部抜粋）］
（損害保険金の支払額）
当会社が損害保険金として支払うべき損害の額は、保険価額によって定めます。

上記の建物が半焼して1,000万円の損害を受けた場合、支払われる損害保険金額は（　　）万円である。

〈資料〉[中井さんの医療保険の入院給付金（日額）の給付概要]
・給付金の支払い条件：日帰り入院（入院1日目）から支払う。
・1入院限度日数：60日
・通算限度日数：730日
・180日以内に同じ病気で再入院をした場合は、1回の入院とみなす。

ア 「日帰り入院（入院1日目）から支払う」ので、1回目の入院は35日分です。

イ 「180日以内に同じ病気で再度入院した場合は、1回の入院とみなす」ので、1回目
と2回目は**1入院**となります。〈資料〉に「1入院限度日数：60日」とあり、
1回目35日＋2回目30日＝65日間なので、**5日分**は支払われません。
2回目の入院30日－**5日**＝**25日分**です。**復習** 医療保険▶116ページ

ア 35

イ 25

▼ 解説（赤シートで消える語句をチェックできます）　　　　🔗131ページ　　▼ 正解

・保険金額が保険価額の80％に相当する額以上のときは、当会社は、保険金額を限度とし、損害の額を損害保険金として、支払います。
・保険金額が保険価額の80％に相当する額より低いときは、当会社は、保険金額を限度とし、次の算式によって算出した額を損害保険金として、支払います。
損害の額×(保険金額/保険価額の80％に相当する額)＝損害保険金の額

保険金額が保険価額の**80％以上か未満か**で支払いが異なります。設問の保険は、「保険価額3,000万円の居住用建物を目的として、保険金額1,500万円」なので、1,500÷3,000＝0.5（50％）となり、保険金額が保険価額の80％に相当する額より低くなるため、次の算式になります。

損害の額×（保険金額/保険価額の80％に相当する額）＝損害保険金の額

保険価額3,000万円の80％は、3,000×0.8＝2,400万円
1,000万円×（1,500万円÷2,400万円）＝625万円

625

資産設計提案業務

実技

3 金融資産運用

再現例題

2020年1月

　平尾さんはKA投資信託を新規募集時に100万口購入し、特定口座(源泉徴収口座)で保有して収益分配金を受け取っている。下記<資料>に基づき、平尾さんが保有するKA投資信託に関する次の記述の空欄(ア)、(イ)にあてはまる語句の組み合わせとして、正しいものはどれか。

<資料>

[KA投資信託の商品概要（新規募集時)]
投資信託の分類：追加型国内公募株式投資信託
決算および収益分配：年1回
申込価格：1口当たり1円
申込単位：1万口以上1口単位
購入時手数料（税込み）：購入金額1,000万円未満 3.30%
　　　　　　　　　　　　購入金額1,000万円以上 2.20%
運用管理費用（信託報酬）（税込み）：純資産総額に対し年1.760%

[平尾さんが保有するKA投資信託の収益分配金受取時の運用状況（1万口当たり)]
収益分配前の個別元本：10,000円
収益分配前の基準価額：12,000円
収益分配金：2,500円
収益分配後の基準価額：9,500円

・平尾さんが、KA投資信託を新規募集時に100万口購入した際に、支払った購入時手数料（税込み）は、（ア）である。
・<資料>の収益分配時に、平尾さんに支払われた収益分配金のうち、普通分配金（1万口当たり）は（イ）である。

1.（ア）33,000円　　（イ）500円
2.（ア）33,000円　　（イ）2,000円
3.（ア）22,000円　　（イ）500円
4.（ア）22,000円　　（イ）2,000円

1 金融商品に関する法律…出題率 **1.59%**［50問］

2 債券…出題率 **1.49%**［47問］

3 投資信託の計算問題…出題率 **1.43%**［45問］

※出題率は、過去13年間の「資産設計提案業務」3,152問中の出題割合〔質問数〕を示しています。

【金融資産運用】の出題傾向

頻出順に、次の問題が出題されています。

1 **金融商品に関する法律**…金融サービス提供法、消費者契約法、金融商品取引法に関する問題です。「金融商品に関する法律」は、本書の「学科」で学習済みなので、ここではカットしてあります。

復習 金融商品に関する法律▶134ページ

2 **債券**…〈資料〉に基づいて、「債券のリスクと格付」や「債券の利回り」に関する問題が出題されます。「学科」で学んだ知識を使って解答できる問題がほとんどです。 **復習** 債券▶144ページ

3 **投資信託の計算問題**…購入時手数料、信託財産留保額、個別元本の金額を求める計算問題が出題されます。

「再現例題」の解説と解答

ア 購入時手数料＝投資信託の購入額×購入時手数料率

「申込価格：1口当たり1円」なので、100万口購入した場合、購入金額は100万円です。「購入時手数料（税込み）：購入金額1,000万円未満 3.30%」なので、購入時手数料は、

1,000,000円× 0.033 ＝ 33,000円

イ 収益分配金支払後の基準価額が収益分配金支払前よりも低くなった場合、その差額は元本払戻金（特別分配金）として非課税となります。平尾さんの収益分配金支払前の個別元本は10,000円で、収益分配金支払後の基準価額が9,500円ですから、差額500円が元本払戻金（特別分配金）です。収益分配金は2,500円なので、

2,500円－500円＝2,000円

が普通分配金となります。

解答 2.（ア）33,000円 （イ）2,000円

資産設計提案業務 実技

▼ 適切なものには〇、不適切なものには×で答えなさい。また、（　）に入る語句の記号を答えなさい。

1 預金保険制度

下記は、物品販売業（工藤商店）を営む自営業者の工藤和男さんのSD銀行における金融資産（時価）の一覧である。仮に2024年8月にSD銀行（日本国内にある普通銀行）が破綻した場合、和男さんおよび工藤商店がSD銀行に保有している金融資産のうち、預金保険制度によって保護される金額の上限額は（　　）万円である。なお、SD銀行からの借入れはないものとする。

〈資料〉
[和男さん名義]
普通預金：60万円（決済用預金ではない）
定期預金：250万円
外貨預金：300万円
投資信託：280万円
外貨建てMMF：40万円

[工藤商店名義]
当座預金：120万円
定期預金：340万円

TOP 60 2 債券

下記〈資料〉の普通社債（新規発行）について、各問の正誤を答えなさい。
〈資料/社債発行目論見書の一部〉
[MP株式会社普通社債]
発行価格：額面100円につき金100円　　表面利率：年0.86%（税引前）

❶ 格付BBBのこの社債は、通常、投資不適格債と呼ばれる。←よく出る

❷ この社債を償還日前に換金する場合、受渡代金の計算基準となる債券価格は、その時の市場金利やMP株式会社の財務状況等の影響を受ける。

❸ 万一、MP株式会社が額面分の金額を投資家に償還できない場合には、代わりにMQ証券株式会社が投資家に額面金額の償還をすることを保証している。

❹ この社債を額面100万円分保有する投資家が利払日に受け取る1回分の税引前利子は8,600円である。

指示のある問題はその指示に従って答えなさい。

▼ 解説（赤シートで消える語句をチェックできます）　☎162ページ　▼ 正解

預金保険制度では、預金者1人当たり元本 <u>1,000</u> **万円** までとその利息等が保護されます。個人事業主の預金は、個人名も事業名のものも **名寄せ** されます（区別されません）。当座預金は、利息のつかない決済用預金なので <u>全額</u> が **保護** されます。**外貨預金** は預金保険制度の対象外です。また、保険、投資信託、外貨建てMMF等は、預金ではないので保護されません。よって、元本1,000万円までとなるのは、

和男さん名義：普通預金60万円＋定期預金250万円＝310万円

工藤商店名義：定期預金340万円

合計：310万円＋340万円＝650万円

従って、預金保険制度で保護される金額の上限額は、

650万円＋ 当座預金 **120万円＝** <u>770</u> **万円**

	770

▼ 解説（赤シートで消える語句をチェックできます）　☎177・181・182ページ　▼ 正解

利払日　：毎年3月27日、9月27日　　申込期間：2019年9月18日～9月26日
払込期日：2019年9月27日　経過利子の調整額：なし
償還日　：2024年9月27日　償還金額：額面100円につき金100円
取得格付：BBB（指定格付機関による）　引受会社：MQ証券株式会社

格付 AAA～<u>BBB</u> は投資適格債券。これより下のクラス、**<u>BB</u> 以下が投資不適格**（投機的債券、ジャンク債）とされます。	✕
債券価格 は、売却時の **市場金利** や **発行会社の財務状況** 等の影響を受けて、**変動します**。また外貨建て債券の場合は、**為替相場の影響** も受けます。	〇
引受会社 は、債券の販売を引き受けるだけで投資家への償還を **保証していません**。発行体の資金が枯渇していたり、経営破綻したりした場合は、**デフォルト**（償還期限に償還金が支払われないこと）**が発生** することがあります。	✕
表面利率＝年0.86%（＝0.0086）で、利払日は3月と9月（年に2回）です。1回分の税引前利子は、**1,000,000×0.0086÷2＝4,300円** です。	✕

⬜ ❺ 下記〈資料〉の債券を発行日から2年後に額面100万円分取得し、その後償還まで保有した場合の最終利回り（単利・年率）は（　）％である。なお、手数料や税金等については考慮しないものとし、計算結果については小数点以下第4位を切り捨てること。

〈資料〉
表面利率：年1.5%
額面　　：100万円
買付価格：額面100円につき99.00円
発行価格：額面100円につき100.00円
償還期間：5年
償還までの残存年数：3年

❸ NISA（少額投資非課税制度）

2024年開始の新NISAに関する次の文と右表について、下の各問に正誤で答えなさい。

・NISA口座は18歳以上の成人が、同一年に1人1口座を開設可能。
・株式や投資信託等への投資から得られる配当金・分配金・譲渡益が非課税となる。
・年間の非課税限度額は、つみたて投資枠が（ ① ）万円、成長投資枠が240万円で、2つの枠を合わせて（ ② ）万円である。
・保有期間は無期限で、非課税保有限度額は1800万円、うち成長投資枠が（ ③ ）万円である。保有商品を売却すれば、翌年に売却した分の枠の再利用が可能となる。
・国債や地方債などの債券（公共債）は、新NISAの（ ④ ）である。

⬜ ❶ 旧NISAと比べると、新NISAの年間の非課税限度額は倍増しており、つみたてNISA40万円がつみたて投資枠80万円、一般NISA120万円が成長投資枠240万円に増額された。

⬜ ❷ 旧NISAでは、つみたてNISAと一般NISAはどちらかを選ぶ必要があったが、新NISAではつみたて投資枠と成長投資枠の併用が可能で、2つの枠を合わせると年間360万円までの非課税投資ができるようになった。

⬜ ❸ 新NISAでは保有期間が無期限となり、非課税保有限度額は1800万円（うち成長投資枠が1200万円）である。

⬜ ❹ 国債は、つみたて投資枠で購入可能だが、成長投資枠では購入できない。

債券の利回りは、次の手順で計算できます。

① （売却価格－購入価格）÷所有年数 ← 1年あたりの差益…利子以外の利益

　(100－99.00)÷3＝0.333（小数点以下第4位切捨て）

② 表面利率＋① ← 1年あたりの収益合計…利子＋差益

　1.5＋0.333＝1.833

③ ②÷購入価格×100 ←利回り…1年あたりの収益合計÷購入価格×100

　1.833÷99.00×100＝1.851%（小数点以下第4位切捨て）

	1.851

▼ 解説（赤シートで消える語句をチェックできます）　　　🔖208ページ　　▼ 正解

	つみたて投資枠	成長投資枠
年間の非課税投資枠	年間（①）万円	年間240万円
	2つの枠を合わせて（②）万円	
非課税保有限度額	買付金額ベースで1800万円（うち成長投資枠は（③）万円） 売却すれば、翌年に売却した分の枠での買付（再利用）が可能	
主な非課税対象商品	国が定めた基準を満たす長期の積立・分散投資に適している投資信託・ETF［上場投資信託］	上場株式・投資信託・ETF［上場投資信託］・上場不動産投資信託［J-REIT］・外国株式

年間の非課税限度額は、2023年までの旧NISAでは、つみたてNISAが40万円、一般NISAが120万円でした。2024年から始まった新NISAでは、**つみたて投資枠が120万円、成長投資枠が240万円**となりました。　　✕

旧NISAのつみたてNISAと一般NISAは併用不可でした。新NISAでは、**つみたて投資枠と成長投資枠の併用ができます**。2つの枠を合わせると**年間360万円までの非課税投資**ができるようになりました。　　○

新NISAの**非課税保有限度額は1800万円（うち成長投資枠が1200万円）**です。簿価残高方式で、売却した分の枠を翌年に再利用（買付）ができます。　　○

国債や地方債などの債券（公社債）や、公社債投資信託は、**NISAの受け入れ対象外**です。　　✕

資産設計提案業務

実技

4 証券口座

☐ ❶ 下図（a）では、投資家自身が損益を計算して作成した「年間取引報告書」を証券会社に提出すれば、証券会社に納税を代行してもらうことができる。

☐ ❷ 上図について、年初の売却で（b）を選択した場合、同年中の2度目以降の売却については、年の途中に（c）に変更することができる。

☐ ❸ 上図について、複数の証券会社に特定口座（c）を開設した場合、各々の特定口座内の損益については、確定申告をすることで合算することができる。

☐ ❹ 上図について、国内公募株式型投資信託の収益分配金については、（c）で受け入れることができる。

5 株式の計算問題

☐ ❶ 下記のとおり、Aの時点において100万円で購入した株式が、Bの時点で買値より28%値下がりしてX万円となった。この株価が将来のCの時点で投資元本の100万円を回復するには、X万円に対して（　　）%値上がりすればよい。なお、計算結果については、%表示単位の小数点以下第2位を四捨五入すること。

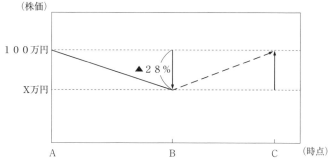

▼ 解説（赤シートで消える語句をチェックできます）　🔖206ページ　▼ 正解

証券会社の口座には、**一般口座**、**特定口座**、非課税のNISA口座があります。（a）の一般口座は、口座名義人本人が1年間の譲渡損益の計算をして**確定申告をする**口座で、**納税代行はありません**。特定口座は、証券会社が譲渡損益の計算をして「年間取引報告書」を作成します。1金融機関につき1人**1口座**開設できます。**特定**口座には、（b）の源泉徴収なしの口座と（c）の源泉徴収ありの口座があります。**源泉徴収ありの口座は、譲渡損益計算、損益通算に加えて納税が源泉徴収によって終了**するので、原則として申告不要です。

✕

特定口座での源泉徴収の有無の変更は、その年の**最初**の**売買や配当金の受入時**までです。

✕

源泉徴収ありの特定口座でも、一般口座や他の金融機関の特定口座との**損益通算や繰越控除を行う場合**など、**必要に応じて確定申告**することができます。

○

投資信託を源泉徴収ありの**特定口座**で取引すると、収益分配金も特定口座内で受け取り、株式等の譲渡損失との**損益通算が可能**となります。また、**国債や上場公社債等の特定公社債も特定口座で保有**できます。

○

▼ 解説（赤シートで消える語句をチェックできます）　🔖記載なし　▼ 正解

100万円で買った株が、100万円の28％値下がりしたので、

値下がり分＝100×0.28＝28万円

X＝100−28＝72万円

72万円のx（％）が値上がりすれば、100万円になると考えます。

72＋（72×x）＝100

72x＝100−72＝28

x＝28÷72＝0.388…≒38.9%（小数点以下第2位四捨五入）

または、100万円は72万円に対して、

100÷72＝1.388…≒138.9%

138.9−100＝38.9%

でも、同じ答えになります。

「資産設計提案業務」独自の問題です。

38.9

資産設計提案業務

実技

安西さんと加瀬さんは、下記＜資料＞のとおり、KR株式会社の株式（以下「KR株式」という）を2023年3月から2023年7月において毎月10日（休業日の場合、翌営業日）に購入した。安西さんと加瀬さんのKR株式の取引に関する次の記述の正誤を答えなさい。

なお、このほかにKR株式の取引はないものとし、手数料および税金は考慮しないものとする。また、購入株数は正しいものとする。

・安西さんは株式累積投資制度で購入した。
・加瀬さんは購入の都度、単元未満株投資制度で購入した。
・KR株式は東京証券取引所に上場されている。
・KR株式会社の本決算は3月末日である。
・KR株式の2023年3月期の期末株主配当金は、1株当たり80円であった。

＜資料：KR株式の株価の推移＞

	購入月	2023年3月	2023年4月	2023年5月	2023年6月	2023年7月
安西さん	購入株価（円）	2,260	2,660	2,960	2,560	2,060
	購入金額（円）	10,000	10,000	10,000	10,000	10,000
	購入株数（株）	4.424779	3.759398	3.378378	3.906250	4.854369
加瀬さん	購入金額（円）	9,040	10,640	11,840	10,240	8,240
	購入株数（株）	4	4	4	4	4

❷ 安西さんは、2023年に開催される定時株主総会の議決権を持たない。

❸ 安西さんの平均購入単価は、加瀬さんの平均購入単価よりも低くなっている。

❹ 加瀬さんは、2023年3月期の期末株主配当金として、320円（税引前）を受け取ることができる。

❺ 加瀬さんは、保有株式数が単元株数以上になるまで売却できない。

TOP60 ⑥ 株式の投資指標

下記＜資料＞に関する各問の空欄にあてはまる数値・語句を答えなさい。なお、小数点以下第3位は四捨五入すること。

	RA株式会社	RB株式会社
株価（円）	2,400	4,000
1株当たり年間配当金（円）	40	100
1株当たり純資産（円）	1,000	3,200
1株当たり利益（円）	80	200

❶ RA株式会社における配当利回りは、（　　）％である。←よく出る

❷ RA株式会社とRB株式会社の株価をPER（株価収益率）で比較した場合、（　　）株式会社の方が割安といえる。←よく出る

株式累積投資（るいとう）は、証券会社が選んだ銘柄から好きなものを選び、毎月一定の金額で継続して購入する取引方法です。単元未満株投資制度は、ほぼすべての上場銘柄を1株単位で購入する取引方法です。どちらも単元未満株式を購入する投資方法です。

❷ 株主総会では**1単元について1議決権**が与えられます。上場株式の**1単元は**100**株**なので、保有株式数が100株に満たない安西さんは議決権を持ちません。

❸ **平均購入単価＝合計購入金額÷合計購入株式数**です。

・安西さんの購入金額…10,000×5＝50,000円

　安西さんの購入株式数…4.42＋3.76＋3.38＋3.91＋4.85＝20.32株

　※小数点以下第3位を四捨五入して計算しています。

・加瀬さんの購入金額…9,040＋10,640＋11,840＋10,240＋8,240＝50,000円

　加瀬さんの購入株式数…4×5＝20株

2人とも購入金額は50,000円です。同じ購入金額なので、購入株数の多い安西さんの方が平均購入単価が低いと言えます。

❹ **保有株式数が単元株に満たないときでも、株式数に応じた配当金を受け取ることができます**。加瀬さんは、2023年3月末時点までに4株を保有しているため、**4株×80円＝320円の配当金を受け取ることができます**。

❺ **株式累積投資、株式ミニ投資、単元未満株投資**などで取引している場合、**単元株**に満たない株式数でも、証券会社を通じて市場で売却することができます。

❷ ○
❸ ○
❹ ○
❺ ✕

▼ 解説（赤シートで消える語句をチェックできます）　📖192ページ　▼ 正解

❶ **配当利回り＝**1株当たり年間配当金**÷株価×100**

　RA社の配当利回り＝40円÷2,400円×100＝1.666…≒1.67%

❷ **PER（株価収益率）＝株価÷（当期純利益÷発行済株式数）**

　（当期純利益÷発行済株式数）は、資料の1株当たり利益に該当します。

　RA社のPER＝2,400円÷80円＝30.0倍

　RB社のPER＝4,000円÷200円＝20.0倍

従って、RB株式会社の方が割安といえます。

復習 株式の投資指標▶156ページ

❶ 1.67
❷ RB

7 投資信託の分類

国内籍の各種投資信託に関する下表の空欄（ア）〜（ウ）に入る適切な語句を語群のなかから選び、番号で答えなさい。 ◀よく出る

	公募追加型株式投資信託	ETF （上場投資信託）	J－REIT （上場不動産投資信託）
販売（売買） 窓口	それぞれの投資信託を取り扱う証券 会社や銀行など	（　ア　）	
注文方法	ブラインド方式 （注文時には取引価格がわからない）	（　イ　）	
取引価格	（　ウ　）	その時々の取引価格	

〈語群〉
1．証券会社　　2．不動産仲介業者　　3．ブラインド方式
4．成行・指値注文　　5．マーケットメイク方式
6．1日に1本の基準価額　　7．午前と午後、1日2本の基準価額

TOP60 8 投資信託の計算問題

下記〈資料〉の投資信託について、各問の正誤を答えなさい。
〈資料／追加型投資信託／内外／債券〉　決算：年1回
申込価格：1口当たり1円［新規募集時］　　申込単位：1万口以上1口単位
購入時手数料（税込み）：購入金額1,000万円未満3.24％、1,000万円以上2.16％
運用管理費用（信託報酬）（税込み）：純資産額に対し年1.728％

❶ 新規募集時では購入口数100万口に対し、32,400円の購入時手数料が必要である。

❷ 新規募集期間終了後は、時価に基づいた基準価額で購入することができる。

❸ この投資信託100万口を5年間保有した後に全口解約をした。解約請求日の翌営業日の基準価額が10,700円であるとき、差し引かれる信託財産留保額は3,210円である。

ア　**ETF（上場投資信託）**や**J-REIT（上場不動産投資信託）**は、上場して証券取引所
で取引される投資信託で、**証券会社**を通して購入し、株式と同じように取引されます。
イ　ETFやJ-REITは株式と同じく、**指値注文**、**成行注文**、**信用取引**ができます。
ウ　投資信託の取引価格は**1日に1本の基準価額**となります。一方、ETFやJ-REITは、
通常の株式と同様に、その時々のリアルタイムで変動する取引価格で購入できます。
なお、公募追加型株式投資信託は、注文時に取引価格がわからない**ブラインド方式**です。
また選択肢にある**マーケットメイク方式**とは、マーケットメイカー（各証券会社）が売
りと買いの両方の気配値を表示させて取引を行う方式のことです。マーケットメイク方
式では、一般的なオークション方式のように投資家と投資家が市場内で直接売買をする
のではなく、マーケットメイカーとの間で取引が行われます。

復習 投資信託の分類と運用手法▶162ページ

ア 1
イ 4
ウ 6

> 信託財産留保額：1万口につき解約請求日の翌営業日の基準価額に0.3%を乗じた額
> ［1年目の収益分配の状況］　収益分配前の基準価額：10,128円
> 　　　　　　　　　　　　　収益分配金：100円
> 　　　　　　　　　　　　　収益分配後の基準価額：10,028円
> 基準価額：当ファンドにおいては、1万口当たりの価額で表示。

購入時手数料（税込）は、購入金額1,000万円未満**3.24%**です。申込価格
は1口当たり1円なので、**100万口で100万円**です。購入時手数料は、
1,000,000円×0.0324＝32,400円

○

追加型なので、時価に応じた基準価額で追加設定（追加購入）できます。

○

信託財産留保額は「1万口につき解約請求日の翌営業日の基準価額の0.3%」
です。基準価額は1万口当たりの価格ですから、100万口保有の金額は、
10,700円×100＝1,070,000円
解約時の信託財産留保額＝1,070,000円×0.003＝3,210円

○

資産設計提案業務

実技

次の〈資料〉に基づいて、下記の各問の正誤を答えなさい。
〈資料〉 WS投資信託（追加型国内公募株式投資信託）
・収益分配前の個別元本：16,520円

☐ ❹ 収益分配金のうち、元本払戻金（特別分配金） を除く部分を普通分配金といい、普通分配金は非課税となる。

☐ ❺ 元本払戻金が支払われたため、収益分配後の個別元本は16,360円となる。

TOP 60 ❾ 外貨建て金融商品

下記〈資料〉にある、日本国内で発行された外国債券について、各問の正誤を答えなさい。なお、為替手数料については考慮しないものとする。
〈資料／外国債券〉
・発行体：PA銀行
・起債通貨：豪ドル
・格付：AA-(S&P)、Aa3(Moody's)

☐ ❶ 償還時の為替レートが購入時よりも円安/豪ドル高の場合には、為替差益を得ることができる。

☐ ❷ この債券はサムライ債と呼ばれている。

☐ ❸ 中途売却により生じた売却益については、非課税となる。

☐ ❹ 為替レート（TTS）が1豪ドル＝95.0円の場合、必要な購入資金は475,000円である。

- 収益分配前の基準価額：16,860円
- 収益分配金：500円
- 収益分配後の基準価額：16,360円

非課税となるのは、<u>元本払戻金（特別分配金）</u>です。　収益分配金から元本払戻金を除いた部分を<u>普通分配金</u>といいます。

$\times$

収益分配金支払前の個別元本が16,520円で、収益分配後の基準価額が16,360円ですから、差額160円は元本払戻金で、残り340円が普通分配金です。

収益分配後の個別元本＝16,520円－ <u>160</u>円＝16,360円

$\bigcirc$

▼ 解説（赤シートで消える語句をチェックできます）　　　🖢212ページ　▼ 正解

- 額面：5,000豪ドル
- 価格：額面価格の103.00%
- 利率(税引前)：年2.50%(豪ドルベース)
- 利払日：毎年6月15日、12月15日(年2回)
- 償還：2024年12月16日(月)
- 販売単位：5,000豪ドル以上、5,000豪ドル単位での販売

外貨建ての外国債券では、円ではなく外貨で保有している資産なので、**円安**になると為替<u>差益</u>が出て、**円高になると為替**<u>差損</u>が出ます。

サムライ債は、外国の発行体（政府、銀行、法人）が日本国内で発行する<u>円建て</u>の外債のことです。本問は豪ドル建てなので、**サムライ債ではありません**。外国の発行体が日本国内で発行する<u>外貨</u>建ての外債は**ショーグン債**といいます。😊**ウラ技 サムライ演じる外国ショーグン**

特定公社債等（国債、地方債、外国債券、外貨建てMMF等）の譲渡益・償還差益は、上場株式等の譲渡所得等として**20.315%**の<u>申告分離</u>**課税**です。

資料には「額面：5,000豪ドル・価格：額面価格の103.00%」とあります。つまり必要な購入資金は、**5,000豪ドル×103.00%＝<u>5,150</u>豪ドル**です。為替レート(TTS)が1豪ドル＝95.0円の場合、必要な購入資金を円に換算すると、**95.0円×<u>5,150</u>豪ドル＝<u>489,250</u>円**

$\times$

資産設計提案業務

実技

次の〈資料〉に基づく外貨預金に関する各問の空欄にあてはまる語句を答えなさい。なお、為替差益および為替差損に対する税金は考慮しないものとする。また、利息に対しては、各通貨建てにおける利息額の20％（復興特別所得税は考慮しない）相当額が、所得税および住民税として源泉徴収されるものとする。

〈資料〉

外貨預金金利

	米ドル	豪ドル	トルコリラ
定期預金（1年）	3.5%	3.0%	10.0%

☐ ❺ 米ドル定期預金（1年）に10,000米ドルを預け入れる場合、必要な資金は（　）万円である。

☐ ❻ 豪ドル定期預金（1年）とトルコリラ定期預金（1年）に、それぞれ100万円の範囲内（整数単位で可能な範囲）の預入れを行った。満期時の外貨ベースの元利合計額を円転した金額が多くなるのは、（　）定期預金（1年）である。

預金時の外国為替相場一覧表 (単位：円)		
	TTS	TTB
米ドル	134.00	132.00
豪ドル	100.00	98.00
トルコリラ	10.00	5.00

満期時の外国為替相場一覧表 (単位：円)		
	TTS	TTB
米ドル	136.00	134.00
豪ドル	102.00	100.00
トルコリラ	9.00	4.50

❺ 円を10,000米ドルに換えて預け入れることになります。円を外貨に換える場合のレートは、「顧客が円売り」（銀行が外貨売り）なので、Selling（**売る**）RateでTTSです。預金時のレートTTS**1ドル134.00円**なので、投資に必要な円は、

10,000 × 134.00 = 1340000円 → 134万円

逆に外貨を円に換える場合のレートは、「顧客が円買い」（銀行が外貨買い）なので、Buying（**買う**）RateでTTSです。

❻ 預入れ時は1,000,000円を外貨に換えるので、レートはTTSです。

100万円を豪ドルへ…1,000,000 ÷ 100.00 = 10,000豪ドル

100万円をトルコリラへ…1,000,000 ÷ 10.00 = 100,000トルコリラ

外貨預金の金利は、年率で豪ドル3.0%、トルコリラ10.0%。1年分の利息は、

豪ドル利息…10,000 × 0.03 = 300豪ドル

トルコリラ利息…100,000 × 0.1 = 10,000トルコリラ

「利息に対しては、各通貨建てにおける利息額の20%（復興特別所得税は考慮しない）相当額が、所得税および住民税として源泉徴収」とあるので、税引き後は、

豪ドル利息（源泉後）= 300 × (1 − 0.2) = 240豪ドル

トルコリラ利息（源泉後）= 10,000 × (1 − 0.2) = 8,000トルコリラ

それぞれの元利合計は、

豪ドル元利合計= 10,000 + 240 = 10,240豪ドル

トルコリラ元利合計= 100,000 + 8,000 = 108,000トルコリラ

満期時には、外貨を円に換えるので、レートはTTBです。

豪ドル円転後= 10,240 × 100.00 = 1,024,000円

トルコリラ円転後= 108,000 × 4.5 = 486,000円

満期時の円転後の元利合計額は、豪ドルの方が多くなります。

❺ 134
❻ 豪ドル

4 タックスプランニング

再現例題

　正之さんは、勤務先の早期退職優遇制度を利用して 2024 年 1 月末に退職することを検討している。正之さんの退職に係るデータが下記〈資料〉のとおりである場合、正之さんの退職一時金に係る所得税額を計算しなさい。なお、正之さんは、「退職所得の受給に関する申告書」を適正に提出し、勤務先の役員であったことはなく、退職は障害者になったことに基因するものではないものとする。また、解答に当たっては、解答用紙に記載されている単位に従うこととし、所得控除および復興特別所得税については考慮しないこととする。

2021 年 1 月

〈資料：正之さんの退職に係るデータ〉

支給される退職一時金　　：　3,120 万円
勤続期間　　　　　　　　：　32 年 9 か月

資料〈所得税の速算表〉

課税所得金額	税率	控除額
195 万円以下	5%	0 円
195 万円超 ～　330 万円以下	10%	97,500 円
330 万円超 ～　695 万円以下	20%	427,500 円
695 万円超 ～　900 万円以下	23%	636,000 円
900 万円超 ～ 1,800 万円以下	33%	1,536,000 円
1,800 万円超 ～ 4,000 万円以下	40%	2,796,000 円
4,000 万円超	45%	4,796,000 円

過去13年間

👑 1	退職所得…出題率…**1.40%**	[44問]
👑 2	扶養控除/配偶者控除…出題率**1.21%**	[38問]
👑 3	住宅借入金等特別控除…出題率**1.08%**	[34問]

※出題率は、過去13年間の「資産設計提案業務」3,152問中の出題割合〔質問数〕を示しています。

【タックスプランニング】の出題傾向

頻出順に次の問題が出題されています。

1　退職所得…再現問題のような退職所得控除額を求める計算問題が頻出します。

2　扶養控除/配偶者控除…扶養控除では、控除の対象となる扶養親族の年齢、同居の有無にからめた控除金額に関する問題が出題されます。配偶者控除は、配偶者の合計所得金額の条件にからめた問題が頻出しています。また、扶養控除、配偶者控除共通の要件として、納税者本人と生計を一にしていること、青色申告者または白色申告者の事業専従者でないことを覚えておきましょう。

3　住宅借入金等特別控除…学科で学習済みの項目です。

　復習 住宅借入金等特別控除▶208ページ

4　総所得金額の算出…総所得金額を求める計算問題です。

5　確定申告…確定申告が必要条件となる場合、特にその年に支払いを受けた給与等の金額の上限や、その年に適用を受ける所得控除の種類などの問題が頻出します。

6　医療費控除…控除の対象となるもの、対象外となるものに関する問題がよく出ています。

7　青色申告…青色申告特別控除についての問題です。控除額と控除要件に関する問題が頻出します。

▼ 再現例題の解説と解答

正之さんの勤続年数は32年9カ月なので、切り上げて33年。退職所得控除額＝800万円＋70万円×（勤続年数－20年）の式を使って退職所得を求めます。

退職所得＝[3,120万円－{800万円＋70万円×（33年－20年）}]×1／2＝705万円　また、「退職所得の受給に関する申告書」を提出した場合、退職金から納付すべき所得税額が源泉徴収されます。したがって、正之さんの退職所得から源泉徴収される税額は、速算表から、

源泉徴収税額＝705万円×23％－63.6万円＝98.55万円　　**解答　985,500円**

資産設計提案業務　実技

▼ 適切なものには○、不適切なものには×で答えなさい。また、（　）に入る語句の記号を答えなさい。

1　所得税の計算の流れ

□　個人に対する所得税の仕組みについて下図の空欄①〜③に入る適切な語句を語群のなかから選びなさい。

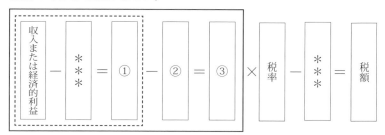

※問題作成の都合上、一部明示していない。　出所：財務省「所得税の基本的な仕組み」

イ．課税所得　　ロ．特別損失　　ハ．所得金額　　ニ．所得控除

ホ．源泉徴収税額　ヘ．税額控除　ト．必要経費　　チ．負債金額

2　不動産所得

□　❶　個人の不動産の有効活用等における所得計算と資金収支計算に関する次の記述の空欄①〜④にあてはまる語句の正しい組合せを選びなさい。

●所得計算の考え方（税引前）

　収入金額－｛必要経費（支出を伴うもの）＋（①）｝＝不動産所得

●資金収支計算の考え方（税引前）

　経常的収入－｛経常的支出＋（②）｝＝剰余金

所得計算上の必要経費には、支出を伴うものや、支出を伴わない経費として（①）が含まれる。一方、資金収支計算上、支出金額となるのが（②）である。なお、所得に対する所得税および住民税は、所得計算上の必要経費と（③）が、資金収支計算上は支出金額と（④）。

イ．（①）減価償却費　（②）借入金元本返済額　（③）なる　　（④）ならない

ロ．（①）減価償却費　（②）借入金元本返済額　（③）ならない（④）なる

ハ．（①）借入金元本返済額　（②）減価償却費　（③）なる　　（④）ならない

ニ．（①）借入金元本返済額　（②）減価償却費　（③）ならない（④）なる

536

指示のある問題はその指示に従って答えなさい。

▼ 解説（赤シートで消える語句をチェックできます）　🉂 237ページ　▼ 正解

① 所得税を算出するために、まず各所得の金額を求めます。

収入－必要経費等＝所得金額　なので、①には、「所得金額」が入ります。

② 次に、税率をかける前の計算式を求めます。

所得税の計算上、税率をかける前には、**損益通算**（所得の損失を他の所得で相殺する）や**繰越控除**（所得の損失を繰り越して、翌年以降の黒字分から差し引く）、**所得控除**（所得金額から差し引く）を行います。選択肢のなかで該当するのは、「所得控除」です。

③ 所得金額から所得控除を差し引いたあとの金額で、税率を課すことができるものを「課税所得」といいます。式で表すと、

所得金額（①）－所得控除（②）＝課税所得　となります。つまり、③は「**課税所得**」があてはまります。所得税の計算では、これに、各所得ごとの税率を掛け、税額控除を差し引くことによって、最終的な**所得税額**を求めます。

① ハ

② ニ

③ イ

▼ 解説（赤シートで消える語句をチェックできます）　🉂 243ページ　▼ 正解

● 不動産所得は、**収入－必要経費**　で求めますが、所得計算の考え方（税引前）では、必要経費を「支出を伴うもの」と「支出を伴わないもの」に分けて計算します。必要経費を「支出を伴うもの」とした場合、「支出を伴わないもの」には、減価償却費が含まれます。式で表すと次のとおり。

収入金額－{必要経費（支出を伴うもの）＋減価償却費**｝＝不動産所得**

● 賃貸アパートやマンション等を建築するための借入金の利子は、必要経費になりますが、借入金の元本（**借入金元本返済額**）は、必要経費になりません。しかし、実際には利子と同様に借金返済のために支出されるものなので、資金収支計算の考え方（税引前）において、**借入金元本返済額**は、支出金額となります。式で表すと次のとおりです。

経常的収入－{経常的支出＋（借入金元本返済額**）}＝剰余金**

この借入金元本返済額と同じく、所得税・住民税は、所得計算上の必要経費とはなりません。しかし、実際には税金として支払っているので、資金収支計算上は支出金額となります。

❶ ロ

次の〈設例〉に基づいて、下記の各問に答えなさい。
〈設例〉　細井さんはアパートを事業的規模で賃貸している青色申告者である。
〈資料〉
［2024年中の収入］
家賃収入：9,600,000円（10室分家賃収入）
敷金　　：800,000円（入居時に預かり、退去時に全額を返還する）
礼金　　：320,000円（入居時に徴収し、返還を要しない）

☐ ❷　礼金として受け取った320,000円は家賃ではないが、総収入金額に算入する
　　必要がある。

☐ ❸　敷金を返還した場合、預かっていたものを返還しただけではあるが、支出を
　　しているので必要経費に算入することができる。

☐ ❹　アパートローンの返済額は、元本部分と利息部分のいずれも必要経費に算入
　　することができる。

☐ ❺　適正な帳簿を付けたり、電子申告または電子帳簿保存を行うなどの要件を満
　　たすことで、最高65万円の青色申告特別控除を受けることができる。

次の〈設例〉に基づいて、下記の問に答えなさい。
〈設例〉　唐沢信二さんの2024年分のアパート経営に係る収入・支出等は、〈資料〉のとおりで
ある。
〈資料〉
【唐沢信二さんが経営するアパートの収支状況等（2024年分）】
［収入］　　家賃：8,900,000円
　　　　　　礼金：150,000円（入居時に徴収し、全額返還を要しない）
　　　　　　敷金：150,000円（入居時に預かり、退去時に全額返還する予定である）

☐ ❻　唐沢さんの不動産所得の金額（青色申告特別控除前の金額）として、正しい
　　ものはどれか。なお、収入・支出等とも未払い・未収・前払い・前受けのも
　　のはないものとする。

　　1.　3,890,000円
　　2.　5,260,000円
　　3.　5,410,000円
　　4.　5,560,000円

[2024年中の支出]
アパートローン返済額　：3,550,000円（元本部分2,850,000円、利息部分700,000円）
減価償却費　　　　　　：2,500,000円（アパートの建物に係る減価償却費）
固定資産税　　　　　　：500,000円（アパートの土地と建物に係るもの）
その他必要経費　　　　：700,000円
敷金返還　　　　　　　：80,000円（退去時に返還をしたもの）

❷　**礼金・更新料**等は、土地や建物などの不動産の貸付けによる所得として、不動産所得の収入に該当するため、総収入金額に算入する**必要が**あります。　❷ ○

❸　**敷金**は貸借人から預かっていたものなので、支出にはならず、必要経費に**算入することは**できません。　❸ ✕

❹　賃貸不動産を建築するための借入金の利子は、必要経費になりますが、借入金の元本部分の返済（借入金元本返済額）は、**必要経費に**なりません。　❹ ✕

❺　細井さんは、10室分の家賃収入がある**事業的規模の不動産所得者**なので、正規の簿記の原則（一般的には複式簿記）により記帳し、その年の**確定申告期限内**※に申告書を提出することで、**最高65万円**の控除が受けられます。　❺ ○

[支出等]　アパートローン返済額：2,700,000円
　　　　　[返済額の内訳]
　　　　　　元本充当部分　　：1,520,000円
　　　　　　利息充当部分　　：1,180,000円
　　　　減価償却費　　　：1,400,000円（アパートの建物に係るものである）
　　　　固定資産税等　　：560,000円（アパートの土地・建物に係るものである）
　　　　その他必要経費　：500,000円

不動産所得＝不動産所得の総収入金額（収入）－必要経費 の式で求めます。

資料より、総収入金額に算入できるのは、**家賃、礼金**なので、

不動産所得の総収入金額＝890万円＋15万円＝905万円

後で全額返還する予定の敷金は、算入しません。

資料より、必要経費に算入できるのは、利息充当部分、減価償却費、固定資産税、その他必要経費なので、　❻ 3

必要経費＝118万円＋140万円＋56万円＋50万円＝364万円

唐沢さんの不動産所得＝905万円－364万円＝541万円

※確定申告期限は翌年3月15日。確定申告書には、貸借対照表や損益計算書を添付する。

3 事業所得/減価償却

次の〈設例〉に基づいて、下記の各問に答えなさい。
〈設例〉 大垣徹司さんは、個人で飲食店を営む自営業者である。
〈資料1：飲食店の財務データ〉
　売上（収入）金額 ：12,680,000円
　雑収入 ：360,000円
　売上原価 ：3,550,400円
　必要経費 ：3,285,000円
　青色事業専従者給与 ：3,600,000円
※雑収入は、大垣さんの家族が大垣さんの飲食店で食事をした際の自家消費分である。
※青色事業専従者給与は大垣さんの妻に対して支払われたものであり、この金額は必要経費には含まれていない。
※大垣さんは、青色申告特別控除（650,000円）の適用を受ける要件を満たしている。

❶ 2024年分の大垣さんの飲食店の財務データが〈資料1〉のとおりである場合、大垣さんの2024年分の事業所得の金額として、正しいものを選びなさい。

　1. 　924,000円
　2. 1,724,000円
　3. 1,954,600円
　4. 2,314,600円

❷ 大垣さんは、2024年4月に新たな店舗を購入し、第2号店として営業を開始した。この2号店に関して〈資料2〉のとおりである場合、大垣さんの2024年分の2号店の減価償却費として必要経費に算入する正しい金額を選びなさい。

　1. 　900,000円
　2. 　750,000円
　3. 12,000,00円
　4. 1,875,000円

［計算式］
　　事業所得の金額＝売上（収入）金額（雑収入を含む）－売上原価－必要経費
　　　－青色事業専従者給与－青色申告特別控除額

〈資料2：2号店に関するデータ〉
　　取得価額　　　　：5,000万円（2024年4月取得。直ちに事業の用に供した。）
　　法定耐用年数　　：50年
　　事業供用月数　　：9カ月
　　定額法の償却率　：0.020
　　定率法の償却率　：0.050

---

❶　事業所得＝事業所得の総収入金額－必要経費　ですが、ここでは、〈資料1〉の［計算式］を用いて、大垣さんの事業所得を計算します。

事業所得の金額＝売上（収入）金額（雑収入を含む）－売上原価－必要経費
－青色事業専従者給与－青色申告特別控除額

に、数値をあてはめると、

**大垣さんの事業所得＝1,268万円＋36万円－355.04万円－328.5万円
－360万円－65万円＝195.46万円（1,954,600円）**

❶ 3

❷　減価償却資産の償却方法には、定額法と定率法があります。1998年以降、新たに取得した建物の場合、減価償却方法は、**定額法**（毎年同額を減価償却費として計上する方法）で行います。

減価償却費は次の式で算出します（事業供用月数に端数がある場合は切り上げ）。

減価償却費＝取得価額×定額法償却率×事業供用月数÷12カ月

建物（2号店）の減価償却費 ＝5,000万円×0.020×9カ月÷12カ月
　　　　　　　　　　　　　　＝5,000万円×0.18÷12カ月
　　　　　　　　　　　　　　＝75万円（750,000円）

❷ 2

資産設計提案業務 / 実技

④ 退職所得

次の〈設例〉に基づいて、下記の各問に答えなさい。
〈設例〉　民間企業（ＭＺ株式会社）の会社員であるＡさん（59歳）は、2024年の12月末日に勤務先であるＭＺ株式会社を定年退職する予定である。退職一時金（以下「退職金」）に関する資料は次のとおりである。なお、Ａさんは、「退職所得の受給に関する申告書」をＭＺ社に提出するなど、退職に際しての諸手続きを適切に行うものとする。

☐ ❶ 退職金に関する次の文章のうち、最も適切なものを選びなさい。
　　ア　退職金に関して確定申告をする必要はなく、退職金の支給額が退職所得控除額以下なので、退職金から所得税・復興特別所得税・住民税の源泉徴収は行われない。
　　イ　退職金から額面金額の20.42％の所得税および復興特別所得税額が源泉徴収されるが、退職金の支給額が退職所得控除額以下なので、確定申告をすることによって源泉徴収された税額の還付を受けることができる。
　　ウ　退職金の支給額が退職所得控除額を超えるため、確定申告を行い退職金から源泉徴収された所得税および復興特別所得税額（額面金額の20.42％）との精算をする必要がある。
　　エ　退職金の支給額が退職所得控除額を超えるが、退職所得に対して適切に計算した税額（所得税・復興特別所得税・住民税）が退職金から源泉徴収されるため、原則として確定申告をする必要はない。

☐ ❷ 仮にＡさんが満60歳になる2024年12月に退職し、2,500万円の退職金が支給される場合、支給される退職金から源泉徴収される所得税の税額として、正しい金額を選びなさい。
　資料〈所得税の速算表〉

課税所得金額		税率	控除額
	195万円以下	5%	0円
195万円超 ～	330万円以下	10%	97,500円
330万円超 ～	695万円以下	20%	427,500円
695万円超 ～	900万円以下	23%	636,000円
900万円超 ～	1,800万円以下	33%	1,536,000円
1,800万円超 ～	4,000万円以下	40%	2,796,000円
4,000万円超		45%	4,796,000円

　1.　227,500円　　　2.　292,500円
　3.　872,500円　　　4.　1,020,000円

▼ 解説（赤シートで消える語句をチェックできます）　　🖎245ページ　▼ 正解

〈資料〉　Aさんの退職に係るデータ
・退職金の額　　　：1,800万円
・勤続年数　　　　：34年9カ月
・障害者になったことに基因する退職ではないものとする。

---

❶　まず、Aさんの退職所得控除額（最低控除額80万円）を算出し、問題文を読み進めていきましょう。Aさんの勤続年数は**34年9カ月**なので、**35年**（1年未満の端数は切り上げ）で計算します。勤続年数が20年超の場合の退職所得控除額の計算式は次のとおりです。

20年超の退職所得控除額＝800万円＋70万円×（勤続年数－20年）

Aさんの退職所得控除額＝800万円＋70万円×（35年－20年）＝1,850万円

ア　**退職所得は分離課税**ですが、Aさんは退職時に**退職所得の受給に関する申告書**を提出する予定なので、税額が**源泉徴収**されて課税関係が終了し、**確定申告は不要**となります。また、退職金の支給額（1,800万円）が退職所得控除額（**1,850万円**）より下回るため、所得税・復興特別所得税・住民税の**源泉徴収**は**行われません。**→○

イ　源泉徴収は行われないため、税額の還付を受けることも**できません。**→×

ウ・エ　Aさんの退職金の支給額（1,800万円）は退職所得控除額（**1,850万円**）を**超えません**→×

❷　Aさんの退職金の支給額が2,500万円だった場合の**課税所得金額**（所得税の課税対象となる金額）を求めて、所得税額を算出します。

$$\text{退職所得の課税所得金額}=(\text{退職収入金額}-\text{退職所得控除額})\times\frac{1}{2}^{※}$$

$$=(2{,}500\text{万円}-1{,}850\text{万円})\times\frac{1}{2}$$

$$=325\text{万円}$$

所得税額は、資料より「課税所得金額×10％－9.75万円」なので、

Aさんの所得税額＝325万円×10％－9.75万円＝22.75万円

※ 2022年分以後の所得税について、役員等以外の者としての勤続年数が5年以下である者に対する退職手当等のうち、退職所得控除額を控除した残額の300万円を超える部分については2分の1課税を適用しない。

復習 退職所得控除額の算出式▶195ページ

❶ ア　❷ 1

資産設計提案業務　実技

543

5 損益通算

☐ ❶ 会社員の高橋さんの2024年分の所得等は下記〈資料〉のとおりである。高橋さんが所得税の2024年分の確定申告をする際、給与所得と損益通算できる他の所得の損失額として、正しいものはどれか。

〈資料〉

	収入	所得	参考
給与	500万円	346万円	給与所得控除額：154万円
不動産	900万円	▲50万円	必要経費：950万円
			※必要経費の中には土地等の取得に要した借入金の利子180万円が含まれる
上場株式の譲渡	500万円	▲180万円	取得費：680万円

1. 不動産所得▲50万円　　上場株式の譲渡所得　該当なし
2. 不動産所得　該当なし　　上場株式の譲渡所得▲180万円
3. 不動産所得▲50万円　　上場株式の譲渡所得▲180万円
4. 不動産所得　該当なし　　上場株式の譲渡所得　該当なし

☐ ❷ 事業主の純一さん（青色申告者）は、2023年中にＱＹ証券会社において行った国内の上場株式の取引により150万円の譲渡損失を負い、上場株式等に係る譲渡損失の損益通算および繰越控除の適用を受けるための手続きを適正に行っている。純一さんの2024年中の上場株式等の取引状況が下記〈資料〉のとおりであるとした場合、2024年分の所得税の計算において、繰り越された上場株式の譲渡損失の金額150万円と損益通算できる金額（上限）として、正しいものはどれか。

〈資料〉
［ＱＹ証券会社における取引］
・国内の上場株式の譲渡所得：100万円
・国内公募株式投資信託からの元本払戻金(特別分配金)：10万円

［ＱＺ証券会社における取引］
・国内の上場株式からの配当金：20万円
※申告分離課税を選択している。
※ＱＹ証券会社およびＱＺ証券会社は共に日本国内の証券会社であり、取引はすべて特定口座で行われたものとする。

1. 100万円　　2. 110万円　　3. 120万円　　4. 130万円

不動産所得、事業所得、山林所得、譲渡所得で生じた損失は、他の所得（本問の場合は、給与所得）と損益通算できます。ただし、次の場合は損益通算できません。

●不動産所得の損失のうち、**土地の取得に要した借入金の負債の利子**

そのため、損失を計算する際、負債の利子180万円は必要経費から除きます。

950万円（必要経費）−180万円（負債の利子）＝770万円

900万円（不動産の収入）−770万円（必要経費）＝130万円

つまり、不動産所得に損益通算の対象となる損失額は0（該当なし）となります。

●譲渡所得の損失のうち、**株式等の譲渡所得**は分離課税なので、総合課税である給与所得との損益通算はできません。従って、上場株式の譲渡所得に損益通算の対象となる損失はありません（該当なし）。

4

上場株式等（特定公社債等を含む）の譲渡損失のうち、損益通算後も控除しきれない金額については、**確定申告**を行うことで**翌年以降3年間**にわたって繰り越し、各年分の**譲渡所得、配当所得、利子所得**（申告分離課税を選択）と損益通算できます。

資料より、繰り越された上場株式の譲渡損失の金額150万円と損益通算できるのは、次の2つです。

・上場株式（国内）の譲渡所得…**100万円**

・上場株式からの配当金（確定申告して申告分離課税を選択したもの）

　…**20万円**

元本払戻金（特別分配金）…収益分配金から普通分配金を除いた部分。分配後の個別元本が購入時の個別元本を下回ったとき、その差額の分配金をいいます。元本の一部払い戻しと見なされて**非課税**になるため、**損益通算の対象外**です。

従って、150万円と損益通算できる金額は、

＝**100万円**＋**20万円**＝**120万円**

3

資産設計提案業務　実技

☐ ❸ 次の上場株式等、特定公社債等の損益通算に関する記述のなかで、不適切な
ものを選びなさい。

ア　上場株式等の譲渡損失は、同一年の上場株式等の譲渡所得と損益通算できる。
イ　上場株式等の譲渡損失は、特定公社債等の利子・収益分配金とは損益通算で
きない。
ウ　上場株式等の譲渡損失は、非上場株式、不動産所得、利子所得（預貯金の利
子等）とは、損益通算ができない。
エ　特定公社債等の譲渡損失は、確定申告をして申告分離課税を選択した上場株
式等の配当所得とは損益通算ができる。

TOP 60 ▐ 6 ▐ 扶養控除 / 配偶者控除

次の〈設例〉に基づいて、下記の各文の正誤を答えなさい。
〈設例〉　会社員の長岡さんの2024年の家族に関する資料は、右のとおりである。家族は全員、
長岡さんと同居し、生計を一にしている。なお、障害者または特別障害者に該当する者はいな
い。

☐ ❶　妻の聡子さんは、控除対象配偶者として、配偶者控除の対象となる。

☐ ❷　長男の孝昌さんは、特定扶養親族として、扶養控除の対象となる。

☐ ❸　二男の勝さんは、一般の控除対象扶養親族として、扶養控除の対象となる。

☐ ❹　母のシゲさんは、同居老親等の老人扶養親族として、扶養控除の対象となる。

ア・イ・ウ　上場株式等の譲渡損失は以下のものと**損益通算が**できます。

・同一年の**上場株式等**の譲渡所得

・申告分離課税を選択した**特定公社債等の利子・収益分配金・譲渡益・償還差益**

・申告分離課税を選択した**上場株式等の配当所得**

ただし、非上場株式、不動産所得、利子所得（預貯金の利子等）とは損益通算できません。

エ　特定公社債等の譲渡損失は、確定申告して申告分離課税を選択した上場株式等の配当所得とは損益通算ができます。

▼ 解説（赤シートで消える語句をチェックできます）　　テ258ページ　　▼ 正解

⟨2024年の長岡さんの家族に関する資料⟩
長岡信夫(世帯主)43歳　：会社員、給与収入800万円
　聡子(妻)　　42歳　：パート、給与収入45万円
　孝昌(長男)　19歳　：大学生、収入なし
　勝　(二男)　14歳　：中学生、収入なし
　シゲ(母)　　70歳　：無職、年金収入78万円

❶　信夫さんの給与収入が800万円、聡子さんも**103万円以下**なので、聡子さんは、**配偶者控除**の対象となります。

❷　**特定扶養親族**は**19歳以上23歳未満の親族**が対象です。19歳の孝昌さんはこれに該当するため、扶養控除（控除額63万円）の対象となります。

❸　一般の扶養親族は**16歳以上**が対象です。14歳の勝さんは、扶養控除の対象とはなりません。

❹　**年齢が70歳以上は老人扶養親族**に該当します。また、収入が公的年金のみで年収158万円以下であれば扶養控除の対象となるため、母シゲさんは、老人扶養親族として、扶養控除の対象となります。

復習 控除対象扶養親族の区分と控除額 ▶ 203ページ

❶ ◯
❷ ◯
❸ ✕
❹ ◯

イ

次の〈設例〉に基づいて、下記の各問に答えなさい。

〈設例〉 会社員の浜田和男さんが、2024年以降に支払った医療費は下記のとおりである。なお、浜田さんは妻および長女と生計を一にしている。

支払年月	医療費を受けた人	医療機関等	内容	支払金額
2024年8月	本人	A病院	人間ドック※1	80,000円
2024年8月	本人	A病院	入院※1	60,000円
2024年12月	妻	B薬局	風邪薬の購入	3,500円
2025年1月	長女	C病院	入院※2	50,000円

☐ ❶ 浜田さんの2024年分の所得税の確定申告における医療費控除の金額として、正しいものを選びなさい。なお、浜田さんの2024年中の所得は給与所得780万円のみである。

　　1. 0円
　　2. 3,500円
　　3. 43,500円
　　4. 53,500円

☐ ❷ 次の医療費控除についての文章で、適切なものは○、不適切なものは×で答えなさい。

　　1. 自家用車で通院した際に利用した病院敷地内の駐車場の駐車料金は、医療費控除の対象となる。

　　2. 一般的な近視を矯正するために眼鏡を購入した費用は、医療費控除の対象とならない。

　　3. 美容のために歯科矯正を行った場合の費用は、医療費控除の対象となる。

　　4. 学校の部活動で足を骨折し、歩行が困難であったためタクシーで接骨院へ移動した場合のタクシー代金は、医療費控除の対象とならない。

　　5. 骨折が治るまで使用していた松葉杖のレンタル料金は医療費控除の対象となる。

　　6. 骨折完治後、二度と骨折しないよう予防のために購入した市販のカルシウム剤の代金は医療費控除の対象とならない。

※1浜田さんは人間ドックの結果、病気が判明したため、引き続き入院して病気の治療を行った。なお、この入院について生命保険会社から入院給付金として40,000円が給付された。
※2長女は風邪をこじらせ、2024年12月24日から12月28日まで5日間入院した。なお、入院費用を支払ったのは、翌年1月5日である。また、この入院について保険金等により補てんされた金額はないものとする。
※「特定一般用医薬品等購入費を支払った場合の医療費控除の特例」（セルフメディケーション税制）は考慮しないものとする。

---

❶　**医療費控除**は、納税者が本人または**生計を一**にする**配偶者**や**親族**の医療費をその年中に支払った際に、適用される所得控除の1つです。

医療費控除の金額は、その年中に支払った自己負担の医療費から、保険金などで**補てんされた金額**を引き、**10万円**※を差し引いて求めます。

※総所得金額が200万円未満の場合は、総所得金額×5％の金額を差し引く。

〈設例〉の表から、浜田さんが支払った医療費のうち、控除の対象となるのは、8月に支払った**人間ドック**（**8万円**）、**入院費**（**6万円**）、**妻の風邪薬**（**0.35万円**）です。なお、2025年1月に支払った長女の入院費（5万円）は、2024年分の医療費控除の対象となるため、以下の計算式に加えません。

浜田さんの2024年分の医療費控除の金額
　＝8万円＋6万円＋0.35万円－4万円（入院給付金）－10万円＝0.35万円

❷　医療費控除は、治療または療養の対価であれば対象となり、美容・健康増進のためであれば、対象外となります。

1.　公共交通機関の交通費は控除の対象となりますが、通院で使用した自家用車のガソリン代や、駐車料金は控除の**対象となりません**。

2.　近視や遠視、老眼用などの眼鏡やコンタクトレンズは、視力回復のための治療の対価ではないとされ、控除の**対象となりません**。

3.　美容・健康増進を目的とする費用は控除の**対象外**です。

4.　学校でのケガによるタクシー使用は、緊急時や歩行困難な場合にあたるため、控除の**対象となります**。

5.　松葉杖のレンタル料は、通院に必要なものとして控除の**対象となります**。

6.　病気の予防・健康増進のための医薬品は、**対象となりません**。

❶ 2

❷
1. ✕
2. ◯
3. ✕
4. ✕
5. ◯
6. ◯

資産設計提案業務　実技

8 総所得金額の算出

次の〈設例〉に基づいて、下記の問に答えなさい。
〈設例〉 柴田さん(67歳)の2024年分の収入等は以下のとおりである。
〈2024年分の収入等〉
　老齢厚生年金および企業年金(老齢年金)：310万円
　養老保険の満期保険金　　　　　　　　 ：240万円

❶　柴田さんの2024年分の総所得金額として、正しいものを選びなさい。

資料〈公的年金等控除額〉(公的年金等に係る雑所得以外の所得に係る合計所得金額が1,000万円以下の場合)

納税者区分	公的年金等の収入金額		公的年金等控除額
65歳以上		330万円未満	110万円
	330万円以上	410万円未満	収入金額×25％＋27.5万円
	410万円以上	770万円未満	収入金額×15％＋68.5万円
	770万円以上	1,000万円未満	収入金額×5％＋145.5万円
	1,000万円以上		195.5万円

1. 220万円　　　2. 235万円　　　3. 280万円　　　4. 330万円

次の〈設例〉に基づいて、下記の問に答えなさい。
〈設例〉 鶴見さん(69歳)の2024年分の収入等は以下のとおりである。
〈2024年分の収入等〉
　老齢厚生年金および企業年金(老齢年金)：280万円
　事業収入　　　　　　　：200万円
　事業に係る必要経費：　90万円

❷　鶴見さんの2024年分の総所得金額として、正しいものを選びなさい。

1. 100万円
2. 168万円
3. 220万円
4. 270万円

▼ 解説（赤シートで消える語句をチェックできます）☞243・245・249・253・278ページ ▼ 正解

※老齢厚生年金および企業年金は、公的年金等控除額を控除する前の金額である。
※養老保険（保険期間30年）の保険契約者および満期保険金受取人はともに柴田さんで、既払込保険料（柴田さんが全額負担している）は150万円である。なお、契約者配当については考慮しないこととする。

柴田さんの収入のうち、総所得金額に算入できる総合課税の所得は**老齢厚生年金・企業年金（雑所得）**と、**満期保険金（一時所得）**です。

●**公的年金の雑所得**を求めます。〈公的年金控除額〉より「330万円未満」に該当するので、控除額は110万円。**柴田さんの雑所得＝年金 310万円－控除額 110万円＝200万円**

●**一時所得**を求めます。総所得金額を算出する際に、その2分の1が合算対象です。

柴田さんの一時所得＝収入額（240万円）－収入を得るために支出した額（150万円）－特別控除50万円＝40万円

柴田さんの総所得金額＝200万円＋40万円×1/2＝220万円

1

※鶴見さんは、自宅の一部を改装して2017年4月に喫茶店を開業し、開業年分から青色申告者となっており、正規の簿記（複式簿記）ではなく簡易帳簿で記帳を行っている。
※〈公的年金控除額〉の区分と控除額は、❶の資料を参照。

鶴見さんの総所得金額に算入できる総合課税の所得は、**老齢厚生年金・企業年金（雑所得）**と、**事業収入（事業所得）**です。

●**公的年金の雑所得**を求めます。❶の資料、〈公的年金控除額〉より「330万円未満」にあたるので、控除額は110万円。

鶴見さんの雑所得＝年金280万円－控除額110万円＝170万円

●**事業所得**を求めます。鶴見さんは正規の簿記ではなく、簡易帳簿で記帳を行っているので、「青色申告特別控除額」は10万円です。

事業所得＝事業収入200万円－必要経費90万円－青色申告特別控除10万円
    ＝100万円

鶴見さんの総所得金額＝170万円＋100万円＝270万円

4

資産設計提案業務　実技

次の〈設例〉に基づいて、下記の問に答えなさい。
〈設例〉 大場圭子さん(56歳)の2024年分の収入および経費は以下のとおりである。

〈収入および経費〉
　給与収入　　　　　　　　　　：5,460,000円
　不動産賃貸収入　　　　　　　：1,800,000円
　不動産賃貸に係る経費　　　　：　600,000円
　上場株式の譲渡による譲渡損失：▲500,000円
　ゴルフ会員権の譲渡による譲渡損失(注)：▲1,000,000円

□ ❸　大場さんの2024年分の総所得金額として、正しいものを選びなさい。

資料〈給与所得控除額の速算表〉

給与等の収入金額（年収）		給与所得控除額
	162.5万円以下	55万円
162.5万円超	180万円以下	収入金額×40%－10万円
180万円超	360万円以下	収入金額×30%＋8万円
360万円超	660万円以下	収入金額×20%＋44万円
660万円超	850万円以下	収入金額×10%＋110万円
850万円超		195万円（上限）

1. 3,878,000円
2. 4,378,000円
3. 4,928,000円
4. 5,028,000円

※ゴルフ場は健全に経営されている状態である。また、ゴルフ会員権の譲渡は営利を目的として継続的に行ったものではない。
※大場さんは、不動産賃貸業を始めた2013年から青色申告者となっており、帳簿書類の備付け等の要件は満たしている。なお、大場さんの不動産賃貸は、事業的規模には該当しない。

大場さんの総所得金額に算入できる総合課税の所得は、**給与所得**、**不動産賃貸収入（不動産所得）**です。

● **給与所得**は次の式で求めます。

給与所得＝給与収入金額－給与所得控除額（最低55万円）

給与所得控除額は、資料より「収入金額×20％＋44万円」なので、

給与所得＝546万円－（546万円×20％＋44万円）＝392.8万円

● **不動産所得**は次の式で求めます。

不動産所得＝収入金額－必要経費－青色申告特別控除額

青色申告特別控除額は、事業的規模の不動産所得者であれば、**最高65万円**[※]、それ以外であれば、10万円の控除が受けられます。

※正規の簿記の原則に従って記録をし、さらに電子申告（e-Tax）または電子帳簿保存を行うことが65万円の条件。

事業的規模とは、独立家屋は**5棟以上**の貸付け、アパート等は貸与可能な独立した室数が**10室以上**（**5棟10室基準**）をいいますが、大場さんの不動産賃貸は、事業的規模に該当しないとあるので、控除額は10万円です。

大場さんの不動産所得＝不動産賃貸収入180万円－必要経費60万円－青色申告特別控除10万円＝110万円

上場株式の譲渡損失は、給与所得や不動産所得と損益通算できません。また、2014年4月1日以後に行ったゴルフ会員権の譲渡により生じた損失は、原則として損益通算ができなくなりました。

● 最後に所得を合計し、損失分も差し引いて、**総所得金額**を求めます。

大場さんの総所得金額 ＝392.8万円＋110万円
＝502.8万円

4

9 確定申告

下表のア～オの5人の会社員について、2024年分の所得税において確定申告を行う必要がある人については○、行う必要がない人については×で答えなさい。なお、解答に当たっては下表に基づいて、所得税額が最も少なくなるように手続きや申告を行うものとし、年末調整で受けられるものはすべて受けるものとする。また、資料に記載のない条件については考慮しないこと。

〈5人の収入に関する資料〉（2024年12月31日時点）

ア　浜田啓太(40歳)
給与年収：800万円(SA食品)
・勤務先で年末調整を受けている。
・2024年中に啓太さんが支出した医療費25万円(本人と配偶者の医療費の合計額)について、医療費控除を受ける。

イ　杉野哲平(52歳)
給与年収：2,200万円(RE保険)

ウ　広尾和也(38歳)
給与年収：600万円(KS運輸)
・勤務先で年末調整を受けている。
・2023年中に住宅を取得し、2023年分の確定申告において住宅借入金等特別控除の適用を受けており、2024年も住宅借入金等特別控除の適用を受ける。

エ　平尾健二(26歳)
給与年収　400万円(D商事)
・勤務先の給与収入以外に不動産所得(17万円)がある。

オ　加瀬三郎(45歳)：給与年収1,500万円(B不動産)
・勤務先の給与収入以外に、知人の会社(E商事)の役員として、源泉徴収はされるが年末調整を受けない従たる給与収入(240万円)がある。

※5人とも勤務先の年末調整を受けている。
※給与収入(年収)は2024年分である。

ア　医療費控除、寄附金控除、雑損控除は年末調整されないため、給与所得者でも確定申告が必要です。給与所得者の浜田さんが医療費控除の適用を受けるには、確定申告を行う**必要があります。**

イ　給与等の収入金額が2,000万円超の人、給与所得および退職所得以外の所得が20万円を超える人は確定申告が必要です。杉野さんは、給与年収が2,000万円を超えるので、確定申告を行う**必要があります。**

ウ　給与所得者の場合、住宅借入金等特別控除の適用を受ける最初の年分は確定申告が必要です。しかし翌年分以降は年末調整によって適用を受けることができます。広尾さんは、すでに2023年分の確定申告を済ませており、住宅借入金特別控除の適用を受けています。翌年にこの控除を受ける場合であっても、2024年分の確定申告を行う**必要はありません。**

エ　給与を1カ所から受けていて、給与所得や退職所得を除いた各種所得の合計が20万円を超える人は、確定申告が必要ですが、平尾さんの給与収入以外の収入は17万円のみのため、確定申告を行う**必要はありません。**

オ　加瀬さんは、給与を2カ所以上から受けていて、主たる給与（B不動産）以外の給与収入（E商事の役員給与）が20万円を超えているため、確定申告する**必要があります。**

ア
イ
ウ
エ
オ

覚えよう

確定申告が必要な例

● その年に支払いを受けた給与等の金額が2,000万円を超える場合。

● 給与を1カ所から受けていて、給与所得、退職所得以外の所得金額が20万円を超える場合。

● 給与を2カ所以上から受けていて、年末調整をされなかった給与（従たる給与）の収入金額と、各種の所得金額（給与所得、退職所得を除く）との合計所得金額が20万円を超える場合。

● 住宅借入金等特別控除（住宅ローン控除）の適用を受ける場合、初年度のみ確定申告が必要。

● 雑損控除・医療費控除・寄附金控除の適用を受ける場合（領収書や証明書、明細書等の添付が必要）。

● 配当控除の適用を受ける場合。

資産設計提案業務

実技

🔟 源泉徴収票の見方

☐ ❶ 下記の宮本守さん（48歳）の「給与所得の源泉徴収票」に関する次のア〜ウの記述の正誤を答えなさい。

令和6年分　**給与所得の源泉徴収票**

支払を受ける者	住所又は居所	東京都千代田区○○○○				

（受給者番号）

（役職名）

氏名　（フリガナ）ミヤモト マモル　**宮本 守**

種別	支払金額	給与所得控除後の金額（調整控除後）	所得控除の額の合計額	源泉徴収税額
給料・賞与	内 7 800 000 千 円		内 （エ）千 円	内 千 円

（源泉）控除対象配偶者の有無等		配偶者（特別）控除の額	控除対象扶養親族の数（配偶者を除く。）			16歳未満扶養親族の数	障害者の数（本人を除く。）		非居住者である親族の数
有	従有	老人 千 円	特定 人 従人	老人 内 人 従人	その他 人 従人	人	特別 内 人	その他 人	人
○			1						

社会保険料等の金額	生命保険料の控除額	地震保険料の控除額	住宅借入金等特別控除の額
内 860 240 千 円	75 000 千 円	50 000 千 円	内 千 円

（摘要）

生命保険料の金額の内訳	新生命保険料の金額	円	旧生命保険料の金額	円	介護医療保険料の金額	円	新個人年金保険料の金額	円	旧個人年金保険料の金額	240,000 円

住宅借入金等特別控除の額の内訳	住宅借入金等特別控除適用数		居住開始年月日（1回目）	年 月 日	住宅借入金等特別控除区分（1回目）		住宅借入金等年末残高（1回目）	円
	住宅借入金等特別控除可能額	円	居住開始年月日（2回目）	年 月 日	住宅借入金等特別控除区分（2回目）		住宅借入金等年末残高（2回目）	円

（源泉・特別）控除対象配偶者	氏名 （フリガナ）ミヤモトヨシコ　**宮本 佳子**	区分		配偶者の合計所得		国民年金保険料等の金額	135,840	旧長期損害保険料の金額	
					基礎控除の額			所得金額調整控除額	

1	氏名 （フリガナ）ミヤモトリョウ　**宮本 亮**	区分		（フリガナ） 氏名		区分	

※源泉徴収票は一部抜粋である。なお、問題の性質上、明らかにできない部分は「□□□」で示してある。

ア　妻佳子さん（48歳）は、パート勤務で給与を得ているが、2024年（令和6年）分の給与収入は、103万円以下である。

イ　一般の生命保険料に係る生命保険料控除として控除されている金額は、5万円である。

ウ　守さんが支払った長男亮さん（20歳：大学生）の国民年金保険料135,840円は、「社会保険料等の金額」に含まれている。

☐ ❷ 空欄（エ）にあてはまる所得控除の額の合計額として、正しいものを選びなさい。

1.　1,110,264（円）　　2.　1,870,264（円）

3.　2,250,264（円）　　4.　2,475,240（円）

❶ア　「（源泉）控除対象配偶者の有無」の「有」欄に「○」が記載されている
ため、佳子さんは、配偶者控除の対象者であるとわかります。配偶者控除の
適用要件に、配偶者の合計所得金額48万円以下（給与のみの年収103万円
以下）があるため、佳子さんのパート勤務での給与収入は103万円以下であ
るということになります。

　　また、「支払金額」欄に780万円とあるので、宮本さんの合計所得金額は、
900万円（給与収入の金額1,095万円）以下とわかります。このことから、
宮本さんが適用を受ける配偶者控除の金額は38万円です。

イ　「旧個人年金保険料の金額」欄に240,000円と記載されていることか
ら、旧契約の個人年金保険の控除額は上限の5万円とわかります。また、「生
命保険料の金額」欄は75,000円とあるので、7.5万円－5万円＝2.5万円
で、一般の生命保険控除として控除されている金額は、残りの2.5万円です。

● 2011年12月31日以前の契約（旧契約）の控除限度額

	一般の生命保険	個人年金保険	介護医療保険	控除限度額
所得税	5万円	5万円		10万円

ウ　社会保険料控除は、納税者および生計を一にする配偶者、親族の負担す
べき社会保険料（国民年金保険料、国民健康保険料、厚生年金保険料等）を
支払った場合に、その全額が所得金額から控除されるものです。よって、宮
本さんが支払った長男亮さんの国民年金保険料は、「社会保険料等の金額」に
含まれています。

❷ 源泉徴収票により、宮本さんが適用を受けられる所得控除は次のとおり。

配偶者控除　　　：38万円
特別扶養控除　　：63万円
社会保険料控除：86万240円
生命保険料控除：7.5万円
地震保険料控除：5万円
基礎控除　　　：48万円
所得控除の合計
＝38万円＋63万円＋86万240円＋7.5万円＋5万円＋48万円
＝247万5,240円

❶
ア ○
イ ✗
ウ ○

❷ 4

実技

資産設計提案業務

⑪ 青色申告

☐ **❶** 所得税の青色申告に関する次の説明の空欄①～③に入る適切な語句を語群の
なかから選びなさい。

賃貸アパートの経営者が青色申告制度を利用する場合、青色申告特別控除と
して、不動産所得について最高（ ① ）の控除を受けられる。ただし賃貸アパ
ートの経営が事業的規模でない場合は、控除額は（ ② ）となる。なお、この
制度を利用するには、その年の（ ③ ）までに納税地の所轄税務署長に「青
色申告承認申請書」の提出が必要であり、1月16日以降に新たに業務を始
めた場合には、業務開始日から（ ④ ）以内の提出が必要となる。

イ．10万円	ロ．50万円	ハ．65万円	ニ．2カ月
ホ．1月15日	ヘ．3月15日	ト．3月31日	チ．4カ月

☐ **❷** 美容室を営む西里さん（青色申告者）の2024年分の売上高等は下記〈資料〉
のとおりである。西里さんの2024年分の所得税における事業所得に関する
次のア～エの記述について、正しいものには○、誤っているものには×をつ
けなさい。

〈資料〉
(1)売上高 ：21,300,000円
(2)売上原価 ： 2,343,000円
(3)必要経費 ： 9,162,000円
(4)青色事業専従者給与 ：4,200,000円
※青色事業専従者給与は西里さんの妻(43歳)に対して支払われたものであり、この金額
は(3)の必要経費には含まれていない。
※西里さんは、青色申告特別控除(650,000円)の適用を受ける要件を満たしている。

ア　西里さんの妻に対する青色事業専従者給与（4,200,000円）は、事業所
得を計算する際、必要経費（9,162,000円）とは別に売上高から控除する。

イ　西里さんは妻に対して青色事業専従者給与を支給しているが、西里さん
が確定申告をする際、妻は配偶者控除の対象となる。

ウ　西里さんが必要経費を計算する際、2024年中に使用した水道光熱費や通
信費など、年末に未払いとなっているものであっても必要経費に含める。

エ　事業所得の計算の基になった現金出納帳や請求書などの資料は、確定申
告が終わったらすぐに処分してもよい。

青色申告は、正規の簿記の原則に基づいて所得税、法人税を計算して申告する制度で、**青色申告者**には、税法上様々な特典があります。

① 不動産所得に対する青色申告特別控除は、事業的規模である「<u>5棟10室基準</u>」（独立家屋は<u>5棟以上</u>の貸付け、アパート等は貸与可能な独立した室数が<u>10室以上</u>）を満たすと、**最高65万円**※の控除を受けることができます。

② アパート経営が事業的規模でない場合でも、青色申告を行うことで、<u>10万円</u>の控除が受けられます。

③ 新たに青色申告の制度を利用するには、申告する所得が発生する年の<u>3月15日</u>までに「**青色申告承認申請書**」の提出が必要です。

④ 1月16日以降に新たに業務を始めた場合、申請書は業務開始日から<u>2カ月以内</u>の提出が必要です。

① ハ
② イ
③ ヘ
④ ニ

ア 青色申告特別控除の特典の1つが、「青色事業専従者給与の必要経費への算入」です。資料から、必要経費916.2万円と、青色事業専従者である妻に支払った給与420万円が別に計上されており、西里さんは、青色申告することで、青色事業専従者給与として、同一生計の配偶者や親族に支払った給与を必要経費に<u>算入</u>できます。青色事業専従者給与は、事業所得を計算する際に、別途売上高から控除します。

イ 青色事業専従者給与は、配偶者控除・配偶者特別控除・扶養控除との併用はできません。そのため、妻は**配偶者控除**の**対象と**なりません。

ウ 資料より、西里さんは、青色申告特別控除（<u>65万円</u>※）の適用を受ける要件を満たしているとあるため、年末時点で未払いになっている必要経費（水道光熱費・通信費等）の経費自体は発生していると考えるため、**必要経費に含めます**。なお、年末時点で未入金になっている売上高（例：クレジットカードの支払日が2024年12月、入金が翌2025年）も、売上自体は発生しているものとして、2024年分の売上高に算入します。

エ 青色申告特別控除の適用を受ける事業者は、現金出納帳や請求書、貸借対照表、損益計算書等の資料を<u>7年間保存</u>する必要があります。

ア ○
イ ✕
ウ ○
エ ✕

※正規の簿記の原則に従って記録をし、青色申告書を確定申告期限内に提出すれば控除額55万円、さらに電子申告（e-Tax）または電子帳簿保存を行えば最高65万円。これらの要件を満たさない青色申告者の控除額は10万円。

⓬ 個人住民税

個人住民税（所得割）に関する次の記述のうち、適切なものに○、不適切なものに×を選びなさい。

ア　2024年度の個人住民税は、2024年の途中で転居しても、2024年1月1日現在の住所地の市町村に対して納付することとなる。

イ　個人住民税は所得に応じて税率が変化する累進税率である。

ウ　個人住民税にも所得税と同様に基礎控除があり、個人住民税の基礎控除の額は最高43万円である。

エ　所得税の住宅借入金等特別控除の適用を受けて、所得税額から控除しきれなかった額がある場合には、一定の金額を限度として翌年度の個人住民税額から控除することができる。

▼ 解説（赤シートで消える語句をチェックできます）　☞279ページ　▼ 正解

ア　個人住民税は、**その年の**1月1日現在（賦課期日）の居住地で課税されるため、年の途中で転居しても、その賦課期日現在の住所地の市町村に納付します。

イ　個人住民税の課税方法には、「所得割」と「均等割」の2種類があります。前年の所得に対して課税され、均等割と所得割を合算した金額が納税額です。どちらの課税方法も、全国一律（所得割10％・均等割5,000円）であり、所得に応じて税率が変化する**累進税率では**ありません。

ウ　個人住民税にも所得税と同様に所得控除があります。個人住民税の**基礎控除額は最高**43**万円**です。ただし、住民税は前年の収入にかかります。

エ　住宅借入金等特別控除額が所得税額を超える場合、控除しきれなかった部分を翌年度分の住民税から控除することができます。なお、2022年1月〜2025年12月31日までの入居（2023年以降の住民税）で、住宅ローン控除の限度額は、所得税の課税総所得金額等の合計額の5％（上限97,500円）に引き下げられました。

ア ○
イ ×
ウ ○
エ ○

資産設計提案業務　実技

5 不動産

問題数018

再現例題

建築基準法に従い、下記〈資料〉の土地に耐火建築物を建てる場合、建築面積の最高限度(ア)と延べ面積(床面積の合計)の最高限度(イ)の組み合わせとして、正しいものはどれか。なお、〈資料〉に記載のない条件は一切考慮しないこと。

2022年9月

〈資料〉

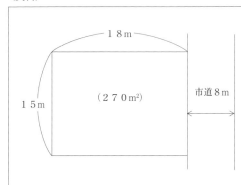

・第二種住居地域
・防火地域
・建蔽率　6／10
・容積率　40／10
・前面道路の幅員に対する
　法定乗数　4／10

1．（ア）162㎡　　（イ）1080㎡

2．（ア）189㎡　　（イ）864㎡

3．（ア）162㎡　　（イ）864㎡

4．（ア）189㎡　　（イ）1080㎡

【不動産】の出題傾向

頻出順に、次の問題が出題されています。

1 不動産登記…不動産登記、登記事項証明書、抵当権に関する問題が出題されています。不動産登記は、「学科」の頻出事項でもありますから、復習しておくとよいでしょう。

2 不動産広告…「学科」では出題されない問題です。不動産広告では壁芯面積で表記されるため、内法面積で表記される登記簿より面積が大きく表示されることを覚えておきましょう。

3 建築面積と延べ面積…資料の土地に建物を建てるときの建築面積と延べ面積を計算する問題です。資産設計提案業務では、問題文に建蔽率や法定乗数が掲載されます。

4 不動産の譲渡所得…土地の譲渡に係る所得については、その所有期間が5年を超えると長期譲渡所得、5年以内であれば短期譲渡所得となります。

▼ 再現例題の解説と解答

防火地域内に耐火建築物を建築する場合、建蔽率の10%が緩和されます。また、建築面積の最高限度は、敷地面積×建蔽率で求められるので、

（ア）建築面積の最高限度＝270㎡×（6／10＋1／10）＝189㎡

次に、前面道路の幅員が12m未満の場合は、用途地域別に次の制限があります。

住居系用途地域の場合……前面道路の幅員×4／10

その他の用途地域の場合…前面道路の幅員×6／10

上記で算出された数値と指定容積率の数値のうち、小さい方の容積率で制限されます。この土地の前面道路幅は8m、用途地域は第二種住居地域。よって容積率の計算は、8m×4／10＝320%　　320%　＜　400%（指定容積率）　なので、

（イ）延べ面積の最高限度＝270㎡×320%＝864㎡

解答　2　（ア）189㎡　（イ）　864㎡

資産設計提案業務　実技

▼ 適切なものには○、不適切なものには×で答えなさい。また、（　）に入る語句の記号を答えなさい。

TOP 60 ❶ 不動産登記

□ ❶ 登記事項要約書には、物件の取得原因、抵当権の設定原因や利息や損害金などの債権の範囲などの詳細記録は記載されず、また、登記官の認証文言が記載されていないため、公的な証明文書としての機能を果たすことはできない。

□ ❷ 建物の登記簿と土地の登記簿は本来別々に記録されるものであるが、マンション（区分所有建物）の場合は土地と建物が一体化して処分されることから、土地登記簿の表題部に「敷地権の目的たる表示」が記載されている。

> 右に挙げたものは、2024（令和6）年に住宅ローン契約を締結した平尾浩次さんが所有する土地の登記事項証明書の一部である。これについて、下記の各問の正誤を答えなさい。

□ ❸ 利息について登記されていることから、平尾さんが借りた住宅ローンは固定金利であることがわかる。

□ ❹ 平尾さんが債務の弁済を怠った場合、株式会社KR銀行は、債権を回収するためにこの土地の競売を裁判所に申し立てることができる。

□ ❺ 住宅ローンに係る抵当権設定登記の費用は、抵当権者である株式会社KR銀行が全額を負担する。

□ ❻ 株式会社KR銀行の抵当権は、債務者の平尾さんが死亡した場合は消滅する。

□ ❼ この土地には株式会社KR銀行の抵当権が設定されているため、別途、他の金融機関が抵当権を設定することはできない。

□ ❽ 平尾さんが株式会社KR銀行への債務を完済しても、当該抵当権の登記が自動的に抹消されるわけではない。

指示のある問題はその指示に従って答えなさい。

▼ 解説（赤シートで消える語句をチェックできます）　　　　☞300ページ　　▼ 正解

| 登記記録のコンピュータ化により、登記簿の閲覧ができなくなったことから、**登記事項要約書**が法務局で交付されるようになりました。登記事項要約書には現在の権利だけが記載されていて、登記官の認証文言がないため、**公的な証明機能は**ありません。 | ○ |
| マンションは、一戸建てのように土地と建物を別々に処分できず、土地と建物を一緒に処分しなければならないため、敷地権については建物登記簿に記載されています。 | ✕ |

（　A　）			
順位番号	登記の目的	受付年月日・受付番号	権利者その他の事項
1	抵当権設定	令和6年5月23日 第1352号	原因　令和6年5月23日金銭消費貸借同日 　　　設定 債権額　金2,300万円 利息　年1.95％（年365日日割計算） 損害金　年14.5％（年365日日割計算） 債務者 　千葉県○○市△－△－△ 　平尾浩次 抵当権者 　東京都千代田区□－□－□ 　株式会社KR銀行

❸　利息は抵当権設定時の利息が記載されます。利息が固定金利か変動金利かは、**登記事項証明書から判断でき**ません。

❹　債務者が債務の弁済を怠った場合、抵当権者は裁判所に申し立てをし、債権回収のためにその土地を競売にかけることができます。

❺　住宅ローンを借りた際、**抵当権設定登記**は、債務者と抵当権者が共同で行い、**連帯で**登録免許税を納付します。

❻　債務者が死亡しても、債務の弁済がなければ**抵当権は**存続します。

❼　抵当権は同じ不動産について、重ねて**設定**できます。

❽　債務を完済しても、抵当権は自動的には**抹消**されません。債務者は抵当権抹消**登記**をすることが必要です。

❸ ✕
❹ ○
❺ ✕
❻ ✕
❼ ✕
❽ ○

TOP 60 ❷ 不動産広告

下記<資料>は、中古マンションについての新聞の折込み広告（抜粋）である。この広告の内容等に関する各問の正誤を答えなさい。

<資料>

> ### 売中古マンション住環境良好！ スーパー至近！
>
> 【物件概要】
> 所在地：神奈川県□□市◇◇区□□3丁目
> 交通：○○線△△駅から徒歩8分
> 用途地域：準住居地域・第二種住居地域
> 販売価格：4,320万円（消費税込み）
> 階/階建て：5階/10階
> 専有面積：72.56㎡（壁芯）

☐ ❶ ○○線△△駅からこの物件までの道路距離は、560m超640m以下である。

☐ ❷ この物件のように、建築物の敷地が2つの用途地域にまたがる場合、制限のより厳しい用途地域の規制が適用される。

☐ ❸ この物件の専有面積（72.56㎡）には、バルコニー面積が含まれている。

☐ ❹ この物件の専有面積は壁芯面積で記載されているが、これは登記簿上の面積より小さい。←よく出る

TOP 60 ❸ 建築面積と延べ面積

☐ ❶ 建築基準法に従い、下記の土地に建物を建築する場合の建築面積の最高限度を求めなさい。単位は㎡とする。←よく出る

都市計画により定められた建蔽率準
住居地域5／10
近隣商業地域8／10

| 準住居地域 (100㎡) | 近隣商業地域 (150㎡) | 市道8m |

566

▼ 解説（赤シートで消える語句をチェックできます）　☎312・322ページ　▼ 正解

```
バルコニー面積：12.56㎡
管理費（月額）：21,600円
修繕積立金（月額）：8,640円
間取り：3LDK
構造：鉄筋コンクリート造            ■ライフインフォメーション
土地の権利：所有権               ・△△小学校…約４６０ｍ
築年月：2023年11月              ・△△中学校…約１,１８０ｍ
総戸数：104戸                  ・○○高校…約３６０ｍ
設備：都市ガス・公営水道・本下水      ・スーパー▽▽…約５０ｍ
現況：空室                    ・△△郵便局…約２００ｍ
取引態様：専任媒介
PB不動産神奈川県知事（3）第○○○○○号TEL：044-×××-××××
```

❶　不動産広告における徒歩所要距離は、「**道路距離**80mにつき１分間（**１分未満切上げ**）」。徒歩８分なので、道路距離は560m超640m以下となります。

❷　建築物の敷地が**異なる用途地域**にわたる場合、その敷地全体に対して、過半の属する用途地域の用途制限が適用されます。敷地ではなく、**建築物が防火地域と準防火地域にわたる場合**は**厳しい防火地域の規制**が適用されます。

❸　マンションやアパートでは**バルコニー**が避難経路として使われるため、共有部分と考えられ、専有面積には含まれません。

❹　マンションのチラシなどでは**壁芯面積**で表記されるため、内法面積で表記される登記簿より面積が大きく表示されます。

❶ 〇
❷ ✕
❸ ✕
❹ ✕

▼ 解説（赤シートで消える語句をチェックできます）　☎319・320ページ　▼ 正解

建築物の敷地が建蔽率の異なる２つ以上の地域にわたる場合は、敷地全体の最大建築面積は、**各地域の面積×各建蔽率**の合計となります。

準住居地域部分…100㎡× 5/10 ＝ 50㎡

近隣商業地域部分…150㎡× 8/10 ＝ 120㎡

対象地の建築面積上限…50㎡＋ 120㎡＝ 170㎡

170㎡

資産設計提案業務　実技

□ ❷ 建築基準法に従い、下記の土地に耐火建築物を建築する場合の①建築面積の最高限度と②延べ面積の最高限度を求めなさい。単位は㎡とする。←よく出る

敷地面積 160㎡ 市道 4 m

第一種住居地域
防火地域
建蔽率 6／10
容積率 20／10
※前面道路の幅員に対する
　法定乗数 4／10

❹ 不動産の譲渡所得

□ ❶ 9年前に相続により取得し継続して居住している自宅の売却を行いたい。下記〈資料〉に従って、課税長期譲渡所得の金額を求めなさい。←よく出る
〈資料〉
・2024年3月に自宅(土地および建物)を売却し、同月中に引渡しを行った。
・取得費：土地および建物とも不明であるため概算取得費とする。
・売却価格(合計)：8,500万円
・譲渡費用(合計)：300万円
※居住用財産を譲渡した場合の3,000万円の特別控除の特例の適用を受けるものとする。
※所得控除は考慮しないものとする。

□ ❷ 下記〈資料〉に基づき、土地（居住用ではない）を譲渡した場合の譲渡所得に係る所得税および住民税の合計額を計算しなさい。単位は「円」で表すこと。なお、この譲渡は国や地方公共団体等へのものではなく、収用交換によるものでもない。また、〈資料〉に記載のない条件や復興特別所得税は考慮しないものとする。←よく出る
〈資料〉
・取得の日：2019年10月6日
・譲渡の日：2024年11月26日
・課税譲渡所得金額：1,200万円
[土地建物等の譲渡所得に係る税率]
　課税長期譲渡所得…所得税15％、住民税5％
　課税短期譲渡所得…所得税30％、住民税9％

① **防火地域・準防火地域**に**耐火建築物**を建てる場合、**10%の建蔽率緩和**が適用されます。本問では、6/10（60%）が**70%**となります。

最大建築面積＝土地面積×建蔽率

$$= 160㎡ × 0.7 = 112㎡$$

② 前面道路の幅が12m未満の場合、容積率は用途地域によって制限されます。本問では、「前面道路の幅員に対する法定乗数4/10」となっていますから、

前面道路4m×4/10＝ 1.6 で、 160%

この数値と指定容積率200%とを比べて、**小さい数値**が容積率になります。従って、

最大延べ面積 ＝土地面積×容積率

$$= 160㎡ × 160% = 256㎡$$

① 112㎡
② 256㎡

▼ 解説（赤シートで消える語句をチェックできます）　　⇨336ページ　▼ 正解

取得費…取得費不明で概算取得費とするので、**譲渡価額（売却金額）**の**5%**になります。

8,500万円× 0.05 ＝ 425 万円

課税長期譲渡所得金額…「居住用財産を譲渡した場合の3,000万円の特別控除の特例」の適用を受けるので、3,000万円が控除されます。

課税長期譲渡所得金額＝譲渡収入金額－（取得費＋譲渡費用）－特別控除3,000万円

8,500万円－（425万円＋300万円）－3,000万円＝4,775万円

4,775万円

長期譲渡所得…譲渡した年の 1 月 1 日現在において所有期間が 5年 を超えるもの

短期譲渡所得…譲渡した年の 1 月 1 日現在において所有期間が 5年 以内のもの

資料より、2024年 1 月 1 日時点で所有期間は 5年以内 になるので、**短期**譲渡所得に該当します。

課税譲渡所得が1,200万円、所得税・住民税の合計割合は**39%**ですから、

所得税および住民税の合計額＝ 1,200万円× 0.39 ＝ 468万円

468万円

6 相続

---《設　例》---

浅見純一さん（39歳）は、父（71歳）と叔父（66歳）から下記〈資料〉の贈与を受けた。

〈資料〉

［2023年中の贈与］

・父親から贈与を受けた金銭の額：1,200万円

［2024年中の贈与］

・父親から贈与を受けた金銭の額：1,500万円

・叔父から贈与を受けた金銭の額：900万円

※2023年中および2024年中に上記以外の贈与はないものとする。

※上記の贈与は、住宅取得等資金や結婚・子育てに係る資金の贈与ではない。

　純一さんの2024年分の贈与税額を計算しなさい。なお、父からの贈与については、2023年から相続時精算課税制度の適用を受けている。また、解答に当たっては、解答用紙に記載されている単位に従うこと。

〈贈与税の速算表〉

基礎控除後の課税価格	一般贈与財産		特例贈与財産	
	税率	控除額	税率	控除額
200万円以下	10%	－	10%	－
200万円超 ～ 300万円以下	15%	10万円	15%	10万円
300万円超 ～ 400万円以下	20%	25万円		
400万円超 ～ 600万円以下	30%	65万円	20%	30万円
600万円超 ～ 1,000万円以下	40%	125万円	30%	90万円
1,000万円超 ～ 1,500万円以下	45%	175万円	40%	190万円
1,500万円超 ～ 3,000万円以下	50%	250万円	45%	265万円
3,000万円超 ～ 4,500万円以下	55%	400万円	50%	415万円
4,500万円超			55%	640万円

1 相続人と法定相続分…出題率2.38%［75問］

2 贈与税の特例…出題率2.09%［66問］

3 相続税の計算…出題率1.17%［37問］

※出題率は、過去13年間の「資産設計提案業務」3,152問中の出題割合［質問数］を示しています。

【相続】の出題傾向

頻出順に次の問題が出題されています。

1 相続人と法定相続分…相続に係る親族関係の資料から、法定相続分を計算する問題です。実子、養子、代襲相続人、相続放棄者の相続分などが出ます。

2 贈与税の特例…贈与税の配偶者控除、相続時精算課税、住宅取得等資金の贈与税の特例についての問題です。

3 相続税の計算…課税に係る基礎控除額、相続税の総額を求める計算問題です。

4 遺言と遺留分…遺言書では、自筆証書遺言についての問題が頻出します。また遺留分に関する問題もよく出題されます。

5 宅地の評価…自用地、借地権、貸宅地、貸家建付地の路線価方式による評価額に関する問題です。評価額の算出式を覚えておきましょう。

6 小規模宅地等の評価減の特例…学科で学習済みの項目です。

復習 小規模宅地等の評価減の特例▶334ページ

7 相続財産の種類と非課税財産…生命保険金、死亡退職金、生前贈与加算に関する問題が出題されます。

▼ 再現例題の解説と解答

父からの贈与では、相続時精算課税の適用を受けているので、2,500万円までの贈与には贈与税がかからず、2,500万円を超える部分については一律20％で課税されます。1200万円[※]＋(1500万円－110万円)－2500万円＝90万円

父からの贈与財産の税額＝90万円×20％＝18万円

次に、叔父からの贈与(900万円)は、直系尊属から受けた贈与財産以外の財産にあたるので、一般贈与財産として、暦年課税の贈与税の基礎控除110万円を削除することができます。これを速算表を使って計算すると

叔父からの贈与財産の税額＝(900万円－110万円)×40％－125万円＝191万円

したがって、純一さんの2024年分の贈与税額は、

18万円＋191万円＝209万円

解答 2,090,000（円）

※2023年に父から受けた1200万円の贈与は、2024年1月1日より前の贈与のため、相続時精算課税制度に新たに創設された基礎控除の適用はなし。

▼ 適切なものには○、不適切なものには×で答えなさい。また、（　）に入る語句の記号を答えなさい。

1　贈与税の計算

次の〈設例〉に基づいて、下記の問に答えなさい。
〈設例〉　大津優介さんと幸枝さん夫妻は、〈設例〉のマンション取得資金を〈資料〉のように夫婦共同で負担することを検討している。

［自宅］
・賃貸マンション：家賃月額12万円（管理費込み）
・マイホームとして販売価格2,700万円（うち消費税額80万円）のマンションを購入する予定である。

共同購入の際の税金の取扱いに関する次の記述の空欄①〜③に入る適切な語句または数値を語群のなかから選びなさい。なお、持分を計算するうえで取得にかかった諸費用等は考慮しないものとする。また、贈与税が生じる場合には、〈資料〉に記載のない他の資金から支払うものとする。

取得資金の負担割合に応じて、優介さんの持分を（　①　）、幸枝さんの持分を（　②　）とする所有権の登記を行えば、優介さんと幸枝さんの間で贈与は生じない。また、幸枝さんが叔母から贈与を受けた資金について課税される贈与税は（　③　）円である。

〈贈与税の速算表〉一部抜粋

基礎控除後の課税価格	一般（特例以外）		特例（直系尊属からの贈与）	
	税率	控除額	税率	控除額
200万円以下	10%	－	10%	－
200万円超　〜　300万円以下	15%	10万円	15%	10万円
300万円超　〜　400万円以下	20%	25万円		

イ．2分の1	ロ．3分の1	ハ．3分の2
ニ．4分の1	ホ．4分の3	ヘ．0
ト．9.5万	チ．24万	リ．33.5万

指示のある問題はその指示に従って答えなさい。

▼ **解説**（赤シートで消える語句をチェックできます）　📖356ページ　▼ 正解

〈資料〉資金の負担割合

頭金	優介さんの預金	300万円
	幸枝さんの預金	100万円
	幸枝さんが2024年中に受ける叔母からの資金贈与 （これ以外に幸枝さんが2024年中に受ける贈与はない）	400万円
住宅ローン	優介さん名義	1,500万円
	幸枝さん名義	400万円
	合計	2,700万円

不動産の**持分**とは、その不動産の名義を誰が、どのくらいの割合で所有しているかを示すものです。不動産を共同で購入し、所有権登記をする際、実際の資金負担割合と、登記上の持分の割合が異なる場合、**差額分**は贈与とみなされ、**贈与税**がかかります。

例：取得金額のうち、夫の資金負担：4分の3、妻の資金負担：4分の1の場合

夫の持分：2分の1、妻の持分2分の1で所有権登記を行うと、差額分4分の1が、夫から妻への贈与となる。

贈与税がかからないよう、「負担割合＝持分」となる優介さんと幸枝さんの持分を計算します。

優介さんの資金負担：300万円＋1,500万円＝1,800万円

幸枝さんの資金負担：100万円＋400万円＋400万円＝900万円

取得価格2,700万円の購入予定マンションに対し、優介さん1,800万円、幸枝さん900万円の資金負担なので、

① **優介さんの持分**：1,800万円÷2,700万円＝3分の2

② **幸枝さんの持分**：900万円÷2,700万円＝3分の1

次に、幸枝さんが叔母から受けた贈与に課税される贈与税を求めます。「直系尊属から住宅取得等資金の贈与を受けた場合の贈与税の非課税」は、直系尊属（父母・祖父母）からの贈与が要件なため、叔母からの贈与ではこの特例を利用できません。しかし、暦年課税の贈与の場合、基礎控除（110万円）が控除できます。叔母からの贈与は一般の贈与となるので、速算表の「一般」の税率と控除額を用いて贈与税を算出します。

③ **贈与税＝（400万円－110万円）×15％－10万円＝33.5万円**

① ハ　② ロ　③ リ

次の〈設例〉に基づいて、下記の各問に答えなさい。

〈設例〉 工藤良太さん(51歳)と、妻まゆみさん(48歳)夫妻は、2024年4月に結婚25周年を迎えた。良太さんは、母親(68歳)と祖母(88歳)から、まゆみさんは、良太さんからそれぞれ下記〈資料〉のとおりの贈与を受けた。

〈資料〉 ●良太さんが受けた贈与
　　　　[2024年中の贈与]
　　　　　・2024年7月に母親から贈与を受けた金銭の額：1,600万円
　　　　　・2024年8月に祖母から贈与を受けた金銭の額：　300万円
　　　　[2023年中の贈与]
　　　　　・2023年9月に母親から贈与を受けた金銭の額：1,000万円

☐ ❶ 良太さんの2024年分の贈与税額として、正しいものはどれか。なお、母親からの贈与については、2023年から相続時精算課税制度の適用を受けている（適用要件は満たしている）。

1. 190,000円　　2. 290,000円
3. 550,000円　　4. 800,000円

☐ ❷ まゆみさんが贈与税の配偶者控除の適用を受けた場合の2024年分の贈与税額として、正しいものを選びなさい。なお、まゆみさんが2024年に受けた贈与はこのほかにないものとし、納付すべき贈与税額が最も少なくなるように計算すること。

1. 1,100,000円　　2. 1,170,000円
3. 1,510,000円　　4. 1,950,000円

〈贈与税の速算表〉一部抜粋

基礎控除後の課税価格	一般（特例以外）		特例（直系尊属からの贈与）	
	税率	控除額	税率	控除額
200万円以下	10%	—	10%	—
200万円超 ～ 300万円以下	15%	10万円	15%	10万円
300万円超 ～ 400万円以下	20%	25万円		
400万円超 ～ 600万円以下	30%	65万円	20%	30万円
600万円超 ～ 1,000万円以下	40%	125万円	30%	90万円

●まゆみさんが受けた贈与
［2024年中の贈与］
・2024年5月に良太さんから居住用不動産の贈与を受けた
：財産評価額2,800万円
　これにより、まゆみさんは、贈与税の配偶者控除の適用を受けた。

※2024年中および2023年中に上記以外の贈与はないものとする。
※良太さんが贈与を受けた財産は、すべて住宅取得等資金に係るものではないものとする。

❶　**相続時精算課税制度**は、贈与時点の贈与税を軽減し、後に相続が発生したときに贈与分と相続分を合算して相続税として支払う制度です。2024年1月1日以降この制度の適用を受けた場合、贈与財産の価額から、「**相続時精算課税の基礎控除額（年110万円）**」と**特別控除額**（累計2,500万円まで）の合計額を控除できます。贈与税額は、贈与額から控除した残額に一律20%の税率を乗じて算出します。また、この制度を**1度選択すると撤回できない**（暦年課税に戻せない）ため、**同一贈与者**（本問の場合は母親）からの贈与についてはすべて相続時精算課税が適用されます。良太さんは、2023年の母親からの贈与でこの制度の適用を受け、すでに1,000万円が控除されています。2024年に受けた1,600万円の贈与については、**相続時精算課税の基礎控除額**110万円と**特別控除額の残りの**1,500万円が適用されます。なお、同じ贈与者からの贈与の場合、**暦年課税の基礎控除（110万円）とは併用できない**ため、次の式で贈与税額を求めます。**母親からの贈与の贈与税額＝**（1,600万円－110万円－1,500万円）×20%＝0万円
祖母からの贈与については、暦年課税の基礎控除を適用できるので、税率は「特例」が適用されます。**祖母からの贈与の贈与税額＝**（300万円－110万円）×10%＝19万円
良太さんの2024年分の贈与税額＝0万円＋19万円＝19万円

❷　**贈与税の配偶者控除**は、婚姻期間20年以上の配偶者から、居住用不動産、または居住用不動産を取得するための金銭の贈与を受けた場合、**最高2,000万円**までの贈与額が非課税になる特例で、基礎控除（110万円）とも併用できます。夫からの贈与なので、税率は、「一般」が適用されます。

まゆみさんの2024年分の贈与税額
＝(2,800万円－2,000万円－110万円)×40%－125万円
＝151万円

❶ 1
❷ 3

資産設計提案業務　実技

❸ 住宅取得等資金の贈与税の特例について書かれた、下記イメージ図の空欄①〜③に入る適切な数字を語群のなかから選びなさい。

〈住宅取得等資金の贈与税の特例のイメージ図〉

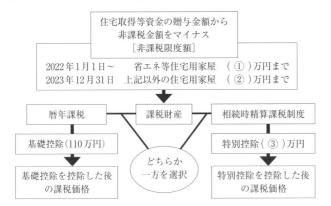

（出所）国税庁HP「住宅取得等資金の贈与税の非課税のあらまし」を基に作成

〈語群〉　　イ．500　　　ロ．700　　　ハ．1,000　　　ニ．1,200

　　　　　　ホ．1,500　　ヘ．2,000　　ト．2,500　　　チ．3,000

❸ 相続の承認と放棄

❶ 相続人は、相続の開始があったことを知った日から3カ月以内に、単純承認、限定承認、相続放棄のうちいずれかを選ぶことができる。この期間内に限定承認も相続放棄もしない場合は、単純承認したものとみなされる。

❷ 単純承認とは、相続人が受け継いだ資産（積極財産）の範囲内で負債（消極財産）を支払い、積極財産を超える消極財産については責任を負わないという相続の方法をいう。

❸ 限定承認は相続人全員が共同で、都道府県庁にその旨の申述を行わなければならない。

❹ 相続放棄は各相続人が単独で申述することができる。

❸ **直系尊属から住宅取得等資金の贈与を受けた場合の贈与税の非課税**（住宅取得等資金の贈与税の特例）は、直系尊属（父母、祖父母）から住宅購入資金の贈与を受けた場合に限り、一定金額が非課税となる特例です。住宅取得等資金のうち、下表「非課税限度額」までの金額について、贈与税が非課税となります。

〈非課税限度額〉

省エネ等住宅用家屋※	左記以外の住宅用家屋
1,000万円	500万円

※**省エネ等住宅用家屋**：省エネ等基準（断熱等性能、一次エネルギー消費量、耐震、免震、高齢者等配慮対策等）に適合する住宅用の家屋。

〈特例の主な要件〉

● 贈与者→直系尊属（配偶者の直系尊属は不可）。年齢制限なし。

● 受贈者→贈与年の1月1日時点で満18歳以上で、贈与を受けた年の合計所得金額が原則**2,000万円以下**。新築等を行う住宅用家屋の床面積が**50㎡以上240㎡以下**で、2分の1以上に相当する部分が居住の用に供されるもの。なお、受贈者の合計所得金額1000万円以下の場合の床面積は、**40㎡以上に引下げ。納税額が0円の場合でも、贈与税の確定申告が必要。**
中古住宅は建築年数要件廃止。新耐震基準に適合していること。
③の相続時精算課税制度の特別控除額は2,500万円です。

① ハ
② イ
③ ト

▼ 解説（赤シートで消える語句をチェックできます）　　　☞368ページ　　▼ 正解

財産相続をどのようにするかは、**単純承認**、**限定承認**、**相続放棄**から選択することができます。

○

相続の承認と放棄		覚えよう
単純承認	● 被相続人の<u>資産</u>および<u>負債</u>をすべて**無制限に相続**する。 ● 以下の申述をしなければ自動的に単純承認になる。	×
限定承認	● 被相続人の資産の範囲内で負債も相続する。 ● 相続開始を知った日から3カ月以内に、相続人全員が共同で<u>家庭裁判所</u>に申述する必要がある。	×
相続放棄	● 被相続人の資産および負債をすべて相続しない。 ● 相続開始を知った日から3カ月以内に、家庭裁判所に申述する必要がある。単独で申述<u>できる</u>。原則、撤回できない。 ● 相続の開始前（被相続人の生前）に相続放棄はできない。	○

4 相続人と法定相続分

❶ 下記の〈親族関係図〉の場合において、民法の規定に基づく法定相続分に関する次の記述の空欄①～③に入る適切な語句または数値を語群のなかから選びなさい。なお、同じ語句または数値を何度選んでもよいこととする。

〈親族関係図〉

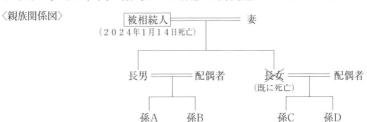

・被相続人の妻の法定相続分は（ ① ）。

・被相続人の長男の法定相続分は（ ② ）。

・被相続人の孫Cと孫Dのそれぞれの法定相続分は（ ③ ）。

イ．1／2	ロ.1／3	ハ．1／4	ニ．1／8	ホ．2／3
ヘ．3／4	ト．3／8	チ．1／16	リ．なし	

❷ 下記の〈親族関係図〉の場合において、民法の規定に基づく法定相続分に関する次の記述の空欄（①）～（③）に入る適切な語句または数値を語群のなかから選び、解答欄に記入しなさい。なお、同じ語句または数値を何度選んでもよいこととする。

〈親族関係図〉

・被相続人の妻の法定相続分は（ ① ）。

・被相続人の妹の法定相続分は（ ② ）。

・被相続人の甥の法定相続分は（ ③ ）。

イ．1／2	ロ.1／3	ハ．1／4	ニ．1／8	ホ．2／3
ヘ．3／4	ト．3／8	チ．1／16	リ．なし	

配偶者は常に法定相続人となり、それ以外の親族は、**子→直系尊属→兄弟姉妹の順**に、先の順位者がいない場合、法定相続人となります。

〈親族関係図〉から、被相続人の法定相続人は妻、長男、長女の代襲相続人である孫Cと孫Dの4人。それぞれの法定相続分は、以下のとおりです。

代襲相続人の相続分は、その**直系尊属**（この場合は代襲相続人の母親である長女）の相続分と<u>同じ</u>です。

妻…1/2

残りの1/2を等分するので、長男…1/4、代襲相続の孫2人…2人で1/4

孫C、孫D…1/4を2人で等分するので、1/8ずつ

長男が生きているので、孫A、Bは代襲相続人にはなれません。また、長女の配偶者は相続人対象外です。

① イ
② ハ
③ ニ

〈親族関係図〉から、被相続人の法定相続人は**妻**、**妹**、兄の代襲相続人である被相続人の**甥**、の**3人**。それぞれの法定相続分は、以下のとおりです。

妻…3/4

妹と甥が1/4÷2＝1/8ずつ

妹の配偶者は相続人対象外です。

資産設計提案業務　実技

① ヘ
② ニ
③ ニ

次の〈設例〉に基づいて、下記の各問に答えなさい。
〈設例〉　工藤誠二さんは、自筆証書遺言を作成することを検討している。誠二さんの家族関係図は、右のとおりである。

☐ ❶　自筆証書遺言に関する次の①～⑤の記述について、正しいものには○、誤っているものには×で答えなさい。◀よく出る

①　誠二さんが遺言書の日付を「2024年の私の誕生日」とした場合、遺言の作成日が暦上の特定の日を表示していることが客観的に判断できれば、日付の記載として有効である。

②　誠二さんが、遺言の内容を長男の和男さんに代筆してもらい、名前のみ自署した場合には、遺言そのものが無効となる。

③　誠二さんの相続開始後、この遺言書の保管者または発見した相続人は、家庭裁判所に検認を請求しなければならず、検認の手続きを経なければ、遺言そのものが無効となる。

④　自筆証書遺言への押印は、遺言者本人の実印でなければならず、認印による場合は無効となる。

⑤　自筆証書遺言は、相続人の遺留分を侵害する内容であっても有効である。

☐ ❷　誠二さんを被相続人とする相続において、次の説明の空欄①～③に入る適切な数値を語群のなかから選びなさい。なお、相続の放棄はないものとする。
・恵美さんの法定相続分は（　①　）、遺留分の割合は（　②　）である。
・他の相続人（和男さん、彰男さん、美由紀さん）の遺留分の割合を合計すると（　③　）となる。

イ.1／2　ロ.1／5　ハ.1／8　ニ.　ホ.3／8　ヘ.3／10　ト.1／16

〈工藤家の親族関係図〉

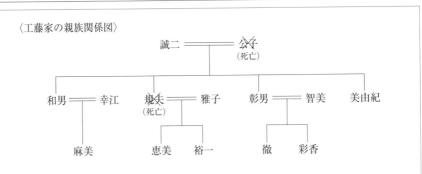

❶　誠二さんが作成した**自筆証書遺言**は、遺言者が遺言の全文、日付、氏名を自書し、押印する遺言です。**証人の立会い**は<u>不要</u>です。

😊ウラ技　自分一人で書くから、証人いらない！

①　自筆証書遺言の作成年月日は、正確に記載する必要があります。「令和○年、私の誕生日」のように、客観的な判断で特定できる場合は<u>有効</u>です。

②　自筆証書遺言は、自書し、押印するもので、代筆やパソコン等で作成した場合は遺言そのものが**無効**と<u>なります</u>。財産目録は自書以外でも可能です。

③　自筆証書遺言は、相続開始後に家庭裁判所での検認の手続きが必要です（法務局で保管されている遺言書については検認不要）。しかし、検認を行わなくても、その遺言は**無効にはなりません**。

④　自筆証書遺言の押印は、実印である必要はなく認印や拇印も<u>有効</u>です。

⑤　遺言が、相続人の遺留分を侵害する内容であっても遺言自体は<u>有効</u>です。侵害された相続人（遺留分権利者）が、遺留分侵害額請求権を行使した場合には、侵害された遺留分については無効となります。

❷　誠二さんを被相続人とする法定相続人は、和男さん、彰男さん、美由紀さんと、代襲相続人である、孫の恵美さん、裕一さんの計**5人**。

①　恵美さんの法定相続分は、誠二さんの子4人で等分したものを、さらに裕一さんと分けるので、<u>1/4×1/2＝1/8</u>

②　遺留分の割合は、遺留分権利者が父母のみの場合は3分の1、それ以外の場合は**2分の1**です。恵美さんの遺留分の割合は、遺留分**2分の**1に、法定相続分**8分の**1を乗じて求めます。<u>1/2×1/8＝1/16</u>

③　和男さん、彰男さん、美由紀さんの遺留分の割合は**2分の1**。法定相続分は、それぞれ**4分の1**。従って、3人の遺留分の割合を合計すると、<u>1/2×1/4×3人＝3/8</u>

❶
① ◯
② ◯
③ ✕
④ ✕
⑤ ◯

❷
① ハ
② ト
③ ホ

資産設計提案業務　実技

❸ 天野健夫さんは、妻幸子さん、長女美紀さん、長男雅夫さんの4人家族である。夫妻は、自分たち夫婦の相続に際して、遺言書を作成することを検討している。この遺言書に関する次の記述の空欄（①）、（②）に入る適切な数値を語群のなかから選びなさい。

「仮に、最初に健夫さんが死亡し（1次相続時）、健夫さんの死亡後に幸子さんが死亡した（2次相続時）とした場合、美紀さんの1次相続時における遺留分は（　①　）であり、2次相続時における遺留分は（　②　）となる」

イ. 0	ロ. 1／2	ハ. 1／3	ニ. 2／3
ホ. 1／4	ヘ. 1／6	ト. 1／8	

6 相続財産の種類と非課税財産

❶ 謙治さんは、妻佳恵さんと2人暮らしである。謙治さんは、自分が2024年1月1日に死亡したと仮定した場合の終身保険の税務上の取扱いについて、FPの谷口さんに質問をした。この質問に対する谷口さんの次の説明のうち、最も適切なものはどれか。なお、謙治さんの死亡後、佳恵さんがこの終身保険の契約者になるものとする。

1.「死亡保険金の700万円が相続税の課税対象となり、生命保険金の非課税規定の適用があります」

2.「死亡保険金の700万円が相続税の課税対象となりますが、生命保険金の非課税規定の適用はありません」

3.「解約返戻金相当額である480万円が相続税の課税対象となります」

4.「終身保険は、相続税の課税対象となりません」

〈資料〉生命保険　（単位：万円）

保険種類	契約者	被保険者	死亡保険金受取人	保険金額	解約返戻金相当額	保険期間
終身保険	謙治	佳恵	謙治	700	480	終身

※解約返戻金相当額は、現時点（2024年1月1日）で解約した場合の金額である。
※契約者が保険料を負担している。
※契約者配当および契約者貸付けはないものとする。

① 1次相続時の法定相続人は妻、子2人の計3人。法定相続分は、妻幸子さんが**2分の1**、美紀さんと雅夫さんがその半分の**4分の1**ずつです。遺留分の割合は、配偶者と子のみの場合**2分の1**なので、美紀さんの1次相続時のにおける遺留分は、 1/2×1/4＝1/8。

② 2次相続時の法定相続人は、子2人だけなので、法定相続分は、美紀さんと雅夫さん、それぞれ**2分の1**ずつです。遺留分の割合は、子のみの場合も**2分の1**なので、美紀さんの2次相続時における遺留分は、 1/2×1/2＝1/4 となります。

① ト

② ホ

▼ 解説（赤シートで消える語句をチェックできます）　㋐381・382ページ　▼ 正解

〈資料〉の終身保険は、契約者（＝保険料負担者）が謙治さん、被保険者が佳恵さんと異なるため、契約者が保険期間中に死亡した場合、新しい契約者（佳恵さん）に保険契約の権利が引き継がれ、**解約返戻金**（480万円）が**相続税の課税対象**となります。また、保険契約が引き継がれているため、この解約返戻金に生命保険金の非課税規定は適用されません（非課税規定は、死亡保険金等に対して適用されるものであるため）。

覚えよう

生命保険金の出題ポイント

● **保険期間中に被保険者より先に契約者が死亡した場合**
・新しい契約者が保険契約の権利を引き継ぐ。
・解約返戻金が相続税の課税対象となる。
・生命保険金等の非課税規定（「500万円×法定相続人の数」までは非課税）は適用されない。

● **相続人が受取人となった場合**
・受取人固有の財産となるため、特段の事情がない限り、相続人等による遺産分割協議の対象にはならない→相続税の課税対象となる。

● **相続人以外の人が受取人なら遺贈となる→相続税の課税対象。**

3

資産設計提案業務　実技

❷ 宮野和代さんは、2024年4月に夫雅敏さんが病気で死亡したため、夫の勤務先のMR株式会社から2024年中に死亡退職金1,800万円を受け取った。この死亡退職金に対する税務上の取扱いに関する次の記述のうち、最も適切なものはどれか。なお、雅敏さんの相続における法定相続人は、妻と子3人のみである。

1. 死亡退職金は、退職所得として他の給与所得、不動産所得と合わせて確定申告をしなければならない。

2. 死亡退職金は、所得税および住民税とも、勤務先のMR社で退職所得に係る税額を源泉徴収されて課税関係は終了し、確定申告をする必要はない。

3. 死亡退職金1,800万円は相続税が課税されるので、他の相続財産と合わせて相続税の申告をしなければならないが、所得税および住民税については確定申告をする必要はない。

4. 死亡退職金1,800万円は相続税の課税対象となるが、非課税限度額以下であるため相続税は課税されず、所得税および住民税についても確定申告をする必要はない。

---

❸ 自営業者の工藤和男さん、妻幸江さんが契約している生命保険は〈資料〉のとおりである。2024年4月1日に和男さんが死亡したと仮定した場合に支払われる死亡保険金のうち、相続税の課税価格に算入される金額（死亡保険金のうち非課税金額を控除した後の金額）として正しいものを下記から選びなさい。なお、工藤さんの法定相続人は4人とし、相続の放棄はないものすること。

〈資料〉生命保険　　　　　　　　　　　　　　　　　　　　　（単位：万円）

保険種類	保険契約者	被保険者	死亡保険金受取人	保険金額	解約返戻金相当額	保険期間
定期保険A	和男	和男	幸江	1,000	―	2025年まで
定期保険特約付終身保険B	和男	和男	幸江	（注2）	100	（注2）
終身保険C	和男	幸江	和男	300	140	終身
終身保険D	幸江	和男	幸江	240	100	終身

注1：解約返戻金相当額は、2024年4月1日に解約した場合の金額である。
注2：主契約(終身保険部分)の保険金額は300万円で、保険期間は終身である。定期保険特約部分の保険金額は3,000万円、保険期間は2025年までである。
注3：すべての契約において、保険契約者が保険料を負担している。
注4：契約者配当および契約者貸付については考慮しないこと。

1. 1,840万円　　　2. 2,000万円　　　3. 2,300万円　　　4. 3,300万円

死亡退職金は、被相続人の死亡により支払われる退職金で、被相続人の**死後3年以内**に支給が確定したものです。相続財産とみなされ、**相続税の課税対象**となります。

死亡退職金の非課税限度額は、「500万円×法定相続人の数」で算出しますが、課税対象が限度額以下なら課税されず、申告は不要となります。

被相続人である雅敏さんの法定相続人は、和代さんと子ども3人の合わせて4人です。**非課税限度額＝500万円×4人＝2,000万円**

死亡退職金1,800万円が限度額以下となるので、**相続税は課税されず**、所得税・住民税についても**確定申告をする必要はありません**。

生命保険契約では、**契約者（＝保険料負担者）と被保険者**が同じで、**保険受取人**が異なり、**保険受取人が相続人となる**場合、支払われる死亡保険金が相続税の課税対象となります→**保険AとB**が該当。保険Dは契約者と受取人が同じなので、受取人（幸江さん）の一時所得として**所得税**の課税対象です。また、契約者と被保険者が異なり、保険期間中に契約者が死亡した場合は、新しく契約者となった人が保険契約の権利を引き継ぎ、その契約者が死亡した時点で、本来の相続財産として、**解約返戻金相当額**が相続税の課税対象となります→**保険C**が該当。つまり、相続税の課税対象となる死亡保険金は、**保険A、B、C**。各契約で支払われる保険料は次のとおり。

保険A：1,000万円

保険B：300万円（終身）＋3,000万円（定期保険特約）＝**3,300万円**

保険C：なし（0円） ※解約返戻金相当額は実際に死亡保険金として支払われるわけではなく、非課税規定も適用されない。

なお、非課税限度額は、法定相続人の数を**4人**として計算します。

相続税の課税価格に算入する死亡保険金の合計額

＝（1,000万円＋3,300万円）－（500万円×4人）

＝2,300万円

資産設計提案業務 実技

TOP 60 ❼ 相続税の計算

❶ 下記の相続事例（2024年4月10日相続開始）における相続税の課税価格の合計額として、正しいものはどれか。

〈課税価格の合計額を算出するための財産等の相続税評価額〉

土地：1,200万円（小規模宅地等の評価減特例適用後）
建物：1,000万円
預貯金：3,000万円
債務および葬式費用：400万円

〈家族関係図〉

※長女は被相続人より2022年10月に居住用マンションの購入資金として500万円の贈与を受け、その全額について「直系尊属から住宅取得等資金の贈与を受けた場合の贈与税の非課税」の適用を受けている。
※二女は被相続人より2023年2月に車の購入資金として現金100万円の贈与を受けた。
※すべての相続人は、相続により財産等を取得している。
※相続人のうち、相続時精算課税制度を選択した者はおらず、相続を放棄した者もいない。

1. 4,800万円　　2. 4,900万円　　3. 5,300万円　　4. 5,400万円

❷ 邦彦さんの父の誠治さんの遺産等が下記のとおりである場合、誠治さんの相続に係る相続税の総額（各相続人等の納付税額を計算する前の金額）として、正しいものはどれか。なお、相続を放棄した者はいないものとする。

〈誠治さんの遺産等の内訳（相続税評価額）〉

金融資産　　：8,000万円
不動産（自宅敷地・建物）：1,600万円 ※1
生命保険金：1,200万円 ※2
その他の資産（動産等）：200万円
葬式費用：200万円 ※3

〈誠治さんの家族関係図〉

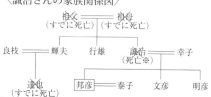

※1 小規模宅地等の評価減特例適用後の金額。
※2 保険契約者・被保険者は誠治さん、保険受取人は幸子さん。
※3 通夜および本葬に係る費用であり、幸子さんが全額負担。

〈相続税の速算表〉　一部抜粋

法定相続分に応ずる取得金額		税率	控除額
	1,000万円以下	10%	－
1,000万円超 ～	3,000万円以下	15%	50万円
3,000万円超 ～	5,000万円以下	20%	200万円
5,000万円超 ～	1億円以下	30%	700万円

1. 0円　　2. 475万円　　3. 640万円　　4. 1,330万円

・長女が贈与されたマンション購入資金は、「直系尊属から住宅取得等資金の贈与を受けた場合の贈与税の非課税」の適用を受けており、非課税部分（500万円）は相続税の課税価格に加算されません。

・二女が贈与された車の購入資金（100万円）は、**相続開始前3年以内**※の贈与のため、そのまま課税価格に加算されます。

・債務や葬儀費用は、債務控除として、相続財産から控除ができます。

以上から、相続税の課税価格の合計額を求めます。

課税価格の合計額　＝ 1,200万円(土地)＋ **1,000万円**(建物)＋ **3,000万円**(預貯金)

＋**100万円**(二女の贈与分)－ **400万円**(債務控除)

　　　　　　　　＝**4,900万円**

※2024年以降の贈与財産にかかる相続より、加算期間は3年から7年に順次延長される。延長4年間（相続開始前4年～7年）に受けた贈与については、合計額から100万円を控除して相続財産に加算する。

2

誠治さんの法定相続人は、妻、子3人の合計**4人**なので、

生命保険金の非課税限度額＝500万円×4人＝2,000万円

誠治さんの死亡による保険金は1,200万円なので、全額が**非課税**となります。

また、通夜、葬儀の費用は**債務控除**として相続財産から控除できます。従って、

課税価格の合計額＝8,000万円＋1,600万円＋200万円－200万円＝9,600万円

次に、この合計額から遺産に係る基礎控除額をひいて、課税遺産総額を求めます。

遺産に係る基礎控除額＝3,000万円＋600万円×法定相続人の数　なので、

　　　　　　　　＝**3,000万円＋600万円×4人＝5,400万円**

課税遺産総額＝9,600万円－5,400万円＝4,200万円

相続税の総額は、まず、課税遺産総額をそれぞれ法定相続分で分割し、各人の相続税額を求めて合計します。妻の幸子さんの法定相続分は **1/2**、子の邦彦さん・文彦さん・明彦さんの法定相続分はそれぞれ **1/6**（1/2÷3人）。

幸子さんの法定相続分の相続税額　：**4,200万円×1/2×15%－50万円＝265万円**

邦彦さんの法定相続分の相続税額　：**4,200万円×1/6×10%＝70万円**

文彦さんの法定相続分の相続税額　：**4,200万円×1/6×10%＝70万円**

明彦さんの法定相続分の相続税額　：**4,200万円×1/6×10%＝70万円**

相続税の総額＝265万円＋70万円＋70万円＋70万円＝475万円

2

資産設計提案業務　実技

\text{TOP} \atop 60 8 宅地の評価

□ ❶ 下記〈資料〉の自宅の敷地（自用地）について、路線価方式による相続税評価額を計算しなさい。なお、解答は千円の単位で答えること。

〈資料〉

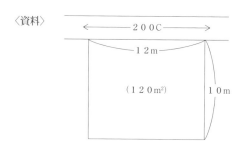

〈借地権割合〉

記号	借地権割合
A	90%
B	80%
C	70%
D	60%
E	50%
F	40%
G	30%

※奥行価格補正率10m以上12m未満 1.00
※借家権割合30%
※その他の記載のない条件は、一切考慮しないものとする。

□ ❷ 下記〈資料〉の土地に係る路線価方式による普通借地権の相続税評価額の計算式として、正しいものはどれか。

〈資料〉

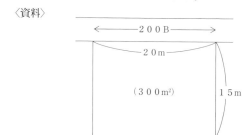

〈借地権割合〉

記号	借地権割合
A	90%
B	80%
C	70%
D	60%
E	50%
F	40%
G	30%

※奥行価格補正率1.00
※借家権割合30%
※その他の記載のない条件は一切考慮しないこと。

1. 200千円×1.00×300㎡
2. 200千円×1.00×300㎡×80%
3. 200千円×1.00×300㎡×（1−80%）
4. 200千円×1.00×300㎡×（1−80%×30%×100%）

▼ 解説（赤シートで消える語句をチェックできます）　🕮398ページ　▼ 正解

自用地（自分で使用している自分の宅地）の相続税評価額は、次の計算式を用いて求めます。

自用地評価額＝路線価×奥行価格補正率×敷地面積

〈資料〉から、

・前面道路 200C…路線価 <u>200</u> 千円

・奥行価格補正率… <u>1.00</u>

・敷地面積… <u>120㎡</u>

以上を、計算式にあてはめます。

資料の**自用地評価額** ＝ 200 千円 × 1.00 × 120㎡

　　　　　　　　　　 ＝ 24,000 千円

24,000 千円

求める相続税評価額は、次の 2 つの計算式を用います。

借地権評価額 ＝自用地評価額×借地権割合　つまり、

　　　　＝路線価×奥行価格補正率×敷地面積×借地権割合

〈資料〉から、

・前面道路 200B…路線価 <u>200</u> 千円、借地権割合は B （<u>80</u>%）

・奥行価格補正率… <u>1.00</u>

・敷地面積… <u>300㎡</u>

以上を、計算式にあてはめます。

資料の**借地権評価額** ＝ 200 千円 × 1.00 × 300㎡ × 80%

資産設計提案業務　実技

2

❸ 下記〈資料〉の宅地（貸家建付地）について、路線価方式により、相続税評価額を計算しなさい。解答は千円の単位で答えること。

〈資料〉

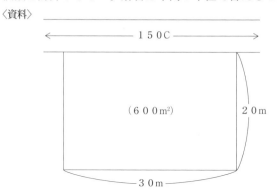

〈借地権割合〉

記号	借地権割合
A	90%
B	80%
C	70%
D	60%
E	50%
F	40%
G	30%

※奥行価格補正率20m以上24m未満1.00
※借家権割合30%
※この宅地には宅地所有者の賃貸マンションが建っていて、現在満室(すべて賃貸中)となっている。
※その他の記載のない条件は考慮しないものとする。

貸家建付地（自己所有の貸家を建てた自己所有の土地）の相続税評価額は、次の計算式を用いて求めます。

貸家建付地の評価額＝自用地評価額×（１－借地権割合×借家権割合×賃貸割合）

〈資料〉から、

・前面道路150C…路線価 150 千円、借地権割合はC（70%）

・奥行価格補正率…1.00

・借家権割合…30%

・敷地面積…600㎡

・賃貸割合…100%（満室）

以上を、計算式にあてはめます。

資料の**自用地評価額**　＝ 150 千円× 1.00 × 600㎡

資料の**貸家建付地評価額**＝ 150 千円× 1.00 × 600㎡×（１－ 70%× 30%× 100%）

　　　　　　　　　　＝ 90,000 千円× 0.79

　　　　　　　　　　＝ 71,100 千円

71,100 千円

MEMO

MEMO

●監修者紹介

高山 一恵（たかやま　かずえ）

ファイナンシャル・プランナー（CFP®、１級ファイナンシャル・プランニング技能士）／
㈱Money & You取締役。

東京都出身。慶應義塾大学文学部卒業。2005年に女性向けFPオフィス、(株)エフピーウーマンを創業。10年間取締役を務めた後、現職へ。女性向けWEBメディア『FP Cafe®』や『Mocha』を運営。また、『Money & You TV』や「マネラジ。」などでも情報を発信している。全国での講演活動、執筆、マネー相談を通じて、女性の人生に不可欠なお金の知識を伝えている。明るく、親しみやすい講演には定評がある。

主な著書・監修

『はじめての新NISA ＆iDeCo』（成美堂出版）

『１日１分読むだけで身につく　お金大全100』（自由国民社）

『やってみたらこんなにおトク！ 税制優遇のおいしいいただき方』（きんざい）

原稿・取材・出演

日本経済新聞、聖教新聞、シティリビング、プレジデント、ダイヤモンド、AERA、東洋経済、日経マネー、日経WOMAN、日経ビジネス、日経ヴェリタス、日経DUAL、週刊ポスト、女性自身、女性セブン、VERY、Oggi、FRaU、CHANTO、LEE、MORE、with、美ST、おともだち、All About、東証マネ部！、MONEY PLUS、ビジネスジャーナル、マネー現代、OTONA SALONE、フジテレビ、TBS、TBSラジオ、日経CNBC、大手小町（読売新聞）、Suits-Woman、NHKニュースウォッチ9など

講演

日経新聞、朝日新聞、シティリビング、中央労働金庫、楽天証券、イオン銀行、紀陽銀行、電通アイソバー、朝日ネット、@type、パレット共済、明治安田生命、ライフネット生命、ソニー生命、マネーフォワード、サンワード貿易、日商エステム、ジーイークリエーション、日本財託、TAPP、アセットリード、共立女子大、Schoo（スクー）、FP養成機関、高島屋ファイナンシャル・パートナーズ、マネックス証券、電気連合組合、レンドリース・ジャパンなど

株式会社Money&You：https://moneyandyou.jp/

FP Cafe®：https://fpcafe.jp/

Mocha：https://fpcafe.jp/mocha

Money&You TV：https://fpcafe.jp/mocha/features/mytv

マネラジ。：https://fpcafe.jp/mocha/features/radio

監修協力　頼藤太希：㈱Money&You代表取締役社長

編集協力　内田ふみ子（１級ファイナンシャル・プランニング技能士）、
　　　　　佐伯のぞみ、松村敦子、㈱聚珍社

イラスト　㈱ぽるか 坂木浩子

図表作成　catblack 佐々木恵利子

編集担当　齋藤友里（ナツメ出版企画株式会社）

FP検定合格後、後輩受検者の方々に本書をご推薦いただけましたら幸いです。

●著者紹介

オフィス海（おふぃす・かい）

●——資格試験対策本、学習参考書、問題集、辞典等の企画執筆を行う企画制作会社。1989年設立。「日本でいちばんわかりやすくて役に立つ教材」の制作に心血を注いでいる。著書に『史上最強の漢検マスター準1級問題集』『史上最強一般常識＋時事一問一答問題集』『史上最強SPI＆テストセンター超実戦問題集』『史上最強の宅建士テキスト』（ナツメ社）等がある。

一般社団法人金融財政事情研究会 ファイナンシャル・プランニング技能検定2級学科試験、ファイナンシャル・プランニング技能検定2級実技試験（個人資産相談業務、生保顧客資産相談業務）平成31年4月許諾番号1904K000002
日本FP協会 2級ファイナンシャル・プランニング技能検定学科試験、2級ファイナンシャル・プランニング技能検定実技試験（資産設計提案業務）平成31年4月許諾番号1904F000031

本書に関するお問い合わせは、書名・発行日・該当ページを明記の上、下記のいずれかの方法にてお送りください。電話でのお問い合わせはお受けしておりません。

・ナツメ社webサイトの問い合わせフォーム
　https://www.natsume.co.jp/contact
・FAX（03-3291-1305）
・郵送（下記、ナツメ出版企画株式会社宛て）

なお、回答までに日にちをいただく場合があります。正誤のお問い合わせ以外の書籍内容に関する解説・受験指導は、一切行っておりません。あらかじめご了承ください。

ナツメ社Webサイト
https://www.natsume.co.jp
書籍の最新情報（正誤情報を含む）は
ナツメ社Webサイトをご覧ください。

史上最強のFP2級AFP問題集　24-25年版

2024年6月20日　初版発行

監修者	高山一恵	Takayama Kazue, 2024
著 者	オフィス海	©office kai, 2024
発行者	田村正隆	

発行所　**株式会社ナツメ社**
　　　　東京都千代田区神田神保町1-52　ナツメ社ビル1F（〒101-0051）
　　　　電話　03（3291）1257（代表）　　FAX　03（3291）5761
　　　　振替　00130-1-58661
制　作　**ナツメ出版企画株式会社**
　　　　東京都千代田区神田神保町1-52　ナツメ社ビル3F（〒101-0051）
　　　　電話　03（3295）3921（代表）
印刷所　**株式会社リーブルテック**

ISBN978-4-8163-7566-8　　　　　　　　　　　　　　　Printed in Japan

24-25年版

史上最強のFP
2級AFP問題集

頻出順
TOP60
合格BOOK

赤シートで
キーワード・解答を
隠しながら
チェックできる！

ナツメ社

驚異の得点力!! この別冊だけで合格できる!!

頻出順TOP60▶合格BOOK

▼学科編 目次

1

1位 FPの倫理と関連法規

● FPが守るべき主な倫理

□ **顧客利益の優先**…顧客の利益を最も優先すること。顧客の利益を優先する行為であっても、弁護士や税理士など、他の独占業務の領域を侵してはいけない。

□ **守秘義務**…個人情報取扱事業者として、顧客の許可なく第三者に個人情報を漏らしてはいけない。また、顧客情報を引出し等に施錠せずに保管してはいけない。

□ **オプトイン規制**によって、広告宣伝のダイレクトメール等を送る場合には、事前に受信者の承諾が必要となっている。

□ **説明義務（アカウンタビリティ）**…作成したライフプランニングの内容や意図について、顧客に対して十分に説明する必要がある。

□ **顧客の同意（インフォームド・コンセント）**…プランニングに当たっては、顧客の立場で十分に説明し、本当に理解したうえでの同意だと確認する必要がある。

● FPと関連法規

□ 弁護士（司法書士）でなければ、**遺言状の作成指導**、法律判断に基づく**和解案の提案**など、個別具体的な法律事務はできない。

　○ **できる→** 法律に関する一般的な説明をする。任意後見人（任意後見受任者）となる。公正証書遺言の証人となる。

□ 税理士でなければ、**顧客の税務書類の作成**、**納税額の計算**など、個別具体的な税務相談、税務書類作成はできない。

　○ **できる→** 税務に関する一般的な説明をする。仮定の事例についての税額計算

□ 内閣総理大臣の登録を受けた金融商品取引業者でなければ、**個別の株式の売買**、**具体的な投資の助言**などの投資助言・代理業を行うことはできない。

　○ **できる→** 景気、企業業績、公表されている株価の推移など、一般的な話題

□ 内閣総理大臣の登録を受けた保険募集人でなければ、**保険商品の募集・販売・勧誘**はできない。

　○ **できる→** 保険についての一般的な説明、保険見直しの相談や提案をする。

□ 社会保険労務士でなければ、**年金請求書の作成**、**公的年金に関する手続き**など、社会保険の個別具体的な書類作成、手続きはできない。

　○ **できる→** 公的年金制度に関して一般的な説明をする。
　　公的年金の受給見込額の計算をする。

□ 原則として、FPは**リスクの高い投資**を勧めてはいけない。

2位 住宅借入金等特別控除

□ **住宅借入金等特別控除（住宅ローン控除）**…住宅ローンを利用して住宅の取得や増改築をした場合、**住宅ローンの一部を所得税額から控除**できる制度。親族や知人等からの借入金については控除の適用を受けることは<u>できない</u>。ペアローンでは、<u>夫婦それぞれ</u>が住宅ローン控除の適用を受けることができる。

□ **条件①**…対象となる家屋（新築・中古の区別なし）の床面積が、⑴<u>50㎡以上</u> ⑵<u>40㎡以上</u>（合計所得金額1,000万円以下で、2022年以降の入居、2024年末までに建築確認を受けた新築住宅）で、⑴・⑵ともに**床面積の2分の1以上が<u>居住</u>用**であること（店舗併用可）。

□ **条件②**…その年の合計所得金額が**<u>2,000万円以下</u>**（2022年1月1日以降の居住の場合）であること。合計所得金額が**<u>2,000万円</u>**を超えると、適用不可となるが、超えた翌年以降、合計所得金額が**<u>2,000万円以下</u>**であれば、再度適用される。

□ **条件③**…償還（返済）期間が<u>10年以上</u>の分割返済の住宅ローンであること。<u>繰上げ</u>返済をして、返済期間が最初の返済月から10年未満となった場合、<u>繰上げ</u>返済した年以後については控除の適用を受けることはできない。

□ **条件④**…住宅取得日から<u>6カ月以内</u>に入居し、控除を受ける年の<u>12月31日</u>まで引き続き居住していること。転居した場合、第三者へ<u>賃貸</u>した場合は適用を受けることはできない（本人転居後も家族が居住しているなら適用可。また当初の控除期間内なら、本人が再居住した年以降再び適用可）。

□ **条件⑤**…**中古住宅**は、一定の**耐震基準に適合**することが必要。

□ **控除期間と控除率**

	居住開始年	借入金等の年末残高の限度額	控除率	控除期間
認定住宅（新築）	2024年～2025年	<u>4,500万円</u>※1	<u>0.7%</u>	<u>13年</u>
その他の住宅（新築）		<u>0円</u>（2,000万円）※2		（<u>10年</u>）※2
既存（中古）住宅	2022年～2025年	**2,000万円～3,000万円**		**10年**

※1 子育て世帯等（子育て特例対象個人）は5,000万円。2024年1月1日～12月31日の間に居住の用に供した場合に適用。 ※2 2023年までに建築確認を受けているか、もしくは2024年6月30日までに建築された新築一般住宅の場合。
▲**認定住宅**…認定長期優良住宅・認定低炭素住宅のこと。ほかにZEH水準省エネ住宅（限度額3,500万円）・省エネ基準適合住宅（限度額3,000万円）、両方とも控除率0.7%、控除期間は13年。**その他の住宅**…省エネ基準に適合しない一般住宅。**既存（中古）住宅の年末残高の限度額**…一般の中古住宅で2,000万円。認定住宅等の中古住宅で<u>3,000万円</u>。
【**例**】 新築の認定住宅で、住宅ローンの年末残高が3,000万の場合、その年の控除額は、**年末残高3,000万円×<u>0.007</u>＝21万円**

□ 所得税から控除しきれなかった場合、翌年度の<u>個人住民税</u>から控除できる（住民税の確定申告は不要）。

□ 給与所得者が住宅ローン控除の適用を受ける場合、最初の年分だけは**確定申告**が<u>必要</u>。翌年分以降は<u>年末調整</u>によって適用を受けることができる。

※2022年以降の入居（2023年以降の住民税）では、住宅ローン控除の限度額は、所得税の課税総所得金額等の合計額の7％（上限136,500円）から5％（上限97,500円）に引き下げられた。

学科▶TOP60

3位 建築基準法

- ・**建築基準法**では、用途地域別に、建築物の用途制限を定めている。

- □ **幼稚園、小・中学校、高校**…**工業**地域、**工業専用**地域には建ててはいけない。

- □ **住宅**…**工業**地域には建ててもよいが、**工業専用**地域には建ててはいけない。

- □ **カラオケボックス、パチンコ店**…**第一種住居**地域には建ててはいけない。

- □ １つの敷地が**異なる２つ以上**の用途地域にまたがる場合、その敷地の全体について、**過半の属する**用途地域の用途制限が適用される。

- ・建築基準法では、道路を次のように定義している。

- □ **道路**…幅員（道幅）**4**m以上の道路。

- □ **２項**道路…都市計画区域にある幅員（道幅）**4**m未満の道で、特定行政庁により道路と指定されるもの。**２項**道路では、**道路中心線から2m下がった線をみなし道路境界線**として、道沿いの建物はみなし道路境界線まで**下がって**建てる。セットバック部分は敷地面積に算入されない。例えば**幅員3m**なら、**セットバック部分＝(4－3)÷2＝0.5m**が敷地面積の計算に**算入されない**。

- □ **接道義務**…建築物の敷地は、原則として**幅員4**m以上の道路に**2m以上接**しなければならない。

- □ **建蔽率＝建築面積÷敷地面積**　　**最大建築面積＝敷地面積×建蔽率**

- ・建蔽率は用途地域ごとに指定建蔽率があり、次の場合に、**指定建蔽率に対する割合が緩和**される。ただし、**容積率は緩和されない**。

- □ **防火地域**（建蔽率の上限80%の地域を除く）内にある**耐火建築物**および**耐火建築物と同等以上の延焼防止性能の建築物、準防火地域**内にある**耐火建築物、準耐火建築物**および**これらと同等以上の延焼防止性能の建築物**…プラス**10**%

- □ 特定行政庁の指定する**角地**にある建築物…プラス**10**%

- □ 上記の**両方に該当**する場合…**10**%＋**10**%＝プラス**20**%

- □ 上限**80**%の地域で、かつ**防火地域内に耐火建築物及び耐火建築物と同等以上の延焼防止性能の建築物**を建てる場合…**制限なし**（建蔽率**100**%）

- □ 容積率が**異なる**用途地域にまたがって建築する場合、**容積率は加重平均**（各土地の延べ面積の合計を敷地面積の合計で割ったもの）で**計算**する。

- □ **前面道路**（敷地に面する最も幅の広い道路）の幅員が**12**m以上の場合は**指定容積率が適用**されるが、**12**m未満の場合は次のように**容積率に制限**がある。

- ・**住居系用途地域**…前面道路の幅員×**4**/10

- ・**その他地域**…前面道路の幅員×**6**/10

  この計算式結果と指定容積率を比べて、**小さい**ほうが容積率の上限となる。

4位 法人税の損金算入

□ **交際費**は原則、**損金不算入**だが、一定の範囲内で下記の通り**損金算入**できる（2024年3月末までの特例）。

● **資本金額1億円以下**の場合、次の①②のいずれかを選択する。

① 年間交際費のうち**800**万円以下の全額を損金算入。

② 年間交際費のうち、**接待飲食費**の支出額の**50**%の金額を限度として損金算入。

● **資本金額1億円超の法人**の場合、年間交際費のうち**接待飲食費の支出額×50%**

● **資本金額100億円超**の法人の場合はこの特例の対象外となり、全額**損金不算入**。

□ 1人**10,000**円以下の飲食費、会議用の茶菓子・弁当などの飲食費（**会議費**）、カレンダーや手帳作成のための費用（**広告宣伝費**）などは、交際費には含まれないため、**全額を損金算入**できる。

□ **租税公課の損金算入と不算入**

損金算入（全額）	損金不算入
法人事業税／**固定資産税**／**都市計画税**／自動車税／**消費税（税込経理の場合）**／**印紙税**／登録免許税／**不動産取得税**／国、地方公共団体への**寄附金**	**法人税**／**法人住民税**の本税／加算税、延滞税、過怠税、**交通反則金**など、懲罰的な意味合いの租税公課／法人税から控除する所得税、復興特別所得税、外国法人税

□ 欠損金の繰戻しにより受け取る法人税額の還付金は、**益金不算入**として**減算対象**となる。

□ 法人は、**有形減価償却資産の償却方法**について、**定額法**か**定率法**かを選べる。選定の届出を提出しない場合は、**定率法**で計算する。ただし、1998年4月1日以降に取得した**建物の減価償却はすべて定額法**で行う。

□ **少額減価償却資産**…取得価額**10**万円未満か、**使用可能期間が1**年未満の減価償却資産は、減価償却せずに全額をその事業年度に損金算入できる。

□ **役員給与**のうち、**定期同額給与**（1カ月以下の一定期間ごとに一定額が支給される給）、**事前確定届出給与**、**利益連動給与**は、その金額が適正であれば**損金算入**できる。不相当に高額な部分については損金不算入となる。それ以外の役員給与は損金不算入だが、**退職給与**については不相当に高額である場合を除いて損金算入できる。

□ **事前確定届出給与**…事前に税務署に支払い時期と金額を届け出たうえで支給される給与。損金算入できるが、事前に届け出た金額と**完全に一致**している必要がある。異なる金額を支給した場合、**支給金額の全額**が損金算入できなくなる。

□ **利益連動給与**…**同族会社以外の法人**が業務を執行する役員に支給する給与。**利益連動給与**は**同族**会社では損金に算入できない。**同族**会社以外の法人は損金算入できる。

5位 傷害保険

- [ ] 　傷害保険…**急激かつ偶然な外来の事故による傷害（ケガ）**を補償する保険。一般に事故の発生日からその日を含めて180日以内の死亡、後遺障害、入院、手術、通院などを補償する。傷害保険の保険料は、原則として契約者本人の職業や職種によって異なる。性別・年齢・収入・配偶者や親族の職業による違いはない。

- [ ] 　**普通傷害保険**…国内と海外における日常生活（旅行中を含む）での、**急激かつ偶然な外来の事故による傷害**を補償する保険。

- [ ] 　**普通傷害保険の補償対象**…**日常生活での傷害**（料理中の火傷、スポーツ中のケガなど）、業務中・**出張先・旅行先**での傷害（出張先の火災での火傷、旅行中のケガによる破傷風感染による入院など）。一般的に、**豪雨、台風、大雪**等の**自然災害**が原因のケガは**補償対象**となることが多い。

- [ ] 　**普通傷害保険の補償対象外**…地震・噴火・津波等の**天災が原因のケガ**、病気、細菌性食中毒、**ウイルス性**食中毒、疲労性の腰痛、**季節性インフルエンザ**、虫垂炎、日射病、靴ずれ、など。ただし、地震を補償対象とする特約もある。

- [ ] 　**家族傷害保険**…普通傷害保険と同じ補償を本人・配偶者、生計を共にする同居の親族、**別居の未婚の子**（契約締結後に誕生した子含む）が受けられる保険。

- [ ] 　**海外旅行（傷害）保険**…海外旅行のために自宅を出発してから帰宅するまでの間に負ったケガ、病気を補償する保険。**食中毒、地震・噴火・津波も補償される**。

- [ ] 　**国内旅行（傷害）保険**…旅行のために自宅を出発してから帰宅するまでの間に負ったケガを補償する保険。**食中毒は補償されるが、他の病気**（虫垂炎等）、**地震・噴火・津波は補償されない**。

- [ ] 　交通事故傷害保険……**国内と海外の交通事故**、建物からの落下物による通行中のケガ、自転車との接触事故など、**歩行中・移動中の事故**（エレベーター、エスカレーター含む）を対象とする保険。

・普通傷害保険での補償対象と
補償対象外の区別。
・旅行保険では自宅を出発した
らすぐ補償されること。
この２つは必ず覚えておくこと。

6位 借家権（借家契約）

過去の出題率 **1.41**%

☐　**借家権**…借地借家法で定められた、他人の建物を借りて使用する権利。**普通借家権（普通借家契約）**と**定期借家権（定期借家契約）**がある。

種類	普通借家契約 （建物賃貸借契約）	定期借家契約 （定期建物賃貸借契約）
契約	口頭または書面で契約	書面で契約。公正証書でなくてもよい
存続期間	1年以上。1年未満の契約は「期間の定めがない賃貸借」とみなされる	制限なし。1年未満の契約も契約期間とみなされる
更新	自動更新（法定更新）	更新なし（再契約はできる）
解約の条件	●貸主からは、正当の事由をもって期間満了6カ月前までに借主に通知すれば解約可能 ●借主からは、3カ月前に解約申入れが可能。正当の事由不要。一般的には特約で定められる	●契約期間が1年以上の場合には、貸主は期間満了の1年前から6カ月前までに「契約の終了」を借主に通知しなければならない ●床面積200㎡未満の居住用建物に限って、正当の事由があれば借主から中途解約できる

☐　賃貸借の目的である建物の用途が**店舗・倉庫等の事業用の場合**も、借地借家法が適用される。

☐　期間の定めのない普通借家契約において、賃貸人（貸主）は、正当の事由をもって**期間満了6カ月前**までに賃借人（借主）に通知すれば契約を終了できる。

☐　法令や契約で将来取り壊しが決まっている建物において、当該建物を取り壊すときには賃貸借が終了する旨の特約を定めた場合、その特約は有効である。

☐　**普通借家契約**では、賃借人は、賃借権の登記がなくても建物の引渡しがあれば、その後に建物の所有権を取得した者（新たな賃貸人）に対して、建物の**賃借権を対抗**（引き続き入居）することが**できる**。

☐　**定期借家契約**では、賃貸人は賃借人に対し、定期借家契約（契約更新がない旨の定め）であることを記載した書面を交付して説明しなければならない。

☐　普通借家契約では、賃借人は、賃貸人の同意を得て畳や建具、エアコンなどの造作を付加でき、契約満了時は賃貸人にその造作を時価で買い取るよう請求できる**造作買取請求権**がある。賃借人に**造作買取請求権**を放棄させる特約は有効である。

☐　**定期借家契約**は、原則、契約期間満了後に賃借人は退去する必要があるが、賃貸人と貸借人双方が合意すれば、再契約が可能である。

7位 個人年金保険

☐ **個人年金保険**…一定年齢に達すると年金の支払いが開始される保険。年金額は、契約時に定めた基本年金、年金支払い開始前の配当金を原資とする増額年金、年金支払い開始後の配当金を原資とする増加年金の合計となる。保険料払込期間終了から年金の支払開始までの一定期間を年金運用の据置期間にできる。据置期間を長く設定するほど運用益が上積みされて年金が増額される。被保険者が年金受取開始前に死亡すると、遺族に既払込保険料相当額の死亡給付金が支払われる。

☐ **終身年金**…被保険者が生きている限り年金が続く。被保険者が死亡した場合、その後の年金の支払いはない。保険料は男性より寿命が長い女性の方が高い。生命保険は予定死亡率が低く設定されると保険料は安くなるが、個人年金保険では予定死亡率が低く設定されると年金支払い期間が長くなるので保険料は高くなる。

☐ **保証期間付終身年金**…保証期間中は被保険者の生死にかかわらず、被保険者（または遺族）に年金（または一時金）が支払われる。被保険者が生きている限り年金が続く。毎年一定額を受け取る定額型と一定時期から増加する逓増型がある。

☐ **確定年金**…10年、20年など契約時に定めた年金受取期間中、被保険者の生死にかかわらず被保険者（または遺族）に年金が支払われる。

☐ **有期年金**…契約時に定めた年金受取期間中、生存中の被保険者に年金が支払われる。被保険者が死亡した場合、その後の年金の支払いはない。

☐ **保証期間付有期年金**…保証期間中は被保険者の生死にかかわらず、被保険者（または遺族）に年金（または一時金）が支払われる。保証期間経過後はあらかじめ定めた一定期間、被保険者が生きている場合のみ年金が支払われる。基本年金額が毎年一定の定額型のほか、定められた時期から増加する逓増型がある。

☐ **夫婦年金**…夫婦どちらかが生きていれば年金が続く。同額の年金原資の場合、夫だけ・妻だけを被保険者とする終身年金よりも毎年の年金額は少なくなる。

☐ **定額個人年金保険**…一般勘定で運用され、定められた利率で運用するため、契約時に年金額（年金原資）が確定する。死亡給付金は払込保険料相当額が最低保証されている。通常「個人年金保険」と呼ばれているタイプ。

☐ **変額個人年金保険**…保険会社による特別勘定の運用実績に基づいて受取年金額、死亡給付金額、解約返戻金額が変動する。一般に死亡給付金には最低保証があるが、解約返戻金には最低保証はない。年金総額や年金原資額が保証されていて最低でも払込保険料相当額の年金額になるタイプと、最低保証がないタイプがある。

8位 確定拠出年金

- [ ] **確定拠出年金（DC）**…私的年金制度。企業型年金（企業型DC：企業が運営）と個人型年金（iDeCo：国民年金基金連合会が運営）がある。

- [ ] **運用商品**…預貯金、生保・損保商品、投資信託、金銭信託などから加入者が選ぶことになる。元本保証のない金融商品も認められている。

- [ ] 確定拠出年金は、加入者が運用指図を行い、加入者が運用リスクを負う。運用結果に応じて将来の年金給付額が変動し、運用益が非課税となる。

- [ ] 加入者の掛金は、**全額が小規模企業共済等掛金控除として所得控除の対象**。ただし、第3号被保険者（専業主婦）等、所得がない場合は所得控除はない。

- [ ] 確定拠出年金は、**老齢給付金**（年金、一時金）、**障害給付金、死亡一時金**で給付される。**老齢給付金の年金は公的年金等の雑所得として公的年金等控除が適用**され、**一時金として受け取った場合は退職所得として退職所得控除が適用**される。

- [ ] 確定拠出年金の**通算加入期間が10年以上あれば60歳から老齢給付金**（年金・一時金）を受給できる。10年に満たない場合は、60歳より遅れて支給される。

- [ ] 60歳以降に新たに加入者となった場合は、通算加入者等期間に関係なく加入日から5年を経過した日より老齢給付金を受給できる。

- [ ] **企業型年金（企業型DC）**…70歳未満の厚生年金被保険者が加入できる。

- [ ] **企業型年金の掛金**（掛金上限は月額5.5万円）**は事業主負担**で、全額を経費として損金算入できる。

- [ ] 事業主は規約で「一定の勤続期間以上」など、加入者の資格を設定できる。また、規約に別途定めれば、**加入者（従業員）が掛金を一部負担するマッチング拠出**が可能。加入者の掛金の額は、**事業主の掛金以下**で、拠出限度額から事業主の掛金を差し引いた額までである。

- [ ] **個人型年金（iDeCo）**…65歳未満の国民年金被保険者（確定拠出年金の加入手続き時点で保険料を納付している者）であれば加入できる。

- [ ] **国民年金の第1号被保険者**…掛金上限は付加年金または国民年金基金の掛金と合わせて、**月額6.8万円（年額81.6万円）**

- [ ] **第2号被保険者、第3号被保険者**…掛金上限は月額2.3万円（年額27.6万円）

- [ ] **企業型DCの加入者**…掛金上限は月額で「5.5万円－企業型DCの事業主掛金額」（ただし上限2万円）

- [ ] **確定給付型企業年金（DB）等の加入者、公務員**…掛金上限は月額で2.75万円－企業型DCの事業主掛金額（ただし上限1.2万円）※

- [ ] **12カ月を区分した期間ごと（年払い、月払い等）に拠出**。「個人口座からの引き落とし」または「給与天引き」を選択でき、どちらでも年末調整の対象となる。

※2024年12月1日より、企業型DCやDB等の他制度に加入している場合のiDeCoの掛金の月額上限は、一律で「5.5万円－（企業型DCの事業主掛金額＋DB等の他制度掛金相当額）〈ただし上限2万円〉」となる。

8位 借地権（借地契約）

- [ ] **借地権**…借地借家法で定められた、他人の土地を借りて使用する権利のこと。

- [ ] 借地権には普通借地権（普通借地契約）と定期借地権（定期借地契約）がある。

- [ ] **借地権者**（借主）は、**借地権の登記**がなくても自分名義の建物を所有していれば第三者に**対抗**することが**できる**。一方、**地上の建物の賃借人**（借主）は、その土地の登記記録に**借地権設定の登記**がなければ、第三者に借地権を**対抗**することは**できない**。

- [ ] **普通借地権**…借地借家法施行前からある借地権で、貸主側に正当な解約理由がなく、また建物が存在する場合に限り、借主が望めば**契約が更新**される借地権。契約が更新がない場合、**借主は貸主に建物等の時価での買い取り**を請求できる。

- [ ] 普通借地権の**契約存続期間は30年**だが、地主と借地人の合意で、**存続期間30年超**の契約が**可能**。借地借家法施行前に成立した借地権が、借地借家法施行後に更新された場合には、旧借地法の規定が適用される。借主は、貸主からの一般定期借地権への切替の申入れがあっても拒絶できる。

- [ ] **定期借地権**…定められた期間で契約が終了し、土地が貸主に返還されて**契約更新がない**借地権のこと。一般定期借地権、事業用定期借地権、建物譲渡特約付借地権の3種類がある。

種類	一般定期借地権	事業用定期借地権	建物譲渡特約付借地権
契約の締結	特約は「公正証書等」の書面で契約[※1]	「公正証書」での契約が必要	口頭または書面で契約
契約存続期間	50年以上（建物再築による延長なし）	10年以上50年未満[※2]	30年以上
利用目的	制限なし。居住用、事業用どちらも可	事業用のみ。居住用建物は不可	制限なし
契約終了時	契約終了時に原則、更地にして返還	契約終了時に原則、更地にして返還	土地所有者が建物を買い取る（借地人は土地を返還）。存続期間終了後、借主の請求で引き続き建物利用可

※1 「公正証書等」なので、公正証書でなくてもよい。
※2 10年以上30年未満（事業用定期借地権）→契約更新なし、建物買取請求不可。
　　30年以上50年未満（事業用定期借地権）→契約更新なし・建物買取請求なしの特約設定は任意。

10位 区分所有法

- ☐ **区分所有法**…分譲マンションなどの集合住宅における共通の管理や使用について定めた法律。正式には「**建物の区分所有等に関する法律**」という。
- ☐ 以前の所有者が管理費を滞納していた場合、**新しい買主に滞納分の管理費の支払い義務が生じる**。

●集会での議決

- ☐ 管理者により、少なくとも**毎年1回、集会を招集**しなければならない。
- ☐ 集会を招集する場合には、**開催日の少なくとも1週間前**に、会議目的を示して各区分所有者に集会の**招集を通知**する必要がある。
- ☐ 建物の取壊し、建替えは、区分所有者および議決権の**5分の4以上の賛成**が必要。規約で別段の定めをすることは**できない**。
- ☐ **著しい変更を伴わない共用部分の変更**は、区分所有者および議決権の**過半数以上の多数**による集会の決議が必要。
- ☐ **規約の変更**、共用部分の変更、管理組合法人の設立は、**4分の3以上の賛成**が必要。
- ☐ **管理者の選任または解任**は、集会の決議が**必要**。規約で別の方法（持ち回り制の採用など）を定めることが**できる**。

●分離処分の禁止

- ☐ 専有部分とその専有部分に係る**敷地利用権**（専有部分を所有するための、建物の敷地に関する権利）を分離処分すること（専有部分のみの売買や、専有部分だけに抵当権などを設定すること）はできない。
- ☐ **専有部分と共用部分の持分を分離処分することはできない**。

●区分所有法

- ☐ **区分所有者**は、所有者自身の意思にかかわらず、区分所有者の団体（管理組合）の**構成員**となる。
- ☐ **区分所有法**では、一棟の建物のうち、構造上区分され、住居として利用できる部分であっても、規約によって**共用部分**とすることができ、その旨を**登記**することで第三者に対抗できる。
- ☐ 共用部分に対する区分所有者の共有持分は、規約に別段の定めがない限り、各共有者が有する**専有部分の床面積の割合**による。
- ☐ **専有部分**…住居、店舗、事務所等。
- ☐ **共用部分**…共同玄関、階段、廊下、集会室、エレベーター等。

11位 決算書

●決算書（企業会計上では財務諸表）

損益計算書	**一会計期間の経営成績**を示す書類 ●収益と費用が記載され、利益の大きさ、発生源泉、使い道がわかる
貸借対照表	**一定時点（期末時）の財政状態**を示す書類 ●資産、負債、資本が記載される。資金の調達源泉と使い道がわかる
キャッシュフロー計算書	**一会計期間における資金（キャッシュ）の収入と支出**を示す書類
株主資本等 変動計算書	貸借対照表の純資産の変動状況を表す書類 ●株主資本の変動額が変動事由ごとにわかる

●損益計算書

売上高	業務での**収入**すべてを**合計**したもの。**営業収益**とも呼ばれる
売上原価	**売り上げた商品の原価。**期首の在庫（期首商品棚卸高）と期中の商品仕入高の合計から期末に残った在庫（期末商品棚卸高）を差し引いたもの
売上総利益	**売上高から、売上原価を差し引いた利益**
販売費・一般管理費	給料や家賃、通信費、交際費などの経費
営業利益	**売上総利益から販売費および一般管理費を差し引いた額**
営業外損益	**本業以外の活動により発生する損益。**営業外収益（受取利息や不動産収入など）から営業外費用（支払利息や社債利息など）を引いた差額
経常利益	**営業利益に本業以外の損益を加えたもの**
特別損益	不動産の売却や災害による損失など、一時的な損益
税引前当期純利益	経常利益から特別損益を引いたもの
当期純利益	税引前当期純利益から税金を引いた、**企業の最終的な利益**

●財務状況を分析する主な指標

自己資本比率 （株主資本比率）	総資産（総資本）に対する自己資本の割合。比率が高い方が負債の割合が低く健全性が高い。　自己資本比率＝自己資本÷総資産×100(%)
流動比率	流動負債（1年以内に返済すべき負債）に対する流動資産（短期間で換金可能な資産）の比率。高いほど安全性が高い。 　流動比率＝流動資産÷流動負債×100(%)
当座比率	短期の支払能力を判断する指標。当座比率が高いほど短期的な支払能力が高い。当座比率＝当座資産÷流動負債×100（%）
固定比率	設備投資等の固定資産への投資が、自己資本でどの程度まかなわれているかを判断する指標。低い方が望ましい。 　固定比率＝固定資産÷自己資本×100(%)
売上債権 回転期間	商品販売後、代金（売上債権）が回収されるまでの期間。 回転期間が長いほど経営効率、資金運用効率が悪い

□　**法人税確定申告書（別表四）**…損益計算書の当期利益の額または当期欠損の額に法人税法上の加算・減算を行い、所得金額または欠損金額を算出する明細書。

□　**財務諸表の作成義務は、上場企業にはある**が、**非上場企業にはない**。

12位 不動産の価格と鑑定評価

● **不動産の公的価格**

□ **公示価格（公示地価）**…<u>国土交通省</u>が毎年<u>1</u>月<u>1</u>日を基準日として<u>3</u>月に発表する<u>土地取引</u>の指標となる土地の1㎡当たりの価格。

□ **基準地価格（標準価格）**…<u>都道府県知事</u>が毎年<u>7</u>月<u>1</u>日を基準日として<u>9</u>月に発表する**基準地の標準価格**。<u>公示</u>価格を補完する役割を有している。地価公示の標準地と都道府県が調査する基準地は重複する場合もある。

□ **固定資産税評価額**…<u>市町村</u>が公表する<u>固定資産</u>税や<u>不動産取得</u>税などの計算の基となる評価額。基準年度の前年の<u>1</u>月<u>1</u>日を基準に<u>3</u>年ごとに**評価替え**を行う。公示価格の<u>70</u>%を価格水準の目安として評価される。

□ **相続税評価額（路線価）**…毎年<u>1</u>月<u>1</u>日を基準日として、<u>国税庁</u>が毎年<u>7</u>月上旬に公表する相続税や贈与税の計算の基準となる価格。公示価格の<u>80</u>%を価格水準の目安として評価される。

● **不動産の鑑定評価**

□ **原価法**…**不動産の**<u>再調達原価</u>（現在時点で買い直す場合の価格）を試算し、**減価修正**（経年劣化等で価値が下がった分を減額）して不動産価格を計算する方法。

□ **収益還元法**…家賃、売却価格など、不動産が**将来生み出すであろう**<u>純収益</u>（収益－費用）を基準に価格を求める方法。賃貸されていない物件にも適用できる。

・<u>直接還元法</u>…一期間の純収益を還元利回り（投資額に対する年間の賃料収入の割合）で還元することにより、**対象不動産の**<u>収益</u>価格を求める方法。

・<u>DCF法</u>…連続する複数の期間に発生する純収益および<u>復帰</u>**価格**（将来の転売価格）をその発生時期に応じて現在価値に割り引いて合計し収益価格を求める方法。

□ **取引事例比較法**…市場で現実に発生した類似の不動産取引（投機的取引を除く）を参考に、<u>地域</u>**要因の比較**、<u>取引</u>**時期の比較**などの修正、補正を加えて**価格を計算する方法**。

□ 不動産の鑑定評価にあたっては、原則として<u>原価</u>**法**、<u>取引事例比較</u>**法**および<u>収益還元</u>**法**の**3方式が併用**される（1つのみを選択し適用するというルールはない）。

● **新築賃貸マンションの賃料の鑑定評価方法**

□ <u>積算</u>**法**…**不動産の基礎価格**（元本価格）に**期待利回り**を乗じて、必要経費を加算して**試算賃料（積算賃料）**を求める方法。

□ <u>収益分析</u>**法**…不動産が一定期間に生み出すと期待される**純収益**を求め、必要諸経費を加算する方法。

13位 ポートフォリオ

☐ **ポートフォリオ**…資産を**株式、債券、不動産、外貨建て金融商品**など、異なる資産クラス（**アセットクラス**）へ配分（**アロケーション**）して運用することを**アセットアロケーション**（資産配分）、資産の組み合わせを**ポートフォリオ**という。

☐ 運用成果への影響は、個別銘柄の選択や売買のタイミングよりも資産クラスの配分比率の方が**大きい**とされている。

☐ **相関係数**…ポートフォリオに組み入れる資産や銘柄の値動きの関連性を表す指標。値動きの相関関係を**−1**（逆の値動き）から**＋1**（同じ値動き）までの数値で表す。**相関係数が＋1未満であれば、リスク低減効果が期待**できる。

☐ **分散投資**により、**アンシステマティック・リスク**（市場の動きと関係のない個別銘柄の変動リスク）**の影響を軽減**できるが、**システマティック・リスク（市場リスク）**の影響を消すことはできない。

☐ **期待収益率**…予想収益率に生起確率（予測される確率）などを組み込んだ平均値。ポートフォリオにおける**期待収益率**は、ポートフォリオに組み込む**各資産の期待収益率**を組入比率（構成比）で加重平均したものの合計。

☐ **標準偏差**…金融商品の**変動率を比較する**際に用いる指標の一つ。ポートフォリオでは収益率のばらつき具合を「**リスク**」とし、**リスク**を**分散**や**標準偏差**という尺度で測る。**値動きが激しい**金融商品ほど標準偏差の数値が**大きく**なり、**リスクが高い投資**（効率が悪い投資）とされている。

☐ ２つの資産でポートフォリオを組む場合、**特定のリスク**（標準偏差）の値で最大の期待収益率を目指すと、各資産の**組入比率は自動的に決まる**。

☐ 標準偏差（リスク）の大きさにかかわらず、ポートフォリオの収益率が期待収益率を上回るか、下回るかの確率は同じ（正規分布）で、理論上、**収益率は約68%（約3分の2）**の確率で「**期待収益率±標準偏差**」の範囲内に収まり、**約95%**の確率で「**期待収益率±標準偏差×2**」の範囲内に収まる。

☐ ポートフォリオの期待収益率が5%で標準偏差が10%の場合、おおむね**3分の2**の確率で、収益率が**マイナス5%からプラス15%**の範囲内となる。

☐ **シャープレシオ（シャープの測度）**…異なるポートフォリオのパフォーマンス（投資効率）を比較する際に用いられる指標。**値が大きい**ほど良い投資とされる。

☐ **シャープレシオ＝超過収益率÷標準偏差**

☐ **超過収益率**は、（**収益率－無リスク資産利子率**）で求められる。

【例】実績収益率が10%で標準偏差が5%、無リスク資産利子率を1.0%とする場合

☐ **シャープレシオ＝（10%－1%）÷5%＝1.8**

14位 不動産登記

☐ **不動産登記記録（登記簿）**…不動産の所在、所有者の住所・氏名、権利関係などの状況が一筆の土地または一個の建物ごとに記載された帳簿。法務局（登記所）で登記事項証明書の交付申請をすれば、誰でも不動産登記記録を**確認できる**（インターネットのオンライン請求も可能）。

☐ **不動産登記には公信力がない**ので、登記記録を正しいものと信用して取引を行い、その登記記録の内容が真実と異なっていた場合には保護されない。

☐ 建物表題登記を除くその他の**不動産登記には、法律上の申請義務はない**。ただし相続により不動産を取得した場合の相続登記については、2024年4月1日より申請の義務が課される。

☐ **登記記録要約書**も交付申請できるが、現在の権利だけが記載されていて、登記官の認証文言がないため、証明文書としての機能を果たすことはできない。

☐ 同一の不動産について二重に売買契約が締結された場合、譲受人相互間においては、売買契約の締結の先後にかかわらず、原則として、所有権移転登記を先にした者が当該不動産の所有権を取得する。

☐ 不動産登記の申請をした名義人に対し、法務局から登記識別情報が通知される。登記識別情報は、**一度通知されると原則、再通知（再作成）はしてもらえない。**

☐ **不動産登記記録**…「表題部」には所在や地番（市町村が定める住居表示の住居番号とは一致していない）など、**土地の表示（物理的状況）に関する事項**、「権利部（甲区）」に所有権に関する事項（差押えの登記記録含む）、「権利部（乙区）」には抵当権（債権額や抵当権者の氏名または名称など）や賃借権など、所有権以外の権利に関する事項が記載されている。

☐ 用途地域・防火規制など、**建築規制は登記事項証明書ではなく都市計画図に掲載**。

☐ **債権額やローン金利**（変動金利、固定金利）などは登記記録から**判断できない**。

☐ **仮登記**…将来の本登記の順位を保全するためにあらかじめ行う登記。仮登記に基づいて本登記をした場合、**本登記の順位は仮登記の順位に従う。仮登記には対抗力がない**ため、所有権移転の仮登記がされた後でも抵当権設定登記はできる。

☐ **公図**…土地の位置、隣地との関係等について記載された**地図に準ずる図面**。法務局で写しを入手できる。ただし、形状、面積が正確ではない場合もあるので、**地積測量図**の写しも取得しておくことが望ましい。

☐ マンションの**専有部分の床面積**は、**登記記録**では壁その他の区画の内側線で囲まれた部分の水平投影面積（**内法面積**）で、**不動産広告では壁芯面積**で表示されている。**登記記録より不動産広告の方が床面積が広い**。

☐ マンションでは、土地と建物を一緒に処分しなければならないため、**土地の権利（敷地権）**についても建物登記簿に記載されている。

☐ **建物を新築**した場合は、その建物の所有権を取得した日から1カ月以内に建物の表題登記（新築後初めて行う登記）を申請しなければならない。

15位 損益通算と繰越控除

- □ **損益通算**…不動産所得、事業所得、山林所得、譲渡所得で生じた損失（赤字）を他の所得の利益（黒字）から**控除すること**（差し引くこと）。

  ウラ技 富士山上(不、事、山、譲)で損益通算

- □ 不動産所得の損失のうち、土地の取得に要した借入金の利子は損益通算できない。ただし、建物の取得に要した借入金の利子は損益通算できる。

- □ 譲渡所得の損失のうち、ゴルフ会員権、別荘、宝石など、**生活に必要のない資産**、生活用動産（家具・衣類・自動車など）、土地・建物（賃貸用を含む）の譲渡損失（一定の居住用財産を除く）や、株式等の譲渡損失は損益通算できない。ただし、上場株式等と特定公社債等の譲渡損失は、同一年の上場株式等の譲渡所得、また確定申告を要件として申告分離課税を選択した配当所得、一部の利子所得とは損益通算できる。

- ●損益通算の手順
  - ❶**不動産所得、事業所得の損失**は、経常グループ（利子所得、配当所得、不動産所得、事業所得、給与所得、雑所得）内で控除する。
  - ❷**譲渡所得の損失**は一時グループ（一時所得〈2分の1前の額〉）内で控除する。
  - ❸残った損失は、経常所得と一時所得の控除後の金額から控除する。
  - ❹さらに残った損失は、山林所得→退職所得から順に控除する。
  - ❺山林所得の損失は、経常所得→譲渡所得→一時所得→退職所得から控除する。

- □ 繰越控除…その年に生じた所得の損失金額を繰り越して、翌年以降の黒字の所得金額から控除すること（差し引くこと）。

- □ 純損失の繰越控除…青色申告者の所得税の計算において、損益通算をしても控除しきれなかった損失（純損失）を翌年以降3年間（法人の場合は10年間※）繰り越して、各年分の所得金額から控除できる仕組み。

- □ 雑損失の繰越控除…雑損控除（所得から控除できる災害や盗難での損失）で控除しきれなかった雑損失は、翌年以降3年間にわたって各年分の所得金額から控除可能。純損失の繰越控除とは異なり、青色申告者でなくても適用可能。

- □ 居住用財産の譲渡損失の繰越控除…その年の合計所得金額が3,000万円以下で、所有期間が5年超の居住用財産の譲渡損失は、翌年以降3年間にわたって各年分の所得金額から控除できる仕組み。青色申告者でなくても適用可能。

- □ 上場株式等の譲渡損失の繰越控除…上場株式等（特定公社債等を含む）の譲渡損失のうち、損益通算後も控除しきれない金額については、確定申告を行うことで翌年以降3年間にわたって繰り越し、各年分の譲渡所得、配当所得、利子所得（申告分離課税を選択）と損益通算できる。

- □ 総所得金額…総合課税の所得を合計し損益通算と繰越控除を行ったあとの金額。

※2018年4月1日以後開始する事業年度に発生した欠損金の繰越期間は10年。2018年3月31日までに開始した事業年度に発生した欠損金の繰越期間は9年間。

16位 会社と役員の取引

□ **時価より安い資産の譲渡、低額の賃貸、無利子の貸付け**など、会社が役員に経済的利益を供与した場合、**法人税では役員の給与所得**として**課税対象**となる。

● 資産の売買取引

□ **会社が役員に時価より低い価額で資産を売却**した場合…会社側においては、時価による譲渡があったものとみなして法人税法上の譲渡損益が算出される。時価と売却価額との差額は役員給与として**損金不算入**となる（事前確定届出給与に該当しない場合）。

□ **役員が会社に時価より高い価額で資産を売却**した場合…会社は時価で役員から資産を取得し、売却価額と時価との差額を給与として支給したものとされる。

□ **役員が会社に時価より低い価額で資産を売却**した場合…法人側では時価が取得価額となり、時価と売買価額の差額が受贈益として**益金算入**される。役員側では、売買価額が時価の**2分の1未満**の場合、差額がみなし譲渡所得として**課税**される（**2分の1以上**の場合は、実際の**譲渡対価を譲渡**収入として計算）。

□ 不動産の場合の時価は公示価格、基準価格、相続税評価額、固定資産税評価額、不動産鑑定士による不動産鑑定評価額など複数が基準として用いられる。

□ 役員が所有する土地を**会社に無償で譲渡**した場合…会社は、**適正な時価を受贈益**として**益金**の額に算入する。

● 資産の貸借

□ **会社が役員に対して社宅を低い賃料で貸与**する場合…通常の賃貸料の額と低い賃料の差額が給与として支給したものとされる。賃料は毎月一定額が発生するものと考えられるので、**定期同額給与**に該当し、当該役員給与については、原則として**損金算入**される。**会社が負担する光熱費も給与**となる。

□ **役員が会社の所有する社宅に無償で居住**している場合…本来徴収されるはずの通常の**賃貸料相当額**が、その役員の給与所得**として課税**される。

● 金銭の貸借

□ **会社が役員に無利子で金銭の貸付けを行った**場合…適正金利との差額が給与として支給したものとされる。利息は毎月発生すると考えられるので、**定期同額給与として損金算入**される。

□ **役員が会社に無利子で金銭の貸付けを行った**場合…役員側では本来受け取れる**利子額について課税されない**。

□ 顧客を接待するために、会社が役員に支給している金銭について**精算不要**としている場合…その金銭の額は**役員の給与所得**となる。

16位 贈与契約の種類

□ **贈与**…無償で財産をあげ、相手に対価を何も要求しない<u>片務</u>**契約**であり、実際にその財産を引き渡さなくても当事者間の合意のみで成立する<u>諾成</u>**契約**である。

□ <u>口頭</u>または**書面のどちらでも契約は有効**となる。与える人を<u>贈与者</u>、もらう人を<u>受贈者</u>という。

□ <u>口頭</u>での贈与契約は、**引渡しがされていない分**（履行前の分）については、各当事者が<u>撤回</u>することができる。

□ <u>書面</u>での贈与契約は、相手方の<u>承諾</u>がなければ撤回できない。

□ 原則として、贈与者は贈与の目的物に**瑕疵があることを知らなかった場合**や、不存在について、受贈者に対してその**責任を**<u>負わない</u>。

□ **夫婦間でした贈与契約**は、第三者の権利を害しない限り、婚姻中、いつでも**夫婦の一方から**<u>取り消す</u>**ことができる**。

● 贈与の種類

□ **定期贈与**…贈与者から受贈者に**定期的に給付する贈与**。贈与者または受贈者が<u>死亡</u>**した場合**は、その**効力を失う**。

【例】毎年200万円、10年間で2,000万円を贈る。

□ **負担付贈与**…受贈者に一定の**債務を負わせる**ことを条件にした贈与契約。受贈者が債務を履行しない場合、贈与者は負担付贈与契約を解除できる。

【例】ローン返済を引き継いでくれたら自動車をあげる。

□ <u>停止条件付</u>**贈与**…**所定の条件が成就する**ことにより、その効力が生じる。条件を満たすときまで効力が停止している。

【例】大学に合格したらマンションを与える。

□ **死因贈与**…当事者間の合意に基づき、贈与者の<u>死亡</u>**により実現**する契約。贈与者が死亡するまでは契約の効力は生じない。原則として、**遺言により撤回できる**。贈与税ではなく、<u>相続</u>**税の課税対象**となる。

【例】私が死んだら店をあげる。

確認問題 ▶適切なものは①、不適切なものは②をマークしなさい。　　答えはページ下

1　死因贈与契約は、贈与者の一方的な意思表示により成立する。　　① ②

2　夫婦間でした贈与契約は、原則、婚姻中は取り消すことができない。

　　　　　　　　　　　　　　　　　　　　　　　　　　　　　　① ②

18位 預金者と投資家の保護

●預金保険制度

☐ 金融機関が破綻したときに、預金者を保護する制度。運営する預金保険機構は、預金保険対象金融機関からの保険料で運営されている。

☐ 元本保証型の預貯金…定期預金、普通預金、金融債、民営化後のゆうちょ銀行の貯金など、元本保証型の預貯金は、預金者1人当たり、1金融機関ごとに合算して元本1,000万円までとその利息が保護される。円建ての仕組み預金も対象だが、利息は期間が最も近い通常の円定期預金の金利を超える部分は対象外。

☐ 名寄せ…1つの銀行内の同じ名義の複数口座が、合算して保護金額を算定（名寄せ）されること。家族でも別名義の預金なら別々の預金者とされる。個人事業主の預金は、事業用と事業用以外を併せて同じ人の預金とされる。

☐ 民営化前のゆうちょ銀行の貯金は国により保護される。またJAバンクの貯金等は、農水産業協同組合貯金保険制度により保護される。

☐ 決済用預金…当座預金、無利息型普通預金などの無利息・要求払い・決済サービスを提供する預金を決済用預金といい、全額が保護される。

☐ 財形貯蓄…預金を利用した財形貯蓄は預金保険制度で保護される。投資信託や国債等の金融商品で積立てた財形貯蓄は預金保険制度で保護されない。

☐ 元本補てん契約のある金銭信託は他の一般預金と合わせて1,000万円までが保護される。元本補てん契約のない場合は保護されない。

☐ 外貨預金…日本国内に本店のある銀行が取り扱う外貨預金であっても、預金保険制度では保護されない。

☐ 譲渡性預金…金融市場で自由に売却できる定期預金。保護されない。

☐ 保険、投資信託、個人向け国債、MRF等は、預金ではないので保護されない。

●日本投資者保護基金

☐ 証券会社には、分別管理義務（投資家から預かった証券や現金は自社資産と分けて管理する義務）があるが、違法行為により分別管理を行わなかった場合などに備えて日本投資者保護基金への加入が義務付けられている。

☐ 証券会社が経営破綻し、株式、債券、投資信託（国内の証券会社に預託した外貨建てMMF、外国株式含む）などが返還されない場合、1人につき1,000万円まで補償される。

☐ 銀行は日本投資者保護基金に加入していないので、銀行で購入した投資信託は、日本投資者保護基金の補償の対象外。

19位 任意加入の自動車保険

- [ ] **強制保険と任意保険**…自動車を使用する際に契約が義務付けられている<u>自動車損害賠償責任</u>保険が強制保険。それ以外を任意保険という。

- [ ] **対人賠償保険**…他人（家族以外）を死傷させてしまった場合、**被害者に対して支払われる任意保険**で、保険金額を無制限（上限なし）とすることもできる。<u>自動車損害賠償責任</u>保険（自賠責保険）で支払われる額を**超える分**が支払われる。

- [ ] **対物賠償保険**…他人（家族以外）の車、他家の壁や門扉、ガードレールなど、**物を破損**させてしまった場合、その賠償額を補償する保険。

- [ ] **任意加入の自動車保険**は、原則として<u>飲酒</u>運転による運転者自身のケガや運転者自身の車の損害は**補償されない**。

- [ ] <u>対人賠償</u>保険と<u>対物賠償</u>保険では、運転免許失効中などによる**無免許運転**や飲酒運転の事故も補償される。

- [ ] **自損事故保険**…自分だけで起こした単独事故での<u>自分</u>や<u>搭乗者</u>の死傷を補償する保険。

- [ ] **人身傷害補償保険**…**被保険者や家族**が自動車事故で死傷した場合、**被保険者の<u>過失</u>割合**（操縦ミスなど）に関係なく、**損害額<u>全額</u>**（入院・通院費等の治療費、休業補償、慰謝料など）が支払われる保険。

- [ ] **車両保険**…「**一般型**」は、**事故（<u>単独</u>事故含む）**、**盗難**、衝突、接触、火災、爆発、台風、洪水などによる契約車の損害を補償（**地震・噴火・津波の損害を補償するには特約が必要**）。「**エコノミー型（車対車＋A）**」は、相手の車がいない<u>単独</u>事故は補償の対象外。

- [ ] <u>リスク細分</u>型自動車保険…**性別**、<u>年齢</u>、運転歴、地域、<u>使用</u>目的、年間走行距離などにより保険料を算定する保険。通勤使用より**レジャー使用**のほうが<u>割安</u>。

- [ ] <u>搭乗者</u>**傷害保険**…被保険自動車の<u>搭乗者</u>（運転者・同乗者）が死傷した場合、加害者からの損害賠償金の金額にかかわらず、契約時に定めた一定額の保険金が支払われる保険。完治した傷害に対しては補償されない。

- [ ] <u>無保険車</u>**傷害保険**…**十分な賠償ができない**他の車（加害者）との事故で、運転者や同乗者が<u>死亡</u>もしくは<u>後遺障害</u>を被った場合に保険金が支払われる保険。

- [ ] **任意加入の自動車保険、短期傷害保険、海外旅行傷害保険、火災保険（法人契約除く）、海上保険（法人契約除く）**は、**破綻後3カ月以内**は、保険契約者保護機構によって、**保険金が<u>全額</u>補償**される。**3カ月経過後**は責任準備金の<u>80</u>%まで補償される。

19位 NISA（少額投資非課税制度）

□ 通常（NISAでない場合）の配当金、分配金（普通分配金）、売却益には20.315％（所得税15％＋復興特別所得税0.315％＋住民税5％）が課税されるが、NISAでは非課税となる。なお、配当金を非課税にするためには、株式数比例配分方式を選択しなければならない。

□ NISAの対象者…日本国内に住む18歳以上の成人。

□ NISA口座を開設できるのは同一年に国内で1人1口座。1年単位で金融機関を変更できる。変更したい年の前年10月1日から変更したい年の9月30日の間に手続きが必要。金融機関を変更すると複数のNISA口座を持つことになるが、買付けできるのは各年につき1口座のみ。

□ NISA口座には、NISA口座で買った銘柄のみを保有できる。NISA口座の株式は一般口座や特定口座に移管できるが、他口座から移管はできない。

□ 2024年に始まった新NISAから、非課税保有期間が無期限となった。

□ 新NISAの「成長投資枠」は旧NISAの一般NISAの役割を、「つみたて投資枠」は旧NISAのつみたてNISAの役割を引き継ぐものとなる。

□ 年間の投資上限額は、つみたて投資枠が120万円、成長投資枠が240万円。併用が可能で合計で360万円である。

□ 非課税保有限度額は、買付金額ベースで1,800万円（うち成長投資枠1,200万円）。売却した場合には、翌年に買付金額分の非課税枠が復活する。

□ つみたて投資枠の対象商品…国が定めた基準を満たす投資信託、ETF［上場投資信託］。

□ 成長投資枠の対象商品…上場株式、上場不動産投資信託［J-REIT］、ETF［上場投資信託］、公募株式投資信託。外国株式も可。

□ NISAの対象外の商品…国債、社債などの債券（公社債）、公社債投資信託。信託期間が20年未満・毎月分配型・高レバレッジ型の投資信託。ただし、債券や株式、REITを組み合わせた資産複合型（バランス型）の投資信託は対象。

□ NISAのデメリット…NISA口座以外の譲渡益や配当等と損益通算できない。NISA口座の損失は、翌年以降3年間の繰越控除（利益から過年度の損失分を控除）の適用を受けられず、損失はなかったものとされる。

□ 旧NISAで保有している商品は、購入時から一般NISAは5年間、つみたてNISAは20年間、そのまま非課税で保有できる。旧NISAの非課税期間終了後、新NISAへの移管（ロールオーバー）はできない。

学科▶TOP60

21位 投資信託の分類と運用手法 過去の出題率 1.05%

●投資信託の分類

- [ ] **株式投資信託**…**株式**も公社債も組み入れることができる非上場の投資信託。実際に株式を組み入れなくてもよいので、債券を中心に運用しているものもある。

- [ ] **公社債投資信託**…**国債、地方債などの公社債**が運用の中心になる非上場の投資信託。株式は一切組み入れることができない。

- [ ] ETF（**上場投資信託**）…**上場して証券取引所で取引される投資信託**。証券会社を通して購入し、株式と同じく指値注文・成行注文、信用取引ができる。

- [ ] 単位型（ユニット型）…**当初募集期間のみ購入でき、解約制限がある。**

- [ ] 追加型（オープン型）…**当初設定日以降も追加設定と解約ができる。**

- [ ] 単位型はもちろん、追加型でも繰上償還されることがある。

- [ ] **ブル型**…牛（Bull）が角を下から上に突き上げる様子に由来している。**市場が上昇しているときに収益が上がる商品。市場指数の変動と同じ動き**をする。

- [ ] **ベア型**…熊（Bear）が爪を上から下に振り下ろす様子に由来。**市場が下落しているときに収益が上がる商品。市場指数の変動と逆の動き**をする。

- [ ] **インデックスファンド**…日経平均株価やTOPIXといった指数の動きに連動するように運用されている投資信託で、パッシブ運用の代表的な例。

●運用手法

- [ ] **パッシブ運用**…日経平均株価や東証株価指数など、あらかじめ定めた**ベンチマークに連動する**ことを目指す運用スタイル。ベンチマークの収益率からかい離が少ないほど、運用成果が優れていると判断される。**インデックス運用**ともいう。

- [ ] **アクティブ運用**…**特定の指標を上回るリターンを目指す手法**。一般に、パッシブ運用より**運用コストが高く**なる。

- [ ] **トップダウン・アプローチ**…経済・金利・為替など、マクロ経済の動向から判断し、最後に**個別の銘柄選別を行う運用手法。**

- [ ] **ボトムアップ・アプローチ**…最初に個別銘柄の調査・分析に基づいて投資価値のある銘柄を選択し、その**積上げによってポートフォリオを構築する運用手法。**

- [ ] **グロース投資**…**成長が期待できる企業に投資する手法**。**売上高や利益の成長性**などに着目する。

- [ ] **バリュー投資**…**株価が割安だと判断される銘柄**を選択して投資する手法。**配当割引モデル、PER、PBRなどの指標**に着目する。

22位 ライフプランニングと資料

● FPが活用する資料

- □ 男女別・年齢別の**平均余命**は<u>厚生労働</u>省の「<u>簡易生命</u>表」に記載。
- □ １世帯当たりの１カ月間の収入と支出は、<u>総務</u>省の「<u>家計調査</u>」に記載。
- □ 家計の**金融資産の保有額**や**借入金残高**の統計値は、**金融広報中央委員会**の「**家計の<u>金融行動</u>に関する世論調査**」に記載。
- □ 階層別・地域別の所得や消費内容は、<u>内閣府</u>の「<u>国民生活白書</u>」に記載。
- □ 教育費用総額についての統計値は、**文部科学**省の「**子供の<u>学習費調査</u>**」に記載。
- □ 大学の入学に係る費用は、**日本政策金融公庫**の「**教育費負担の実態調査結果**」に記載。負担額は、大きい順に①<u>学校納付金</u>、②<u>受験費用</u>、③<u>入学しなかった学校への納付金</u>となっている。
- □ <u>定量</u>**的情報**…顧客の収入・支出、預貯金残高、保険金額など、数字で表せる情報・評価。住所・氏名・年齢・家族構成・勤務先等も<u>定量</u>**的情報**に含まれる。<u>質問紙</u>**方式**での情報収集が適している。
- □ <u>定性</u>**的情報**…顧客の価値観、生活目標、性格、運用方針など、数字で表せない情報・評価。<u>面談</u>**方式**での情報収集が適している。

● キャッシュフロー表とバランスシート（貸借対照表）

- □ 現在の収支状況や今後のライフプランをもとにして、**将来の収支状況**や**金融資産**<u>残高</u>などの推移を表形式にまとめたもの。物価変動、定期昇給などがある場合には、その<u>変動率</u>（変化の割合）を考えた<u>将来**価値を計算**</u>して記入する。

  n年後の額＝今年の額×(１＋<u>変動率</u>)^n

- □ 金融資産残高(貯蓄残高)＝<u>前年</u>末の金融資産残高(貯蓄残高)×(１＋運用利率)±<u>当年の年間収支</u>
- □ **キャッシュフロー表**には、**住宅ローンの返済額**の**元本**部分と**利息**部分を見積もる必要がある。
- □ <u>可処分</u>**所得**…いわゆる手取りの年収額。額面の年収額から「**所得税、住民税、社会保険料**」を控除した額になる（**民間の生命保険料や損害保険料は控除しない**）。
- □ **個人**がライフプランニングにおいて、**現状の資産**と**負債**のバランスを見る表。
- □ 資産には、**預金、株式**などのほか、**不動産、自動車**などの**時価**（現時点で売った場合の金額）を記載する。**負債**には、**借金（主にローン残額）**を記載する。**家賃や教育費等の１年以内の支出の見込額**は、**負債には計上しない**。
- □ FPは、原則として**高<u>リスク</u>**の投資を勧めてはいけない。

22位 贈与税の非課税財産

- [ ] 贈与税の課税対象となる課税財産には、「**本来の贈与財産**」と「**みなし贈与財産**」がある。

- [ ] **本来の贈与財産**…実際の贈与によって取得した、**現金**・**預金**・**有価証券**・**不動産**・**貴金属**など。

- [ ] **みなし贈与財産**…贈与によって取得した財産ではないが、**実質的に贈与と同様**の性質をもつ以下の３つのような財産。

- [ ] **生命保険金**…**契約者**（＝保険料負担者）**ではない人**が受け取った保険金は**贈与**とみなされる。ただし契約者が亡くなり、受取人が相続の**放棄**をした場合は贈与税の課税**対象外**。

- [ ] **低額譲渡**…個人間で時価と比較して特に**低い価額**で財産を譲り受けた場合の**差額**は**贈与税**の課税対象となる。

- [ ] **債務免除**…借金を免除してもらうと、**その金額が贈与**とみなされる。ただし、債務免除益のうち債務を弁済することが**困難である部分の金額**は課税**対象外**。

● 課税対象となるみなし贈与財産の例

- [ ] 親が所有する土地の**名義**を、適正な**対価**なく子へ変更した場合の土地。

- [ ] **個人間で譲渡された営業権**（経済的価値があり、金銭に見積もれる場合）。

- [ ] 夫名義で住宅ローンを組んで購入した自宅を**夫の単独名義**として、**ローンの返済を夫婦で行った場合の妻の返済分**（妻から夫への贈与）。

- [ ] 夫婦間、親子間で無利子の**金銭貸与**を行った場合の**利子**相当額（少額を除く）。

- [ ] 父が委託者である信託について、子が適正な**対価を負担せずに**受益者となった場合の**信託受益権**。

● 贈与税の課税対象とならない非課税財産の例

- [ ] 一般に認められる額の**祝金**、**香典**、**見舞金**、**贈答**など。

- [ ] 通常必要とみなされる額の扶養義務者から扶養家族への**生活費**、**教育費**。

- [ ] **法人から個人への贈与**（給与所得や一時所得の対象）。

- [ ] **相続開始年に**、被相続人から受けた**贈与**（**生前贈与加算**の対象）。

- [ ] 離婚にともなう**慰謝料**や**財産分与**（社会通念上相当な範囲内の場合。贈与税の課税を免れるための手段としての離婚と認められた場合は課税対象となる）。

- [ ] **特定障害者**が受け取る信託財産である**特定贈与信託**（**上限6,000万円**）。

- [ ] **親子間で土地を使用貸借する場合の借地権**相当額（親の土地を子が無償で借り受けてアパートなどを建てた場合の借地権は課税対象外）。

24位 都市計画法

過去の出題率 1.03%

- [ ] **都市計画法**…計画的なまちづくりを行うための基本的な法律。<u>都市計画</u>区域を定めている。

- [ ] **線引き区域**…都市計画区域は**線引き区域**（<u>市街化</u>**区域**＋<u>市街化調整</u>**区域**）とそれ以外の**非線引き区域**に分かれる。

- [ ] <u>市街化</u>**区域**…**用途を定めて市街化を進める区域**。すでに市街地を形成している区域、およびおおむね10年以内に優先的かつ計画的に市街化を図るべき区域とされる。**必ず用途地域を定める。**

- [ ] <u>市街化調整</u>**区域**…自然環境を残すため、用途を定めずに、**市街化を抑制すべき区域**。原則として用途地域を定めない。

- [ ] <u>準都市計画</u>**区域**…「高速道路のインターチェンジ周辺」、「幹線道路の沿道」など、積極的な整備や開発を行う必要はないものの、土地利用の規制を行わなかったら何らかの支障をきたす恐れがある場合に、土地利用の整序のみを行う目的で定める区域のこと。

- [ ] <u>開発許可</u>**制度**…一定の規模の**開発行為**（建築物の建築、特定工作物の建設のために、土地の区画形質を変更すること）を行う場合には、<u>都道府県知事</u>**の許可を得なければならない。**これを<u>開発許可</u>**制度**といい、以下に該当する開発行為には都道府県知事の許可が必要。

  ①**市街化区域内→** <u>1,000</u>**㎡以上の規模の開発行為**

  ②**市街化調整区域→規模にかかわらず**<u>すべて</u>**の開発行為**

  ③**準都市計画区域→** <u>3,000</u>**㎡以上の規模の開発行為**

- [ ] **開発許可**<u>不要</u>**の事例**…以下の行為は、開発許可が<u>不要</u>。

  ①<u>分筆</u>による土地の**権利区画の変更**

  ②青空駐車場など、<u>建物</u>**を建築しない土地の造成**

  ③**市街化調整区域**における、農林漁業用建築物や農林漁業従事者の<u>住宅</u>**の建築を目的とする開発行為**（→農家の人が<u>自分の家</u>を建てるときには、**開発許可は不要**）

  ④<u>土地区画整理</u>**事業**（都市計画区域内で、道路や公園等の公共施設の整備や新設を行ったり、土地の区画形質を変更して宅地の利用増進を図るための事業）**の施行**として行う開発行為

- [ ] 開発許可を受けた場合でも、開発区域内の土地に一定規模を超える建築物を建築する場合は<u>建築基準</u>**法の建築確認が必要。**

25

24位 事業承継対策

過去の出題率
1.03%

- [ ] 事業承継対策…会社経営のスムーズな承継を図るための対策。
- ● 類似業種比準方式や純資産価額方式の相続税評価額を引き下げる方法
- [ ] 役員退職金を支給して、会社の利益と純資産を下げる。
- [ ] 低配当、または無配にする。
- [ ] 高収益部門を分社化して、会社の利益を減少させる。
- [ ] 不良債権を処理して償却費を損金計上し、純資産価額を下げる。
- ● 後継者の納税資金を確保する方法
- [ ] 後継者の給与額を増やす。
- [ ] 経営者を被保険者、会社を契約者・死亡保険金受取人とする逓増定期保険などに加入し、現経営者の死亡・引退時の退職金の支払い原資を確保する。
- [ ] 経営者を契約者・被保険者、後継者を死亡保険金受取人とする生命保険に加入し、後継者がその死亡保険金を他の相続人に相続財産の代わりに代償交付金として交付できるようにしておく（代償分割）。
- [ ] 相続人が相続した自社株を会社が買い取って相続税の納税資金を確保する。
- [ ] 前経営者から生前贈与された自社株その他の事業用資産について、遺留分侵害額請求権の行使を回避できる「遺留分に関する民法の特例」を利用する。
- [ ] 後継者の経営権維持のため、自社株の過半数を社外に分散譲渡してはいけない。
- [ ] 非上場株式会社の株式は、純資産価額、配当金等を基礎として評価される。法人税の課税所得金額がマイナスでも、純資産等が豊富であれば、移転時に納税資金負担が起きることがあるので注意する。
- [ ] 他の相続人が受け取れるはずの遺留分の侵害を避けるべく、後継者に事業用資産を集中的に承継させないように注意する。
- [ ] 遺留分に関する民法の特例…中小企業（上場企業は対象外）の後継者が、生前贈与された自社株式を遺留分算定基礎財産から除外することで、自社株の分散防止など、事業承継を円滑にできる特例。遺留分算定基礎財産に算入する価額から除外することを除外合意といい、算入する価額を取得時点の価額ではなく、推定相続人全員の合意時の評価額で固定することを固定合意という。これにより、後の自社の株価上昇分が遺留分侵害額請求の対象外となる。遺留分を有する推定相続人と後継者全員の書面による合意を得て、合意について経済産業大臣の確認を受けた日から一定期間内の申立てにより、家庭裁判所の許可を得ることが必要。
- [ ] 納税猶予制度…贈与税と相続税、それぞれに納税猶予の特例がある。一定の要件により、贈与税では、株式の贈与税の全額が納税猶予され、相続税の納税猶予では、相続税の課税価格の全額が納税猶予となる制度。

26位 地震保険

☐ **地震保険**…**地震・噴火・津波**、およびそれらを原因とする<u>火災</u>による被害を補償する保険。

☐ **契約**…住宅総合保険などの<u>火災</u>**保険契約に付帯**して契約する保険で、**<u>単独</u>契約**は**できない**。<u>火災</u>**保険分**の保険料については、地震保険料控除の**対象<u>外</u>**である。

☐ **保険金額**…主契約である**火災保険金額**の<u>30</u>～<u>50</u>%の範囲内。

☐ **補償対象**…住居のみに使用される**居住用建物**（店舗併用住宅は可）と**生活用動産（家財）**が補償対象。

☐ **保険金額上限**…居住用建物は<u>5,000</u>万円、生活用動産（家財）は<u>1,000</u>万円。

☐ <u>現金</u>、<u>有価証券</u>、1個（または1組）の価格が<u>30</u>**万円を超える**貴金属や絵画、自動車は**補償対象外**。地震が発生した日の翌日から<u>10</u>**日以上経過**した後に生じた損害、また物の紛失・盗難は**補償対象外**。

☐ **基本料率**（保険料を算出するもと）は、**建物**の**構造**と**所在地**によって決まる。

☐ **割引制度**…「**免震建築物割引**」「**耐震等級割引**」「**耐震診断割引**」「**建築年割引**」の4種類がある。**割引**の**重複**適用はできない。

☐ **地震保険の損害区分**…地震保険の保険金は建物の損害の割合によって**4段階**に分かれる。（ ）内は損害の程度の主な条件。

☐ **全　損**（焼失・流失した延べ床面積が<u>70</u>%以上）＝<u>100</u>%

☐ **大半損**（焼失・流失した延べ床面積が<u>50</u>%以上<u>70</u>%未満）＝<u>60</u>%

☐ **小半損**（焼失・流失した延べ床面積が<u>20</u>%以上<u>50</u>%未満）＝<u>30</u>%

☐ **一部損**（焼失・流失した延べ床面積が<u>3</u>%以上<u>20</u>%未満）＝<u>5</u>%

☐ **地震保険料控除**…<u>1</u>**年間**（1月1日～12月31日）に払った地震保険の保険料は、地震保険料控除としてその年の所得から**控除**できる。

☐ **所得税**…地震保険料の**<u>全額</u>**が対象（限度額<u>5</u>万円）

☐ **住民税**…地震保険料の**<u>半額</u>**が対象（限度額<u>2万5,000</u>円）

☐ **店舗併用住宅**の場合、床面積のうち**<u>住居</u>部分**に支払った金額が、**地震保険料控除の対象**となる。

☐ **給与所得者は**、確定申告だけでなく、その年の**<u>年末調整</u>**によっても**地震保険料控除**を受けることができる。

☐ **2006年12月31日**以前に締結され、所定の要件を満たす**長期損害保険契約**の保険料は、最高<u>1万5,000</u>円の<u>地震保険料</u>**控除の対象**となる。

27位 株式の投資指標

☐ **配当利回り**…株価に対する<u>年間配当金</u>の割合を示す指標。1株当たり<u>年間配当金</u>を株価で割って求める。**株価が下落**すると、**配当利回りは**<u>上昇</u>する。

☐ **配当利回り＝1株当たり<u>年間配当金</u>÷株価×100**

> N社のデータ：株価1,000円、発行済株式数1億株、純資産（＝自己資本）500億円、当期純利益50億円、1株当たり年間配当金10円

【例】N社の配当利回り＝<u>10</u>円÷1,000円×100＝<u>1</u>%

☐ **自己資本利益率（ROE）**…株主の投資額（自己資本＝純資産）を使って、どれだけ**効率的に利益を獲得**したかを判断する指標。**ROEが高い**ほど**収益力が**<u>高い</u>。自己資本額が一定の場合、<u>当期純利益</u>が増えれば**ROEが高く**なる。

☐ **自己資本利益率（ROE）＝当期純利益÷自己資本×100**

【例】N社のROE＝<u>50</u>億円÷500億円×100＝<u>10</u>%

☐ **BPS（1株当たり<u>純資産</u>）**…純資産（<u>自己資本</u>）を発行済株式数で割って求める。**BPSが高い**ほど、企業の**安定性が**<u>高い</u>。

☐ **BPS＝<u>純資産</u>÷発行済株式数**

☐ **PBR（株価<u>純資産</u>倍率）**…株価が1株当たり純資産（BPS）の何倍かを示す指標。会社が保有する資産に対して現在の株価が安いのか高いのかを判断する材料になる。**PBRが高い**ほど株価は<u>割高</u>、**PBRが低い**（1倍に近い）ほど**株価は**<u>割安</u>。

☐ **PBR＝株価÷<u>BPS</u>＝株価÷（<u>純資産</u>÷発行済株式数）**

【例】N社のPBR＝1,000円÷（<u>500</u>億円÷1億株）＝<u>2</u>倍

☐ **EPS（1株当たり純利益）**…企業の1株当たりの利益額を示す指標。**株式の**<u>収益力</u>を示す。<u>当期純利益</u>を発行済株式数で割って求める。**EPSが上昇**すれば、**株価収益率（PER）が下降**し、**株価が**<u>割安</u>になる。

☐ **EPS＝<u>当期純利益</u>÷発行済株式数**

☐ **PER（株価収益率）**…株価がEPS（1株当たり純利益）の何倍かを示す指標。会社の出す利益に対して現在の株価が安いのか高いのかを判断する材料になる。一般に、**PERが高い**ほど**株価は**<u>割高</u>、**PERが低い**ほど**株価は**<u>割安</u>。

☐ **PER＝株価÷EPS＝株価÷（<u>当期純利益</u>÷発行済株式数）**

【例】N社のPER＝1,000円÷（<u>50</u>億円÷1億株）＝<u>20</u>倍

☐ **配当性向**…当期純利益のうち**配当金**が占める割合。**配当金額が一定**の場合、**当期純利益が増える**と**配当性向は**<u>低く</u>なる。

☐ **配当性向（%）＝<u>配当金</u>÷当期純利益×100**

28位 遺言と遺留分

☐ **遺言の効力**は遺言者の**死後**に生じる。**変更・撤回**はいつでもできる。

☐ 変更前の遺言が後の遺言と抵触するときは、変更前の**抵触する部分**については、**後**の遺言で**撤回**したものとみなす。

☐ 遺言は、**満15歳以上**で意思決定能力があれば**作成できる**。

☐ 被相続人の遺言による指定分割（各相続人の相続分の指定）がない場合でも、遺産分割は**必ずしも法定相続分に従う必要はない**。**協議分割ができる**。

☐ **検認前**に遺言書を開封した場合でも、その遺言書は**無効にはならない**。

☐ **非嫡出子の認知**は遺言によっても可能。

☐ 遺言では、**すべての遺産**について**受遺者**（遺贈を受ける人）を指定する必要は**ない**。遺言者より先に**受遺者が死亡**した場合、遺言者が遺言に別段の意思を表示していない限り、**受遺者の代襲相続人は遺贈を受け取ることはできない**。

☐ 遺言者は、遺言により**遺言執行者**（資格は**不要**）を選任することができる。

自筆証書遺言	・遺言者が全文、日付（暦上の特定の日）、氏名を**自書**して押印する。財産目録のみ書式自由（パソコン等での作成や銀行通帳のコピー添付が可）。 ・証人の立会いは**不要**。相続開始後に家庭裁判所で**検認**の手続きが**必要**。　法務局（遺言書保管所）で保管されている遺言書については、**検認不要**。
公正証書遺言	・公証人役場で証人**2名以上**（推定相続人、受遺者、及びその配偶者・直系血族は**不可**）立会いのもと、遺言者が遺言の趣旨を公証人に**口授**し公証人が筆記する。遺言者、証人、公証人の署名・押印が必要。 ・原本は**公証人役場**に保管されるため**遺言者が正本の一部を破棄しても遺言撤回とみなされない**。・相続開始後の家庭裁判所の**検認**の手続きは**不要**。
秘密証書遺言	・遺言者が作成、署名押印し封印。証人**2名以上**の前で公証人が日付記入。 ・遺言者自身が保管する。相続開始後に家庭裁判所で**検認**の手続きが**必要**。

☐ **遺留分**とは民法で定められている一定の相続人が**最低限相続できる財産**のこと。遺留分権利者が**父母のみ**の場合、遺留分は相続財産の**3分の1**。遺留分権利者が**配偶者のみ、子のみ、配偶者と子、配偶者と父母**の場合、遺留分は相続財産の**2分の1**。兄弟姉妹は保証されて**いない**。

☐ 遺言によって相続人の**遺留分**が侵害された場合も、その**遺言自体は有効**。

☐ 遺留分権利者が**遺留分の放棄**をするには、**相続開始後**なら**意思表示**を行うだけで**手続きは不要**。**相続開始前**ならば**家庭裁判所の許可**を得ることが必要。

☐ **遺留分侵害額請求権**（遺言で遺留分を侵害された場合、遺留分確保のために行う請求の権利）は、遺留分権利者が相続開始と遺留分の侵害を知った日から**1年以内**に行使しないと**消滅**する。相続開始を知らなかった場合は相続開始から**10年**。

29位 金融商品に関する法律

● **金融サービス提供法**（旧金融商品販売法）

☐　金融商品販売業者等が金融商品の販売等に際し、「顧客に対して**重要**事項の**説明をしなかったこと**」「**断定的判断を行ったこと**」により、顧客に損害が生じた場合の**損害賠償責任**を規定している27。**金融サービス仲介業は内閣総理大臣**の登録を受けた者に限ることも規定している。被害者が**個人**でも**法人**でも保護の対象。金融サービス提供法と消費者契約法に抵触する場合には、**両方の規定が適用**される。

☐　**重要事項**の説明は、機関投資家等の**プロの投資家**には**省略**できる。

☐　預貯金、株式、国債・地方債・社債、投資信託、保険・共済、外国為替証拠金取引（**FX**）、デリバティブ取引、通貨・金利スワップ取引、海外の商品先物取引など、ほとんどの**金融商品が保護される**。国内の**商品先物**取引や**ゴルフ会員**権は**保護されない**。

● **金融商品取引法**

☐　金融商品の取引において**投資家**を**保護**する**法律**。**金融商品取引業者は内閣総理大臣**の登録を受ける必要があると定めている。

☐　「**契約締結前交付書面**」の交付義務…金融商品取引業者は契約概要、手数料、主なリスクなどの**重要事項**を記載した書面を**契約締結前**に**交付**しなければならない。

☐　**特定投資家制度**…投資家を特定投資家（プロ）と一般投資家（アマチュア）に分類し、**特定投資家には、契約締結前の書面交付義務、適合性の原則は免除**されている。ただし、**虚偽告知や断定的判断の提供は特定投資家に対しても禁止**。

☐　**広告の規制**…広告等を行うときは、利益の見込み等について、著しく事実に相違する表示、人を**誤認**させるような**表示をしてはならない**。

☐　**適合性**の原則…顧客の知識、経験、財産の状況、取引の目的に照らして、その人に**適応した商品**を**販売・勧誘**しなければならない。

● **犯罪収益移転防止法**

☐　銀行等の特定事業者は、当該顧客の「**本人特定事項（本人確認）**」「**取引を行う目的**」「**職業**」の確認を行うことが義務付けられている。

● **金融ADR制度**

☐　金融商品取引において金融機関と利用者との間で苦情、紛争が発生したときに、**当事者以外の第三者（金融ADR機関）**がかかわり、**裁判以外の方法**で迅速な解決を図る制度。あっせん委員会による紛争解決を**無料**または低額で利用できる。

● **預金者保護法**

☐　偽造カードや盗難カードによる預金の**不正な払戻し被害を補償する法律**。預金者に**重過失**がなければ、被害額**100%**の補償を受けられる。

30

29位 所得税の基礎知識

□ 税金は**国税**（国に納付）と**地方税**（地方公共団体に納付）、**直接税**と**間接税**に分けられる。**直接税**には、**所得税**や**住民税**。**間接税**には**消費税**がある。

□ **所得税**は、個人が1月1日～12月31日の期間に得た所得（**収入－必要経費**）の税額を計算して納付する**申告納税方式**の税金。収入金額には、原則として、その年において収入すべき金額である未収の収入も計上しなければならない。

□ **申告納税方式**…納税者が**自分**で税額を算出する方式（**所得税**、**法人税**、**相続税**）。

□ **賦課課税方式**…国や地方公共団体が納税額を通知する（**住民税**、**固定資産税**）。

□ 所得税の課税方法には、**総合課税**、**申告分離課税**、**源泉分離課税**の**3つ**がある。

□ **所得税の非課税所得**…社会政策上、所得税を課すことが適当でないとされる所得は非課税となる。非課税所得の例は以下のとおりである。

> ○ 生活用の家具や衣服（宝飾品・骨とう・美術工芸品等は除く）の**譲渡所得**
> ○ **雇用**保険の失業等給付金、**健康**保険の給付金
> ○ **障害給付金・障害年金、遺族給付金・遺族年金**
> ○ 遺族が受け取る**損害賠償金**
> ○ 通院・手術・入院など、**身体の傷害に基因して支払われる生前給付保険金**
> ○ 給与所得者の月**15万円までの通勤手当**
> ○ **社会通念上相当の金額の見舞金、補償金、慰謝料、香典**
> ○ 投資信託の**特別分配金**（**元本払戻金**）
> ○ **宝くじの当選金、サッカーくじの払戻金**
> × **競馬・競輪の払戻金**→課税対象：**一時所得**
> × クイズに応募して獲得した**賞金**→課税対象：**一時所得**
> ○ 国や地方自治体の実施する子育てに係る助成等（2021年分の所得税から適用）

□ **納税義務者**…所得税法における**居住者**（日本国内に住所がある、または現在まで引き続き1年以上居所を有する個人）は、原則、国内外で生じたすべての所得について、**所得税の納税義務**を負う。**非居住者**（日本国籍がなく、過去10年以内に日本国内に住所・居所があった期間の合計が5年以下である個人）は、**日本国内で生じた所得**に限って納税義務を負う。

□ **総合課税**…複数の所得を**まとめて課税**する方式。

□ **申告分離課税**…**他の所得と分けて**税額を計算する方式。

□ **源泉分離課税**…**一定税率**で税金が差し引かれる方式。

□ **累進課税**…課税所得金額が多くなるに従って**税率**が**高く**なる課税方式。**所得税**の計算では超過累進課税が用いられている。

□ **課税総所得金額**…所得税の課税対象となる金額のことで、**総所得金額から所得控除額を引いたあとの金額**。

□ **所得税の基礎控除**…納税者の合計所得金額が**2,400万円以下**なら控除額は**48万円**、2,400万円以上になると段階的に控除額が引き下げられ、**2,500万円超**で適用外となる。

31位 経済指標

- □ **国内総生産（GDP）**…国の経済規模を示す経済指標で、**国内で生産された財やサービスの付加価値の総額**。**内閣府**が**四半期ごと（年4回）**に**発表**する。GDP支出では民間最終消費支出（個人消費）が最高構成比（50〜60%）を占めている。

- □ **経済成長率**…GDPの変動率（増加率）。名目経済成長率は市場価格で評価した指標、実質経済成長率は物価変動分を調整した指標。前年比で**名目経済成長率**がマイナスでも、物価が下落していれば**実質経済成長率**はプラスになることがある。

- □ **景気動向指数**…経済活動における代表的な指標を、景気に対して**先行・一致・遅行**を示す**3つの系列**に分類して算出するもの。**内閣府**が**毎月発表**する。

- □ **先行系列**…景気の動きに**先行**して動く指標。**新設住宅着工床面積**、長短金利差、**東証株価指数（TOPIX）**、消費者態度指数などがある。

- □ **一致系列**…景気の動きに**一致**して動く指標。**有効求人倍率**（新規学卒者は除く）、鉱工業生産指数（経済産業省が発表）などがある。

- □ **遅行系列**…景気の動きから**遅れて**動く指標。**完全失業率**（労働力人口に占める完全失業者の割合）、**消費者物価指数**などがある。

- □ **景気動向指数**には、**CI（コンポジット・インデックス）**と、**DI（ディフュージョン・インデックス）**があり、**CI**が公表の中心となっている。

- □ **CI**…**景気変動の大きさやテンポ（量感）を示す**。**一致指数が上昇**しているときは**景気拡大局面**、**一致指数が下落**しているときは**景気後退局面**となる。

- □ **DI**…**景気の各経済部門への波及の度合いを示す**。一致指数50%を下回る直前の月が「**景気の山**」、50%を上回る直前の月が「**景気の谷**」となる。

- □ **全国企業短期経済観測調査（日銀短観）**…**日銀**が四半期ごと（**3、6、9、12月に公表**）に約1万社の企業に実施するアンケート調査。**業況判断DI**は、業況が「良い」と回答した企業の割合から「悪い」と回答した企業の割合を引いた数値。

- □ **マネーストック**…一般法人、個人、地方公共団体・地方公営企業などの**通貨保有主体**が保有する**通貨量の残高**のこと。**日銀**が**毎月発表**する。

- □ **消費者物価指数**…**一般消費者（家計）が購入する商品やサービスの価格変動**（消費税も含む）を表した指数。**総務省**が**毎月発表**する。調査結果は**各種経済施策や年金**の改定などに利用される。

- □ **企業物価指数**…**企業間**の取引や**貿易**取引における商品の価格変動（サービス価格は含まない）を表した指数。**日銀**が**毎月発表**する。原油や輸入小麦の価格変動は、消費者物価指数よりも先に企業物価指数に影響を与える傾向がある。

- □ **有効求人倍率**…**雇用の需給関係を表す指標**。月間有効求人数を月間有効求職者数で割ったもの。**厚生労働省**が公表する。

31位 土地活用の事業方式

過去の出題率 0.89%

☐ **等価交換方式**…<u>土地の提供</u>は<u>土地所有者</u>が、**資金負担**は<u>デベロッパー（開発業者）</u>等が行って建物を建設し両者が土地と建物（それぞれの一部）を**等価交換**する。土地所有者は建物の専用部分を取得。**借地権**や**底地**も**等価交換の対象**となる。<u>全部</u>**譲渡方式**（土地の全部を開発業者に譲渡し、土地所有者は出資割合に応じた土地付き建物を取得する）と、<u>部分</u>**譲渡方式**（土地の一部を開発業者に譲渡し、建物建設後、譲渡した土地の価額に相当する分の建物を取得する）の**2種類**がある。

・メリット…<u>建築</u>資金が必要なく**安定した収入**が得られる。土地と建物の買換え・交換にかかわる**課税**の<u>繰り延べ</u>**適用**を受けられる。

・デメリット…**土地をデベロッパーと**<u>共有</u>しなくてはならない。

☐ **事業受託方式**…**土地の所有者**が<u>資金調達</u>をし、マンション等の建設・管理・運営などの**事業一切**を<u>開発業者</u>に任せる。**土地・建物の権利**はその<u>所有者</u>が維持・取得する。**賃料**は<u>土地所有者</u>が受け取る。

・メリット…開発業者から事業ノウハウの提供を受けて、**業務負担が**<u>軽減</u>される。

・デメリット…建設資金や事業報酬の負担があり、**収入が**<u>少なく</u>なる。配当は保証されず、**運用実績により変動**がある。

☐ **定期借地権方式**…一定期間、土地を借地人に賃貸して**地代を受け取る**。原則、**契約期間終了後は**<u>更地</u>で返還される。アパート賃貸事業を行う者に貸す場合は、居住用建物とみなされ、**事業用定期借地権での契約は**<u>不可</u>。資金負担がなく、一定期間、比較的に安定収入が得られるが、一般的に建物の賃貸収入より<u>少なく</u>なる。

☐ **建設協力金方式**…<u>土地所有者</u>が**建物を建設**するが、建設資金の全部および一部には、その建物に**入居予定のテナント**等から預かった<u>保証</u>金や<u>建設協力</u>金を充てる。**土地の所有権**は<u>土地所有者</u>（**固定資産税**の納税義務者）にある。借り受けた建設協力金の返済額のうち、<u>利息部分</u>は必要経費となるが、<u>元本</u>は必要経費にならない。

・メリット…建設資金のための**借入れ**が<u>不要</u>で、金利もかからない。テナントが中途解約した場合、<u>保証</u>金の**返済義務がなくなる**。

・デメリット…テナント撤退後の処理が煩雑。

●土地の有効活用手法の特徴（まとめ）

有効活用の手法	有効活用後の 土地の所有名義	有効活用後の賃貸建物 の所有名義	建設資金の負担者
等価交換方式	土地所有者、デベロッパー	土地所有者、デベロッパー	デベロッパー
事業受託方式	土地所有者	土地所有者	土地所有者
定期借地権方式	土地所有者	借地人	借地人
建設協力金方式	土地所有者	土地所有者	土地所有者(一部または全部)

33位 生命保険料控除

☐ **一般の**生命**保険・個人年金保険・介護医療保険**という３つの区分ごとに、払い込んだ保険料に応じた額が**その年の所得から**控除できる。

☐ 一般の生命保険料控除と介護医療保険料控除は、「**保険金受取人が契約者本人・配偶者・その他の**親族」である生命保険や医療保険の保険料が対象。ただし、**保険期間5年未満の貯蓄保険、外国保険会社等と国外で締結した保険は除く。**

☐ 生命保険料控除の対象は、その年に払い込んだ保険料の合計額。ただし、契約者配当金や割戻金を受け取った場合は、生命保険料控除を計算する際の**支払保険料から差し引かれる。**

☐ 会社員などの**生命保険料控除**は、**年末調整**の際に勤務先に生命保険料控除証明書を提出することで適用されるため、**確定申告は**不要。

☐ 身体の傷害のみに基因して保険金が支払われる**新契約の傷害特約や災害割増特約などの保険料**は、生命保険料控除の**対象とは**ならない。

● 2012年1月1日以降の契約（新契約）での保険の区分

一般の生命 保険料控除	生存・死亡に基因した保険金・給付金に係る保険	**終身保険、定期保険特約、**特定疾病保障定期保険特約など
個人年金 保険料控除	公的でない、個人で加入している年金保険	**終身年金、確定年金、**保証期間付有期年金、夫婦年金など
介護医療 保険料控除	介護と医療（入院・通院等の給付部分）に係る保険	**入院特約、先進医療特約、所得補償保険、**医療保険、介護保険など

● 2012年1月1日以降の契約（新契約）での控除額の上限

	各払込保険料	一般の生命保険	個人年金保険	介護医療保険	控除合計上限
所得税	8万円超	40,000円	40,000円	40,000円	120,000円
住民税	5.6万円超	28,000円	28,000円	28,000円	70,000円

☐ 2011年12月31日以前に保険契約（旧契約）を締結していても、2012年1月1日以降に更新・転換や特約の**更新・中途付加を行うと、**更新した月以後の**保険契約全体の保険料に対して、**新**契約での生命保険料控除制度が適用**される。

● 同じ区分の保険で旧契約と新契約の両方がある場合の控除額の上限

☐ **旧契約の保険料だけを申告…所得税**5**万円、住民税**3.5**万円**

☐ **新契約の保険料だけを申告…所得税**4**万円、住民税**2.8**万円**

☐ **旧契約と新契約の両方を申告…合計で所得税**4**万円、住民税**2.8**万円**

33位 不動産の譲渡所得

- [ ] **土地や建物を譲渡（売却）**した場合、<u>譲渡</u>所得として**所得税・住民税**が課される。譲渡所得は、他の所得と区別して計算する<u>分離</u>課税。

- [ ] **譲渡所得金額＝譲渡所得の総収入金額－（<u>取得</u>費＋<u>譲渡</u>費用）**

- [ ] **総収入金額**…<u>売却</u>時の譲渡価額の合計額。

- [ ] <u>取得</u>**費**…売った土地や建物の購入代金、手数料、建築代金、設備費、改良費などの合計額から、<u>減価償却</u>費相当額を差し引いた金額。<u>取得</u>（購入、贈与、相続）したときに納めた<u>登録免許</u>税、**不動産取得税、印紙税**等を含む。

- [ ] **不動産取得税**は、<u>相続</u>で得た不動産については**発生しない**。

- [ ] **概算取得費**…買い入れた時期が古いなどのため、**取得費が不明**の場合には、取得費の額を**譲渡価額の<u>5</u>％相当額**にできる。また、実際の取得費が**譲渡価額の<u>5</u>％相当額を下回る場合も<u>5</u>％相当額**にできる。

- [ ] **譲渡費用**…<u>仲介</u>手数料、売主負担の<u>印紙</u>税、借家人に支払った<u>立退</u>料など、売るために直接かかった費用。固定資産税、都市計画税、修繕費など、土地や建物の「**維持・管理**」のためにかかった**費用は譲渡費用に含まれない**。

- [ ] **譲渡所得税額＝譲渡所得金額×税率**（長期なら**<u>20.315</u>％**、短期なら**<u>39.63</u>％**）

- [ ] **長期譲渡所得**…譲渡した年の1月1日現在において所有期間が<u>5</u>年を超えるもの。長期譲渡所得に係る税額は、譲渡所得金額に**所得税<u>15</u>％＋復興特別所得税<u>0.315</u>％＋住民税<u>5</u>％の合計<u>20.315</u>％**を乗じて求められる。

- [ ] **短期譲渡所得**…譲渡した年の1月1日現在において所有期間が**<u>5</u>年以内**であるもの。短期譲渡所得に係る税額は、譲渡所得金額に**所得税<u>30</u>％＋復興特別所得税<u>0.63</u>％＋住民税<u>9</u>％の合計<u>39.63</u>％の税率**を乗じて求められる。

- [ ] 贈与・相続により取得した土地を譲渡した場合、譲渡所得の計算上、**土地所有期間は**土地を残した**被相続人**の<u>取得日</u>を引き継ぐ。

  例えば、父親が**6年前**に取得した土地を相続し、相続の**1年後**に売った場合は、**所有期間は<u>7</u>年**で、<u>長期</u>譲渡所得となる。

確認問題 ▶適切なものは①、不適切なものは②をマークしなさい。　　　答えはページ下

1　1,000万円で売却する土地の取得費が不明の場合、概算取得費は50万円となる。　　　　① ②

2　父親が6年前に取得した土地を相続し、相続の1年後に売った場合は、所有期間は7年で、長期譲渡所得となる。　　　　① ②

35位 青色申告

- □ **青色申告**…正規の<u>簿記</u>の原則に基づいて計算した**所得税、法人税**の申告制度。
- □ **対象者**…<u>不動産</u>所得、<u>事業</u>所得、<u>山林</u>所得（<u>フジサン</u>）のいずれかがある者。
- □ **青色申告の申請**…新たに青色申告の申請をする場合、申告する所得が生じる年の**3月15日**まで（1月16日以後に新規に業務を開始した場合には、業務開始日から**2カ月以内**）に**青色申告承認申請書**を納税地の所轄<u>税務署長</u>に提出する。
- □ 新設法人の場合には、**青色申告承認申請書**を設立の日以後**3カ月以内**、または、第1期目の事業年度の終了日のうち、**早い日の前日**までに提出する。
- □ 青色申告の承認申請後、その年の**12月31日**までに承認・却下の**通知がなかった場合**は<u>承認</u>されたものとみなされ、以後は申請しなくても青色申告が続く。
- □ **青色申告の特典①：青色申告特別控除**…**事業所得者**、事業的規模（不動産の貸付規模が、独立した家屋では5棟以上、アパート等では10室以上）の**不動産所得者**が、**正規の簿記の原則**（一般的には複式簿記）**により記帳**して、青色申告書を**確定申告期限内に提出**すれば控除額**55万円**、そのうえで**電子申告（e-Tax）**または**電子帳簿保存**を行えば控除額**65万円**。上記「**55万円**」および「**65万円**」の要件に該当しない青色申告者の控除額は**10万円**。
- □ **青色事業専従者**…青色申告者と**生計を一**にする配偶者や**15歳以上**の親族で、年間**6カ月**を超えて従業員として従事する者のこと。
- □ **青色申告の特典②：青色事業専従者給与の必要経費への算入**…青色事業専従者給与を支払った場合、労務の対価として相当と認められる金額で、実際に支払った給与（「届出書」に記載した金額の範囲内）については、**全額**を必要経費に算入できる（税務署へ「**青色事業専従者給与に関する届出書**」の提出が<u>必要</u>）。その後支給額の変更など記載事項を変更する場合、**変更届出書**を提出する必要がある。なお、**不動産所得が事業的規模でない場合は**<u>必要経費</u>への算入はできない。
- □ **青色申告の特典③：純損失の繰戻還付**…期末資本金の額が**1億円以下の中小企業**は、純損失が生じたとき、前年も青色申告をしていれば前年の所得（黒字）と通算して<u>繰戻還付</u>が受けられる。
- □ **青色申告の特典④：純損失の繰越控除**…純損失は、**翌年以後3年間**（法人の場合は**10年間**）[※]繰り越して、**各年分の所得金額から**<u>控除</u>できる。
- □ **青色申告の特典⑤**：棚卸資産の評価について低価法を選択できる。
- □ 事業を引き継いで青色申告の承認を得た場合、家族従業員等をこれまでと同様に<u>青色事業専従者</u>とするためには、事業を引き継いだ人が改めて「<u>青色事業専従者給与に関する届出書</u>」を納税地の所轄税務署長に提出する必要がある。
- □ 貸借対照表や損益計算書等の**帳簿書類は、原則7年間保存**する必要がある。
- □ **各種特典の適用**は、青色申告者が事業を**廃業**した年分の所得税についてまで。
- □ **配偶者控除**（配偶者特別控除、扶養控除）との<u>併用</u>はできない。

※2018年4月1日以後開始する事業年度に発生した欠損金の繰越期間。これ以前に開始した事業年度に発生した欠損金の繰越期間は9年間。

36位 法人の保険料の経理処理

☐ 貯蓄性のある保険（保険金受取人が<u>法人</u>の終身保険、養老保険など）の保険料は、「<u>保険料積立金</u>」として【借方】に資産計上する。

借　　方		貸　　方	
保険料積立金	120万円	現金・預金	120万円

▲左側【借方】に積み立てている保険料。保険料は現金か預金から支払うので、
　右側【貸方】に現金・預金。【借方】と【貸方】は同じ金額になる。

☐ 被保険者が<u>全従業員</u>で、保険金受取人が被保険者（またはその遺族）の保険料は、「<u>福利厚生費</u>」として【借方】に損金算入する。

☐ 被保険者が<u>特定</u>の役員や従業員で、保険金受取人が被保険者（またはその遺族）の保険料は、「<u>給与</u>」として【借方】に損金算入する。

☐ 2019年7月8日以後の契約では、最高解約返戻率が<u>50</u>%以下の定期保険・第三分野の保険の保険料※は、「<u>支払保険料</u>」として【借方】に全額を<u>損金</u>算入する。

※保険期間3年未満のもの、最高解約返戻率が50%超70%以下かつ1被保険者あたりの年換算保険料相当額が30万円以下（全保険会社の契約を通算）のものを含む。

☐ 定期保険特約付終身保険…契約者（＝保険料負担者）が法人、死亡保険金受取人が<u>法人</u>である場合、<u>終身保険</u>の保険料は資産計上し、<u>定期保険特約</u>の保険料は損金算入する。

☐ 法人契約の個人年金保険①…被保険者を<u>全役員・全従業員</u>、年金受取人を<u>法人</u>、死亡保険金受取人を<u>被保険者の遺族</u>とした場合は、支払保険料の<u>10</u>分の<u>9</u>を保険料積立金（または年金積立金）として資産計上、残り<u>10</u>分の<u>1</u>を福利厚生費として損金算入する。

☐ 法人契約の個人年金保険②…年金受取人を<u>被保険者</u>、死亡保険金受取人を被保険者の遺族とした場合は、支払保険料全額を給与として損金算入する。

保険の種類	支払った保険料の経理処理
終身保険・養老保険・年金保険 保険金受取人が<u>法人</u>	貯蓄性があるため、【借方】に 「保険料積立金」として資産計上
終身保険・養老保険・年金保険 保険金受取人が被保険者（または遺族）	【借方】に 「給与」として損金算入
最高解約返戻率が<u>50</u>%以下の 定期保険・第三分野の保険 保険金受取人が<u>法人</u>	貯蓄性がないため、【借方】に 「支払保険料」として損金算入

学科▶TOP60

37

37位 デリバティブ取引

- [ ] **デリバティブ取引**…株式や債券などの現物市場と連動して価格が変動する商品（金融派生商品）の取引で、レバレッジ効果で証拠金の何倍もの取引ができる。

- [ ] **先物取引**…有価証券・商品等について、**将来の特定の時点**に**特定の価格で売買**することを契約する取引。転売または買戻しによる差金決済と最終（現物）決済がある。

- [ ] **オプション取引**…有価証券・商品等について、一定の日（期間内）に、**特定の価格（権利行使価格）で取引する権利（オプション）**を売買する取引。

- [ ] **コール・オプション**は、オプション取引において、将来の一定期日または一定期間内に、株式などの原資産をあらかじめ定められた価格（権利行使価格）で**買う権利**のこと。これに対して、**売る権利**を**プット・オプション**という。

- [ ] **オプション取引**において、買い手は売り手に**プレミアム（オプション料）**を支払う。**買い手**の損失はプレミアムに限定され、利益は無限大。**売り手**の利益はプレミアムに限定され、損失は無限大。

- [ ] オプション取引には、**満期日以前にいつでも権利行使**できる**アメリカン**タイプ（国債先物オプション取引など）と、**満期日のみ権利行使**できる**ヨーロピアン**タイプ（日経225やTOPIXオプションなど）がある。

- [ ] オプション取引では、**売り手**は**プレミアム（オプション料）**を手に入れる代わりに、買い手の権利行使に応じる義務を放棄**できない**。**買い手**は権利を行使するか放棄するかを選ぶことが**できる**。

- [ ] コール・オプション、プット・オプションのいずれも、他の条件が同じであれば、**満期までの期間が長い**ほど、**プレミアム（オプション料）は高く**なる。また、他の条件が同じであれば、**価格変動率（ボラティリティ）が増大**するほど、**プレミアム（オプション料）は高く**なる。

- [ ] **スワップ取引**…有価証券・商品等について、取引時点で**現在価値の等しいキャッシュフロー**（将来にわたって発生する利息）**を交換する取引**。

- [ ] **ヘッジ取引**…**現物**と**反対**のポジションの先物やオプションを保有して**価格変動リスク等を回避軽減**する取引。現物市場で発生する損益を先物市場で発生する損益で相殺することを目指している。将来の**価格上昇リスク等を回避・軽減するのが買いヘッジ**、将来の**価格下落リスク等を回避・軽減するのが売りヘッジ**。

- [ ] **スペキュレーション取引**…先物の将来の価格を予想してポジションを取り、**予想どおりの方向に変動したときに反対売買を行って利益の確定**を狙う取引。

38位 銀行預金とゆうちょの貯金

過去の出題率 **0.82**%

□　預金には、満期（預入期間の定め）がなく**自由に出し入れ**ができる<u>流動性</u>**預金**と、満期があり**一定期間払い戻せない**<u>定期性</u>**預金**がある。

●流動性預金

□　**普通預金**…変動金利で<u>半年</u>ごとに利子が付く。<u>給与**等の自動受取口座**</u>や<u>公共料金</u>**等の自動支払口座**にできる。

□　**貯蓄預金**…変動金利で<u>半年</u>ごとに利子が付く。一定額以上の残高があれば普通預金より金利が高い。自動受取口座・自動支払口座に**指定**<u>できない</u>。

□　**無利息型普通預金**…<u>決済</u>**用預金**。無利子の<u>決済</u>**用口座**。**法人でも個人でも利用**でき、**カード・通帳**で引出しと振込み可能。<u>全額</u>が預金保険制度の**保護**対象。

□　**当座預金**…無利子の<u>決済</u>**用口座**。<u>小切手</u>、<u>手形</u>の振出しが可能。<u>全額</u>が預金保険制度の**保護**対象。

□　**通知預金**…まとまった**資金**を<u>短期間預ける</u>ための預金。一定の据置期間があり、引き出す際には**事前に銀行に**<u>通知</u>する必要がある。

●定期性預金

□　**スーパー定期預金**…**固定金利**で、金利は各金融機関がそれぞれ別個に設定する（市場金利の動向等に応じて毎日決定・店頭表示）。**個人は、預入期間が**<u>3年未満</u>**なら単利型、**<u>3年以上</u>**なら単利型と半年複利型の選択**ができる。**法人が利用できるのは**<u>単利型</u>**のみ**。中途解約は中途解約利率を適用する。

□　**大口定期預金**…預入金額<u>1,000</u>**万円以上**の定期預金。**固定金利**の<u>単利</u>**型**で、金利は店頭表示金利を基準として<u>銀行</u>**との相対（交渉）で決定**する。

□　**期日指定定期預金**…**固定金利**で**1年**<u>複利</u>。1年間の据置期間経過後は**最長預入期日**（一般に**3年**）まで<u>任意</u>**の日を満期日**にできる（**1カ月以上前の通知**が必要）。

●ゆうちょ銀行の貯金

□　**ゆうちょ銀行の貯金**の**1人当たりの預入限度額**は、通常貯金と定期性貯金の限度額が**それぞれ**<u>1,300</u>**万円**、**合計**<u>2,600</u>**万円**まで。限度額には、<u>郵政民営化</u>**前に預け入れた郵便貯金**も含まれる。

□　**ゆうちょ銀行の定期貯金**…**預入期間**を<u>指定</u>して預け入れる貯金。**固定金利**。**預入期間が**<u>3年未満</u>**なら単利型、**<u>3年以上</u>**なら半年複利型**。中途解約は中途解約利率が適用される。

□　**ゆうちょ銀行の定額貯金**…**固定金利**で<u>半年</u>**複利**。利子は満期一括払い。**6カ月**の据置期間経過後はいつでも**解約**できる。

39位 老齢基礎年金

- [ ] 原則65歳になったときから支給される終身型の年金。

- [ ] **受給資格期間**…老齢基礎年金をもらうために**最低限必要な加入期間（保険料納付済期間＋保険料免除期間＋合算対象期間）**は10年。

- [ ] **年金請求**…受給開始年齢の約3カ月前に日本年金機構から送られてくる「年金請求書」と請求手続きの案内にそって手続きを行う。**年金受給権の時効は5年。**

- [ ] **支給時期**…2カ月に1回、年6回（偶数月）に分けて支給される。

- [ ] **年金生活者支援給金**…老齢・障害・遺族基礎年金のいずれかの受給者が、所得が基準額以下などの一定要件を満たす場合、偶数月に年金生活者支援給付金を受給できる。その月額は5,310円（年額は63,720円）である（2024年度価額）。

- [ ] **保険料納付済月数と年金額**…保険料納付済の全月数（480月：20歳から60歳までの40年）を満たした場合、年金額は満額の816,000円（2024年度価額）。

- [ ] $$816{,}000\text{円} \times \frac{\text{保険料納付済月数}＋\text{半額免除月数} \times \frac{2}{3}＋\text{全額免除月数} \times \frac{1}{3}}{480\text{月}}$$

  ▲ 2009年4月以降の期間分は、半額免除月数を3/4、全額免除月数を1/2にして計算する。なお、1/4免除期間の月数は5/6（2009年4月以降期間については7/8）で、3/4免除期間の月数は1/2（2009年4月以降の期間については5/8）で計算する。

- [ ] **免除期間・猶予期間の追納**は、過去10年以内の期間に係るものに限られる。

- [ ] **繰上げ受給**…老齢基礎年金と老齢厚生年金の受給開始を繰り上げて、60歳～64歳に受給できる。老齢基礎年金と老齢厚生年金は、**一緒に繰上げが必要。**繰上げで、**繰上げ月数×0.4%**（最大60月×0.4＝24%）**減額される。**[1]

- [ ] **繰下げ受給**…老齢基礎年金と老齢厚生年金の受給開始を繰り下げて、66歳～75歳に受給できる。[2] 66歳から繰下げ支給を請求することで、増額された年金が支給される。老齢基礎年金と老齢厚生年金、**一方だけの繰下げができる。**繰下げで、**繰下げ月数×0.7%**（最大120月×0.7%＝84%）**増額される。**

- [ ] **公的年金の繰上げ・繰下げ**を行うと、取消しや受給開始年齢の変更はできない。

- [ ] **付加年金**…月額400円を国民年金に付加して納付すると、**納付月数×200円**が老齢基礎年金に増額される第1号被保険者だけの制度。老齢基礎年金の支給繰上げ・繰下げをすると、**付加年金も連動して同率で繰上げ・繰下げとなる。**

- [ ] 国民年金基金と付加年金は同時加入できない。

- [ ] **マクロ経済スライド**…被保険者数の減少と平均余命の延びを年金額の改定に反映させることで年金の給付水準を調整する仕組み。

- [ ] **賃金の変動率がマイナスで、物価の変動率より低下している場合、**年金額は賃金下落分に連動して下がる。

※1 2022年3月31日までに60歳に達している者が繰上げをしたときの減額率は0.5%。
※2 2022年3月31日までに70歳に達している者が繰下げできる年齢は70歳まで。

39位 居住用財産の譲渡所得の特別控除

☐ **居住用財産の譲渡所得の特別控除**…正式には「居住用財産を譲渡した場合の 3,000万円の特別控除の特例」という。**居住用財産**（自宅の家屋、敷地）を**譲渡**（売却）した場合、**譲渡所得**（売却益）から**最高** 3,000 万円を控除できる特例。

☐ 居住用財産の譲渡所得の特別控除を受けるには、居住用財産に**居住しなくなった日から** 3 **年を経過する日の属する年の** 12 **月** 31 **日までに譲渡**することが必要である。

☐ **建物を取り壊した後で、敷地を**賃貸**やその他の用途に供した場合**には、居住用財産に該当しない。

☐ 土地、家屋ともに**夫婦の共有である居住用財産**を譲渡した場合、共有者ごとに居住用財産の譲渡所得の特別控除の判定をする。夫婦ともに要件を満たしていれば、夫も妻も居住用財産の譲渡所得の特別控除の**適用が**可能である。

☐ 居住用財産の譲渡所得の特別控除は、**特別関係者**（配偶者、父母、子、生計を一にする親族等）**への譲渡の場合は受けられ**ない。

☐ 居住用財産の譲渡所得の特別控除は、譲渡の年の前年、前々年に同特例の適用を受けていると受けられない。

☐ 居住用財産の譲渡所得の特別控除を受ける場合、所有・居住期間、また合計所得金額は問われない。

☐ 居住用財産の譲渡所得の特別控除によって**譲渡所得が0円**になる場合でも、**確定申告は**必要である。

☐ **居住用財産の軽減税率の特例**…正式には「居住用財産を譲渡した場合の長期譲渡所得の課税の特例」という。所有期間が 10 **年を超える居住用財産を譲渡した**場合、「3,000万円の特別控除の特例」適用後の金額のうち、6,000万円以下の部分に、14.21%（所得税10％＋復興特別所得税0.21％＋住民税4％）の**軽減税率**が適用される。6,000**万円を超える部分**は、**長期譲渡所得の税率** 20.315 %（所得税15％＋復興特別所得税0.315％＋住民税5％）で軽減税率はなし。

確認問題 ▶適切なものは①、不適切なものは②をマークしなさい。　　　答えはページ下

1　3,000万円特別控除は、譲渡した居住用財産の所有期間にかかわらず適用を受けることができる。　　　　　　　　　　　　　　　① ②

2　3,000万円特別控除は、居住用財産を配偶者に譲渡した場合であっても適用を受けることができる。　　　　　　　　　　　　　① ②

39位 贈与税の基礎知識

- ☐ **贈与税**…個人（**贈与者**）から財産を**贈与**された**個人**（**受贈者**）に課せられる。**法人が個人から贈与された場合は法人税**、**個人が法人から贈与された場合は所得税**の課税対象となる。
- ☐ **人格のない社団・財団法人**（PTA・町内会・同好会など）、**持分の定めのない法人**（出資していても退社や法人解散時に払戻しがない法人）は、**個人とみなされて贈与税**がかかる場合がある。
- ☐ 受贈時に**日本国籍を持っている個人**は、日本国内に住所がある・なしにかかわらず、**受贈した国内外の財産**に対して**納税義務**がある。
- ☐ 受贈時に**日本国籍を持っておらず**、日本国内に住所もない個人は、**受贈した国内財産についてのみ納税義務**がある。
- ☐ 課税方法は、受贈者が**暦年課税**または**相続時精算課税を選択**できる。
- ☐ 2024年1月1日以降の贈与に対し、相続時精算課税の基礎控除（110万円）が創設された。年間110万円までの贈与には贈与税・相続税がかからず、申告不要。
- ☐ 贈与財産の価額から、**相続時精算課税の基礎控除額**（**年110万円**）と特別控除額（累計**2,500万円**まで）の合計金額を控除できる。ただし贈与税の申告は毎回必要。
- ☐ 贈与税額は、贈与額から控除した残額に**一律20%**の税率を乗じて算出。課税された贈与税分は、将来相続が発生したときに支払う相続税から控除される。
- ☐ 相続時精算課税は、暦年課税の**基礎控除額110万円**との併用**不可**。

●暦年課税の申告と納税

- ☐ **1月1日から12月31日**までに受けた**贈与財産の価額**を合計して計算する。
- ☐ 贈与を受けた年の**翌年2月1日から3月15日**の間に**申告と納税**を行う。
- ☐ **受贈者の居住地**を管轄する**税務署長**に申告書を提出し納付する。
- ☐ 納税は、申告期限までに、**税額の全額を金銭で一括に納付**することが原則。**物納による納付は不可**。ただし所定の要件を満たすことにより、**延納は可**。
- ☐ 贈与税額が**10万円超**で、納期限までに金銭で納付することが**困難な場合**には、**担保を提供**することによって**延納が可能**（**5年**まで）。金銭による一括納付が原則だが、分割納付も認められる場合がある。
- ☐ **基礎控除額は110万円**。控除額を超えた部分は、**超過累進税率で計算**するため、税率は課税価格によって変わる。**110万円以下なら非課税**となり、**申告は不要**。
- ☐ **1暦年間に複数人から贈与を受けた場合**、贈与財産の**合計額**から基礎控除額を控除して、贈与税額を算出する。**基礎控除は贈与者ごとではなく、1暦年間に1回のみ**。
- ☐ 受贈者が贈与税の納付を行っていない場合、**贈与者**はその年中の贈与税額のうち、贈与財産の価額に対応する部分の金額について、贈与財産の価額相当額を限度として、**贈与税の連帯納付義務を負う**。ただし、**受贈者の配偶者や親族等**（贈与者ではない）**には連帯納付義務はない**。
- ☐ **直系尊属**（父母・祖父母等）から**18歳以上の者**（子・孫など）への贈与は特例贈与財産として、**特例税率**（一般税率ではない）を適用して贈与税額を計算する。

39位 相続人と法定相続分

□ **相続分**…各相続人が遺産相続する割合のこと。相続分には、指定相続分と法定相続分の２種類がある。

□ 指定**相続分**…被相続人が遺言で指定する各相続人相続分。法定相続分より優先。

□ 法定**相続分**…民法に規定されている相続分。

● 法定相続人と相続分の主なケース

□ 相続人が**配偶者のみの場合**…配偶者がすべて相続

□ 相続人が**配偶者と父母**…配偶者3分の2、父母（合計で）3分の1

□ 相続人が**配偶者と子**…配偶者2分の1、子（合計で）2分の1。（［例］子3人なら、それぞれ6分の1）

□ 相続人が**配偶者と兄弟姉妹**…配偶者4分の3、兄弟姉妹（合計で）4分の1

□ **実子・養子・非嫡出子・胎児**（死産は対象外）の法定相続分はすべて同等。

□ 法定の婚姻届出がされていない内縁の配偶者は、法定相続分が認められない。

□ 兄弟姉妹が相続する場合、被相続人と父母の一方（片親）のみが同じ兄弟姉妹の相続分は、被相続人と父母が同じ兄弟姉妹の2分の1。

□ 相続放棄者の相続分は、その他の法定相続人で法定相続分に分配する。

□ **代襲相続人の相続分**は、その直系尊属の相続分と同じ。

□ 特別受益者…特定の相続人が被相続人の生前に贈与や遺贈を受けていた場合、その相続人を特別受益者、受けた財産分を特別受益分という。**共同相続人**（相続人が複数いる場合の全相続人）の中に、特別受益者がいる場合、すでに贈与された特別受益分をいったん被相続人の遺産額に加算してから、法定相続分で分配する。特別受益者の分配分からは特別受益分を差し引く。

□ 寄与分権利者…被相続人の生前に財産の形成・維持に特別に寄与した相続人を寄与分権利者といい、寄与した財産分を寄与分という。

□ **寄与分権利者**がいる場合、遺産から寄与分権利者に与える寄与分を差し引いてから、遺産を法定相続分で分配する。

□ **特別寄与者**…療養看護等の労務提供など、**被相続人の生前に財産の形成・維持に特別に寄与した親族**（6親等内の血族、配偶者、3親等内の姻族。相続人及び相続人の資格を失った人は含まれない）は、相続人に**特別寄与料を請求**できる。

43位 終身保険

- ☐ **終身保険**は、死亡・高度障害状態の保障が<u>一生涯</u>続く保険で、<u>保険料払込</u>期間が終われば、保険料の**負担がないまま**保障が続く。<u>解約返戻金</u>が一定額まで増えていくため、法人では役員の死亡退職金や退職金の準備としても活用できる。

- ☐ **保険料払込期間**…一定期間で終わる<u>有期</u>払いと、一生涯続く<u>終身</u>払いがあり、他の条件が同一なら払込み1回当たりの保険料の金額は<u>有期</u>払いの方が**高く**なる。

- ☐ **終身保険の保険料**は、一般的に**男性より女性の方が<u>安い</u>**。女性の方が平均余命が長く、死亡までに保険料を払い込む期間が長くなる可能性が高いためである。

- ☐ 契約時に生命保険会社から求められた<u>告知事項以外</u>の告知をする必要は<u>ない</u>。

- ☐ 告知は各保険会社の所定の方法で行う。生命保険募集人に<u>告知受領</u>権は<u>ない</u>。

- ☐ 被保険者が生きている限り年金受給が続く**個人年金保険の終身年金タイプ**では、一般に寿命が長い**女性**の方が保険料が<u>高く</u>なる。

- ☐ **利率変動型積立終身保険（アカウント型保険）**…契約者が積立金部分を<u>口座（アカウント）</u>から引き出したり、一時金として積み立てたり、保障内容を変更する際の保険料に充てたりすることができる。ただし、医療保障や死亡保障など、保障部分はすべて特約で、**更新のたびに保険料が<u>上がって</u>**いき、**積立金も<u>減ってい</u>く**可能性がある。主契約の適用利率は契約後一定期間ごとに見直されるが、原則として<u>最低保証利</u>率が設定されている。

- ☐ **定期保険特約付終身保険**…保障を厚くした定期保険期間を主契約である終身保険の保険料払込期間と同じにした<u>全期</u>型と、保険料払込期間より短く設定して更新していく<u>更新</u>型がある。**更新型では、更新時に診査や告知は<u>不要</u>**だが、**保険料が再計算されて高くなる**。定期保険特約の期間は、主契約の終身保険の保険料払込期間が上限で、それ以降の**更新は<u>できない</u>**。

- ☐ <u>低解約返戻金</u>型終身保険…保険料払込期間中の<u>解約返戻</u>金額が低い代わりに、保険料が安く設定されている終身保険。**払込期間経過後**は、従来型の終身保険と**同程度の<u>解約返戻</u>金額**になる。

- ☐ **一時払変額終身保険**…保険会社の<u>特別</u>勘定（主として、投資信託）で運用する商品で運用実績に応じて<u>死亡保険</u>金や解約返戻金の金額が変動する一時払いの終身保険。一般に、<u>死亡保険</u>金は最低保証されるが、解約返戻金や満期保険金には最低保証はないものが多い（商品・条件によって最低保障されるものもある）。

- ☐ <u>無選択</u>型終身保険…<u>告知</u>や<u>診査</u>が不要な死亡保険。他の保険よりも**保険料は<u>割高</u>**になっている。<u>高度障害</u>になっても保険金はない。

- ☐ **健康診断書の提出**や**契約<u>後</u>の健康状態の改善**で保険料が割安になる保険がある。

44位 生命保険の保険金への課税 過去の出題率 0.75%

学科▶TOP60

- [ ] **満期保険金**…契約者が受取人と同じときは所得税・住民税、契約者が受取人と違うときは贈与税の課税対象となる。

- [ ] 満期保険金を**一時金**で受け取る場合は、これまでに支払った保険料と**特別控除額50万円**を差し引いた金額について、一時所得として所得税・住民税の課税対象となる。年金で受け取る場合は年金年額から必要経費を差し引いた額が雑所得として所得税・住民税の課税対象となる。

- [ ] 保険期間が**5年以下**（**5年以内に解約した場合も含む**）の一時払いの養老保険、一時払いの損害保険、一時払いの個人年金保険などは、満期保険金や解約返戻金と払込保険料との差益について、金融類似商品の収益とみなされて20.315%（所得税15％＋復興特別所得税0.315%＋住民税5%）の源泉分離課税となる。

- [ ] 終身保険は、満期がないため5年以内に解約しても金融類似商品とはみなされない。

- [ ] **死亡保険金**…契約者（保険料負担者）と被保険者が夫、保険金受取人が法定相続人（配偶者や子）の場合、**みなし相続財産**として相続税の課税対象となる。このとき、**500万円×法定相続人の数**が非課税金額となる。契約者と保険金受取人が夫、被保険者が妻の場合、一時所得として所得税・住民税の課税対象となる。

- [ ] **解約返戻金**…払込保険料との差益が、一時所得として所得税・住民税の課税対象となる。基本的に解約返戻金が払込保険料より少なければ課税されない。

- [ ] 個人年金保険で毎年受け取る年金は、雑所得として所得税・住民税の課税対象だが、**公的年金等控除の対象と**はならない。

- [ ] 個人年金保険や収入（所得）保障保険の年金を一括して**一時金**として受け取ると、一時所得として所得税・住民税の課税対象となる。

- [ ] 個人年金保険において、夫が保険料を支払って妻が年金を受け取るなど、契約者（＝保険料負担者）と年金受取人とが異なる場合は、契約者から受取人への贈与とみなされ、**年金受給権の評価額が**贈与税の課税対象となる。

- [ ] 被保険者や配偶者等が受け取る通院・手術・入院など、**身体の傷害に基因**して支払われる給付金、保険金は**非課税**である。例：入院給付金・手術給付金・通院給付金・疾病（災害）療養給付金・がん診断給付金・障害給付金・先進医療給付金・高度障害保険金・特定疾病（三大疾病）保険金・リビング・ニーズ特約保険金・介護保険金

44位 株式の取引

□ **証券取引所**の取引…**オークション**方式により売買を成立させる<u>立会内</u>取引と、機関投資家等の**大口取引**を対象にした<u>立会外</u>取引がある。

□ **信用取引**は、**信用取引口座設定**<u>約諾書を証券会社に提出</u>する必要がある。

□ 株の売買には、**成行優先の原則**（**成行**注文が**指値**注文より優先）、**価格優先の原則**（買い注文の場合は値段の高い方、売り注文の場合は値段の安い方が優先）、**時間優先の原則**（値段が同じなら時間が早かった方が優先）という原則がある。

□ **指値**注文…銘柄、売り買いの別、数量、**売買価格を指定**して注文する方法。買いたい価格の<u>上限</u>（これ以上なら買わない）、売りたい価格の<u>下限</u>（これ以下では売らない）を指定する。

□ **成行**注文…**売買価格を指定しない**で、銘柄、売り買いの別、数量を指定して注文する方法。<u>早く</u>**買いたい**、<u>早く</u>**売りたい**というときに用いる。

□ 株式売買が<ruby>約定<rt>やくじょう</rt></ruby>すると、**約定日から2営業日後（約定日を含めて3営業日目）に決済（受渡し）**が行われる。従って、配当や株主優待の権利を得るためには、権利確定日の**2営業日前（権利付き最終日）**に約定している必要がある。

□ <u>上場</u>**株式の全銘柄の売買単位**は、<u>100</u>**株**である。

□ **売買高（出来高）**…一日にその市場で**取引が**<u>成立した数量</u>**（株数）**のこと。1,000株の売り注文に1,000株の買い注文で取引が<u>成立</u>すると、売買高は<u>1,000</u>**株**。

□ **委託保証金**…信用取引でお金や株券を借りて取引をするときの**担保**となるもの。<u>現金以外</u>に<u>株券</u>や<u>国債</u>、<u>投資信託</u>などの**有価証券も代用**できる。

□ **委託保証金率**…取引金額に対する委託保証金の割合。**委託保証金率を30%**とすると、**委託保証金の約3.3倍（1÷0.3≒3.3）までの取引ができる**。委託保証金率30%、委託保証金90万円なら、**取引金額上限**<u>90÷0.3＝300</u>**万円**。

□ 株式の価格が下落し、**委託保証金維持率割れ**（約定価額の**20～40%**よりも低い価額）となった場合は、<u>追加保証</u>**金**（<ruby>追証<rt>おいしょう</rt></ruby>）を差し入れなければならない。

□ **制度信用取引**…**証券取引所**の規則に基づく取引。**決済期限は最長6カ月**。

□ **一般信用取引**…証券会社と顧客の間で**決済期限を**<u>任意</u>**に決める**ことができる取引。決済期限を無期限とすることもできる。

□ <ruby>差金<rt>さきん</rt></ruby>**決済**…原資産の受渡しをせず、**反対売買によって損益に応じた金額（差金）**だけを受け渡す決済方法。利益が出れば利益分の金額を受け取り、損失が出れば損失分の金額を証券会社に支払う。

□ **現物決済**…<u>買い</u>では**現引き**（証券会社に現金を払って株を引き取る）、<u>売り</u>では**現渡し**（売った株と同種同量の現物株を証券会社に渡して代金を受け取る）。

44位 消費税の課税・非課税

過去の出題率 0.75%

学科▶TOP60

☐ **消費税**…納税義務者と税金を支払う者が異なる間接税。消費税には課税対象となる**課税取引**のほかに、非課税取引（消費税の課税の要件を満たすものの、課税対象外となる取引）、不課税取引（消費税の課税の要件を満たさない取引）がある。

●消費税の課税取引

☐ 消費税の課税取引となるのは、以下の**4つの要件**を同時に満たす取引である。

❶ 国内において**行うもの**であること

❷ 事業者が**事業として行うもの**であること。個人の中古車販売業者の中古車売買、事業用車両の売買も対象。

【例】個人が生活の用に供している資産を**譲渡**する場合は不課税取引。

❸ 対価を得て行うものであること

【例】寄附金、補助金、配当金、保険金などは、対価がないので不課税取引。

【例】無償の取引・贈与・祝金も、原則として不課税取引。

❹ 資産の譲渡・貸付けまたは役務の提供であること

●消費税の非課税取引

上記課税取引のなかでも、以下に該当するものは例外として**非課税**取引となる。

☐ 土地（借地権）の譲渡・1カ月以上の貸付けの賃貸料

【例】建物の譲渡、整備された駐車場施設の利用料、1カ月未満の賃貸料、土地の賃貸借契約の仲介手数料は課税対象。

☐ **住宅の**家賃（1カ月以上）

【例】住宅用でない事務所用建物（店舗）の**家賃は**課税対象。

【例】事業者による住宅の販売は課税対象。

☐ **有価証券の譲渡**（株券、国債、抵当証券、金銭債権）

【例】株式・出資・預託の形態によるゴルフ会員権は課税対象。

☐ **預貯金や貸付金の**利子、保険料を対価とするサービス

【例】金融機関への融資手数料は課税対象。

☐ 郵便切手、印紙、商品券、プリペイドカードなど、物品切手等の譲渡

☐ 行政手数料、外国為替業務に係るサービス

確認問題 ▶適切なものは①、不適切なものは②をマークしなさい。　　答えはページ下

1　土地の賃貸借契約の仲介手数料は課税対象となる。　　① ②

44位 相続の基礎知識

- ☐ **法定相続人の順位**…<u>配偶者</u>…常に法定相続人

  第1順位…<u>子</u>（養子、非嫡出子、胎児**含む**）→<u>子</u>が亡くなっている場合は<u>孫、ひ孫</u>

  第2順位…<u>直系尊属（父母）</u>→父母が亡くなっている場合は<u>祖父母</u>

  第3順位…<u>兄弟姉妹</u>→兄弟姉妹が亡くなってる場合は<u>甥、姪</u>

  ・上位の法定相続人がいる場合は、下位の者は相続人になれない。

- ☐ 相続開始時における胎児が**死産**だった場合、相続権は**認められない**。

- ☐ **代襲相続**…法定相続人が**死亡、欠格、廃除**によって、相続権がなくなっている場合、その法定相続人の<u>直系卑属</u>が代わって<u>相続</u>するもの。

  第1順位…（子）→ <u>孫→ひ孫</u>…<u>直系卑属</u>は代襲できる。

  第2順位…（直系尊属）<u>祖父母</u>は代襲ではなく<u>法定相続人</u>。

  第3順位…（兄弟姉妹）→ <u>甥、姪</u>（兄弟姉妹の子）までが<u>代襲</u>できる。

  ・欠格・廃除者の子は**代襲可**。相続放棄者の子、被相続人の配偶者は代襲<u>不可</u>。

- ☐ **普通養子**…養子が実方の父母との法律上の**親族関係を存続**したまま、養親と縁組する。**実父母と養父母どちらの**相続人にもなる。

- ☐ **特別養子**…実方の父母の同意の上で**親子関係を断って**から、養父母と縁組する。<u>養父母のみの</u>**相続人になる**。

- ☐ <u>嫡出子</u>（法律上の婚姻関係にある男女の間に生まれた子）と<u>非嫡出子</u>は、<u>同順位</u>の相続人になる。被相続人が男性の場合は「<u>認知</u>」が必要。

- ☐ 夫婦が未成年者を養子にするには、**夫婦**<u>共同</u>で縁組をして<u>家庭裁判所</u>の許可が**必要**。ただし、自分または配偶者の<u>直系卑属</u>を**養子にする場合は不要**。養子縁組が成立した日から養親の**嫡出子の身分**を取得する。

- ☐ 相続人は、相続の開始があったことを知った時から原則として<u>3カ月以内</u>に、その相続について<u>単純</u>**承認**、<u>限定</u>**承認**または<u>相続放棄</u>の選択をしなければならない。

- ☐ <u>単純</u>**承認**…被相続人の資産および負債を**すべて無制限に相続**すること。限定承認または相続放棄の申述をしなければ**自動的に**<u>単純</u>**承認**になる。

- ☐ <u>限定</u>**承認**…被相続人の<u>資産</u>の範囲内で負債も相続すること。相続開始を知った日から**3カ月以内**に、相続人全員が共同で家庭裁判所に申述する必要がある。

- ☐ <u>相続放棄</u>…被相続人の資産および負債を**すべて相続しない**こと。相続を<u>放棄</u>するには、自己のために相続の開始があったことを知った時から原則として<u>3カ月以内</u>に、その旨を<u>家庭裁判所</u>に<u>申述</u>する必要がある。

- ☐ <u>相続放棄</u>は、原則として**撤回できない**。

- ☐ **相続の開始前**（被相続人の生前）に<u>相続放棄</u>はできない。

48位 宅地建物取引業

- □ **宅地建物取引業**…土地や建物の<u>売買</u>、**交換**、**貸借**の<u>媒介（仲介）</u>や**代理**を行う業務。国土交通大臣、または都道府県知事から免許を受ける。<u>国土交通省</u>および<u>都道府県</u>に、免許証番号、宅地建物取引業者の代表者氏名、<u>業務停止</u>の処分の内容等が記載された**宅地建物取引業者名簿**が、**設置**されていて閲覧が可能。

- □ **宅地建物取引士の独占業務**…①契約成立前の借主や買主への<u>重要事項</u>の説明、②契約成立前の<u>重要事項</u>説明書への<u>記名</u>、③契約書面への<u>記名</u>は、**宅地建物取引士の独占業務**。宅地建物取引士でない従業者が行うことは<u>できない</u>。

- □ 不動産の鑑定評価は、**<u>不動産鑑定士</u>の独占業務**。宅地建物取引業者が行うことは<u>できない</u>。

- □ 宅地建物取引業者は、都市計画法の**開発許可**や**建築基準法の建築確認**等を受ける前は売買その他の業務に関する<u>広告</u>および<u>売買契約</u>の**締結**はできない。

- □ **一般媒介契約**…依頼者は**複数の業者**（不動産会社）**に依頼することができ**、<u>自己発見</u>（自分で取引相手を見つけ、直接契約すること）も可能。依頼を受けた業者から依頼者への**報告義務は**<u>ない</u>。

- □ **専任**媒介契約…依頼者は**他の業者に依頼できない**。<u>自己発見</u>も可能。**有効期間は**<u>3</u>**カ月**。業者から依頼者への**報告は**<u>2</u>**週間に**<u>1</u>**回以上**しなければならない。

- □ **専属専任**媒介契約…依頼者は**他の業者に依頼できない**。<u>自己発見</u>もできず、自分で見つけてきた相手についても、依頼した不動産会社を通して取引することが契約で義務づけられている。**有効期間は**<u>3</u>**カ月**。業者から依頼者への**報告は**<u>1</u>**週間に**<u>1</u>**回以上**しなければならない。

- □ 宅地建物取引業者が不動産の売買・交換・賃貸の媒介や代理を行った場合、取引に応じた報酬の<u>限度</u>額が宅地建物取引業法で定められている。依頼主との合意があっても、<u>限度</u>額を超える報酬を受け取ることは違法。

- □ **所有者が自ら**アパートの賃借人を募集し、**建物賃貸借契約**を締結する場合、**宅地建物取引業の免許を取得する必要は**<u>ない</u>。

- □ **手付金**…宅地建物取引業者は、自らが売主となる不動産の売買契約で取引相手が宅地建物取引業者でない場合、**代金の額の**<u>2</u>**割**（<u>10</u>**分の**<u>2</u>）を超える額の手付金を受領することはできない。

- □ **仲介手数料の合計額の上限**…賃貸借を媒介する場合、貸主・借主双方から受け取ることができる**仲介手数料**の合計額の上限は、**賃料の**<u>1</u>**カ月分＋消費税**まで。

49

49位 給与所得／退職所得

☐ **給与所得**…**給与、賞与、手当て、現物給与**などの給与による所得で**総合**課税。給与等の収入金額が **2,000万円超**の人、給与所得および退職所得以外の所得が **20万円超**の人は**確定申告が必要**。それ以外の人は、給与支払者（事業主）が源泉徴収によって税金を支払うため**確定申告は不要**。

☐ **給与所得＝給与収入金額－給与所得控除額**（最低 **55万円**）

☐ 勤務先からの**無利息の金銭借入れ、商品・土地・建物等を無償**（低価格）で譲り受けたり、借り受けたりしたことによる**経済的利益も給与所得**になる。

☐ 給与所得者の**特定支出控除**…給与所得者が支払った**通勤費、転居費、資格取得費**などの支出合計額がその年中の給与所得控除額の半額を超える場合、超えた部分の金額を給与所得控除後の所得金額からさらに**差し引くことができる**制度。

☐ **退職所得**…退職時に勤務先から受け取る**退職一時金（退職金）**などの所得。**分離課税**。

☐ **退職所得＝（収入金額－退職所得控除額）× 1/2**※

※ 2022年分以後の所得税について、役員等以外の者としての勤続年数が5年以下である者に対する退職手当等のうち、退職所得控除額を控除した残額の300万円を超える部分については2分の1課税を適用しない。

☐ **退職所得控除額**…**勤続年数**により、以下の**2通りの計算方法**で算出される。

勤続年数	退職所得控除額（勤続年数に応じる）
20年以下の場合	**40万円×勤続年数 → 20年で800万円**（最低控除額80万円）
20年超の場合	**800万円**（＝40万円×20年）＋**70万円×（勤続年数－20年）**

▲勤続年数の計算において1年未満の端数は切り上げて**1年**とする。なお、障害者になったことに起因する退職の場合は**100万円**が加算される。

☐ **確定拠出年金の老齢給付金**を年金として受け取ると**雑**所得、**一時金**として受け取ると**退職所得**となる。

☐ **退職所得の受給に関する申告書**を提出した場合、**源泉徴収**によって所得税および復興特別所得税の課税関係が終了し、原則として**確定申告は不要**となる（退職金が控除額以下のときは、所得税・復興特別所得税・住民税は**源泉徴収されない**）。

☐ 他の所得から控除しきれない所得控除額があった場合、退職所得について確定申告をしてその控除しきれない金額を**退職所得の金額から控除**することができる。

☐ 申告書を提出しない場合、**退職所得控除はされず**、退職金等の支給額の **20.42％**※が**源泉徴収**されるが、**確定申告**によって税金の還付を受けられる可能性がある。

※所得税20％＋復興特別所得税0.42％（20×0.021＝0.42）で20.42％。

☐ 死亡退職の退職金で**死亡後3年以内**に支給が確定したものは、所得税ではなく**相続**税の課税対象となる。

50位 雇用保険の基本手当

□ **雇用保険**…政府が管掌する**強制保険**制度。保険料は**事業主と労働者**が決められた負担割合によって**負担**する。負担割合は、**業種**によって異なる。

□ **被保険者となる条件**…常用、パートタイマー、派遣社員など、名称にかかわらず、**1週間の所定労働時間が20時間以上**で、**同一の事業主の適用事業に継続して31日以上雇用**される見込みがあること。

□ **雇用保険の基本手当**…働く意思と能力があるが、**就業できない失業**の状態にある場合に給付される。

□ 雇用保険の基本手当の給付には**公共職業安定所（ハローワーク）**に求職の申込みをすることが必要である。

□ **基本手当の受給資格者**…**離職の日以前2年間**に雇用保険の被保険者期間が**通算12カ月以上**ある者。

□ **65歳以上**の労働者は**「高年齢被保険者」**として新規で雇用保険に加入できる。

□ **所定給付日数**…自己都合・定年退職の場合、被保険者期間**10年以上20年未満**で最長**120日**、被保険者期間**20年以上**で最長**150日**。倒産・解雇などの会社都合の退職の場合、**最長330日**。

□ **定年退職、会社都合**の退職の場合、**退職後7日間**（待期期間）経過後に支給される。

□ **正当な理由のない自己都合退職**の場合は、「**退職後7日間の待期期間＋2カ月間（5年間のうち3回以上の退職では3カ月）の給付制限期間**」の経過後に支給される。また、**重責解雇**の場合は、「**退職後7日間の待期期間＋3カ月間の給付制限期間**」の経過後に支給される。

□ 基本手当の給付には原則として**4週間に1回**、公共職業安定所に**離職票**を提出して求職の申込みをすることが必要となる。

□ **基本手当の受給期間**は離職した日の翌日から**1年**。その間、病気、出産・育児、介護等で**30日以上**継続勤務できなくなった場合は**最長3年延長**でき、本来の受給期間**1年**を含めると受給期間は**合計4年間**となる（手当がもらえる「受給日数」が増えるわけではない）。

□ **65歳未満**の者が雇用保険の基本手当を受給する場合は、**特別支給**の老齢厚生年金は支給停止となる。

50位 固定資産税

過去の出題率 0.69%

□ **固定資産税**…不動産を**取得した翌**年度から**課税**される**地方税**。

□ 土地や家屋を**所有**している**人に納税の義務**がある。マンションやアパートを借りて住んでいる場合には、固定資産税の対象にならない。**貸し主**が固定資産税を**支払う**ことになる。

□ **納税義務者**…毎年**1**月**1**日現在、固定資産**課税台帳**に登録されている者。その年の途中に対象となる固定資産を売却した場合でも、還付はされない。実務上は、売買契約により売主と買主の間で固定資産税の負担割合を所有期間で**按分**して精算することが一般的となっている。

□ **固定資産税評価額**…**市町村**が、基準年度の前年の1月1日を基準に**3年**ごとに見直す。

□ **固定資産税の算出方法**…**課税標準×税率1.4%**

□ 固定資産税の標準税率**1.4%**は、**各市町村**の条例で変えることができる。

□ **住宅用地に対する固定資産税の課税標準の特例**…住宅用地（賃貸住宅の用地を含む）の固定資産税において、**課税標準**から一定額を控除できる制度。

□ **小規模住宅用地**（住宅1戸当たり**200㎡**まで）…**課税標準×1/6**
　固定資産税＝課税標準×1/6×税率1.4%

□ **一般住宅用地**（住宅1戸につき**200㎡**超の部分）…**課税標準×1/3**
　固定資産税＝課税標準×1/3×税率1.4%

□ **住宅用地に対する固定資産税の課税標準の特例**は、**賃貸アパートの敷地**に適用できる。

□ **新築住宅の税額軽減特例**…居住用部分の床面積が**50㎡**（一戸建ての場合）**以上280㎡以下**を要件として、**床面積が120㎡**までの部分について、**新築後3年**間（マンションなど、新築中高層建築物は5年間）、**固定資産税が2分の1**に軽減される。

□ **固定資産の交換の特例**…個人が土地や建物などの固定資産を**同じ種類（土地と土地、建物と建物）**の固定資産と交換したときに**譲渡がなかったものとする特例**。

□ **固定資産の交換の特例**において、**借地権は土地の種類**に含まれ、土地との交換について適用を受けることができる。

50位 遺産分割の種類

- [ ] **遺産分割**…相続財産を相続人で分けること。被相続人の**遺言による**指定分割と、共同相続人全員の**協議で決める**協議分割の2つの種類がある。
- [ ] **共同相続人**…相続人が複数いる場合のすべての**相続人**。被相続人が亡くなった時に自動的に共同相続人となる。
- [ ] 遺産分割では、まず指定**分割が最優先**され、遺言がない場合、協議**分割**を行う。協議が成立しない場合は、まずは**家庭裁判所の**調停、次に審判によって分割する。
- [ ] 民法上、**遺産分割**は、遺産に属する物、権利の種類および性質や各相続人の年齢、職業、心身の状態や生活の状況その他**一切の事情を**考慮**して行う**と定められている。
- [ ] 被相続人は、遺産分割を**一定の期間禁止**する旨を**遺言によって**指定することができる。禁止できる期間は**相続開始時から最長5年間**。
- [ ] 長期間の協議が必要なときなど、**一部の財産だけ先に**分割することも可能。
- [ ] 遺言により遺産の分割を禁じられている場合を除き、**遺産分割は**相続の開始後いつでも**行うことができる**（相続人はいつでも分割請求が可能）。ただし相続開始から10年経過した後に行う遺産分割は、寄与分や特別受益は考慮せず、原則**法定相続分**または**指定相続分**の割合により行う。
- [ ] 協議**分割では法定相続分に従う必要はない**。例えば、相続人の中の特定の者の取得分を**ゼロ**にすることも可能。
- [ ] **遺産分割協議書**…遺言書がない場合に、**相続人全員の**同意**の下で遺産分割を行ったことを証明する書類**。書式は定められておらず、**実印・印鑑証明書の添付も**不要。協議が成立したら、遺産分割協議書を作成して**相続人全員が署名・押印する必要がある**。また、あらかじめ1人の相続人が遺産分割協議書の草案を用意し、他の共同相続人全員が順次これに署名・捺印する**持回り方式**により作成することも認められている。
- [ ] 協議成立後でも**共同相続人全員の合意**があれば、**遺産分割協議の**解除や再分割協議ができる。
- [ ] **寄与分**…被相続人の財産の維持や増加について特別の寄与をした相続人について認められる**本来の相続分を超えて取得**できる部分。
- [ ] **寄与分権者**…被相続人の生前に財産の形成・維持に**特別に**寄与した人。
- [ ] 寄与分は原則として、**共同相続人の協議**によって定めるが、**協議が調わないときは**、寄与をした者の請求により調停申立てか、審判により**家庭裁判所が寄与分を定める**。
- [ ] **配偶者居住権**…被相続人所有の建物に居住していた**配偶者**は、一定の要件のもとに**配偶者の**終身または一定期間の居住が認められる。

53位 個人の損害保険と税金

☐ 損害保険料控除は地震保険料控除だけとなっているが、2006年12月31日以前に締結された要件を満たす<u>長期損害</u>保険契約の保険料は、最高<u>15,000</u>円の地震保険料控除の適用を受けられる。

☐ 地震保険料控除（火災保険は対象外）

所得税	地震保険料の全額が対象。**所得税控除限度額は<u>50,000</u>円**
住民税	地震保険料の2分の1が対象。**住民税控除限度額は<u>25,000</u>円**

☐ 店舗併用住宅では、地震保険料控除の対象は床面積のうち<u>住居</u>部分に支払った分の金額だけである。ただし、**家屋全体の<u>90</u>%以上が住居部分の場合には、保険料全額が控除対象**となる。

☐ 給与所得者は、確定申告だけでなく、その年の<u>年末調整</u>によっても地震保険料控除を受けることができる。

☐ 個人事業主の損害保険料…原則として<u>必要経</u>費となる。ただし、**事業主本人や<u>家族</u>の生命保険料・傷害保険料、<u>自宅</u>部分の火災保険料などは事業の<u>必要経</u>費にはできない。**

☐ 保険金への課税…個人や個人事業主が受け取った**損害保険の保険金は損失の補てんとなるため、原則<u>非課税</u>。**ただし、「**契約者（保険料負担者）＝受取人」の家族傷害保険**などで、**家族が事故で死亡したときの死亡保険金は、<u>所得税</u>・<u>住民税</u>の課税対象**となる。その他、死亡保険金、積立型保険の満期保険金（満期返戻金）は、生保と同様の扱いとなる（「生命保険の保険金への課税」49ページ参照）。

☐ 保険の契約者と被保険者が同じで**保険金受取人が異なる場合、支払われる死亡保険金は、みなし<u>相続</u>財産として、<u>相続</u>税の課税対象**となる。

☐ 交通事故等で遺族が受け取る**損害賠償金や慰謝料は、所得税や相続税の課税対象と<u>ならない</u>。**

確認問題 ▶ 適切なものは①、不適切なものは②をマークしなさい。　　答えはページ下

1　自宅の建物と家財を対象とした火災保険に地震保険を付帯して加入した場合、火災保険と地震保険の保険料の合計額が地震保険料控除の対象となる。　①　②

2　自損事故で被保険自動車である自家用車を損壊して受け取った自動車保険の車両保険金は、当該車両の修理をしなくとも、非課税となる。　①　②

54位 労働者災害補償保険

- [ ] **労働者災害補償保険（労災保険）**…原則として1人以上の労働者（アルバイト、パートタイマーを含む）を使用する**全事業所が加入**する制度。労働基準監督署が管轄する。

- [ ] **保険料**…事業主が全額負担。**労災保険率（保険料率）は業種**により異なり、労災事故の可能性の高い事業ほど保険料率が高く設定されている。

- [ ] **治療費**…全額が労災保険から療養補償給付として**支給される**ため、**自己負担はない**。原則として無料で治療や薬剤の支給が受けられる。

- [ ] **特別加入制度**…経営者や役員は労災保険の対象にならないが、次の人は任意に加入できる。

・**常時使用する労働者数が一定数以下の**事業主

・個人タクシー業者や大工など（いわゆる一人親方）

・日本国内の事業主から派遣されて海外の事業所で働く者

・芸能関係作業従事者／アニメーション制作作業従事者／柔道整復師／創業支援等措置に基づき事業を行う者／自転車等を使用して貨物運送事業を行う者／ITフリーランス

- [ ] **業務災害**…**業務上**（出張中含む）のケガ、障害、病気、死亡が対象。

- [ ] **通勤災害**…通勤途中での災害が対象。日用品の購入、選挙権の行使、**病院での診察**、親族の介護等の**中断後に通勤経路に戻れば「通勤」**と認められる。

- [ ] **休業補償給付**…業務上の病気やケガで休業し賃金が支払われなくなった場合、**休業4日目から1日につき給付基礎日額の60%**を給付。

- [ ] **療養補償給付**…業務上の負傷または疾病により、労災指定病院等で治療を受けた場合、**治療費を全額給付**（一部負担金なし）。

- [ ] **遺族補償年金**…**労働者が死亡**した場合、業務上災害では遺族補償年金、通勤災害では遺族年金を給付。支給額は受給資格者の人数等に応じて異なり、**最も先の順位の人（受給権者）にだけ支給**される。受給資格は、労働者に生計を維持されていた配偶者、子、父母、孫、祖父母、兄弟姉妹の順番。

- [ ] **傷病補償年金**…療養開始から1年6カ月を経過しても治癒せず、**障害の程度が**傷病等級に該当する場合、**業務上災害では傷病補償年金、通勤災害では傷病年金**を給付。

- [ ] **障害補償給付**…業務上の負傷等で障害が残った場合に、障害等級に応じた額を給付。

- [ ] **介護補償給付**…一定の障害に該当し、介護を受けている場合に給付。

- [ ] **葬祭料**…遺族、友人など、労働者の葬祭を行う者に一定額を給付。

54位 火災保険

- □ **住宅用建物の火災保険**は、**居住用の建物と建物内の家財**を対象に火災や自然災害の損害を補償する。火災保険の保険料は、住宅用建物の構造により、**M構造**、**T構造**、**H構造の3つ**に区分されて算定される。**建物のみ**、**家財のみ**、**建物と家財**の両方、などを選択することができる。

- □ 火災保険では、保険金額が保険価額（保険の対象の評価額）の**80%以上なら実損てん補**（実際の損失額の全額を保険金として支払うこと）、**80%未満なら比例てん補**（実際の損失額に保険金額と保険価額との一定割合を乗じて支払うこと）となり、次の公式によって保険金が支払われる。

$$保険金 = 損害額 \times \frac{保険金額}{保険価額 \times 80\%}$$

- □ 火災保険には**住宅火災保険**と**住宅総合保険**がある。

住宅火災保険	火災（消火活動の水ぬれ損害含む）、風災（突風・竜巻等）、雪災、ひょう災、落雷、爆発、破裂などが補償される。 × 自然災害でも、水災と地震・噴火・津波は補償対象外
住宅総合保険	住宅火災保険の補償範囲に加えて、水災（洪水による浸水や給排水設備の水漏れ等）、盗難、外部からの落下・衝突・飛来による損害、持ち出し（旅行、買い物中の破損、盗難等）による家財の損害も補償。 × 自然災害でも、地震・噴火・津波は補償対象外

- □ **地震・噴火・津波**、およびそれらを原因とする**火災**の補償には、特約として**地震保険への加入が必要**。

- □ **地震危険担保特約**は、地震による**事業用建物の倒壊・火災**の損害を補償する特約である。

- □ **30万円以下の家財**が補償対象。1個または1組の価額が**30万円を超える**貴金属・美術品・絵画・骨董品、設計図・帳簿・有価証券については、**別途明記が必要**。明記した物件の1個または1組の補償の上限は1事故あたり**100万円**まで。**自動車**、**電子マネー**や**プリペイドカード**は**補償対象外**。

- □ 自宅の火災による車庫の被害は補償対象だが、車庫内の自動車は補償対象外（自動車の損害は**車両保険**の対象範囲）。

- □ 被保険者の**重大な過失による損害**には、保険金は**支払われない**。

- □ **再調達価額**…保険対象と同等のものを再築または再取得するために必要な金額。

- □ **火災保険から支払われる保険金**は、**非課税所得**である。

56位 雇用保険の給付金

□ **就職促進給付**…雇用保険の基本手当支給期間に、**支給日数を3分の1以上残して安定した職業に就き**、一定要件を満たした場合に再就職手当が支給される。再就職後の賃金が離職前の賃金より低下した場合、就業促進定着手当が支給される。

□ **教育訓練給付**…厚生労働大臣指定の教育訓練を修了すると経費の一定割合の給付金が支給される。**一般教育訓練**、特定一般教育訓練、専門実践教育訓練がある。

□ **雇用継続給付**…雇用の継続を促すことを目的とする、雇用保険加入者への給付で、**高年齢雇用継続給付金、育児休業給付金、介護休業給付金**がある。

● 高年齢雇用継続給付金

□ **高年齢雇用継続基本給付金**…60歳到達月から65歳到達月までの、被保険者期間が通算5年以上ある一般被保険者に、60歳到達時の賃金月額より75%未満になった場合に支給される。支給額は、**60歳以後の賃金×15%相当額（上限）**。

□ **高年齢再就職給付金**…雇用保険の基本手当を受給後、**受給日数を100日以上残して**60歳到達月から65歳到達月までに再就職した一般被保険者に支給される。

● 育児休業給付金

□ **子の対象年齢は原則は満1歳未満**だが、パパママ育休プラス制度を利用すると1歳2カ月未満、支給対象期間延長に該当する場合は1歳6カ月または2歳未満。

□ **育児休業は、子が1歳に達するまでに分割して原則2回まで取得可能。**育児休業とは別に、**子の出生後8週間以内に4週間まで**出生時育児休業（産後パパ育休）を2回に分割して取得できる。

□ 育児休業開始日または産前休業開始日の**前2年間**に、みなし被保険者期間（賃金支払の基礎となった日数が11日以上ある月）が通算**12カ月以上**なければ受給できない。また**休業中の月々の賃金が休業前の80%未満**でなければ受給できない。

□ 支給額は、**休業開始180日目までは**、原則として休業開始時賃金日額×支給日数（原則30日）の**67%**、それ以降は**50%**（休業中の賃金により減額あり）。休業開始時賃金日額には、**上限額と下限額**がある。

● 介護休業給付金

□ **介護休業は介護対象家族1人につき通算93日まで、3回を上限**に分割して取得できる。

□ 介護対象は、**配偶者・父母・子・配偶者の父母**。同居の祖父母・兄弟姉妹・孫。

□ **休業開始日の前2年間**に、みなし被保険者期間が通算**12カ月以上**なければならない。また、**休業中の月々の賃金が休業前の80%未満**でなければならない。

□ 支給額は、**休業開始時賃金日額の67%**を支給（休業中の賃金により減額あり）。

学科▶TOP60

57位 投資信託の商品概要

●追加型公社債投資信託

□ <u>追加型</u>（いつでも購入可能）で<u>オープンエンド型</u>（いつでも解約可能）の公社債投資信託（株式を組み入れない投資信託）。中期国債ファンド、MRF（マネー・リザーブ・ファンド）などがある。

□ 決算が日々行われ、<u>月末最終営業日</u>に元本超過額が分配金として<u>再投資</u>される<u>実績分配型投信</u>である。

●ETF（上場投資信託）

□ ETFは、<u>上場して証券取引所で取引</u>され、<u>証券会社</u>を通して購入する投資信託。株式と同じく、<u>指値</u>注文、<u>成行</u>注文、<u>信用</u>取引ができる。

□ <u>購入時手数料</u>や換金時の<u>信託財産留保額</u>はかからないが、<u>運用管理</u>費用（<u>信託報酬</u>）や<u>売買委託</u>手数料（手数料の金額は証券会社により異なる）は発生する。

□ 株価指数や商品指数に連動する<u>パッシブ</u>運用の投資信託で、主に<u>契約型投資信託</u>（信託契約から生じた受益権を細分化した受益証券を購入する形式）だが、会社型（設立した投資法人が発行する投資口を投資家が購入する形式）もある。

□ <u>レバレッジ型</u>（ブル型）…原指標（日経平均株価など）の変動率に<u>一定の正の倍数を乗じて</u>算出される指数に連動した運用成果を目指す。例えば、TOPIXブル3倍上場投信は、TOPIXの上昇率に対し3倍の投資成果を目指す。

□ <u>インバース型</u>（ベア型）…原指標の変動率に<u>一定の負の倍数を乗じて</u>算出される指数に連動した運用成果を目指す。

●上場不動産投資信託（J-REIT）

□ 不動産（オフィスビル、商業施設、マンション）や<u>貸借</u>権などに投資し、賃貸収入や売買益を分配する商品。<u>少額で投資できる会社型投資信託</u>である。

●ファンド・オブ・ファンズ

□ 投資対象や運用スタイル等の異なる<u>複数</u>の投資信託に<u>分散</u>投資する投資信託。

●ブル・ベアファンド

□ ブル型は、市場が<u>上昇</u>しているときに収益が上がる商品である。

□ ベア型は、市場が<u>下落</u>しているときに収益が上がる商品である。

●リンク債型ETF

□ 原指標に連動した投資成果を目的とする<u>債券（リンク債）</u>に投資し、ETFの1口当たり<u>純資産</u>額の変動率を対象指標の変動率に一致させる運用手法を採るETF。

58位 生命保険と退職金等の準備

□ **終身保険**は、役員の死亡退職金の準備はもちろん、解約返戻金が一定額まで増えていくので、生存退任する場合の**退職金の準備としても活用**できる。

□ **養老保険**は、死亡した場合は**死亡保険金**が、満期まで生存した場合は**満期保険金**が支払われるため、従業員の死亡退職金と定年退職金の準備として活用できる。

□ 法人契約の養老保険で、「**被保険者＝全役員・従業員**」「**死亡保険金受取人＝被保険者の遺族**」「**満期保険金受取人＝法人**」とするタイプをハーフタックスプラン（**福利厚生プラン、福利厚生保険**）という。従業員が中途退職した場合の解約返戻金は法人が受け取り、死亡保険金は保険会社から被保険者の遺族へ支払われる。

□ ハーフタックスプランでは、支払保険料の**2分の1を保険料積立金として資産計上**、残りの**2分の1を福利厚生費として損金算入**できる。

□ 長期平準定期保険は、長期間にわたり高い返戻率の解約返戻金が支払われ、保険料を損金算入できることが特徴。企業が受け取る解約返戻金や死亡保険金は、**役員退職金**、借入金の返済、設備投資などの**事業資金として活用できる**。

□ 逓増定期保険は、死亡保険金額が増加（保険料は一定）する定期保険で、解約返戻金のピーク時に退職時期を設定して退職金の準備をするために利用される。

□ **保険期間3年未満**または**最高解約返戻率50%以下の定期保険・第三分野の保険**の保険料は、**原則として損金算入**できる。

□ 2019年7月8日以後の法人契約の定期保険・第三分野の保険で、保険期間3年以上で最高解約返戻率が50%超70%以下の保険は、**前半4割の期間に支払保険料の40%相当額を資産計上し残額を損金に算入する**。70%超85%以下の保険は、**前半4割の期間に保険料の60%を資産計上し残額を損金に算入する**。

□ 総合福祉団体定期保険（**A**グループ保険）は、**契約者を法人、被保険者を全従業員、保険金受取人を被保険者の遺族または法人**として、従業員の死亡・高度障害の際の退職金に備えるもので、毎年保障の見直しができる**1年更新の定期保険**である。無事に定年退職した場合、**保険金は支払われない**。保険加入時には、被保険者本人の保険約款に基づく告知、および同意が必要で、さらに保険金受取人が法人の場合は、保険金請求時に被保険者の遺族の了知が必要となる。法人が契約者で、**従業員が個別に任意加入する団体定期保険（B**グループ保険）もある。

□ ヒューマン・ヴァリュー特約は、従業員の死亡・高度障害に伴う法人の諸費用（代替雇用者採用・育成費等）を保障する特約で、この保険金については受取人が法人（企業）に限定される。治療費や入院費は保障されない。

58位 法人契約の損害保険と税務処理 過去の出題率 0.63%

☐ **法人が支払った損害保険料**は、原則として<u>積立</u>型でなければ**損金算入**する。解約返戻金がある積立型の契約などは、<u>積立部分</u>の保険料を**資産計上**する。

☐ **複数年分の保険料を前納**した場合、**損金算入**できるのは向こう<u>1年分</u>の保険料までである。

【例】5年分の保険料500万円をまとめて先払い（前納）した場合、今期の損金として計上できるのは、向こう<u>1年分</u>の<u>100万円</u>のみ。

☐ 積立傷害保険等で、**法人が受け取った保険金、満期返戻金や配当金**は、原則として**益金算入**する。そのとき、資産計上されていた<u>積立</u>部分の保険料の累計額を取り崩して**損金算入**する。

☐ 保険金や賠償金が遺族や従業員に**直接支払われた場合**は、法人が保険金を受け取らないため**経理処理は**<u>不要</u>。

☐ 普通傷害保険などで「**被保険者＝全従業員（役員を含む）**」とする場合は、原則として支払った保険料は<u>福利厚生</u>費**（必要経費）**として**損金算入**する。

☐ 普通傷害保険などで「**被保険者＝特定の役員・従業員**」とする場合は、支払った保険料は、<u>給与</u>として**損金算入**する。

☐ **死亡保険金を法人が受け取り、全額を死亡退職金として遺族に支給**した場合は、<u>死亡保険金全額</u>を**益金算入**し、<u>死亡退職金全額</u>を**損金算入**する。

☐ 業務用自動車が事故で破損して**車両保険金**を受け取って全額を**修理費に充当**した場合は、受け取った**保険金は**<u>事業</u>収入として**益金算入**し、**修理費用は**<u>必要経費</u>として**損金算入**する。修理や代替車両の取得をしなかった場合、受け取った**車両保険金**の金額を**益金**に計上し、**損失額**を**損金**に算入する。

☐ 固定資産の滅失・損壊に対して保険金（火災保険金や車両保険金）を受け取り、**同一事業年度内に代替資産を取得**した場合は、<u>圧縮記帳</u>することで受け取った**保険金への課税**を<u>将来</u>に繰り延べることができる。

☐ <u>圧縮記帳</u>…補助金や火災保険金等の金銭を受けて固定資産を購入した際に、その購入金額から**補助金や保険金の額を**<u>控除</u>した**金額（差し引いた金額）**を<u>購入価額</u>とすること。本来、一時に行われる課税を繰り延べるためのもので、圧縮記帳により固定資産の価額が減った分、次年度以降の<u>減価償却</u>**費用**（損金）も減る。1年目は税が軽減できるが、2年目以降の益金が増え、結果として1年目の減額分は2年目以降に国庫に入ることになる。

60位 医療保険

□ **医療保険**…**病気やケガ**により**入院した場合**や**手術**を受けた場合に給付金が支払われる保険。**終身型**と**更新型**がある。

□ **終身型**…60歳や65歳等の所定の年齢で保険料の**払込みが満了する**有期払込みや、保険料の**払込みが一生涯続く終身**払込みがある。

□ **更新型**…当初の保険料が割安だが、**更新ごとに保険料が高く**なる。保険期間中に**入院給付金を受け取った場合**でも、保険期間終了後に契約を**更新できる**。

□ 商品ごとに1入院60日、通算1,000日などの**限度日数**が定められている。

□ 所得に応じて保険料が変わる公的医療保険と異なり、被保険者の**年齢**や**性別**等で**保険料金が異なる**。

□ 一般的に保険期間中の**保険料率**は**固定**されている。

□ 生命保険会社の医療保険は、医療費の実損てん補（実際の損失額の全額を保険金として支払うこと）ではなく、**入院1日当たりの給付金額**が定められている。

【例】「入院給付金：日額5,000円（5日以上の入院時に**5日目から**）」→14日間入院すると支給金額は、**0.5万円×（14日−4日）＝5万円**

□ **免責期間**（契約から一定の間、**給付金支払い対象とならない**期間）のない保険、4日間程度の免責期間がある保険などがある。現状、免責期間1カ月以上はない。

□ 個人が勤務先を通して保険料を支払っている**団体扱いの保険**の場合、一般に退職しても自動解約にならずに個人扱いで契約が続く。

□ 美容整形、正常分娩に伴う手術、人間ドック検査等、**治療を目的としないもの**は、原則として**医療保険で補償されない**。

□ 医療保険の**入院給付金**は、介護老人保健施設や民間のリハビリセンター等への**入所に適用されない**。

□ 退院後に**同じ病気により再入院した場合**、**180**日以内は**1入院**の扱いとなる。（退院から**181**日以降の同じ病気により再入院した場合、1入院当たりの入院給付金支払日数は、前回の入院日数とは**合算されない**）

□ **生命保険の免責事由**…保険金の**支払い責任を免れる事由**。契約日から一定期間内の自殺、保険金受取人の故意による致死（殺人）、戦争による死亡事故等。

□ **特定（三大）疾病保障保険**は、**がん・急性心筋梗塞・脳卒中**で所定の状態と診断された場合に死亡保険金と同額の保険金が支払われる保険で、特約にもなっている。保険金は、特定疾病以外（交通事故など）で**死亡・高度障害**状態になった場合にも支払われる。この保険は、**一度でも保険金を受け取ると契約が消滅**する。

60位 不動産所得／事業所得

- [ ] **不動産所得**…不動産の<u>貸付け</u>による所得のこと。<u>総合</u>課税。
- [ ] **不動産所得＝不動産所得の総収入金額−**<u>必要経費</u>（−<u>青色申告特別</u>**控除額**）
- [ ] **不動産所得の総収入金額**（総収入金額に入る＝○、総収入金額に入らない＝✕）
   - ○**家賃、地代、**<u>礼金</u>**、**<u>更新</u>**料、借地権料、共益費**など
   - ○敷金、保証金のうち賃借人に<u>返還</u>を要しない部分
   - ✕後に<u>返還</u>するものは総収入金額に入らない
- [ ] **不動産所得の必要経費**（必要経費になる＝○、必要経費にならない＝✕）
   - ○**固定資産税**（賃貸部分のみ。居住部分は含まない）**、都市計画税、**<u>不動産取得</u>**税、**<u>登録免許</u>**税、アパート賃貸業に係る**<u>事業</u>**税**
   - ○**修繕費、損害保険料、**<u>火災保険料</u>**、**<u>減価償却</u>**費**
   - ○賃貸不動産を取得するための**借入金の**<u>利子</u>
   - ✕<u>借入金元本</u>返済額は必要経費にはならない
   - ✕<u>所得</u>税、<u>住民</u>税は必要経費にはならない
- [ ] 不動産の**売却**による収入は、<u>譲渡</u>所得。不動産**貸付**による収入は、事業的規模であるかないかにかかわらず<u>不動産</u>所得（事業所得ではない）。
- [ ] **事業所得**…農業、漁業、製造業、卸売業、小売業、サービス業、その他事業による所得のこと。<u>総合</u>課税。
- [ ] **事業所得＝事業所得の総収入金額−**<u>必要経費</u>（−<u>青色申告特別</u>**控除額**）
- [ ] 事業所得の総収入金額…確定した売上金額（<u>未収</u>額も含む）のこと。
- [ ] 事業所得の必要経費…**売上原価**（商品などの仕入れ代金）**、販売費用、給与、減価償却費、広告宣伝費、**<u>家賃</u>**・**<u>水道</u>**・**<u>光熱</u>**費、**<u>固定資産</u>**税、事業税**など。
- [ ] **減価償却**…所得税法において、業務用の建物や機械など、**時の経過やその利用により価値が減少する資産**について、その取得に要した金額を<u>耐用年</u>数にわたって各年分の<u>必要経費</u>に配分する手続。**減価償却費＝取得価額×**<u>償却率</u>**×事業での使用月数／**<u>12</u>**カ月×事業専用使用割合** ※業務供用月数の端数は切上げ。
- [ ] **償却方法**…**定額法**（毎年同額を減価償却費として計上する方法）と**定率法**（償却残高に一定の償却率を掛けて計上する方法）の**2種類**。どちらかを選ぶ。選択しなかった場合、所得税は定額法となる。<u>1998</u>**年4月1日以降に取得した建物**の減価償却はすべて<u>定額</u>法で行う。
- [ ] **少額減価償却資産**…**使用可能期間が**<u>1</u>**年未満か、取得価額**<u>10</u>**万円未満の減価**償却資産は、減価償却せずに<u>全額</u>をその事業年度に損金算入できる。

60位 消費税の基準期間と納税義務

□ **消費税の基準期間**…消費税の課税売上高を算出する目安となる期間。**法人の場合は前々事業年度、個人の場合は前々年**が基準期間となる。

□ 基準期間の課税売上高が 1,000 万円以下であれば、消費税の支払いが免除される免税事業者となり、売上高が 1,000 万円を超えると、消費税を支払う課税事業者となる。

□ **特定期間**…**法人は前事業年度の前半 6 カ月間、個人事業者は前年の 1 月 1 日～6 月 30 日**を特定期間という。特定期間の給与の支払合計額と売上高がどちらも 1,000 万円を超える場合、基準期間の売上高が 1,000 万円以下であっても、**消費税の免税事業者となることはできない。**

□ 基準期間のない新設事業者の場合、資本金または出資金が 1,000 万円以上なら**当初 2 年間は課税事業者**となる。

□ **消費税課税事業者選択届出書**…ある年の課税売上高を課税仕入れ高が上回り、消費税の還付が受けられる場合など、免税事業者でも、課税事業者となることを選択しておくための届出書。**届出書提出後 2 年間**は、事業を廃止した場合を除き、**強制的に課税事業者**となる。

□ **適格請求書等保存方式（インボイス制度）**…消費税に関する不正・ミスを抑えることを目的に、売手側事業者が買手側事業者に対して**適格請求書（インボイス）**を用いて、正確な適用税率や消費税額などを伝えるしくみ（2023 年 10 月 1 日より開始）。買手側事業者は、売手側事業者の適格請求書に基づいて仕入税額控除の適用を受けることになる。売手側事業者が適格請求書を交付するためには、**国税庁に登録申請書を提出**して「適格請求書発行事業者」の登録を行う必要がある。

確認問題 ▶適切なものは①、不適切なものは②をマークしなさい。　　　　答えはページ下

1　その課税期間の基準期間の課税売上高が 1,000 万円以下で、かつ、特定期間（原則として前事業年度の前半 6 カ月間）の課税売上高が 1,000 万円以下の法人は、原則として消費税の免税事業者となる。　　　　　　　①　　②

2　「消費税課税事業者選択届出書」を提出して消費税の課税事業者となった法人は、事業を廃止した場合を除き、原則として 3 年間は消費税の免税事業者となることができない。　　　　　　　　　　　　　　　　　　　　　①　　②

3　設立 1 期目で事業年度開始の日における資本金の額が 1,000 万円以上である新設法人は、消費税の課税事業者となる。　　　　　　　　　　　①　　②

60位 不動産の売買契約

☐ 土地の売買の対象面積について、**登記簿の記載**をもとに売買する方法を<u>公簿</u>**売買（取引）**、**実際の面積を測量**して売買する方法を<u>実測</u>**売買（取引）**という。

☐ 土地の売買契約において、売買対象面積を登記記録の面積とし、後日、実測した結果、**実測面積が当該登記記録の面積**と相違しても、「**売買代金の増減精算（面積差による精算）は行わない**」という**特約を付ける**ことができる。

☐ **危険負担**…売買契約後から建物の引渡しまでに建物が双方の過失なく火災、地震などで毀損や滅失した（履行不能になった）場合、**建物の損害を売主、買主のどちらが負担するか**という問題を**危険負担**といい、**民法上は<u>売主</u>**にあるとされる。建物の引渡しがされない場合、買主は債務の履行（売主への代金支払）を拒絶することや契約の解除ができる。ただし、買主への引き渡し後に建物が滅失した場合には、買主は支払いを拒否することができない。

☐ **契約不適合責任**…売買の対象物である不動産が、**契約の内容に適合しないもの**であるとき、買主は売主に対し、<u>追完の請求</u>、<u>代金減額の請求</u>、<u>損害賠償の請求</u>、<u>契約の解除</u>を行うことができる。このように、売主（施工業者）が買主（施主）に対して負担する法的責任を**売主の<u>契約不適合責任</u>**という。

☐ ①**追完の請求**：相当の期間を定めて、**目的物の修補、代替物の引渡し、不足分の引渡し**の３つから**買主が選択**。ただし、**売主は買主に不相当な負担を課さない**限り、買主が請求した方法とは**異なる方法**によって**追完もできる**。

☐ ②**代金減額の請求**：相当の期間を定めて**追完の<u>催告</u>**をし、その期間内に追完がないとき、**買主**は、契約不適合の程度に応じて請求できる。

☐ ③**損害賠償の請求**：**売主**に<u>帰責事由</u>がある場合に請求できる。

☐ ④**契約の解除**：債務不履行が**契約および取引上の社会通念に照らして**「<u>軽微</u>」であるときを除き、**買主は契約の解除**が可能。

☐ 買主が権利を行使するためには、**不適合を知った時から<u>1</u>年以内**にその旨を**売主に<u>通知</u>**する必要がある。

☐ 買主の権利は、①買主が**契約不適合の事実を知った時から<u>5</u>年**、②**引渡しから<u>10</u>年経過した時**　のいずれか**早い時点で**<u>時効消滅</u>する。

確認問題 ▶適切なものは①、不適切なものは②をマークしなさい。　　答えはページ下

1　売買の対象となる建物が、その売買契約の締結から建物の引渡しまでの間に、台風によって全壊した場合、売主の責めに帰すことのできない事由であることから、買主は、売主に対して建物代金の支払いを拒むことはできない。　　① ②

64位 確定申告

過去の出題率
0.60%

☐ **確定申告**…**納税者**本人が所得税額を計算し、申告・納付する手続き。確定申告で本来の納税額より**多く納付**したことが判明した場合には、法定申告期限（**3月15日**）から**5年以内**に限り、納め過ぎの税額の還付を受ける更正の請求ができる。本来の納税額より**少なく納付**したことが判明した場合は、修正申告を行う。

☐ **期間**…**1年間**（1月1日～12月31日）の所得から算出した税額を翌年**2月16日～3月15日**の間に申告・納付する。ただし、納付すべき税額の**2分の1以上**を納付期限までに納付すれば、残りの税額の納付を**5月31日**まで延長が可能。

☐ **申告・納付方法**…確定申告書を**納税地（住所地）**を管轄する税務署長へ持参、郵送、またはインターネットで提出。金融機関、または所轄税務署で納付。インターネットでの電子申告・納税（e-Tax）も可能。

☐ **予定納税**…前年に一定額以上の所得税（予定納税基準額）が生じた納税者は、その**3分の1**ずつの金額を第1期（7月）と第2期（11月）にそれぞれ**あらかじめ納付**し、その残りを**確定申告時**に支払うことで精算する仕組み。

☐ **準確定申告**…確定申告をすべき居住者が死亡した場合、**相続人は**、原則、その相続の開始があったことを知った日の翌日から**4カ月以内**に、**死亡**した人の所得について**確定申告を行う。**

● 給与所得者であっても確定申告が必要となるケース

☐ **ケース①**…その年に支払いを受けた**給与等の金額**が**2,000万円**を超える。

☐ **ケース②**…**給与を1カ所**から受けていて、**給与所得、退職所得以外の所得金額が20万円を超える**（ただし給与以外の所得金額が**20万円以下**であっても、同族会社の役員がその同族会社から給与以外に貸付金の利子や不動産賃貸料等を受け取っている場合などは確定申告が必要）

☐ **ケース③**…**給与を2カ所以上**から受けていて、年末調整をされなかった給与（従たる給与）の収入金額と、各種の所得金額（給与所得、退職所得を除く）との合計所得金額が**20万円を超える**。

☐ **ケース④**…住宅借入金等**特別控除**の適用を受ける（初年度のみ**必要**）。

☐ **ケース⑤**…雑損控除・医療費控除・寄附金控除の適用を受ける（領収書等添付）。

☐ **ケース⑥**…配当控除の適用を受ける。

☐ **ケース⑦**…**老齢基礎年金や老齢厚生年金を受給している者**で以下の場合。

・年金による収入が、**年間400万円を超える**

・年金以外の所得が、**年間20万円を超える**

64位 法人税額の計算と申告

☐ 法人税は、法人の**各事業年度ごと**の**所得**に対して課税される**国税**である。

☐ 法人税は、申告調整をした後の所得金額に**比例税率**（2018年4月1日より開始する事業年度は**23.2%**）を掛けて算出する。

☐ **比例税率**…消費税や住民税などのように、課税標準の大小にかかわりなく**同じ税率**で課税する。**税率が一定**なので、課税対象額が多くなれば、それに比例して税額が多くなる。

☐ 一定の**中小法人**の法人税は、所得金額のうち**年800万円以下**の部分に**19.0%**（2025年3月31日までに開始する事業年度については特別措置として**15%**）の**軽減税率が適用**される。

☐ 法人税の申告には、**確定申告**と**中間申告**がある。

☐ **中間申告**…事業年度が**6カ月**を超える法人が原則、事業年度開始後**6カ月**を経過した日から**2カ月以内**に行う申告で、事業年度**2年目以降から必要**となる（**起業1年目**は**申告不要**）。

☐ 確定申告の期限は、**各事業年度終了日の翌日から2カ月以内**で、<u>財務諸表</u>※（貸借対照表、損益計算書など）を添付し、確定申告書を**納税地**の<u>所轄税務署長</u>に提出する。※「法人税の確定申告書の提出期限の延長の特例」により、**最大6カ月**まで延長可。

☐ 法人税の申告を青色申告書によって提出することの承認を受けようとする場合、原則として、青色申告する**事業年度開始日の前日**までに、**青色申告承認申請書**を<u>所轄税務署長</u>に提出する必要がある。

☐ 青色申告承認申請書を提出して承認を受けた法人は、**税制上の各種特典**を受けることができる。

☐ **新規法人**が青色申告の適用を受ける場合は、①**法人設立以後3カ月**を経過した日、もしくは　②**第1期目の事業年度の終了日**、①か②のどちらか**早い日の前日**までに**青色申告承認申請書**を提出し、**承認**を受けなければならない。

確認問題 ▶適切なものは①、不適切なものは②をマークしなさい。 答えはページ下

1　法人税の確定申告の期限は、各事業年度終了日の翌日から半年以内で、財務諸表を添付し、確定申告書を納税地の所轄税務署長に提出する。　①　②

2　青色申告承認申請書は、原則として青色申告する事業年度開始日の前日までに提出しなければならない。　①　②

64位 株式の評価

過去の出題率 0.60%

□ **上場株式**は、❶〜❹のうち**最も低い価格**で評価する。（相続開始日が8月5日の場合）

❶ 相続開始日の最終価格（**8月5日**の最終価格）

❷ 相続開始日の**月**の毎日の最終価格の平均額（**8月**の月平均額）

❸ 相続開始日の**前月**の毎日の最終価格の平均額（**7月**の月平均額）

❹ 相続開始日の**前々月**の毎日の最終価格の平均額（**6月**の月平均額）

学科▶TOP60

□ **非上場株式**は、次の評価方式を用いる。

●**原則的評価方式**（同族株主［経営権を握る株主］が取得した株式の評価方式）

類似業種比準方式	上場している類似の企業と比較し、配当金額・利益金額・純資産価額の3つの要素を勘案して決める。
純資産価額方式	会社が保有する純資産を発行済株式数で割り、1株当たりの価格とする。

□ 非上場株式の**大会社**は、類似業種比準方式（純資産価額方式）で評価する。

□ 非上場株式の**中会社**は、類似業種比準**方式**と純資産価額**方式**の**併用方式**で評価する。

□ 非上場株式の**小会社**は、純資産価額**方式**（併用方式）で評価する。

※（　）内の方式といずれか低い方で評価できる。

□ 土地保有**特定会社**（会社の総資産価額に占める土地保有割合が、相続税評価額ベースで70%以上の会社）、または**株式保有特定会社**（資産に対する株式保有割合が50%以上の会社）の株式を取得した場合は、純資産価額**方式**となる。

●**特例的評価方式**（同族株主以外の株主等が取得した株式の評価方式）

配当還元**方式**	過去2年間の配当金の平均額から株価を算定する。

確認問題 ▶適切なものは①、不適切なものは②をマークしなさい。　　　　答えはページ下

1　同族会社の株式を同族株主以外の株主が相続により取得した場合、その取得した株式の価額は、原則として配当還元方式により評価する。

①　②

答え→1①　67

67位 不動産取得税

- □ **不動産取得税**は、不動産所在の<u>都道府県</u>が課税する<u>地方税</u>で、不動産の取得後<u>60</u>日以内に所轄の**都道府県税事務所**に申告する義務がある。

- □ 不動産取得税は、土地や家屋を<u>購入</u>・<u>新築</u>・<u>増改築</u>したり、<u>贈与</u>されたりした場合に、取得したタイミングで**申告納税をしてから課税される税**である。

- □ 不動産取得税は、不動産の<u>登記</u>、<u>相続・法人の合併</u>により取得した場合や、<u>借地権</u>を取得した場合は、課税されない。

- □ 不動産取得税は、課税標準が<u>10</u>万円未満の土地、<u>12</u>万円未満の家屋の売買・贈与、<u>23</u>万円未満の家屋の新築・増改築の場合は課税されない。

- □ 軽減税率の特例により、不動産取得税の税率は<u>3</u>%となっている。

  不動産取得税＝課税標準×税率<u>3</u>%（2027年3月31日までの特例。本則は4%）

- □ 課税標準は、不動産の<u>固定資産税評価額</u>である。**借地権の設定された底地**であっても借地権は考慮されず、**固定資産税評価額の<u>100</u>%**が課税標準となる。

●課税標準の特例

- □ **新築住宅の特例**…課税標準－<u>1,200</u>万円

  新築住宅の特例として、**床面積が<u>50</u>㎡**（一戸建て以外の貸家住宅は1区画40㎡）**以上<u>240</u>㎡以下**の住宅であれば、1戸（マンションは1住戸）につき<u>1,200</u>**万円**（**認定長期優良住宅**では<u>1,300</u>**万円**）を課税標準から控除できる（2026年3月31日までの取得）。

  新築住宅の不動産取得税 ＝（固定資産税評価額 － <u>1,200</u>万円）×<u>3</u>%

- □ **中古住宅の特例**…課税標準－<u>建築時期</u>により異なる控除額

  中古住宅（居住用またはセカンドハウス。**賃貸住宅は適用不可**）の特例として、**床面積が<u>50</u>㎡以上<u>240</u>㎡以下**、**<u>1982</u>年以降に建築**、または一定の新耐震基準に適合した住宅の場合、**建築時期**によって100万円～1,200万円が控除できる。

  中古住宅の不動産取得税 ＝（固定資産税評価額 － <u>建築時期</u>により異なる控除額）×<u>3</u>%

- □ **宅地（住宅の敷地）の特例**…課税標準×<u>1/2</u>（2027年3月31日までの特例）

  宅地を取得した場合は、課税標準が<u>1/2</u>となる。さらに、一定の要件を満たす住宅用地を取得した場合には、不動産取得税の税額から一定額が軽減される。

  宅地の不動産取得税 ＝（固定資産税評価額 × <u>1/2</u> × <u>3</u>%）－ 控除額※

  ※控除額は、下記AかBの多い金額。

  A ＝ 45,000円

  B ＝（土地1m²当たりの固定資産税評価額 × 1/2）×（課税床面積 × 2[200m²限度]）× 3%

68位 法人契約の損害保険

- [ ] **労働災害**総合保険…企業が従業員に支払う**労災の補償・賠償金を補償。**政府労災保険の上乗せとして法定外補償を給付する。
- [ ] **機械**保険…作業ミスや設計ミス等による事故で**事業用建物内の機械**に生じる損害を補償。火災による損害は**補償されない。**
- [ ] **店舗**総合保険…給排水設備の水漏れ損害、台風による洪水等の水災、盗難（商品除く）等の**店舗、事務所の建物、**什器備品などの損害を補償。
- [ ] **店舗休業**保険…火災、爆発、風災、水災、落下、飛来、衝突、給排水設備の水漏れ、盗難、暴行、食中毒の発生による**営業休止や、**阻害された場合の**利益減少等の休業損失を補償。保険金は**事業所得となる。
- [ ] **建設工事**保険…火災や作業ミス等の事故で、**建設工事中の建物**に生じる損害を補償。
- [ ] **個人情報漏えい**保険…**個人情報漏えいで損害賠償責任**を負った際の損害、謝罪広告やお詫び状等の**事故対応の費用**損害を補償。
- [ ] **ゴルファー**保険…国内外を問わず、**ゴルフの練習・競技・指導中に起こした事故**での損害賠償責任による損害等を補償。

確認問題 ▶適切なものは①、不適切なものは②をマークしなさい。 答えはページ下

1 家具製造業を営む企業が、労働者災害補償保険（政府労災保険）の上乗せ補償を目的に、労働災害総合保険を契約した。 ① ②

2 印刷業を営む企業が、工場内の機械設備・装置の火災による事故に備えて、機械保険を契約した。 ① ②

3 レストランを営む事業主が、レストランに使用されている建物やこれらの建物に収容されている什器・備品等を補償するために店舗総合保険を契約した。

① ②

4 飲食業を営む企業が、盗難、暴行、食中毒の発生による営業休止または阻害による利益の減少等に備えて、店舗休業保険を契約した。 ① ②

5 建設業を営む企業が、建設中の建物にクレーンが当たって建物が破損した場合に備えて、建設工事保険を契約した。 ① ②

6 フィットネスクラブが利用会員の個人情報が漏えいした場合に備えて、個人情報漏えい保険を契約した。 ① ②

68位 借地権・貸宅地・貸家建付地の評価

● 借地権の評価

□ 人から賃借している土地の **借地権（土地だけ借りて使用する権利）の評価額** は、次の式で求める。

借地権評価額＝<u>自用地評価額</u>※×<u>借地権</u>**割合**

※自用地評価額＝路線価×<u>奥行価格補正</u>**率×敷地面積**

なお、宅地の相続税評価の方法には、**路線価方式** と **倍率方式** がある。

□ **借地権割合**…各国税局が借地事情が似ている地域ごとに設定する。一般に **地価が高い地域ほど借地権割合が** <u>高く</u> なる。

● 借地権の価額がゼロになる場合

□ 借主もしくは貸主が <u>法人</u> で「土地の <u>無償返還</u> に関する届出書」を税務署に提出している場合

□ <u>使用貸借</u>（地代を取らずに土地の使用権を貸し与えること）した場合。この場合、**借地権ではなく、自用地として評価** する。

□ **借地権者が** 権利金に代えて **相当の** <u>地代</u> **を支払っている** 場合

● 貸宅地の評価

□ **貸宅地**…<u>借地権</u> **が設定されている宅地（住宅用地）** のこと。**底地** ともいう。自己所有の宅地を第三者に貸し、その賃借人が家屋を建てた場合の宅地は、貸宅地として評価する。貸宅地の評価額は、次の式で求める。

貸宅地評価額＝自用地評価額×（1－<u>借地権</u>**割合）**

● 貸家建付地の評価

□ **貸家建付地**…<u>自己所有</u> **の土地に** <u>自己所有</u> **の貸家を建てた場合の土地** のこと。貸家が **空き家の場合は** <u>自用地</u> **として評価** する。

貸家建付地の評価額は、次の式で求める。

貸家建付地評価額＝自用地評価額×（1－<u>借地権</u>**割合×**<u>借家権</u>**割合×**<u>賃貸</u>**割合）**

賃貸割合が <u>高い</u> **ほど貸家建付地の評価額は** <u>低く</u> **なる。**

確認問題 ▶適切なものは①、不適切なものは②をマークしなさい。　　　答えはページ下

1　貸宅地の評価額は、「自用地評価額×（1－借地権割合×借家権割合×賃貸割合）」の算式により計算した金額により評価する。　　　　　　　　① ②

2　借地権の評価額は、「自用地評価額×借地権割合」の算式により計算した金額により評価する。　　　　　　　　　① ②

70位 医療費控除

☐ **医療費控除**…納税者本人または<u>生計</u>を一にする**配偶者**、**親族**の医療費を支払った際に適用される。

☐ **医療費控除の控除対象**

対象となるもの	対象外となるもの
◯ 医師の**診療費**、治療費、療養費 （療養上の世話の対価、再発防止の医薬品など。**健康保険適用外**の治療を含む）	✕ 通院で使用した**自家用車のガソリン代**、駐車場代、**タクシー代**（緊急時や歩行が困難な場合等除く）
◯ **医薬品**の購入費（薬局で購入する**市販薬**も含まれる）	✕ **人間ドックの費用**（異常がない場合）
◯ 医療機関への通院費（**公共交通機関の交通費**、<u>緊急時のタクシー代</u>、松葉杖）	✕ 入院の際の**身の回り品**の購入費
◯ 健康診断・<u>人間ドック</u>の費用（**重大な疾病が見つかり、治療を行った場合**）	✕ **美容・健康増進を目的とする諸費用** 美容整形、歯列矯正、ビタミン剤、<u>健康増進のための</u>**医薬品**、健康食品等
◯ 出産費用	✕ コンタクトレンズや<u>眼鏡</u>（近視・遠視・老眼用）の購入費

☐ **医療費控除額＝医療費－保険金等での補てん金額－【10万円】**

☐ 医療費控除を受けるには、医療費の総額が <u>10万円</u> を超えていることが必要。

☐ 総所得金額が**200万円未満**の場合は、**【10万円】**ではなく**【総所得金額×5%】**。

☐ 控除**上限額**は毎年 <u>200万円</u>。

☐ 医療費控除は**年末調整されない**ため、**確定申告**が必要。確定申告には**医療費控除の**<u>明細書の添付</u>が必要。ただし、<u>e-Tax</u> で確定申告する場合は添付の省略可。

☐ **年末時点**で<u>未払い</u>の医療費はその年分の**控除対象にならない**。

☐ 生命保険から受け取った**入院給付金等**で支払われた分の医療費は、<u>保険金等での補てん金額</u>に該当する。

【例】総所得金額200万円以上の人が、対象年に人間ドック（費用：10万円）で異常が見つかって入院（入院費：5万円）し、風邪薬（0.2万円）を医療費として支払い、生命保険会社から入院給付金として4万円が給付された。

この場合の医療費控除額は、

10万円＋5万円＋0.2万円－<u>4万円</u>－<u>10万円</u>＝<u>1.2万円</u>

71位 法人税の基礎知識

☐ **法人税**…法人の**各事業年度ごとの所得**に対して課税される<u>国税</u>で、事業年度とは、法令や定款等の定めによる**1年以内の会計期間**をいう。

☐ **納税義務者**…**内国法人**（国内に本店、または主となる事務所を有する法人）と**外国法人**（内国法人以外の法人）。

①**内国法人**は、**国内外すべての源泉所得**に課税され、本店または主たる事務所の所在地の<u>所轄税務署長</u>に納付する。

②**外国法人**は、**国内源泉所得**に対してのみ課税され、国内の支店等の所在地の<u>所轄税務署長</u>に納付する。

☐ 内国法人のうち、**公益法人**は収益事業等がなければ法人税の**納税義務は**<u>ない</u>。

☐ 納税地に異動があった場合、原則として**異動前の納税地の所轄税務署長**に「<u>異動届出書</u>」を提出しければならない。

☐ **申告調整（税務調整）**…法人税の所得金額は、会計上の利益をもとにして、法人税法による所定の調整を行うことで算出され、これを申告調整という。

☐ **申告調整**には、**益金算入**・<u>損金不算入</u>（加算）、**益金不算入**・<u>損金算入</u>（減算）の４つがある。

☐ **法人税の益金不算入**…法人が受け取った**株式の配当金**は会計上の収益になる。ただし法人税では一定の額について<u>益金不算入</u>となる。また、**欠損金の繰戻し**により受け取る**法人税額の還付金**は、<u>益金不算入</u>として減算対象となる。

☐ **法人税額の計算**…法人税は、**比例税率<u>23.2</u>%**で、申告調整をした後の所得金額に掛けて算出する。中小法人については、所得金額のうち**年<u>800</u>万円以下**の部分に<u>19.0</u>%（2025年3月31日までに開始する事業年度については特別措置として<u>15</u>%）の**軽減税率**が適用される。

☐ **法人税の申告**…**確定申告**と**中間申告**がある。確定申告の期限は、**各事業年度終了日の翌日から<u>2</u>カ月以内**で、財務諸表（貸借対照表、損益計算書など）を添付し、確定申告書を**納税地の**<u>所轄税務署長</u>に提出する。

☐ 法人税の申告を青色申告書によって提出することの承認を受けようとする場合、<u>青色申告承認申請書</u>を**所轄税務署長に提出**する必要がある。

☐ **青色申告承認申請書**は、原則として青色申告する**事業年度開始日の**<u>前日</u>までに提出しなければならない。

☐ **新設法人**の場合には、①**法人設立から<u>3</u>カ月以内**、もしくは②**第1期目の事業年度の終了日**のうち、**早い日の**<u>前日</u>までに提出しなければならない。

71位 消費税額の計算と申告

過去の出題率 0.53%

- ☐ 消費税の税率は、10%（消費税7.8%＋地方消費税2.2%）。**原則課税**では、消費税額を次の式で算出する。

$$\boxed{消費税額} = \boxed{\begin{array}{c}課税売上に\\係る消費税額\end{array}} - \boxed{課税売上に係る消費税額}$$

- ☐ **簡易課税**制度…中小事業者の納税事務負担に配慮する観点から、事業者の選択により、売上げに係る消費税額を基礎として仕入れに係る消費税額を算出することを可能とする制度。

- ☐ **課税売上高が5,000万円以下の事業者**（法人・個人事業主）であれば、簡易課税制度の適用を受けられる。

- ☐ 消費税簡易課税制度…消費税額を算出する際、実際に仕入れ等で支払った消費税額を計算せず、一定のみなし仕入率を用いて計算する制度。預かった消費税に**一定率（みなし仕入率）**を乗じて算出した額を支払った消費税とみなして納税額を計算する。

$$\boxed{消費税額} = \boxed{\begin{array}{c}課税売上に\\係る消費税額\end{array}} - \boxed{\begin{array}{c}課税売上に\\係る消費税額\end{array}} \times \boxed{\begin{array}{c}みなし\\仕入れ率\end{array}}$$

- ☐ みなし仕入率…事業者の業種を6つに区分した仕入れ率で、税額計算を簡便にするために用いる。

- ☐ **消費税簡易課税制度**の適用には、所轄税務署長に「**消費税簡易課税制度選択届出書（以下届出書）**」を提出する必要がある。適用は、**提出年度の次の事業年度（課税期間）**から。

- ☐ 届出書の提出後**2年間**は事業を廃止した場合を除き、**強制的に簡易課税事業者**となる。

- ☐ **消費税の申告期限**は、個人なら**課税期間の翌年の3月31日**まで、法人なら**事業年度終了日（決算日）以後2カ月以内**。

- ☐ 直前の課税期間の消費税の年税額が**一定金額（48万円）**を超える事業者は、中間申告が必要。

確認問題 ▶適切なものは①、不適切なものは②をマークしなさい。　　答えはページ下

1　消費税の免税事業者が「消費税課税事業者選択届出書」を提出して消費税の課税事業者となったときは、事業を廃止した場合を除き、原則として3年間は消費税の免税事業者に戻ることができない。　　　　　　　　①　　②

71位 相続財産の種類

●本来の相続財産

☐ 被相続人が所有していた<u>預貯金</u>、<u>株式</u>、<u>債券</u>、**現金**、**貴金属**、<u>不動産</u>、**特許権**など、**金銭に換算できる価値のあるもの**。

☐ 相続開始時、支給期の到来していない**給与**は、本来の相続財産として<u>相続</u>**税の課税対象**となる。

☐ 被相続人が受け取る予定だった**未支給の年金**は、相続税ではなく、受け取った相続人の一時所得として<u>所得</u>**税の課税対象**となる。

●みなし相続財産

☐ 本来は相続財産ではないが、被相続人の死亡で実質的に相続人に入る**相続財産と同じ効果のある財産**。<u>生命保険</u>**金**や**死亡退職金**、<u>弔慰</u>**金**など。

☐ <u>生命保険</u>**金**…**被相続人が契約者**（保険料負担者）で、被相続人の死亡により相続人に支払われる**保険金**。**相続人が契約者**（保険料負担者）なら<u>所得</u>**税**。

☐ <u>死亡退職</u>**金**…被相続人の死亡により支払われる**退職金**で、被相続人の**死後3年以内に支給が確定**したもの。

☐ 生命保険金の**相続人が受取人**の場合、受取人固有の財産となるため、特段の事情がない限り、相続人等による<u>遺産分割</u>**協議の対象にはならない**。**相続税の課税対象**となる。

☐ 生命保険金の**受取人が相続人以外の人**なら<u>遺贈</u>となるため、**相続税の課税対象**。

☐ 生命保険の契約者と被保険者が異なる場合、**保険期間中に被保険者より先に契約者が死亡したとき**は、新しく契約者となった人が保険契約の権利を引き継ぎ、**契約者が死亡した時点**で、<u>解約返戻金</u>が**相続税**の課税対象となる。

●生前贈与財産

☐ 相続人が被相続人から**相続開始前の<u>7</u>年以内に贈与を受けた財産**。[※]**相続財産に加算**され、加算価額は**贈与時の価額を適用**する。贈与時に支払っていた**贈与税**は<u>控除</u>**の対象**となる。

※2024年以降の贈与財産にかかる相続より、加算期間は3年から7年に順次延長された。延長4年間（相続開始前4年〜7年）に受けた贈与のうち、総額100万円までは相続財産に加算されない。

●相続時精算課税による贈与財産

☐ **相続時精算課税**の適用を受けていた贈与財産は、<u>相続</u>**税**の課税対象となる。その際、加算価額は<u>贈与時の価額を適用</u>する。[※]

※2024年1月1日以降の贈与について、新たに110万円の基礎控除が創設された。年間110万円までの贈与であれば、贈与税・相続税ともにかからず、その年分の贈与額が110万円以下であれば申告も不要。

☐ 相続時精算課税の適用を受けた場合、その適用を受けた年以後は、その**特定贈与者からの贈与**について<u>暦年課税</u>に変更することはできない。

▼実技編 目次

1位 相続税の総額の算出

☐ **相続税の総額**は次の手順で算出する。

❶各相続人の**課税価格**を算出し、合計して課税価格の**合計額**を求める。

課税価格に算入する財産として、**現預金**、**不動産**、**株式**、**死亡退職金・生命保険金**（以下の非課税限度額を控除した後の金額）などがある。

☐ **生命保険金・死亡退職金の非課税限度額**…相続人が生命保険金や死亡退職金を受け取ったときは、生命保険金や死亡退職金のそれぞれについて、次の限度額までは**非課税**となる。相続税の課税対象が**限度額以下**なら申告は<u>不要</u>。

非課税限度額＝<u>500</u>万円 ×法定相続人の数

【例】法定相続人が４人の場合、生命保険金・死亡退職金の非課税限度額は

<u>500</u>万円×<u>4</u>人＝<u>2,000</u>万円

受け取った死亡退職金と生命保険金から、**それぞれ<u>2,000</u>万円**が**控除**される。

❷**課税遺産総額**（課税価格の合計額－遺産に係る基礎控除額）を算出する。

遺産に係る基礎控除額＝<u>3,000</u>万円＋<u>600</u>万円×法定相続人の数

【例】課税価格の合計額が２億7,600万円、法定相続人が４人の場合の課税遺産総額

２億7,600万円－（<u>3,000</u>万円＋<u>600</u>万円×4）＝<u>２億2,200</u>万円

❸各相続人の法定相続分（学科「法定相続人と法定相続分の主なケース」本冊307ページ参照）で分割して**「法定相続分に応ずる取得金額」**を求める。

【例】「A、妻B、長女C、二女D、養子E」の家系において、Aの相続開始時に、相続に係る課税遺産総額が２億2,200万円であった場合の法定相続分に応じた取得金額▶妻の法定相続分は**<u>2</u>分の<u>1</u>**、子全員の法定相続分は**<u>2</u>分の<u>1</u>**なので、子3人それぞれの法定相続分は**<u>6</u>分の<u>1</u>**（実子と養子の法定相続分は同じ割合）。

・妻B…**２億2,200万円×<u>1/2</u>＝<u>１億1,100</u>万円**

・長女C、二女D、養子E…各人が、**２億2,200万円×<u>1/6</u>＝<u>3,700</u>万円**

❹試験で提示される〈**相続税の速算表**〉にある税率を掛け、<u>控除</u>額を差し引いて、各人の相続税額を求める。

❺各人の相続税額を**合計**して、**相続税の総額**を算出する。

☐ **相続税額の<u>2</u>割加算**…配偶者や１親等の血族（子、父母）**以外**の人が、相続または遺贈によって財産を取得した場合、算出された各人の税額に<u>2</u>**割**相当額が加算される仕組み。**子を代襲して孫が相続人となった場合は<u>2</u>割加算**の対象には**ならない**。

2位 総所得金額・所得税額の算出 過去の出題率 **5.35%**

- [ ] 総所得金額に算入する代表的な所得…<u>不動産</u>所得、<u>事業</u>所得、<u>給与</u>所得、<u>一時</u>所得、土地・建物・株式以外の<u>譲渡</u>所得、<u>雑</u>所得、<u>配当</u>所得など。
- [ ] 株式の<u>譲渡</u>所得／損失、<u>退職</u>所得の金額は総所得金額の計算に考慮しない。
- [ ] **不動産所得**…不動産の貸付けによる所得。
  不動産所得＝不動産所得の総収入金額－<u>必要経費</u>（－<u>青色申告特別</u>控除額）
- [ ] **事業所得**…農業、漁業、製造業、サービス業、飲食業などの事業による所得。
  事業所得＝事業所得の総収入金額－<u>必要経費</u>（－<u>青色申告特別</u>控除額）
- [ ] **給与所得**…会社員やアルバイトが、会社から受け取る給与、賞与、各種手当て、現物給与等の所得。給与所得控除額は試験で提示される速算表を使って計算する。
  給与所得＝給与収入金額－<u>給与所得控除</u>額
- [ ] **一時所得**…営利を目的としない行為によって発生した所得。生命保険の<u>満期保険金</u>や<u>解約返戻金</u>、損害保険の<u>満期返戻金</u>など。一時所得の**特別控除額は50万円**。一時所得金額の**2分の1**を総所得金額へ算入する。**退職金**などの労役の対価、**土地の譲渡、資産譲渡**によって発生した所得は、**一時所得に含まれない。**
  一時所得＝一時所得の総収入金額－収入を得るために支出した額－特別控除50万円

【例】生命保険の解約返戻が690万円、支払った保険料が600万円の場合、
  一時所得＝690万円－600万円－<u>50</u>万円＝<u>40</u>万円→<u>40</u>÷2＝<u>20</u>万円を総所得金額に算入。計算結果が**0円**の場合は、一時所得は**ないもの**とする。

- [ ] **雑所得**…他のいずれの所得にも該当しない所得。**公的年金等の雑所得**[※]（国民年金、厚生年金、<u>国民年金</u>基金、厚生年金基金、<u>確定拠出</u>年金等の年金）と、**公的年金等以外の雑所得**（講演料、原稿料・印税、生命保険などの<u>個人年金</u>）がある。
  雑所得＝公的年金等の雑所得＋公的年金等以外の雑所得
  ＝【公的年金等の収入金額－<u>公的年金等控除</u>額】＋【公的年金等以外の総
  収入金額－<u>必要経費</u>】

  ▲それぞれの【 】内の計算結果が**0円以下**となった場合、【 】内は**0円**とする。例えば、公的年金等の【収入金額40万円－公的年金等控除額70万円＝**－30万円**】の場合、公的年金等の雑所得は－30万円ではなく、**0円**とする。

【例】個人年金保険に係る確定年金の額が100万円、必要経費82万円の場合の雑所得は、**100万円－82万円＝<u>18</u>万円**

- [ ] **配当所得**…**株式の<u>配当金</u>や投資信託**（公社債投資信託を除く）の<u>収益分配金</u>などによる所得。
- [ ] **所得税額**…各所得金額の合計（<u>総所得金額</u>）から、**所得控除**の額の合計額（試験で提示）を引き、所得税の速算表（試験で提示）により求める。
- [ ] **所得金額調整控除**…**子ども（年齢23歳未満）・<u>特別障害者</u>等**を扶養する人を対象に、給与収入（1,000万円超の場合は1,000万円）から**850万円**を控除した額の**10%**が、**給与所得から控除**される。

※65歳未満で公的年金等に係る雑所得以外の所得に係る合計所得金額が1,000万円以下の場合、公的年金等の収入金額が年60万円まで（65歳以上なら年110万円まで）は、公的年金等控除により所得ゼロとなるため、公的年金の雑所得は算出されない。

3位 老齢年金の受給額の計算

計算式、数値、乗率は、試験で提示されるので覚える必要はない。

【例】 Aさん（1968年11月8日生まれ・55歳・会社員）の厚生年金加入歴
・2003年3月以前の平均標準報酬月額：30万円（192月：18歳以降）
・2003年4月以後の平均標準報酬額：40万円（307月：60歳未満）

○老齢基礎年金の計算式（4分の1免除月数、4分の3免除月数は省略）

$$816,000円 \times \frac{保険料納付済月数 + 保険料半額免除月数 \times \frac{2}{3} + 保険料全額免除月数 \times \frac{1}{3}}{480月}$$

○老齢厚生年金の計算式（本来水準の額）

ⅰ）報酬比例部分の額＝ⓐ＋ⓑ

ⓐ 2003年3月以前の期間分（円未満四捨五入）

$$平均標準報酬月額 \times \frac{7.125}{1,000} \times 2003年3月以前の被保険者期間の月数$$

ⓑ 2003年4月以後の期間分（円未満四捨五入）

$$平均標準報酬額 \times \frac{5.481}{1,000} \times 2003年4月以後の被保険者期間の月数$$

ⅱ）経過的加算額（円未満四捨五入）＝1,701円×被保険者期間の月数

$$-816,000円 \times \frac{1961年4月以後で20歳以上60歳未満の厚生年金保険の被保険者期間の月数}{480月}$$

ⅲ）配偶者の加給年金額＝408,100円

子の加給年金額＝第1子と第2子は各234,800円、第3子以降は各78,300円

☐ 老齢基礎年金の支給額の計算に反映されるのは、**20**歳以上**60**歳未満の国民年金および厚生年金の加入期間で、**480**月が上限。（以下、上記【例】での計算）

老齢基礎年金額＝816,000円×480月／480月＝816,000円

☐ **老齢厚生年金**の「ⅰ）報酬比例部分の額」の月数は、**480**月の上限はない。

$$ⓐ＋ⓑ＝300,000円 \times \frac{7.125}{1,000} \times 192月 + 400,000円 \times \frac{5.481}{1,000} \times 307月$$

＝**410,400**円＋**673,066.8**円＝**1,083,467**円 （←円未満四捨五入）

☐ 「ⅱ）経過的加算額」の計算で被保険者期間の月数は、**480**月が上限。従って、

経過的加算額＝1,701円×480月－816,000円×480月÷480月＝480円

☐ **加給年金**は、厚生年金保険の被保険者期間が**20**年以上ある加入者に、加入者によって生計を維持されている**65**歳未満の配偶者または18歳の年度末（3月末日）までの子がいるときに加算される。

4位 建築面積と延べ面積の計算

過去の出題率 3.49%

□ **防火規制**…建築物が**異なる**土地に**またがる**場合（防火地域と準防火地域にわたる場合など）は、**最も厳しい規制**がすべての土地に適用される。

【例】防火地域の甲土地および準防火地域の乙土地を一体利用して耐火建築物を建築する場合、すべて<u>防火地域</u>扱いとなる。

□ **防火地域内**で、かつ**指定建蔽率**が上限<u>80</u>％の地域に**耐火建築物及び耐火建築物と同等以上の延焼防止性能の建築物**を建てる場合は**制限なし**（建蔽率<u>100</u>％）。下記【例】の甲土地の建蔽率は100％。

□ **防火地域**（建蔽率の**上限80**％の地域を除く）内にある**耐火建築物**および**耐火建築物と同等以上の延焼防止性能の建築物**や、**準防火地域内にある耐火建築物、準耐火建築物およびこれらと同等以上の延焼防止性能の建築物**には、<u>10</u>％の建蔽率の緩和がある。【例】乙土地の建蔽率は60％＋緩和<u>10</u>％＝<u>70</u>％

□ 建築物の敷地が、**建蔽率の異なる2つ以上の地域**にわたる場合、敷地全体の**最大建築面積**は、「<u>各地域の面積</u>×<u>各建蔽率</u>」の合計となる。

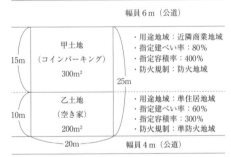

幅員6m（公道）

| 甲土地（コインパーキング）300m² | ・用途地域：近隣商業地域
・指定建ぺい率：80％
・指定容積率：400％
・防火規制：防火地域 |

15m / 25m

| 乙土地（空き家）200m² | ・用途地域：準住居地域
・指定建ぺい率：60％
・指定容積率：300％
・防火規制：準防火地域 |

10m / 20m

幅員4m（公道）

甲土地の建築面積上限
＝300㎡×<u>100</u>％＝<u>300</u>㎡

乙土地の建築面積上限
＝200㎡×<u>70</u>％＝<u>140</u>㎡

対象地の建築面積上限
＝<u>300</u>㎡＋<u>140</u>㎡＝<u>440</u>㎡

□ **前面道路の幅員**が<u>12</u>m以上の場合は指定容積率が適用される。<u>12</u>m未満の場合は、指定容積率と次の計算結果の**小さい方**が適用される。

　・**住居系用途地域**（乙土地）…前面道路の幅員×<u>4/10</u>
　・**その他地域**（甲土地）…前面道路の幅員×<u>6/10</u>

【例】甲乙は一体利用して1つの土地になるため、両方とも広い方の前面道路6mで計算する。甲土地の**容積率制限**は**6×6/10＝360**％。指定容積率が400％のため、甲土地の容積率の上限は<u>小さい方</u>の<u>360</u>％。乙土地の容積率制限は**6×4/10＝240**％。指定容積率300％のため、乙土地の容積率の上限は<u>小さい方</u>の<u>240</u>％。

□ **最大延べ面積＝敷地面積×容積率の上限**

【例】甲土地の最大延べ面積＝300㎡×<u>360</u>％＝<u>1,080</u>㎡
　　　乙土地の最大延べ面積＝200㎡×<u>240</u>％＝<u>480</u>㎡
　　　甲乙を一体利用した土地の**最大延べ面積**＝<u>1,080</u>㎡＋<u>480</u>㎡＝<u>1,560</u>㎡

▶5位「株式の投資指標」は、28ページの学科「27位 株式の投資指標」を参照。

6位 投資信託と税金

- □ <u>基準価額</u>…投資信託の**時価・評価額。純資産総額**を**受益権総口数**で割ったもので、通常は**1万口当たり**で示される。委託会社が算出する。

- □ <u>個別</u>**元本**…投資信託の**平均購入価格**（手数料・消費税を除く）。

- □ <u>信託財産留保額</u>…投資信託を解約（**中途換金**）する際に支払う**費用**。証券等の換金に係る費用等を解約する**投資家にも負担**させ、受益者間の<u>公平性</u>を保とうとするもの。**外貨建てMMF**では**徴収されない**。

- □ 解約時の<u>譲渡所得</u>は解約時の**換金額**から、購入時の**基準価額**を引いて求める。

- □ <u>収益分配金</u>…投資信託（ファンド）の決算期ごとに受益者に分配される収益金のこと。「<u>普通分配金</u>」と「<u>元本払戻金（特別分配金）</u>」の2種類がある。

- □ <u>普通分配金</u>…分配金のうち**分配落ち後の基準価額**（分配金を支払った後の基準価額）が**個別元本以上**の場合の分配金（儲けに該当する部分）。**配当所得**として**20.315%**（所得税15％＋復興特別所得税0.315％＋住民税5％）の**源泉徴収**。

- □ <u>元本払戻金（特別分配金）</u>…**元本の払戻し**に当たる部分（原資・投資額に該当する部分）。儲けではないので、**非課税**となる。

- □ **普通分配金＝収益分配金－**<u>元本払戻金</u>

【例】購入時の基準価額9,500円、課税時基準価額（分配金落ち後）9,400円、収益分配金の合計額（税引前）600円の場合

- □ **元本払戻金**＝<u>9,500</u>円－<u>9,400</u>円＝<u>100</u>円

- □ **普通分配金**＝<u>600</u>円－<u>100</u>円＝<u>500</u>円

- □ 株式投資信託の解約、償還、売却差益などの<u>譲渡</u>所得は、**上場株式と同じ20.315**％（所得税15％＋復興特別所得税0.315％＋住民税5％）の<u>申告分離</u>課税。**株式の譲渡所得や申告分離課税を選択した配当所得と**<u>損益通算</u>できる。

【例】株式投資信託の譲渡所得が300,000円の場合、課税される税金はそれぞれ、

- □ 所得税…300,000円×15.315％＝<u>45,945</u>円（復興特別所得税含む）

- □ 住民税…300,000円×5％＝<u>15,000</u>円

- □ 合計額…<u>45,945</u>円＋<u>15,000</u>円＝<u>60,945</u>円

- □ <u>特定公社債</u>等（国債、地方債、外国債券等）の**利子**（収益分配金）は、<u>20.315</u>％の源泉徴収後申告不要。または、確定申告（<u>申告分離課税</u>）を選択可。

- □ <u>特定公社債</u>等の**譲渡益・償還差益**は、**上場株式等の譲渡所得等**として<u>20.315</u>％の**申告分離課税**。譲渡益・償還差益・利子は、確定申告により、**上場株式等の譲渡所得、申告分離課税を選んだ配当所得と損益通算、繰越控除**ができる。

7位 遺言と遺留分

□ **自筆証書遺言**…遺言者が遺言の**全文、日付、氏名**を<u>自書</u>して**押印**する（代筆、パソコン作成、口述録音等は**不可**）。<u>財産目録</u>のみ書式自由（自書によらない記載には頁ごとに署名押印が必要）。公正証書遺言と秘密証書遺言は<u>証人の立会い</u>が**必要**だが、自筆証書遺言は**証人の立会い**が<u>不要</u>。<u>検認</u>（遺言書の偽造等を防止するための証拠保全の手続き）が**必要**だが、法務局の遺言書保管所で保管されている遺言書については、**不要**。なお、<u>検認</u>を行わなくても、その遺言は**無効にはならない**。<u>日付</u>の特定がないもの（大安吉日など）は**無効**となる。

□ 遺言による相続分の指定または遺贈によって、相続人の**遺留分**が侵害された場合であっても、その**遺言は**<u>有効</u>となる。ただし、相続人が<u>遺留分侵害額請求</u>権を行使した場合には、侵害された<u>遺留分</u>については**無効**となる（遺言自体は**有効**）。

□ 遺言者が、生前に遺言の内容と異なる財産処分をしたら、その遺言は**撤回**されたものとみなされる。**生前処分**されていた財産は遺言書にあっても**相続できない**。

□ 相続に関する被相続人の遺言書を偽造し、変造し、破棄し、または隠匿した者は、<u>相続欠格</u>者となり、<u>相続</u>権を失う。

□ <u>遺留分</u>…民法で定められている一定の相続人が**最低限**相続できる財産。遺留分の確保には、遺言書での相続人に<u>遺留分</u>侵害額請求をする必要がある。

□ **遺留分権利者**…遺留分が保証されている人のこと。**配偶者**、**子**（子の代襲相続人を含む）、**父母**。**兄弟姉妹**は**保証されない**。遺留分の割合は下の通り。

- ・遺留分権利者が**父母のみ**………相続財産の**3**分の<u>1</u>
- ・遺留分権利者が**配偶者のみ**……相続財産の**2**分の<u>1</u>
- ・遺留分権利者が**子のみ**………相続財産の**2**分の<u>1</u>
- ・遺留分権利者が**配偶者と子**……「配偶者と子」で相続財産の**2**分の<u>1</u>
- ・遺留分権利者が**配偶者と父母**…「配偶者と父母」で相続財産の**2**分の<u>1</u>

□ **1人の相続分（遺留分の割合）＝相続財産×<u>遺留分</u>×<u>法定相続</u>分**

〈親族関係図〉

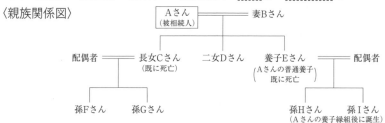

【例】　妻Bさんの遺留分の割合…………遺留分 **1/2**×法定相続分 <u>1/2</u> ＝ **1/4**
　　　二女Dさんの遺留分の割合………遺留分 **1/2**×法定相続分 <u>1/6</u> ＝ **1/12**
　　　孫F・Gさんの遺留分の割合……遺留分 **1/2**×法定相続分 <u>1/12</u> ＝ **1/24**
　　　孫H・Iさんの遺留分の割合……遺留分 **1/2**×法定相続分 <u>1/12</u> ＝ **1/24**

実技 個人▶TOP60

8位 遺族給付

●遺族基礎年金

☐ **受給要件**…保険料納付済期間（保険料免除期間を含む）が**加入期間の3分の2以上ある国民年金の被保険者が死亡**。65歳未満の死亡の場合には、死亡日の月の前々月までの1年間に保険料の滞納がなければ受給できる。または、**受給資格期間が25年以上ある老齢基礎年金の受給権者が死亡**。

☐ 死亡した者に生計を維持されていた**子のある配偶者**（妻・夫）、または子に、**偶数月**に**2カ月分**が支給される。**配偶者（親）と子が生計同一の場合は配偶者が受給する**。生計同一でない場合は**子が受給**する。条件を満たす者が**結婚**したり、子が**直系血族や直系姻族以外の養子**になった場合は**受給資格を失う**。

☐ **年金額**…**816,000円**（満額の老齢基礎年金と同額）＋**子の加算額**

☐ **子の加算額**…第1子と第2子は各**234,800円**。第3子以降は各**78,300円**

☐ 遺族基礎年金の子に該当する者の**18歳**到達年度末が**過ぎる**と、受給対象者（配偶者遺族など）は遺族基礎年金と遺族基礎年金の**子の加算額の受給権を失い**、**中高齢寡婦加算**が支給される（遺族厚生年金は再婚しなければ配偶者には生涯支給）。

☐ **死亡一時金**…国民年金の第1号被保険者として**保険料納付済期間が36月以上**ある者が年金を受給しないで死亡したとき、**遺族基礎年金を受給できない遺族**（子のない配偶者など）に支給。寡婦年金とは併給できない。

●遺族厚生年金…遺族基礎年金に上乗せして受給できる。

☐ **受給要件**…保険料納付済期間（保険料免除期間を含む）が**加入期間の3分の2以上ある厚生年金の被保険者が死亡**。65歳未満の死亡の場合には、死亡日の月の前々月までの1年間に保険料の滞納がなければ受給できる。または、1級・2級の障害厚生（共済）年金の受給権者、**受給資格期間が25年以上ある老齢基礎年金の受給権者が死亡**。

☐ **受給対象者**…死亡した者に**生計を維持されていた者**（①配偶者・子、②父母、③孫、④祖父母）のうち、**受給順位が最も高い者にだけ**支給される。兄弟は対象外。死亡した者の**夫、父母、祖父母**は**55歳以上**限定で支給は**60歳**からとなる。

☐ **年金額**…死亡した者の老齢厚生年金の報酬比例部分の額の**4分の3**相当額。被保険者期間の月数が**300月**に満たない場合は一定の要件の下に**300月**として計算。

☐ 遺族基礎年金と遺族厚生年金の受給者の**年収制限**…受給者の**年収850万円未満**。**受給権確定後に年収850万円以上**になったときは支給停止には**ならない**。

☐ 遺族厚生年金の受給権者が**65歳**になって老齢厚生年金の受給資格を得た場合は、遺族厚生年金は老齢厚生年金との**差額**だけ支給される。

8位 扶養控除／配偶者控除／基礎控除

□ **扶養控除**…納税者に**配偶者以外**の控除対象扶養親族がいる場合に、所得金額から一定額が控除（差し引かれること）できる制度。

□ **控除対象扶養親族の要件**

❶配偶者以外の**16歳以上**の親族で納税者本人と**生計を一**にしていること。

❷青色申告者、または白色申告者の<u>事業専従者</u>**でない**こと。

❸合計所得金額**48万円以下**、収入が給与のみの場合は**年収103万円以下**。

（**年収103万円**から給与所得控除**55万円**を差し引くと**48万円**）

□ **扶養控除の金額**… 扶養控除額は、年齢、同居の有無によって異なる。

区分		控除額
一般の扶養親族（一般の扶養控除）：<u>16</u>歳以上		<u>38</u>万円
特定扶養親族（特定扶養控除）：<u>19</u>歳以上<u>23</u>歳未満		<u>63</u>万円
老人扶養親族：<u>70</u>歳以上	同居老親等**以外**の者	48万円
	同居老親等	58万円

・適用年齢は12月31日時点の年齢。**16歳未満**の親族は**控除なし**。

・老人扶養親族は、収入が公的年金のみの場合、**年収158万円以下**の者が対象。

□ **配偶者控除**…納税者（合計所得金額**1,000万円**（給与のみの年収**1,195万円**）**以下**）に**生計を一**にしている配偶者がいる場合に適用される。

納税者本人の合計所得金額	控除額	
	控除対象配偶者	老人控除対象配偶者
900万円以下	<u>**38**</u>万円	48万円
900万円超　950万円以下	26万円	32万円
950万円超　1,000万円以下	13万円	16万円

□ **配偶者控除の対象配偶者の要件**

❶青色申告者、または白色申告者の<u>事業専従者</u>**でない**こと。

❷合計所得金額**48万円以下**、収入が給与のみの場合は**年収103万円以下**。

（**年収103万円**から給与所得控除**55万円**を差し引くと**48万円**）

□ **配偶者特別控除**…配偶者の合計所得金額が**48万円を超える**場合であっても、納税者**本人**の合計所得金額が**1,000万円**（給与のみの年収**1,195万円**）**以下**で、**配偶者**の合計所得金額が**48万円超～133万円以下**（年収103万円超～201.6万円未満）であれば、**配偶者特別控除**が適用される。控除金額は**最高38万円**で、配偶者の合計所得金額が133万円に近づくほど受け取れる控除額は下がる。

□ **基礎控除**…納税者の総所得金額などから一定額が差し引かれる制度。合計所得金額が**2,400万円以下**で**控除額48万円**。2,400万円を超えると控除額は32万円→16万円と段階的に縮小し、**2,500万円を超える**と控除対象外となる。

10位 投資の手法

☐ **ポートフォリオ**運用…**性格**の異なる**複数**の金融商品に投資すること。

☐ **期待収益率**…予想収益率に**生起確率**（予測される確率）などを組み込んだ**平均値**。**ポートフォリオ**における**期待収益率**は、ポートフォリオに組み込む各資産の期待収益率を**組入比率（構成比）**で**加重平均**したものの合計。

☐ **期待収益**率＝**生起確率×予想収益率の平均値**

【例】	生起確率	資産Xの予想収益率	資産Yの予想収益率
シナリオ1	40%	−5.0%	16.0%
シナリオ2	50%	10.0%	12.0%
シナリオ3	10%	15.0%	−8.0%

【例】資産Xを60%、資産Yを40%の比率で組み入れたポートフォリオで、

☐ **資産Xの期待収益率**…0.4×（−5.0）+0.5×10.0+0.1×15.0＝4.50%

☐ **資産Yの期待収益率**…0.4×16.0+0.5×12.0+0.1×（−8.0）＝11.60%

☐ **ポートフォリオ**の期待収益率＝4.5×0.6+11.6×0.4＝7.34%

☐ **超過収益**率…ポートフォリオでは、**無リスク資産利子率**（預貯金などの利子率）をどのくらい上回ったかで**収益率**を評価する。これを**超過収益**率という。

☐ **超過収益**率＝**収益率−無リスク資産利子率**

☐ **シャープレシオ**…異なるポートフォリオの**パフォーマンス（投資効率）**を比較評価する際に用いられる指標。数値が**大きい**ほど**良い投資**とされる。

☐ **シャープレシオ**＝**超過収益率÷標準偏差**

☐ **シャープレシオ**＝（収益率−**無リスク資産利子率**）÷**標準偏差**

【例】過去3年間の運用パフォーマンス	X投資信託	Y投資信託
平均収益率	3%	7%
収益率(リターン)の標準偏差(リスク)	2%	4%

【例】無リスク資産利子率を1%と仮定すると、

☐ **X投資信託のシャープレシオ**は（3−1）÷2＝1.0

☐ **Y投資信託のシャープレシオ**は（7−1）÷4＝1.5

　シャープレシオの数値が**大きい**Y投資信託の方が、パフォーマンスは**優れている**。

☐ **ドルコスト平均法**…価格が変動する金融商品を**定期的**に**一定金額**ずつ購入する投資手法。これにより、価格が安いときには**多い**量を、高いときには**少ない**量を自動的に購入することになるため**投資時期を分散**することができる。

11位 土地活用の事業方式

 過去の出題率 2.79%

☐ **等価交換方式**…<u>土地所有者</u>が<u>土地</u>を提供し、<u>デベロッパー</u>（**開発業者**）等が<u>資金</u>を負担して建物を建設する。

☐ 等価交換方式では、土地所有者と開発業者それぞれが取得する建物の床面積を計算する必要があり、これを<u>還元</u>**床面積**の計算という。**原価積上方式**、**市場性比較方式**の２種類が代表的。

☐ **原価積上方式（出資額方式）**…<u>原価</u>（土地と建物の出資額）に応じて、**建物の持分割合**を計算する方式。**土地の価値が高い**ほど、また**建物の建設費を抑える**ほど、<u>土地所有者</u>が建物を**多く取得**できる。

☐ **市場性比較方式（収益還元方式）**…<u>採算性</u>を基準にして、**建物の持分割合**を計算する方式。デベロッパーが、確保したい**粗利益率・必要販売額**をもとにした必要専有床面積を取得し、残りを土地所有者の取得分とする。デベロッパーが<u>収益性</u>**の高い建物**を建築するほど、<u>デベロッパー</u>が建物を**多く取得**できる。

 実技 個人 ▼ TOP60

☐ **事業受託方式**…<u>土地所有者</u>が資金調達し、マンション等の建設・管理・運営などの**事業一切**を受託者（**デベロッパー、ハウスメーカー等**）に任せる。**土地・建物の権利**はその**所有者**が維持・取得する。<u>賃料</u>は**土地所有者**が受け取る。

○ 開発業者から**事業ノウハウの提供**を受けられ、業務負担が<u>軽減</u>される。

✕ **建設資金**や**事業報酬**の負担がある。

☐ **土地信託方式**…<u>信託銀行</u>に**土地を信託**し、資金調達から建設・管理・運営を任せて<u>配当</u>を受け取る。収益への**課税負担**は原則、委託者（**土地の所有者**）に対して行われる（実質所有者課税の原則）。

○ 基本的に**自己資金や借入金**が<u>不要</u>。

○ 事業の一切を<u>信託</u>**銀行**に任せられる。

○ 契約終了時に**土地・建物**が<u>返還</u>される。

✕ 配当は保証されず、運用実績により**変動**がある。

☐ **定期借地権方式**…一定期間、土地を借地人に**賃貸**して<u>地代</u>を受け取る。原則、契約期間終了後は<u>更地</u>で<u>返還</u>される。アパート賃貸事業を行う者に貸す場合は、居住用建物とみなされ、**事業用定期借地権**での契約は<u>不可</u>。

○ 資金負担が<u>なく</u>、比較的に**安定収入**が得られる。

✕ 一般的に建物の賃貸収入より**少ない**。

▶12位「建築基準法」は、4ページの学科「3位 建築基準法」を参照。

13位 小規模宅地等の評価減の特例 過去の出題率 2.67%

☐ 相続された居住地や事業用地は、相続人が居住や事業を続けられるように、評価額のうち一定割合が減額される。これを<u>小規模宅地等の評価減</u>の**特例**（小規模宅地等についての相続税の課税価格の計算の特例）という。この特例の適用には、納付税額が０の場合でも、<u>相続税</u>の申告が必要となる。

☐ **特定居住用宅地等**…自宅の敷地（被相続人等の居住用宅地）を配偶者または同居親族が相続したとき、評価減となる**限度面積は**<u>330</u>㎡、**減額割合は**<u>80</u>%。

①**配偶者**が取得したもの…被相続人との同居や相続後の居住継続、所有などの適用要件は**ない**。**必ず**適用される。第三者へ転売、賃貸しても OK。

②**同居親族が取得したもの**…相続税申告期限まで**宅地所有、居住継続**が<u>必要</u>。

③配偶者・同居親族がいない場合で、**別居親族が取得したもの**…相続税申告期限までの宅地所有が必要。ただし、相続開始前３年以内にその別居親族（配偶者含む）が国内に所有する家屋（持家）に住んだことがある場合は適用外、など。

🙂**ウラ技** 特定居住用宅地は、住むと<u>サンザンヤ</u>（特定居住用宅地＝<u>330</u>、<u>80</u>）

☐ **特定事業用宅地等**…被相続人等の事業用宅地を一定の親族が承継、取得したとき、評価減となる**限度面積は**<u>400</u>㎡、**減額割合は**<u>80</u>%。相続税申告期限まで宅地所有・事業継続が<u>必要</u>。

☐ **特定居住用宅地等**と**併用**する場合の対象限度面積は **330＋400＝730㎡**。

🙂**ウラ技** <u>シゼン</u>とヤるよ特定事業用宅地（特定事業用宅地＝<u>400</u>、<u>80</u>）

☐ **貸付事業用宅地等**…被相続人等の貸付事業に使用されていた土地（または借地権、ただし、土地の上に構築物のない青空駐車場は対象外）を一定の親族が取得したとき、評価減となる**限度面積は**<u>200</u>㎡、**減額割合は**<u>50</u>%。相続税申告期限まで**貸付け・保有継続**が<u>必要</u>。

🙂**ウラ技** 貸すと<u>ニッコ</u>リ貸付事業用宅地（貸付事業用宅地＝<u>200</u>、<u>50</u>）

☐ **特例により減額される金額の計算式**…

宅地等の評価額×（<u>限度</u>面積／その宅地等の敷地面積）×減額割合

【例】自宅の敷地（被相続人等の居住用宅地）350㎡を配偶者が相続し、宅地の相続税評価額が１億4,000万円である場合、減額される金額の限度額は、

１億4,000万円×330㎡／350㎡×80% ＝ <u>１億560</u>万円

この自宅の敷地について、相続における相続税の課税価格に算入すべき価額は、

１億4,000万円－<u>１億560</u>万円＝3,440万円

▶14位「NISA（少額投資非課税制度）」は、21ページの学科「19位 NISA（少額投資非課税制度）」を参照。

▶14位「住宅借入金等特別控除」は、3ページの学科「2位 住宅借入金等特別控除」を参照。

16位 課税長期譲渡所得金額の計算

□ **長期譲渡所得**…譲渡した年の1月1日現在において**所有期間が5年を超える不動産**（土地・建物）の譲渡所得。税率**20.315%**（所得税**15%**＋復興特別所得税**0.315%**＋住民税**5%**）となる。

□ **取得費**…売った土地や建物の**購入代金**、**手数料**、**建築代金**、設備費、改良費などの合計額から、建物の**減価償却**費相当額を差し引いた金額。取得（購入、贈与、相続）したときに納めた登録免許税、不動産取得税、印紙税等を含む。

□ **概算取得費**…買い入れた時期が古いなどのため、取得費が**不明**の場合には、取得費の額を譲渡価額の**5%**相当額にできる。また、実際の取得費が譲渡価額の**5%**相当額を**下回る**場合も**5%**相当額にできる。

【例】譲渡価額7,000万円（土地、建物の合計）で、取得価額が不明の場合の概算取得費は、**7,000万円×0.05＝350万円**

□ **譲渡費用**…仲介手数料、売主負担の印紙税等、売るために直接かかった費用。固定資産税、都市計画税、修繕費など、土地や建物の「**維持・管理**」のためにかかった費用は譲渡費用に**含まれない**。

□ **居住用資産を譲渡した場合の3,000万円の特別控除の特例**…自宅の家屋、敷地を譲渡した場合、譲渡所得（売却益）から最高**3,000万円**を**控除**できる特例。
課税長期譲渡所得金額＝譲渡収入金額－（取得費＋譲渡費用）－特別控除3,000万円

□ 居住用財産の軽減税率の特例…正式には「**居住用財産を譲渡した場合の長期譲渡所得の課税の特例**」という。所有期間が**10年**を超える居住用財産を譲渡した場合、「**3,000万円の特別控除の特例**」適用後の金額のうち、**6,000万円以下**の部分に**14.21%**（所得税（10%）＋復興特別所得税（0.21%）＋住民税（4%））の軽減税率が適用される。**6,000万円を超える**部分は、**長期譲渡所得の税率20.315%**（所得税（15%）＋復興特別所得税（0.315%）＋住民税（5%））で軽減税率はなし。

【例】所有期間が10年を超える居住用財産を譲渡し、課税長期譲渡所得金額が3,400万円の場合、課税額は、**34,000,000×0.1421＝4,831,400円**

□ **持分割合**のある不動産の譲渡時は、持分割合に応じて所得を**配分**する。

【例】土地9,000万円、持分割合が母3分の1、Aさん3分の2の土地を譲渡した場合、Aさんの持分に応じた譲渡価額は、**9,000万円×2/3＝6,000万円**。譲渡費用に建物の取壊し費用90万円と仲介手数料などの270万円がかかった場合のAさん持分に応じた譲渡費用は、**（90万円＋270万円）×2/3＝240万円**

▶16位「退職所得」は、50ページの学科「49位 給与所得/退職所得」を参照。

18位 贈与税の特例

- ☐ **贈与税の配偶者控除**…配偶者から居住用不動産、または居住用不動産を取得するための金銭の贈与を受け、一定の要件を満たす場合、**2,000万円**を限度として控除できる制度。贈与税額が**0円**でも贈与税の**申告書の提出**が必要。

- ☐ **贈与税の配偶者控除**は、贈与税の**基礎控除額110万円**と併用できるため、贈与税の課税価格から基礎控除額と合わせて**最高2,110万円**を控除することができる。

【例】 Aさんが妻Bさんと同居している右の家屋およびその敷地のそれぞれ25%を贈与する。贈与税の配偶者控除の要件を満たす贈与であった場合、妻Bさんの贈与税の課税価格は、

- ●家屋：10,000千円 （家屋全体の評価額）
- ●敷地：100,000千円 （敷地全体の評価額）

(10,000千円＋100,000千円)×25%－**20,000**千円－**1,100**千円＝**6,400**千円

〈注意〉試験では千円単位の計算と答えを求められることがある。

- ☐ 個人（贈与者）から財産を贈与された個人（受贈者）は、課税方法として**暦年課税**（1年間に取得した財産の合計額を課税対象とする税）または**相続時精算課税**を選択できる。

- ☐ **相続時精算課税**…**贈与**時点での受贈者の**贈与税**を軽減し、後に相続が発生したときに贈与分と相続分を合算して**相続税**として支払う制度。

  ①**贈与者**の要件…贈与年の1月1日時点で**満60歳以上**の者（**父母・祖父母**）。

  ②**受贈者**の要件…贈与年の1月1日時点で満**18歳以上**の**推定**相続人である子（養子・代襲相続人を含む）、または**孫**。所得制限なし。

- ☐ 2024年1月1日以降の贈与について、相続時精算課税制度に**110万円の基礎控除**が創設された。年110万円までであれば、贈与税はかからず、**申告も不要**。また相続開始時に課税財産として加算されないため、相続税もかからない。

- ☐ 相続時精算課税では、贈与財産の価額から、**相続時精算課税の基礎控除額（年110万円）**と**特別控除額（累計2,500万円まで）**の合計金額を控除できる。ただし**贈与税の申告は**必要。暦年課税の**基礎控除額110万円**との**併用不可**。

- ☐ 贈与税額は、贈与額から控除した残額に**一律20%**の税率を乗じて算出する。

【例】 長男へ父から3,000万円、母から100万円の贈与が行われた。課税方法として、父からの贈与は相続時精算課税を、母からの贈与は暦年課税を選択した場合、
　　・父から長男への贈与に対する税額は、

- ☐ (3,000万円－**110万円**－**2,500万円**)×20%＝**78万円**
　　・母から長男への贈与に対する税額は、

- ☐ 100万円－**110万円**＝**0万円**（基礎控除額未満なので課税なし）

- ☐ 長男の贈与税額＝**78万円**＋**0万円**＝**78万円**

- ☐ 相続時精算課税制度を1度選択した場合、選択年以降、**同一の贈与者**からの贈与について**暦年課税**への変更不可。

19位 青色申告

□ **青色申告**…正規の**簿記**の原則に基づいて**所得税、法人税**を計算して申告する制度。税法上、様々な特典がある。

□ **対象者**…<u>不動産</u>所得、<u>事業</u>所得、<u>山林</u>所得（**フジサン**）のいずれかがある者。

● **特典①：青色申告特別控除**

□ **事業所得者、事業的規模**（不動産の貸付規模が、独立した家屋では5棟以上、アパート等では10室以上）の**不動産所得者**が、**正規の簿記の原則（一般的には複式簿記）**により記帳して、青色申告書を**確定申告期限内に提出**すれば控除額**<u>55</u>万円**、そのうえで**電子申告（e-Tax）**または**電子帳簿保存**を行えば控除額**<u>65</u>万円**。上記「**<u>55</u>万円**」および「**<u>65</u>万円**」の要件に該当しない青色申告者の控除額は**<u>10</u>万円**。

● **特典②：青色事業専従者給与の必要経費への算入**

□ **青色事業専従者**…青色申告者と**生計を一にする配偶者**や**<u>15</u>歳以上の親族**で、**年間<u>6</u>カ月**を超えて従業員として従事する者のこと。

□ 青色事業専従者給与を**必要経費**に算入するには、税務署に「**青色事業専従者給与に関する届出書**」を提出する必要がある。また、その後支給額を増額するといった記載事項を変更する場合は、遅滞なく**変更届出書**を提出する必要がある。

□ 事業を引き継いで青色申告の承認を得た場合、家族従業員等をこれまでと同様に青色事業専従者とするためには、**事業を引き継いだ人が改めて**「**青色事業専従者給与に関する届出書**」を納税地の所轄税務署長に提出する必要がある。

□ 不動産所得が**事業的規模でない**場合は、青色事業専従者給与の**必要経費**への算入は<u>できない</u>。

□ **青色事業専従者給与**を支払った場合、労務の対価として相当と認められる金額で、**実際に支払った給与**（「届出書」に記載した金額の範囲内）については、**全額**を**必要経費**に算入できる。

【例】飲食業を営む者（Aさん）が、青色事業専従者（妻Bさん）の給与の年間上限額を180万円として納税地の所轄税務署長に届け出ていて、実際には150万円しか給与を支払っていなかった場合、必要経費に算入できるのは**<u>150</u>万円**まで。

● **特典③：純損失の繰戻還付**

□ 期末資本金の額が**<u>1</u>億円以下**の中小企業は、純損失が生じたとき、前年も青色申告をしていれば**前年の所得（黒字）**と通算して<u>繰戻還付</u>が受けられる。

● **特典④：純損失の繰越控除**

□ 純損失は、**翌年以後<u>3</u>年間（法人の場合は<u>10</u>年間）**[※]繰り越して、各年分の所得金額から**控除**できる。

※ 2018年4月1日以前に開始した事業年度に発生した欠損金の繰越期間は9年。

□ **配偶者控除**（配偶者特別控除、扶養控除）との<u>併用</u>はできない。

実技 個人▶TOP60

89

20位 株式と税金

☐ 上場株式（株式投資信託、上場不動産投資信託［J-REIT］、外国株式を含む）の収益には、**配当金（分配金）**と**譲渡益**がある。

☐ 上場株式等の配当金（配当所得）は、**20.315%**（所得税15%＋復興特別所得税0.315%＋住民税5%）が**源泉徴収**されるが、下表の課税方法を選択することもできる。

総合課税	**確定申告**して他の所得と**合算**して課税する ●配当控除の適用を受けることができる ●配当金と上場株式等の譲渡損失との**損益通算**できない
申告不要制度	会社の発行済株式総数の3%以上を保有する大口株主を除いて、配当所得の金額にかかわらず申告不要にできる ●配当金受取時に**20.315%**が源泉徴収されて申告不要
申告分離制度 （申告分離課税）	他の所得と分離して**税率20.315%**で税額計算し**確定申告** ●配当金と上場株式等の譲渡損失との**損益通算**できる ●配当控除の適用が受けられない

☐ **配当控除**…配当所得があるときに受けられる控除。**確定申告が必要**。配当金の**源泉徴収税額**と、この**配当控除**の額が税額計算上控除される。株式等の配当所得について、**申告不要制度**や**申告分離課税**を選択すると、確定申告の際に**配当控除**が適用**されない**。

☐ 上場不動産投資信託（J-REIT）や**外国株式**の配当所得には、**配当控除は適用されない**。

☐ 上場株式等の譲渡所得（売却益）は、**税率20.315%**（所得税15%＋復興特別所得税0.315%＋住民税5%）の**申告分離課税**。**譲渡損失**は、上場株式等の譲渡所得、申告分離課税を選択した特定公社債等の利子・収益分配金・譲渡益・償還差益、および上場株式等の配当所得と**損益通算**でき、**確定申告**することで**翌年以後最長3年間**にわたって**繰越控除**ができる。ただし、**不動産所得、利子所得**（預貯金の利子等）とは**損益通算できない**。

☐ **非上場株式の配当所得**は**総合課税**の対象で、**所得税20.42%**（復興特別所得税＝所得税20%×0.021＝**0.42%**を含む）が源泉徴収される。**1銘柄につき1回**の配当金が**10万円以下**なら**確定申告が不要**。確定申告の際には、所得税額から一定額を控除する**税額控除**が受けられる。

20位 外貨建て金融商品

☐ **外国債券（特定公社債）**…発行体・発行地・**通貨**のいずれかが**外国**の債券。外国債券の利子・収益分配金は、20.315%の源泉徴収で**申告不要**、または**申告分離課税**を選択。譲渡益・償還益（為替差益を含む）は、20.315%の**申告分離課税**。**申告分離課税**を要件として上場株式等と**損益通算・繰越控除**が可能。

☐ **サムライ債**…外国の発行体（政府、銀行、法人）が日本国内で発行する**円建て**の外債のこと。

☐ **ショーグン債**…外国の発行体が日本国内で発行する**外貨建て**の外債のこと。

☐ **外貨建て金融商品**（外貨預金や外貨建ての外国債券）は、預入時より、**円安**になると**為替差益**が、**円高**になると**為替差損**が生じる。

☐ **外貨預金**…**外貨**で行う預金。円預金と同じく、普通預金、定期預金、通知預金などがある。外貨預金は、**預金保険制度で保護**されない。

☐ **為替レート**…円と**外貨**を交換する**レート**。基準となる**仲値（Middle）**のレートを TTM、顧客が**円を外貨**に換える場合のレート（円を売る＝Sell）を TTS（TTMに為替手数料を加えたレート）、顧客が**外貨を円**に換える場合のレート（円を買う＝Buy）を TTB（TTMから為替手数料を差し引いたレート）という。

【例】預入時の豪ドルTTSレートが93円のとき、10,000豪ドルを外貨預金として預け入れた時の日本円での資金は、**10,000豪ドル×93円＝930,000円**

☐ **X年預け入れた場合の利息＝預入資金×利率×X年**

【例】10,000豪ドルを外貨預金として半年間預け入れ、利率（年率）が1.0%（満期時一括支払）である場合の利息は、**10,000豪ドル×0.01×0.5＝50豪ドル**

【例】満期時のTTBレートが95円のとき、10,050豪ドルを円換算すると、

☐ **10,050豪ドル×95円＝954,750円**

☐ **1年あたりの運用利回り＝1年あたりの利益額÷元本×100**

【例】930,000円を外貨預金に半年預け入れ、24,750円の利益が出た場合の運用利回りは、24,750円×**2**÷930,000円×100≒**5.32%**（小数点以下第3位四捨五入）

☐ 外貨預金に預入れできる**通貨の種類**、**為替レート**、**為替手数料**は、**金融機関によって異なる**。

☐ 為替レートの変動で生じた利益を**為替差益**、為替レートの変動で生じた損失を**為替差損**という。

☐ **為替ヘッジ**…為替の変動による外貨資産の「円に換算したときの価値」の変化を**避ける**こと。**為替ヘッジのない場合**は、為替ヘッジがある場合に比べて、**円高**による**為替差損**が**大きく**基準価額の値下がりも**大きく**なる。

22位 国民年金の被保険者資格

- [ ] 年金制度には、**公的年金（国民年金・厚生年金・共済年金）**と、私的年金（会社が任意で加入する企業年金・個人が任意で加入する個人年金）がある。

- [ ] 日本国内に住所がある**20歳以上60歳未満**の者は、すべて**国民年金（基礎年金制度）**に強制加入となる。企業の従業員で原則**70歳未満**の者は、国民年金に加えて**厚生年金（被用者年金制度）**に加入する。

- [ ] **第1号被保険者**…国内に居住している**20歳以上60歳未満**で第2号、第3号以外の者。**日本国籍**がある者が国外に在住する場合は国民年金をやめるか、任意加入かを選択できる。60歳に達したその日に被保険者資格を失う（任意加入あり）。

- [ ] **任意加入**…老齢基礎年金の額は**20歳〜60歳の40年間**に保険料を納付すれば満額になる。任意加入はこの満額（**480月**）に近づけるための制度である。老齢基礎年金額を増やしたい者は**60歳以降65歳**になるまで国民年金に任意加入できる。また受給資格期間を満たしていない者は、**70歳**になるまで加入できる。

- [ ] **第2号被保険者**…**厚生年金**保険の加入者。ただし、**65歳**以上で老齢年金受給権がある者は第2号被保険者としない。

- [ ] 厚生年金保険の年齢制限は**70歳未満**だが、**70歳**以上で老齢年金の受給資格期間を満たせない在職者は、期間を満たすまで**高齢任意加入**被保険者（**第2号被保険者**）として厚生年金に任意加入できる。この**保険料は本人が全額**負担するが、事業主が同意している場合は保険料を**折半**にできる。

- [ ] **第2号被保険者が退職などによって第1号被保険者になる**場合は、住所地の市町村窓口で**資格喪失日から14日以内**に種別変更の手続きをする。

- [ ] **第3号被保険者**…国内に居住している**20歳以上60歳未満**で**第2号被保険者の被扶養配偶者**。第2号被保険者の配偶者である第3号被保険者は、国民年金保険料を納付しなくても保険料を払ったものとみなされ、**老齢基礎年金**を受給できる。

- [ ] 第3号被保険者となる場合には、**配偶者（第2号被保険者）が事業主に伝え、事業主が、事業所を管轄する年金事務所に届け出る。**

- [ ] **第2号被保険者が退職や死亡**した場合、扶養されていた配偶者は国民年金の**第3号被保険者資格を喪失**するため、**第3号から第1号への種別変更**が必要となる。その際、**国民年金保険料は翌月末日**までに納めることになる。

- [ ] 国民年金の保険料は、**所得にかかわらず定額（2024年度は月額16,980円）。**

※「国民年金の被保険者資格」は、「学科」の学習内容と重複するため、本冊「個人」には掲載されていません。

▶23位「老齢基礎年金」は、40ページの学科「39位 老齢基礎年金」を参照。
▶23位「不動産取得税」は、68ページの学科「67位 不動産取得税」を参照。

1位 相続税の総額の算出

□　**相続税の総額**は次の手順で算出する。

❶各相続人の**課税価格**を算出し、合計して課税価格の**合計額**を求める。

　課税価格に算入する財産として、<u>現預金</u>、<u>不動産</u>、**株式**、死亡退職金・生命保険金（以下の非課税限度額を控除した後の金額）などがある。

□　**生命保険金・死亡退職金の非課税限度額**…相続人が生命保険金や死亡退職金を受け取ったときは、生命保険金や死亡退職金のそれぞれについて、次の限度額までは**非課税**となる。相続の課税対象が**限度額以下**なら申告は<u>不要</u>。

　非課税限度額 ＝ <u>500</u>万円 ×法定相続人の数

【例】法定相続人が4人の場合、生命保険金・死亡退職金の非課税限度額は

□　<u>500</u>万円×<u>4</u>人＝<u>2,000</u>万円

　受け取った死亡退職金と生命保険金から、**それぞれ<u>2,000</u>万円が控除**される

❷**課税遺産総額**（課税価格の合計額−遺産に係る基礎控除額）を算出する。

　遺産に係る基礎控除額＝<u>3,000</u>万円＋<u>600</u>万円×法定相続人の数

【例】課税価格の合計額が2億7,600万円、法定相続人が4人の場合の課税遺産総額

□　**2億7,600万円−（<u>3,000</u>万円＋<u>600</u>万円×4）＝<u>2億2,200</u>万円**

❸各相続人の次の法定相続分で分割して「**法定相続分に応ずる取得金額**」を求める。

　[法定相続分]

相続人が**配偶者のみ**	配偶者がすべて相続
相続人が**配偶者と父母**	配偶者<u>3分の2</u>、父母（合計で）<u>3分の1</u>
相続人が**配偶者と子**	配偶者<u>2分の1</u>、子（合計で）<u>2分の1</u>
相続人が**配偶者と兄弟姉妹**	配偶者<u>4分の3</u>、兄弟姉妹（合計で）<u>4分の1</u>

【例】Aさん、妻、長女、二女、養子の家系において、Aさんの相続が開始した時点における相続に係る課税遺産総額が2億2,200万円であった場合の法定相続分に応じた取得金額。

　妻の法定相続分<u>2分の1</u>、子3人それぞれの法定相続分<u>6分の1</u>。

□　妻…**2億2,200万円×<u>1/2</u>＝<u>1億1,100</u>万円**

□　長女、二女、養子…それぞれ**2億2,200万円×<u>1/6</u>＝<u>3,700</u>万円**

❹試験で提示される〈相続税の速算表〉にある税率を掛け、<u>控除</u>額を差し引いて、各人の相続税額を求める。

❺各人の相続税額を**合計**して、**相続税の総額**を算出する。

□　**相続税額の<u>2割加算</u>**…配偶者や1親等の血族（子、父母）**以外**の人が、相続または遺贈によって財産を取得した場合、算出された各人の税額に<u>2割</u>相当額が加算される。**子を代襲して孫**が相続人となった場合は<u>2割加算</u>の対象には**ならない**。

2位 総所得金額・所得税額の算出 過去の出題率 6.51%

- ☐ 総所得金額に算入する代表的な所得…<u>不動産</u>所得、事業所得、<u>給与</u>所得、一時所得、土地・建物・株式以外の譲渡所得、雑所得、配当所得など。

- ☐ 株式の譲渡所得/損失、<u>退職</u>所得の金額は総所得金額の計算に考慮しない。

- ☐ 不動産所得…不動産の貸付けによる所得。

  不動産所得＝不動産所得の総収入金額－<u>必要経費</u>（－<u>青色申告特別</u>控除額）

- ☐ 事業所得…農業、漁業、製造業、サービス業、飲食業などの事業による所得。

  事業所得＝事業所得の総収入金額－<u>必要経費</u>（－<u>青色申告特別</u>控除額）

- ☐ 給与所得…会社員やアルバイトが、会社から受け取る給与、賞与、各種手当て、現物給与等の所得。

  給与所得＝給与収入金額－<u>給与所得控除</u>額

  ▲給与所得控除額は試験で提示される速算表を使って計算する。

- ☐ 一時所得…営利を目的としない行為によって発生した所得。生命保険の<u>満期保険金</u>や<u>解約返戻金</u>、損害保険の<u>満期返戻金</u>など。一時所得の**特別控除額は<u>50</u>万円**。一時所得金額の**<u>2</u>分の<u>1</u>を総所得金額へ算入する。退職金**などの労役の対価、**土地の譲渡、資産譲渡によって発生した所得は、一時所得に含ま</u>れない。**

  一時所得＝一時所得の総収入金額－収入を得るために支出した額－特別控除<u>50</u>万円

  【例】生命保険の解約返戻が690万円、支払った保険料が600万円の場合、

  一時所得＝690万円－600万円－<u>50</u>万円＝<u>40</u>万円→<u>40</u>÷<u>2</u>＝<u>20</u>万円を総所得金額に算入。計算結果が**0円**の場合は、一時所得は**ないもの**とする。

- ☐ 雑所得…他のいずれの所得にも該当しない所得。**公的年金等の雑所得**（国民年金、厚生年金、<u>国民年金</u>基金、厚生年金基金、<u>確定拠出年金</u>等の年金）と、**公的年金等以外**の雑所得（講演料、原稿料・印税、**生命保険**などの<u>個人年金</u>）がある。

  雑所得＝公的年金等の雑所得＋公的年金等以外の雑所得

  ＝【公的年金等の収入金額－<u>公的年金等控除</u>額】＋【公的年金等以外の総収入金額－<u>必要経費</u>】

  ▲それぞれの【 】内の計算結果が**0円以下**となった場合、【 】内は**0円**とする。例えば、公的年金等の【収入金額40万円－公的年金等控除額70万円＝－30万円】の場合、公的年金等の雑所得は－30万円ではなく、**0円**とする。

  【例】個人年金保険に係る確定年金の額が100万円、必要経費82万円の場合の雑所得は、**100万円－82万円＝<u>18</u>万円**

- ☐ 配当所得…**株式の<u>配当</u>金**や**投資信託**（公社債投資信託を除く）の<u>収益分配</u>金などによる所得。

- ☐ 所得税額…各所得金額の合計（<u>総所得金額</u>）から、**所得控除**の額の合計額（試験で提示）を引き、所得税の速算表（試験で提示）により求める。

3位 所得控除

過去の出題率
6.34%

- [ ] **扶養控除**…納税者に<u>配偶者</u>**以外**の控除対象扶養親族がいる場合に、所得金額から一定額が控除される（差し引かれる）制度。

- [ ] **控除対象扶養親族の要件**
  ❶配偶者以外の<u>16</u>**歳以上**の親族で納税者本人と**生計を一**にしていること。
  ❷青色申告者、または白色申告者の<u>事業専従者</u>**でない**こと。
  ❸合計所得金額<u>48</u>**万円**以下、収入が給与のみの場合は**年収**<u>103</u>**万円**以下。

- [ ] **扶養控除の金額**…年齢、同居の有無によって異なる。

区分		控除額
一般の扶養親族（一般の扶養控除）：<u>16</u>歳以上		<u>38</u>万円
特定扶養親族（特定扶養控除）：<u>19</u>歳以上<u>23</u>未満		<u>63</u>万円
老人扶養親族：<u>70</u>歳以上	同居老親等**以外**の者	48万円
	同居老親等	58万円

- ・適用年齢は12月31日時点の年齢。**16歳未満**の親族は**控除なし**。
- ・老人扶養親族は、収入が公的年金のみの場合、**年収**<u>158</u>**万円**以下の者が対象。

- [ ] **配偶者控除**…納税者と**生計を一**にしている配偶者がいる場合に適用されるもの。控除金額は**最高**<u>38</u>**万円**[※]（70歳以上の老人控除対象配偶者は**最高**<u>48</u>**万円**）。要件は、
  ❶青色申告者、または白色申告者の<u>事業専従者</u>**でない**こと。
  ❷合計所得金額<u>48</u>**万円**以下、収入が給与のみの場合は**年収**<u>103</u>**万円**以下。
  ❸納税者本人の合計所得金額が<u>1,000</u>**万円**（年収<u>1,195</u>**万円**）以下であること。

- [ ] 配偶者の合計所得金額が**48万円を超える**場合でも、納税者本人の合計所得金額が<u>1,000</u>**万円以下**で、配偶者の合計所得金額が<u>48</u>**万円超**～<u>133</u>**万円以下**（年収103万円超～201.6万円未満）であれば、**配偶者特別控除**が適用される。

- [ ] **医療費控除**…納税者本人または<u>生計</u>**を一**にする**配偶者、親族**の医療費を支払った際に適用されるもの。

- [ ] **控除の対象**…<u>診察費</u>、<u>治療費</u>、医療機関への**交通費**、**緊急時のタクシー代**、異常が見つかって治療するにいたった場合の人間ドックの費用、**出産費用**、**療養費**。

- [ ] **控除対象外**…<u>美容</u>・<u>健康増進</u>を目的とする諸費用（<u>美容整形</u>、ビタミン剤、<u>健康食品</u>等）、**コンタクトレンズ**や<u>眼鏡</u>代。通院で使用した**自家用車**のガソリン代・**タクシー代**・**駐車場代**（緊急時を除く）、異常がなかった場合の**人間ドックの費用**。

- [ ] **医療費控除額＝医療費－保険金等での補てん金額－【**<u>10</u>**万円】**
  総所得金額が**200万円未満**の場合は【**10万円**】ではなく、【**総所得金額×5％**】。生命保険から受け取った**入院給付金**等で支払われた分の医療費は**保険金での補てん金額**に該当。

- [ ] **ふるさと納税ワンストップ特例制度**…確定申告<u>なし</u>にふるさと納税の**寄附金控除**を受けられる仕組み。**1年間**に寄附先<u>5</u>**自治体以内**ならこの制度の利用が可能。

※納税者の合計所得金額が900万円を超えると、配偶者控除の額は、38万円→26万円→16万円と段階的に縮小し、1,000万円を超えると控除の適用対象外となる。

実技
生保▼**TOP60**

4位 老齢基礎年金

過去の出題率 **5.05%**

- [ ] **老齢基礎年金**…原則<u>65</u>歳になったときから支給される<u>終身</u>型の**公的年金**。

- [ ] **受給資格期間**…年金をもらうために**最低限必要な加入期間**。納付が**猶予・免除**された期間も算入される。老齢基礎年金の受給資格期間は<u>10</u>年。

- [ ] 年金額…老齢基礎年金の保険料納付済月数が<u>480</u>月（20歳から60歳までの<u>40</u>年）を満たしていれば、年金額は満額の<u>816,000</u>円（2024年度価額）。

- [ ] 保険料納付済月数…国民年金（または厚生年金）の保険料を納めた月数。**全月数（480月）**から**未納期間**（免除期間や猶予期間）を差し引いた月数（全額免除期間が60カ月の場合、480月－60月が保険料納付済月数）。学生納付特例制度[※]などで納付が**猶予**された期間は、追納がなければ<u>保険料納付済</u>期間に算入されない。ただし、**産前産後の免除期間**は、<u>保険料納付済</u>期間に算入される。

- [ ] <u>480</u>月に満たない場合は、以下の計算式で算出される。

- [ ] $816,000円 \times \dfrac{保険料納付済月数 + 半額免除月数 \times \frac{2}{3} + 全額免除月数 \times \frac{1}{3}}{480月}$

  ▲上記は、2009年3月以前の期間分の計算式。2009年4月以降の期間分は、**半額免除月数を3/4、全額免除月数を1/2**にして計算する。

【例】納付期間243月、今後60歳までの納付予定期間175月なら、保険料納付済月数は、納付予定を含めて418月（243月＋175月）。保険料全額免除期間が39月（2009年3月以前）の場合、老齢基礎年金額（50円未満は切捨て、50円以上100円未満は100円に切上げ）は、

- [ ] $816,000円 \times \dfrac{418月 + 39月 \times \frac{1}{3}}{480月}$

  $= 816,000円 \times \underline{431}月 \div 480月$

  $= 732,699.9...円 ≒ \underline{732,700}円$

【例】20歳以降厚生年金保険に68月加入。その後、国民年金に加入して納付期間が234月、60歳までの納付予定期間が178月の場合、老齢基礎年金額は満額で、

- [ ] $816,000円 \times \dfrac{68 + 234 + 178}{480} = 816,000円 \times 1 = 816,000円$

- [ ] **付加年金**…国民年金第<u>1</u>号被保険者が、国民年金保険料に月額<u>400</u>円を付加納付すると、<u>200</u>円×付加年金納付済月数が老齢基礎年金に**増額**される。

【例】付加保険料を120月納付した場合、老齢基礎年金に上乗せされる金額は、

- [ ] $\underline{200}円 \times \underline{120}月 = \underline{24,000}円$

※学生本人の前年所得が一定額以下である場合に、所定の申請により、国民年金の保険料の納付猶予を受けられる制度。

4位 長期平準定期保険

□ **長期平準定期保険**…保険期間満了時が**70歳**を超えている、満期保険金がない**掛捨て**の保険。**被保険者**を**特定の役員**、**死亡保険金受取人**を**法人**とするのが一般的。「**加入時年齢＋保険期間×2＞105**」であることが条件。

【例】加入時年齢42歳、保険期間満了時100歳なら、保険期間は100－42＝**58**年で、42＋**58**×2＞**105**。長期平準定期保険となる。

□ 長期平準定期保険を、途中で**払済終身保険**に**変更**することも検討できる。契約者を被保険者本人に**名義変更**して退職金の一部として**現物支給**することもできる。

□ **2019年7月7日以前**の契約の経理処理（仕訳）…保険期間の**前半6割期間**は、保険料の**2分の1**を**定期保険料**として損金算入、**2分の1**を**前払保険料**として**資産計上**する。**後半4割期間**は、保険料の**全額**を**損金**算入し、それまでに資産に計上した**前払保険料の累積額**をその期間の経過に応じ**取り崩して損金**に算入する。

【例】年間保険料220万円の場合の第1回保険料払込時は、年間保険料の**2分の1**の**110万円**は「定期保険料」として損金算入。年間保険料の**2分の1**の**110万円**は「前払保険料」として資産計上。

借　　方		貸　　方	
定期保険料	110万円	現金・預金	220万円
前払保険料	110万円		

▲ 「借方」に支払った保険料を**定期保険料**と**前払保険料**に分けて記載。「貸方」に保険料合計と同額の**現金・預金**を記載。

【例】前半6割期間で解約し、解約までに会社が支払った保険料が5,060万円、解約返戻金額が4,600万円の場合は、資産計上していた前払保険料を取り崩し、解約返戻金相当額と資産計上している前払保険料との差額を**雑収入**（または雑損失）として計上する。「前払保険料」は**2分の1**の**2,530万円**。解約返戻金4,600万円との差額**2,070万円**を「**雑収入**」として益金計上する。

借　　方		貸　　方	
現金・預金	4,600万円	前払保険料	2,530万円
		雑収入	2,070万円

▲ 「借方」に受け取った解約返戻金を**現金・預金**として記載。「貸方」に支払った保険料の**半額**を**前払保険料**として記載。解約返戻金前払い保険料との**差額**を**雑収入**として益金計上する。

□ **2019年7月8日以後**の法人契約にかかる、役員・使用人を被保険者とする保険期間3年以上の定期保険（長期平準定期保険等）・第三分野保険について、保険料の損金算入の割合が削減された（99ページ「7位 法人の保険と税務」参照）。

6位 老齢厚生年金

【例】 計算式、数値、乗率は試験で提示されるので覚える必要はない。

> ・Aさんの2003年3月以前の平均標準報酬月額：30万円（被保険者期間264月）
> ・Aさんの2003年4月以後の平均標準報酬月額：40万円（被保険者期間241月）
> ・Aさんの20歳以上60歳未満の厚生年金保険の被保険者期間の月数：480月
> 老齢厚生年金の年金額（本来水準の年金額、2024年度価額）＝Ⅰ）＋Ⅱ）＋Ⅲ）
> ⅰ）報酬比例部分の額＝(a)＋(b)　（円未満四捨五入）
> (a)：2003年3月以前の期間分
>
> $$平均標準報酬月額 \times \frac{7.125}{1,000} \times 2003年3月以前の被保険者期間の月数$$
>
> (b)：2003年4月以後の期間分
>
> $$平均標準報酬額 \times \frac{5.481}{1,000} \times 2003年4月以後の被保険者期間の月数$$
>
> ⅱ）経過的加算額＝1,701円×被保険者期間の月数　（円未満四捨五入）
>
> $$-816,000円 \times \frac{1961年4月以後で20歳以上60歳未満の厚生年金保険の被保険者期間の月数}{480}$$
>
> ⅲ）加給年金額＝408,100円（要件を満たしている場合のみ加算すること）

☐ (a) Aさんの2003年3月以前の期間分の報酬比例部分の額

$$=300,000円 \times \frac{7.125}{1,000} \times \underline{264}月 = \underline{564,300}円$$

☐ (b) Aさんの2003年4月以後の期間分の報酬比例部分の額

$$=400,000円 \times \frac{5.481}{1,000} \times \underline{241}月 = \underline{528,368.4}円 \rightarrow \boxed{528,368円}$$

☐ 経過的加算額の計算では、被保険者期間の月数は**上限480月**なので、

Aさんの**経過的加算額**＝1,701円×**480**月－816,000円× $\frac{480月}{480}$

$$= \underline{816,480}円 - \underline{816,000}円 = \underline{480}円$$

☐ **加給年金**は、厚生年金の加入期間が**20年以上**ある加入者に、生計を維持している**65歳未満の配偶者**または**18歳の年度末**（3月末日）までの子がいる場合、老齢厚生年金（または特別支給の老齢厚生年金の定額部分）に**加給**される。

☐ 公的年金の**繰上げ受給**…年金の受給開始を繰り上げて、**60歳～64歳**に受給開始すること。**老齢基礎年金と老齢厚生年金は、一緒に繰上げ**なければならない。

☐ 繰上げで、**繰上げ月数×0.4%**（最大60月×0.4%＝24%）**減額**される。[※1]

☐ 公的年金の**繰下げ受給**…年金の受給開始を繰り下げて、**66歳～75歳**に受給開始すること。[※2] 老齢基礎年金と老齢厚生年金、**一方だけの繰下げ**もできる。

☐ 繰下げで、**繰下げ月数×0.7%**（最大120月×0.7%＝84%）**増額**される。

※1 2022年3月31日までに60歳に達した者が繰上げをしたときの減額率は0.5%。
※2 2022年3月31日までに70歳に達した者が繰下げできる年齢は70歳まで。

7位 法人の保険と税務

- [ ] **法人**が契約者となる**生命保険**は、役員・従業員の<u>退職金</u>の準備、**遺族への保障**、経営者が死亡した場合の<u>事業保障</u>**資金の確保**などが目的となる。
- [ ] **事業保障資金＝短期債務額＋全従業員の1年分の<u>給与</u>総額**
- [ ] **短期債務額＝短期借入金＋買掛金＋<u>支払</u>手形**
- [ ] **保険料**…貯蓄性のある保険（**保険金受取人が<u>法人</u>の終身保険、養老保険など**）の保険料は「<u>保険料積立金</u>」として【借方】に**資産計上**する。保険金受取人が特定の役員や従業員（遺族）のときは、「<u>給与</u>」として【借方】に**損金算入**する。
- [ ] **2019年<u>7</u>月<u>8</u>日以後に契約された定期保険・第三分野の保険**は、最高解約返戻率を基準にした以下の区分で資産計上割合が決まる。
- ・**最高解約返戻率<u>50</u>%以下の定期保険・第三分野の保険**の保険料は全額<u>損金算入</u>。[※]
- ・**最高解約返戻率<u>50</u>%超<u>70</u>%以下**…保険期間の**前半<u>4</u>割**に相当する期間は、**支払保険料の<u>40</u>%を資産計上、残り<u>60</u>%を<u>損金算入</u>**。以降は全額を損金算入。
- ・**最高解約返戻率<u>70</u>%超<u>85</u>%以下**…保険期間の**前半<u>4</u>割**に相当する期間は、**支払保険料の<u>60</u>%を資産計上、残り<u>40</u>%を損金算入**。以降は全額を損金算入。
- ・**最高解約返戻率<u>85</u>%超**…保険期間の**当初10年間**は、「**支払保険料×最高解約返戻率の<u>90</u>%**」を資産計上、残り<u>10</u>%を損金算入。**11年目以降**～最高解約返戻率となる期間の終了日までは、「**支払保険料×最高解約返戻率の<u>70</u>%**」を資産計上。残り<u>30</u>%を損金算入。以降は全額を損金算入。
- [ ] 役員・従業員を被保険者とし、法人を保険金受取人とする**定期保険特約付終身保険**の保険料は、**終身**部分を**資産計上**し、**定期**部分は**損金算入**する。
- [ ] **無配当定期保険**は貯蓄性がないため、支払保険料の<u>全額</u>を**損金算入**。解約返戻金は一定期間まで**増加**、その後は**逓減**し、保険期間満了時に**0（ゼロ）**となる。
- [ ] **契約者貸付制度**で<u>解約返戻</u>金相当額の**70～90%**まで融資（**利息がかる**）を受けることができる。契約者貸付金は、<u>借入</u>金として**負債**に**計上**する必要がある。
- [ ] **複数年分の定期保険料を全期前納**した場合、支払った年度で**損金算入**できるのは、<u>向こう1年分だけ</u>（全額を損金の額に算入することはできない）。
- [ ] **法人契約、個人事業主の事業に対する契約、保険期間1年以下の契約**、および、保険会社指定の医師診査を受けた後の契約は、**クーリング・オフ制度の<u>対象外</u>**。
- [ ] **法人の受け取った保険金**…受け取った**保険金を資産計上**して、**払込保険料総額**（＝保険料積立金）を**取り崩す**。仕訳では、保険金を「**現金・預金**」として【借方】に記載する。払込保険料総額は「<u>保険料積立金</u>」として【貸方】に記載し、保険金額と保険料積立金額との**差益**を「<u>雑収入</u>」として【貸方】に**益金算入**する。

※保険期間3年未満のもの、最高解約返戻率が50%超70%以下かつ1被保険者あたりの年換算保険料相当額が30万円以下（全保険会社の契約を通算）のものを含む。

8位 退職所得

過去の出題率 **3.59**%

☐ **退職所得控除額**…**勤続年数**に応じて、次の計算方法で算出される。

勤続年数	退職所得控除額（勤続年数に応じる）
20年以下の場合	<u>40</u>万円×勤続年数 → 20年で<u>800</u>万円（最低控除額80万円）
20年超の場合	<u>800</u>万円（＝40万円×20年）＋<u>70</u>万円×（勤続年数－<u>20</u>年）

▲勤続年数の計算において**1年未満の端数は切り上げて1年**とする。

【例】勤続年数が34年9カ月の場合の退職所得控除額は、

☐ **800万円＋<u>70</u>万円×（35年－20年）＝<u>1,850</u>万円**

☐ **退職金**の支給額が**退職所得控除額**より<u>下回る</u>場合、所得税・復興特別所得税・住民税の源泉徴収は**行われない**。

☐ 退職時に**退職所得の受給に関する申告書**を提出した場合は、源泉徴収によって所得税および復興特別所得税の課税関係が終了し、原則として**確定申告**は**不要**。

☐ **退職所得の需給に関する申告書**を提出しない場合は、退職所得控除は適用されず、**退職金等の支給額**の<u>20.42</u>%[※1]が**源泉徴収**されるが、確定申告をすることで**税金**の<u>還付</u>を受けられる可能性がある。

※1 所得税20%＋復興特別所得税0.42%（20×0.021＝0.42）で20.42%。

☐ 所得税における退職所得の計算式

退職所得＝（収入金額－退職所得控除額）× <u>1/2</u>[※2]

※2 2022年分以後の所得税について、役員等以外の者としての勤続年数が5年以下である者に対する退職手当等のうち、退職所得控除額を控除した残額の300万円を超える部分については2分の1課税を適用しない。

【例】退職金の支給額が2,450万円、退職所得控除額が1,850万円の場合、所得税における退職所得は、

☐ **退職所得＝（2,450万円－1,850万円）× 1/2＝<u>300</u>万円**

☐ 所得税は**課税所得金額**に応じて、所得税の速算表を用いて計算する。

【例】課税所得金額が300万円のときの所得税額は、

☐ **300万円×<u>10</u>%－<u>9.75</u>万円＝<u>20.25</u>万円**（20万2,500円）

※**所得税および復興特別所得税額**は次の式で算出する。

所得税額＋（基準所得税額×復興特別所得税2.1%）

20.25万円＋（20.25万円×0.021）＝206752.5円＝20万6,752円

(1円未満の端数は切り捨て)

〈資料〉所得税の速算表（抜粋）

課税所得金額		税率	控除額
	195万円以下	5%	0円
195万円超 ～	330万円以下	10%	97,500円
330万円超 ～	695万円以下	20%	427,500円

9位 必要保障額

- □ **必要保障額**…世帯主が死亡したときに遺族に必要となる金額。
- □ **必要保障額＝死亡後の総支出－総収入（準備資金）**
- □ 住宅ローンの**ローン残債**は、団体信用生命保険から支払われる。
- □ **必要保障額**は、子どもの成長とともに逓減していく。

【例】 Aさん（37歳）が死亡した場合の必要保障額を計算した表の空欄①～④に入る金額を求めなさい。金額がマイナスになる場合は金額の前に▲を記載すること。

単位：万円

	〈ケース1〉	〈ケース2〉
死亡時期（仮定のケース）	2024年7月時	長男Cさん独立時
Aさん・妻Bさんの年齢	37歳・33歳	59歳・55歳
長男Cさんの年齢	0歳	22歳
日常生活費	（ ① ）	□□□
住宅ローン返済額	（ ② ）	（ ② ）
住宅修繕・リフォーム費用	800	480
租税公課（固定資産税等）	750	450
教育・結婚援助資金	1,500	200
耐久消費財購入費用	600	370
その他費用（趣味・娯楽等）	1,400	850
死亡整理資金（葬儀費用等）	300	300
（a）遺族に必要な資金の総額	（ ③ ）	□□□
遺族厚生年金等	4,000	2,300
妻Bさんの公的年金	3,000	3,000
妻Bさんの給与収入等	9,200	2,200
死亡退職金等	500	1,800
金融資産（現金、預貯金等）	300	1,300
（b）準備資金	17,000	10,600
必要保障額（a－b）	（ ④ ）	□□□

注1：住宅ローン…債務者Aさん。返済期間30年、毎年返済額110万円（団体信用生命保険加入）
注2：日常生活費…月額30万円。Aさんの死亡後から長男Cさんが独立するまで（22年間）の生活費は現在の日常生活費の70％、長男Cさんが独立した後の妻Bさんの生活費は現在の日常生活費の50％とする。長男Cさん独立時の妻Bさんの平均余命は33年とする。

- □ ①**長男独立前**…月額30万円×70％×12カ月×22年＝5,544万円

  長男独立後…月額30万円×50％×12カ月×平均余命33年＝5,940万円

  合計…5,544＋5,940＝11,484万円

- □ ②住宅ローンの返済額は、団体信用生命保険から支払われるため0円。

- □ ③11,484＋0＋800＋750＋1,500＋600＋1,400＋300＝16,834万円

- □ ④必要保障額（a－b）＝16,834－17,000＝▲166万円

▶10位「青色申告」は、36ページの学科「35位 青色申告」を参照。

実技 生保▶TOP60

11位 生命保険の特約

☐ 　**所得補償保険**（特約）…病気やケガで仕事ができなくなった場合の収入減を補う保険で、国内外・日常生活・業務中・旅行中のすべて**補償対象**。税込み年収の最大60%程度が補償され、保険期間（1年～5年）、毎月一定の金額を受領できる。

☐ 　**就業不能保険**（特約）…病気やケガで仕事ができなくなった場合の収入減を補う保険。保険期間が60歳～70歳満期など長期。原則、軽度の精神疾患は保障されないが、所定の精神・神経疾患による就業不能状態を保障する保険商品もある。

☐ 　**収入保障保険**（特約）…死亡、または高度障害状態となった場合、**毎月の給付金**（もしくは一時金）を受け取ることができる保険。一般に、保険期間の経過とともに保険金が**逓減**するため、死亡保障が一定額の定期保険より保険料が**割安**。

☐ 　**特定疾病保障定期保険特約**（3大疾病保障定期保険特約）…がん・急性心筋梗塞・脳卒中で所定の状態と診断された場合に**死亡保険金と同額**の保険金が支払われる特約。被保険者が**特定疾病以外の事由（交通事故など）により死亡**した場合でも保険金が支払われる。この特約は、保険金を受け取ると消滅する（主契約は有効）ため、この特約による保険金の支払いは**一度だけ**。

☐ 　**傷害特約**…**不慮の事故**が原因で、事故日から180日以内に死亡・後遺障害となった場合に保険金が支払われる特約。所定の障害状態に該当した場合にも給付金を受け取ることができる。

☐ 　**災害割増特約**…**災害や事故**が原因で、その日から180日以内に死亡・**高度障害状態**となった場合に保険金が支払われる特約。

☐ 　**災害入院特約**…**災害や事故**が原因で、その日から180日以内に入院した場合に給付金が支払われる特約。

☐ 　**疾病入院特約**…病気で入院した場合に給付金が支払われる特約。

☐ 　**先進医療特約**…**先進医療の治療費**は全額が**自己負担**だが、この特約では特定の病院や医療施設で厚生労働**大臣が認可**した先進医療治療を受けた場合に給付金が支払われる（外来含む）。**保険契約後**に認可された先進医療治療も**補償対象**になる。

☐ 　**女性医療特約**（女性疾病入院特約）…**女性の病気**（乳がん・子宮がんや子宮筋腫など）に備える特約。**正常分娩、美容整形、不妊手術等は、補償対象外**。

☐ 　**リビング・ニーズ特約**…余命6カ月以内と診断された場合に、保険金（死亡保険金の範囲内で上限3,000万円。6カ月分の保険料相当額と利息が差し引かれた金額）を生前に受け取ることができる無料の特約。保険金は**非課税**。

☐ 　**指定代理請求特約**…本人が保険金を請求できない場合、指定代理請求人が代わって保険金を請求できる無料の特約。

12位 公的介護保険

☐ **介護保険**…介護が必要になった場合、**市町村（または特別区）**から認定を受けて給付が受けられる制度。**要支援者は**予防**給付**として在宅サービスを、**要介護者は**介護**給付**として施設サービスと在宅サービスを受けることができる。

	第1号被保険者	第2号被保険者
保険者	市町村（または特別区）	
対象者	<u>65歳以上</u>	<u>40歳以上65歳未満</u>
受給者	申請後、調査と主治医の意見書をもとに判定（認定審査）。 ・要介護者（1～5段階） ・要支援者（1～2段階） **原因を問わず支給**	初老期認知症、末期がん、脳血管疾患など、<u>加齢を原因とする特定疾病</u>によって要介護者、要支援者となった場合**のみ支給（交通事故によって要介護者、要支援者となった場合等は**不可**）。**
保険料の納付方法	公的年金額が<u>18</u>万円以上の場合は年金から天引き（特別徴収）。	**健康保険（国民健康保険）の保険料と**併せて**徴収。**被扶養**者は納める必要はない。**
自己負担割合	原則<u>1</u>**割**。第1号被保険者で前年の合計所得金額<u>160</u>万円未満は**1割負担**、<u>160</u>万円以上は年金収入等280万円以上が**2割**、340万円以上が**3割負担**。 ●介護支援専門員（ケアマネージャー）に作成を依頼する**ケアプラン作成費は**無料**（ケアプランは自分で作ってもよい）。 ●介護保険施設での食事や居住費用は全額**自己負担**。**	

☐ **同一月内**の介護サービス利用負担額が一定の上限額を超えた場合は、所定の手続きをすることで上限額を超えた額が<u>高額介護サービス</u>**費として支給**される。

☐ 手すりの取付けや床段差の解消など、**介護のための住宅改修**で所定の要件を満たせば、公的介護保険から一定の限度額内で改修費用の<u>9</u>**割**を限度に、**要支援者には介護予防住宅改修費が、要介護者には居宅介護住宅改修費が支給される。**

☐ <u>介護老人福祉</u>施設（特別養護老人ホーム）…入浴や食事などの**日常生活上の支援や療養上の世話などを提供**する施設。原則として**要介護**<u>3</u>**以上の**要介護**者が終生入所できる（要支援者ではないことに注意）。**

☐ <u>介護老人保健</u>施設（老健）…**リハビリテーションを中心とした医療サービスを提供**する施設。**要介護者**が施設サービスを受ける場所。

☐ **サービス付き高齢者向け住宅**…高齢者の居住の安定を確保するための**賃貸住宅**制度。国からの<u>家賃補助</u>**等はない。**

▲「公的介護保険」は、「学科」の本冊28ページに掲載されています。

13位 個人の保険金への課税

●死亡保険金への課税

☐ **契約者**（＝保険料負担者）と保険金**受取人**が**同一**の場合、保険金受取人が受け取る満期保険金や**死亡保険金**は**一時**所得として所得税・住民税の課税対象となる。

☐ **契約者**と**被保険者**が**同一**（例えば夫）の場合、死亡保険金を契約者の相続人（例えば妻）が受け取ると**相続**税の課税対象となる。

☐ **契約者**が夫、**被保険者**が妻、死亡保険金**受取人**が子の場合、子が受け取る死亡保険金は**贈与**税の課税対象となる。

☐ 生命保険金や死亡退職金を相続人が受け取ったときは、生命保険金や死亡退職金のそれぞれについて、**500万円×法定相続人の数**（相続を放棄した人も含む。養子の数は実子がいるときは1人、実子がいないときは2人）まで**非課税**。相続を**放棄**した人が取得した**生命保険金・死亡退職金**についての**非課税**の適用は**ない**。

●満期保険金への課税

☐ 契約者が受取人と同じときは、**一時**所得として所得税・住民税が課税される。

☐ 契約者が受取人と違うときは、**贈与**として**贈与税**が課税される。

●収入保障保険の税金

☐ **毎年受け取る年金**…年金は**雑**所得として所得税・住民税の課税対象（相続税の課税対象部分を除く）。

☐ 給付金を**一時金**として受け取ると**一時**所得として所得税・住民税の課税対象。

☐ 被保険者の死亡時に遺族が**一時金**として受け取ると**相続**税の課税対象。**年金受給権**は**相続税**の課税対象。

●その他の保険金への課税

☐ **個人年金**…毎年の年金は**雑**所得として所得税・住民税の課税対象。契約者と受取人が**異なる**場合は、**年金受取開始時（初年度のみ）**に**贈与**税が課税される（2年目以降は雑所得）。契約者＝被保険者の契約の死亡給付金は**相続**税の対象。

☐ **解約返戻金**…払込保険料と解約返戻金との**差益**が**所得税・住民税（一時所得）**の対象。基本的に解約返戻金が**払込保険料**より少なければ課税されない。

☐ **非課税**になるもの…被保険者や配偶者等が受け取る通院・手術・入院など、**身体の傷害**に対する**給付金**、保険金は非課税となる。

【例】心筋梗塞による特定疾病保険金を受け取った場合、**特定疾病保険金**は**非課税**。

☐ 保険期間が**5年以下**（**5年以内に解約**した場合も含む）の一時払いの養老保険、一時払いの損害保険、一時払いの個人年金保険などの払込保険料との**差益**には、「**金融類似商品**」の収益とみなされて**20.315%**の**源泉分離**課税となる。

14位 健康保険の療養・出産の給付

●療養の給付

☐ **療養給付**…日常の生活での病気やケガの**医療費**に対しての**給付**のこと。健康保険では、被保険者の**扶養**家族も**同様**の給付を受けることができる。

☐ **1カ月**に医療機関の窓口で支払った**医療費**が**自己負担限度額**を超えた場合、事後申請によって、**自己負担限度額と医療機関の窓口での支払額の差額分**が**高額療養費**として給付される。

【例】47歳の**Aさん**（標準報酬月額**35万円**）の月額総医療費（健康保険の保険給付対象）が**50万円**であった場合、Aさんの**自己負担限度額**は「80,100円＋（総医療費－267,000円）×1%」で求められる。

☐ Aさんの**自己負担限度額**＝80,100円＋（500,000円－267,000円）×1%
　　　　　　　　　　　　　　＝80,100円＋2,330円＝82,430円

☐ Aさんは**70歳未満**なので、医療費の自己負担割合は**3割**。従って、医療機関の窓口では**500,000円×0.3＝150,000円**を支払うことになる。このとき、**Aさんの高額療養費**は、150,000円－82,430円＝67,570円である。

☐ 70**歳未満**は、**事前申請**で交付される**健康保険**限度額適用**認定証**を医療機関の窓口で提示すれば、支払いは**自己負担限度額**までとなる。70**歳以上**75**歳未満**は、**事前申請不要**で**高齢受給者証**を窓口で提示すれば、自己負担限度額までとなる。

☐ **傷病手当金**…業務外の事由による病気やケガの療養のため仕事を休んだ日から連続する**3日間**（待期期間）の後、休業4**日目以降の給与の支払いがない日**に対して**通算1年6カ月**にわたって支給される。

☐ **傷病手当金の支給額**…1日当たり「支給開始日以前の継続した12カ月間の各月の標準報酬月額の平均額÷30日×2/3」。

●出産の給付

☐ 被保険者（企業の従業員や役員）が出産すると**出産育児一時金**が、被保険者の被扶養者（配偶者）が出産すると**家族**出産育児一時金が、1児につき**50万円**（産科医療保障制度に加入していない医療機関での出産では**48.8万円**）が支給される。

●児童手当（2024年9月までの額）←児童手当は社会保険制度ではない。

☐ 児童手当の支給対象は、**中学校修了前**（15**歳以後最初の年度末**）の児童である。

☐ **第1子**が**3歳**になるまで**月額15,000円**、**3歳～小学校修了前**は月額10,000円（第3子以降15,000円）、中学生10,000円の児童手当を受給できる。所得制限限度額以上である場合、特例給付の月額5,000円を受給できる。[※]

※所得が所得上限限度額以上の場合（夫婦いずれかの年収が1,200万円以上が目安）は、特例給付の対象外。
2024年10月分から所得制限を撤廃、支給期間を中学校修了までから高校生年代までに延長。支給額は3　**105**
歳になるまで月15,000円、3歳～高校生年代は月10,000円、第3子以降は月3万円に引き上げ予定。

実技 生保▶TOP60

14位 遺族給付

● 遺族基礎年金

☐ **国民年金**の**被保険者**が死亡した場合、死亡した者に生計を維持されていた子のある**配偶者**（妻・夫）、または**子**に、**偶数月**に**2カ月分**が支給される。**配偶者（親）と子が生計同一**の場合は**配偶者が受給**する。生計同一でない場合は**子が受給**する。

☐ **受給要件**…死亡した者が国民年金の被保険者または受給資格期間を満たした者で、被保険者期間のうち「**保険料納付済期間＋保険料免除期間**」が**3分の2以上**。または、死亡日に**65歳未満**で前々月までの**1年間**に**保険料**滞納がないこと。

☐ 遺族年金（遺族基礎年金・遺族厚生年金）の条件を満たす者が**結婚**したり、子が**直系血族**や**直系姻族以外の**養子になった場合は受給資格を**失う**。

☐ **年金額**…**816,000**円（満額の老齢基礎年金と同額）**＋子の加算額**

☐ **子の加算額**…第1子と第2子は各**234,800**円。第3子以降は各**78,300**円

☐ 遺族基礎年金の子に該当する者の**18歳**到達年度末が過ぎると、受給対象者（配偶者遺族など）は遺族基礎年金と遺族基礎年金の子の加算額の**受給権を失い**、中高齢寡婦加算が加算される（遺族厚生年金は再婚しなければ配偶者には生涯支給）。

☐ **中高齢寡婦加算**…夫の死亡時に**子**がない妻は、**遺族基礎年金が受給できない**が、**40歳～65歳未満の子**がない妻は遺族厚生年金に**中高齢寡婦加算**が上乗せされる。

☐ **死亡一時金**…国民年金の第1号被保険者として**保険料納付済期間**が**36**月以上ある者が年金を受給しないで死亡したとき、**遺族基礎年金**を受給できない**遺族（子のない配偶者**など）に支給。寡婦**年金**とは併給できない。

● 遺族厚生年金

☐ **厚生年金**加入者、**老齢厚生年金**（または1級・2級の障害厚生年金）**の受給権者**が死亡した場合、遺族に支給される。**遺族基礎年金**に**上乗せ**して受給ができる。

☐ **受給対象者**…死亡した者に**生計を維持**されていた者（①**配偶者・子**、②**父母**、③**孫**、④**祖父母**）のうち、受給順位が**最も高い者にだけ**支給される。

　　▲死亡した者の夫、父母、祖父母は**55歳以上限定**で支給は**60歳**からとなる。

☐ **年金額**…死亡した者の老齢厚生年金の**報酬比例部分**の額の**4分の3**相当額。被保険者期間の月数が**300月に満たない**場合は一定の要件の下に**300月**として計算。

☐ 遺族基礎年金と遺族厚生年金の**子の要件**…**18歳**到達年度の末日（3月31日）までの**子**、または**20歳未満**で**障害等級1級、2級該当者**。

☐ 遺族基礎年金と遺族厚生年金の受給者の**年収制限**…受給者の**年収850万円未満**。**受給権確定後**に**年収850**万円以上になったときは支給停止には**ならない**。

☐ 遺族厚生年金の受給権者が**65歳**になって老齢厚生年金の受給資格を得た場合は、遺族厚生年金は老齢厚生年金との**差額**だけ支給される。

14位 小規模宅地等の評価減の特例

□　相続された居住地や事業用地は、相続人が居住や事業を続けられるように、評価額のうち一定割合が減額される。これを<u>小規模宅地等の評価減</u>**の特例**（小規模宅地等についての相続税の課税価格の計算の特例）という。この特例の適用には、納付税額が**0**の場合でも、<u>相続税</u>の申告が必要となる。

□　**特定居住用宅地等**…自宅の敷地（被相続人等の居住用宅地）を配偶者または同居親族が相続したとき、評価減となる**限度面積は**<u>330</u>㎡、**減額割合は**<u>80</u>%。

①<u>配偶者</u>**が取得したもの**…被相続人との同居や相続後の居住継続、所有などの適用要件は**ない**。**必ず**適用される。第三者へ転売、賃貸しても**OK**。

②<u>同居親族が取得したもの</u>…相続税申告期限まで**宅地所有**、**居住継続**が<u>必要</u>。

③配偶者・同居親族がいない場合で、**別居親族が取得したもの**…相続税申告期限までの宅地所有が必要。ただし、相続開始前3年以内にその別居親族（配偶者含む）が国内に所有する家屋（持家）に住んだことがある場合は適用外、など。

ウラ技　特定居住用宅地は、住むと**サンザンヤ**（特定居住用宅地＝<u>330</u>、<u>80</u>）

□　**特定事業用宅地等**…被相続人等の事業用宅地を一定の親族が承継、取得したとき、評価減となる**限度面積は**<u>400</u>㎡、**減額割合は**<u>80</u>%。相続税申告期限まで宅地所有・事業継続が<u>必要</u>。

□　**特定居住用宅地等**と併用する場合の対象限度面積は330＋400＝730㎡。

ウラ技　**シゼン**と**ヤ**るよ特定事業用宅地（特定事業用宅地＝<u>400</u>、<u>80</u>）

□　**貸付事業用宅地等**…被相続人等の貸付事業に使用されていた土地（または借地権、ただし、土地の上に構築物のない青空駐車場は対象外）を一定の親族が取得したとき、評価減となる**限度面積は**<u>200</u>㎡、**減額割合は**<u>50</u>%。相続税申告期限まで**貸付け・保有継続**が<u>必要</u>。

ウラ技　貸すと**ニッコリ**貸付事業用宅地（貸付事業用宅地＝<u>200</u>、<u>50</u>）

□　**特例により減額される金額の計算式**…

　　宅地等の評価額×（<u>限度</u>面積／その宅地等の敷地面積）×減額割合

【例】被相続人が所有する賃貸アパートの敷地300㎡（相続税評価額5,400万円）について本特例の適用を受けた場合、**貸付事業用**は<u>200</u>㎡を上限に<u>50</u>%減額となるため、減額される金額は、

　　5,400万円×<u>200</u>㎡／300㎡×<u>50</u>%＝<u>1,800</u>万円

※「小規模宅地等の評価減の特例」は、「学科」の学習内容と重複するため、本冊「生保」には掲載されていません。

17位 個人の保険の見直し

過去の出題率
2.13%

- [ ] 子どもの成長などで<u>必要保障</u>額が減っていく場合には、<u>逓減</u>定期保険への加入や保険金減額制度の利用を検討する。

- [ ] **保険金減額制度**は、保険金を減額して<u>保険料</u>を減らす方法。減額部分は解約扱いで、解約返戻金があれば受け取ることができる。

- [ ] <u>学資</u>保険は教育資金準備に適するが、中途解約をすると損失が出る場合もある。

- [ ] **入院日数**は<u>減少</u>、通院日数は<u>増加</u>する傾向にあるので、平均在院日数や通院日数の実態を踏まえて、医療保険の加入を検討する。

- [ ] 世帯主の保険契約の特約として妻の<u>医療</u>保障が<u>付加</u>されている場合、**世帯主の死亡で妻の<u>医療</u>保障は消滅**する。妻独自の保障が必要なら、妻を被保険者とする生命保険に別途新規加入が必要になる。

- [ ] 40歳までに**要介護状態**となるリスクを重視するなら**民間<u>介護</u>保険**を検討する。

- [ ] **予定利率**は保険会社が見込む運用利回りで、**高いほど保険料は**<u>安く</u>なる。

- [ ] 金利が今より高い時代の保険の方が**予定利率は**<u>高い</u>ので、保険の見直しによって**現在の**<u>低い</u>**予定利率が適用されると保険料が**<u>高く</u>なることがある。

- [ ] **払済保険や延長保険**に変更した場合、**各種特約は**<u>消滅</u>する（リビング・ニーズ特約など無料の特約を除く）。

- [ ] **払済保険や延長保険への変更には告知や診査は**<u>不要</u>。元の保険に戻す（復旧する）場合には、医師の診査または告知が<u>必要</u>となる。

- [ ] 死亡保険金額が少ない場合には、**遺族の生活保障として**<u>収入保障</u>保険への加入を検討する。

- [ ] <u>収入保障</u>保険は、掛捨ての定期保険の一種で、**世帯主などの被保険者が死亡・高度障害状態**となった場合、一定期間、**年金として毎月定額の給付金が受取人に支払われる保険**である。

- [ ] 死亡保険金額を増額するためには、**契約<u>転換</u>、追加契約、特約の付加**がある。

- [ ] **契約<u>転換</u>**は、現在の保険の**責任準備金と積立配当金を「転換（下取り）価格」**として、新しい契約の一部に充てる制度。**契約<u>転換</u>時や更新時**は以前より年齢が上がっているため、**保険料は以前より**<u>高く</u>なることがある。

- [ ] 契約転換のために保険会社指定の医師による診査を受けた場合、冷静に判断したうえで契約締結したとみなされ、<u>クーリング・オフ</u>の**対象外**となる。

- [ ] <u>健康診断書</u>の提出や契約後の健康状態の改善で割引される保険もある。

1位 FPの倫理と関連法規

● FPと関連法規

☐ **弁護士（司法書士）**でなければ、**遺言状の作成指導**、**法律判断に基づく和解案の提案**など、個別具体的な法律事務はできない。

　　○ できる→法律の一般的な説明をする。任意後見人（任意後見受任者）となる

☐ **税理士**でなければ、**顧客の税務書類の作成**、**納税額の計算**など、個別具体的な税務相談はできない。

　　○ できる→一般的な税務の解説をする。仮定の事例についての税額計算。

☐ 内閣総理大臣の登録を受けた金融商品取引業者でなければ、**個別の株式の売買**、具体的な投資の助言などはできない。

　　○ できる→景気予測、企業業績の予想、公表されている株価の推移などに関する一般的な話題についての説明をする

☐ 内閣総理大臣の登録を受けた保険募集人でなければ、**保険商品の募集・販売・勧誘はできない。**

　　○ できる→保険についての一般的な説明、保険見直しの相談や提案をする

☐ 投資助言・代理業の登録をしていないFPは、特定の企業に関する具体的な投資時期等の判断や助言はできない。公開されている情報の提供はできる。

☐ 社会保険労務士でなければ、**年金請求書の作成**、**公的年金に関する手続き**など、社会保険の個別具体的な手続きはできない。

　　○ できる→公的年金制度に関する一般的な説明、公的年金の受給見込額の計算。

● 著作権法・個人情報保護法

☐ **新聞記事をコピーして配布する場合**は、当該新聞社の許諾が必要。

☐ **政府が集計、公表した統計資料を転載する場合**、関係機関の許諾が不要。

☐ **著作物を自分の著作物に引用する場合**、内容的に自ら作成する部分が「主」で、引用部分が「従」であるような主従関係が必要となる。

☐ 個人情報を取り扱う事業者は、個人情報保護法規制の対象。FPは、**顧客情報を保管する収納庫には**施錠をすること、無料相談会での匿名の情報でも**相談内容の詳細を**第三者に公開してはいけないことなどを守る必要がある。

☐ 個人情報保護法では、**死者の情報は原則として**対象外である。

☐ **オプトイン規制**によって、FPは過去に相談を受けた顧客が**請求していない場合**、相談内容に合致する新商品の案内等であっても、**顧客の**承諾なしに電子メール広告、ショートメールサービス（SMS）の広告を送付することはできない。

2位 係数の活用

過去の出題率
3.62%

- ☐ **終価係数**…現在の元本（元金）を**複利運用**して最終的にいくらになるかを計算。
- ☐ **現価係数**…複利運用しながら**目標額**にするためには**現在いくら必要か**を計算。
- ☐ **減債基金係数**…目標額にするために必要な**毎年の積立金額**（積み立てる基金）を計算。
- ☐ **資本回収係数**…現在の元本を**複利運用**しながら**取り崩す**場合の**毎年の受取額**（資本の回収額）を計算。利息を含めた毎年の**元利均等返済額**の計算にも用いる。
- ☐ **年金終価係数**…毎年の積立金を複利運用して**最終的に**いくらになるかを計算。
- ☐ **年金現価係数**…**目標額の年金**を毎年受け取るために**現在いくら必要か**を計算。

【例】

〈係数早見表〉（年利2.0%）

期間	終価係数	現価係数	減債基金係数	資本回収係数	年金終価係数	年金現価係数
1年	1.020	0.980	1.000	1.020	1.000	0.980
2年	1.040	0.961	0.495	0.515	2.020	1.942
3年	1.061	0.942	0.327	0.347	3.060	2.884
4年	1.082	0.924	0.243	0.263	4.122	3.808
5年	1.104	0.906	0.192	0.212	5.204	4.713

- ☐ 毎年一定額を積み立てながら、年利2%で複利運用して5年後にマイホームの購入資金1,000万円を準備したい場合の毎年の積立金は、
  【1,000×減債基金係数0.192 = 192万円】
- ☐ 年利2%で複利運用して5年間にわたって100万円ずつ年金を受け取りたいときに必要な元金は、**【100万円×年金現価係数4.713 = 471.3万円】**
- ☐ 相続で取得した1,000万円を年利2%で複利運用した場合の4年後の合計額は、**【1,000×終価係数1.082 = 1,082万円】**
- ☐ 老後の生活資金1,000万円を年利2%で複利運用して3年間で取り崩す場合の毎年受け取れる年金は、**【1,000万円×資本回収係数0.347 = 347万円】**
- ☐ 年利2%で複利運用して2年後に住宅の改築費用1,000万円を準備するための現在必要な資金は、**【1,000万円×現価係数0.961 = 961万円】**
- ☐ 毎年開業資金として100万円積み立てて年利2%で複利運用する。5年後の合計額は、**【100万円×年金終価係数5.204 = 520.4万円】**

3位 生命保険の保障内容

- □ 契約者の**死亡時**（病気など）には、**「終身保険・定期保険特約・特定疾病保障定期保険特約・収入保障保険・養老保険・個人年金保険」**から保険金が出る。

- □ 不慮の事故で<u>180</u>日以内に死亡した場合、**傷害**特約から保険金が出る。

- □ **三大疾病保障定期保険特約**（**特定疾病保障定期保険特約**）…脳卒中・がん・急性心筋梗塞の診断で保険金が支払われる。**死亡・高度障害**状態に陥った際は、**原因が特定疾病でなくても**保険金が出る。

【例】
● 契約中の定期保険特約付終身保険
①終身保険金額：150万円　②定期保険特約保険金額：1,500万円
③三大疾病保障定期保険特約保険金額：300万円　④傷害特約保険金額：300万円
⑤災害入院特約　⑥疾病入院特約（手術給付金有※）　⑦成人病入院特約 ※
※⑤⑥⑦はすべて入院5日目から日額5,000円　1入院給付限度日数は120日
※⑥手術給付金：約款所定の手術を受けた場合、手術の種類に応じて入院給付金日額
　の10倍・20倍・40倍の手術給付金が支払われる。
● 契約中の医療保険
⑧疾病入院給付金：1日につき日額5,000円（入院1日目から保障）
⑨災害入院給付金：1日につき日額5,000円（入院1日目から保障）
⑩手術給付金：1回につき10万円（約款所定の手術を受けたとき）
⑪死亡保険金：20万円　⑫がん診断給付金：初めてがん診断された時50万円

- □ 上記保険に加入している者が**交通事故で即死**した場合、保険会社から支払われる保険金・給付金の合計は、
①**150万円**＋②**1,500万円**＋③**300万円**＋④**300万円**＋⑪**20万円**＝**2,270万円**

- □ **災害入院特約**…災害や事故が原因で、その日から<u>180</u>**日以内**に入院した場合に給付金が支払われる特約。

- □ 上記保険に加入している者が、糖尿病（成人病）で24日間入院した場合（手術は受けていない）、保険会社から支払われる保険金・給付金の合計は、
⑥**0.5万円×（24日－4日）**＋⑦**0.5万円×（24日－4日）**＋⑧**0.5万円×24日**＝**32万円**

- □ 上記保険に加入している者が初めてがん（成人病）と診断されて26日間入院し、その間に約款所定の手術（給付倍率40倍）を1回受けた場合、保険会社から支払われる保険金・給付金は、

- □ **定期保険特約付終身保険から**…③**300万円**＋⑥**0.5万円×（26日－4日）**
　　　　＋⑦**0.5万円×（26日－4日）**＋⑥手術給付金**0.5万円×40**＝**342万円**

- □ **医療保険から**…⑧**0.5万円×26日**＋⑩**10万円**＋⑫**50万円**＝**73万円**

4位 不動産登記

□ **登記事項要約書**…登記記録のコンピュータ化により、登記簿の閲覧ができなくなったことから、登記事項要約書が<u>法務局</u>で**交付**されるようになった。

□ 登記事項要約書には<u>現在</u>の**権利だけ**が記載されていて、登記官の認証文言がないため、**公的な証明機能はない。**

□ マンションは、一戸建てのように土地と建物を別々に処分できず、土地と建物を<u>一緒</u>に処分しなければならないため、<u>敷地</u>権については<u>建物</u>登記簿に記載されている。

●住宅ローンを締結した土地の登記事項証明書の見方

〈土地の登記事項証明書〉一部抜粋

（ A ）			
順位番号	登記の目的	受付年月日・受付番号	権利者その他の事項
1	抵当権設定	令和6年5月23日 第1352号	原因　令和6年5月23日金銭消費貸借同日 　　　設定 債権額　金2,300万円 利息　年1.95％（年365日割計算） 損害金　年14.5％（年365日割計算） 債務者 　　千葉県○○市△-△-△ 　　平尾浩次 抵当権者 　　東京都千代田区□-□-□ 　　株式会社KR銀行

□ 住宅ローンの利息は<u>抵当権</u>設定時の利息が記載される。利息が<u>固定</u>金利か変動**金利**かは、**登記事項証明書からは判断できない。**

□ 債務者が住宅ローン債務の弁済を怠った場合、**抵当権者**は裁判所に申立てをし、債権回収のためにその土地を<u>競売</u>にかけることができる。

□ 住宅ローンを借りた際、**抵当権設定登記**は、<u>債務者</u>と<u>抵当権者</u>が共同で行い、<u>連帯</u>で<u>登録免許税</u>を納付する。

□ 債務者が**死亡**しても、債務の弁済がなければ**抵当権**は<u>存続</u>する。

□ **抵当権**は同じ不動産について、<u>重ねて</u>**設定**できる。

□ 債務を完済しても、**抵当権は自動的**には<u>抹消</u>されない。債務者は<u>抵当権抹消登</u>記をすることが**必要**となる。

5位 生命保険と税金

過去の出題率 2.70%

●死亡保険金への課税

☐ **契約者**（＝保険料負担者）と保険金**受取人**が**同一**の場合、保険金受取人が受け取る**満期保険金**や**死亡保険金**は**一時**所得として所得税・住民税の課税対象となる。

☐ **契約者**と**被保険者**が**同一**（例えば夫）の場合、死亡保険金を契約者の相続人（例えば妻）が受け取ると**相続**税の課税対象となる。

☐ **契約者**が夫、**被保険者**が妻、死亡保険金**受取人**が子の場合、子が受け取る死亡保険金は**贈与**税の課税対象となる。

☐ 生命保険金や死亡退職金を相続人が受け取ったときは、生命保険金や死亡退職金のそれぞれについて、**500万円×法定相続人の数**（相続を放棄した人も含む。養子の数は実子がいるときは1人、実子がいないときは2人）まで**非課税**。相続を**放棄**した人が取得した**生命保険金・死亡退職金**についての**非課税**の適用は**ない**。

●満期保険金への課税

☐ 契約者が受取人と同じときは、**一時**所得として所得税・住民税が課税される。

☐ 契約者が受取人と違うときは、**贈与**として**贈与税**が課税される。

【例】契約者が夫、被保険者が子、死亡保険金受取人が夫、満期額資金受取人が夫の場合、夫が受け取る満期額資金は**一時**所得として所得税・住民税の課税対象。

●収入保障保険の税金

☐ **毎年受け取る年金**…毎年の年金は**雑**所得として所得税・住民税の課税対象（相続税の課税対象部分を除く）。

☐ 年金の受取期間中に、残りの期間の年金を一括して**一時金**として受け取ると**一時**所得として所得税・住民税の課税対象となる。

☐ 被保険者の**死亡時**に**一時金**として受け取ると**相続税**の課税対象。また、**年金受給権**も相続税の課税対象となる。

●その他の受け取った保険金への課税

☐ **解約返戻金**…払込保険料と解約返戻金との**差益**が**所得税・住民税（一時所得）**の対象。基本的に解約返戻金が**払込保険料**より**少なければ課税されない**。

☐ **非課税**になるもの…被保険者、配偶者、指定代理請求人が受け取る、通院・手術・入院など、**身体の傷害**に対する**給付金**、**保険金**は**非課税**。

【例】収入保障保険に加入している者が病気で入院した場合、入院特約から支払われる**入院給付金**は**非課税**。

6位 キャッシュフロー表

過去の出題率 **2.60%**

☐ **キャッシュフロー表**…現在の**収支状況**や今後の**ライフプラン**をもとにして、将来の**収支状況**や**金融資産残高**などの推移を表形式にまとめたもの。

			経過年数	基準年	1年	2年	3年	4年
家族構成／年齢			西暦（年）	2024	2025	2026	2027	2028
	筒井　明人	本人		44歳	45歳	46歳	47歳	48歳
	香織	妻		42歳	43歳	44歳	45歳	46歳
	航太	長男		16歳	17歳	18歳	19歳	20歳
	優樹菜	長女		14歳	15歳	16歳	17歳	18歳
ライフイベント			変動率	航太 高校入学		優樹菜 高校入学	航太 大学入学	
収入	給与収入（夫）		1%	475	480	485		
	給与収入（妻）		－	100	100	100	100	100
	収入合計		－	575				594
支出	基本生活費		1%	204			（ ア ）	212
	住居費			146	146	146	146	146
	教育費			98	110	120	170	150
	保険料			42	42	42	42	42
	その他支出		1%	20	20	20		
	支出合計		－	510	524	536	589	571
年間収支			－	65	56			
金融資産残高			1%	514	（ イ ）			

☐ 物価変動、定期昇給などがある場合には、その**変動率**（変化の割合）を考えた将来価値を計算して記入する。

☐ **n年後の額＝今年の額×(1＋変動率)ⁿ**

【例】上記キャッシュフロー表の空欄（ア）は、2024年の基本生活費204万円に変動率1％の3年後を複利計算して求める。

☐ **204万円×(1+0.01)³＝210.181404≒210万円**（万円未満四捨五入）

【例】空欄（イ）は、前年（2024年）の金融資産残高514万円に**変動率1％**の増加分と、当年の年間収支56万円を加えて求める。

☐ **514万円×(1+0.01)+56＝575.14≒575万円**（万円未満四捨五入）

☐ 住宅ローンを組んでマンションを購入する場合の物件上限額は、【**自己資金÷物件価格に対する自己資金の割合**】で求める。

【例】自己資金830万円金を、頭金として物件価格の2割相当額、諸費用として物件価格の1割相当額に充てる場合、

☐ **物件価格の上限額＝830万円÷0.3＝2,766.666万円≒2,767万円**

7位 住宅ローン

●住宅ローンの金利

☐ **固定**金利型住宅ローン…当初決められた**金利**が返済終了まで**一定**。総返済額が変わらない。金利が**低い**ときに有利。

☐ **変動**金利型住宅ローン…市場金利が変わればローン金利も変わり、総返済額が**変わる**。固定金利型より申込時の適用金利が低いが、**金利変動のリスク**を借り手が負う。**金利の見直しは年2回**（**半年**ごと）、**返済額の見直しは5年**ごと。

☐ **固定金利選択**型住宅ローン…**当初の一定期間は固定金利**。その期間が過ぎると、固定金利か変動金利かを**選択**できる。固定金利期間が長いほど金利は高くなる。

●住宅ローンの返済方法

☐ **元利均等返済**…毎回の**返済額が一定**。**初期**は利息部分の返済額が多く、**後**になるほど元金の返済部分が多くなる。

☐ **元金均等返済**…元金の**返済額**だけが**一定**。元利均等返済に比べて、当初の返済額は多いが、**返済総額**（総支払利息）は少なくなる。

☐ **繰上げ返済**…通常の返済のほかに**元金の全額**または**一部**を返済すること。繰上げ返済の回数や返済額の制限は、銀行によって異なる。**返済期間短縮型**、**返済額軽減型**の2つがある。

☐ **返済期間短縮型**…毎回の**返済額は変えず**に、**返済期間を短縮**する方法。繰上げした分の元金にかかる利息がなくなるので、返済額軽減型よりも**利息軽減効果が大きい**。

☐ **返済額軽減型**…**返済期間は変えず**に、**返済額を減らす**方法。

☐ **償還予定表**…住宅ローンや教育ローンなどにおける、今後のローンの**返済**予定が記載されている一覧表（**返済計画表**）のこと。返済回数、毎月返済額、（毎月返済額の）うち元金額、うち利息、**ローン残高**が記載されている。

●住宅ローンの借換え

☐ **住宅ローンの借換え**…借りている今の住まいに住み続けることを条件に、より**有利**な住宅ローンに変更すること。登記費用・保証料・金融機関の手数料・登録免許税等の**費用**が発生する。金融機関によって**担保評価基準**（担保とする不動産を評価する基準）が異なるため、借換え融資が受けられない場合もある。**民間住宅ローンやフラット35**（住宅金融支援機構と民間金融機関が共同で提供する最長35年の固定金利型住宅ローン。融資金利は各金融機関が独自に決めている）への**借換えはできる**が、**財形住宅融資への借換えはできない**。

8位 相続人と法定相続分

□　次の親族関係図❶において、被相続人の法定相続人は<u>妻</u>、<u>長男</u>、長女の代襲相続人である<u>孫C</u>と<u>孫D</u>の<u>計4人</u>。

〈親族関係図❶〉

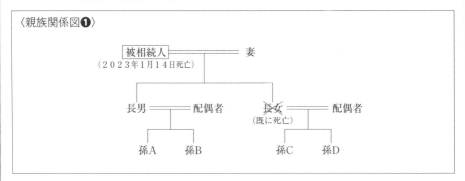

□　被相続人の妻の法定相続分は <u>1/2</u>。

□　被相続人の長男の法定相続分は <u>1/2 × 1/2 ＝ 1/4</u>。

□　被相続人の孫Cと孫Dのそれぞれの法定相続分は <u>1/4 × 1/2 ＝ 1/8</u> ずつ。

□　次の親族関係図❷において、被相続人の法定相続人は<u>妻</u>、<u>妹</u>、兄の代襲相続人である被相続人の<u>甥</u>の<u>計3人</u>。

〈親族関係図❷〉

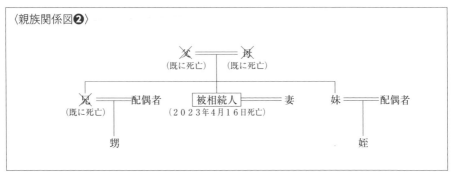

□　被相続人の妻の法定相続分は <u>3/4</u>。

□　被相続人の妹の法定相続分は <u>1/4 × 1/2 ＝ 1/8</u>。

□　被相続人の甥の法定相続分は <u>1/4 × 1/2 ＝ 1/8</u>。

9位 遺族給付

● 遺族基礎年金

☐ **国民年金**の**被保険者**が死亡した場合、死亡した者に生計を維持されていた**子**のある配偶者（妻・夫）、または**子**に、偶数月に**2**カ月分が支給される。**配偶者（親）と子が生計同一**の場合は**配偶者**が受給する。生計同一でない場合は**子**が受給する。

☐ **受給要件**…死亡した者が国民年金の被保険者または受給資格期間を満たした者で、被保険者期間のうち「**保険料納付済期間＋保険料免除期間**」が**3**分の**2**以上。または、**死亡日に65歳未満**で前々月までの1年間に**保険料滞納**がないこと。

☐ 遺族年金（遺族基礎年金・遺族厚生年金）の条件を満たす者が**結婚**したり、子が**直系血族や直系姻族以外の養子**になった場合は受給資格を**失う**。

☐ **年金額**…**816,000**円（満額の老齢基礎年金と同額）**＋子の加算額**

☐ **子の加算額**…第**1**子と第**2**子は各**234,800**円。第**3**子以降は各**78,300**円

☐ 遺族基礎年金の子に該当する者の**18**歳到達年度末が**過ぎる**と、受給対象者（配偶者遺族など）は遺族基礎年金と遺族基礎年金の子の加算額の**受給権**を失い、**中高齢寡婦加算**が支給される（遺族厚生年金は再婚しなければ配偶者には生涯支給）。

☐ **中高齢寡婦加算**…夫の死亡時に**子がない妻**は、**遺族基礎年金**が受給できないが、**40**歳～**65**歳未満の子のない妻は遺族厚生年金に中高齢寡婦加算が上乗せされる。

☐ **死亡一時金**…国民年金の第**1**号被保険者として**保険料納付済期間が36**月以上ある者が年金を受給しないで死亡したとき、**遺族基礎年金**を受給できない**遺族**（子のない**配偶者**など）に支給。**寡婦年金**とは併給できない。

● 遺族厚生年金

☐ **厚生年金**加入者、**老齢厚生年金**（または1級・2級の障害厚生年金）の**受給権者**が死亡した場合、遺族に支給される。**遺族基礎年金**に**上乗せ**して受給ができる。

☐ **受給対象者**…死亡した者に**生計を維持**されていた者（①配偶者・**子**、②**父母**、③**孫**、④**祖父母**）のうち、受給順位が最も高い者に**だけ**支給される。兄弟は対象外。死亡した者の**夫**、父母、祖父母は**55**歳以上限定で支給は**60**歳からとなる。

☐ **年金額**…死亡した者の老齢厚生年金の**報酬比例部分**の額の**4**分の**3**相当額。被保険者期間の月数が**300**月に満たない場合は一定の要件の下に**300**月として計算。

☐ 遺族基礎年金と遺族厚生年金の**子の要件**…**18**歳到達年度の末日（3月31日）までの**子**、または20歳未満で障害等級1級、2級該当者。

☐ 遺族基礎年金と遺族厚生年金の受給者の**年収制限**…受給者の**年収850万円未満**。**受給権確定後に年収850万円以上**になったときは支給停止には**ならない**。

☐ 遺族厚生年金の受給権者が**65**歳になって老齢厚生年金の受給資格を得た場合は、遺族厚生年金は老齢厚生年金との**差額**だけ支給される。

10位 健康保険の給付内容

☐ **医療費の自己負担割合**…健康保険、および国民健康保険の被保険者が、窓口で医療費を自己負担する割合。**小学校入学前は2割**、小学校入学後〜**70歳未満は3割**。**70歳〜74歳は2割**、**75歳以上は1割**。ただし、70歳以上の**現役並み所得者は3割**、75歳以上で一定以上の収入がある者は2割となっている。

小学校入学前	70歳未満	70歳〜74歳	75歳以上
2割	3割	原則2割※	原則1割

※2014年3月の時点で70歳になっていた者は1割負担。4月以降に70歳になった者は2割負担。

☐ **総医療費の計算**…30歳の人の1カ月の窓口負担額が15万円だった場合には、**窓口負担＝総医療費×3割**なので、**総医療費＝窓口負担÷3割**で計算する。

☐ **総医療費＝15万円÷0.3＝50万円**

☐ **高額療養費**…医療費の自己負担額が**1カ月**に一定額（**自己負担限度額**）を超えた場合に給付される。**外来・入院**ともに支給対象である。

【例】総医療費を15万円で、自己負担限度額【80,100円＋（総医療費－267,000円）×1%】で求める場合（式は試験で提示される）、自己負担額は82,430円。

☐ **高額療養費＝窓口負担額－自己負担限度額**

      ＝150,000円－82,430円＝67,570円

☐ 高額療養費の**支給対象外**…食費、差額ベッド代、保険適用外の診療代、先進医療などの**保険外併用療養費**については**支給されない**。

☐ **70歳未満**の人が、**同一月、同一医療機**関での窓口の支払いを**自己負担限度額**までとするためには、**事前申請**することで発給される**健康保険限度額適用認定証**の提示が必要となる。**70歳以上75歳未満**の人は、**事前申請不要**で**高齢受給者証**を病院窓口で提示するだけで自己負担限度額までとなる※。

※マイナンバーカードや保険証を用いたオンライン資格確認システムの導入された医療機関等では、本人同意があれば限度額適用認定証がなくても窓口の支払いが自己負担限度額までとなる。

☐ **傷病手当金**…業務外の事由による病気やケガの療養のため**仕事を休んだ**日から連続して**3日間**（待期）の後、**休業4日目以降**の給与の支払いがない日に対して、**通算で1年6カ月**支給される。

☐ 傷病手当金の**支給額**は、休業1日に対し**1日当たりの額**※の**3分の2**。

※1日当たりの額＝支給開始日以前の継続した12カ月間の各月の標準報酬月額の平均額÷30日×2/3

10位 贈与税の特例

●贈与税の配偶者控除

□ **贈与税の配偶者控除**…配偶者から居住用不動産、または居住用不動産を取得するための金銭の贈与を受け、一定の要件を満たす場合、**2,000万円**を限度として控除できる制度。贈与税額が**0円**でも贈与税の**申告書の提出**が**必要**。

□ 贈与税の**配偶者控除**は、贈与税の**基礎控除額110万円**と**併用**できるため、贈与税の課税価格から基礎控除額と合わせて**最高2,110万円**を控除することができる。

【例】夫から居住用不動産（評価額2,800万円）の贈与を受けた場合の妻の基礎控除後の課税価格は、**2,800万円−2,000万円−110万円＝690万円**。

□ 個人から財産を贈与された個人は、課税方法として**暦年**課税（1年間に取得した財産の合計額を課税対象とする税）または**相続時精算**課税を選択できる。

●相続時精算課税

□ **相続時精算課税**…贈与時点での受贈者の**贈与税**を軽減し、後に相続が発生したときに贈与分と相続分を合算して**相続税として支払う制度**。

□ **贈与者**の要件…贈与年の1月1日時点で**満60歳以上**の者（**父母・祖父母**）。

□ **受贈者**の要件…贈与年の1月1日時点で満**18歳以上**の**推定相続人**である**子**（養子・代襲相続人を含む）、または**孫**。所得制限なし。

□ 相続時精算課税では、**基礎控除額（年110万円）**※と特別控除額（累計**2,500万円**）までは贈与税が課されず、それを超えた贈与財産の価額に対して**一律20％**を乗じた額が課税される。**贈与税の申告は必要**。この制度を選択した場合、**暦年課税の基礎控除額110万円は利用できない**。

※相続時精算課税制度に新設された基礎控除。2024年1月1日以降の贈与より、年間110万円までであれば、贈与税・相続税ともにかからず、その年分の贈与額が110万円以下であれば申告も不要。

□ 相続時精算課税制度の特例を選択した場合、選択年以降は、**同一**の贈与者からの贈与について**暦年**課税に変更することは**できない**。

●住宅取得等資金の贈与税の特例 (2024年1月1日〜2026年12月31日に受贈した住宅資金に適用)

□ 直系尊属から**住宅購入資金の贈与**を受けた場合に限り、一定金額が**非課税**となる特例。**贈与者の要件…直系尊属**（父母、祖父母。**配偶者**の直系尊属は不可）。**年齢制限なし。受贈者の要件**…贈与年の1月1日時点で満**18歳以上**、贈与を受けた年の**合計所得金額**が原則**2,000万円以下**。新築等を行う住宅用の家屋の床面積が**50㎡以上240㎡以下**で、**2分の1**以上に相当する部分が**居住の用**に供されるもの。受贈者の合計所得金額が1,000万円以下の場合の床面積は**40㎡以上**に引下げ。

□ 非課税限度額

省エネ等住宅用家屋※	左記以外の住宅用家屋
1,000万円	**500万円**

※省エネ等住宅用家屋……省エネ等基準（断熱等性能、一次エネルギー消費量、耐震、免震、高齢者等配慮対策等）に適合する住宅用の家屋。

▶12位「老齢基礎年金」は、40ページの学科「39位 老齢基礎年金」を参照。

実技 資産▶TOP60

13位 雇用保険

過去の出題率
2.03%

□ **雇用保険**…保険料は**事業主と労働者**で負担し、**負担割合**は業種によって**異なる**。

□ **対象者**…常用、パートタイマー、派遣社員などにかかわらず、**1週間の所定労働時間が20時間以上**で、同一の事業主の適用事業に継続して**31日以上**雇用される見込みがある者。**65歳以上**は「**高年齢被保険者**」として加入する。

□ **基本手当（失業手当）の受給資格**…離職の日以前**2年間**に雇用保険の被保険者期間が**通算12カ月以上**あること。

□ **基本手当の所定給付日数**…被保険者期間が**10年以上20年未満**である一般の離職者（定年退職、期間満了、自己都合退職等）の場合、原則、**最長120日**。被保険者期間が**20年以上**ある一般の離職者（定年退職、期間満了、自己都合退職等）の場合、原則**最長150日**。被保険者期間が**20年以上**あり、倒産、解雇などの**会社都合**による離職の場合、**最長330日**。

被保険者期間 （離職前2年間）	1年未満	1年以上 10年未満	10年以上 20年未満	20年以上
一般受給資格者 （自己都合・定年退職）	支給なし	90日	120日	150日
特定受給資格者 （会社都合：倒産・解雇）	90日	90～270日		最長で330日

□ 基本手当は、定年退職など、**会社**都合の退職では**退職後7日間の待期期間経過後**に支給。正当な理由のない**自己都合**退職では**退職後7日間の待期期間＋2カ月間**（5年間のうち3回以上の退職では3カ月）の給付制限期間の経過後に支給。**重責解雇**は**退職後7日間の待期期間＋3カ月間**の給付制限期間の経過後に支給。

□ **定年退職後**に雇用保険の基本手当の支給を受ける場合、**特別支給の老齢厚生年**金の支給は、同時に受けることができない。

□ **高年齢雇用継続基本給付金**…**60歳到達時**の賃金より**75%未満**の賃金で働いている**60歳到達月**から**65歳到達月**までの労働者に給付。

□ **高年齢求職者給付金**…**65歳以上**の雇用保険加入者に支給される失業手当で、**支給要件を満たすたびに支給**される。

□ **育児休業給付**…育児休業を取って賃金が休業前の賃金の80%未満になった者に支給される。支給額は**休業開始から180日目までは休業開始時賃金日額×支給日数の67%**、**それ以降は50%**（休業中の賃金により減額あり）。支給期間は、**原則子どもが1歳になるまで**（条件を満たせば最長2歳になるまで延長可）。

▲2022年10月以降：育児休業は、1歳未満の子どもについて原則2回まで分割して取得できるようになった。また出生後8週間以内に4週間まで取得することができる産後パパ育休制度が始まった。

□入院・手術・通院・診断等、**身体の傷害**に基因して支払われる**給付金**や、**雇用保険の給付**（基本手当・育児休業給付金・高年齢雇用継続給付）は**非課税**となる。

14位 教育資金

過去の出題率
1.62%

●教育一般貸付（国の教育ローン）

☐ 国（日本政策金融公庫）による<u>学生の保護者</u>への貸付。

☐ **条件**…子の数に応じて世帯年収の制限あり。子の<u>学業成績</u>は問わない。

☐ **融資限度額**：中学校卒業以上の子1人につき<u>350万円</u>（一定要件で<u>450万円</u>）。

☐ **使途**…受験費用、学校納付金のほか、家賃、通学費用、教材費などにも使える。

☐ **申込み時期**…<u>いつでも可能</u>。

☐ **返還（返済）開始**…借入日の翌月または翌々月の返済希望日。**在学中は<u>利息の みの返済</u>**が可能。固定金利（家庭状況に応じた優遇あり）で<u>18年以内</u>に返済。

●日本学生支援機構（JASSO）の奨学金

☐ <u>学生本人</u>に貸与されて<u>学生本人</u>が返済する**貸与型（第一種、第二種奨学金）**と、本人の学力と家計支持者の所得による判定に応じた**給付型**（返済不要）がある。

☐ **第一種奨学金**…**学業優秀**で経済的理由で修学困難な学生に貸与。**無利息**。

☐ **第二種奨学金**…在学中は無利息、卒業後に利息（年<u>3%</u>を上限とする）が付く。

☐ **申込み時期**…**決められた募集期間内**。

☐ **貸与型の返還（返済）開始**…<u>卒業後</u>。返済が遅れると<u>延滞</u>金が発生する。

☐ <u>教育一般貸付</u>との重複利用が可能。

●学資（こども）保険

☐ 教育資金を準備する学資（こども）保険には、15歳、17歳、18歳、22歳満期タイプ、また、**子どもが生まれる前から加入できる出生前加入特例**などがあり、使い道が自由な満期祝金や入学祝金を受け取ることができる。

☐ 中途解約した場合の<u>解約返戻</u>金が既払込保険料総額を下回ることがある。

☐ 学資（こども）保険は、**クーリング・オフ制度の対象となって**<u>いる</u>。

☐ **契約者（親）が死亡、高度障害**…契約者死亡以降の<u>保険料払込み</u>が免除されて、満期祝金や入学祝金は契約のとおりに受け取ることができる。育英（養育）年金特約に入っていれば、契約者が死亡したとき、後継保険契約者等が育英（養育）年金や一時金を受け取ることができる。

☐ **被保険者（子）が死亡**…<u>死亡保険</u>金が受取人に支払われ、保険契約は<u>消滅</u>する。

●大学の入学に係る費用

☐ 日本政策金融公庫「教育費負担の実態調査結果」によると、**大学の入学に係る費用**は、負担が大きい順に、<u>学校納付</u>金、<u>受験</u>費用、入学しなかった学校への納付金となっている。

※ 「教育資金」は、「学科」の学習内容と重複するため、本冊「資産」には掲載されていません。

実技 資産▶TOP60

▶15位「金融商品に関する法律」は、30ページの学科「29位 金融商品に関する法律」を参照。

16位 債券

☐ 債券（公社債）には、国、地方自治体、公共機関発行の「公共債」、民間企業発行の「民間債（社債）」、外国の政府や事業会社が発行する「外国債（外債）」がある。

☐ 利回り…購入価格に対する1年間の収益合計（利子＋差益）の割合。

☐ 債券は、手数料が含まれている発行価額で購入し、原則として償還時に額面金額で償還される。オーバーパー発行は、額面より高い価格で発行され、額面で償還されるので、発行時に購入して償還まで保有すると償還差損が発生する。

☐ 直接利回り…購入価格に対する年間の利子の割合

$$直接利回り（\%）＝\frac{表面利率}{購入価格}×100$$

☐ 応募者利回り…発行時に購入し、満期まで所有した場合の利回り（単利計算）

$$応募者利回り（\%）＝\frac{表面利率＋\dfrac{額面金額－発行価格}{償還期間}}{発行価格}×100$$

☐ 所有期間利回り…償還の前に売却した場合の利回り（単利計算）

$$所有期間利回り（\%）＝\frac{表面利率＋\dfrac{売却価格－購入価格}{所有期間}}{購入価格}×100$$

☐ 最終利回り…時価で途中購入し、満期まで所有した場合の利回り（単利計算）

$$最終利回り（\%）＝\frac{表面利率＋\dfrac{額面金額－購入価格}{残存期間}}{購入価格}×100$$

●利回りの計算手順

☐ ❶ （売却価格－購入価格）÷所有年数 ←差益…年あたりの利子以外の儲け

☐ ❷ 表面利率＋❶ ←年あたりの収益合計

☐ ❸ ❷÷購入価格×100 ←利回り…投資額に対する利益

☐ 外貨建て債券の利子を外貨で受け取っている場合でも、円に換えるときには為替リスクを負うことになる。

☐ 一般に、格付けBBB（トリプルB）以上の債券を投資適格債券という。

☐ 劣後債（劣後特約付債券）は、発行体が破綻した場合の弁済順位が普通社債に比べて劣る社債で、一般的に普通社債に比べ利回りが高く設定されている。

☐ 新NISAの成長投資枠は国内外の上場株式・株式投信・ETF・REIT等が対象で、公社債（公共債、社債、外国債）や公社債投資信託は対象外である。

▶ 17位「株式の投資指標」は、28ページの学科「27位 株式の投資指標」を参照。

18位 投資信託の計算問題

- [ ] **購入時手数料**…購入時に販売会社に支払う費用で、**同じ投資信託でも購入する販売会社によって金額は異なる。**
- [ ] **購入時手数料が無料**の投資信託は<u>ノーロード</u>ファンドといわれる。

【例】購入時手数料（税込み）が購入金額1,000万円未満3.24%、1,000万円以上2.16%、申込単位1万円以上で1口（1円）単位の投資信託の場合、購入口数100万口を購入したときの手数料は、

- [ ] <u>1,000,000</u>円 × <u>0.0324</u> = <u>32,400</u>円

- [ ] 投資信託には、運用期間中、**いつでも時価に応じた基準価額で追加設定（追加購入）と解約ができる追加型（オープン型）**と当初の**募集期間のみ**購入できる<u>単位型（ユニット型）</u>がある。

- [ ] <u>信託財産留保額</u>…投資信託を<u>解約（中途換金）</u>する際に支払う費用（まれに購入時に支払うこともある）。証券等の換金に係る費用等を解約する投資家にも負担させ、受益者間の<u>公平性</u>を保とうとするもの。**外貨建てMMF**では<u>徴収</u>されない。

【例】信託財産留保額が1万口につき解約請求日の翌営業日の基準価額に0.3%を乗じた額の投資信託100万口を解約し、解約請求日の翌営業日の基準価額が10,700円であるとき、差し引かれる信託財産留保額は、

- [ ] 10,700円 × <u>100</u> × <u>0.003</u> = <u>3,210</u>円

- [ ] **収益分配金**…投資信託（ファンド）の決算期ごとに受益者に分配される収益金のこと。元本払戻金（特別分配金）を除く部分を普通分配金という。普通分配金は、<u>配当所得</u>として<u>20.315%</u>（所得税15%＋復興特別所得税0.315%＋住民税5%）の源泉徴収となり、**元本払戻金**（特別分配金）は**非課税**となる。

- [ ] **基準価額**…**投資信託の**<u>時価</u>のこと。純資産総額を受益権総口数で割ったもので、通常は**1万口**当たりで示される。委託会社が算出する。

- [ ] **個別元本**…手数料を除く投資信託の<u>平均</u>購入価格（基準価額10,000円で100口購入した場合、個別元本は10,000円）。さらに基準価額9,500円で100口購入した場合、200口の個別元本は（1,000,000＋950,000）÷200＝9,750円

- [ ] <u>元本払戻金</u>＝収益分配金前の個別元本－収益分配金後の個別元本

【例】収益分配前の個別元本が16,520円、収益分配金が500円、収益分配後の基準価額（収益分配金後の個別元本）が16,360円の場合、

- [ ] **元本払戻金** = <u>16,520</u>円 － <u>16,360</u>円 = <u>160</u>円 で、残り<u>340</u>円が普通分配金である。

▶ 18位「退職所得」は、50ページの学科「49位 給与所得／退職所得」を参照。
▶ 20位「ライフプランニングと資料」は、23ページの学科「22位 ライフプランニングと資料」を参照。

21位 不動産広告

［新聞の折り込み広告］一部抜粋

> ## 売中古マンション住環境良好！ スーパー至近！
>
> 【物件概要】
> 所在地：神奈川県□□市◇◇区□□3丁目
> 交通：○○線△△駅から徒歩8分
> 用途地域：準住居地域・第二種住居地域
> 販売価格：4,320万円（消費税込み）
> 階/階建：5階/10階
> 専有面積：72.56㎡（壁芯）
> バルコニー面積：12.56㎡
> 管理費（月額）：21,600円
> 修繕積立金（月額）：8,640円
> 間取り：3LDK
> 構造：鉄筋コンクリート造
> 土地の権利：所有権
> 築年月：令和5年2月

□ 不動産広告における**徒歩所要距離**は、「**道路距離80mにつき1分間**（1分未満**切上げ**）」で計算する。

【例】上記広告の徒歩8分の物件の場合、道路距離は**560m超640m以下**となる。

□ 建築物の敷地が**異なる用途地域**にわたる場合、その敷地全体に対して、**過半の属する**用途地域の用途制限が適用される。建築物が**防火地域**と**準防火地域**にわたる場合、**厳しい防火地域**の規制が適用される。

【例】上記広告のように、用途地域が準住居地域・第二種住居地域にまたがっている場合、その敷地全体に対して、**過半の属する**用途地域の用途制限が適用される。

□ マンションやアパートではバルコニーが避難経路として使われるため、共有部分と考えられ、**専有**面積には含まれない。

□ マンションのチラシなどでは**壁芯**面積で表記されるため、**内法**面積で表記される登記簿より面積が**大きく**表示される。

◀壁芯面積
壁の中心線から内側の面積。
不動産広告の表記

◀内法面積
壁の内側の面積。
登記簿の表記

22位 任意継続被保険者

☐ 退職後にも、❶〜❸いずれかの公的保険に入らなければいけない。

❶ 健康保険の**任意継続被保険者**となる。→**最長2年間**

❷ 都道府県・市町村（特別区）が保険者である<u>国民健康</u>保険に加入する。
→<u>75歳になるまで</u>

　・<u>国民健康</u>保険の保険料は、前年の所得等によって計算する。

❸ 子や配偶者の健康保険の<u>被扶養者</u>となる。→<u>75歳になるまで</u>

　・<u>75歳以上</u>は、<u>後期高齢者</u>医療制度の被保険者となる。

●退職後に任意継続被保険者となるための条件

☐ 被保険者期間が**継続して2カ月以上**あること。

☐ 退職日の翌日（資格喪失日）から <u>20日以内</u>に申請すること。<u>20日間</u>を過ぎると理由にかかわらず手続きができなくなる。

ウラ技「**最長2年・2カ月以上・20日以内**」←「**任意は2**」と覚える

☐ 健康保険の**任意継続被保険者の保険料**は、<u>全額自己負担</u>（協会けんぽの場合、退職前は労使折半）。

　・保険料は、退職時の標準報酬月額と健康保険組合の全被保険者の標準報酬月額の平均額の、いずれか少ない方の額をもとに算出する。

☐ 任意継続被保険者には、在職時と同じく**被扶養者制度**（健康保険の被保険者の被扶養者が被扶養者分保険料の**加算なし**で加入できる制度）がある。

☐ 任意継続被保険者には、資格喪失後の継続給付を除き、<u>傷病</u>**手当金**や**出産手当金**はない。

実技 資産▼TOP60

確認問題 ▶適切なものは①、不適切なものは②をマークしなさい。　答えはページ下

1　自己都合による退職により被保険者資格を喪失した場合には、他の要件を満たしていたとしても、健康保険の任意継続被保険者となることはできない。
①　②

2　協会けんぽの任意継続被保険者の保険料は、被扶養者の人数に応じて異なる。
①　②

※「任意継続被保険者」は、「学科」の学習内容と重複するため、本冊「資産」には掲載されていません。

▶23位「地震保険」は、27ページの学科「26位 地震保険」を参照。

24位 バランスシート

☐ **バランスシート**…**個人**がライフプランニングにおいて、**現状の**<u>資産</u>と<u>負債</u>のバランスを見る表。日本語で**貸借対照表**。

☐ **資産**…預金、株式などのほか、不動産、自動車などの<u>時価</u>**（現時点で売った場合の金額）** が記載される。生命保険は、<u>解約返戻</u>**金相当額**で記入する。

〈資料：保有資産（時価）〉（単位：万円）

	邦彦さん	泰子さん
金融資産		
預貯金等	2,800	1,200
株式	530	300
投資信託	260	0
生命保険（解約返戻金相当額）	490	350
不動産		
土地（自宅敷地）	3,000	1,000
建物（自宅）	900	300
その他（動産等）	150	100

〈資料：負債残高〉
　　自動車ローン：160万円（債務者は邦彦さん）
　　住宅ローン　：1,200万円（債務者は邦彦さん。団体信用生命保険付き）

【例】 上記資料において、**資産**に該当するのは預貯金等、株式、投資信託、生命保険（<u>解約返戻</u>**金相当額**）、不動産土地、不動産建物、その他（動産等）。

☐ **資産合計**＝ <u>11,380</u>**万円**

☐ **負債**…借金（主に**ローン残額**）が記載される。家賃、教育費等の**年間の支出見込額**は負債ではないので記入<u>しない</u>。

【例】 上記資料において、**負債**に該当するのは<u>自動車ローン</u>と<u>住宅ローン</u>。

☐ **負債合計**＝ <u>1,360</u>**万円**

☐ **純資産**＝<u>資産</u>**合計**－<u>負債</u>**合計**
　　　　＝<u>11,380</u>**万円**－<u>1,360</u>**万円**＝<u>10,020</u>**万円**

☐ **資産**と**負債**は、取得金額（買った時の金額）ではなく、<u>時価（現時点で売る、もしくは売った場合の金額）</u>で記入する。

☐ **負債・純資産合計**＝負債合計＋純資産、つまり<u>資産</u>**合計**と等しい。

☐ 保有している**金融資産の比率**は、**日本**では<u>現金・預金</u>が最も高く、**アメリカ**では<u>株式・出資金</u>の比率が最も高い。

24位 扶養控除／配偶者控除

過去の出題率 **1.21**%

☐ **扶養控除**…納税者に**配偶者**以外の控除対象扶養親族がいる場合に、所得金額から一定額が控除（差し引かれること）できる制度。

☐ **控除対象扶養親族の要件**

❶配偶者以外の**16歳**以上の親族で納税者本人と**生計を一**にしていること。

❷青色申告者、または白色申告者の**事業専従者**でないこと。

❸合計所得金額**48万円**以下、収入が給与のみの場合は**年収103万円**以下。

（**年収103万円**から給与所得控除**55万円**を差し引くと**48万円**）

☐ **扶養控除の金額**… 扶養控除額は、年齢、同居の有無によって異なる。

区分		控除額
一般の扶養親族（一般の扶養控除）：**16歳**以上		**38万円**
特定扶養親族（特定扶養控除）：**19歳以上23歳未満**		**63万円**
老人扶養親族：**70歳以上**	同居老親等**以外**の者	**48万円**
	同居老親等	**58万円**

・適用年齢は12月31日時点の年齢。**16歳未満**の親族は**控除**なし。

・老人扶養親族は、収入が公的年金のみの場合、**年収158万円**以下の者が対象。

☐ **配偶者控除**…納税者（合計所得金額**1,000万円**（収入が給与のみの場合の年収**1,195万円**）以下）に**生計を一**にしている配偶者がいる場合に適用される。

納税者本人の合計所得金額	控除額	
	控除対象配偶者	老人控除対象配偶者
900万円以下	**38万円**	48万円
900万円超　950万円以下	26万円	32万円
950万円超　1,000万円以下	13万円	16万円

☐ **配偶者控除の対象配偶者の要件**

❶青色申告者、または白色申告者の**事業専従者**でないこと。

❷合計所得金額**48万円以下**、収入が給与のみの場合は**年収103万円**以下。

（**年収103万円**から給与所得控除**55万円**を差し引くと**48万円**）

☐ **配偶者特別控除**…配偶者の合計所得金額が**48万円を超える**場合であっても、納税者**本人**の合計所得金額が**1,000万円**（収入が給与のみの場合の年収**1,195万円**）以下で、**配偶者**の合計所得金額が**48万円超～133万円以下**（年収103万円超～201.6万円未満）であれば、**配偶者特別控除**が適用される。控除金額は**最高38万円**で、配偶者の合計所得金額が133万円に近づくほど受け取れる控除額は下がる。

実技 資産▼TOP60

127

26位 相続税の計算

☐ **相続税の総額**は次の手順で算出する。

❶各相続人の**課税価格**を算出し、合計して課税価格の**合計額**を求める。

課税価格に算入する財産として、**現預金**、**不動産**、**株式**、**死亡退職金**・**生命保険金**（以下の非課税限度額を控除した後の金額）などがある。

☐ **生命保険金・死亡退職金の非課税限度額**…相続人が生命保険金や死亡退職金を受け取ったときは、生命保険金や死亡退職金のそれぞれについて、次の限度額までは**非課税**となる。相続税の課税対象が**限度額以下**なら申告は<u>不要</u>。

非課税限度額 ＝ <u>500</u>万円 ×法定相続人の数

【例】法定相続人が４人の場合、生命保険金・死亡退職金の非課税限度額は

<u>500</u>万円× <u>4</u>人＝<u>2,000</u>万円

受け取った死亡退職金と生命保険金から、**それぞれ<u>2,000</u>万円**が**控除**される。

☐ **債務控除**…相続人の**借入金**や未払いの医療費、**葬儀費用**などは相続財産から**控<u>除</u>できる**。**香典返戻費用**や**法要**の費用は**控除<u>できない</u>**。また、被相続人が**生前に購入した墓地は**非課税財産なので、**墓地の購入未払い金は**控除<u>できない</u>。

❷**課税遺産総額**（課税価格の合計額－遺産に係る基礎控除額）を算出する。

遺産に係る基礎控除額＝ <u>3,000</u>万円＋ <u>600</u>万円×法定相続人の数

【例】課税価格の合計額が３億2,400万円、法定相続人が４人の場合の課税遺産総額

３億2,400万円－（<u>3,000</u>万円＋<u>600</u>万円× <u>4</u>）＝ <u>2</u>億<u>7,000</u>万円

❸各相続人の法定相続分（学科「法定相続人と法定相続分の主なケース」本冊307ページ参照）で分割して**「法定相続分に応ずる取得金額」**を求める。

【例】「A、妻B、長男C、長女D、養子E」の家系において、Aの相続開始時に、相続に係る課税遺産総額が３億2,400万円であった場合の法定相続分に応じた取得金額▶妻の法定相続分は**<u>2</u>分の<u>1</u>**、子全員の法定相続分は**<u>2</u>分の<u>1</u>**なので、子３人それぞれの法定相続分は**<u>6</u>分の<u>1</u>**（実子と養子の法定相続分は同じ割合）。

・妻B…**３億2,400万円× <u>1/2</u> ＝ <u>1</u>億<u>6,200</u>万円**

・長男C、長女D、養子E…各人が、**３億2,400万円× <u>1/6</u> ＝ <u>5,400</u>万円**

❹試験で提示される〈**相続税の速算表**〉にある税率を掛け、<u>控除</u>額を差し引いて、各人の相続税額を求める。

❺各人の相続税額を**合計**して、**相続税の総額**を算出する。

☐ **相続税額の<u>2</u>割加算**…配偶者や１親等の血族（子、父母）**以外**の人が、相続または遺贈によって財産を取得した場合、算出された各人の税額に**<u>2</u>割**相当額が加算される。**子を代襲**して孫が相続人となった場合は**<u>2</u>割加算**の対象には**ならない**。

27位 外貨建て金融商品

- ☐ **外国債券（特定公社債）**…発行体・発行地・通貨のいずれかが**外国**の債券。外国債券の**利子・収益分配金**は、20.315%の源泉徴収で**申告不要**、または**申告分離課税**を選択。**譲渡益・償還益**（為替差益を含む）は、20.315%の**申告分離課税**。**申告分離課税**を要件として上場株式等と**損益通算・繰越控除**が可能。

- ☐ **サムライ債**…外国の発行体（政府、銀行、法人）が日本国内で発行する**円建て**の外債のこと。

- ☐ **ショーグン債**…外国の発行体が日本国内で発行する**外貨建て**の外債のこと。

- ☐ **外貨建て金融商品**（外貨預金や外貨建ての外国債券）は、預入時より、**円安**になると**為替差益**が発生するため、円換算の投資利回りは**上昇**する。

- ☐ **外貨預金**…**外貨**で行う預金。円預金と同じく、普通預金、定期預金、通知預金などがある。外貨預金は、**預金保険制度で保護**されない。

- ☐ **為替レート**…**円**と**外貨**を交換する**レート**。基準となる**仲値（Middle）のレート**を**TTM**、顧客が円を外貨に換える場合のレート（円を売る＝Sell）を**TTS**（TTMに為替手数料を加えたレート）、顧客が**外貨を円**に換える場合のレート（円を買う＝Buy）を**TTB**（TTMから為替手数料を差し引いたレート）という。

- 【例】預入時の豪ドルTTSレートが93円のとき、10,000豪ドルを外貨預金として預け入れた時の日本円での資金は、**10,000豪ドル×93円＝930,000円**

- ☐ **X年預け入れた場合の利息＝預入資金×利率×X年**

- 【例】10,000豪ドルを外貨預金として半年間預け入れ、利率（年率）が1.0%（満期時一括支払）である場合の利息は、**10,000豪ドル×0.01×0.5＝50豪ドル**

- 【例】満期時のTTBレートが95円のとき、10,050豪ドルを円換算すると、

- ☐ **10,050豪ドル×95円＝954,750円**

- ☐ **1年あたりの運用利回り＝1年あたりの利益額÷元本×100**

- 【例】930,000円を外貨預金に半年預け入れ、24,750円の利益が出た場合の運用利回りは、**24,750円×2÷930,000円×100≒5.32%**（小数点以下第3位四捨五入）

- ☐ 外貨預金に預入れできる**通貨の種類**、**為替レート**、**為替手数料**は、**金融機関によって異なる**。

- ☐ 為替レートの変動で生じた利益を**為替差益**、為替レートの変動で生じた損失を**為替差損**という。

- ☐ **為替ヘッジ**…為替の変動による外貨資産の「**円に換算したときの価値**」の変化を**避ける**こと。**為替ヘッジがある場合**は、**円高**による**為替差損**が**小さくなり**、基準価額の値下がりも**小さく**なる。

27位 公的介護保険

☐ **介護保険**…介護が必要になった場合、**市町村（または特別区）**から認定を受けて給付が受けられる制度。**要支援者は予防給付**として在宅サービスを、**要介護者は介護給付**として施設サービスと在宅サービスを受けることができる。

	第1号被保険者	第2号被保険者
保険者	市町村（または特別区）	
対象者	65歳以上	40歳以上65歳未満
受給者	申請後、調査と主治医の意見書をもとに判定（認定審査）。 ・要介護者（1〜5段階） ・要支援者（1〜2段階） 原因を問わず支給。	初老期認知症、末期がん、脳血管疾患など、加齢を原因とする特定疾病によって要介護者、要支援者となった場合のみ支給（交通事故によって要介護者、要支援者となった場合等は不可）。
保険料の納付方法	公的年金額が18万円以上の場合は年金から天引き（特別徴収）。	健康保険（国民健康保険）の保険料と併せて徴収。被扶養者は納める必要はない。
自己負担割合	原則1割。第1号被保険者で前年の合計所得金額160万円未満は1割負担、160万円以上は年金収入等280万円以上が2割、340万円以上が3割負担。 ●介護支援専門員（ケアマネージャー）に作成を依頼するケアプラン作成費は無料（ケアプランは自分で作ってもよい）。 ●介護保険施設での食事や居住費用は全額自己負担。	

☐ **同一月内**の介護サービス利用負担額が一定の上限額を超えた場合は、所定の手続きをすることで上限額を超えた額が**高額介護サービス費として支給**される。

☐ 手すりの取付けや床段差の解消など、**介護のための住宅改修**で所定の要件を満たせば、公的介護保険から一定の限度額内で改修費用の**9割**を限度に、**要支援者には介護予防住宅改修費**が、**要介護者には居宅介護住宅改修費**が支給される。

☐ 介護老人福祉施設（特別養護老人ホーム）…入浴や食事などの**日常生活上の支援や療養上の世話などを提供**する施設。**要介護3以上の者が入所できる（要支援者ではないことに注意）**施設。

☐ 介護老人保健施設（老健）…**リハビリテーションを中心とした医療サービスを提供**する施設。**要介護1以上の者**がサービスを受ける施設。

☐ **サービス付き高齢者向け住宅**…高齢者の居住の安定を確保するための**賃貸住宅**制度。国からの家賃補助等はない。

※「公的介護保険」は、「学科」の学習内容と重複するため、本冊「資産」には掲載されていません。

▶29位「住宅借入金等特別控除」は、3ページの学科「2位 住宅借入金等特別控除」を参照。
130 ▶29位「遺言と遺留分」は、29ページの学科「28位 遺言と遺留分」を参照。

31位 総所得金額の算出

- [ ] **総所得金額に算入**する代表的な所得…<u>不動産</u>**所得**、<u>事業</u>**所得**、<u>給与</u>**所得**、<u>一時所得</u>、土地・建物・株式以外の<u>譲渡所得</u>、<u>雑</u>**所得**、<u>配当</u>**所得**など。
- [ ] 株式の**譲渡所得/損失**、<u>退職</u>**所得**の金額は総所得金額の計算に**考慮しない**。
- [ ] **不動産所得**…不動産の貸付けによる所得。

  不動産所得＝不動産所得の総収入金額－<u>必要経費</u>（－<u>青色申告特別</u>**控除額**）
- [ ] **事業所得**…農業、漁業、製造業、サービス業、飲食業などの事業による所得。

  事業所得＝事業所得の総収入金額－<u>必要経費</u>（－<u>青色申告特別</u>**控除額**）
- [ ] **給与所得**…会社員やアルバイトが、会社から受け取る給与、賞与、各種手当て、現物給与等の所得。給与所得控除額は試験で提示される速算表を使って計算する。

  給与所得＝給与収入金額－<u>給与所得控除</u>**額**
- [ ] **一時所得**…営利を目的としない行為によって発生した所得。生命保険の<u>満期保険金</u>や<u>解約返戻金</u>、損害保険の<u>満期返戻金</u>など。一時所得の**特別控除額は**<u>50万円</u>。一時所得金額の**2分の1**を総所得金額へ算入する。**退職金**などの労役の対価、**土地の譲渡**、**資産譲渡**によって発生した所得は、**一時所得に含ま**<u>れない</u>。

  一時所得＝一時所得の総収入金額－収入を得るために支出した額－特別控除<u>50万円</u>

【例】生命保険の解約返戻金が690万円、支払った保険料が600万円の場合、

一時所得＝690万円－600万円－<u>50</u>**万円＝**<u>40</u>**万円→**<u>40÷2＝20</u>**万円**を総所得金額に算入。計算結果が**0円**の場合は、一時所得は**ないもの**とする。

- [ ] **雑所得**…他のいずれの所得にも該当しない所得。**公的年金等の雑所得**（国民年金、厚生年金、<u>国民年金</u>基金、<u>厚生年金</u>基金、<u>確定拠出</u>年金等の年金）と、**公的年金等以外の雑所得**（講演料、原稿料・印税、**生命保険などの**<u>個人年金</u>）がある。

  雑所得＝公的年金等の雑所得＋公的年金等以外の雑所得

  ＝【公的年金等の収入金額－<u>公的年金等控除</u>**額】＋【公的年金等以外の総収入金額－**<u>必要経費</u>**】**

  ▲それぞれの【 】内の計算結果が**0円以下**となった場合、【 】内は**0円**とする。例えば、公的年金等の【収入金額40万円－公的年金等控除額70万円＝**－30万円**】の場合、公的年金等の雑所得は－30万円ではなく、**0円**とする。公的年金等控除額は、受給者の年齢が65歳以上か65歳未満により異なる。

【例】個人年金保険に係る確定年金の額が100万円、必要経費82万円の場合の雑所得は、100万円－82万円＝18万円

- [ ] **配当所得**…**株式の**<u>配当</u>**金**や**投資信託**（公社債投資信託を除く）の<u>収益分配</u>**金**などによる所得。
- [ ] **所得税額**…各所得金額の合計（<u>総所得金額</u>）から、**所得控除**の額の合計額（試験で提示）を引き、所得税の速算表（試験で提示）により求める。

31位 建築面積と延べ面積

☐ 　建築物の敷地が建蔽率の異なる2つ以上の地域にわたる場合は、敷地全体の**最大建築面積**は、**各地域の面積×各建蔽率の合計**となる。

都市計画により定められた建蔽率
準住居地域　5/10
近隣商業地域　8/10

敷地面積250㎡

| 準住居地域
（100㎡） | 近隣商業地域
（150㎡） | 市道8m |

【例】上記の土地に建物を建築する場合の建築面積の最高限度は、

☐ 　**準住居地域部分**…100㎡× 5/10 ＝ 50㎡

☐ 　**近隣商業地域部分**…150㎡× 8/10 ＝ 120㎡

☐ 　**対象地の建築面積上限**… 50㎡ ＋ 120㎡ ＝ 170㎡

☐ 　防火地域（建蔽率の**上限80%の地域を除く**）内において、**耐火建築物**および**耐火建築物と同等以上の延焼防止性能のある建築物**を建築する場合や、準防火地域内に耐火建築物、準耐火建築物およびこれらと同等以上の延焼防止性能のある建築物を建築する場合、10%の建蔽率緩和が適用される。

敷地面積160㎡

市道4m

第一種住居地域
防火地域
建蔽率　6/10
容積率　20/10
※前面道路の幅員に対する
　法定乗数　4/10

【例】上記の土地に耐火建物を建築する場合の建蔽率は、

☐ 　**60%＋緩和 10% ＝ 70%**

☐ 　**最大建築面積＝土地面積×建蔽率**
　　　　　　　　＝160㎡× 0.7 ＝ 112㎡

☐ 　前面道路の幅が 12m未満 の場合、**容積率**は用途地域によって制限される。

【例】上記の土地において、前面道路による容積率の制限は、

☐ 　**前面道路4m × 4/10 ＝ 1.6＝160%**

　　この数値と指定容積率200%とを比べて、小さい数値が容積率となる。よって、160%が本土地の容積率。

☐ 　**最大延べ面積＝土地面積×容積率**
　　　　　　　　＝160㎡× 1.6 ＝ 256㎡

▶33位「医療保険」は、61ページの学科「60位 医療保険」を参照。

 ▶33位「確定申告」は、65ページの学科「64位 確定申告」を参照。

35位 医療費控除

- [ ] **医療費控除**…納税者本人または<u>生計</u>を一にする**配偶者**、**親族**の医療費を支払った際に適用される。

- [ ] **医療費控除の対象**…診察費、治療費、医薬品、医療機関への交通費（公共交通機関の交通費）、**緊急時のタクシー**費用、**異常が**<u>見つかり</u>治療を受けた場合の**人間ドック**の費用、出産費用、療養費（療養上の世話の対価、再発防止の医薬品など）。

- [ ] **医療費控除の対象外**…通院で使用した自家用車のガソリン代・タクシー代、駐車場代（緊急時を除く）、**異常が**<u>なかった</u>場合の**人間ドック**の費用、<u>美容・健康増進</u>を目的とする諸費用…<u>美容整形</u>、ビタミン剤、健康増進のための医薬品、健康食品等。**コンタクトレンズや<u>眼鏡</u>の代金。**

- [ ] **医療費控除額＝医療費－保険金等での補てん金額－【<u>10</u>万円】**

- [ ] 医療費控除を受けるには、医療費の総額が<u>10</u>万円を超えていることが必要。

- [ ] 総所得金額が**200万円未満**の場合は、【<u>10</u>万円】ではなく【**総所得金額×<u>5</u>％**】。

- [ ] 控除**上限額**は毎年<u>200</u>万円。

- [ ] 生命保険から受け取った**入院給付金等で支払われた分の医療費**は、<u>保険金等での補てん金額</u>に該当する。

【例】総所得金額200万円以上の人が、対象年に人間ドック（費用：8万円）で異常が見つかって入院（入院費：6万円）し、風邪薬（0.35万円）を医療費として支払い、生命保険会社から入院給付金として4万円が給付された。

この場合の医療費控除額は、

- [ ] 8万円＋6万円＋0.35万円－<u>4</u>万円－<u>10</u>万円＝<u>0.35</u>万円

確認問題 ▶医療費控除の対象に①、対象外には②をマークしなさい。　答えはページ下

1. 自家用車で通院した際に利用していた病院敷地内の駐車場の駐車料金
2. 一般的な近視を矯正するために眼鏡を購入した費用
3. 美容のために歯科矯正を行った場合の費用
4. 学校の部活動で足を骨折し、歩行が困難であったためタクシーで接骨院へ移動した場合のタクシー代金
5. 骨折が治るまで使用していた松葉杖のレンタル料金
6. 骨折完治後、骨折予防のために購入した市販のカルシウム剤の代金

▶35位「任意加入の自動車保険」は、20ページの学科「19位 任意加入の自動車保険」を参照。

答え→1②、2②、3②、4①、5①、6②　133

37位 個人年金保険と税金

☐ **契約者**と**年金受取人**が**同じ個人年金保険の年金**は、**公的年金等以外**の<u>雑所得</u>として所得税・住民税の課税対象。<u>雑所得</u>の金額は**総合課税**で他の所得と合算されて総所得金額へ集約される。

☐ **契約者**と**年金受取人**が**同じ個人年金保険の年金**を**一時金**として受け取った場合、<u>一時所得</u>として所得税・住民税の課税対象。

☐ 個人年金保険の**6年目以降**の解約差益は、一般の解約返戻金等と同じく<u>一時所得</u>として所得税・住民税の課税対象。<u>一時所得</u>の金額は**総合課税**で他の所得と合算されて総所得金額へ集約される。

☐ **一時払い**の個人年金保険を契約から**5年以内**に解約すると、<u>金融類似</u>**商品**として差益に**20.315%**の<u>源泉分離</u>**課税**となる。

☐ 一時払いの年金保険は、一般の<u>生命保険料</u>**控除**の対象である。

●個人年金保険料控除

☐ 個人年金保険料は、次の要件を満たせば一般の生命保険とは別枠で<u>個人年金保険料</u>**控除**が受けられる。

・**個人年金保険料**<u>税制適格</u>**特約**が付いていること。

・保険料の払込期間が<u>10</u>**年以上**あること。

・終身年金、または被保険者の年金受取り開始時の年齢が**60歳以上**で、かつ年金受取り期間が<u>10</u>**年以上**の**確定年金・有期年金・終身年金**などであること。

・年金受取人が**契約者**、または<u>配偶者</u>であること。

・年金受取人が<u>被保険者</u>（保障の対象者）であること。

まとめると、個人年金保険料控除の対象となる契約は、

①**契約者＝被保険者＝**<u>年金受取人</u>。

②**契約者＝本人、被保険者＝年金受取人＝**<u>配偶者</u>。

☐ **20**<u>12</u>**年**1月1日以降の契約（**新契約**）の所得税の**個人年金保険料控除額**は、年間払込保険料**8万円超**で<u>40,000</u>**円**。

☐ 変額個人年金保険や一時払いの年金保険は、一般の<u>生命保険料</u>**控除の対象**である（<u>個人年金保険料</u>**控除の対象ではない**）。

37位 宅地の評価

☐ **宅地**とは、建物の敷地として用いられる土地をいう。

☐ 市街地にある宅地の評価は**路線価**方式、路線価が定められていない、郊外地や農村部などにある宅地の評価は**倍率**方式で行う。納税者による選択は不可。

☐ **路線価方式**…**路線価**とは、路線（道路）に面する標準的な宅地の**1㎡当たり、千円単位で表示される価格**。おおむね同一と認められる一連の宅地が面する路線ごとに、**国税局長**が**毎年1月1日**を評価時点として定めており、毎年、**評価替え**が行われる。　**評価額＝路線価×地積（土地の面積）**

☐ **自用地**…自分で使用している自分の宅地のこと。自用地の相続税評価額は、次の式で求める。**自用地評価額＝路線価×奥行価格補正率×敷地面積**

☐ **借地権**…人から賃借している土地の借地権（土地だけ借りて使用する権利）。借地権の評価額は次の式で求める。**借地権評価額＝自用地評価額×借地権割合**

☐ **借地権割合**…各国税局が借地事情が似ている地域ごとに設定する。一般に**地価が高い地域**ほど**借地権割合が高く**なる。地図上ではA〜Eの記号で表される。A＝90%　B＝80%　**C＝70%**　D＝60%。

●借地権の価額がゼロになる場合

☐ ①借主もしくは貸主が**法人**で「**土地の無償返還に関する届出書**」を税務署に提出している場合。

☐ ②**使用貸借**（地代を取らずに土地の使用権を貸し与えること）した場合。この場合、**借地権**ではなく、**自用地として評価**する。

☐ ③**借地権者が権利金に代えて相当の地代**を支払っている場合。

☐ **貸宅地**…**借地権**が設定されている宅地（**住宅用地**）のこと。**底地**ともいう。自己所有の宅地を第三者に貸し、その貸借人が家屋を建てた場合の地の地は、**貸宅地として評価**する。貸宅地の評価額は、次の式で求める。
貸宅地評価額＝自用地評価額×（1－借地権割合）

☐ **貸家建付地**…**自己所有**の土地に**自己所有**の**貸家**を建てた場合の土地のこと。貸家が**空き家の場合は自用地として評価**する。
貸家建付地の評価額は、次の式で求める。
貸家建付地評価額＝自用地評価額×（1－借地権割合×借家権割合×賃貸割合）

☐ **地積規模の大きな宅地**…三大都市圏においては**500㎡以上**、三大都市圏以外の地域においては**1,000㎡以上**の地積の宅地をいう。土地面積が広すぎて、そのままでの土地活用が困難なことから、規定の各種補正率により減額評価される。

2級学科試験
裏ワザ
で得点

過去問の分析をしているうち、「2級学科試験」の四択問題には、**適切、または不適切になりやすい法則があること**を発見しました。この法則で、わからない問題に正解できる確率がグッとアップするはず。受検仲間にも教えてあげましょう。

○ この表現のある選択肢は、適切！

「もある」で終わっていたら、**100%**適切！

【例】国内で設定されたETFには、東証株価指数（TOPIX）などの株価指数に連動するものや、商品指数に連動するもの**もある**。

「ことがある」「場合がある」は、**96.6%**適切！

【例】経済成長率には名目値と実質値があり、物価の変動によっては、名目経済成長率が上昇していても、実質経済成長率は下落する**ことがある**。

「～には、○○と、△△がある」は、**93.3%**適切！

【例】社債**には、**不特定多数の投資家を対象として募集される公募債**と、**特定少数の投資家が直接引き受ける私募債**がある**。

✕ この表現のある選択肢は、不適切！

「～のみである（であり）」は、**100%**不適切！

【例】金融サービス提供法の保護の対象となるのは個人**のみであり**、法人は対象となっていない。←法人も対象

「常に～」は、**100%**不適切！

【例】発行体が同一の債券は、発行時期や利率などにかかわらず、**常に**同一の格付けが付される。←発行時期や利率によって格付けは異なる

「～に限られる」は、**90.9%**不適切！

【例】収入保障保険の被保険者が死亡した場合、死亡保険金の支払いは年金形式**に限られる**。←年金形式と一時金のどちらかを選択できる

「一律～である。一律○○の～」は、**90.0%**不適切！

✕ 医療費の一部負担金（自己負担額）の割合は、75歳未満の者については、**一律3割である**。←70歳以上75歳未満の者は原則2割、現役並み所得がある者は3割

※過去13年間の2級FP試験で、オフィス海が独自に分析した結果であり、今後の試験でも必ず上記の確率で適切・不適切であることを保証するものではありません。